Das Buch

Wie sind die Tragödien von Aischylos, Sophokles und Euripides in der Zeit und auf der Bühne, für die sie geschrieben wurden, aufgeführt worden? Melchinger untersucht die 32 erhaltenen Dramen unter dem bisher kaum berücksichtigten Aspekt des Theaters, d. h. der in den Texten vorausgesetzten Gegebenheiten der Bühne und stützt sich überdies auf Vasenbilder, Notizen und archäologische Zeugnisse, um das Theater der Tragödie lebendig zu machen.

Während der jährlich in Athen stattfindenden «Theatertage» wurden vor ungefähr 15000 Besuchern täglich drei Tragödien gespielt. Alle Stücke waren Uraufführungen und wurden nur einmal gegeben. Der Dichter war oft gleichzeitig Regisseur, Choreograph und Schauspieler. Die Bühne, das Dionysos-Theater, wurde im Jahre 460 zu einem Theater mit zentraler Perspektive umgebaut, und dieser Umbau bestimmte die Formen des Theaterbaus auf Jahrhunderte. Die neue Bühne spiegelte sich dann in den Werken der Tragiker und wirkte sich auf die geistigen und künstlerischen Bewegungen im 5. Jahrhundert aus. Nicht nur Bühnenaufbau, Dekoration und die technischen Hilfsmittel änderten sich ständig, sondern vor allem das Auftreten der Schauspieler, denen die Dichter wachsendes Interesse schenkten.

Das Werk dient der Altertumsforschung und der Vergegenwärtigung der Tragödie auf der modernen Bühne; nur wenn wir erkennen, was die Dichter auf ihrer Bühne ihren Zeitgenossen zeigen wollten, ahnen wir, wodurch diesen Stücken ein Überleben über so lange Zeit hinweg möglich war.

Der Autor

Siegfried Melchinger, geb. 1906 in Stuttgart, gest. 1988, war zunächst Redakteur und Kritiker, dann Chefdramaturg am Theater in der Josefstadt in Wien und von 1953 bis 1962 Leiter des Feuilletons der ‹Stuttgarter Zeitung›. Von 1963 bis 1973 war er Professor für Theorie des Theaters an der Staatlichen Hochschule für Musik und Darstellende Kunst in Stuttgart und von 1962 bis 1973 Mitherausgeber der Zeitschrift ‹Theater heute›. Veröffentlichungen u. a.: ‹Die Welt als Tragödie› (1979/80); ‹Shakespeare› (1986).

Siegfried Melchinger:
Das Theater der Tragödie
Aischylos, Sophokles, Euripides
auf der Bühne ihrer Zeit

Deutscher
Taschenbuch
Verlag

Juni 1990
Deutscher Taschenbuch Verlag GmbH & Co. KG,
München
© 1974 C. H. Beck'sche Verlagsbuchhandlung (Oscar Beck),
München   ISBN 3-406-05407-2
Umschlaggestaltung: Celestino Piatti
Umschlagbild: Orpheus und Thraker. Attischer Mischkrug
aus Gela um 450. (Staatliche Museen, Berlin)
Druck und Bindung: C. H. Beck'sche Buchdruckerei,
Nördlingen
Printed in Germany · ISBN 3-423-04535-3

Vorwort

Diese Arbeit wurde vor Jahren begonnen mit dem Vorsatz, die heute noch gespielten oder spielbaren Stücke der attischen Tragiker unter dem Aspekt des
Theaters zu interpretieren, und zwar unter einem doppelten Aspekt: dem des
Theaters, für das sie geschrieben worden sind, und dem des Theaters, auf dem
sie heute gespielt werden. Das entspricht der Kategorie der ‹Vergegenwärtigung›, die der Verfasser in seiner Theorie des Theaters entwickelt hat (vgl. S. 62 f.).
Im Verlauf des Durchgangs durch die Stücke häuften sich die unter dem vor-
gesetzten Aspekt offen bleibenden Fragen so sehr, daß sich vor das ursprüngliche
Ziel, die Interpretation der Stücke, unabweisbar eine andere Aufgabe schob: die
Realität des Dionysostheaters, also die Welt der Bühne, in der Aischylos, Sophokles und Euripides gelebt und gewirkt haben, deutlicher und vollständiger
zur Vorstellung zu bringen (zu ‹vergegenwärtigen›), als dies bisher möglich gewesen ist, da offensichtlich der Aspekt des Theaters noch nicht systematisch
berücksichtigt worden ist. Das authentische Material mußte in den Stücken
selbst gesucht werden, wobei selbstverständlich die Resultate bisheriger Forschung in jedem einzelnen Punkt heranzuziehen waren. Die Ermittlungen zu
den offenen Bühnenfragen erbrachten neue Gesichtspunkte für die Bühnengeschichte des fünften Jahrhunderts. Um diese so schlüssig wie möglich dar-
zulegen, hielt es der Verfasser für richtig, den Weg, auf dem sie gefunden worden sind, schrittweise nachzuzeichnen; so wurde die Niederschrift in die beiden
hier vorgelegten Teile disponiert, wobei sich Wiederholungen nicht vermeiden
ließen: die Ermittlungen zur Bühnengeschichte und die Ermittlungen zu den
Bühnenfragen sollten einander gegenseitig erhellen und erhärten. Ausgerüstet
mit diesen Ergebnissen kann sich die Arbeit nunmehr dem ursprünglichen Vorsatz zuwenden. Der Verfasser hofft, in einem weiteren Band die vergegenwär-
tigende Interpretation jedes einzelnen der heute noch gespielten oder spielbaren
Stücke vorlegen zu können.

Dankbar gedenkt der Verfasser des Interesses, das seiner Arbeit von mancher
Seite entgegengebracht worden ist, so von Wolfgang Schadewaldt und Walter
Jens in Tübingen, von Karl Schefold und M. Schmidt in Basel, A. Greifenhagen
in Berlin und Ulrich Hausmann in Tübingen. Freundliche Hilfe hat er in Athen
bei T. Muzenidis, Regisseur des Nationaltheaters, und beim Goethe-Institut
(H. A. Oehler), gefunden. Die größte Dankbarkeit schuldet er Hildebrecht Hom-

mel in Tübingen, der den Fortgang der Arbeit durch Jahre hindurch mit seinem
Rat begleitet und schließlich die Niederschrift einer gründlichen Durchsicht unterzogen hat. Besonders verpflichtet fühlt sich der Verfasser dem Verlag; die Publi-
kation wurde von Dr. U. Pietsch und I. Osterrieder mit rühmenswerter Sorgfalt
betreut.

Im Januar 1974   Siegfried Melchinger

Inhalt

Verzeichnis der Textabbildungen IX
Verzeichnis der Tafelabbildungen XI

Teil I: Das Dionysostheater
Ermittlungen zur Bühnengeschichte des fünften Jahrhunderts

a) Das Gelände 4
b) Die Bühne 7
c) Der Umbau 12
d) Die alte Bühne 20
e) Die neue Bühne 25
f) Die Proben 36
g) Die späte Bühne 44
h) Daten 47

Teil II: Bühnenfragen des fünften Jahrhunderts

1. Die Kontinuität der Konventionen 53
   a) Das Neue und das Alte 53
   b) Maske, Agon, Deus ex machina, Stichomythie und Botenbericht,
      Das Haus auf der Bühne 60
   c) Der Chor 62
   d) Nachtrag über die chorische Bewegung 66
   e) Auftritte und Abgänge 72
2. Pagos – Die Bühne der frühen Stücke 82
   a) Das Gelände 82
   b) Die Stücke 90
   c) Felsen und Höhlen 103
3. Der Umbau – Ein Beitrag zur Forschungsgeschichte 112
4. Das Meer und die Sonne 126

5. Thorikos 134
6. Skene – Zelt – Xerxeszelt 138
7. Okribas (pulpitum) 144
8. Paraskenien 146
   Nachtrag: Paraskenien ohne Skene? 160
9. Skenographie 162
10. Die Halle 165
11. Kopha – Statisterie und Schauspieler-Ausbildung . . . 170
12. Wagen und Pferde 186
13. Maschinen – Ekkyklema, Deus ex machina 191
14. Maske 201
    Nachtrag über den Kothurn 216
15. Rhythmus – Mimesis: akoe und opsis 217
    Anhang: ΛΟΓΟΣ (Logos) 235   ΜΙΜΗΣΙΣ (Mimesis) 236   ΡΥΘΜΟΣ
    (Rhythmos) 238   ΄ΑΡΜΟΝΙΑ (Harmonia) 239

Anhang

Literaturverzeichnis 243
Anmerkungen 247
Register 307
   a) Die Dramatiker, die Stücke 307
   b) Orte, Plätze, Gebäude 309
   c) Namen 310
   d) Sachen 319
Tafelteil 327

Verzeichnis der Textabbildungen

1. Münze mit theatron. Pickard-Cambridge, The Theatre of Dionysus of Athens. 1946, Oxford. Fig. 36 *(S. 3)*

2. Rekonstruktion des ‹Perikleischen› Steinbaus (nach Dörpfeld). Dörpfeld-Reisch, Das Dionysos-Theater. 1966, Aalen. Fig. 93 *(S. 11)*

3. Rekonstruktion des Lykurgischen Steinbaus (nach Mahr). Bieber, The History of Greek and Roman Theatre. 1961, Princeton. Fig. 260 *(S. 12)*

4. Theater und Odeion des Perikles. Judeich, Topographie von Athen. 1931, München. Abb. 39 *(S. 13)*

5. Steine – SM 1 – einer angeblichen alten Orchestra (nach Dörpfeld). Pickard-Cambridge, The Theatre of Dionysus of Athens. 1946, Oxford. Fig. 4 *(S. 15)*

6. Durchschnitt durch Skene und Orchestra des Dionysostheaters (nach Dörpfeld). Dörpfeld-Reisch, Das Dionysos-Theater. 1966, Aalen. Tafel V *(S. 21)*

7. Durchschnitt durch Temenos und Orchestra des 6./5. Jahrhunderts. Noack, 'Σκηνὴ τραγικη. 1915, Tübingen. Abb. 2 *(S. 22)*

8. Durchschnitt durch den Zuschauerraum (nach Dörpfeld). Dörpfeld-Reisch, Das Dionysos-Theater. 1966, Aalen. Fig. 7 *(S. 23)*

9. Rekonstruktion des Bildes auf der Würzburger Vase (nach Bulle). Bieber, The History of Greek and Roman Theatre. 1961, Princeton. Fig. 266 *(S. 29)*

10. Das Dionysostheater im 6. Jahrhundert mit ‹Dörpfelds Steinen› SM 1, 2 und 3 (nach Schleif). Archäologischer Anzeiger. 1937. S. 29/30, Abb. 1 *(S. 46)*

11. Von der alten zur neuen Bühne: Alte Bühne. Zeichnung: von Simson nach Angaben des Autors *(S. 48)*

12. Von der alten zur neuen Bühne: Umbau. Zeichnung: von Simson nach Angaben des Autors *(S. 48)*

13. Von der alten zur neuen Bühne: Die neue Bühne. Zeichnung: von Simson nach Angaben des Autors *(S. 49)*

14. Diagramm des Eumeniden-Chors (nach K. O. Müller, Eumeniden. 1833). Zeichnung: Agara nach Angaben des Autors *(S. 70)*

15. Charontische Gänge im Felsen unter der Orchestra (nach Dörpfeld). Dörpfeld-Reisch, Das Dionysos-Theater. 1966, Aalen. Fig. 18 *(S. 92)*

16. Schema der Höhle (nach W. Jobst). Sitzungsberichte der Österreichischen Akademie, Phil.-Hist. Klasse 268, 2. S. 91, Abb. 2 *(S. 107)*

17. Schiffskarren in der Dionysos-Pompe. Bieber, The History of Greek and Roman Theatre. 1961, Princeton. Fig. 13 (Umzeichnung: Klein) *(S. 129)*

18. Grundriß des Zuschauerraums in Thorikos (nach Dörpfeld). Dörpfeld-Reisch, Das Dionysos-Theater. 1966, Aalen. Fig. 43 *(S. 135)*

19. Rekonstruktion des Alten Palastes in Larisa am Hermos. Boehlau-Schefold, Larisa am Hermos, Band I. 1940, Berlin. Tafel 30 *(S. 142)*

20. Westliches Paraskenion des Dionysostheaters (Grundriß der Ruine). Fiechter, Antike griechische Theaterbauten, 5. 1935/6, Stuttgart. Tafel 5 (Ausschnitt) *(S. 147)*

21. Östliches Paraskenion des Dionysostheaters (Grundriß der Ruine). Fiechter, Antike griechische Theaterbauten, 5. 1935/6, Stuttgart. Tafel 6 (Ausschnitt) *(S. 148)*

22. Tempelchen auf Vasen. Amphora aus Ruvo. Dörpfeld-Reisch, Das Dionysos-Theater. 1966, Aalen. Fig. 72 *(S. 150)*

23. Tempelchen auf Vasen. Medea-Vase in München. Dörpfeld-Reisch, Das Dionysos-Theater. 1966, Aalen. Fig. 73 *(S. 150)*

24. Tempel, Halle, Skene und Orchestra – mit Stützmauer des Theatron – in der klassischen Zeit mit Fundament T und Mauer H (nach Dörpfeld). Fiechter, Antike griechische Theaterbauten, 7. 1935/6, Stuttgart. Tafel 18 *(S. 166)*

25. Rekonstruierter Grundriß des Dionysostheaters mit Temenos und Odeion. Travlos, Bildlexikon zur Topographie des antiken Athen. 1971, Tübingen. Abb. 678 *(S. 167)*

26. Schiffskarren in der Dionysos-Pompe. Pickard-Cambridge, The Dramatic Festivals of Athens. 1968, Oxford. Fig. 11 *(S. 187)*

27. Das Ekkyklema in der rekonstruierten Skene. Flickinger, The Greek Theatre. 1960, Chicago. Fig. 74 *(S. 192)*

Der Abdruck erfolgte mit freundlicher Genehmigung der Originalverlage:

Bieber, Margarete, The History of the Greek and Roman Theater, © 1939, 2., durchges. und erweiterte Aufl. 1961, Princeton University Press, Princeton – *Boehlau-Schefold,* Larisa am Hermos, Band I, 1940, Walter de Gruyter, Berlin – *Dörpfeld-Reisch,* Das Dionysos-Theater, 1966, Scientia Verlag, Aalen – *Fiechter, E.,* Antike griechische Theaterbauten, 5, 7., 1935/6, W. Kohlhammer, Stuttgart – *Flickinger, R. C.,* The Greek Theatre, 1960, University of Chicago Press, Chicago – *Pickard-Cambridge,* The Dramatic Festivals of Athens, 1968, Clarendon Press, Oxford – *drs.* The Theatre of Dionysus of Athens, 1946, Clarendon Press, Oxford – *Travlos, J.,* Bildlexikon zur Topographie des antiken Athen, 1971, Ernst Wasmuth, Tübingen.

Verzeichnis der Tafelabbildungen

1. Das Dionysostheater in der Mulde des Akropolis-Abhangs mit dem Hain (heutiger Zustand). Foto: Harissiadis, Athen.
2. Blick vom westlichen Zuschauerraum über die Orchestra auf den gewachsenen Felshang im Osten. Foto: Harissiadis, Athen.
3. Blick vom Ostflügel des Zuschauerraums in den Geländesprung mit den Resten der Skene. Foto: Harissiadis, Athen.
4. Blick vom Zuschauerraum über die verbaute Landschaft auf das Meer. Foto: Harissiadis, Athen.
5. Dionysostheater – die Ruine in der Landschaft um 1900. Staatliche Antikensammlungen und Glyptothek, München, 5888. Foto: K. Museum von Gypsabgüssen.
6. Aufstieg zur Ost-Parodos aus dem Hain. Foto: Harissiadis, Athen.
7. Türme in der Mauer des Piräus. Foto: Harissiadis, Athen.
8. Rotfigurige Schale, 5. Jahrhundert. The British Museum, London, E 76. Foto: The British Museum, London.
9. Iphigenia-Vase, 4. Jahrhundert. Musée du Louvre, Paris, K 404. Foto: Chuzeville, Paris.
10. Fragment eines Tarentinischen Kelch-Kraters, 4. Jahrhundert. Martin-von-Wagner-Museum, Würzburg. Foto: Martin-von-Wagner-Museum, Würzburg.
11. Gruppe aus dem Panathenäen-Fries, 5. Jahrhundert. Musée du Louvre, Paris. Foto: Albin-Guillot, Paris.
12. Mänadenchor auf einem Stamnos des Dinosmalers, 5. Jahrhundert. National-Museum, Neapel, 2419. Foto: Hirmer Fotoarchiv München.
13. Attische Schale des Hieron und Makron, 5. Jahrhundert. Ehem. Staatliche Museen, Antiken-Abteilung, Berlin. Foto: Glagow, Berlin.
14. Dionysos-Chor auf einer Vase, 6./5. Jahrhundert. Antiken-Museum, Basel. Foto: Schmidt, Basel.
15. Pronomos-Vase, frühes 4. Jahrhundert. National-Museum, Neapel, 3240. Foto: Hirmer Fotoarchiv München.
16. Andromeda-Vase, 4. Jahrhundert. Staatliche Museen, Antiken-Abteilung, Berlin, V. J. 3238. Foto: Tietz-Glagow, Berlin.
17. Felsboden am Areopag-Hügel. Foto: Harissiadis, Athen.

18. Siebensesselplatz am Museion. Foto: Harissiadis, Athen.

19. Prometheus-Vase, 5. Jahrhundert. Staatliche Museen, Antiken-Abteilung, Berlin, 1969.9. Foto: Luckert, Berlin.

20. Prometheus-Vase, 5. Jahrhundert. Staatliche Museen, Antiken-Abteilung, Berlin, 1969.9. Foto: Luckert, Berlin.

21. Dirke-Vase, 4. Jahrhundert. Staatliche Museen, Antiken-Abteilung, Berlin, F 3296. Foto: Tietz-Glagow, Berlin.

22. Duris-Vase, 5. Jahrhundert. Staatliche Museen, Antiken-Abteilung, Berlin, F 2285. Foto: Tietz-Glagow, Berlin.

23. Theater in Korinth mit Blick auf das Meer im Norden. Foto: Harissiadis, Athen.

24. Das Theater in Thorikos. Foto: Harissiadis, Athen.

25. Schwarzfigurige Vase, 5. Jahrhundert. Staatliche Museen, Antiken-Abteilung, Berlin, F 1697. Foto: Photographische Abteilung der Staatlichen Museen zu Berlin.

26. Europa-Krater, 5./4. Jahrhundert. South Italien Vase, ca. 350 B. C. Red-figured Krater. Attributed to the Sarpedon painter. The Metropolitan Museum of Art, New York, Rogers Fund, 1916. Foto: Photograph Services, The Metropolitan Museum of Art.

27. Scherbe einer Oinochoe, 5. Jahrhundert. American School of Classical Studies at Athens, P 11810. Foto: Agora Excavations, American School of Classical Studies at Athens.

28. Glocken-Krater, 5. Jahrhundert. Museo Archeologico, Ferrara, T 173 C. Foto: Beazley, Ferrara.

29. Pelike aus Cervetri, 5. Jahrhundert. Museum of Fine Arts, Boston, 98883. Foto: Museum of Fine Arts, Boston.

30. Relief vom Piräus, frühes 4. Jahrhundert. Archäologisches Nationalmuseum, Athen, 1500. Foto: Nationalmuseum, Athen.

31. Relief-Fragment von der Akropolis. Archäologisches Nationalmuseum Athen, 1750. Foto: Nationalmuseum, Athen.

32. Relief, 4. Jahrhundert. Ny Carlsberg Glyptotek, Kopenhagen, 233. Foto: Ny Carlsberg Glyptotek, Kopenhagen.

33. Oedipus-Vase, 6. Jahrhundert. Württembergisches Landesmuseum, Stuttgart, Arch. 65/15. Foto: Württembergisches Landesmuseum, Stuttgart.

34. Apulische Vase, 5. Jahrhundert. Badisches Landesmuseum, Karlsruhe, 3420. Foto: Bildarchiv des Badischen Landesmuseums, Karlsruhe.

Teil I
Das Dionysostheater

Ermittlungen zur Bühnengeschichte
des fünften Jahrhunderts

Wir unternehmen den Versuch, uns das Theater der Tragödie zu vergegenwärtigen. Wie sind die 33 Stücke, deren Texte wir besitzen, in dem Jahrhundert, in dem 32 von ihnen verfaßt und zum erstenmal aufgeführt worden sind, gespielt worden? Es ist unerläßlich, eine Antwort auf diese Frage zu suchen, weil die Premieren (Uraufführungen) dieser Stücke ungleich schärfer exponiert gewesen sind als die anderer Stücke aus anderen Epochen und Orten der Theatergeschichte. Denn auf der Bühne, wie wir sie uns vorzustellen haben, ist zu Lebzeiten des Autors keines von ihnen mehr als einmal gegeben worden. Die Premieren, von denen mindestens 30 unter der Mitwirkung, wenn nicht unter der Leitung des Autors einstudiert und aufgeführt worden sind, waren also in der damaligen Gegenwart einmalige Ereignisse. Wie könnten wir die überlieferten Texte wirklich verstehen, wenn wir nicht alle Möglichkeiten, über die wir verfügen, auszuschöpfen suchten, um uns in die Gegenwart dieser Ereignisse zurückzuversetzen?

Diese Möglichkeiten sind nicht gering, aber kompliziert. Das sicherste, das authentische Material liefern die Texte. Aber sie enthalten keine szenischen Anweisungen – was denjenigen nicht verwundert, der sich vor Augen hält, daß die Autoren fast durchweg ihre eigenen Regisseure (auch Komponisten, Choreographen, Bühnenbildner, ja, anfangs noch Schauspieler) gewesen sind. Wir können in den Texten nur indirekte Hinweise suchen. Gewinnen wir, wenn wir sie

Abb. 1. Münze mit theatron

aus den 32 Stücken sammeln und überblicken, das Bild der Ereignisse, das wir
suchen? Sicher nicht, wenn wir nicht ständig versuchen, sie uns an dem Ort vorzustellen, für den sie erdacht worden sind *(Abb. 1)*. Diesen Ort, das Dionysostheater in Athen, in dem alle oder fast alle der 32 Stücke uraufgeführt worden
sind, gilt es also aufzusuchen. Setzen wir uns auf eine der Stufen,[1] von denen
etwa die Hälfte erhalten ist, so haben wir eine Menge Gegenwart vor uns,
identisch ist mit der, welche die Zuschauer damals, im 5. Jahrhundert v. Chr.,
vor sich gehabt haben. Freilich, von der ausgegrabenen Ruine *(Tafeln 1 bis 6)*
müssen wir dabei zunächst absehen, denn deren Steine stammen zumeist aus
späterer Zeit. Für uns kann es nur *eine* Gegenwart geben, die wir zu suchen
haben: eben das 5. Jahrhundert (401 ist das Jahr der letzten klassischen Tragödie, des ‹Oedipus auf Kolonos›).

a) Das Gelände

In den bald zweieinhalb Jahrtausenden, die seitdem vergangen sind, hat sich
zwar die Oberfläche der Landschaft verändert – Teile einer modernen Groß-
stadt erstrecken sich weithin über den Hintergrund des Theaters –, aber die
Formation selbst mit den Dimensionen der Natur, in der sie sich befindet, ist die
gleiche geblieben: die Berge im Osten, die damals wohl nicht so kahl und karg
gewesen sind wie heute,[2] die Hügel und Täler im Süden und Westen, in der
Ferne das Meer,[3] das man hinter den Häusern von vielen Plätzen aus noch heute
sehen kann, darüber der Himmel und darin das Licht, in dessen gläserner Klarheit Gegenstände und Personen unvergleichlich plastisch hervortreten und tie-
fere Schatten werfen als anderswo, Schatten, die sich von morgens bis abends
verändern, denn so sind die Stücke gespielt worden: vom frühen Morgen bis in
den Abend hinein unter freiem Himmel, im Licht der Sonne, die schon Ende
März und Anfang April, an den Tagen der Spiele, oft glühende Hitze ausstrahlt,
wenn sie in den Zenit tritt; der Bogen, den sie von Osten nach Westen beschreibt,
rückt die Vorgänge, die wir uns vorzustellen haben, in das gleiche Licht wie
damals. Morgens lagen sie im Gegenlicht des Scheinwerfers Sonne,[4] vom späteren Nachmittag an waren sie hell angestrahlt, und die Schatten wuchsen, je
tiefer die Sonne rechts im Rücken der Zuschauer sank.

Noch etwas nehmen wir wahr, wenn wir heute auf einem der Sitze in den
oberen Reihen Platz genommen haben: Geräusche und Stimmen sind von er-
staunlicher Deutlichkeit, gewissermaßen plastisch, genauso wie das zu Sehende,
das, was bei Aristoteles opsis[5] heißt. Die Akustik (akoe[5]) ist so unvergleichlich
wie die Optik (und das ist sie heute so wie damals, obwohl auf der Bühne keine

Rückwand Resonanz bewirkt, was hier schon angemerkt werden soll). Die Schauspieler mußten also die Stimmen nicht wesentlich lauter erheben als im normalen Gespräch, um den Zuschauern vernehmbar zu werden.

In situ, wo wir Platz genommen haben, um uns vorzustellen, wie es damals gewesen sein mag, sind wir von einer imaginären Menge umgeben, die größer war als in irgendeinem unserer regulären Theater von heute. In der Mulde, die sich am Hang des Burgbergs bis zur Mauer der Akropolis hinaufzieht, sind 67 Reihen nachgewiesen worden, die zwischen 14 000 und 17 000 Personen aufnehmen konnten.[6] Die Sitze selbst sind nur teilweise und vorwiegend in den unteren Reihen in gutem Zustand. Hier stoßen wir bereits auf Probleme der archäologischen Befunde: denn das theatron in diesem koilon, dieser cavea, dieser Mulde, wie sie sich heute darbietet, ist in dem Jahrhundert, in das wir uns zurückversetzen, Veränderungen unterworfen gewesen, von denen wir freilich nicht viel mehr wissen, als daß es eben Veränderungen gegeben hat. Machen wir uns aber zuvor noch klar, was feststeht: daß es sich, verglichen mit dem Theater unserer Zeit, um ein ‹Massentheater› gehandelt hat, in dem selbst die intimste Szene, die in den Texten steht, größter Öffentlichkeit[7] ausgesetzt war, und daß die Dichter, während sie ihre Stücke schrieben, diese Öffentlichkeit vor Augen und im Sinne gehabt haben müssen. Hier mag zum erstenmal der Satz fallen, der sich bei unserem Versuch einer Vergegenwärtigung des Theaters der Tragödie immer wieder aufdrängen wird: «Das Theater war die Polis.»[8]

Authentisch, wenn auch verändert, ist noch ein Teil des Schauplatzes, auf dem die Stücke gespielt worden sind: die Orchestra.[9] Die Marmorplatten freilich, die sie heute bedecken, einen Halbkreis bildend, der sich nach Süden in ein Rechteck erstreckt, stammen aus späterer Zeit. Im 5. Jahrhundert ist der Boden, auf dem die Orchestra gestampft, gehämmert oder mit Stein belegt war, ein Kreis gewesen. Aber so wie das Gelände beschaffen ist, kann die Annahme, daß die Zuschauer hier jemals um den vollen Kreis herum gestanden oder gesessen wären, so gut wie ausgeschlossen werden. Denn hinter dem Schauplatz, auf den wir blicken, fällt der Hang weiter ab, und zwar sowohl nach Süden wie von Osten nach Westen.

Als dieses Gelände für das Theater ausgesucht worden ist, muß die Formation, in der es sich noch heute darbietet, irgendeine Rolle gespielt haben. Warum gerade hier? Warum nicht ein Stück weiter westlich oder östlich, wo sich Plätze befinden, in denen (zum Beispiel) die Zuschauer leicht im Kreis die Orchestra hätten umschließen können (auch wenn der Kreis überall im Süden wesentlich weniger Raum geboten hätte als an den anderen Seiten)? Die Zeit, in der man beschlossen hat, die Spiele aus der Stadt, wo sie vorher abgehalten worden sind, nahe bei der Agora oder auf dieser selbst, hierher zu verlegen, läßt sich nicht exakt be-

stimmen. Es muß etwa um die Jahrhundertwende gewesen sein.[10] Damals war
also die Optik bereits gerichtet: der Blick auf die Orchestra wurde so gewählt,
daß man sie von drei Seiten einsehen konnte, während sich etwa in einem Viertel
des Gesichtskreises die Vorgänge frontal darboten, vor einem Hintergrund, der
sich dahinter weit öffnete, hinunter ins Tal und über die Hügel hinweg zum
Meer. Das muß ein Gesichtspunkt gewesen sein. (Von einem anderen, der gerade
diese Stelle empfohlen haben mag, wird noch die Rede sein.)

Wichtig ist vor allem dies: man hatte von der weit überwiegenden Mehrzahl
der Sitze aus ‹Draufsicht› auf alles, was gezeigt wurde. Ein Gebäude hinter der
Orchestra hätte ein Wolkenkratzer gewesen sein müssen, wenn man nicht auf das
Dach hätte hinuntersehen sollen. Wäre dieses (denkbare) Haus nur von einer
Fassade dargestellt worden, also eine Kulisse gewesen, wie sie auf den Bühnen
heute verwendet wird, hätte man von den meisten Plätzen aus Einsicht ‹hinter
die Kulissen› gehabt. Noch etwas: je höher eine solche Kulisse (oder auch ein
kubisches Gebäude) gewesen wäre, desto größer wäre der Teil des Spielplatzes
gewesen, der am Vormittag – die Vorstellungen begannen früh am Morgen – im
tiefen Schatten gelegen hätte.[11]

Diese beiden Überlegungen mögen vorläufig nur angedeutet bleiben, um
wahrscheinlich zu machen, daß wir uns das, was die Franzosen ‹la plantation›
der Bühne nennen a) plastisch und b) nicht zu hoch vorzustellen haben. Noch
lassen wir die Frage offen, ob, und, wenn ja, seit wann es überhaupt eine ‹plantation› auf dieser Bühne gegeben hat.

In der Opsis, wie sie sich heute darbietet, bildet das Grün einen starken Akzent:
es ist der Hain, der sich hinter der Ruine der Bühne, der Skene, hinunterzieht bis
zur Straße, über die meist starker Verkehr rollt. Aber diese Bäume sind jung;
noch auf Fotos der zwanziger Jahre ist die ganze Theaterruinenlandschaft kahl,
so wie sie es 1896 war, als Wilhelm Dörpfeld zusammen mit E. Reisch Fotos für
seinen Bericht über die ersten systematischen Ausgrabungen hatte aufnehmen
lassen *(Tafel 5)*.[12] Das trostlose Trümmerfeld hat sich belebt. Auch in den oberen
Reihen finden wir Schatten unter Bäumen, wenn wir Schutz vor der Hitze
suchen. Dieses Grün dürfen wir keinesfalls übersehen, wenn wir uns in das Jahrhundert der Tragödie zurückversetzen. Denn auch damals hat es dort Bäume
gegeben, und das Grün war gewiß (und zumal im Frühjahr) dichter, leuchten-
der, als es heute ist: Im Hain des Gottes, dessen beide Tempel hier standen, der
alte und der neue, ‹silberte› der ‹Schatz des Landes›, der Ölbaum, mit unzähligen
Blättern dieses Grün. Auch Blumen blühten im Frühling im Gras, wie heute. Das
ist nicht nur ein romantischer oder impressionistischer Aspekt. Aus dem Bild,
das die Theaterlandschaft ohne das Grün geboten hat, haben Gelehrte Schlüsse
gezogen,[13] die sie nicht gezogen hätten, wenn sie das Grün gesehen hätten, jenes

Grün, in das Sophokles den uralten Oedipus in der letzten Tragödie des klassischen Jahrhunderts, die hier aufgeführt worden ist, hinuntersteigen läßt – es war ein heiliger Hain, wie der, dessen Gott hier sein Temenos hatte. Das ist nicht wegzudenken; es lag zu nahe und zu tief in der Opsis:

$$\text{Χῶρος μὲν ἱερὸς πᾶς ὅδ' ἐστ'.}$$
Oed. Kol. 54

Schließlich verlangt noch ein archäologischer Befund eine Korrektur unserer Vorstellung. Als Dörpfeld 1925 [14] neue Grabungen vornahm, fand er in der westlichen Stützmauer der die Orchestra etwas über das Halbrund hinaus einklammernden Zuschauerreihen Reste einer Mauer aus früherer Zeit. Die erhaltene Stützmauer gehört zu dem Theaterbau des 4. Jahrhunderts, der unter der Leitung des Lykurg um 330 fertiggestellt worden ist. Die ältere, die in perikleischer Zeit aufgeführt worden sein dürfte, sprang etwa 2,5 m weiter nach Süden vor. Zuschauerraum und Orchestra sind also im lykurgischen Bau nach Norden verschoben worden.[15] Von der älteren Orchestra ist nichts mehr erhalten. Aber es wird sich zeigen, daß auch sie schon aus einer noch früheren Lage nach Norden verschoben worden war, daß wir uns also die älteste Orchestra, die Spielstätte der frühen Tragödien des Aischylos, südlicher, näher am Hain vorzustellen haben als die der Ruine. Wir müssen nach den Gründen fragen, die solche Verschiebungen notwendig gemacht haben. Es liegt nahe, sie in der Bühne, der Skene, zu suchen.

b) Die Bühne

Die Bühne, die Skene [16] – es gibt keine Berichte, wie sie im 5. Jahrhundert ausgesehen hat. Überblickt man die Rekonstruktionen,[17] die einige Forscher entworfen haben, weiß man nur eines mit Sicherheit: so kann es nicht gewesen sein. Zuviel zeitgebundener Geschmack, zu viele optische Konventionen sind da mit im Spiel gewesen. Fast hilflos läßt uns das Studium der Ruine. Denn was der Schutt der Jahrhunderte an steinernen Trümmern bewahrt hat, ist bis auf wenige Reste nicht ins 5. Jahrhundert zu datieren. Auch die Bühne ist mehrere Male umgebaut worden. Das Podest mit den Skulpturen,[18] das die Ausgrabungen freigelegt haben, stammt aus der Zeit Hadrians. Bei jedem Umbau wurden die Steine verändert. Sie sind von den Archäologen sortiert und datiert worden. Aber der Versuch, sie zusammenzusetzen und nachzubilden, wie die Bühne in den verschiedenen Phasen ausgesehen haben mochte, wird um so schwieriger, je weiter wir zurückgehen; denn bei jedem Umbau wurden vorhandene Bauteile verwen-

det. Einigermaßen gesichert scheint der Grundriß des ersten Steinbaus. Aber er
hilft uns wenig, denn der Steinbau wurde ja erst um 330 vollendet:[19] Platon
war schon tot; Aristoteles schrieb vielleicht gerade damals die ‹Poetik›. Wie in
dieser die Tragödie mit den Augen eines Mannes gesehen ist, der die klassische
Zeit nicht mehr selbst erlebt hat, so können wir auch den lykurgischen Steinbau
nur unter dem Gesichtspunkt berücksichtigen, daß seine Form zwar spät ist,
doch hervorgegangen aus einer Entwicklung, die einen früheren Zustand in ihn
eingebracht haben mag. Das ist nicht selbstverständlich, aber es entspricht einer
nachweisbaren Eigenschaft der griechischen Theatergeschichte, nämlich folgender:

Da wir von den erhaltenen Stücken einige Aufführungsdaten kennen, können wir an diesen, mit Vorsicht, eine Entwicklung ablesen: die der Struktur.
Dabei stellen wir fest, daß Neuerungen und Traditionen einander die Waage
halten. Sophokles, heißt es bei Aristoteles, habe den dritten Schauspieler eingeführt,[20] und Aischylos hat ihn, wie die Orestie zeigt, in seiner letzten Phase
übernommen; aber auch wenn es gelegentlich einen vierten gegeben haben sollte
(parachoregema), ist doch die seltsame Konvention der beschränkten Schauspielerzahl niemals aufgegeben worden. Das Gleiche gilt für den Chor: verglichen mit den frühen Stücken des Aischylos sind die des Sophokles und des Euripides gewiß weniger ‹chorisch›; doch hat man den Chor als Strukturelement aus
alter Zeit, auch wenn man ihn als lästig empfunden haben sollte, nie aufgegeben;
ja, in den spätesten Stücken, dem ‹Oedipus auf Kolonos› und den ‹Bakchen›,
gewinnt er wieder eine stärkere Bedeutung. Daraus können wir schließen, daß
auch die Bühnenkonvention nur mit Vorsicht und niemals abrupt geändert worden ist. Es mag die Regel gegolten haben, daß Neuerungen mit der Tradition in
Übereinstimmung zu bringen waren; aus solcher Kontinuität [21] ergibt sich also
die Möglichkeit, von Späterem auf Früheres zurückzuschließen.

Sicherlich sind im lykurgischen Steinbau der Bühne, der sich mit einiger Sicherheit rekonstruieren läßt, früher entstandene und möglicherweise auch sehr
alte Formen enthalten. Es fragt sich nur, welche. Und dafür liefern uns die
archäologischen Befunde nur wenig beweiskräftige Anhaltspunkte.

Das gesicherte Material über die Bühne im 5. Jahrhundert ist ärgerlich gering.
Es setzt sich aus heterogenen Bereichen zusammen, aus wenigen Befunden, wenigen Nachrichten und aus der Evidenz der Stücke. Jeder Versuch, es zusammenzusehen und Schlüsse daraus zu ziehen, ist auf Konjekturen [22] angewiesen.
Dabei läßt sich Mögliches von offenbar Unmöglichem sondern. Die einzelnen
Disziplinen der Forschung können einander ergänzen. Schon Dörpfeld, Archäo-
loge und Architekt, hat den Philologen Reisch zugezogen, um die Grabungs-
befunde mit der Evidenz der Texte zu vergleichen und möglichst zu koordi-

nieren. Andere sind von dieser oder jener Seite her ähnlich vorgegangen. Kaum
selbständig eingemischt hat sich bisher die Theaterforschung.[23] Doch sollte schon
der Hinweis auf die eingangs erwähnte Tatsache, daß die drei Tragiker ihre
eigenen Regisseure gewesen sind, die Bedeutung dieses Bindeglieds zwischen der
philologischen und der archäologischen Interpretation klarmachen. Die Erkun-
dung der bühnenpraktischen Gegebenheiten, Möglichkeiten und Unmöglich-
keiten kann weiterhelfen, einmal, um bestimmte Annahmen auszuschließen,
dann um neue Konjekturen in das Bild des gesicherten Materials einzutragen.
Das Theater verfügt, ebenso wie die anderen Künste, über eine spezifische
Ästhetik, deren Gesetze sich zu einer Phänomenologie zusammenschließen lassen: auch von daher muß Licht auf bestimmte Phänomene des Theaters der
Tragödie fallen. Analogieschlüsse aus dem Vergleich mit den Elementen und der
Entwicklung der Theatergeschichte anderer Länder bieten sich schon deshalb
an, weil das Theater seinem Wesen nach eine aus verschiedenen Künsten zusammengesetzte Kunstart [24] ist, und weil die Abfolge, in der sich diese Zusammensetzung in den einzelnen Theaterländern vollzieht, oft verblüffend ähnlich ist;
augenscheinlich zeigt sich hier eine Logik, die sich aus der Sache heraus ergibt,
also der Kunstart, um die es geht, immanent ist.

Zudem ist das Theater, nach Lessings Wort, eine transitorische Kunstart; auch
aus dieser Feststellung lassen sich weitreichende Schlüsse ziehen. Schon der Kritiker, der eine Aufführung zu beschreiben hat, weiß, daß das, was er gesehen
hat, nie wieder ganz genau so sein wird, wie er es gesehen hat; man kann es
fotografieren und filmen, aber keine Reproduktion vermag das Einmalige des
Phänomens Theater einzufangen: Spontaneität. Was diese für die Tragödie bedeutet hat, illustriert der Bericht, daß beim Anblick der Erinyen in der ersten
Aufführung der ‹Eumeniden› [25] schwangere Frauen mit Totgeburten nieder-
gekommen seien. Auch solche Spontaneität des Schreckens konnte sich nie mehr
wiederholen, weil das Überraschungsmoment einmalig war und ist. Im Theater
– der Satz definiert einen der Wesenszüge dieser Kunstart – ist morgen von
gestern, was heute war. Aus dem genannten Grund gilt das für das Theater der
Dionysien in verschärftem Grade: wenn keines der dort aufgeführten Stücke
bei Lebzeiten des Autors ein zweites Mal wiederaufgeführt worden ist, wenn es
also bei den Festspielen nur neue Stücke gegeben hat, dann muß der Spontaneität
der Wirkung, also dem Überraschungsmoment,[26] größte Bedeutung beigemessen
worden sein.

So mag sich die auf den ersten Blick sonderbare Polarität von Neuerung und
Tradition erklären. Alles Neue, Niedagewesene hatte den Charakter des Sensa-
tionellen. Das ist in der Feststellung des Aristoteles [27] enthalten, daß Aischylos
das ‹teratodes› geliebt habe, das, was die vita ‹ekplexis teratodes› nennt: die

Bedeutung des Wortes reicht von Greuel bis Wunder; was es meint, ist des Theaters liebstes Kind. Überall in den Entwicklungen der Theatergeschichte ist der Illusionismus [28] (die Herstellung einer normalen Wirklichkeit, als würde sich diese eben jetzt ereignen) eine sekundäre und meist späte Spielweise; am Anfang steht der Wunsch, das Unsichtbare sichtbar zu machen und das Unerhörte zur Sprache zu bringen. Dieser Wunsch scheint in das Phänomen integriert zu sein, wenn wir einen Bogen schlagen von der Epiphanie des Dareios über den Geist im ‹Hamlet› bis zu dem bizarren Himmel Edward Bonds.[29]

Aber gerade das ist eine eminent bühnenpraktische Frage: Wie hat Aischylos die terata inszeniert? Wie ist in diesem Theater Spontaneität kalkuliert worden? Schon die Frage hat eine nüchterne Voraussetzung, die uns zur Problematik der Bühnenbaugeschichte zurückführt: Überraschen kann ein Vorgang auf der Bühne nur, wenn seine Zurüstung der Wahrnehmung entzogen bleibt. Sieht man, wie der Rauch angeheizt wird, in dem ein Gott erscheint, tritt der Effekt nicht ein. Das hat nichts mit der ‹Illusion› zu tun, von der Dörpfeld und andere, das Theater ihrer Zeit vor Augen, so oft sprechen. Die Tragödie hat niemals vorgegeben, ein Stück Leben so wiederzugeben, wie es sich wirklich abspielt; jedes Chorlied hätte die Illusion, selbst wenn sie zwischendurch erstrebt worden wäre, unterbrochen und aufgehoben; niemals konnten die Zuschauer in diesem öffentlichsten Theater, das es je gegeben hat, vergessen, daß sie versammelt waren, um ein Spiel zu erleben; die Greuel erschreckten sie nicht deshalb, weil sie geglaubt hätten, das Blut auf der Maske des geblendeten Oedipus sei dessen wirkliches Blut; sondern weil sie in diesem Spiel die Möglichkeit einer Wahrheit erkannten, die sie spontan und erschreckend traf (so schrecklich übrigens, daß sie sich weigerten, diesem Stück den ersten Preis zuzuerkennen). Oedipus, heißt das, mußte hinter der Szene die Maske wechseln können, ohne daß das einer sah; wenn der Geblendete im Tor des Palasts erschien, mußte der Zuschauer blitzschnell nachvollziehen, was drinnen geschehen war: das ‹agos›, von dem Kreon spricht, mußte, wenn es ins Licht des Scheinwerfers Sonne trat, so ‹ausgestellt› wirken, daß ein einziger Aufschrei im Koilon explodierte. Und das heißt zum Beispiel weiter, daß Dörpfelds Rekonstruktion eines Proskenions [30] (*Abb. 2 und 3*) mit Säulen oder Halbsäulen vor dem Mitteltor unmöglich ist (schon weil in diesem Stück, das am Vormittag gespielt worden sein muß, das ganze Proskenion im Schatten gelegen wäre, während ohne Proskenion, wie Experimente [31] ergeben haben, ein Schritt genügte, um die Gestalt vor dem dunklen Tor ins grelle Licht der schon hochstehenden Sonne zu rücken). Und so ist es ferner äußerst unwahrscheinlich, daß sich der Regisseur bei dieser ‹Ausstellung› nicht des Theatermittels eines erhöhten Standortes bedient hätte, daß also zum Tor nicht, was Dörpfeld hartnäckig bestritten hat, ein paar, vielleicht nur zwei Stufen [32] hinaufgeführt hätten. Konjekturen, gewiß! Das Argument der Beschattung setzt voraus, daß das Stück am Morgen gespielt worden ist, wofür es nur eine Evidenz gibt (Oed. R. 65, 1425/6), keinen Beweis; und doch erscheint diese ebenso wie

Abb. 2. Rekonstruktion des ‹Perikleischen› Steinbaus (nach Dörpfeld)

das Argument der ‹Ausstellung› demjenigen, der sich vorzustellen bemüht, wie das Überraschungsmoment inszeniert worden ist, schlüssiger als die Annahme anderer Darstellungsmöglichkeiten.

Unerläßlich, keiner Konjektur bedürftig, sind, nach dem Text dieses Stückes, ein Palast und ein Tor: die Riegel werden zurückgestoßen, sagt der Exangelos (1294). Wie hat das ausgesehen? Wie haben wir uns diese ‹plantation› der Bühne vorzustellen?

Zu dem Wenigen, was wir sicher wissen, gehört das Faktum, daß das Gebäude nicht aus Stein war, sondern aus Holz. Zwei Stellen bei Xenophon und Demosthenes beweisen, daß noch bis in die Mitte des vierten Jahrhunderts hölzerne Bauten auf der Skene gestanden haben; dazu kommt ein Fragment aus der Komödie eines Unbekannten, in dem es heißt, daß im Frühjahr mit großem Aufwand die Bühne aufgeschlagen wurde.[33]

Von hier an helfen die Befunde weiter. In einem Fundament befindet sich eine Reihe von Vertiefungen, die, nach übereinstimmender Meinung der Forscher, der Befestigung von Holzgerüsten gedient haben. Dieses Fundament (T)[34]

Abb. 3. Rekonstruktion des Lykurgischen Steinbaus (nach Mahr)

aus Breccia, einem verkitteten Steingemisch, von dem jetzt fast allgemein angenommen wird, daß es schon im 5. Jahrhundert verwendet wurde, stammt aus
perikleischer Zeit. Es wurde auf der Rückseite abgestützt von einer ebenfalls in
diese Zeit zu datierenden Terrassenmauer (H),[34] die zwei bis zweieinhalb Meter
hoch war. An diese Mauer ist ein Bauwerk angelehnt gewesen, das mit dem alten
Tempel zu einer Zeit, in der dieser durch den neuen abgelöst wurde, also im
letzten Drittel des Jahrhunderts, lose zusammengefügt war.

Uneinigkeit besteht über die genaue Zeit, in der das große Breccia-Fundament,[35] auf dem die Marmorbasis des lykurgischen Steinbaus angelegt ist, errichtet wurde. Es hat bereits den Grundriß dieses Baus, ein langgezogenes Rechteck, mit den auf beiden Seiten vorspringenden Paraskenien. (Wenn, wie erwähnt,
die am Zuschauerraum errichteten steinernen Stützmauern[36] beim lykurgischen
Bau nach Norden verschoben werden mußten, so darf man nach Dörpfeld
annehmen, daß dies mit der Errichtung einer pompösen 6-Säulen-Front an den
Paraskenien zusammenzubringen ist: hier helfen einmal zeitgenössische Vasenbilder, – die sonst niemals als direkte ‹Abbildungen› herangezogen werden
sollten[37] –: denn deren Maler haben den Tempelchen,[38] denen die Paraskenien-
Bauten ursprünglich nachgebildet worden zu sein scheinen, selten mehr als je
zwei, höchstens je drei Säulen gegeben *(Abb. 22 und 23);* eine 6-Säulen-Front
mußte mehr Raum vor sich haben, als ihn die alte Parodos freigab.) Der Grundriß des Fundaments stammt wohl aus perikleischer Zeit.

c) Der Umbau

Fassen wir diese Befunde zusammen, so ergibt sich, daß ‹in perikleischer Zeit›
ein Umbau des Theaters stattgefunden hat. Eine neue Terrassenmauer, ein stei-

nernes Fundament, ein Gebäude unterhalb der Terrasse, erste Steinbefestigung
im Koilon – das läßt den Schluß zu: ‹in perikleischer Zeit› ist das Bauprogramm
der ‹Versteinerung› entworfen worden, das erst hundert Jahre später, mit Veränderungen, fertiggestellt worden ist. Die lange Bauzeit ist nicht verwunderlich:
die letzten Jahre des Peloponnesischen Kriegs und die Kapitulation Athens 404
setzten der Bautätigkeit auf lange hinaus ein Ende. So sollten die perikleischen
Propyläen auf der Akropolis für immer unvollendet bleiben.

Aber was heißt nun ‹perikleische Zeit›? Perikles starb 429. Ein Bauprogramm,
das mit seinem Namen zu verbinden ist, muß also in das dritte Viertel des Jahrhunderts gesetzt werden. Um die Jahrhundertmitte war das große Bauen in
vollem Gang. Wenn 447 der Parthenon-Bau in Angriff genommen worden ist
– Teil einer umfassenden Planung –, so müssen die Projekte schon Jahre vorher
entworfen worden sein. Nun hat man die Einweihung des Odeion *(Abb. 4)*,[39]

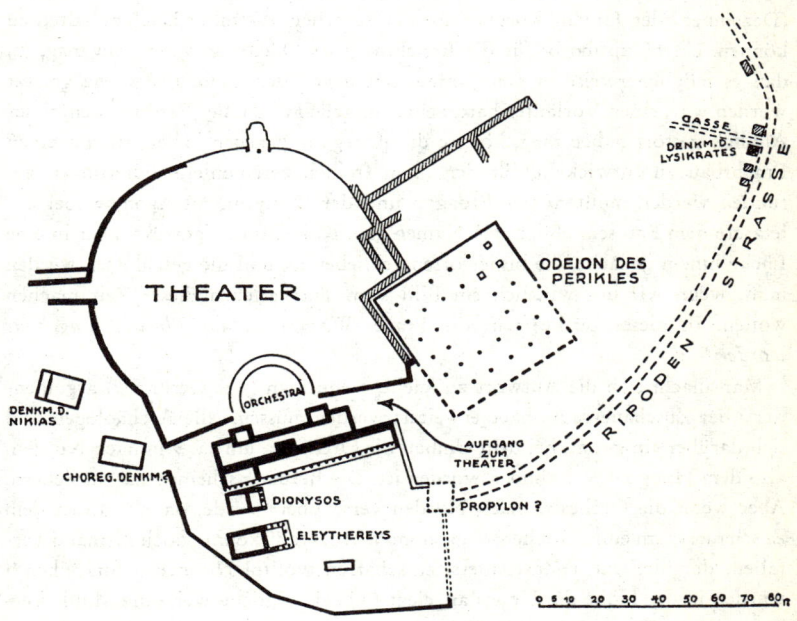

Abb. 4. Theater und Odeion des Perikles (nach Judeich)

eines Holzbaus, der im Osten so unmittelbar neben dem Koilon des Theaters errichtet worden ist, daß die Anlage in dessen Mauerwerk einschnitt, als terminus

post quem für den Beginn des Theaterumbaus angesprochen: das Jahr 443. Aber
das ist kaum schlüssig, denn es handelte sich auch hier ganz offensichtlich um
eine zusammenhängende Planung. Man sollte nicht sagen: das Theater mußte
umgebaut werden, weil das Odeion gebaut werden sollte, sondern das Odeion
wurde eingeplant, als ein Umbau des Theaters beschlossen worden war. Man
überlege doch: für dieses Odeion standen unzählige Plätze zur Verfügung, die
den kostspieligen Umbau des Theaters nicht notwendig gemacht hätten; wozu
hätte man der Staatskasse diesen Aufwand zumuten sollen, wenn der Bau auch
ohne ihn hätte aufgeführt werden können? Zwingend kann nur der Umbau des
Theaters gewesen sein. Daß das Odeion im engsten Zusammenhang mit dem
Theater geplant worden ist, beweisen zwei gesicherte Nachrichten: 1. es war der
Schauplatz des Proagon, der zeremoniellen Eröffnung der Dionysien; 2. es wurde
für Proben zu den Spielen benutzt. Der Gedanke drängt sich auf, daß der
Wunsch, die Proben in der unwirtlichen Jahreszeit, in der sie begonnen wurden
(Dezember oder Januar, worüber noch zu sprechen ist), unter Dach abhalten zu
können, ein Hauptmotiv für die Errichtung des Odeion gewesen sein mag, ja,
daß es möglicherweise in den Jahren, seit denen der Umbau in Gang gesetzt
worden war, einen Vorläufer hatte: eine einfache Holzhalle; Perikles, den dieser
Anblick gestört haben mag, könnte die Anregung gegeben haben, daraus einen
Prachtbau zu entwickeln, für den dann freilich zeremonielle Funktionen gefunden werden mußten: der Proagon und der Dithyrambos-Agon, wobei der
letztere dem Bau schließlich den Namen gab. Konjekturen, gewiß – aber in eine
Lücke hinein gedacht, die bisher offen geblieben ist und die geschlossen werden
muß, wenn wir uns wirklich ein Bild vom Theaterleben dieser Zeit machen
wollen. In dieser Lücke steht die Frage: *Warum ist das Theater umgebaut
worden?*

Man macht sich die Antwort zu leicht, wenn man (wie Gerkan [40]) argumentiert: der Zuschauerraum habe erweitert werden müssen. Alle Archäologen sind
sich darüber einig, daß bei dem Umbau die Orchestra um ca. 9 m nach Norden,
also dem Hang zu, verschoben worden ist. Die Befunde scheinen das zu sichern.
Aber wenn die Orchestra nach Norden verschoben wurde, dann wurden dem
Zuschauerraum einige Reihen weggenommen! Darauf konnte doch niemand ver-
fallen, der bloß mehr Zuschauersitze schaffen wollte! Die neuen Sitzreihen [41]
wurden in der Höhe des Hangs angelegt (wobei möglicherweise die Mulde ver-
tieft wurde). Wenn man unten Reihen wegnahm, konnte das nur einen einzigen
Grund gehabt haben: die Notwendigkeit eines Umbaus der *Bühne*.

Daß die Bühne umgebaut worden ist, steht fest; strittig ist der Zeitpunkt;
über diesen gibt die archäologische Evidenz nichts Bestimmtes her; aber es ist
klar, daß Genaueres über ihn nur ermittelt werden kann, wenn die Frage nach

dem Warum beantwortet wird. Die alte Bühne genügte den gewandelten Ansprüchen nicht mehr. Welchen Ansprüchen? Natürlich denen, die dann in der neuen Bühne berücksichtigt waren. Es gilt also, die alte Bühne mit der neuen zu vergleichen.

Hier gibt es nun doch einen archäologischen Anhaltspunkt. Dörpfeld hat bei seinen ersten Grabungen eine Gruppe von Steinen gefunden, die älter sind als die anderen Trümmer, etwa so alt wie der alte Tempel (SM 1, *Abb. 5*); da sie

Abb. 5. Steine – SM 1 – einer angeblichen alten Orchestra (nach Dörpfeld)

bei der Zusammensetzung eine leichte Krümmung aufwiesen, glaubte er, sie identifizieren zu können als die Reste einer Stützmauer der alten Orchestra, die dann ein Stück weiter östlich angelegt gewesen wäre als die spätere.[42] Diese Annahme wurde von der Forschung nahezu unwidersprochen übernommen, bis E. Fiechter nachwies, daß die Steine unmöglich einer Kreisform angehört haben konnten. Dörpfeld selbst gab darauf seine Hypothese von der ältesten Orchestra auf (sie spukt dennoch weiter in der Literatur). Aber was haben die Steine dann bedeutet? Darüber hat sich inzwischen eine communis opinio gebildet, die große Wahrscheinlichkeit für sich hat: sie haben zu einer Stützmauer der *Terrasse* gehört, auf der die alte Orchestra lag.

Also lag die alte Spielstätte mit der Orchestra vor dem Umbau auf einer Terrasse, die dort, wo Dörpfeld die Steine gefunden hat, im Osten, von einer Mauer gestützt werden mußte. Noch etwas ergibt der Befund. Die Steine sind außen bearbeitet, innen nicht, d. h. die Mauer war von außen zu sehen, während sie auf der anderen Seite Erdaufschüttungen [43] oder Fels abdeckte.

Bei den Ausgrabungen ist festgestellt worden, daß die alte (und die spätere) Orchestra im Osten ‹in den Fels eingeschnitten› war, während im Westen eine ebene Spielstätte nur durch umfangreiche Aufschüttungen hergestellt werden konnte. Das Gelände [44] fiel an der Stelle, wo das Theater angelegt worden war, nach Süden ziemlich steil, nach Westen allmählicher ab. Der *Geländesprung* nach Süden ist, wie schon gesagt, noch heute deutlich wahrnehmbar. Dörpfeld errechnete, daß er bis zu zweieinhalb Meter tief gewesen ist. Unten lag der Tempel im Hain des Temenos; aus ihm erhob sich die Terrasse, die im Osten mit

dem gewachsenen Fels zusammenwuchs, bzw. in diesen eingeschnitten war. Das
Gelände zeigte dort, am südöstlichen Halbbogen der Orchestra, den felsigen
Anstieg, in dem die Zuschauersitze durch die Parodos von der Spielstätte getrennt waren. Auf diesem Zugangsweg stieg man noch im Theater der perikleischen und nachperikleischen Zeit in die Orchestra ‹hinab› (wie Berichte bezeugen),[45] während man über die andere Parodos aus dem tiefer gelegenen Gelände
‹heraufgekommen› sein muß. Im Westen war, wie die Befunde zeigen, eine
Rampe angelegt worden.[46] Wenn wir Gerkan folgen, der angenommen hat, daß
die Terrassenmauer parallel zum alten Tempel verlaufen ist, um sich dann dort,
wo Dörpfelds Steine liegen, nach Nordosten und oben zu wenden, so hat die
Rampe längs der Terrasse im Westen zur rampenartig ansteigenden Parodos
geführt, und ebenso hat es im Osten längs der Mauer einen ansteigenden Weg zu
der sich vom Felsengelände herabziehenden Parodos gegeben.

Hier drängen sich zwei Überlegungen auf. 1. Warum ist dieses abschüssige
Gelände gewählt worden, während ein Blick von oben noch heute zeigt, daß es
Plätze genug gegeben hatte, auf denen entweder keine Terrassierung oder doch
eine weit weniger umfangreiche notwendig gewesen wäre? 2. Was war dort
unten, von wo aus die Zugänge längs der Terrassenmauer zu den Parodoi
führten?

Daß für die Wahl des Platzes nicht die natürliche Mulde maßgebend gewesen
ist, haben die Befunde ergeben: das Koilon wurde erst allmählich in den Hang
eingearbeitet und schließlich erst durch die hohen künstlichen Flügel an den
Parodoi vollendet.[47] Wie aber, wenn man den Platz gewählt hätte, *gerade weil
dort der Geländesprung war?* Weil nämlich dort das, was unten war, der Einsicht entzogen worden war? Was anderes sollte denn dort unten gewesen sein
als die hinterszenischen, eigentlich unterszenischen Baulichkeiten, die zur Zurüstung der Spiele erforderlich waren, also Garderoben und Magazine?[48] Wir
haben oben über die Bedeutung des Überraschungsmoments für Aischylos'
‹terata› gesprochen. Wer dem zustimmt, wird einräumen, daß es für die Zurüstung überhaupt keine andere Stelle gegeben hat als diese, wenn sie den Blicken
entzogen bleiben sollte. Der Bühnenpraktiker liest kopfschüttelnd, daß die
‹skene›, das ‹Zelt›, neben oder hinter der Spielstätte,[49] der Orchestra, aufgeschlagen worden und daß dort alles untergebracht gewesen sei, was die Zurüstung
erforderte. Wie sollen denn die Darsteller (Schauspieler, Choreuten, Komparsen)
von dort den Weg zu den Parodoi – insbesondere, wenn das Zelt seinen Platz
auf einer Seite neben der Orchestra gehabt hätte, zur entgegengesetzten Parodos – genommen haben?

Es sei, wurde gesagt, nicht ein ‹Zelt› nach unseren Vorstellungen gewesen,
sondern eine klisia,[50] eine Bretterbude, wie sie von Homer beschrieben wird.

(Aber seltsamerweise ist auf Vasenbildern das Zelt des Achilles, wie es vermutlich in Aischylos' ‹Achilleis›, und nicht nur dort, auf der Bühne zu sehen war, keine Bretterbude, sondern eben ein Zelt, wie wir es uns vorstellen, ein Gerüst, dessen Stoffwände so zurückgeschlagen werden konnten, daß das Innere vor aller Augen offen lag! *Tafel 8*). Was müßte das für eine Riesenbude gewesen sein, in der zum Beispiel das Personal der ‹Hiketiden›[51] des Aischylos (auch wenn es nicht, wie man geschätzt hat, etwa 150 Personen gezählt haben sollte – 50 waren es mindestens!) für das Spiel hergerichtet worden wäre! Schon Dörpfeld[52] hat auf die Lächerlichkeit der Vorstellung hingewiesen, «wenn z. B. in den ‹Schutzflehenden› der König Pelasgos mit Wagen und Gefolge aus einem den Zuschauern sichtbaren Zelte herausgekommen wäre und dabei behauptet hätte, er käme aus der entfernten Stadt Argos»; er forderte danach, mindestens für dieses Stück, eine Hintergrund-‹skene›, eine Bude mit Seitenausgängen, die den Blicken der Zuschauer entzogen gewesen sein müßten. Diese Bude, die Fiechter dann in seiner später fallengelassenen Annahme einer langen ‹Skenothek›[53] hinter der Orchestra wiedererstehen lassen wollte, müßte mindestens 20 m lang gewesen sein (bei dem Orchestradurchmesser von 19,61 m); sie hätte vielleicht die Auftritte den Blicken der Zuschauer entzogen (was auch noch höchst fraglich ist), nicht aber sich selbst: als eine Bretterwand, die in den ‹Hiketiden› gerade dort gewesen wäre, wo sie den Ausblick versperrt hätte,[54] der Danaos den ‹Staub› des nahenden Königswagens und später das Schiff der Verfolger erkennen ließ. Pinakes,[55] wie sie die Skenographie späterer Zeit mit Szenerien bemalt hat, sollen die nackte Bretterwand bedeckt haben: darauf wäre also in den ‹Hiketiden› der ‹pagos› (189) gemalt gewesen, den es doch vor aller Augen in natura gegeben hat, wie wir sahen. Eine absurde Vorstellung, wie überhaupt gemalte Landschaften in einem Theater, das in einer Landschaft liegt und dessen Zuschauer bis zu 60 m und mehr von diesen ‹Gemälden› entfernt gesessen haben, nicht eben einleuchtend sind. Wir werden noch über Skenographie zu sprechen haben, und es wird sich wahrscheinlich machen lassen, daß ihre Erfindung und Einführung gerade in den Zusammenhang der Gründe für den Umbau gehören. Aber für die Bühne vor dem Umbau kommt sie einfach nicht in Frage.

Wir brauchen den Platz nicht mehr zu suchen, wo die ‹Bretterbude› aufgeschlagen worden ist, den Blicken entzogen und möglicherweise bald als dauerhaftes Gebäude errichtet (denn da die stereotypen Szenerien und die zum Teil typischen Kostüme die Verwendung von Ausstattung in verschiedenen Stücken erlaubten, muß es einen Fundus gegeben haben, und für diesen ein Magazin[56]); sie war genau dort, wo sie für eine spätere Phase nachweisbar ist: *unterhalb der Spielstätte, im Schatten der Terrassenmauer,* von wo aus die Ausgangspositionen

der Auftritte am einfachsten erreichbar waren. Die Mauer, die Gerkan angenommen hat, konnte bis zu 33,5 m lang sein, ehe sie nach oben umbog; davon
dürfte mehr als die Hälfte außerhalb des Blickfelds gewesen sein, Platz genug,
um in einer mindestens 2 m hohen Baracke das ‹Bühnenhaus› unterzubringen, in
dem die Zurüstung erfolgte.

Man kann einwenden: Hatten die Griechen wirklich den Wunsch, die Zurüstung den Blicken der Zuschauer zu entziehen? Vor allem in Amerika[57] wird
neuerdings die These vertreten, daß das Interesse der Tragiker und ihres Publikums an der Opsis gering gewesen sei; dafür werden Analogien aus dem asiatischen und elisabethanischen Theater herangezogen. Diese Analogien sind leicht
zu widerlegen (andere bestehen durchaus): Die Asiaten und die Elisabethaner
kannten weder das Ekkyklema noch die Mechane (sie hatten auch sonst nichts,
was damit vergleichbar wäre; erst in der Spätform der japanischen Bühne, dem
Kabuki, gab es solche Maschinen, sogar die Drehbühne, aber da gab es auch
die szenische Illusion, die realistische Dekoration). Wir sagten schon, daß der
Wunsch nach unsichtbarer Zurüstung nichts mit Vortäuschung (apate)[58] oder
gar Nachbildung von Realität zu tun habe; er war vielmehr durchaus theaterhaft: er galt der Herstellung des Überraschungsmoments; überall wo dieses nicht
im Spiel war, mögen antiillusionistische Vorkehrungen getroffen worden sein,
so wenn, wie Pickard-Cambridge[59] annimmt, auf offener Szene Bühnenarbeiter
erschienen, um szenische Veränderungen vorzunehmen: die antiillusionistische
Grundstruktur der Tragödie konstituiert ja vor allem der Chor. Aber Opsis ist
im Theater nicht identisch mit Illusion. Aischylos’ Vorliebe für das ‹teratodes›
ist antiillusionistisch und elementar theaterhaft. ‹Terata› heben sich jedoch selbst
auf, wenn man sieht, wie sie ‹gemacht› werden. Der Streit ist überflüssig. Die
Frage, ob die Griechen für das Theater der Tragödie die Unsichtbarkeit der
Zurüstung gesucht haben, ist nicht spekulativ; die positive Antwort kann bewiesen werden.

Es gibt nicht weit von Athen, östlich des berühmten Kap Sunion, ein kleines
Theater, das von einigen Forschern geradezu als ein Modell der Anlage angesehen wird, die wir uns für das Dionysostheater des 5. Jahrhunderts vorzustellen
haben: *Thorikos.*[60] Es liegt auf halber Höhe an einem felsigen Hang, in den, auf
eine ungewöhnlich verquetschte Weise, die Sitzreihen eingehauen sind, mit dem
Blick nach Südwesten, auf das Meer. (s. *Tafel 24*) Die Übereinstimmungen mit
dem Dionysostheater sind verblüffend. (Eine auffallende Nichtübereinstimmung,
von der viel Aufhebens gemacht worden ist, die angeblich rechteckige Orchestra,
ist, wie gezeigt werden kann, pure Spekulation.) In unserem Zusammenhang ist
ein Merkmal wichtig: auch dieses Theater hatte, obwohl es leicht an anderer
Stelle angelegt hätte werden können, den Geländesprung. Hinter der ‹skene›,

die sicher nie ein steinernes Bühnenhaus getragen hat, fällt der Hang so ab, daß
sich, wie im Hang des Burgbergs in Athen,[61] eine nicht einsehbare Zone ergab,
wenn man die Spielfläche terrassierte; und diese Terrassierung ist evident. Es
kann nicht bewiesen werden, daß unterhalb der Terrasse ursprünglich ein Bühnenhaus gewesen ist; aber es kann bewiesen werden, daß die Erbauer dieses
Theaters eine Zone der unsichtbaren Zurüstung eingeplant haben; denn in der
Ruine befinden sich zwei geräumige Kammern, den Blicken entzogen, am Felshang auf der Ebene des Spielfelds. Wir nehmen an, daß sie aus einer Zeit stammen, in der das Theater umgebaut worden ist: wie in Athen wurde der Zuschauerraum nach oben erweitert; und wie in Athen, mußten die hinterszenischen Einrichtungen ausgebaut werden. Dafür war in den kleinen Proportionen
des Felshangs von Thorikos zu wenig Platz; so kam man auf den Gedanken, die
Felskammern zu schaffen; sie wurden dort angelegt, wo sie der Einsicht entzogen
waren. Bei den Auftritten und Aufzügen in der ihnen zunächst gelegenen Parodos kamen die Darsteller sozusagen plötzlich um die Ecke. Zur Parodos auf der
entgegengesetzten Seite mußten sie einen Zugang unterhalb der Terrassenmauer
haben: er war selbstverständlich nicht einsehbar. Für Auftritte aus der Mitte
mußte ein Aufbau wie – darüber gleich – in Athen auf einem Gerüst (okribas,
pulpitum) montiert werden, zu dem eine unsichtbare Treppe oder Leiter hinaufführte; man erreichte sie auf demselben Weg unterhalb der Terrassenmauer.
Damit ist, denken wir, bewiesen, daß es im Theater des 5. Jahrhunderts wie in
allen Theatern der Weltgeschichte eine Tabu-Zone gegeben hat, in der die Zurüstung erfolgte.

Gegen die Annahme, daß im Dionysostheater vor dem Umbau ein als Skene
gedachtes Bühnenhaus auf der Terrasse hinter der Orchestra, also an deren Südseite, errichtet worden sei, spricht noch ein anderer Grund. Auf der Terrasse war
kein Platz dafür.[62] Wenn, wie allgemein angenommen wird, die alte Orchestra
etwas südlicher lag als die perikleische, blieb auf der Terrasse zwischen Orchestrarand und Stützmauer kein Raum frei. Das Gebäude hätte also über einem bis
zu $2\frac{1}{2}$ m hohen Gerüst auf eine Plattform gestellt werden müssen. Und dies nur
für Garderoben und Magazine! Anders lägen die Dinge, wenn das Haus mitgespielt hätte. Aber – hier entscheidet die Evidenz der Stücke – das früheste Haus,
das wir in den erhaltenen Texten finden, steht in der Orestie: 458. Welch ein
Datum, wenn wir uns vor Augen halten, was oben über die große Zeit des Bauens
gesagt worden ist! (Die aischyleischen Fragmente, in denen auf Stücke mit Häusern geschlossen werden könnte,[63] sind selten; sie dürften alle aus der Spätzeit
stammen.) Auch ein Mitteltor wird zum erstenmal in der Orestie gefordert. Die
drei frühesten Stücke – wir lassen den ‹Prometheus›, dessen Felsenszenerie ohne
Zweifel zentral ausgerichtet war, vorläufig beiseite, weil er kaum viel früher als

die Orestie, eher nach dieser entstanden sein dürfte – haben keinen Auftritt aus
der Mitte. Eine Analyse der Inszenierungs-Prämissen zeigt, daß sie alle ein Span-
nungsfeld in der *Ost-West-Achse* aufweisen.

d) Die alte Bühne

In den ‹Persern› ist der Blick vom Osten, wo die Stadt liegt[64] und wo (wie wir
zeigen werden) der Kronrat auf den Felsensitzen[65] des Pagos Platz genommen
hat, nach Westen gerichtet, von wo die Botschaft erwartet wird und Xerxes kommen muß. In den ‹Sieben› ist östlich das Innere der Polis angenommen, während
von der Warte, auf der das Stück spielt, der Weg nach Westen zu den äußeren
Toren und zum Schlachtfeld führt. In den ‹Hiketiden› jagt der Chor vom Westen,
vom Meer herauf, zu der Koinobomia auf dem Pagos, wo er Zuflucht sucht, und
von wo Danaos nach der Stadt und in die Ferne späht, aus der die Verfolger
schließlich kommen, um ihre Opfer über die Orchestra auf den Pagos zu treiben,
worauf vom Osten, aus der Stadt, der König mit seiner Truppe herbeieilt, um sie
dorthin zu verjagen, woher sie gekommen sind. Die Exodos führt in den ‹Persern› und in den ‹Hiketiden› in die Stadt. Die Rekonstruktion des verderbten
Schlusses der ‹Sieben›[66] wird unter diesem Aspekt besonders interessant: Antigone und Ismene kommen mit den Leichen der Brüder in der Pompe vom Schlachtfeld: sie können also die Orchestra nur in der Richtung nach der Stadt über-
queren, was zu beweisen scheint, daß Aischylos beiden Toten das Begräbnis hat
zuteil werden lassen (wie es das Ende der Trilogie als das Ende des Fluchs verlangt).

Das felsig ansteigende Gelände, das im Südosten die Orchestra eingefaßt hat,
ist später unterhalb der Stützmauer des Zuschauerraums abgetragen worden. Dabei scheint man das Niveau der Ost-Parodos auf das der West-Parodos eingeebnet
zu haben. Dörpfelds Querschnitte[67] zeigen dort gewachsenen Fels dicht unterhalb des Bodens der Spielstätte *(Abb. 6, 7 und 8)*. Noch im ‹periklеischen› Theater
muß im Osten zwischen dem Orchestrarand und der Tangente des Skene-Funda-
ments (auch im Segment zwischen Orchestrarand und Ost-Paraskenion) gewachsener Fels sichtbar gewesen sein, was wir aus Vers 19 des erst 401 uraufgeführten
‹Oedipus auf Kolonos›[68] schließen: τοῦδ᾽ ἐπ᾽ ἀξέστου πέτρου solle, wie Antigone
sagt, Oedipus sich setzen (ähnlich 192: τοῦδ᾽ αὐτοπέτρου βήματος, 195 f.: λεχριὸς
γ᾽ ἐπ᾽ ἄκρου λάου βραχὺς ὀκλάσας – «auf den Steinrand seitwärts» übersetzt
Buschor).

Vor dem Umbau war also der *Pagos*,[69] der mit Recht so genannt wurde, wenn
das Gelände hinter ihm bis zu 2½ m abfiel, ein exponierter Teil der Spielstätte,

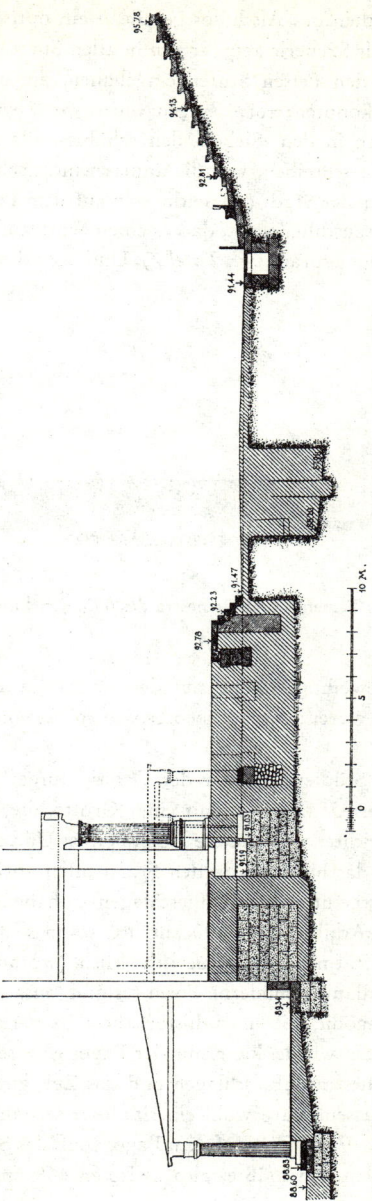

Abb. 6. Durchschnitt durch Skene und Orchestra des Dionysostheaters (nach Dörpfeld)

ja in den drei ersten Stücken des Aischylos geradezu ein optisches Element der
dramatischen Struktur. Als Szenerie zeigt er sich in allen Stücken bearbeitet: wie
auf der Pnyx waren in den Felsen Stufen eingehauen, die dem Kronrat der
‹Perser› als Sitze dienen konnten: τοῦδ᾽ ἐνεζόμενοι στέγος ἀρχαῖον (140). Über
diese Stufen erreichte man in den ‹Sieben› den erhöhten Platz, den der kataskopos benötigte, um zu beschreiben, was die anderen nicht sehen konnten: den
Aufmarsch der Feinde vor der Stadt (vielleicht war auf dem Pagos eine Art Zitadelle angelegt; nicht auszuschließen ist, daß es einen Wachtturm[70] gegeben hat,
von dem aus der Kataskopos sprach *vgl. Tafel 7*). Und über diese Stufen erreich-

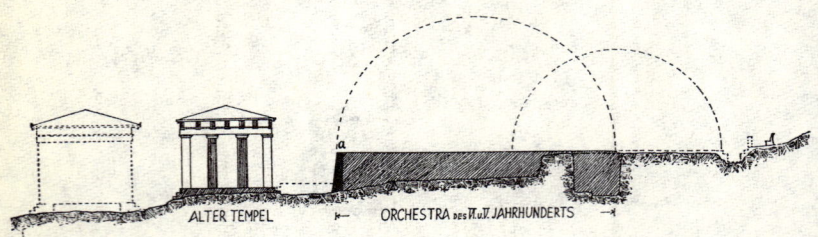

Abb. 7. Durchschnitt durch Temenos und Orchestra des 6./5. Jahrhunderts (nach Noack)

ten die Hiketiden die geweihte Anhöhe, auf der die Altäre und Agalmata der
Koinobomia angeordnet waren: πάγον προσίζειν τόνδ᾽ ἀγωρίων θεῶν (189, cf
714, 776, 832).

Auch in den anderen Stücken, die vor der Orestie aufgeführt worden sind,
gibt es viel felsige Szenerie,[71] zuweilen mit einer Grotte, die wohl in ähnlicher
Weise auf dem Pagos errichtet war wie die Koinobomia. Und ähnlich wurde das
einzige ‹Haus› errichtet, das bis dahin in den Fragmenten vorkommt: das leicht
bewegliche Zelt.[72] Man scheint es früh aufgeschlagen zu haben (wenn die Datierung der aischyleischen ‹Achilleis› auf 490 zutrifft, schon so früh), und es war
eben wegen seiner Mobilität nicht die homerische klisia (worauf schon hingewiesen wurde), sondern die damals moderne Form (es gibt, ausgenommen vielleicht
die ‹Bakchen›, keine Tragödie mit einer ‹historischen› Szenerie). Der Platz, auf
dem das Zelt aufgeschlagen wurde, kann nur der Pagos gewesen sein; ein Gerüst
an der Südseite der Orchestra aufzuschlagen und das Zelt gleichsam zur Hälfte
in der Luft hängen zu lassen, wäre wohl ein sinnloser Gedanke gewesen. Vielleicht stand noch im ‹Aias›[73] das Zelt auf dem Pagos (daß das Stück dann vor der
Orestie aufgeführt worden sein müßte, also zwischen 468 und 458, müßte zu-

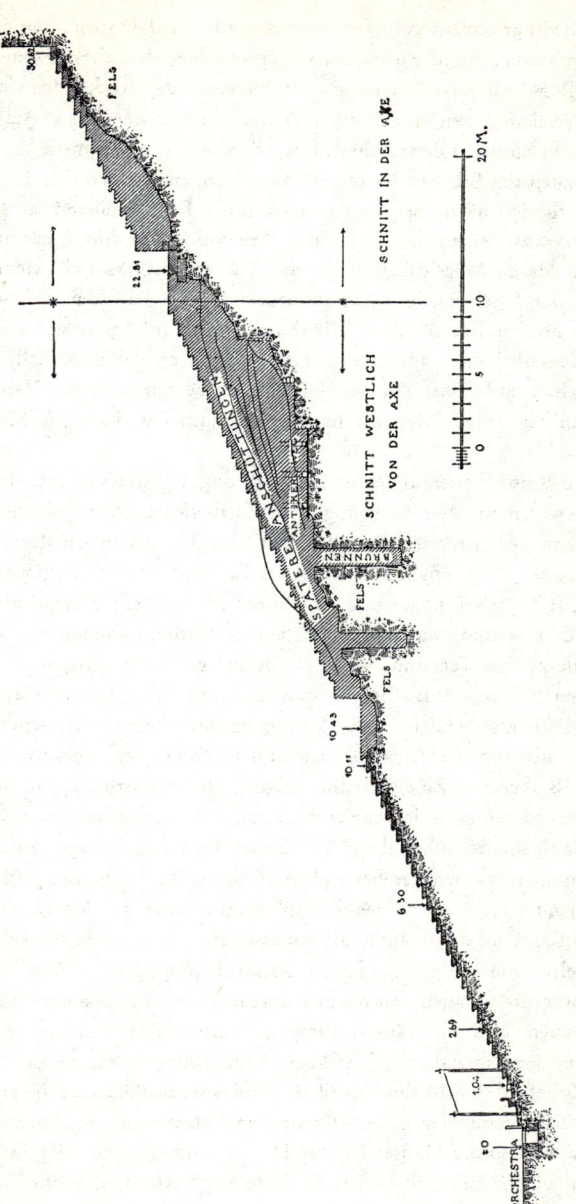

Abb. 8. Durchschnitt durch den Zuschauerraum (nach Dörpfeld)

nächst nicht unbedingt daraus gefolgert werden; solange die Aufbauten auf der
skene temporär waren, stand nichts einer Verwendung der alten Szenerie im
Wege); jedenfalls würde das die szenische Problematik des Stücks, den ‹Szenenwechsel› zwischen dem ersten und zweiten Teil, am einfachsten lösen: Aias hätte
sich vom Zelt zum Südrand der Orchestra begeben, wo er auf dem tiefer liegenden Terrassenboden das Schwert hätte eingraben können und wo sich die Puppe
seiner Leiche befunden hätte, bis sie Tekmessa fand. Die jeweils einfachste Lösung ist immer vorzuziehen, da die Dichter ihre Stücke für die Spielstätte geschrieben haben, deren Möglichkeiten sie genau kannten. Das Ekkyklema, das
von einigen für den Kommos des ‹Aias› gefordert wird, ist für keines dieser frühen Zeltstücke notwendig, da die Zeltbahnen weit zurückgeschlagen werden
konnten, um den Blick ins Innere freizugeben – wie es Tekmessa selbst sagt:
ἰδού, διοίγω (346), und Aias: ξυνέρξεϑ' (593). So zeigen auch die Vasen den
trauernden Achill in seinem Zelt (wahrscheinlich nach der Szene in Aischylos'
Trilogie).

Dörpfeld und Reisch haben angenommen, daß das Zelt die Vorstufe des Bühnengebäudes gewesen sei. Die ursprüngliche Wortbedeutung von skene deutet
daraufhin, daß in der frühesten Zeit das Zelt, das Thespis neben dem Wagen
aufgeschlagen haben mag, ein konventionelles Element der Szene gewesen ist;
es war damals, für 1 Schauspieler und 12 Choreuten, auch ausreichend als ‹Bühnenhaus› (Garderobe und Magazin); für den Bedeutungswandel im Wortgebrauch, der zuletzt den Terminus skene = Bühne geschaffen hat, muß es eine
Ursache gegeben haben. (Auffällig ist, daß das Zelt im ‹Aias› niemals skene
genannt wird.) Wir glauben, sie in der Verlegung des Theaters aus dem Agora-
Bezirk an den Südhang der Akropolis zu finden. Denn jetzt verschwand das,
was bis dahin als skene = Zelt vor aller Augen gelegen hatte, in dem Schatten
des Geländesprungs, wo es unsichtbar wurde: zuerst ein Zelt, dann eine Baracke,
schließlich das ausgebaute Bühnenhaus. Die Zelte, die auf dem Pagos aufgeschlagen wurden, können, wie wir gesehen haben, nicht als Bühnenhäuser gedient haben: sie waren nun Teile einer Szenerie, ‹plantation› wie die Altäre, die tom-
beaux, die Grotten. Und da sie die Realität dessen darstellten, was sie bedeuteten
(realistische Zelte, wie jeder Athener sie kannte), mögen sie in der Tat den
Wunsch hervorgerufen haben, auch andere realistische Behausungen ‹auf der
Bühne› aufzubauen, Hütten, Häuser, Tempel, Paläste. (Die letzteren bereiteten
Schwierigkeiten, denn in Athen gab es keine Königsburgen, wie sie die Mythen
kennen: Karl Schefold[74] sieht die Vorbilder in persischen Palästen, die eine verblüffende Ähnlichkeit mit der später stereotypen Palastform der Skene zeigen.)
Aber wo sollte man solche Häuser bauen? Das Gelände auf dem Pagos eignete
sich nicht dazu. Für Szeniker wie Aischylos und Sophokles muß schließlich auch

die Beschränkung auf die Ost-West-Achse eine Einengung gewesen sein. Zum Wunsch nach dem Haus kam der Wunsch nach einer *Auftrittsmöglichkeit aus der Mitte.*

e) *Die neue Bühne*

Wir sehen diese Veränderungen in den Zusammenhängen, die um die gleiche Zeit das äußere Bild der Polis und die Erscheinungsformen der Künste mächtig veränderten. Vom ‹großen Bauen› war schon die Rede. In den Zentren der Polis muß es einen Wald von Baukranen gegeben haben. Die Entwicklung drängte zu den ästhetischen Axiomen der Klassik. Eines der wichtigsten war die *Symmetrie.* Was bei Aristoteles ‹Entelechie› heißt, bedeutet für den Theaterbau das Telos des lykurgischen Steinbaus, in dem sich das Ideal eines Bühnenbaus mit Mitteltor und Paraskenien-Flügeln symmetrisch versteinert hat. Kreis (Orchestra) und Kubus (Haus) mußten zusammengefaßt werden: die gegliederte Anlage eines Mittelbaus mit Paraskenien, die es in keiner Wirklichkeit gegeben hat, ist als die geniale Erfindung eines Bühnenbauers anzusehen. Die Überlieferung bietet Namen an: Hippodamos,[75] den Städtebauer, Agatharchos,[76] den Skenographen. Oder war es am Ende Aischylos selbst? Es gibt keine ausreichenden und direkten Belege für die Abfolge der Entwicklung. Unsre Konjekturen suchen jene Lücke zu schließen, die nicht offen bleiben sollte.

Da es spätestens von der Orestie an das Haus mit dem Mitteltor gegeben hat (und, wie wir zu begründen versuchen werden, schon damals auch das Haus mit den Paraskenien), muß eines Tages der revolutionäre *Schritt von der Ost-West-Achse zur Zentralachse* getan worden sein.

Am Südrand der Orchestra befand sich im Geländesprung ein schmales Stück Terrasse, teils aus Fels, teils aufgeschüttet. Darunter war, wie wir annehmen, das Bühnenhaus, die Skene. Nun geht seit langem und bis heute kaum entschieden der Streit über die Bedeutung der von Aristoteles mehrfach gebrauchten Wendung ἐπὶ τῆς σκηνῆς.[77] Man hat die scharfsinnigsten (und oft gewundene) Erklärungen dafür beigebracht, um zu beweisen, daß es nicht bedeuten könnte, was es doch heißt: auf der Bühne. (Daß sich der Wortgebrauch bis heute erhalten hat, obwohl auch in der modernen Bühnensprache der ursprüngliche Wortsinn Bühne = Podest, Brettergerüst = stage, tréteau ausgeweitet worden ist, sollte zu denken geben). Natürlich könnte es nicht ‹auf der Bühne› heißen, wenn es (woran Dörpfeld hartnäckig festgehalten hat) dort nichts Bühnenhaftes gegeben hätte, keine Erhöhung, kein Podest, keine Stufen. Aber daß es Bretter, jedenfalls einen Bretterboden, gegeben hat, sollte nicht bezweifelt werden, und es mag zunächst ohne

Belang bleiben, ob sich diese Bretter auf dem gleichen Niveau wie die Orchestra befunden haben oder nicht; erst wenn die ursprüngliche oder normale Bedeutung völlig ausgeschlossen werden müßte, könnte sie fallen gelassen werden.

Die Bretter, auf denen im Dionysostheater gespielt worden ist, können nun in der Tat, sofern wir annehmen, daß sie in ähnlicher Weise angebracht waren wie die späteren Steinfundamente, also zentral-symmetrisch, zunächst nirgends sonstwo gewesen sein als ἐπὶ τῆς σκηνῆς, nämlich *auf dem Dach der skene*,[78] des Bühnenhauses unterhalb der Terrassenmauer im Geländesprung. Die alte Orchestra hatte, wie gesagt, zwischen ihrem Kreisrand und der Terrassenmauer nur einen kleinen ‹Spielraum› (der so verwendet worden sein mag, wie wir es beim ‹Aias› annehmen). Darauf konnten keine Häuser gebaut werden. Man hat aus diesem unwiderlegbaren Argument, das Dörpfeld nicht berücksichtigt hat, die These entwickelt, daß die Aufbauten (auch so komplizierte wie die der Orestie) auf der Orchestra[79] selbst errichtet worden seien (F. Noack). Abgesehen davon, daß es keinerlei archäologische oder literarische Evidenz dafür gibt, spricht dagegen die bühnenpraktische Erfahrung. Moderne griechische Regisseure,[80] die auf der Orchestra in Epidauros die alten Stücke inszenieren (deren Durchmesser ist nur wenig kleiner als der im Dionysostheater), versichern, daß in diesem Kreis mehr als 15 Choreuten nicht choreographisch bewegt werden können, und ohne tänzerische Bewegung sind viele Chorlieder nicht vorstellbar. Daraus ist zu folgern, daß die 15 Choreuten den vollen Kreis benötigt haben. Hinzu kommt noch, daß die kultisch rituell bedingte kyklische Grundform der Chöre[81] so wenig aufgegeben worden sein dürfte wie die der Orchestra selbst (solange es Chöre gab); auch das gehört in das Kapitel von der Kontinuität der Konventionen.

Schließlich stoßen wir auch hier auf die Axiome der klassischen Ästhetik. Nichts konnte der Wendung zur Symmetrie förderlicher sein als die Orientierung nach dem Kreis. Bedenken wir, daß es um diese Zeit zu einer kaum anders erklärbaren Veränderung in der Zusammensetzung des darstellerischen Personals gekommen ist: die Zahl der Schauspieler wurde auf 3,[82] die der Choreuten auf 15 erhöht[83] – nach Aristoteles durch Sophokles, dem Aischylos in seinen späten Stücken folgte. Warum ist das geschehen? Natürlich gibt es wieder eine simple Antwort: erhöhter Aufwand. Sie mag zutreffen, aber sie erklärt nicht, warum man überhaupt an der beschränkten Zahl der Schauspieler[84] festgehalten hat und warum die Chöre nicht auf, sagen wir, 20 Mann verstärkt worden sind. Was die Chöre betrifft, so haben wir den Grund schon benannt: mehr als 15 Choreuten waren im Orchestrarund nicht zu bewegen. Aber warum gerade 15? Die Erklärung ist einfach (ich verdanke sie Hildebrecht Hommel): aus 12 Choreuten[85] waren keine symmetrischen Arrangements zu bilden, sobald der Chorführer eine solistische Rolle zu spielen hatte. Für die Bühne der Ost-West-Achse war das kein

Problem, wohl aber für die Bühne, die zentral nach dem Kreis orientiert war. Hier war das Arrangement 7 + 1 + 7 ebenso verführerisch wie das Arrangement 1 + 1 + 1 bei den Schauspielern. Für die Dramatik der Ost-West-Achse war der Antagonismus der beiden Darsteller das Gegebene; aber als der zentrale Auftritt möglich geworden war, mußten die Grundpositionen neu verteilt werden. Ein Beispiel für das neue Arrangement: Wenn Kreon in der Szene mit der verhafteten Antigone (388 ff.) vor dem Mitteltor stand, konnte die Position der Gegenspielerin in einer der Hälften der Spielstätte nicht ohne ein Pendant in der anderen bleiben; dieses wurde zunächst vom Wächter gebildet, nach dessen Abgang von Ismene (die derselbe Schauspieler spielte).

Zurück zum Terminus ‹Auf der Skene›. Wenn der Spielraum zwischen Orchestrarand und Terrassenmauer zu klein war, um ein Haus aufzunehmen, dann mußte ein Gerüst aufgeschlagen werden, das über den Terrassenrand hinaus von unten herauf montiert war. Dort unten aber befand sich doch die ‹skene›. Schon Carl Robert[86] hat daher den höchst plausiblen Vorschlag gemacht, das Dach der ‹skene› (des Bühnenhauses) in das Gerüst einzubeziehen: man brauchte es ja nur aufzustocken, um das Niveau der Orchestra zu erreichen (oder auf ihm ein Podium hinter dieser zu errichten). So wurde hier in der Tat ἐπὶ τῆς σκηνῆς gespielt.

Nun gibt es eine gut, wenn auch spät bezeugte antike Überlieferung, wonach Aischylos die ‹Bühne› erfunden habe.[87] Diese ist in allen Theatergeschichten einmal erfunden worden, so wie es in allen auch vorher oder daneben den ‹Karren› des Thespis gibt – wir erwähnten es schon. War der Karren die erste ‹Bühne› gewesen, so hätte Aischylos eine neue Bühne erfunden und jetzt wirklich eine ‹Bühne›: ein Brettergerüst (stage, tréteau). Horaz nennt es an der Stelle, wo Aischylos als Erfinder erscheint, ein «pulpitum» (Ars poet. 278/80: «modicis instravit pulpita tignis»). Das Zeugnis ist nicht unverdächtig, weil im gleichen Zusammenhang Aischylos auch die Erfindung des Kothurns zugeschrieben wird, den es in der klassischen Zeit so wenig gegeben hat wie die Fratzenmaske. Aber das Mißverständnis ist erklärbar. Das griechische Wort heißt ὀκρίβας.[88] Dieses wird später in der Tat als Synonym für κόθορνος oder ἐκβάτης gebraucht; in der klassischen Zeit heißt es aber ausschließlich ‹Brettergerüst›. Wenn das Zeugnis des Themistios verläßlich ist, kann die Überlieferung bis auf Aristoteles zurückgeführt werden: *Aischylos als Erfinder der ‹Bühne›.*

Zwischen der Bühne der drei frühen Stücke und der Orestie liegt, wie schon Wilamowitz[89] gesehen hat, der große *Umbau.* Doch ist der Sprung von der Ost-West-Achsenbühne mit dem Pagos zu der Bühne mit dem Zentralbau wohl zu groß. Auch haben wir noch immer keinen konkreten Grund dafür gefunden, daß das kostspielige Umbauen unerläßlich geworden war, weil die alte Bühne den

neuen Ansprüchen nicht mehr genügt hatte. So müssen wir wohl Zwischenglieder
erschließen.

Das früheste Haus [90] dürfte auf einem Gerüst erbaut worden sein, das mit dem
Dach der Skene (des Bühnenhauses) an der Terrassenmauer zusammenhing; es
konnte auf diesem befestigt werden und reichte wohl bis zum Orchestrarand. Da
es unmöglich war, auf diese Weise eine breite Fassade herzustellen, dürfte das
Haus die Masse und das Volumen der vielen hohen und schmalen Tempelchen gehabt haben, die uns die Vasenbilder zeigen: zwei oder drei schlanke Säulen in der
Front, weitere an den Seiten, darüber ein Fries und ein niedriger Giebel, dahinter
eine praktikable Türe in einen Innenraum, zu dem eine nicht sichtbare Leiter
oder Treppe aus dem Bühnenhaus herautführte. Die Evidenz der Vasenbilder [91] ist
so einheitlich, daß sich diese Form des frühen Bühnenhauses geradezu aufdrängt.
Aber warum ist sie auf den Vasen stereotyp geblieben, während die Entelechie
der Bühne zur breiten Fassade mit Paraskenien drängte? Die Erklärung ist vielleicht in einer Beobachtung Fiechters [92] zu finden: er hat festgestellt, daß die Breite
des Fundaments T genau der Breite des alten Tempels entspricht und daß dessen
Maße im Ganzen denen der späteren Paraskenien zum mindesten sehr ähnlich
sind; das sind nun aber die Maße der schlanken und hohen Tempelchen, wie sie
die Vasenbilder zeigen *(Tafel 9 und 10)*; nehmen wir an, daß die früheste Form
eines solchen Gebäudes im Zentrum der Südseite an der Orchestra nur relativ
kurze Zeit verwendet worden ist, weil bald der Umbau der gesamten Anlage in
Angriff genommen wurde (mit der Paraskenienbühne als Grundriß), dann wäre
der nächste Schritt die Anlage symmetrischer Tempelchen auf den vorspringenden
Flügeln des Fundaments (Paraskenien) gewesen. Zwei vielerörterte Vasenbilder,
die ohne Zweifel eine Holzbühne zeigen, sprechen für diese Hypothese: die
Iphigenia-Vase im Louvre [93] *(Tafel 9,* Webster NV 2) und eine tarentinische Vase
in Würzburg [94] *(Tafel 10,* Webster GV 1): beide stammen freilich aus Süditalien
und aus der Mitte des 4. Jahrhunderts, was weitreichende Schlüsse verbietet. Wir
können den Bildern nur entnehmen, daß es in Süditalien zu einer Zeit, als dort
noch Holzbühnenhäuser errichtet worden sind, solche Bühnenformen gegeben hat:
zwei Paraskenien, dazwischen entweder eine Mittelfront ohne Mitteltür (Würzburger Vase) oder nur ein Verbindungsgebälk über dem offenen Boden (der auf
der Louvre-Vase polygnotisch punktiert ist). Immerhin spricht die Übereinstimmung der Bauten in den Paraskenien mit den stereotypen Tempelchen, die einzeln auf Vasen erscheinen, dafür, daß auch im Dionysostheater diese Form noch
angewendet worden sein könnte, als das einzelne, kleinere Zentralbühnenhaus
von der Breitform der Paraskenienbühne abgelöst worden war. (Eine derart
offene Szene zwischen zwei Paraskenien-Tempelchen schlagen wir für die Bühne
der ‹Eumeniden› vor.) [95]

Fassen wir die Hypothese zusammen!

Aischylos hat ein dem Fundament T entsprechendes Brettergerüst erstellen lassen, um darauf an der Mitte der Orchestra-Tangente und teilweise über dem Dach des Bühnenhauses an der Mauer Häuser aufschlagen zu können, die etwa die auf Vasen dargestellte Grundform hatten.

Warum ist es dabei nicht geblieben? Anders gefragt: Warum ist bald danach das ganze Theater umgebaut worden? Wir geben folgende Antwort: Aus bestimmten Gründen haben diese Häuser den Ansprüchen nicht genügt. Diese Gründe mögen sowohl ästhetischer wie technischer Art gewesen sein. Technischer Art: Das Gesamtgerüst mußte, vom Boden des Temenos gerechnet, eine Höhe von mindestens 5–6 m erreichen; das mag kein Problem sein bei Holzhäusern, die solide und dauerhaft gebaut werden; es war aber ohne Zweifel eines bei Gerüsten, die am Morgen aufgebaut und am Abend wieder abgebaut wurden.[96] Betrachten wir etwa die leichte und lichte Architektur der Paraskenien-Tempel auf der Würzburger Vase *(Abb. 9)*, so verstehen wir, warum sich der Wunsch einstellen

Abb. 9. Rekonstruktion des Bildes auf der Würzburger Vase (nach Bulle)

mußte, sie auf ein solideres Fundament zu stellen. Bühnenpraktische Schwierigkeiten ergaben sich daraus, daß zur Vorbereitung der vom Zuschauer ziemlich weit entfernten Auftritte aus der Mitte nur wenig Platz in dem schmalen Raum hinter der Säulenhalle blieb. Ästhetisch konnte das Bild der auf relativ schmaler Basis (ca. 6 m) in eine nicht eben beträchtliche Höhe aufstrebenden Gebilde kaum befriedigen, wenn man sie so, weit hinten am Orchestrarand in der Gesamtansicht

der noch immer ostwärts zum Pagos ansteigenden und westwärts auf der Rampe
abfallenden Spielstätte wahrnahm. So einleuchtend die Idee war, die zur Erfindung der ‹Bühne› (okribas) geführt hatte, so klar stellte sich bei der Realisierung
heraus, daß sie verbessert werden mußte.

Noch eine Reihe weiterer Gründe ließ eine Veränderung der gesamten Situation wünschenswert erscheinen. Für die Erhöhung der Schauspielerzahl und die
Verstärkung des Chors, die um diese Zeit erfolgten, waren die bisher zur Verfügung stehenden *Garderoberäume* nicht mehr ausreichend. Es genügt nicht, festzustellen, daß nun ein weiterer Schauspieler und drei weitere Choreuten mehr
Ansprüche stellten. Raum wurde für jeweils drei Produktionen [97] benötigt, und
das heißt – wir kommen auf diesen Punkt noch zurück –, daß er für die Proben
benötigt wurde. Es ist ja nicht einfach so gewesen, daß jeweils eine Produktion
diese Räume nur für einen Tag innehatte, um sie dann für die nächste zu räumen.
Unterzubringen waren zusätzlich: dreimal 1 Schauspieler und dreimal 3 Choreuten. Jede Produktion benötigte also 30 % mehr Raum. Insgesamt waren um
460 unterzubringen (wenn wir von den ebenfalls, und zwar sehr prächtig kostü-
mierten Sängern des Dithyrambos-Agons [98] absehen): für die *Tragödien* 12 erste
Schauspieler, dazu etwa 3 bis 4, die kleine und stumme Rollen spielten, mindestens 45 Choreuten (denn es gab Doppelchöre), dazu, gering gerechnet, 30 Komparsen; [99] für die *Komödien*, 5 Stücke (in sicher wesentlich einfacherer Ausstattung): 25 Schauspieler und 120 Choreuten (da es sich ebenfalls um einen Agon
handelte, kam für jede Aufführung nur eine je eigene Produktion in Frage).
Margarete Bieber, [100] deren Berechnung die Dithyrambos-Chöre mit einschließt,
kommt für die perikleische Zeit auf folgende Zahlen: 700–800 Choreuten, 35–50
Schauspieler, 20–40 Musiker; zählt man die hinterszenischen Mitwirkenden dazu
(Regisseure, Inspizienten, Garderobiers, Bühnenarbeiter ect.), ergibt sich eine
Gesamtzahl von ca. 1000 Personen, die am Zustandekommen der Festspiele beteiligt waren. Auch wenn diese Zahl etwas zu hoch angesetzt scheint, muß einleuchten, daß in den sechziger Jahren allmählich eine Raumnot entstanden war,
die zunächst den Umbau des Bühnenhauses an der Mauer immer dringlicher erscheinen ließ. Gewiß mochte da bis aufs Äußerste behelfsmäßig hinzugebaut worden sein; aber wenn an dem Prinzip der Unsichtbarkeit der Zurüstung festgehalten werden sollte (das, wie wir sahen, einst einer der Gründe für die Verlegung des
Theaters von der Agora an den Südhang des Burgbergs gewesen war), stieß man
bald an Grenzen, die nicht mehr überschritten werden konnten. Die Folgerung
war zwingend: der ganze Platz an der Terrassenmauer mußte umgestaltet werden.

Nicht nur das Bauen auf dem vermutlich aischyleischen Gerüst kennzeichnet die
stürmische Entwicklung, die das Bühnenwesen genommen hatte. Es ist die Zeit,

in der mindestens eine der beiden für die perikleische Zeit des Theaters unent-
behrlichen Maschinen erfunden worden sein muß: das *Ekkyklema*.[101] Es ist unentbehrlich für die Orestie (darin hat Webster mit Recht Pickard-Cambridge korrigiert; denn wenn dieser glaubte, man habe die Zuschauer einfach durch Öffnung
der Mitteltüre ins Palast-Innere schauen lassen, wo die beiden Mordszenen aufgebaut worden sein sollten, so wird das durch die Licht- und Sichtverhältnisse
klar widerlegt: höchstens ein kleiner Teil der Zuschauer hätte das Bild wirklich
sehen können, selbst wenn es, wofür es keinen Anhaltspunkt gibt, durch Fackeln
erleuchtet worden wäre). Das Ekkyklema konnte aber nicht erfunden werden,
ehe es das Haus gegeben hatte; nun, da es das Haus gab, mußte es erfunden werden. Schon Dörpfeld[102] hat angenommen, daß das spätere Fundament T vor
allem als Postament für die Maschinen gedient hat. Die Häuser auf den frühen
Gerüsten konnten die rollende Plattform kaum aufnehmen, und für die Zurüstung der herauszurollenden Bilder war kein Platz da. So setzt auch die Einführung des Ekkyklema Häuser voraus, die auf soliderem Fundament standen.

Ähnliches gilt für die *Mechane*,[103] den Kran, mit dem der deus ex machina hereingeschwenkt worden ist. Wir zweifeln, ob diese Maschine schon in die Umbau-
Zeit gehört: unentbehrlich wird sie erst seit der ‹Medea› (431). Aber daß überhaupt Maschinen erfunden und in Gang gesetzt wurden, kennzeichnet den Geist
der neuen Epoche. ‹Theater› ist immer ein Schau-Spiel gewesen. Jetzt nahm die
Opsis an dem Aufschwung teil, der, dank des ‹großen Bauens›, die Bildenden
Künste in allen ihren Sparten zu immer großartigeren Entwürfen hinriß. Wie
könnte das Bild der Szene davon unberührt geblieben sein? Aus den szenischen
Strukturen der Orestie und des ‹Prometheus› können wir erschließen, daß auch
die Choreographie davon erfaßt worden ist, und für die Musik haben wir Zeugnisse dafür, daß damals jene spannungsvollen Veränderungen eingesetzt haben,
die sich in den späteren Tragödien spiegeln, viel diskutiert und heiß umstritten;
wir kennen den Namen eines Mannes, der dabei eine Rolle gespielt haben muß:
Damon.[104] (Da er als Lehrer, als ‹Cheiron› des Perikles gilt, gehört er zu Aischylos' Generation). Die Tänze wurden einerseits feuriger, orgiastischer, andererseits auch harmonischer: das Archaische ging im Klassischen auf, ohne daß dieses
auch nur im Geringsten das Dramatische gemäßigt hätte. Und zu den Häusern,
den Maschinen, den Tänzen trat noch ein Viertes: die *Skenographie*.[105]

Von den sechziger Jahren schreibt Buschor,[106] sie seien «ganz von der neuen Kunst
erfüllt, die reichstes Leben in die alten Gruppen und Bilderreihen bringt». Seit
etwa 470 wirkte Polygnot[107] in Athen; in der Stoa poikile hingen seine großen
Tafeln, deren Malerei von aller Welt bewundert wurde. Niemand weiß, seit
wann auf der Bühne solche Tafeln (pinakes[108]) verwendet worden sind; aber
irgendwann müssen sie eingeführt worden sein; das war nicht möglich, ehe es

Wände gegeben hatte, an denen sie befestigt waren, also Häuser; jetzt gab es
diese, und die nackten Holzwände riefen geradezu nach Malerei. Bei Damianos [109]
lesen wir: «Die Skenographie ist ein Teil der Optik und untersucht, wie die Wiedergabe von Häusern in der Malerei beschaffen sein muß.» Es wurde schon gesagt, daß Landschaftsszenerien angesichts der Dimensionen dieses Theaters, das
selbst in einer offenen Landschaft lag, kaum denkbar sind (sie gehören in hellenistische Zeit, als die Bühne den Zuschauern wesentlich näher gerückt worden war).
Doch bezeugt noch für das 5. Jahrhundert die Anekdote von Zeuxis, der unglaublich natürliche Trauben auf Säulen gemalt haben soll, daß die Künstler
einem gewissen Naturalismus zuneigten, wie ja auch die Skulpturen immer ‹natürlicher› wurden. In diese Aspekte ist das Zeugnis des Aristoteles (Poet. 1449 a)
zu rücken, wonach Sophokles die Skenographie erfunden habe. Es wird ergänzt
durch die Nachricht Vitruvs (praef. ad lib. VII, 11),[110] als erster habe *Agatharchos* in Athen «Aeschylo docente tragoediam» die «Szene gemacht», und dies
aufgrund einer Theorie, die Demokrit und Anaxagoras veranlaßt habe, über die
neue Sache zu schreiben, nämlich über die Perspektive (skenographia ist das Wort
für Perspektive geblieben). Man hat darin einen Widerspruch gesehen und behauptet, Agatharchos könne nur bei der Wiederaufführung einer aischyleischen
Tragödie nach dem Tod des Dichters mitgewirkt haben (Rumpf,[111] Webster[112]).
Aber das ist nicht schlüssig: Vitruv dürfte kaum die Chronologie vernachlässigt
haben, in der die beiden Philosophen auf Agatharchos folgen (Anaxagoras kam
456 nach Athen, Demokrit war viel jünger). Die Formulierung «Aeschylo docente» ist eindeutig; docere heißt in der Bühnensprache wie διδάσκειν [113] einstudieren, Regie führen. Agatharchos hat also unter der Regie des Aischylos «die
Bühne gemacht», d. h. er war dessen Bühnenbildner. Es besteht auch kein Widerspruch zwischen den beiden Zeugnissen. Wie Aischylos von Sophokles den dritten
Schauspieler übernommen hat, so kann er die Skenographie von ihm übernommen haben. Das ist die Regel in der attischen Bühnengeschichte.

Wir müssen uns vor Augen halten, daß alle diese Neuerungen – das Gerüst mit
dem Haus, die Maschine, der dritte Schauspieler, und so auch die Skenographie –
wie Sensationen gewirkt haben, als sie das erste Mal auf der Bühne erschienen.
Die Zeit des Umbaus, der «neuen Bühne» (Wilamowitz), stand im Zeichen der optischen ‹terata›, die der große Alte liebte, Aischylos. Die Bühne mit dem Pagos
bedurfte keiner Malerei: die Zelte waren echt; die Grotten wurden so echt wie
möglich den Felsen hinzugefügt; Bäume gab es im Hain. Aber jetzt wurden
Häuser gebaut. Ihre Wände, Säulen, Friese, Gesimse, Decken, Türen waren aus
blankem Holz; sie mußten bemalt werden, wenn sie als das erkennbar werden
sollten, was sie vorzustellen hatten: Tempel, einfache oder prächtige (später der
delphische Apollon-Tempel, das Telesterion in Eleusis,[114] jedem Athener wohlver-

traut), Hütten oder Paläste. Was Agatharchos erfunden hat, war die Kunst der täuschenden Schatten. So malte er wohl auf die hölzernen Säulenschäfte, was der Meißel sonst in den Stein schnitt: Kaneluren, Rillen, Kapitelle, er bemalte das Holzgebälk mit Architraven, schmückte die Friese mit Figuren, er ließ auf den Decken Kassetten erstehen, wie sie Vasen zeigen;[115] er mag die Wände mit Halbsäulen oder Fenstern versehen haben, und er verzierte die Türen mit reichem Ornament.

Wenn die in der Zeit nach den sechziger Jahren entstandenen Stücke immer häufiger vor Häusern spielen, so mag einer der Gründe das Entzücken gewesen sein, das die neue Kunst der Skenographie den Zuschauern bereitete (über einen anderen, wichtigeren s. unten S. 37). Doch gibt es daneben den ‹Prometheus›, es wird den ‹Philoktet›, den ‹Kyklops›, die ‹Antiope› und die ‹Andromeda› geben: die Dichter waren nicht bereit, auf die überkommene Felsenszenerie[116] zu verzichten, wenn die Fabel es verlangte; es gab auch bis in die späteste Zeit das Zelt, und es gab zuletzt noch die offene Szene vor dem Hintergrund des Hains. Nur etwas Entscheidendes hatte sich verändert: an die Stelle der Ost-West-Achse war die Nord-Süd-Achse getreten, die *Zentralachse,* ohne die perspektivische Malerei nicht möglich gewesen wäre. Das bedeutet, daß die Zelte nun auf der ‹Bühne›, dem Brettergerüst, in der Mitte des Hintergrunds aufgeschlagen wurden, und daß auch die Felsen-Architektur, bei aller Bizarrerie und Wucht, die sie haben konnte, eine innere Symmetrie aufweisen mußte. Wir wissen nicht, aus welchem Material die ‹plantation› der Felsen-Attrappen angefertigt worden ist; es dürften einzelne Elemente gewesen sein, die an einem Grundgerüst (siehe unten) befestigt wurden; aber auch dabei muß Holz eine Rolle gespielt haben, denn Prometheus und Andromeda (bzw. deren Puppen) waren angenagelt, und in Aischylos' Text hört man den Hammer des Hephaistos dröhnen (58, 76); so muß auch hier die Malerei zu Hilfe gerufen worden sein.

Diese revolutionäre Veränderung der Optik, die auch von Bernhard Schweitzer[117] (‹Vom Sinn der Perspektive›) um 460 angesetzt wird, kann nicht wichtig genug genommen werden, wenn wir uns ein Bild von der Kunst des Theaters machen wollen, wie es in den Stücken des späten Aischylos und des frühen Sophokles inszeniert worden ist. (Sie ist, nebenbei gesagt, auch ein retrospektives Argument für unsere These von der Ost-West-Achse der frühen Stücke). Rudolf Schnyder[118] hat in einer bemerkenswerten Untersuchung ‹Zur Entdeckung der wissenschaftlichen Perspektive in der Antike› (den Hinweis auf sie verdanke ich Karl Schefold) begründet, warum wir in Agatharchos weniger den Maler als den Architekten, Ingenieur und Techniker sehen müssen. In der Tat: die Malerei wurde nur zur Unterstützung der raumplastischen Wirkung herangezogen. Niemals hat es im 5. Jahrhundert das gegeben, was im neuzeitlichen Theater ‹Deko-

ration› heißt. Begriffe wie Prospekt oder Kulisse[119] haben in der Ästhetik dieser
Bühne nichts zu suchen. Die Pinakes können höchstens ornamentale, gelegentlich
illustrierende, niemals illusionistische Aufgaben gehabt haben. Bei Plato ist perspektivische Malerei ein «phantasma» (Sophistes 23 p. 236 B[120]); Scheinarchitektur hat nach ihm keinen künstlerischen Eigenwert. Aber seit 460 war sie ein Mittel der Bühnen-Opsis im Dienst einer neuen, zentralistischen Sehweise. Szenen-
gestaltung, schreibt Schnyder, war wesentlich ein «räumliches Problem». Die Perspektive setzt voraus, daß der Bühnenbildner – der Mann, der nach Vitruv
scaenam fecit – sich in den Zuschauerraum begibt und prüft, wie sich das Spiel in
seinem Bild zeigt: «So sehen wir ihn, den Architekten der Skene, im Polygon des
Zuschauerraums umherwandern, über die Treppe zur Höhe der oberen Ränge
steigen, hier und da auf einer Stufe sitzen, immer den Spielplatz im Blick, dessen
neue Form eine bis dahin völlig ungekannte Rücksicht auf den Zuschauer forderte.»[121]

Ein großer Theatermann wie Aischylos hatte gewiß «unbewußt» – wie Sophokles von ihm gesagt haben soll – einen anderen Blickpunkt, während er seine
früheren Stücke schrieb: er sah und hörte, was er in Verse faßte, er sah und hörte
es mit den Augen und Ohren des Zuschauers; aber er hatte es damals noch in
einem vergleichsweise ungegliederten Raum vor sich sehen müssen, dessen hetero-
gene Elemente – Orchestra, Parodoi auf verschiedenen Ebenen, Pagos, Hain,
Altäre, Grabmal, Zinnen – sich nur zusammenschlossen, wenn die Vorgänge wichtiger genommen wurden als das Bild. Zusammenschluß, Zusammenfügung, «Harmonie»[122] (im ursprünglichen Wortsinn) war erst möglich in der neuen *Zentral-
bühne*, in der das Koilon seine Symmetrie vollendete und auf die Skene übertrug: «Jedes perspektivische Bild», sagt Bernhard Schweitzer,[123] «ist ein Stück
Welt, welches das Auge fest in den Griff bekommt… Raumperspektive aber ist,
daß das räumliche Ganze vor den Teilen, nämlich den dargestellten Teilen, vorhanden ist, ebenso im künstlerischen Prozeß wie in der Wahrnehmung des Be-
trachters… Mit diesen formalen Veränderungen hat… das perspektivische Sehen
der Griechen eine ganz neue *Ordnung* des Daseins herausgehoben. In der Tiefen-
richtung, die im perspektivischen Bild als neue Dimension hinzukommt, entwickeln sich neue Sinngehalte…» Schweitzer spricht von einem «völligen Um-
sturz», den die ‹ars perspectiva› in diesem Jahrhundert hervorgerufen habe. «Perspektive ist Anschauung der Welt vom Menschen her.» Sie ist also sozusagen vor-
weggenommener Protagoras (und kaum zufällig wurde jener Demokrit, der ein
Buch über die Skenographie geschrieben haben soll, als der Lehrer des Mannes
angesehen, dessen Satz vom Menschen als metron aller Dinge der Wahlspruch
der griechischen Aufklärung wurde).

Aischylos hat die ‹neue Bühne› erfinden müssen, als sich in seinen Bühnen-

Raumvorstellungen die klassische Perspektive durchsetzte, als ihm die Notwendigkeit eines Zusammenschlusses (einer harmonia) aller optischen Darstellung auf das metron des Zuschauers hin (ein freilich ideales metron, die Idee eines metron) bewußt wurde.

Machen wir uns zweierlei klar:

1. Die Bühne, die neu angelegt wurde – auf dem von nun an fixierten Fundament eines langgezogenen Rechtecks mit Paraskenien-Flügeln – hatte kein Vorbild in der Wirklichkkeit: sie war primär *Bühne;* ihr Wesen ist theaterhaft.

2. Das Modell des griechischen *Theaters,* als Gesamtanlage mit Theatron (Koilon), Skene, Parodoi, das Urbild so vieler Herrlichkeiten, die wir heute noch bewundern (etwa in Epidauros oder in Delphi), steht zwar am Ende einer Entwicklung, die es einem rückschauenden Betrachter wie Aristoteles als telos erscheinen ließ, aber die Mutationen, die es durchlaufen mußte, von der Agora zum Akropolishang, von der Bühne am Pagos bis zu den ersten Häusern in der Hintergrundmitte, von da zur Paraskenienbühne, mögen wohl eine bühnenpraktische Logik in sich tragen – von einer kontinuierlichen Zielstrebigkeit kann jedoch nicht die Rede sein.

Das Modell, das es nirgends gab, mußte in einer bestimmten Phase als Idee erkannt und ins Bewußtsein gehoben werden, ehe es, von nun an planmäßig, realisiert werden konnte. Bei diesem Bewußtseinsakt mögen Kräfte der Zeit und Personen, in denen diese Kräfte wirkten – wir kennen Aischylos, Sophokles, Agatharchos – zusammengewirkt haben; doch da er sich für uns in jenem gewaltigen Werk kristallisiert, das, nach einem Wort von Swinburne, «die größte Errungenschaft des menschlichen Geistes» ist, in der Orestie, sollten wir die neue Bühne die *aischyleische* nennen.

Diese kopernikanische Wendung[124] gliedert die Bühnengeschichte des 5. Jahrhunderts in eine Epoche der ‹alten Bühne›, die nach dem aischyleischen Umbau durch die der ‹neuen›, dann die der ‹perikleischen›, abgelöst wurde, worauf in den letzten Jahrzehnten noch eine Epoche der ‹späten Bühne› folgen sollte.

Der Umbau:

Abtragung der alten Terrasse mit der Orchestra.

Einebnung der ganzen Spielstätte auf ein egalisiertes Grundniveau durch Aufschüttung im Westen und Abtragung von Fels im Osten.

Erstellung des Rückgrats der neuen Anlage: der Mauer H (vermutlich auf der Linie, wo sich der südlichste Punkt der asymmetrischen alten Terrassenmauer befand), rechtwinklig zum Koilon.

Verlegung der Orchestra nach Norden; Um- und Ausbau der neuen ersten Sitzreihen bis zu den überkragenden Flügeln; Anlage zusätzlicher Sitzreihen in

der Höhe des Burghangs; Errichtung von Stützmauern an den eingeebneten Parodoi.

Befestigung eines Fundaments in dem neugewonnenen Raum zwischen Mauer
und Orchestra längs der Mauer H in Form eines länglichen Rechtecks mit Paraskenien-Flügeln auf der Höhe der Parodoi. Einbau des steinernen Fundaments T
mit der monumentalen Treppe zum Bühnenhaus.

Neubau eines Bühnenhauses (Holz auf Steinfundament) längs der gesamten
Breite der Mauer H (48,9 m), unter Einbeziehung des leicht schräg stehenden
alten Tempels auf der Basis des Temenos: für Garderoben, Magazine, Werkstätten.

Neuanlage der Zugänge zu den Parodoi.

Einrichtung des Ekkyklema.

Terminus ante quem für die Vollendung der ‹neuen Bühne›: 458. Planung des
neuen Tempels. Planung des Odeions. Wilamowitz (‹Die Bühne des Aischylos›[125]):
«Nach 468 haben die Athener die Dionysien neu geordnet. Damals ward dem
Archon aufgetragen, für eine andere Einrichtung der σκηνή, der ὀρχήστρα und
der ἴκρια zu sorgen; damals begann die σκηνογραφία, damals ward der Sold für
einen dritten Schauspieler ausgeworfen. Wer wird das nicht alles auf einen und
denselben Zeitpunkt beziehen?»

f) Die Proben

Der Umbau erstreckte sich über eine längere Zeit.[126] In einer ersten Phase müßten die Lage-Veränderungen durchgeführt worden sein, denn das Wichtigste war
ja, daß bald wieder gespielt werden konnte: die Mauer H mit dem Bühnenhaus,
die Stützmauern an den Flügeln des Koilon und die Orchestra waren die Grundelemente der ‹neuen Bühne›. Ob sie sofort in der für längere Zeit definitiven
Form[127] ausgeführt worden sind, läßt sich nicht sagen. Möglicherweise stellt der
bei den Grabungen ermittelte Zustand bereits eine verbesserte Form dar. Fest
steht, daß ständig am Theater gebaut worden ist. Irgendwann muß der Ver-
steinerungsbeschluß gefaßt worden sein; vielleicht hat er schon zum Bauprogramm von 460 gehört; man mag bei den untersten Sitzreihen begonnen haben.
Das Breccia-Fundament,[128] das ohne Zweifel einen Vorgänger aus Holz hatte,
dürfte erst im letzten Viertel des Jahrhunderts angelegt worden sein, nach dem
Nikias-Frieden, als sich die Bautätigkeit allgemein belebte. Die Aufbauten selbst
waren bis zum Ende des Jahrhunderts (und noch darüber hinaus) aus Holz, also
temporär; doch besteht die Möglichkeit, daß die Errichtung einer steinernen
‹Bühne›, eines Bühnengebäudes aus Stein auf dem Steinfundament, schon früh

als telos des Ausbaus ins Auge gefaßt worden ist. Dafür spricht die Evidenz der Stücke; auffallend ist, daß bald nach dem Umbau die Stücke, die vor einem Haus spielen,[129] immer zahlreicher werden. Ästhetische Motive mögen dazu beigetragen haben, so (wie schon gesagt) die zunehmende Beliebtheit der Skenographie. Eine Regel der Theatergeschichte ist, daß auf Epochen mit starker Betonung der Ausstattung Epochen folgen, in denen diese zugunsten der Darstellung reduziert wird. So scheint die Expansion der Opsis, als deren Höhepunkt vielleicht das Theater des ‹Prometheus› angesehen werden kann, allmählich zum Stillstand gekommen zu sein. Man wurde der terata ein wenig müde. Bei Sophokles spielen die ‹mechanai› kaum eine Rolle.

Murray schreibt: «Ich vermute, daß die aufwendigen ‹mechanai› des Aischylos einer Generation mit einem höheren Standard der Theater-Illusion krud und unbefriedigend erschienen... Es ist vielleicht ein Glück, daß die griechische Tragödie in ihrer entschiedenen ‹sophrosyne› die Effekte aufgab, und sich mehr auf die inneren Elemente des Dramas konzentrierte.»[130]

Wir übernehmen die Bewertung dieser sicher richtig gesehenen Entwicklung nicht. ‹Verinnerlichung› muß nicht ‹Fortschritt› sein; und alles, was sich bei Sophokles und Euripides ändert, bleibt strikte im Rahmen der öffentlichen Aufgabe dieses Theaters, für deren politische Relevanz[131] die Orestie den höchsten Maßstab gesetzt hat. Das kann bewiesen werden: Euripides' ‹Orestes› ist ein eminent politisches Stück, ebenso die aulische ‹Iphigenie›: sie gehören zu seinen letzten. Sophokles' letzte Tragödie, der ‹Oedipus auf Kolonos› wird schlecht interpretiert, wenn nicht berücksichtigt wird, was Kolonos[132] damals für die Athener bedeutet hat: die Erinnerung an die Schande des Jahres 411, die Abschwörung der Demokratie. Ist das nicht sehr weit entfernt von einer Konzentration auf «the more inward elements of drama»?

Die theatergeschichtliche Regel stimmt; das läßt sich daran ablesen, daß 449 die Preise für Schauspieler[133] gestiftet und in die Listen eingetragen worden sind; das Interesse galt also mehr als zuvor den Darstellern, der Darstellung, während die Opsis sich in einer bestimmten, von nun an bevorzugten Konvention stabilisiert zu haben scheint.

Doch gab es noch andere, wichtigere Gründe für die Konventionalisierung der Bühne, die vielleicht schon bald nach dem Umbau das Telos der Einheitsbühne ins Blickfeld gerückt hat: technische, bühnenpraktische, finanzielle. Theater entsteht aus einer komplexen Produktivität: künstlerische und institutionelle Impulse gehen fortwährend ineinander über.

Der Aufwand,[134] den die ‹neue Bühne› erforderte, war, wie gleich gezeigt werden soll, enorm. Die Ansprüche an die Kapitalkraft sowohl der Choregen wie der Polis wurden noch übertroffen von denen an die Arbeitskräfte. Kriegsbe-

dingte Sparmaßnahmen sind bezeugt (Beschränkung der Stücke-Zahl im Komö-
dien-Wettbewerb von 5 auf 3 [135]).

Die meisten Mittel verschlang nicht so sehr die Ausstattung der Stücke für die
neue Bühne, obwohl auch diese natürlich bedeutend kostspieliger war als die
frühere, sondern der Umgang mit dieser Ausstattung, und das heißt: *die Proben*.[136] Diese waren durch die Erhöhung der Schauspielerzahl und die Verstärkung des Chors ohnehin komplizierter geworden. Und jetzt kam noch so vieles
hinzu: das Haus, das Mitteltor, Auftritte und Abgänge über die Treppe, das
Ekkyklema.

Die Proben – das Problem hat die Forschung kaum beschäftigt. Wir versuchen
daher, ihm von Grund auf beizukommen.

Gespielt wurden an drei Tagen je drei Stücke und ein Satyrspiel (Tragödien-
Agon), ferner an einem Tag fünf Stücke (Komödien-Agon). Das sind drei Produktionen für die Tragödie und fünf für die Komödie. Das Theater mit dem Ap-
parat, der dazu gehörte, wurde von der Polis bereitgestellt (Werkstätten, Bühnenarbeiter, Aufsicht etc.). Die Finanzierung der Produktionen wurde an Choregen vergeben, reiche Bürger; zu den Verpflichtungen der Leiturgie gehörte die Bereitstellung der Mittel für die Proben. Jede Produktion hatte ihre eigenen Schauspieler, ihren eigenen Chor, ihre eigene Komparserie und ihre eigene ‹Technik›
(wobei zu unterscheiden ist zwischen der ständigen Technik der Bühne und der
auf die einzelnen Stücke fallenden Ausstattungstechnik: die Bühnenaufbauten
mögen in den staatlichen Werkstätten angefertigt und von den staatlichen technitai auf der Bühne aufgebaut worden sein – die Kosten für die Entwürfe und
ihre Realisierung trug ohne Zweifel der Chorege; wir wissen, daß er die Kostüme
zu finanzieren hatte, auch wenn, wie anzunehmen ist, für sie ein staatlicher Fundus und staatliche Werkstätten zur Verfügung gestanden haben).

Wo wurde probiert? Plutarch berichtet, daß Proben im Odeion abgehalten
worden sind (de exil. p. 604). Aber das Odeion gab es erst seit 443. Wir haben
schon darauf hingewiesen, daß es vielleicht anstelle einer älteren Probenbühne [137]
errichtet worden ist. Doch ist auch überliefert, daß es zu den Obliegenheiten
eines Choregen gehört hat, für ein choregeion oder choregeion didaskalion zu
sorgen. Das ist interessant, weil es beweist, was wir erschließen müßten: daß nicht
ohne Weiteres auf der Bühne oder im Temenos probiert worden ist. Eines ist
sicher: je näher die Premiere rückte, desto dringender benötigten die Produktionen die Bühne. *Aber sie mußten sich in sie teilen.* Die drei Tragödien-Produktionen konnten, wenn wir schematisch disponieren, nur jeden dritten Tag ‹die
Bühne haben›. In Wirklichkeit waren die Dispositionen schwieriger, da auch noch
die fünf Komödien-Produktionen ‹die Bühne haben› mußten. Beschränken wir
uns zunächst auf die Tragödie.

Vier Stücke, jedes von ihnen mit vier bis sechs sängerisch und choreographisch zu entwickelnden Chören, mit Ensembles (amoibaion, kommos), mit Aufzügen (pompai), viele mit Maschinen-Effekten. Die geringste Probenzeit, die nach der Bühnenpraxis dafür zu fordern ist, sind vier Wochen, und das heißt ‹vier Wochen Bühne›. Das ist bei einer reinen Aufführungsdauer von ca. 6 Stunden (Orestie: 2 Stunden ‹Agamemnon› für 1673 Verse, je 1 1/2 Stunden ‹Choephoren› für 1076 und ‹Eumeniden› für 1047 Verse, etwa eine Stunde für das Satyrspiel) knapp gerechnet; vorauszusetzen ist, daß alles, was die praktische Erprobung der Bühne nicht benötigte, aufs exakteste in den Bühnenproportionen vorgeprobt worden war.

Vier Wochen Bühne pro Produktion – also allein für den Tragödien-Agon drei Monate Probenzeit. Die Zeit für die Komödien-Proben kam hinzu: sie konnte in den Monaten, in denen die Zeit zwischen 11 und 4 Uhr noch nicht der Mittagshitze ausgesetzt war, unschwer eingeschoben werden. Da Ende März die Festspiele eröffnet wurden, mußten die Produktionen spätestens Ende Dezember mit den Proben im Theater beginnen. An den Tagen, an denen man die Bühne nicht hatte, wurde im Choregeion (später im Odeion) probiert.

Für das Dezember-Datum bietet sich eine verführerische Konjektur an. Ende Dezember/Anfang Januar, im Monat Poseideion, wurden die ‹ländlichen Dionysien› [138] gefeiert, das Weinfest, mit dem die Saison der dionysischen Feste eröffnet wurde. Es gibt Zeugnisse, wonach daran Schauspieler [139] beteiligt waren, in welcher Art immer. (So gab es bei den ländlichen Dionysien im Piräus sogar einen Agon für Tragödien und Komödien.) Eine Überlieferung, die meist, jedoch nicht zwingend, auf die Chytren, den dritten Tag der Anthesterien, bezogen wird, besagt nun, daß auf einem der Feste die Dichter ihre Stücke den Schauspielern vorgelesen hätten. [140] Hätten sie das bei den ländlichen Dionysien in Athen getan, ergäbe sich ein vorzügliches Datum für die erste *Leseprobe*, mit der jede Art von Bühnen-Einstudierung, der ein Text zugrundeliegt, beginnen muß.

Hier ist folgende Überlegung anzuschließen. Der hohe Neuigkeitswert der Stücke, der sich darin artikuliert, daß nur neue Stücke zum Agon zugelassen waren (bis nach Aischylos' Tod die ersten Reprisen erlaubt wurden [141]), unterstrich das Überraschungsmoment, mit dem, wie oben ausgeführt wurde, bei allen Premieren kalkuliert wurde. Dieses konnte nur gesichert werden, wenn den Teilnehmern an der Probe Schweigepflicht auferlegt war (ähnlich wie es sie, wenn auch weit schärfer sanktioniert, bei den Mysterien gab). Keinesfalls können Proben auf der offenen Bühne des Dionysostheaters dem Publikum zugänglich gewesen sein. Von Verboten des Zutritts zu heiligen Bezirken haben wir mancherlei Zeugnisse, das schönste im ‹Oedipus auf Kolonos› (36 ff.). Das Dionysos-Temenos war also, mindestens während der Probenzeit, von Ende Dezember bis März für das

Publikum gesperrt. Es ist anzunehmen, daß es überhaupt nur während der Dionysien geöffnet war. Diese Exklusivität gehörte wohl zur Würde des Festes.

Im modernen Theater geht jeder ersten Leseprobe eine *Bauprobe* voraus. Sie dient der Fixierung des szenischen Grundrisses, der, behelfsmäßig, abgesteckt, die Basis aller Arrangements während der Proben bildet. Nach diesen Plänen arbeitet die ‹Technik›: was auf der Bühne aufgebaut werden wird, ist zentimetergenau festgelegt. Danach werden Auftritte und Abgänge, Gänge während des Spiels, Positionen und Gruppierungen arrangiert (wobei Änderungen, die während der Probenarbeit natürlich nicht zu vermeiden sind, nur bei äußerster Dringlichkeit verantwortet werden können, da sie sich sofort auf die schon begonnene Arbeit der Technik auswirken müssen).

Fassen wir Stücke wie ‹Eumeniden› oder ‹Prometheus› ins Auge, so ist klar, daß keine Probe mit Solisten und Chor auf der Probebühne exakte Resultate zeitigen konnte, wenn nicht zuvor im Theater eine Bauprobe stattgefunden hatte. Für konventionelle tänzerische Evolutionen des Chors mag eine Proben-Orchestra, im Choregeion nach den Maßen des Theaters eingekreist, ausgereicht haben; nicht aber für Parodos und Exodos der Okeaniden und der Erinyen. Dazu war die Bühne unentbehrlich.

Im modernen Theater gibt es einen *Inspizienten,* der, nach dem auf Stichwort und Minute festgelegten Regiebuch, die Solisten durch Zeichen zum Auftritt ruft. Erst vom Auftritt an folgt der Schauspieler dem festgelegten Arrangement. Im Freilichttheater ist diese Funktion erheblich komplizierter: der Inspizient muß den Zeitraum, der für die Bereitstellung von Solisten (und Komparserie) an einem nicht einsehbaren Ort erforderlich ist, genau kalkulieren. Wir kennen keine griechische Bezeichnung für den Mann, dem diese Funktion im Theater übertragen war. Aber was wissen wir schon von dieser ganzen Welt ‹hinter den Kulissen› des Theaters der klassischen Zeit? Von den Proben und Bauarbeiten, von der Anfertigung von Masken und Kostümen, vom Leben und Treiben der Schauspieler, der Choreuten, der Techniten, von der Zurüstung und dem Ablauf einer Vorstellung? Es muß eine stillschweigende Vereinbarung gegeben haben, darüber nicht zu sprechen. Vielleicht übernahm der Chorodidaskalos[142] hinter der Bühne die Aufgabe des Inspizienten. Diese war enorm verantwortungsvoll. Der Kommandostand, von dem aus sie geleitet wurde, muß sich dort befunden haben, wo die wartenden Darsteller die Zeichen wahrnehmen konnten: im Bühnenhaus. Aber von dort war kein Blick auf die Bühne möglich. Der Inspizient muß sich also ausschließlich auf sein Ohr verlassen haben. Sein Blick war auf die Sanduhr gebannt, auch auf die Schreibtafel: sein Regiebuch.

Die Auftritte[143] erfolgten zum größeren Teil durch die beiden Parodoi (in den ‹Eumeniden› gab es eine Chor-Parodos aus dem Haus). Die Evidenz der Stücke

zeigt, daß die Zuschauer nahende Chöre und Schauspieler schon auf relativ große
Entfernungen wahrnehmen konnten, ob sie nun von der Stadt her kamen, aus
dem Osten, oder vom Land, aus der Ferne, vom Meer im Westen. Agamemnon
fuhr auf einem Wagen[144] durch die Parodos auf das Spielfeld. Fast in jedem Stück
gibt es eine Pompe, die aufzustellen und abzuschicken war. Die Zugänge zu den
Parodoi waren nicht einsehbar unterhalb der Mauer H; im Osten war die Mauer
weit in den alten Pagosbezirk hineingezogen. Es muß einen genau bestimmten
Ort auf beiden Seiten gegeben haben, von dem aus die Darsteller ins Blickfeld
der Zuschauer rückten (eines Teils der Zuschauer natürlich: derer, die im gegen-
überliegenden Teil des Koilons saßen). Dies waren neuralgische Punkte für die
Aufführung: sobald die Darsteller sie passiert hatten, begann das Spiel. Der Weg
von den Garderoben zu den Ausgangspositionen, aus denen die Auftritte erfolgten, war weit. Keinesfalls durfte das Publikum ungeduldig werden. Keinesfalls
durfte ein Darsteller früher ins Blickfeld treten, als es die dramatischen Vorgänge
verlangten. Die dafür benötigte Zeit mußte exakt errechnet sein. Um sie zu fixieren, benötigte man Proben und Proben, in denen nicht nur die Zahl der Schritte
gemessen wurde, sondern auch das Tempo: Io rannte[145] in die Orchestra; von alten Männern heißt es, daß sie Mühe hatten, die Szene zu erreichen.

Sollte dies nicht nur bühnenpraktisch, sondern künstlerisch bewältigt werden,
mußte außer der Uhrzeit ein rhythmischer Zeitraum erprobt werden; und das gilt
nicht nur für Auftritte und Abgänge, sondern für den ganzen Ablauf. Jede Szene
steht in einer bestimmten rhythmischen Relation zu der vorhergehenden und der
folgenden; die Stücke zeigen, daß die Tragiker die Gesetze von Systole und
Distole genau beachtet haben; auf den Proben wurden die Tempi einstudiert und
festgelegt: allegro, presto, adagio, agitato usw.; im Kunstwerk der Inszenierung
hatten sie eine kalkulierte Relation zum Ablauf des Ganzen. Außer dem Grund-
tempo hat zudem jede Szene ihre spezifische Dynamik: crescendo und diminuendo, accelerando und ritardando im Tempo. In vielen Tragödien ist schließlich
stummes Spiel von großer Bedeutung; der Regisseur mußte probieren, wie lange
es die Spannung tragen konnte, um dem Schauspieler die Aufgabe zu stellen. In
diesem öffentlichsten aller Theater konnte nichts dem privaten Empfinden oder
gar dem momentanen Einfall überlassen bleiben.

Nehmen wir noch die Komplikationen des Zusammenspiels zwischen Solisten
und Chor hinzu – dieser verfolgte die dialogischen Entwicklungen mit gespann-
tem Ausdruck und ging in erregten Szenen zur Aktion über (etwa ‹Agamemnon›
1346 ff., 1751 ff.) –, so können wir uns vorstellen, was Proben im Theater der
Tragödie bedeutet haben, und zwar – das ist es, worauf diese Überlegungen hin-
auslaufen – Proben auf der Bühne.

Denn die ‹neue Bühne› forderte eine neue Spielweise. Man könnte sagen, daß

das, was bisher zur Regie ermittelt wurde, im großen und ganzen auch für die
‹alte Bühne› gegolten habe. Das ist richtig. Aber es war hier doch einfacher – in
zwei entscheidenden Punkten, die wir nun ins Auge fassen wollen:

1. In den drei oder mehr Jahrzehnten, in denen die Tragiker ihre Stücke auf
der alten Bühne inszenierten, konnten, mußten sich Konventionen herausbilden,
die beibehalten wurden, weil sie sich bewährt hatten. Darunter sind nicht Kli-
schees zu verstehen. Der Unterschied läßt sich am Beispiel der Dramaturgie in
Aischylos' drei frühen Stücken illustrieren; diese sind für die gleiche Grundform
der Bühne (Ost-West-Achse) entworfen, sie haben nur Auftritte aus den Parodoi,
sie arbeiten mit zwei Schauspielern,[146] ihre Spannungen werden auf der antagonistischen Querachse entwickelt – und doch welche Variabilität über der gleichen
Grundstruktur! So konnten auch bei der Inszenierung bestimmte Grundfiguren
benutzt werden, die das Arrangement erleichterten, weil Experimente, bei denen
sich dieses bewährte und jenes als unzweckmäßig erwies, nicht mehr notwendig
waren. Solche Grundfiguren sind die technische Basis der Phantasie; sie ermögli-
chen genau das, was auch die Dramaturgie auszeichnet: Variabilität. – Diese Konventionen wurden durch die neue Bühne zum großen Teil überholt und erledigt.
Die Optik war durch die Zentralperspektive grundlegend verändert worden;
wichtige Auftritte und Abgänge mußten aus der neuen Nord-Süd-Achse entwickelt und mit denen aus den Parodoi abgestimmt werden; das Arrangement
mit drei Schauspielern und einem größeren Chor war, wenn diese überhaupt
schon auf der alten Bühne aufgetreten waren, erst zu entwickeln und zu erproben;
kurz, es galt, die Inszenierung in das veränderte Raumbewußtsein hinein zu kon-
zipieren und so allmählich neue Konventionen experimentell herauszubilden.

2. Erst auf der neuen Bühne wurde die bebaute Szene zum technischen Problem.
Noch das einzelne Haus auf dem Gerüst am Orchestrarand war (sofern unser
Postulat zutrifft) technisch relativ einfach einzuordnen, da es mehr oder weniger
ein Anhängsel an die alte Bühne war; verglichen mit den kommenden Aufbauten
auf der Paraskenienbühne, war es ein kleiner Baukörper, der rasch aufgeschlagen
und abgebaut werden konnte. Die neuen Gebäude erforderten ein vielfaches
Mehr nicht nur an Materialaufwand und Herstellungszeit, sondern vor allem an
Arbeitskraft.[147]

Denken wir uns in die Aufführungspraxis hinein! Für den ersten Spieltag
könnte man sich mit der Annahme helfen, daß die Bauten schon am Tag zuvor
aufgestellt worden wären. Doch spricht dagegen das Überraschungsmoment; denn
an diesem Tag fand der ‹proagon›[148] statt, die feierliche Eröffnung des Festes, die
später im Odeion zelebriert wurde (Aischines in Ktes. 66/8); der Dionysos-Bezirk
war also bereits für das Publikum geöffnet; vor der Errichtung des Odeions
dürfte dieses Programm im Theater abgewickelt worden sein (Opfer, politische

Akte, Einsetzung der kritai, Vorstellung der Dichter und ihres Teams, Dithyrambos-Agon); Bühnenarbeiten wären höchstens am Nachmittag möglich gewesen,
an dem freilich später dem Asklepios Opfer gebracht wurden[149] – doch ist das
noch aus einem anderen Grunde unwahrscheinlich. Jeder Agon setzt voraus, daß
die Konkurrenten unter den gleichen Bedingungen stehen;[150] die Produktion des
ersten Spieltags hätte einen unzulässigen Vorteil gehabt, wenn sie die Bühne
schon am Tag vorher hätte aufbauen lassen können, während sich die beiden anderen mit der einzig zur Verfügung stehenden Zeit, dem frühen Morgen, hätten
begnügen müssen. (Das gilt übrigens umgekehrt als Argument gegen das von
Pickard-Cambridge zusammengestellte Programm der Zeremonien des ersten
Spieltags; er sagt selbst, daß diese «several hours early in the day» in Anspruch
genommen hätten – eine unzumutbare Belastung für die erste Produktion gegenüber den beiden anderen.) Das Zeremoniell des ersten Spieltags war also gewiß
das gleiche wie das der anderen Tage: Pompe sämtlicher Mitwirkenden zum
Opferaltar, wo der Archon eponymos das rituelle Trankopfer darbrachte, Trom-
petenstoß als Signal zum Beginn der Vorstellung, worauf alle die Orchestra verließen; doch nahmen zuweilen einer oder einige, nachdem ihnen die Prunkmäntel
abgenommen worden waren, im Kostüm die Ausgangsposition[151] der ersten
Szene ein.

Wenn die Vorstellung mit dem Eingangsritual um 8 Uhr[152] begann, mußte das
Theater spätestens um 7 Uhr geöffnet worden sein: so lange brauchten 14 000 Zuschauer (das dürfte die Zahl der Sitze nach der Anlage der neuen Reihen in der
Höhe gewesen sein) mindestens, um ihre Plätze einzunehmen. Da die Sonne in
Athen Ende März um 6 Uhr aufgeht[153] und die Morgendämmerung etwa um
$1/2$ 6 einsetzt, bleiben anderthalb Stunden für die Zurüstung der Szene mit allen
Aufbauten, Requisiten und Maschinen bis zur Öffnung der Tore. Man mache sich
klar, was das für eine so komplizierte Bühne wie etwa die des ‹Prometheus› bedeutet hat: scharfes Tempo, äußerste Anspannung, vor allem aber viele geübte
Hände. Geübte Hände auch für den Abbau der Bühne am Abend: denn die
nächste Produktion mußte am andern Morgen ‹freie Hand› haben. Und es bedurfte geübter Hände für die Veränderungen zwischen den Stücken und während
der Stücke (wobei das Prinzip der unsichtbaren Zurüstung gewiß nicht preisgege-
ben wurde – die Bühne war antiillusionistisch, aber nicht absichtlich desillusio-
nierend wie das Brecht-Theater); zwischen den Stücken stand außer der Mittags-
pause so wenig Zeit zur Verfügung, daß wir es nicht für einen Zufall halten,
wenn die rekonstruierbaren Trilogien eine einzige Grundszenerie[154] aufweisen
(z. B. Achilleis, Promethie) und die ‹Eumeniden›-Bühne der Orestie mit einfachsten Mitteln derart aus der der beiden ersten Stücke abgewandelt werden konnte,
daß auch der Szenenwechsel innerhalb des Stückes keine großen Schwierigkeiten

bereitete (siehe darüber im einzelnen unsere Interpretation der Orestie). Dennoch war der Bühnenaufbau der aischyleischen Trilogie kompliziert. Und dafür stand also nur eine knappe Zeit in der Morgenfrühe zur Verfügung. Bauteile und Zubehör mußten so bereitgestellt sein, daß die geübten Hände sie a tempo auf die Bühne bringen und zusammenstellen konnten. Ebenso mußten die Bühnen der beiden anderen Produktionen vor Beginn der Spiele bereitgestellt sein; denn auch ihnen blieb nicht mehr Zeit für den Aufbau als der ersten. Wir mögen die flinken Männer, die das zustande brachten (gewiß Sklaven) bewundern; schwerer wiegt die Feststellung, daß es eine zahlreiche Mannschaft gewesen sein muß. ‹Geübte Hände› sagten wir mehrfach mit Absicht.[155] Es handelte sich nicht um Hilfsarbeiter, sondern um Spezialisten. Auch im heutigen Theater werden Aufbau und Abbau der Bühne eingeübt. Im Dionysostheater fand diese Einübung in der Probenzeit statt. Wenn, wie wir festgestellt haben, die Produktionen die Bühne umso dringender brauchten, je näher der Tag der Aufführung rückte, so brauchten sie sie vor allem für die Proben mit den Bauten. Dabei ist wieder das Agon-Prinzip zu berücksichtigen, wonach den Produktionen die gleichen Bedingungen zugebilligt werden mußten.

g) Die späte Bühne

So sehen wir, wenn wir die letzten Wochen vor den Spielen überblicken, die Bühnenarbeiter Morgen für Morgen und Abend für Abend beim Auf- und Abbauen der Bühne. Und die Vermutung liegt nahe, daß die Inauguratoren der neuen Bühne die daraus resultierenden Schwierigkeiten und Kosten nicht in dem Maße vorausgesehen und vorausberechnet hatten, in dem sie dann anfielen. Die Einweihung der neuen Bühne war zweifellos ein imposantes Ereignis, vergleichbar mit der Einweihung des Parthenon.[156] Stolz erfüllte die Zuschauer. Die Neugier auf das Neue, das hier gezeigt wurde, mag lange angehalten haben. Aber Neuigkeitswerte sind nicht dauerhaft. Die theatergeschichtliche Erfahrung lehrt, daß nach einer Weile das Interesse daran erlahmt. Auch auf der neuen Bühne setzten sich konventionelle Bauten durch. So wiederholte sich die mythische Felsen-Szenerie des ‹Prometheus›, sicherlich eine Sensation bei der Uraufführung, in vielen Stücken (z. B. beim frühen Sophokles im ‹Triptolemos›, in den ‹Ichneutai›, im ‹Thamyras›, in der ‹Telepheia›, im ‹Tantalos›, im ‹Inachos›). Auch die terata der Maschinen verloren ihre Reize in der Wiederholung. Das Gewohnte wurde zum Gewöhnlichen. Aber im Theater entsteht nur Spannung, wenn sie auf Ungewöhnliches gerichtet ist, auf das immer Neue, Nochnichtdagewesene. Nachdem sich die Möglichkeiten der neuen Bühne erschöpft hatten, zogen neue Formen der Stücke und der Darstellung das Interesse auf sich. Damit aber erhob sich bald die

Frage, ob sich die enorme Anspannung und die hohen Kosten des Bauens wirklich noch lohnten.

Wir kennen das Resultat dieser Entwicklung, die in den fünfziger Jahren eingesetzt haben dürfte und um 445 zum vorläufigen Abschluß gekommen zu sein scheint. Denn von der ‹Antigone› (442?) bis zur ‹Helena› (412) zeigen fast alle erhaltenen Stücke eine stereotype Grundszenerie: Palast, seltener Tempel oder Haus; die Ausnahmen bilden ‹Hekabe› und ‹Troerinnen› mit Zelten, und auch die Fragmente verlangen für einige verlorene Stücke die Zelt-Bühne; doch ist diese Ausnahme nur scheinbar. Auch die Häuser hatten noch nicht die Uniformität des lykurgischen Steinbaus. Es gab Varianten zwischen Palast und Tempel, und ein Palast oder ein Tempel muß nicht so ausgesehen haben wie der andere: dafür sorgte jetzt die Skenographie. Aber sie konnten alle dasselbe *Grundgerüst*[157] haben, und die Vasenbilder bezeugen, daß auch die Zelte mit demselben Grundgerüst aufgeschlagen werden konnten. Auf dieses Gerüst kommt es uns an, darauf nämlich, daß es während der Festspieltage stehen bleiben konnte und schon das Auf- und Abbauen der Bühne in den letzten Probenwochen erleichtert hatte. Es war ohne Zweifel eine ingeniöse Erfindung: ein Gestänge, in das die Bauteile (Wände, Türen, Dächer, Giebel, Decken usw.) eingehängt wurden – so wie es Dörpfelds und Fiechters Funde evident machen. Die eingehängten Teile waren bemalt: hier haben wir die früheste Form der Pinakes (so hießen ja auch die Tafelgemälde Polygnots).

Das Grundgerüst ist das Zwischenglied zwischen den Bauten der neuen Bühne und dem Steinbau. Die Reduzierung der Kosten ist eklatant: umso mehr Sorgfalt konnte auf die Architekturmalerei der Platten verwendet werden. Vor allem aber wurde die Arbeitskraft rationalisiert. Der Superapparat der ersten Jahre nach 460 war auf die Dauer nicht tragbar. Die Evidenz der Stücke zeigt, daß sich die Veränderung der Szene vom Technischen und Bühnenpraktischen auf das Künstlerische übertrug. Es kann auch umgekehrt gewesen sein. Solche Entwicklungen sind im Theater meist von komplexer Art. Verglichen mit der Orestie, dem ‹Prometheus›, noch dem ‹Aias›, zeigen ‹Antigone›, ‹Trachinierinnen›, ‹König Oedipus›, ‹Alkestis›, ‹Medea›, ‹Hippolytos›, ‹Ion› (um nur diese zu nennen) den gleichen Zug zu einer verfeinerten Simplizität der Bühne.

Die Entwicklung hat ihre Logik. Sie führt auf das telos zu: den uniformen Steinbau. Aber es ist eine Entwicklung mit Sprüngen. Am größten war der Sprung über die letzte Phase des klassischen Theaters der Tragödie hinweg. Seit der ‹Helena› (412), vielleicht schon seit dem ‹Ion› (der kaum denkbar ist ohne das ungewöhnliche Peristyl des delphischen Apollon-Tempels), wird die Bühne wieder optisch interessanter, farbiger, fast könnte man sagen: romantisch.[158] Der ägyptische Palast unterstrich das Märchenhafte der ‹Helena›. In Sophokles’ ‹Phi-

loktet› kehrt die Felsen-Szenerie mit der Höhle wieder. Der Palast im euripideischen ‹Orestes› hat etwas Gespenstisches: Helena, die Urheberin allen Unheils,
geht darin um, und zum Schluß soll er in Brand gesetzt werden; ähnlich zeigt der
thebanische Palast in den ‹Bakchen› Brandspuren, und während des Stückes wird
er von einem Erdbeben erschüttert. Den gleichen Palast dürften die ‹Phoenissen›
gezeigt haben: er muß, mit seiner Warte, an Aischylos' ‹Sieben› erinnert haben,
die das gleiche Thema hatten. Die Zelte von Aulis ließ Euripides von einem Chor
schaulustiger Mädchen mit ähnlichem Entzücken besingen wie den delphischen
Tempel im ‹Ion›: sie zeigten die alte Pracht – aus dem Fundus. Es waren die letzten Jahre des Krieges, schwere Jahre für Athen. Ist es Zufall, daß von Feuer bei
den Palästen die Rede ist? Sicher konnte man keine neuen Tafeln mehr in das
Gerüst hängen, und den alten sah man wohl an, daß sie abgenützt waren. Verfall
zeichnet sich ab. Sollen wir darin den Grund suchen, weshalb der alte Sophokles
für den ‹Oedipus auf Kolonos› eine Bühne ohne Bauten erdacht hat?[159] Das

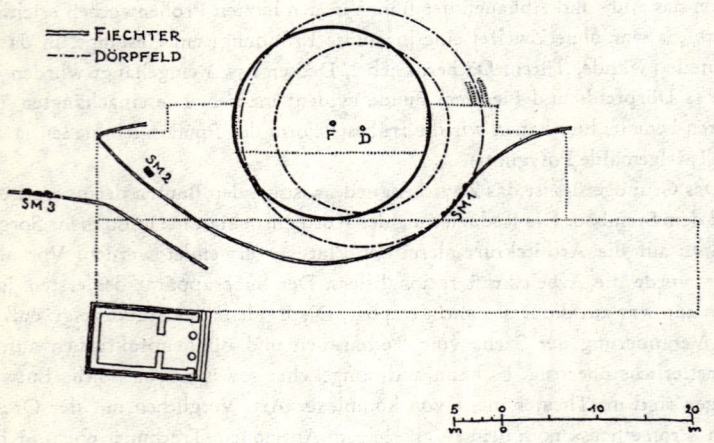

Abb. 10. Das Dionysostheater im 6. Jahrhundert mit ‹Dörpfelds Steinen› SM 1, 2 und 3
(nach Schleif)

Stück ist ein Abgesang auf die Polis, wie sie einmal war und wie es sie nicht mehr
gab, ein elegischer Blick zurück in die Zeit, in der das alles begonnen hatte, was
Athens Ruhm ausmachte; es spielt wie die Stücke der alten Bühne vor der Natur:
der Hain war noch der gleiche, ein Stück Pagos gab es auch noch, er wird kaum
zufällig ausdrücklich erwähnt; an der ‹ehernen Schwelle› führte die Treppe (im

Fundament T) hinunter ins Heilige, und die Heiligung war der Tod. Einem My-
sterium gleicht wie das Stück diese Bühne. Es war das Ende.

h) Daten

So lassen sich mutmaßliche Daten zusammenstellen, die sich für die Bühnengeschichte der Tragödie im 5. Jahrhundert ergeben haben:

um 500: Verlegung des Theaters aus der Stadt (Agora-Bezirk) an den Südhang der Akropolis. Terrassierung des Geländes zur Aufnahme der kreisrunden
Orchestra. Terrassenmauer parallel zum alten Tempel mit Kehre nach NO (SM
1). Rampe zur Westparodos, Felsweg zur höher gelegenen Ostparodos. Spielstätte zwischen West-Rampe und Pagos im Osten. Nicht einsehbare Skene (Bühnenhaus) im Temenos an der Terrassenmauer. Zuschauersitze und -reihen im
Halbrund um die Orchestra (vermutlich in die Erde und in den Felsen gegraben).

472–ca. 460: Die aus Aischylos' drei ersten Stücken nachweisbare ‹alte Bühne›
mit der Ost-West-Achse. Steinsitze im Ost-Pagos, der mitspielt. Zinnen, Wachtturm (?), Grotten, Altäre. Grabmal in oder an der Orchestra. Charontische
Gänge. Holzbänke (ikria) im Zuschauerraum. Ausbau der Skene (Erweiterung
der Garderoben bis zum Fassungsraum des ‹Hiketiden›-Personals).

vor 460: Aischylos erfindet das Balken- und Stangengerüst (okribas, pulpitum), um ein Holzgebäude in der Mitte aufstellen zu können, mit dem Dach des
Bühnenhauses als Basis. Treppe vom Bühnenhaus zur Plattform des Gerüsts.

um 460: Totalumbau des Theaters. Zentralachse, Symmetrie. Verschiebung der
Orchestra und der ersten Sitzreihen nach N. Ausbau der Sitzreihen in der Höhe
des Burghangs (ca. 14 000 Zuschauer). Planierung der Spielfläche zwischen Ost-
und West-Parodos. Parodoi auf gleichem Niveau. Errichtung der Mauer H als
Rückgrat der neuen, rechtwinklig zur Nord-Süd-Achse angelegten Terrasse.
Fundament der Bühne mit Paraskenien aus Holz. Großzügiges Bühnenhaus im
Temenos mit Steinfundament und umfangreichen Räumlichkeiten längs der
Mauer H (für je drei Tragödien-Produktionen und je 5, später 3 Komödien-
Produktionen). Neue Zugangswege zu den Parodoi. Treppe im Steinfundament
T. Ekkyklema.

460–438: Allmähliche Vereinfachung der Bühnenaufbauten zwecks Reduzierung des Aufwands. Erfindung eines stereotypen Gerüsts als konventioneller
Grundstruktur für die Aufbauten (Häuser: Palast, Hütte, Tempel; Zelte). Idee
der steinernen Einheitsbühne?

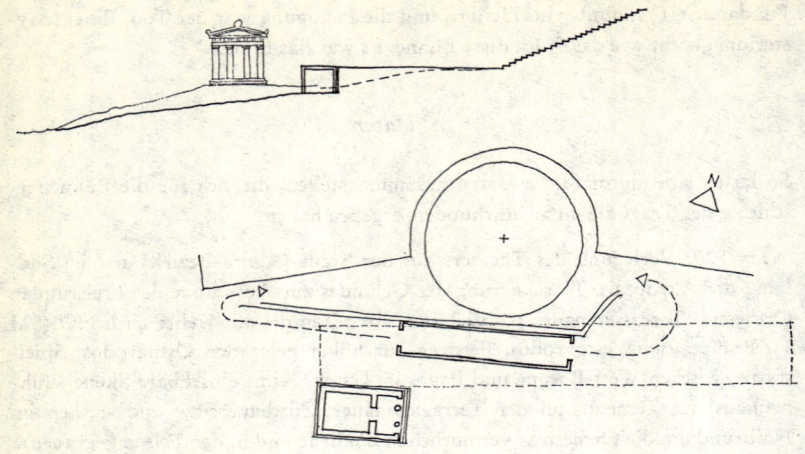

Abb. 11. Von der alten zur neuen Bühne: Alte Bühne

um 444: Bau des Odeion (Holzbau im Zusammenhang mit dem Theater). Beginn des Steinausbaus an den Stützmauern des Zuschauerraums (erste Steinsitzreihen?) Bauprogramm der Versteinerung (vielleicht nach einer ikria-Kata-

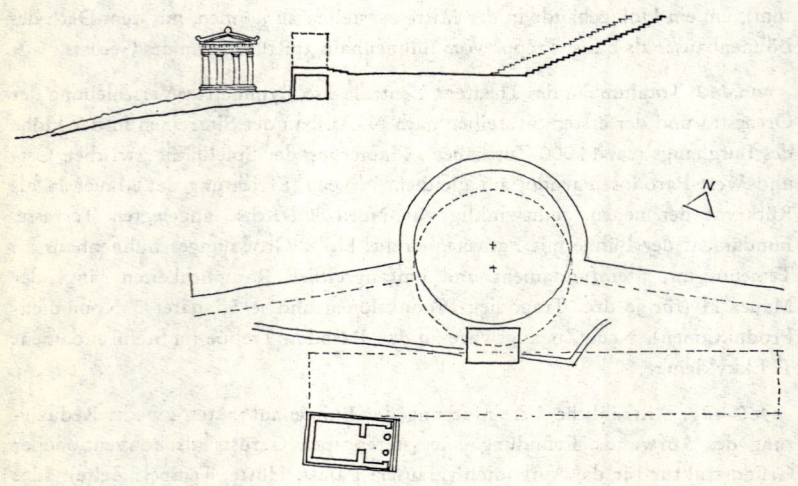

Abb. 12. Von der alten zur neuen Bühne: Umbau

strophe). Montage der Mechane (Kran mit Gondel, Flugmaschine, spätestens seit 431).

nach 421: Wiederaufnahme der Bautätigkeit. Fortführung der Steinbauten. Breccia-Fundament der Paraskenienbühne. Bau des neuen Tempels. Kriegsbedingte Sparmaßnahmen nach Wiederausbruch des Krieges.

ca. 412–401: Rückgriff auf Formen der alten Bühne.

401: Letzte Premiere einer klassischen Tragödie: ‹Oedipus auf Kolonos› auf und vor dem Steinfundament ohne Aufbauten.

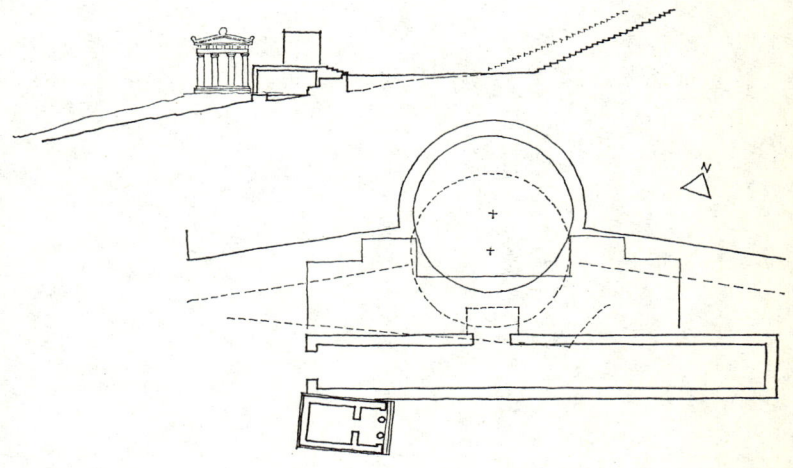

Abb. 13. Von der alten zur neuen Bühne: Neue Bühne

Teil II

Bühnenfragen des fünften Jahrhunderts

1. Die Kontinuität der Konventionen

a) Das Neue und das Alte

Das Thema bezeichnet ein Leitmotiv in der Geschichte der Tragödie. Man kann es als Gesetz [1] formulieren:

Überkommenes wird übernommen und verändert, aber nicht aufgehoben; das Neue tritt nicht an Stelle des Alten: es erneuert dieses; es wird in das Alte integriert.

Das gilt jedenfalls für das 5. Jahrhundert. Noch in den spätesten Tragödien ist Uraltes enthalten: die kreisrunde Orchestra, der Chor, der Wechsel zwischen Chorisch-Musikalischem und Dialogisch-Dialektischem als Grundstruktur, die Maske, der Mythos als Fabel.

Aber, um gleich am zuletzt genannten die Problematik zu erläutern: es gab nicht nur den Mythos als Fabel. Die älteste der erhaltenen Tragödien ist ein Zeitstück, dessen Held noch lebte, als sie zum erstenmal aufgeführt wurde. War das eine Neuerung? Nein. Phrynichos,[2] für Aristophanes der älteste der Tragiker, war Aischylos mit dem gleichen Thema vorangegangen (wahrscheinlich vier Jahre früher); und Phrynichos hatte mehr als zwanzig Jahre vorher ein Zeitstück zur Aufführung gebracht, das, nach Herodot, die Athener derart schockierte, daß sie den Autor bestraften und das Stück verboten (VI, 21). Nach den ‹Persern› gibt es, soweit wir sehen, kein Zeitstück mehr, auch nicht unter den Fragmenten der vielen verlorenen Stücke. Aber das heißt nicht, daß die Zeit, genauer die Gegenwart, nicht mehr mitgespielt hätte. Im Gegenteil. Denken wir nur an die Beschreibung der Volksversammlung von Argos in Euripides' ‹Orestes› (408 ff.): V. Ehrenberg [3] nennt sie ein getreues Abbild der Volksversammlung Athens in der Zeit, in der die Tragödie zur Aufführung gekommen ist (und so wenig wie Aischylos' Exil nach der Orestie dürfte Euripides' Aufbruch nach Mazedonien noch im selben Jahr zufällige Gründe gehabt haben). Die Gegenwart war in den Mythos integriert, in einigen Fällen, so in dem der ‹Troerinnen›, die im Frühjahr vor der sizilischen Expedition gespielt worden sind, ist der Mythos unzweifelhaft gewählt worden, um das hic et nunc der Polis zur Sprache zu bringen.

Gehen wir von den Chorliedern der spätesten Tragödien aus, die noch immer in der kreisrunden Orchestra dorisch gesungen wurden wie die der frühesten, sind wir geneigt, an dem Gesetz von der Kontinuität der Konventionen vor allem die Erstarrung wahrzunehmen. Ähnlich erstarrt treten uns Konventionen, freilich erfüllt von der äußersten Konzentration lebender Menschen, in den Aufführungen des japanischen No[4] entgegen. Aber der Vergleich mit der Tragödie lehrt, was die Griechen von den Japanern unterscheidet. Das No wurde Ende des 14. Jahrhunderts entwickelt und ist in der Form, die ihm Kanami und sein Sohn Seami gegeben haben, unverändert bewahrt worden bis auf den heutigen Tag (bis um 1910 in streng geheim gehaltenen Regeln und Methoden); als sich um 1600 der Wunsch nach Neuem meldete, wurde ein neues Genre geschaffen, das Kabuki,[5] das zwar Formen des No übernahm, aber von Anfang an auf Neuerungen, ja, Sensationen angelegt war. Die Griechen hatten ein anderes Verhältnis zur Form. Form war ihnen wohl das Gegebene, das zu übernehmen war, soweit es die Gattung geprägt hatte; ‹Perser› und ‹Oedipus auf Kolonos› oder ‹Bakchen› weisen gemeinsame Konventionen auf, die sie als Tragödien erkennbar machen. Aber jede dieser Konventionen ist in eine bestimmte Proportion gesetzt zu Neuerungen, die das Gebilde, wenn auch innerhalb einer erkennbar bleibenden Grundstruktur, stetig verändert haben.

Jeder der drei Tragiker war ein Neuerer. Während in der landläufigen Auffassung Euripides als der Neuerer kat' exochen, ja als der ‹Zersetzer›[6] gilt, neigt der Theatermann dazu, Aischylos für den kühneren Revolutionär und selbst Sophokles für den erfolgreicheren Veränderer zu halten. Dabei zeigt sich im Verhältnis der Tragiker zueinander eine charakteristische Übereinstimmung: jeder hat von dem oder den anderen etwas übernommen, Aischylos den dritten Schauspieler von Sophokles, Sophokles den ‹Lumpenhelden›[7] (Philoktet) von Euripides – aber war nicht schon der Xerxes der ‹Perser› als ‹Lumpenheld› aufgetreten? –, Euripides die Abkehr von der zyklischen Thematik der Tetralogie von Sophokles (um nur Beispiele zu nennen). So läßt sich ein Nachtrag zu dem Gesetz formulieren:

Wo immer etwas Neues eingeführt und sanktioniert wurde, entstand eine neue Konvention, die ihrerseits nun Kontinuität gewann.

Nachdem der dritte Schauspieler einmal eingeführt war, gab es keine Stücke mehr für zwei Schauspieler; es konnte nun höchstens noch ein vierter hinzukommen, er wurde hinzugefügt; aber es ist von eminenter Bedeutung für das Gesetz der Kontinuität, daß er stets den Charakter eines parachoregema,[8] eines Zusatzes, eines Beiwerks, behielt, daß er also auf die Dramaturgie und die Darstellung keine strukturbildende Auswirkung hatte.

Das mochte mit der Kostenfrage zusammenhängen, möglicherweise auch mit der Hierarchie der Schauspieler[9] (von der wir wenig wissen, aber manches vermuten dürfen, wenn wir bedenken, daß nur der Protagonist an dem 449 gestifteten Schauspieler-Agon teilnahm und daß er es war, nicht der Chorege, der die beiden anderen Schauspieler engagierte). Aber wenn solche Gründe wirklich maßgebend gewesen und fraglos akzeptiert worden wären, hätten wir bereits das Bild der Erstarrung vor uns, das uns in der Tradition des No entgegentritt. Stellen wir die Frage, warum und wann die Konvention der Dreizahl eingeführt wurde, so erkennen wir die tieferen Gründe der Kontinuität. Sie entstand zugleich mit der Ermöglichung des Auftritts aus der Mitte, ohne den es die Orestie nicht hätte geben können, und das heißt, daß sie, wie wir dargelegt haben, mit dem Umbau des Spielplatzes aus der Ost-West-Achse der ersten Stücke in die Zentralperspektive zusammenzusehen ist, so wie gleichzeitig auch die Erhöhung der Choreuten-Zahl von 12 auf 15 = 2 mal 7 + 1 (Chorführer) Symmetrie des Arrangements herstellen ließ, wenn man sie wollte oder brauchte, und das heißt weiter, daß der Held nun nicht mehr nur der Antagonist des Chors war oder später seinen möglicherweise antagonistischen Partner hatte, sondern in der dialektischen Mitte des Antagonismus stehen konnte, allein mit seiner Entscheidung, mit seinem Schweigen, mit seinem Scheitern – wie Orest zuerst zwischen Agamemnon/Elektra und Klytaimestra, dann zwischen Apollon und den Erinyen. Es heißt auch, daß sich der Antagonismus im Verlauf eines Stückes wie auf Kugellagern verschieben konnte, wovon der sophokleische ‹Philoktet› ein glänzendes Beispiel gibt.

Der Umbau des Theaters vor der Orestie war das Werk (oder mit das Werk) des kühnsten Revolutionärs; es wurde angenommen und fortgeführt mit den Neuerungen des Sophokles in der Darstellerzahl. Aber zugleich veränderte die Abkehr von der Tetralogie die Tragödie noch einmal, und nur dadurch wurden die komplizierten Helden des Euripides möglich, nämlich durch die Preisgabe der Geschlechter und Zeitalter umspannenden Thematik (ohne die weder die Orestie noch die Promethie zu denken ist und die sich in den Danaiden als Ablauf von Kulturstufen gezeigt haben dürfte), was gleich viel bedeutet wie die Konzentration auf den jeweils Einzelnen, der den Mächten und Übermächten ausgesetzt wird, wie schon Antigone oder Oedipus, wie dann Hippolytos oder Pentheus.

Daß auch dieser neue Heros in den Augen des Aristophanes bereits zum Klischee geworden war und als ‹Lumpenheld› verhöhnt wurde, beweist, wie sehr sich in der späteren Zeit der Widerspruch zwischen dem Anspruch der Rolle (Protagonist als Heros) und der Realität ihrer Condition als Konvention festgesetzt hatte: der kranke Philoktet in seinen stinkenden Fetzen, der alte Oedipus als Bettler, Königin und Prinzessinnen als Sklavinnen in den ‹Troerinnen›, Elektra als Bauernfrau, Menelaos als Schiffbrüchiger, der lebende Leichnam Orest, König Pentheus in Weiberkleidern… Tragik als Antinomie zwischen Sein und Schein und umgekehrt.

In solchen Perspektiven haben wir auch die Kontinuität anderer, nur dem

ersten Blick ‹äußerlich› erscheinender Konventionen zu sehen. Nehmen wir also
etwa das *Satyrspiel*,[10] an dessen konventioneller Rolle als Abschluß des Tra-
gödien-Zyklus festgehalten wurde, auch als der tetralogische Zusammenhang der
Fabeln längst aufgegeben war. Der Streit, ob das Satyrspiel der Tragödie erst
hinzugefügt worden ist oder ob diese aus ihm hervorgegangen ist, ist für das
Thema der Konventionen weit weniger interessant als die Vorfrage, wie es
überhaupt im Theater zum Nebeneinander oder Ineinander tragischer und ko-
mischer Elemente kommen konnte. Shakespeares Tragödien sind undenkbar ohne
Rüpel und Narren. Auch im indischen Theater[11] mischen sich komische Figuren
und Szenen in die ernsthaft dramatischen. Aber wie die Griechen, nach Aristoteles, dann das Lächerliche (geloia lexis, poet. 1449 a 19) und das ernsthaft Dramatische auseinandergenommen haben, um daraus zwei Genres zu entwickeln, zuerst das Satyrspiel, dann die Komödie, so gibt es auch im japanischen No das
Phänomen der Zusammensetzung, das als Umschlag vom einen ins andere in der
Form verschiedener Genres erscheint. Das No-Spiel setzt sich aus fünf Teilen zusammen: aus drei No im engeren Sinn und aus zwei Kyogen.[12] Jeweils nach
einem No wird ein Kyogen gespielt (außer nach dem letzten). Die Funktion dieser Zwischenspiele, die wir als Intermezzi, Interludes, Entremeses, Intermèdes
im europäischen Barocktheater wiederfinden,[13] ist der kurze Sprung vom Er-
habenen ins Lächerliche: die komische Figur reißt die Herrschaft an sich, um die
Helden zu dupieren, zu ironisieren, zu parodieren. In diesem Umschlag bildet
sich eine phänomenale Funktion des Theaters ab: der Standpunktwechsel. Man
kann die gleiche Sache mit verschiedenen Augen betrachten. Wenn die Dinge
lange genug im ernsten (und das ist in der Tragödie gleichbedeutend mit gestei-
gertem) Ton behandelt worden waren, sprangen die Satyrn oder die Narren auf
die Bühne, um sich darüber lustig zu machen.

Der Neuerer Sophokles hat den stofflich-thematischen Zusammenhang der
Tetralogie aufgegeben. Aber er hat das Satyrspiel nicht aufgegeben.[14] Bis zum
Ende des Jahrhunderts wurde an der Konvention festgehalten, daß der tragische
Tag mit Lachen zu beschließen sei. Und daß es ein derbes, ausgelassenes, ja,
obszönes Lachen war, wissen wir gerade von Aischylos und Sophokles. Dem
gegenüber ist das einzige ganz erhaltene Satyrspiel, der ‹Kyklops› des ‹Neuerers›
Euripides, relativ zahm. Auch hat dieser eine Tragödie geschrieben, die an Stelle
eines Satyrspiels als letztes Stück des Tages gespielt worden ist: ‹Alkestis›. Sie
handelt vom Tod und endet zwar nicht mit Lachen, aber mit Lächeln; sie hat drei
Helden: eine Königin, die, als sie das Opfer ihres Lebens für den geliebten Mann
bringt, einsieht, daß dieser das Opfer nicht wert ist; einen König, Apollons
Schützling, der Schritt für Schritt sich selbst entlarvt; und Herakles, den Liebling
des Satyrspiels, der betrunken das Totenhaus betritt und mit seinen Fäusten dem

Tod, Gott Thanatos, das Opfer entreißt – ein Märchen, ein Wunder am Ende, überschüttet mit allen Ironien, eine Synthese des Tragischen und des Komischen, wie wir sie nur noch aus Shakespeares späten Komödien kennen. So weit also ließ sich die Konvention entschematisieren. Wir möchten das Stück eine Komödie nennen.

Warum hat keiner der Tragiker eine Komödie geschrieben (außer dieser, wenn wir so wollen)?[15] *Warum hat offenbar keiner der Komiker eine Tragödie geschrieben*, obwohl am Komödien-Fest, den Lenäen, auch Tragödien gespielt worden sind?[16] Die Genres bedurften kaum der formalen Spezialisten, zumal das strukturelle Grundelement, der Chor, beiden gemeinsam war. Und wenn die Tragiker sich nicht der Ambivalenz von vis comica und vis tragica, die wir eine phänomenale Funktion des Theaters genannt haben, bewußt gewesen wären, hätten sie nicht zeitlebens Satyrspiele geschrieben. Die Komödie kam später auf; sie setzte sich neben die Tragödie, nahezu gleichberechtigt in der Institution der Theaterfeste; die Unterscheidung, die Aristoteles (poet. 1449 a 30) gibt, stimmt schon im ersten Ansatz nicht: die Komödie ist eben nicht nur eine Mimesis ‹niederer Personen› – in den ‹Fröschen› tritt Dionysos auf, und der ‹Frieden› wimmelt von höheren Wesen (und es gibt auch komische Personen in den Tragödien, denken wir nur an den Phryger im ‹Orestes›); die Thematik war weithin die gleiche, Politik, Krieg und Frieden; selbst der Phallos, das Wahrzeichen der Komiker, ist dem tragischen Tag nicht fremd, wie Aischylos' ‹Isthmiastai› (v. 29) oder Sophokles' ‹Ichneutai› (v. 145) beweisen – wurde er doch in der Prozession der Großen Dionysien riesenhaft und massenhaft hergezeigt und mitgeführt;[17] Aristoteles' Zeugnis (1449 b 5), die Fabeln der Komödie seien aus Sizilien importiert worden, ist ein guter Hinweis, wenn wir ihn zusammennehmen mit dem anderen Zeugnis, daß auch die Tragödie aus Improvisationen (Aristot. poet. 1449 a 10) entstanden sei; denn das deutet auf den Mimos, ein Element des Urtheaters, das selbstverständlich nicht nur in Sizilien produktiv gewesen ist, auch nicht nur bei den Dorern, deren komoi, so berühmt sie gewesen sein mögen, dennoch weniger in die Komödie hineingewirkt haben als der dorische Chorgesang in die Tragödie (denn in der Komödie wurde nur attisch gesprochen), sondern überall in der Welt, der ewige Karneval.

Das Theater ist eine zusammengesetzte Kunstart; aber in seinem Kern wirkt Mimesis (worin ‹Nachahmung› nur als eine unter vielen Möglichkeiten enthalten ist[18]). Wie immer man sich den Vorgang in den Ursprungsphasen denken mag, ob sich das Mimetische in vorher ausgebildete Formen – Gesang, Tanz, Dichtung, Kult – eingedrängt hat, oder ob diese das Bedürfnis nach dem Mimetischen ausgelöst haben (am wahrscheinlichsten ist eine Wechselwirkung), die mimetische Produktivität wird nicht dadurch Theater, daß sie kultisch domestiziert wird,

sondern weil sie zur Darstellung drängt. Beides sind Derivata: das Ritual wie das
Theater. Die genauen Griechen unterschieden später dromena und drama.[19] Obwohl die ersten Darstellungen sicher nicht ‹dramatisch›[20] in dem Sinne waren,
wie wir das Wort seit Aristoteles verstehen, eher ‹episch› in dem Sinne, wie ihn
Brecht als eine Möglichkeit des Theaters rekonstituiert hat (das schließen wir aus
den ‹Persern›), so waren sie doch geplant, entworfen, gebaut als ‹Stücke›, und das
heißt: Theater konnte als Darstellung erst entstehen, als das Orgiastisch-Mimeti-
sche vom Logos organisiert wurde. In den Stücken bildeten sich Formen, und
Formen werden zu Konventionen, wenn sie aufgenommen und weitergegeben
werden.

Wir haben gesehen, daß die Griechen überkommene Formen, Konventionen, in
der frühen und der klassischen Zeit der Tragödie nicht übernommen haben, ohne
sie weiterzubilden. Aber sie gaben die Kontinuität nicht auf: sowohl ihr tragi-
sches wie ihr komisches Theater hielt sich in einem vergleichsweise engen Rahmen; nur innerhalb des Rahmens wußten sie sich zur Freiheit ihrer Neuerungen
ermächtigt. Daraus folgt, daß sich die drei Tragiker und der große Komiker der
Grundspannung des Theaters tief bewußt waren: dieses ist (nach Lessing) eine
«transitorische» Kunstart; in ihr ist morgen von gestern, was heute war; aber
gestern und morgen sind im Heute ineinandergekoppelt: im Heute steckt beides
mit drin, sowohl was morgen sein wird, wie was gestern war (denn wie wäre,
was heute ist, entstanden ohne das, woraus es entstanden ist?).

Die Polarität zwischen dem Überkommenen, das nicht, wie heute viele glauben, einfach vom Tisch zu wischen ist, denn es wird auch morgen noch das Wesen
dessen mitbestimmen, was ‹Theater› *ist* (indem es sich von Nichttheater, zum
Beispiel auch von Politik, unterscheidet) – und dem Neuen, das gefunden, erfunden, entwickelt werden muß, sofern man sich nicht zur Erstarrung entschließt
wie die No-Spieler, ist in jeder erhaltenen Tragödie und in jeder erhaltenen Komödie aufzudecken. Keine war wie die vorhergehende; die Schwierigkeiten der
Datierung mögen den Versuchen, eine Entwicklung innerhalb der einzelnen
Oeuvres nachzuweisen, kaum überwindbare Grenzen setzen; aber darauf kommt
es nicht an: das Neue ist nicht nur progressiv, es ist auch einfach anders. Stoff,
Figuren, nicht zuletzt die stets veränderte Gegenwart, in die diese Stücke hinein
verfaßt und gedacht worden sind, fordern dem Logos, der mit den vorhandenen
Mitteln der Darstellung operiert, das Andere, das Neue, das Überraschende ab,
ohne das Theater nicht am Leben bleiben kann.

Diese Grundspannung ist nun – wir zögern nicht, es bewundernd zu sagen –
von den Griechen durch einen an jedem einzelnen Objekt neu vollzogenen (und
von uns nachzuvollziehenden) Bewußtseinsakt in jenes Gleichgewicht gebracht
worden, das ein Stück benötigt, wenn es als Gebilde dauerhaft bleiben soll. Das

Neue wurde konfrontiert mit dem Alten und das Alte mit dem Neuen. Das ist nur möglich, wenn beidem auf den Grund gegangen wird. Das Alte muß so verstanden und verwendet werden, als würde es den Prozeß, aus dem es hervorgegangen ist, noch einmal durchlaufen, von Anfang an; dabei gerät es von selbst in die Spannung mit dem Neuen, das seinerseits wieder so geartet sein muß, daß es dem Alten standhält; so wird das Neue den Kriterien unterworfen, die vom Alten gesetzt sind. Nicht die Oberfläche des Alten kann übernommen werden, sondern das Hintergründige, das sich in ihr zeigt; nicht das Neue schlechthin wird eingeführt, sondern das, was (nach einem Worte Brechts) [21] «dahinter» ist.

Da wir soviel von ‹Heute› sprechen, ist eine Einschränkung angebracht. Während das Jahrhundert der Tragödie sich uns vorwiegend darbietet in den Oeuvres von drei Dichtern, deren Überdauern ihre Außergewöhnlichkeit beweist (und das gilt natürlich auch für die ‹Alte Komödie›), bietet sich uns unser ‹Heute› dar als eine Masse von Produkten und Produktionen, in der sich das Außergewöhnliche noch nicht vom Gewöhnlichen gesondert hat. Im Gewöhnlichen ist das klischierte Alte so gut enthalten wie das nur vordergründige Neue. Kritik heißt Unterscheidung; sie ist auf Qualität angesetzt; auch wer sie primär als eine politische Aufgabe versteht, kommt nicht darum herum, zu unterscheiden, ob das Thema oder die Absicht (die in der Tragödie meist politisch waren) mit den Mitteln behandelt sind, die sie sowohl der Abgegriffenheit wie der mit ‹Ineffektivität› gleichzusetzenden Unangemessenheit entziehen.

Von hier aus läßt sich nun ein Argument zu der Frage beitragen, warum bei den Griechen die Tragiker keine Komödien und die Komiker keine Tragödien verfaßt haben. Jener Bewußtseinsakt, in dem die Grundspannung zwischen dem Alten und dem Neuen rigoros einsehbar und beherrschbar gemacht worden ist, hat diese Stückeschreiber gleichsam in die Kontinuität der Konventionen gezwungen, gerade wenn und weil sie Neues gewagt haben. Zu dieser Kontinuität gehört die in für uns rätselhaften Ursprüngen zustandegekommene *Distinktion der Genres*. Wir sagen ‹rätselhaft›, weil wir keine Distinktion zwischen dem Komischen des Satyrspiels und dem Komischen der Komödie finden können. Das mag mit der Lückenhaftigkeit unserer Überlieferungen zusammenhängen. [22] Die älteste Komödie, die uns vorliegt, stammt aus dem Jahre 425; aber wir wissen, daß schon 486 eine Komödie bei den Großen Dionysien einen Siegespreis erhalten hat. Da um 442 ein vor allem der Komödie gewidmeter Agon bei den Lenäen eingeführt wurde (während des Peloponnesischen Kriegs wurde er in die Dionysien eingegliedert [23]), muß es schon vor Aristophanes eine immense Zahl von Komödien gegeben haben, von denen wir uns nur ein vages Bild machen können. Möglicherweise waren in ihnen die distinktiven Merkmale leichter erkennbar als in den erhaltenen Stücken des Aristophanes. Wenn jedoch die Distinktion so ein-

schneidend praktiziert wurde, so kann das doch wohl nur dadurch erklärt werden, daß auch die relativ späte Institutionalisierung der Komödie durch die
Polis eine Konvention begründet hat, deren Kontinuität gerade in dieser Distinktion von der Tragödie gesehen und gewahrt wurde.

b) *Maske, Agon, Deus ex machina, Stichomythie und Botenbericht,* *Das Haus auf der Bühne*

Wir sagten, daß die Grundspannung zwischen Konvention und Neuerung in
jeder einzelnen Tragödie aufzudecken sei.

Das ist Sache der Einzelinterpretationen. Die allgemeinen Aspekte des Themas
müßten in einer speziellen Querschnitt-Untersuchung herausgearbeitet werden.
Wir beschränken uns auf einige Beispiele.

Die Maske,[24] in allen Theatergeschichten ein Zeichen für den Zusammenhang
der Urformen mit der Magie, im griechischen Theater ein Emblem des Theater-
gottes, in der Spätzeit zur Fratze erstarrt, aber im Zeitalter der Tragödie nichts
als ein Mittel zur Desindividualisierung der Person des Schauspielers, bei Thespis
nach der Überlieferung nur Schminke, später aus eng anliegendem Stoff, dem
Aischylos durch Bemalung menschlichere Züge gegeben haben soll, mit Perücken,
wie Vasenbilder zeigen – niemals aufgegebene Konvention, der sich auch der psy-
chologisierende Euripides («das Gesicht als Spiegel der Seele») widerspruchslos
fügte.

Der Agon,[25] gestiftet von Peisistratos 534, der das Theater damit zur Institution der Polis erhob, wovon auch die Demokratie nicht mehr abging (vermutlich
um 502 neu geordnet),[26] mit der entscheidenden Bestimmung, daß nur neue
Stücke gegeben werden sollten[27] (selbst die Ausnahme, die für Aischylos nach
dessen Tod beschlossen wurde, war in den Kontext der Konvention eingefügt dadurch, daß es hieß, der Archon habe demjenigen «einen Chor zu geben», der eine
Tragödie dieses Dichters zur Aufführung bringen wolle), und gerade durch diese
zu wenig beachtete Sanktion vom Gesetzgeber, und das heißt von der Polis, in
die Spannung zwischen Altem und Neuem hineingestellt, indem gleichsam die
Verpflichtung zum Neuen selbst zur Konvention erhoben wurde.

Der deus ex machina,[28] die Epiphanie des Gottes in der tragischen Kulmination vor dem Schluß der Tragödie, seit der ‹Medea›, wo die Mechane zum erstenn-
mal nachweisbar ist, von Euripides zur Konvention entwickelt und in vielen
Stücken angewandt, von Sophokles (im ‹Philoktet›) übernommen (aber nur in
der Idee und Funktion, denn dieser Tragiker scheint die Mechane nicht geliebt zu

haben): Schulbeispiel für das Verhalten der Tragiker zur Konvention, insofern als Euripides die von ihm selbst erfundene Konvention eben als Konvention verwendet und verstanden wissen wollte, in jenem ironischen Sinn, wie ihn Goethe formuliert hat: «Durch ein Wunder wird bei Euripides das Unauflösbare gleichsam beiseitegebracht.»[29]

Stichomythie und Botenbericht[30] – die beiden extremen Möglichkeiten des Dialogischen, von der ersten bis zu den letzten Tragödien immer wieder verwendet und immer neu aus der Situation heraus zwingend entwickelt oder in sie hineinkomponiert, beides, der schnelle, sich zuweilen immer mehr verkürzende Wortwechsel und die lange Rede vor begierig Lauschenden stets wie ‹Nummern› geformt, d. h. nicht nur als Ganzes, sondern auch in sich wieder konventionell; der Botenbericht, fast immer im Affekt des hereinstürzenden Darstellers einsetzend, Schauder, Schrecken, Staunen, Schmerz gleichsam als Basis ausbreitend, um darüber dann episch die Erzählung aufzubauen; die Stichomythie als Mittel, die rationale Auseinandersetzung bei beiden Streitenden so sehr in die Erregung zu treiben, die in die Aktion oder ins Schweigen umschlagen muß; oder – wieder ein Beispiel für den freien Umgang mit den Konventionen – der Botenbericht auch als Stichomythie, Dramatisierung des Epischen, wobei Informationen und Meldungen Punkt für Punkt herausgefragt werden; vor allem bei Euripides, der die längsten Stichomythien und die schönsten Botenberichte geschrieben hat, fortschreitende Elastizität innerhalb der streng gewahrten Stilisierung: die konventionellen Grundformen wurden schließlich mit solcher Leichtigkeit behandelt, daß sie die Grenze des Selbstverständlichen dort wieder erreichten, wo diese sich einst im Ursprung gebildet hatte.

Das Haus auf der Bühne[31] – in der Orestie wohl zum erstenmal aufgeschlagen, wozu ein Umbau des ganzen Spielplatzes erforderlich war, die Ost-West-Achse der frühen Stücke in die von nun an konventionelle Zentralperspektive transponierend; und doch weiterhin die Parodoi im Osten und Westen in voller Funktion (so daß bis zum Schluß das Einzugslied des Chors Parodos bleiben konnte, auch im szenischen Wortsinn, von wenigen Ausnahmen[32] abgesehen), und auch noch Parodoi, als (wie wir annehmen) die Paraskenien Auftritte von den Seiten her aus dem Haus ermöglichten, von nun an also fünf Auftritts- und Abgangsmöglichkeiten; dann die Konventionalisierung des neuen Hauses, das eine Zeitlang geradezu stereotyp wurde, so sehr, daß es sich – allerdings über eine letzte Phase hinweg, in der wieder freier mit der Bühne umgegangen, ja, zur Bühne der alten Zeit zurückgekehrt wurde – versteinern konnte:

«Die Bauwerke», schreibt Dörpfeld,[33] «haben infolge des starren Festhaltens der Baukunst am Alten oft noch einzelne ältere Einrichtungen treu bewahrt, auch wenn diese nicht mehr nötig waren» – wozu nur anzumerken ist, daß sie, jeden-

falls im 5. Jahrhundert, die Erstarrungen stets durch Neuerungen kompensiert
haben.

c) Der Chor

Die fundamentale Konvention der Tragödie ist der Chor.[34] In den Perspektiven
der Geschichte des Welttheaters erscheint er als die ungewöhnlichste. Auch das No
hat einen Chor, aber der sitzt unbeweglich auf gekreuzten Beinen und übt nur
so die konventionelle Funktion aus, die auch dem Chor der Tragödie zugewiesen
ist: den Transport der von den Vorgängen ausgelösten Emotionen oder Reflexionen zum Publikum. Der Opernchor des Theaters der Neuzeit ist aus der
Renaissance der Tragödie hervorgegangen, wie denn überhaupt die Erfinder der
Oper am Hofe der Medici in Florenz der (keineswegs unberechtigten) Meinung
waren, nichts anderes auf die Bühne gebracht zu haben, als das «wahre Theater
der Alten». Die modernen Versuche, dieses Theater zu vergegenwärtigen, haben
gezeigt, daß stets das Chorische die Crux bildet. Die Veroperung hat den Chor
dem Schauspieltheater entfremdet. Carl Orff[35] und Ernst Krenek[36] sind zu den
Anfängen in der Renaissance zurückgekehrt. Von der ersten Fassung der ‹Fabula
di Orfeo› von Monteverdi, aufgeführt 1607 von der ‹Akademie der Hingeris-
senen› in Mantua, sagt Karl Kerényi:[37] «Für einen Augenblick schien es so, als
wäre die griechische Tragödie selbst wiedergeboren.» Nur für einen Augenblick.
Schon 1609 wurde das tragische Ende, in dem die Bakchantinnen Orpheus zer-
rissen hatten, in eine Apotheose umgeändert: die Veroperung hatte begonnen.
Nur die Musik Monteverdis überträgt noch den ersten Impuls. Der Opernchor,
wie er sich aus diesen Anfängen entwickelt hat, ist der Tragödie so fern wie die
Massenchöre Max Reinhardts[38] und die Sprechchöre, die man heute in den Schau-
spielhäusern hört.

    Auch im modernen Theater kann die Tragödie nur vergegenwärtigt werden,
wenn die Musik als ein Grundelement des Chorischen wiederhergestellt wird:
dem dienen Orffs und Kreneks Versuche. Aber die Musik allein reicht in doppelter Hinsicht nicht aus: 1. weil die Chöre auch getanzt worden sind, 2. weil in
ihnen auch Dialogisches, d. i. der Logos, wirkt. Tanz kann selbstverständlich
nichts sein, was an das Ballett erinnert; und die Musik muß so organisiert sein,
daß Affekt und Logos unterscheidbar bleiben.

    Wir sind nicht der Ansicht, daß irgend ein altes Werk heute genau so darge-
stellt werden kann wie es einmal dargestellt worden ist; ganz einfach weil Theater von lebenden Menschen für lebende Menschen gemacht wird, woraus folgt,
daß die Zuschauer nicht mehr die gleichen sind. Aber wir sind der Ansicht, ein
archimedischer Punkt der Vergegenwärtigung[39] könnte gefunden werden, wenn

davon ausgegangen wird, daß zuerst einmal der Modus der Gegenwart von damals aufzudecken und zu begreifen ist; wenn wir den Punkt gefunden haben, in dem es den Tragikern damals gelungen ist, den Vordergrund ihrer Gegenwart derart zu durchstoßen, daß ihr Werk noch in der ständig wachsenden Entfernung der Zeit Momente, Figuren, Vorgänge, Verhaltensweisen, kurz die condition humaine zeigt, als wäre es heute geschrieben, dann wissen wir, wo das Abenteuer der Vergegenwärtigung einzusetzen hat. Das gilt auch für die Realisierung der Chöre auf der modernen Bühne. Wenn es uns gelingt, das Wesen des Chorischen aufzudecken, das die Grundkonvention der Tragödie bildet, wird sich uns auch der Weg erschließen, auf dem wir es in die Vorstellungswelt unserer Zeit übertragen (oder umgekehrt: aus dieser Vorstellungswelt den Zugang zum Perennierenden in der Tragödie finden) können.

Das Wesen des Chorischen drückt sich aus in seiner Form. Aufzudecken sind also die Konventionen: wie wurden die Chöre gesprochen, gesungen, getanzt? Wir nehmen als sicher an, daß im Allgemeinen nur der Koryphäe wirklich gesprochen hat; aber zwischen Dialog und Gesang gibt es Zwischenstufen (das Rezitativ, das Parlando, die Litanei, das Psalmodieren usw.), begleitet und möglicherweise rhythmisiert durch Musik, doch derart, daß der Logos nicht tönt, sondern sich artikuliert und in seiner Wahrheit gesteigert wird.[40] Aus solchen Zwischenstufen kann der große Ausdruck entstehen: Hymnus, Klage, Jammer, Gebet, Anruf, Ekstase, Mania, Orgiastik. Unsere größte Schwierigkeit ist, daß wir von der Musik[41] zu wenig wissen; doch wissen wir eines, daß noch der orgiastischste Chor stilisiert war, also einer Konvention unterlag. In den Texten finden wir einen Schlüssel, um zu einer Vorstellung von der stilisierten Form zu gelangen: den Rhythmus. Dieser bildet sich in doppelter Weise ab: in der Behandlung des Metrums und in der Struktur. In beidem steckt nicht nur Form, sondern Sinn. Der Sinn verlangt die Form einer bestimmten Konvention, also etwa das Metrum des Paian oder das des Threnos. Dafür hatten die Dichter nur die Freiheit der Wortwahl und des Sprachklangs; größere Freiheit nahmen sie sich in der Struktur, obwohl die antistrophische Gliederung in dieser etwas wie einen dramatischen Grundzug vorschrieb. Nichts führt zu größeren Mißverständnissen als die Auffassung, das Chorische wäre ‹lyrisch› gewesen.[42] Die Chöre hatten nicht nur einen dramatischen Stellenwert[43] in der Struktur des Stückes (der sich oft als tragische Ironie mitteilte, wie etwa im 3. Stasimon des ‹König Oedipus›), sie waren nicht nur die Folie zu der Aktion, die folgte (vor allem Aischylos arbeitete mit dieser Methode der Verschränkung), sie waren auch in sich dramatisch: im crescendo oder diminuendo oder agitato ihrer Struktur. So wenig, wie sie ‹lyrisch› waren, so selten waren sie statuarisch.

Musikalische Evolutionen wurden choreographisch einstudiert. Dabei hatten

die Tragiker stets ihr Grundproblem vor Augen: die Spannung zwischen dem
Alten und dem Neuen. Die Konvention bildete den Kontrapunkt; sie ließ den
Grundcharakter des Chorlieds erkennen, erkennbar vor allem deswegen, weil es
sich meist um Formen von Gemeindechören [44] handelte; zuweilen blieb es dabei,
nur die Worte und der Sinn waren dann neu; aber oft wurden weitgespannte
Kompositionen entworfen, in die schon bei Aischylos (und vielleicht schon vor
ihm) der Solist oder Solisten eingespannt waren (Wechselgesang,[45] amoibaion,
kommos). Der berühmte Kommos der ‹Choephoren› [46] ist mit seiner (zweifellos
gesprochenen) Kulmination in dem Vers Ἄρης Ἄρει ξυμβαλεῖ, Δίκᾳ Δίκα (461)
hochdramatisch; aber er klingt aus in einem (ebenso zweifellos gesungenen) Duett,
der konventionellen Beschwörung des Toten am Grab.

Innerhalb der fundamentalen Konvention sind auch im Chorischen die Neuerungen nicht ausgeblieben. In der ersten Phase nach Aischylos' Tod befindet es
sich ohne Zweifel auf einem gewissen Rückzug, der durch das Vordringen des
einzelnen Helden in der einzelnen Tragödie bedingt ist. Aber es ist nicht dabei
geblieben. Die Behauptung, daß das Chorlied beim späteren Euripides den Charakter von opernartigen Intermezzi [47] oder ‹dithyrambischen Stasima› annehme,
hält der Überprüfung an Ort und Stelle der Interpretation nicht stand. (Auch
was noch so ‹lyrisch› klingt, kann, wie schon gesagt, einen dramatischen Stellenwert haben und damit gerade der Spannung dienen.) Kann man wirklich von
einer Abwertung des Chorischen bei einem Dichter sprechen, der in den ‹Schutzflehenden›, den ‹Troerinnen› und den ‹Bakchen› den Chor so zentral eingesetzt
hat, wie es Sophokles offenbar niemals getan hat (am wenigsten in den ‹Trachinierinnen›, die nur deswegen nach dem Chor heißen, weil das Stück zwei Teile
und zwei Helden hat)? Die neugierigen Mädchen in der ‹aulischen Iphigenie›
und im ‹Ion› haben eine Funktion, die den Sinn der Stücke erst voll erschließt:
sie helfen den Schein inszenieren, hinter dem sich die Wahrheit verbirgt. Und
nur die Solidarität der Frauen von Korinth erklärt die Provokation, die der
Fall der barbarischen Medea in Athen auslösen sollte. So hat auch Euripides die
Konvention angenommen, um sie zu bewältigen.

Über Sophokles, von dem die beiden berühmtesten Chorlieder stammen, das
vom anthropos deinos in der ‹Antigone› und das vom Glück des Nie-geboren-
seins im ‹Oedipus auf Kolonos›, läßt sich folgendes zu unserem Thema sagen:
Sein Chor hat stets dramatische Funktion; oft greift er in die Handlung ein; meist
hat er einen bestimmten, scharf umrissenen Charakter; mehrere Male sind es die
‹Alten›, die wie in frühen Verfassungen den Rat des Volkes bilden (Gerusia,
Senat) und konservativen Ansichten Ausdruck geben; oder es sind junge Mädchen, Soldaten, einfach ‹Volk› darstellend, die polloi, die auf einer anderen Ebene
denken und sprechen als die Helden. Wenn der Dichter selbst aus den Worten

des Chores sprechen sollte, dann niemals anders, als er auch aus den Worten des
Helden sprechen könnte. Sophokles ist objektiv wie alle Tragiker; seine Meinung
hören wir kaum aus einzelnen Reden, immer nur aus dem Sinn, um dessentwil-
len die Tragödie geschrieben und aufgeführt worden ist. So wenig der Chor also
‹die Stimme des Dichters› ist, so wenig ist er die Stimme des Publikums: er steht
zwischen diesem und den Helden, wie es dem Raum entspricht, der ihm vor allem
zugewiesen ist, der Orchestra. Eine seiner wichtigsten Funktionen [48] besteht, wie
schon angedeutet, darin, die Gestimmtheit, die sich aus einer dramatischen Situation ergibt, durch das Medium der emotionalen Musik mit Gesang und Tanz
gleichsam in die Stimmung der Zuschauer zu ‹transportieren›; oft sind in die Gesänge tiefe Gedanken eingesenkt, die auf dem gleichen Wege dem Nachdenken
des Zuschauers übermittelt werden; aber niemals ist dieser durch Suggestion oder
Belehrung gehalten, einfach hinzunehmen, was ihm hier zugeführt wird; nicht
das Resultat des Nachdenkens wird ihm vorgehalten; nur das Nachdenken
selbst – oder das Mit-leiden – wird in Gang gebracht. In ähnlicher Weise kann
das Chorlied der Vorbereitung des Kommenden dienen. Ahnung von Schreck-
lichem, das geschehen wird, oder Jubel freudiger Erwartung tönt dann aus dem
Gesang, bewegt von innen den Tanz (zuweilen freilich ironisch).

Bilder und Mythen werden wie Metaphern zu Gefühltem und Gedachtem be-
schworen; fast immer verschränken sich Gemütsbewegung und Reflexion.[49] Das
bedeutet, daß die fünfzehn Choreuten nicht einfach einstudierten Gesang und
Tanz vorführen konnten. Die formbildende Methode mußte sich der jedem ver-
trauten Konvention versichern. Jeder einzelne mußte Gefühl und Gedanken in
sich entstehen lassen, um damit die bekannte Form zu erfüllen (so heißt es in den
Liedern niemals ‹wir›, sondern immer ‹ich›), und nur im Großen lenkte der Regisseur die Evolutionen auf der Orchestra. Das war möglich, weil den Liedern
und Tänzen konventionelle Formen [50] zugrundegelegt wurden, die erst im Zusammenhang mit der dramatischen Situation ihren besonderen Ausdruckswert
erhielten. Auch die Gestik konnte vom Konventionellen ausgehen: die Gebärde
der Klage hatte ihre bestimmte, auch im Leben übliche Form, ebenso wie die Gebärde des Jubels oder die des Entsetzens. So brauchte der Regisseur als Choreograph nur zusammenzufügen, was jeder von sich aus mitbrachte. Wie die ‹Volk›
darstellenden Männer, Frauen, Jünglinge oder Mädchen in den klassischen Bild-
werken – etwa der Panathenäen-Prozession auf dem Parthenon-Fries *(Tafel 11)* –
individuelle Züge tragen, selbst in der festgehaltenen Bewegung niemals kollektiv
aufgefaßt und doch in ein rhythmisch proportioniertes Gebilde gefügt, so sollten
wir uns auch die Darstellung der Chöre denken. So konventionell deren Kontrapunkt und Grundansatz war – die Kunst des Dichters zeigt sich darin, daß sich
das Schema selten mit dem Inhalt deckt: dieser durchströmt meist das ganze Lied

auf einen Höhepunkt zu, der größten und deutlichsten Ausdruck verlangt, um
dann in einem jähen Schluß abzufallen. So setzt sich der Dichter mit der Konvention auseinander: er nimmt sie an, um sie von Grund auf zu erneuern.

Sophokles war sich (wie selbstverständlich auch Euripides) dessen klar bewußt, daß das Chorlied der Tragödie ein archaisches Element auferlegte. Aber –
dieser Gedanke wird ausgesprochen! – reicht nicht in jede Gegenwart Archaisches
hinein? Lebt nicht Homer? Ist nicht die Stadt voll von uralten Götterbildern und
Tempeln der Vorzeit? Pilgern nicht die Nachkommen auf die Friedhöfe vor der
Stadt zu den Gräbern ihrer Lieben und Ahnen? Je näher der Dichter die alten
Mythen seinen Zeitgenossen zu bringen suchte, desto klarer wünschte er ihnen
vor Augen zu führen, daß das Theater der Tragödie nur dann einen Sinn für ihr
gegenwärtiges Leben haben konnte, wenn sie anzuerkennen bereit waren, daß
es nicht sinnlos sei, das schöne Alte weiterzupflegen, so wie man weiterhin zum
heiligen Delphi pilgern und sich in Olympia zu den Spielen versammeln sollte.
Die Tragödie des Sophokles mag, verglichen mit der des Aischylos, eine einzige
Neuerung sein; aber entwertet diese Feststellung die Tragödie des Aischylos?
Nein, sie besagt höchstens das für das Theater Selbstverständliche: das schöne
Alte lebt nicht fort, wenn es nicht verändert wird. Sophokles' Neuerung bestand
nicht darin, daß er das Alte wegwarf und das Neue an seine Stelle setzte, sondern darin, daß er es verjüngte. In einem Chorlied des ‹König Oedipus› singen
die Alten: «Wenn das alles untergeht – warum soll ich dann noch Chöre singen
und tanzen? Dann werde ich nicht mehr nach Delphi und Olympia gehen. Schon
welken die alten Göttersprüche; nirgends mehr erscheint Apollon in den Opfern;
es schwindet das Göttliche hin» (895 ff.).[51] So singen die Alten, und wir bestehen
darauf, daß das, was sie singen, nicht die Meinung des Dichters sein muß (an der
fraglichen Stelle wird es zum Beispiel dadurch ironisiert,[52] daß unmittelbar darauf und ganz überraschend die Königin erscheint, um am Altar des Apollon
Opfer zu bringen). Aber wie hier Zeichen der Zeit in das Bühnenweltbild gesetzt wurden, so war das Chorlied, die Grund-Konvention der Tragödie, als Zeichen des schönen Alten, das lebt, in das gleiche Weltbild gesetzt. Das entspricht
genau dem Gesetz, das eingangs formuliert worden ist. Und es ist dieses Gesetz,
das wie kein anderes die hier erschlossene Baugeschichte des Dionysostheaters im
5. Jahrhundert bestimmt.

d) Nachtrag über die chorische Bewegung

Ein Nachtrag ist leider unerläßlich, da noch 1968 (in Pickard-Cambridges ‹Festivals›
239 ff.) und 1972 (in E. Simons ‹Das antike Theater› 8) unerträgliche Vorstellungen über
die chorische Bewegung formuliert und akzeptiert werden konnten.

Über Einzug und Auszug des Chors haben wir eine klare und wundervolle Evidenz: den Ostfries des Parthenon mit der Panathenäen-Prozession. Er zeigt jene schöne Zwanglosigkeit, wie sie sich in den Maximen der klassischen Kunst[53] des Jahrhunderts als natürlicher kosmos ausdrückt. Die archaische Geometrie und Statuarik ist einer individuelleren Ordnung gewichen. Man könnte sagen, diese sei nicht mehr metrisch, sondern rhythmisch.[54] Sie liegt jedenfalls in den Proportionen, nicht mehr in den Reihen. Es gibt nicht mehr das Kollektiv. Jede Figur hat ihren eigenen Ausdruckswert, und doch sind alle Figuren in einer Gesamtbewegung zusammengefaßt, die sich als Einheit kundgibt.

Zahllose Vasenbilder[55] aus der gleichen Zeit illustrieren das, was wir ‹schöne Zwanglosigkeit› nannten *(Tafel 12 und 14)*. Sie gilt, auf die Bühne übertragen, für alle Parodoi und Exodoi des Chors,[56] die nicht dramatisch sind. Selbstverständlich war sie ‹studiert›. Leichtigkeit ist das Schwerste auf der Bühne. Was choreographisch festgelegt wird, muß so lange eingeübt werden, bis es den Charakter der Selbstverständlichkeit annimmt. Die hierauf verwandte Arbeit entspricht der Arbeit des Bildhauers oder Malers am Rhythmus der Gesamtbewegung.

Aber die Evidenz der Stücke lehrt, daß die nicht dramatischen Parodoi des Chors zu den Ausnahmen zählen. Der dramatische Einzug zeigt das erregte Bild der Unordnung, wobei es sich von selbst versteht, daß auch Erregung in der klassischen Kunst nur als eine Unordnung erscheint (wie wiederum Vasen und Skulpturen beweisen), die in Wahrheit gleichermaßen, nur eben anders rhythmisiert ist als der ruhige Zug. Auch auf der Bühne ist sie arrangiert und geprobt worden:[57] keiner kann den anderen in der Trance der Erregung über den Haufen rennen; die Erregung ist zugleich wahr und gespielt; so läßt sie sich ‹ordnen›: jeder hat seinen Gang und seine Gestik, um die Erregung auszudrücken, aber alle wissen, wie und wohin sie zu rennen haben, und daraus ergeben sich die Linien, die das bewegte Bild rhythmisieren.

Noch etwas: es gibt weder eine anonyme ‹Ruhe› des Einzugs, noch eine anonyme ‹Unruhe›. Ein Regisseur, der seinen Chorspielern zuruft: «Erregung, bitte!» verstößt gegen das Grundgesetz der Darstellung, das Wahrheit verlangt, auch wo Drill vonnöten ist. Der Regisseur muß den Chorspielern klarmachen, was die Leute, die sie darstellen, in Erregung versetzt hat. Es gibt in den Tragödien, die wir haben, keine Einzugs-Situation, die mit einer anderen identisch ist: man vergleiche nur, was die Tragiker aus der gleichen Grundsituation in den drei ‹Elektren› gemacht haben. Das heißt, daß, genau genommen, jeder Einzug des Chors dramatisch ist und daher dem Klischee (Schema) entzogen werden muß. Gehen wir die Stücke durch:

Perser: Der Chor der ‹Ältesten›, der ‹Wächter des Reichs›, der ‹Erwählten›, des Kronrats, also jeder im gleichen Ornat mit gleichen Emblemen, aber in der individualisierten Bewegung von Männern, von denen jeder weiß, was er bedeutet, eilt zum Ratssitz, angsterfüllt (10), in Unruhe, die sich zu Schreckensvisionen und Jammerrufen steigert (115 ff.). Es gab keine Mimik, die das ausdrücken konnte, es gab nur Bewegung und Stimme: jene war durch Choreographie rhythmisiert wie diese durch Verse, Strophen und Musik.

Sieben: Ein Chor gehetzter Frauen, schreiend, heulend (186), in διαδρόμους φυγάς (191), mit astrophischen Dochmien in die Orchestra rennend.

Hiketiden: Mädchen und ihre Mägde auf der Flucht, verzweifelt, zum Sterben bereit (154 ff.), vom Strand herauf rennend, und an der Koinobomia zusammenbrechend.

Prometheus: Die Okeaniden im Flügelwagen – aller Ausdruck in Haltung und Gesang.

Agamemnon: Wieder die Ältesten, der Rat, wieder individualisiert, wie die aufge-

teilten Doppeljamben (1348 ff.) beweisen, aufgescheucht von sonderbaren Zeichen, Opfer-
rauch und Opfergesängen (91).

Choephoren: Pompe der Sklavinnen zum Totenopfer am Grab, rituelle Klage (blutige
Masken, zerrissene Trauerkleider) erfüllt von der Qual des eigenen Schicksals.

Eumeniden: Die Epideixis des Entsetzens, das die ‹sporaden› auftauchenden Erinyen
hervorgerufen haben, ist in der Vita (9) geschildert.

Aias: Soldaten, von schrecklichen Gerüchten über ihren Anax aufgeschreckt, zu dessen
Zelt eilend, um die Wahrheit zu erfahren.

Trachinierinnen: Junge Mädchen, in Sorgen um die Herrin, in der Pompe des Morgen-
gebets.

Antigone: Die Gerusia, einberufen, herberufen von Kreon, aber noch trunken von der
bakchantischen Nacht (153 ff.), tanzend und weitertanzend (156).

König Oedipus: Wieder die Greise, wieder zur Versammlung herberufen, aber «auf
die Folter gespannt» von der Angst vor der Pest (153), den delischen Paian singend, als
Wehgeschrei, als eines der Klagelieder, von denen es heißt, die Stadt sei voll von ihnen
(4).

Elektra: Herois und Chor im Kommos des Jammers: die Frauen sind herbeigelaufen,
weil sie Elektras Schreie aus dem Haus gehört haben.

Philoktet: Wieder ein Amoibaion, Soldaten und ihr Fürst als Späher auf der Suche nach
dem Besitzer des Bogens: von der Heimlichkeit übergehend zum Schauder beim Nahen
des schrecklich schreienden Kranken (218).

Oedipus auf Kolonos: Amoibaion, ein Chor von aufgeregten, entsetzten Kolonern und
der greise Bettler.

Alkestis: Neugierige Greise trippeln herein, erregte Spannung in Halbchören: ist die
Königin schon tot? (88)

Medea: Nachbarinnen, herbeigerannt auf das Geheul aus dem Haus der Barbarin.

Hippolytos: Alte Frauen in Schwarz kommen vom Waschplatz zum Schloß, um die
kranke Königin zu sehen.

Ion: Junge Mädchen, leichtfüßig, beflügelt, hierhin und dorthin eilend – Touristinnen,
die zum erstenmal im berühmten Delphi sind.

Hekabe: Sklavinnen, die der Königin – jetzt eine Sklavin wie sie – Schreckensnachrich-
ten bringen, eilen herein (98).

Andromache: Mitleidige Frauen bei der unglücklichen ‹Barbarin›, die Schutz am Tempel gesucht hat.

Herakles: Mühsam schleppen sich, an Stöcken (108), Greise herein, um die schutzflehende Familie des fernen Herakles aufzusuchen.

Herakliden: Attische Bürger, die auf Schreien herbeigeeilt sind, und Schutzflehende im
Kampf mit den Verfolgern überraschen.

Hiketiden: Pompe der Mütter, deren gefallene Söhne auf dem Schlachtfeld vor Theben
unbestattet liegen, zum Heiligtum von Eleusis.

Elektra: Amoibaion: Mädchen wollen die ewig klagende Elektra zu einem Fest ein-
laden, Bäurinnen die Bäurin.

Troerinnen: Hekabes Jammergeschrei hat die Frauen aus den Zelten gelockt (153): mit
ihr beklagen sie ihr Sklavenlos.

Phoenissen: Mädchen aus einer phönizischen Stadt, auf der Durchreise nach Delphi, in
Theben aufgehalten vom Krieg.

Helena: Griechische Frauen als Sklavinnen in Ägypten, vom Wäschewaschen hergeeilt, um in Helenas Klagen einzustimmen.

Orestes: Amoibaion der mitleidigen Frauen von Argos mit der zur Ruhe mahnenden Elektra am Lager des kranken Orestes, der schläft. Flüstergesang.

Iphigenie in Aulis: Mädchen aus Chalkis, die das Lager der ‹berühmten Helden› besichtigen, in heller Bewunderung für den glänzenden Schein der Macht, deren Greuel sie erleben werden.

Bakchen: Die Mänaden im Thiasos des Gottes, mit Tamburin, Castagnetten, in Tierfellen, Thyrsosstäbe und Fackeln schwingend, ekstatischer Tanz.

Und nun halte man gegen dies alles, das sich zu einem Kaleidoskop bewegter, wechselvoller, meist erregender Bilder zusammenfügt, die folgende Vorstellung von der chorischen Bewegung:

Die Choreuten seien in einem Rechteck angetreten, fünf Rotten (zyga)[58] in drei Reihen; so seien sie durch die Parodos einmarschiert, wobei die Formation in einem Schwenkmanöver die Orchestra erreicht und sich dort – frontal zum Zuschauerraum – in folgender Ordnung aufgestellt habe:

5	4	3	2	1	stoichos protos
10	9	8	7	6	stoichos deuteros
15	14	13	12	11	stoichos tritos

Es wurden noch andere Diagramme entworfen, auch solche für den Zwölfer-Chor der frühen Tragödien und den 24er Chor der Komödie. (Pickard-Cambridge a.a.O., 240, Schneider, Das Attische Bühnenwesen 1835, S. 192 ff., Müller, Lehrbuch der griechischen Bühnenaltertümer 1886, S. 208 ff.; R. Opitz, Das Theaterwesen der Griechen und Römer 1889, 125 ff.; dagegen schon H. Riemann, Hdb. d. Musikgesch. 1919[2], S. 148: «Daß beim Ein- und Auszug die Bewegung nicht ein gleichmäßiges Schreiten war, beweist der für dieselben übliche anapästische Rhythmus.»)[59]

Die Zeugnisse sind, wie Pickard-Cambridge zugibt, «indeed late» (239): Pollux IV 108/9, Tzetzes Prol. ad Lycophr. p. 33 Kaibel, Bekker Anecd. p. 746.27, Etym. Magn. s. v. tragodia. Und Pickard-Cambridge räumt auch ein, daß es Ausnahmen gegeben haben müsse (z. B. ‹Sieben› und ‹Eumeniden›). Aber er zögert nicht, die dem preußischen Exerzierreglement nachgebildeten Manöver zu beschreiben, wie es, soweit ich sehe, zum erstenmal K. O. Müller in seinen ‹Eumeniden›[60] getan hat. Dort findet sich auch das Diagramm, das verrät, wie es zu dieser Vorstellung kommen konnte *(Abb. 14).*

Zugrundegelegt ist der Grundriß der Bühne aus einer Phase, in der es den Orchestrakreis nicht mehr gegeben hat,[61] die Parodoi sind Zugänge zu einem rechtwinkligen Spielplatz vor der Skene, den nur noch ein Halbkreis mit der cavea verbindet. Das Chorische ist in dieser Bühne nur noch ein archaistisches Element. Wie sich die Bühne zur scaenae frons versteinert hat, wie die Maske zur Fratze erstarrt ist, so wird mit dem Chor nach dem Exerzierreglement operiert. Tatsächlich findet sich in den gleichen Quellen die Behauptung, daß die ‹Stasima›[62] in der Haltung ‹Stillgestanden!› regungslos dargeboten worden seien, wozu auch der Etymologie des Terminus eine falsch verstandene Aristoteles-Stelle den ‹Beweis› lieferte (poet. 1452 b 24).

Aber daß die Vorstellung von der Chor-Parodos als Einmarsch einer militärischen Formation mit der Realität des Dionysostheaters nicht übereinstimmt, das läßt sich be-

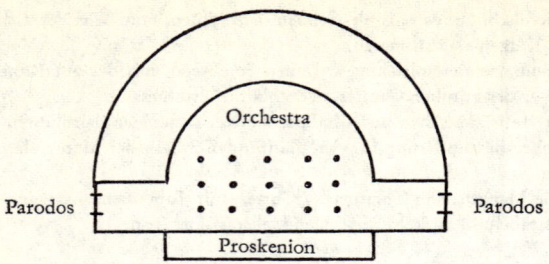

Abb. 14. Diagramm des Eumeniden-Chors (nach K. O. Müller)

weisen. Die beiden Parodoi hatten nach Dörpfeld[63] an der engsten Stelle des lykurgischen Theaters eine Breite von 2,60 m. Nehmen wir an, daß die ‹Breite› eines einzelnen
Choreuten bei 0,60 m lag (das ist sehr knapp bemessen, wenn man die Aufwendigkeit des
Kostüms berücksichtigt) und daß jeder Mann zwischen sich und den Nebenmännern
(oder der Mauer) mindestens 0,10 m ‹Luft› braucht, kommen wir auf 0,80 m pro Mann
= 4 m für 5 Mann. Pollux räumt die Möglichkeit ein, daß zuweilen nur 4 Mann nebeneinander marschiert seien, aber selbst für diese wären 3,20 m nötig gewesen; 3 Mann
nebeneinander – eine von den gelehrten Sandkasten-Strategen durchgespielte Möglichkeit –
wären gerade noch durchgekommen. Aber für Pollux ist die als unmöglich erwiesene
Grundaufstellung in 5 Gliedern und 3 Rotten so maßgebend, daß er die Choreuten je
nach dem Platz dieser Aufstellung Bezeichnungen zulegt. Mindestens für die Parodoi
und die Exodoi erledigt sich damit die ganze Vorstellung.

Jede Art von Schematisierung ist für die Bühnenwirklichkeit des 5. Jahrhunderts abzulehnen. Marschbewegungen, wie sie unsere älteren Gelehrten auf dem Exerzierplatz
kennengelernt haben mochten, hat es nicht gegeben. Wer aus den Anapästen der Ein-
zugschöre den ‹Marsch-Rhythmus› heraushört,[64] muß zugeben, daß dieses Versmaß zum
Beispiel in den ‹Persern›[65] auch für die fast manische Lamentatio des Kommos verwendet wird; das bedeutet, daß der dramatische Charakter nicht im Metrum ausgedrückt
ist, sondern durch Sprachklang und Rhythmus, welche beide größte Ausdrucksvariabilität
gestatten. Das ist der entscheidende Punkt: jedes Chorlied muß aus seiner spezifischen
dramatischen Situation heraus interpretiert werden; es hat 1. seinen Stellenwert nach
einer bestimmten Szene und 2. seinen Stellenwert vor einer bestimmten Szene, und es
hat 3. seine eigene Funktion zwischen den beiden Stellenwerten, die oft ihrerseits eine
dramatische ist.

Danach bestimmt sich die Darstellung. Unerträglich an der militaristischen Vorstellung
von der Chor-Bewegung ist nicht die Analogie zum Exerzier-Drill. Offenbar hat man
schon früh die eutaxia der Choreuten mit der der Hopliten verglichen (Athen. XIV
628 e): was beide verbindet, ist die nur durch Drill erreichbare Präzision. Unerträglich ist
die Übertragung des Resultats. Auf keinem Bildwerk tritt uns Chorisches als Phalanx
entgegen. Gedrillt wurde nicht die Präzision der kommandierten Truppe, sondern die
Präzision der scheinbar zwanglosen Gruppe. Wie wurde diese erreicht?

Der moderne Balletttänzer arbeitet mit Figuren. Der Choreograph setzt Einzelfiguren
zu einer neuen Gesamtfigur zusammen; neue Figuren werden zwar erfunden, doch setzt

die Physis der Erfindungskraft Grenzen: das Neue präsentiert sich in der Kompositon. In der Schauspielkunst des klassischen indischen Theaters gibt es eine scheinbar unendliche, in Wahrheit genau abzählbare Reihe von Figuren; die Möglichkeiten einer Reaktion auf eine bestimmte Situation sind streng fixiert, aber zugleich so subtil differenziert, daß dem Schauspieler, wenn er die Reaktion in der Situation zu spielen hat, eine große Zahl von Figuren zur Verfügung steht; seine persönliche Kunst wählt diese oder jene aus, um sie mit dieser oder jener vorher ausgewählten und nachher auszuwählenden zusammenzusetzen. Was auf höchster Künstlichkeit zu beruhen scheint, kann sich so zu persönlicher Grazie entfalten, z. B. das Lächeln oder das Heben des Arms.

Die Methode des Balletts und der indischen Schauspielkunst stellt eine Möglichkeit dar, mit präfixierten Figuren zu arbeiten. Das Theater verfügt noch über eine andere, und diese ist von den Griechen entwickelt worden. Sie läßt sich am besten mit der musikalischen Form des *tema con variazioni* vergleichen, freilich nicht in der Abfolge, sondern in dem Gebilde, das die einzelne Variation darstellt: die Grundform ist unüberhörbar, aber die Aufmerksamkeit ist auf das jeweils Neue gerichtet, das aus ihr entwickelt worden ist.

Wir haben davon gesprochen, daß die Chorlieder Grundformen von Gemeindechören [66] verwenden wie Hymnos, Paian, Threnos usw. Über der Grundform bildet der Tragiker mit den Mitteln der Sprache (Metrum, Rhythmus, Klang, Metapher, Gedanke) die Variation. Zu den Grundformen dieser Gemeindechöre gehören wohl immer die Grundformen von Gemeindetänzen (Musik, Gestik, Bewegung der Gruppe als Pompe oder Reigen, Tanz, *Tafel 14*). Auch über dieser Grundform bildet der Tragiker als Regisseur oder Choreograph (chorodidaskalos) aus der dramatischen Situation heraus die Variation.

Wenn Pickard-Cambridge sagt,[67] die Griechen neigten dazu, alles Tanzen als ‹mimetisch› oder expressiv zu betrachten, so trifft er gleichsam nur die Mitte des Sachverhalts, nicht den Ansatz (die Methode) und nicht das Ergebnis (die Komposition). Und er trifft übrigens auch die Mitte nicht genau, da er die Bedeutung der im Tanz ausdrückbaren Reflexion übersieht.

Die Grundformen (Grundfiguren) nannten die Griechen schemata. Die Methode, mit der sie diese verwendeten, ist das genaue Gegenteil von Schematisierung. Indem sie von der Grundfigur ausgingen, entschematisierten sie das schema. Es gibt in den erhaltenen Tragödien kein Chorlied, das dem anderen gleicht, aber es gibt viele, deren Grundform die gleiche ist. (Die stereotypisierten Exodoi bei Euripides bedürfen einer anderen Erklärung.) Bei Aristoteles (Poet. 1447 a 27) heißt es, daß die Tanzenden durch die schematisierten Rhythmen hindurch μιμοῦνται καὶ ἤϑη καὶ πάϑη καὶ πράξεις. Das ist die exakte Beschreibung der Methode, und sie wäre vollständig, wenn nicht auch hier die Mimesis der Reflexionen fehlen würde, die bei Aischylos und Sophokles, und wie oft auch noch bei Euripides, den Kern und das Ziel des Ausdrucks bestimmen. Plutarch (Quaest. Conv. IX 747 b) betont ausdrücklich, daß im Tanz zum mimetischen schema morphe *und* idea gehören.

Das Gebilde, das aus dem schema entwickelt wurde, entsprach in der Darstellung dem, was wir den Texten entnehmen: es war ein Gebilde, das die von der dramatischen Situation evozierte Grundform essentiell vertiefte und formal durch Variation steigerte. Die Listen der schemata, die wir bei Pollux und Athenaeus finden,[68] zeigen schon in ihrer konfusen Zusammenstellung, daß man davon nichts mehr verstand. Interessanter sind die Zeugnisse, daß die frühen Tragiker, neben Aischylos [69] vor allem Phrynichos [70], viele schemata ‹erfunden› haben sollen (das Aristophanes-Zitat [71] spricht von poiein, nicht von

erfinden). Es ist einleuchtend, daß sich die Grundformen, die beigebracht werden konnten, allmählich erschöpften. Die weitere Entwicklung[72] führte zwangsläufig zur Erweiterung und Verfeinerung der Variabilität, wobei die durch Damon[73] eingeleitete Wandlung
in der Musik eine wichtige Rolle gespielt haben dürfte: das Zeugnis, daß er die «Notwendigkeit der bewegten Psyche» den Gesängen und Tänzen zugrundegelegt habe, entspricht dem Befund der euripideischen Behandlung von Chor und Musik (zum Beispiel im
‹Ion›) und der das Chorische zum Teil ablösenden ‹Arie› (Monodie). Keinesfalls können
wir freilich der Auffassung zustimmen, daß das Chorisch-Musikalische bei Euripides[74]
bereits die Form von Einlagen (embolima)[75] angenommen hätte, die von Aristoteles erst
der Tragödie des 4. Jahrhunderts (Agathon) zugeschrieben wird.

Die chorische Bewegung wurde von allen Tragikern aus Grundformen entwickelt und
in freier, wenn auch präzis studierter Darstellung dem klassischen Ideal der ‹schönen
Zwanglosigkeit› angenähert, wie sie die dramatische Situation forderte, und die sich zu
dem dieser strikte unterworfenen Kunstgebilde zusammenfassen (komponieren) ließ
(Tafel 13).

e) Auftritte und Abgänge

Die meisten Tragödien des 5. Jahrhunderts sind für das Dionysostheater geschrieben worden, und die Tragiker waren die Regisseure ihrer Stücke in diesem Theater, mit vier Ausnahmen (unter den erhaltenen), von denen eine auf einer Vermutung beruht: Die ‹Promethie›[76] ist möglicherweise für Sizilien geschrieben und
dort zur Aufführung gebracht worden, nachdem Aischylos ins Exil gegangen
war; ‹Oedipus auf Kolonos› wurde nach Sophokles' Tod von dessen Enkel inszeniert; ‹Iphigenie in Aulis› und die ‹Bakchen› sind im Exil verfaßt worden;
vielleicht waren sie in Pella unter der Regie des Dichters schon gespielt worden,
ehe sie in Athen zur Aufführung kamen.

Die Tragiker hatten ein konkretes Theater im Auge, als sie ihre Stücke schrie-
ben; sie wußten, daß sie in ihm und mit ihm arbeiten würden. Sofern sie das
Dionysostheater im Auge hatten, sahen sie den Schauplatz vor sich, wie er im
Gelände lag, die Orchestra, eingebettet in den Hang, die Parodoi, den Pagos und
den Hain, Hügel und Täler, die Berge, das Meer, den Himmel darüber mit der
Sonne, deren Lauf die Zeit der Stücke bestimmte: Morgen, Mittag, Abend. Die
Personen, die sie kommen und gehen ließen, konnten nicht irgendwoher auftre-
ten und irgendwohin abgehen. Auch nach dem Umbau,[77] als an der Südseite der
Orchestra Aufbauten auf dem Fundament einer Skene errichtet wurden, war das
Gebaute konkret: es zeigte sich als das, was es bedeutete. So hatten sich schon
auf der Pagos-Bühne die Schauplätze gezeigt: Ratssitze und Grab, Akropolis,
Hain und Koinobomia, Zelt, Fels. Daraus hatten sich Konventionen entwickelt,
mit denen die Tragiker nicht deswegen zu rechnen hatten, weil eine Poetik sie

vorgeschrieben hätte, sondern weil die Zuschauer sich an sie gewöhnt hatten. Was einmal dies oder jenes bedeutet hatte, konnte nicht das nächste Mal ohne weiteres etwas anderes bedeuten. Die Grundelemente des frühesten Stücks sind, wie wir sagten, noch im spätesten enthalten.

Zu diesen Grundelementen zählt die Konvention über die Auftritte und Abgänge. Jeder, der einmal im Theater oder für das Theater gearbeitet hat, kennt deren Bedeutung.[78] Der Schauspieler muß wissen, woher er kommt und wohin er geht. Auftritte und Abgänge sind Aktionen; als solche werden sie entworfen und inszeniert. Die Positionen, in denen sie enden, tragen gezielte Spannung in sich, die Positionen, die durch sie abgebaut oder verändert werden, haben Übergänge in Gang zu setzen. Das betrifft vor allem die Vorgänge innerhalb des Stücks; aber in einem Theater, in dem kein Vorhang aufgeht und fällt, ist jeder Anfang ein Auftritt und jedes Ende ein Abgang, also Bewegung, Kommen oder Gehen, Parodos oder Exodos.

Im Dionysostheater begann der Festspieltag mit einer pompe und einem Zeremoniell;[79] dann gab der Archon Eponymos[80] das Zeichen zum Beginn; Schauspieler und Choreuten, im prunkvollen Mantel der Dionysosdiener, zogen ab, um ihre Ausgangspositionen im Bereich der unsichtbaren Zurüstung einzunehmen; dann begann das Spiel. Aber einige Stücke sind nicht anders denkbar, als daß ein Schauspieler den Mantel ablegte und vor aller Augen die Position einnahm, in der er schon auf der Bühne ist, wenn das Stück beginnt: Andromache am Götterbild, Hekabe vor dem Zelt in den ‹Troerinnen›, Herakles' Familie am Zeusaltar, die Herakliden am Tempel, Helena am Königsgrab, der kranke Orestes auf der Bahre. Es sind nur Stücke von Euripides, und das mag man in Beziehung bringen zu Sinn und Funktion des deus ex machina, mit dem die meisten seiner Stücke enden.[81] Andererseits hat nur Aischylos die stürmische Parodos-Aktion des Chors als Beginn und das gewaltige Exodos-Finale. Darin zeigen sich die Grenzen aller Konventionen: ihre Abnützbarkeit. Wenn Euripides in einigen Stücken zur Exodos die gleichen, ziemlich banalen Verse verwendet,[82] so läßt das darauf schließen, daß die Zuschauer, schon im Aufbruch, gar nicht mehr recht hingehört haben, woraus der Dramatiker seine Konsequenzen zog. Und doch konnte auch er die Konvention nicht aufgeben, denn irgendwie mußte der Chor ja von der Bühne abziehen, so wie er vorher hatte aufziehen müssen.

So sind auch für Auftritte und Abgänge von den Tragikern, auf konventioneller Basis, unzählige Überraschungen erfunden worden. Nehmen wir nur die drei frühesten Stücke! Xerxes, das weiß man, wird kommen – aber wer würde ihn so erwarten, mit zerfetzten Kleidern und leerem Köcher, als Lumpenheld? Und der Chor exaltierter Weiber, der schreiend, heulend, den Pagos herunter auf die Bühne der ‹Sieben› stürzt, welche eben von den Männern in geordneter ‹taxis› verlassen worden ist! Die Parodos gleicht der, mit der die ‹Hiketiden› einsetzen, aber diesen Mädchen steht direkt bevor, was die thebanischen nur an den Himmel ihrer Angst projizieren: Vergewaltigung; sie sind auf der Flucht. Und was gerade in diesem Stück das Überraschungsmoment der Auftritte und Abgänge bedeutet, zeigt die Erfindung des Höhepunkts, auf dem der König mit Bewaffneten in dem Moment erscheint, in dem die Verfolger auf die Mädchen losgehen, um sie mit Gewalt abzuschleppen.

Und doch ist in jedem dieser Auftritte der Grundzug der Konvention erkennbar, auf die der Dramatiker weder verzichten konnte noch wollte, da er sich darin des Einverständnisses der Zuschauer gewiß war. Es sind zwei Momente, von denen das eine den Beweis für das andere enthält.

Xerxes kommt die Rampe herauf zur West-Parodos;[83] der Chor hört sein klagendes Rufen, ehe er ihn sieht (anders als zuvor beim Boten, dessen Nahen angekündigt wird [247]); dort, von wo er heraufkommt, ist das Meer. Die entgegengesetzte Parodos führt über den Pagos zur Residenz; dorthin wird er mit dem Chor in der Exodos abgehen.

Aus der Stadt sind die thebanischen Mädchen durch die Ost-Parodos in die Orchestra gestürzt, um gleich die Zinne mit den Götterbildern zu erklimmen, wo sie sich niederwerfen. Eteokles begibt sich durch die West-Parodos zu den Mauern hinunter,[84] dorthin nämlich, wo der Späher von der Zinne aus das Getümmel des Heeres erblickt, so wie es schon die Mädchen von dort in der Parodos gesehen haben (112).

Die Danaiden stürmen den Pagos hinauf, den sie später wieder herabsteigen (508). Auch sie sind vom Meer heraufgekommen, von wo man die Verfolger nahen sehen wird. Ihr Auftritt erfolgt durch die Westparodos, während der König aus der Stadt durch die Ostparodos kommt.

Dies ist die Konvention, die der Ost-West-Antagonismus der Pagosbühne notwendig gemacht hat. Auf einem Spielplatz, dessen Zugänge durch ein Herauf oder Herab gekennzeichnet sind, kann von Auftretenden und Abgehenden nicht anders gesprochen werden. Auf einer Rampe, die heraufführt, kann man nicht herunterkommen, und umgekehrt.

Aber beide Momente sind strittig bis heute. Über das Herauf und Herab gibt es Kontroversen, die das Problem unlösbar erscheinen lassen. Und die landläufige (wenn auch keineswegs allgemeine) Ansicht ist, daß die Stadt im Westen und die Fremde im Osten angenommen worden seien.

Die Konvention der Richtungen als solche ist jüngst für das 5. Jahrhundert in Frage gestellt worden; sollte es wirklich bei Euripides – nur bei diesem – Abweichungen geben, so muß das bei der Interpretation der betreffenden Stellen im einzelnen erörtert werden; der Richtungs-Antagonismus[85] ist natürlich auf der

zentralperspektivischen Bühne nicht mehr von so entscheidender Bedeutung gewesen wie auf der Pagosbühne; aber daß auch Euripides die Konvention gekannt
und akzeptiert hat, zeigen viele seiner Stücke (darunter gerade diejenigen, die
man dagegen ins Feld führen wollte): Herakles muß in der ‹Alkestis› aus der
Fremde kommen, ebenso wie Aigeus in der ‹Medea›; in beiden Stücken liegt die
Stadt in der entgegengesetzten Richtung, während der Schauplatz (Palast und
Haus) dazwischen angenommen ist; auch in der ‹Andromache› gibt es die Stadt,
aus der Peleus kommt, und irgendwo in der Ferne Delphi, aus dem Orest die
Nachricht vom Mord an Neoptolemos bringt; gerade mit dieser Konvention, die
den Palast zwischen Stadt und Ferne setzt, arbeitet Euripides gern (auch im
‹Herakles›, im ‹Orestes›, in den ‹Bakchen›; in der ‹taurischen Iphigenie› ist es der
Tempel, der so lokalisiert wird, zwischen Meer und Stadt). Die ‹Herakliden› und
die ‹Hiketiden› nehmen den Antagonismus auf, indem Athen in der Vorstellung
der Zuschauer dort gedacht wird, von wo Theseus, bzw. seine Söhne kommen,
während die Fremden oder die Feinde aus Argos im Westen erscheinen (das Gegenteil hätte dem Dichter kein Zuschauer abgenommen). In ‹Elektra› liegt Argos
im Osten, während Aigisth irgendwo drunten im Tal sein Opferfest feiert, und
in der ‹Aulischen Iphigenie› ist dort, wo sonst die Stadt ist, das Lager, während
der Wagen mit Klytaimestra und der Heldin von der anderen Seite einfährt.

Daß es den Richtungs-Antagonismus Stadt und Land gegeben hat, ist unbestreitbar. Voraussetzung für die These, daß er in das reale Gelände hinein entworfen und inszeniert wurde, in dem das Theater lag, ist die Klärung der Frage
des Herauf und Herab.[86] Denn im Gelände war (und ist) dies fixiert. Im Osten
ging es hinauf, im Westen hinab; im Osten war die Parodos in den Fels eingeschnitten, im Westen war eine Rampe aufgeschüttet, auf der man aus dem Temenos die Orchestra und (vor dem Umbau) die Skene erreichte.

Wenden wir uns also zunächst dem Streit der Gelehrten über das ἀναβαίνειν
und καταβαίνειν zu.

Die Frage wird meist verquickt mit dem Problem der ‹raised stage›, das die angelsächsi-
schen Gelehrten stark beschäftigt hat. Während Pickard-Cambridge,[87] wie schon Dörpfeld,[88] jede Art von Erhöhung der Skene über dem Orchestra-Niveau ablehnt, neigen wir
zu der von anderen vertretenen Ansicht, daß das nach dem Umbau an der Orchestra-
Südtangente errichtete Skene-Fundament (zuerst aus Holz, dann aus Breccia) auf seiner
ganzen Länge, also an den Paraskenien und der dazwischen liegenden Front, mindestens
zwei, vermutlich breite Stufen besessen hat. Andernfalls müßte es ja in den Erdboden
(Fels und Aufschüttung) eingelassen gewesen sein, wenn es das Orchestra-Niveau hätte
haben sollen. Das Argument, daß Schauspieler und Chor gemeinsame Aktionen auszu-
führen hatten, für die es kein trennendes Hindernis geben durfte, ist bei zwei oder höchstens drei Stufen belanglos. Andererseits benötigen zeremonielle Vorgänge wie etwa die
Verkündigung der Edikte durch Kreon und Oedipus, die Teppichszene im ‹Agamemnon›

oder die ‹Ausstellung› der sterbenden Alkestis eine exponierende Position auf der Bühne. Über die elementare Bühnenhaftigkeit dieser ‹Treppe› haben wir an anderer Stelle gesprochen. Ähnliches gilt für alle Ekkyklema-Szenen, die stets derart demonstrativen Charakter hatten. So stimmen wir im Prinzip der zuletzt von P. Arnott vorgetragenen These zu, freilich mit Einschränkungen; Arnott ist in doppelter Hinsicht zu weit gegangen: 1. mit der von ihm postulierten neutralen Einheits-Bühnenwand,[89] an deren Stelle wir das Gerüst setzen, das entweder aufgeschlagen werden konnte, um Baulichkeiten aufzunehmen, oder auch nicht; 2. mit seiner Interpretation des καταβαίνειν und ἀναβαίνειν, die das Herauf und Herab ausschließlich auf die ‹raised stage› bezieht.

Die wichtigste Stelle in der Literatur steht in Plutarchs ‹Demetrios› (34): οὕτως οὖν τῆς πόλεως ἐχούσης εἰσελθὼν ὁ Δημήτριος καὶ κελεύσας ἐπὶ τὸ θέατρον ἀθροισθῆναι πάντας, ὅπλοις μὲν συνέφραξε τὴν σκηνὴν καὶ δορυφόροις τὸ λογεῖον περιέλαβεν, αὐτὸς δὲ καταβάς, ὥσπερ οἱ τραγῳδοὶ διὰ τῶν ἄνω παρόδων, ἔτι μᾶλλον ἐκπεπληγμένων τῶν Ἀθηναίων, τὴν ἀρχὴν τοῦ λόγου πέρας ἐποιήσατο τοῦ δέους αὐτῶν.

Das kann nichts anderes heißen, als daß Demetrios «wie die Tragöden durch ‹die Parodoi› von oben herabgestiegen» sei.[90] Da er «aus der Stadt» kam, kam er durch die Ost-Parodos «herab», um «die Athener noch mehr zu erschrecken», als er mit seinen Speerträgern in das Theater eindrang. (Den Plural kann man auf den der Tragodoi beziehen; man kann aber auch mit Dörpfeld vermuten, daß die Egalisierung der Parodoi beim Umbau eine Erhöhung der Westparodos veranlaßt hat, so daß man nun von beiden Parodoi «herabstieg»). Ähnlich bezeugt Andokides[91] an der anderswo erwähnten Stelle (I, 38), daß man vom Odeion in die Orchestra herunter gestiegen ist. Das wurde 399 geschrieben. Dörpfeld dazu: «Der von Pollux gebrauchte Ausdruck καταβαίνειν ist mit dem Auftreten auf einer Bühne unvereinbar, während er das Hinabgehen von der höheren Parodos zur Orchestra bedeutet.»[92]

Einige Stellen bei Euripides deuten daraufhin, daß man steigen mußte, um auf den Schauplatz zu gelangen, und daß das für alte Männer beschwerlich war. So ist die Parodos des Chors der Alten im ‹Herakles›[93] eine einzige Klage über den mühsamen Aufstieg, und Pickard-Cambridge hat sicher unrecht, wenn er annimmt, die Alten hätten die Mühsal bereits hinter sich (siehe Vers 123 ff., wo sie einander auffordern, den Ermatteten «anzufassen», um ihm weiterzuhelfen). Ähnlich klagt der Paidagogos in der ‹Elektra› (489 f.) über den steilen Aufstieg. In den ‹Phoenissen› ist Teiresias völlig erschöpft, als er auf dem Schauplatz eintrifft (843 f.).[94] Und der dritte Alte, der gestützt werden muß, keucht im ‹Ion› mit Kreusa zum Apollo-Tempel herauf (742 ff.). Für die Topographie der Schauplätze ist jede der Stellen von Belang. Die Interpretation muß klären, welche der beiden Parodoi jeweils gemeint ist. Das ist nicht einfach, denn auch die Ostparodos, von wo man herabkam, setzte einen Aufstieg voraus, wenn man von der auf jeden Fall tiefer gelegenen Stadt kam; man mußte erst einmal den Pagos erklimmen, um von ihm herabsteigen zu können. Dazu kommt, was eben erwähnt wurde, daß nach dem Umbau, und wahrscheinlich später noch einmal, als die periklesche Stützmauer[95] errichtet wurde, an den Parodoi gearbeitet worden ist; das Bauziel war ihre völlige Egalisierung im Sinne der Symmetrie, so wie sie ohne Zweifel im lykurgischen Bau vollendet worden ist. Nur wenn die Zuschauer Chor oder Darsteller aus weiterer Entfernung nahen sahen, konnten sie dann noch wahrnehmen, daß sie aus dem Osten herab und aus dem Westen herauf kamen. Gesichert ist jedenfalls, daß es bei den Auftritten ein Herauf und ein Herab gegeben hat.

Die übrigen Stellen, über die gestritten worden ist, stehen bei Aristophanes. Die Bühne der Komödie liegt außerhalb der Thematik dieser Arbeit; wir haben uns daher kaum mit ihr beschäftigt; aber in diesem Zusammenhang lohnt es sich, die Stellen heranzuziehen, da viele Komödien auf derselben Bühne gespielt worden sind wie die Tragödien.[96]

In den ‹Acharnern›[97] tritt ein Megarer mit zwei kleinen Mädchen auf; er fordert sie (732) auf, heraufzusteigen und sich etwas zu essen zu suchen. Wie Reisch vermutet Arnott, daß das auf «a low platform» deute, wo die Marktstände ihre Waren feilgeboten hätten; aber das ist an den Haaren herbeigezogen, und Pickard-Cambridge gibt die einfache Erklärung, die, wie immer, die richtige ist: «The persons, who are bidden ἀναβαίνειν have not yet reached the orchestra level but are coming up the parodoi.» Und der Megarer mußte natürlich von dorther kommen, wo Megara lag: aus dem Westen herauf.

Interessanter ist die Stelle in den ‹Rittern›.[98] Hier wird (147 ff.) der «gebenedeite Wursthändler» aufgefordert, heraufzukommen, als Retter der Stadt: δεῦρο δεῦρ᾽, ὦ φίλτατε, ἀνάβαινε σωτὴρ τῇ πόλει καὶ νῷν φάνεις. Die Aktion erfordert weitere Verse, und so ist es klar, daß sie einen ausgedehnten Auftritt begleiten. Erst später ist von dem ἔλεον die Rede, auf das er hinaufsteigen soll (169 f.), um die Inseln, den Mastenwald, die Lagerhäuser zu sehen (eine Stelle, die einmal mehr zeigt, daß man vom Podest, bei freier Bühne, einen weiten Ausblick hatte, sofern das ἔλεον nicht noch einen besonderen Aufbau meint). Der Wursthändler kommt mit seinem Wagen vom Land, wo er bei den Bauern Fleisch und Därme (160) eingekauft hat, um die Würste daraus zu machen, die er auf der Agora verkauft. Noch auf dem Weg, ehe er die Parodos erreicht hat, ruft er herauf; dann zieht er mit dem Wagen durch die Parodos in die Orchestra.

In den ‹Wespen›[99] tritt der betrunkene Philokleon mit einem leichten Mädchen auf, das er (1342) auffordert: ἀνάβαινε δεῦρο χρυσομηλολόνθιον. Auch hier ist ein langer Auftritt ausgemalt. Die Person, an die die Worte gerichtet sind, befindet sich in der Gesellschaft, mit der Philokleon von seiner Zecherei kommt. Der Schmarotzer war bei reichen Leuten zu Gast. Er kam herauf, aus dem Westen. (Das Viertel, das Dörpfeld südwestlich der Agora, am Fuß der Pnyx ausgegraben hat, war eine Art Cottage.)[100]

In den ‹Ekklesiazusen›[101] wird die Exodos damit eingeleitet, daß der Chor ankündigt: «während du καταβαίνεις, (nämlich zum Essen, 1135, 1149), werde ich dir einen Tischgesang anstimmen.»

Die Bühne der ‹Lysistrate›[102] ist nicht leicht zu rekonstruieren. Am wahrscheinlichsten ist, daß die beiden Paraskenien die Häuser von Lysistrate und Kalonike zeigten, während dazwischen, möglicherweise auf dem Felsenfundament, die Propyläen zur Akropolis nachgebildet waren. Wenn das zutrifft, können die Verse 286 ff. nur so gedeutet werden, wie es Pickard-Cambridge gesehen hat. Der Chor der alten Männer erklimmt den Weg zur Akropolis. Man hört sie, lange ehe sie die Parodos erreicht haben, von unten singen. Sie kamen truppweise. Einer der Trupps erreicht schließlich die Parodos:

ἀλλ᾽ αὐτὸ γάρ μοι τῆς ὁδοῦ
λοιπόν ἐστι χωρίον
τὸ πρὸς πόλιν τὸ σιμόν, οἷ σπουδὴν ἔχω.

Es ist nach Pickard-Cambridge «the last steep bit of the road... Again the Chorus are just finishing their climb... The illusion would be helped if (as is practically certain) the parodoi sloped slightly upwards into the orchestra. The two choruses may well have begun singing while ascending these slopes, as soon as the leaders were in view of the audience.» Dagegen nimmt Arnott, der dies «a perverse explanation» nennt, an, daß «the climb» noch vor dem Chor lag, nämlich das Ersteigen der Propyläen. «We must say that between this and their point of entrance in the Orchestra was some erection which had to be mounted»; und das sei natürlich «the raised stage» gewesen. Pickard-Cambridges Hinweis auf «the slope», den es tatsächlich im Dionysostheater gegeben habe, wird mit dem Argument abgetan, daß die Stücke doch auch in anderen Theatern gegeben worden seien, und daß keines von diesen einen solchen Aufstieg zu den Parodoi zeige. Aber das ist ein Irrtum. Thorikos [103] z. B., das er erwähnt und dessen Theater zweifellos aus dem 5. Jahrhundert stammt, hat die gleiche Lage am Hang wie das Dionysostheater, ebenso Argos; und schließlich wurden die Stücke für Athen geschrieben, für ein konkretes Theater, in dem die Autoren ihre eigenen Regisseure waren. Die erwähnten Euripides-Szenen beweisen, daß es im Dionysostheater ein Herauf gegeben hat. Die ‹Lysistrate›-Stelle besagt noch mehr: Die Alten sprechen von der ‹polis›, zu der sie hinaufeilen (266), nicht nur von der Akropolis (263); also handelt es sich um Athener vom Land. Damit sind wir bei dem zweiten Moment, das wir jetzt erläutern können, nachdem wir ermittelt haben, daß es ein Herauf und ein Herab gegeben hat.

Unten war (und ist) das Meer. Man kam von ihm herauf. Dort, im Westen, lag der Hafen, dorthin, im Südwesten, nach Westen, sah man es von vielen Sitzen aus sich erstrecken. Und aus dem Westen kam man herauf, wenn man aus der Fremde kam. Das Viertel, das Dörpfeld am Hang der Pnyx südwestlich der Agora ausgegraben hat (wo das Lenaion vermutet wird), lag ἐν ἀγροῖς, das Theater ἐν ἄστει.[104]

Die beiden wichtigsten Straßen, auf denen man aus der Ferne kam, führten (und führen) vom Westen in die Stadt: die Küstenstraße von Korinth (und dem Peloponnes) über Megara, und die Straße von Delphi über Theben (beide Straßen vereinigten sich in Eleusis; ihr letztes Stück, das zur Stadt führte, hieß die ‹Heilige Straße›). Die Stadt war also im Osten gedacht, dort, von wo man über den Pagos herab kam. Von dort kamen auch die meisten Zuschauer, auf der Tripodenstraße,[105] die so hieß, weil dort die Dreifüße der siegreichen Choregen aufgestellt waren. (Hätte die meistbenutzte Straße in die Stadt nach Westen geführt, hätte man die Tripoden wohl dort aufgestellt.) Pausanias (I, XX, 3) kam auf dieser Straße zum Propylaion des Dionysos-Bezirks und betrat von dort das Theater; er verließ es in derselben Richtung.[106]

Aber meist liest man es anders: im Osten die Fremde, im Westen die Stadt [107] und, wie hinzugefügt wird, der Hafen. Bieber [108] glaubt sogar, an der Mauer der Westparodos auf einem Stein ΑΣΤΥ lesen zu müssen, «destined for persons coming from the city» (während gewöhnlich der Name des Poeten Astydamas ergänzt wird); und sie vermutet, daß auf der anderen Seite ein Stein war, auf dem ΑΓΡΟΣ stand; man fragt sich, was die Inschriften wem sagen sollten: die Zuschauer konnten sie nicht sehen, und die Schauspieler werden doch wohl gewußt haben, wo sie sich das eine und das andere vorstellen sollten. Gewiß zog sich die Stadt [109] im Rücken der Zuschauer auch nach Westen hin, und dort waren ja auch die Agora und der Zugang zur Akropolis, aber der weit größere Teil des

Weichbilds der Stadt lag an der Nord- und Ostseite des Burgbergs, und da die Achse des Theaters nach Südosten gerichtet war, konnten sich die Zuschauer die Stadt nur dort denken, von wo auch die meisten gekommen waren. Für den Dramatiker, der mit dem Richtungsantagonismus arbeiten wollte, gab es gar keine andere Wahl: zum Meer konnte er die Personen nicht hinaufsteigen lassen: wenn Xerxes und die Danaiden vom Meer (und aus der Ferne) kamen, also von unten, aus dem Westen, mußten Atossa und Pelasgos aus der Stadt vom Osten kommen.

Eine interessante Bestätigung sehen wir in der analogen Topographie von Korinth.[110] Hier lag das Meer, das die Zuschauer vor sich hatten, im Norden, und trotzdem wurde die Stadt dort angenommen, wo sie wirklich war: im Osten. So Stillwell: «The eastern displacement of the early skene put it on the city side of the Corinthian spectators as they sat in the koilon, while all the open country, clear to Sikyon, lay on their left.»

Freilich, die Konfusion ist sehr alt. Während es bei Vitruv (V, 9, 1) noch klar heißt, wenn man aus dem Theater gekommen sei, habe man linkerhand das Odeion passiert (man ging also nach Osten zur Stadt), finden wir bei Pollux folgende Informationen:

IV 125: ἐν δὲ τραγῳδίᾳ ἡ μὲν δεξιὰ θύρα ξενῶν ἐστιν, εἱρκτὴ δὲ ἡ λαιά.

IV 126 (über die Periakten): ἡ μὲν δεξιὰ τὰ ἔξω πόλεως δηλοῦσα, ἡ δ' ἑτέρα τὰ ἐκ πόλεως,

ἡ μὲν δεξιὰ [θύρα] τὰ ἔξω πόλεως δηλοῦσα, ἡ δ' ἑτέρα τὰ ἐκ πόλεως, μάλιστα ἐκ λιμένος ... τῶν μέντοι παρόδων ἡ μὲν δεξιὰ ἀγρόθεν ἢ ἐκ λιμένος ἢ ἐκ πόλεως ἄγει· οἱ δὲ ἀλλαχόθεν πεζοὶ ἀφικούμενοι κατὰ τὴν ἑτέραν εἰσίασιν.

Und bei einem Anonymus, der über die Komödie schrieb (Ioannes Tzetzes, V, 33, Kaibel Fragm. Com. Gr. I, 23)[111] lesen wir:

...εἰς τύπον ὁδῶν. διὰ μὲν οὖν ἀριστερᾶς ἀψίδος ἐχώρουν, εἰ ὡς ἐκ πόλεως ἦσαν ὁδεύοντες ὡς πρὸς ἀγροὺς ἢ καὶ θέατρα· ἂν δὲ πρὸς πόλιν ἐκ θεάτρων ἢ ἀπ' ἀγροῦ, διὰ δεξιᾶς. τοιαύτη μὲν ἡ τῆς σκηνῆς ἐργασία.

Schon Gottfried Hermann[112] hat vermutet, daß Pollux verschiedene Quellen hatte: «nam si dextra περίακτος quae extra urbem sunt, sinistra autem quae ab urbe et portu apparent ostendit, non possunt, ut alter dicit, qui ex urbe aut rure aut portu veniunt, quae pertinent ad urbem, e dextro aditu, peregrini autem e sinistro prodire: ex quo consequitur alterum ut in proscenio, alterum ut inter spectatores stantem esse locutum: et hic quidem etiam illud recte scripsit, qui pedibus veniant, eorum esse sinistrum aditum: nam qui peregrini nave appulerunt, ex portu qui ad urbem est ea qua ipsi cives via veniunt. Cum priore illorum scriptorum consentit is qui scripsit quae in vita Aristophanis p. XIVb in Küsters editione de choro dicta sunt: καὶ μὲν ὡς πόλεως ἤρχοντο ἐπὶ τὸ θέατρον, διὰ τῆς ἀριστερᾶς ἀψίδος εἴηει, εἰ δὲ ἀπὸ ἀγροῦ διὰ τῆς δεξίας: non enim repugnat illud ἐξ ἀγροῦ, quia chorum intelligit non ex suburbiis, sed ex remotis ab urbe locis venientem.» Hermann sagt, es bestehe kein Zweifel, daß rechts und links hier nur vom Zuschauer aus gemeint sein können.

A. Müller[113] versuchte in seinem ‹Lehrbuch› das Gegenteil zu beweisen. Ihm folgte Reisch,[114] obwohl er zugab, daß die Überlieferung «etwas verwirrt» sei. Und seitdem hat sich die Meinung festgesetzt, daß in den Tragödien Stadt und Hafen im Westen, das Land im Osten gedacht werden müsse.

Flickinger,[115] der freilich in Plutarchs Bericht über den Auftritt des Demetrios das καταβάς wie Arnott interpretierte, schrieb aufgrund einiger Plautus-Stellen, die schon Reisch[116] herangezogen hatte: «It is only natural that this same period should witness the rise of the convention that the side entrance (parodus) at the spectators' right led to the harbor or the market place, since the scene war regularly placed in Athens and since these were the actual topographical relationships in the Athenian theater.» Dabei ging er von durchaus richtigen Überlegungen aus: «We have already referred to the fact that topographical conditions in Athens gave rise to a convention regarding the significance of the parodi. As the spectator sat on the south slope of the Acropolis at Athens, with the orchestra und scene-buildings before him, the harbor of the Piraeus and the Market place lay towards his right and the open country on his left. And since the theater was roofless and the performances given in daylight, these relationships were visible and must at all times have been present to the consciousness of the audience. The matter was, therefore, one of more consequence than in the modern theater, where many spectators, being unable to seen points of orientation outside, would be puzzled to indicate the points of the compass. In the Athenian theater, on the contrary, if the scene were laid locally no poet or stage manager could have allowed a character from the Piraeus to enter by the left (east) parodus without committing a patent absurdity. In such a case there was, at the beginning, no convention; the plays simply reacted to actual local conditions. But the fifth-century plays were rarely laid in Athens, and them comparatively little is said of harbor, market place, or countryside, wether at Athens or elsewhere. Apart from a rigid convention, there would be no point in staging Aeschylus' *Suppliants,* the scene of which is laid just outside the city of Argos, or Aristophanes' *Birds*, whose scene is supposed to be in the clouds, in such a way as to conform to Athenian topography. In fact, incidental allusions in the fifth-century plays, the comparative infrequency in them of references to harbor, country, and market place, and minor infelicities arising from any attempt to foist this convention upon them, would all seem to indicate that these plays had been written without much regard for local geography. But with increasing frequency Athens became the imaginary scene of comedies, and the relationships which had become a fixed rule for them were transferred to tragedy also, and soon to other theaters whose setting bore little or no resemblance to that of the theater of Dionysus Eleuthereus. Certainly by the time of New Comedy the convention was firmly established...»

Flickinger geht also davon aus, daß eine Konvention ursprünglich nicht nötig gewesen sei, weil das Gelände selbstverständlich mitgespielt habe, daß dann dieses Bewußtsein verloren gegangen sei, weil die Stücke kaum mehr in Athen spielten (aber ‹Eumeniden›, ‹Oedipus auf Kolonos›, Euripides' ‹Hiketiden› und ‹Herakliden›, fast alles von Aristophanes?), und daß sich zuletzt, in hellenistischer Zeit, plötzlich das Bewußtsein wieder eingestellt und eine Konvention gebildet habe. Zu solchen Verrenkungen ist man gezwungen, wenn man annimmt, daß es in Aischylos' frühen Stücken nur eine Parados gegeben habe,[117] und natürlich stößt man in den späteren Stücken auf Unstimmigkeiten, wenn man die falsche Orientierung zugrundelegt. Es steht für uns fest, daß in die Stücke der Richtungs-Antagonismus Stadt–Land (Meer) integriert ist.

Und daß noch der späte Euripides dieses Bewußtsein hatte, läßt sich aus einer Stelle im ‹Orestes›[118] beweisen (1258 ff.). Im Kommos 1246 ff. teilt sich der Chor; die einen eilen zur linken Parodos τρίβον τόνδ'..., τὸν πρὸς ἡλίου βόλας, die andern zum entgegengesetzten τόνδ', ὅς πρὸς ἑσπέραν φέρει. (1258/60). (Leider geht aus der Stelle nicht hervor, welches die Seite ist, wo die Stadt liegt, denn die 1251 erwähnte Fahrstraße kann natürlich in beide Richtungen geführt haben.)

Pickard-Cambridge[119] hat sich weder von Müller und Reisch, noch von Flickinger irritieren lassen. So beschließen wir diese Überlegungen mit seiner Formulierung der Konvention: «The convention of the chorus, which is likely to have been in agreement with the actors, was that, if coming from the country, the chorus entered from right; if from city, from the left.» Zitiert wird in einer Anmerkung die Aristophanes-Vita, die schon Hermann seiner Auffassung zugrundegelegt hat. Dann heißt es weiter: «It is commonly supposed that ‹right› and ‹left› are used in this reference from the point of view of the audience und correspond (at Athens) to west and east.»

2. Pagos – Die Bühne der frühen Stücke

a) Das Gelände

Das Gelände,[1] in dem das Theater liegt, gehörte zu dem 4000 qm umfassenden Temenos des Dionysos am Südhang der Akropolis. Es fällt nach Süden und Westen unregelmäßig, aber ziemlich stark ab. Der niedrigste Punkt im Temenos liegt 84 m über dem Meer, der höchste 122 m; daraus ergibt sich ein Geländeabfall von 38 m. Das Temenos war von einer Mauer oder einem Zaun umgeben (perischoinisma). Ähnlich wie auf der Agora dürften Platanen, Weiden, Weiß- und Schwarzpappeln dort zu finden gewesen sein; da nach Süden zu Ölbäume festzustellen sind, «silberte» wohl auch deren Laub das Grün.[2] Und es gab Reben, deren Saft ja einst das Fest zum ‹Heurigen›, die Dionysien, gezeitigt hatte. Efeu[3] wird in den Stücken erwähnt.

Es war also ein Hain, der sich den Burgberg hinauf zog. Nicht sehr weit hinauf freilich, da, vor allem im Osten, gewachsener Fels das Wachstum beeinträchtigte. Aber wie noch heute im Frühjahr, war der Hang zur Zeit der Spiele bedeckt mit Blumen und Blüten.

Der Blick von der Akropolis zeigt, daß das Gelände nicht glatt, sondern stufenförmig abfällt. Der Fels bildet Natur-Terrassen, deren Formation von Ost nach West leicht zu verfolgen ist. Wo der Berg allmählich nach Norden abbiegt, befindet sich das Theater. Gerade dort zeigt sich noch heute ein kräftiger Felsvorsprung, der möglicherweise zum Teil den Abschluß des Hains im Osten gebildet hat. Auch im Westen läßt sich die südwärts abfallende Formation dieser Natur-Terrasse noch heute verfolgen. Im Osten erhebt sich der Fels auf einem kleinen Hügel neben dem Ausgrabungsschacht des Odeion ein beträchtliches Stück über der Orchestra.

Das Gelände, auf dem gespielt wurde (Parodoi, Orchestra, Skene), bestand also zu einem guten Teil aus Fels.[4] Im Osten war dieser so hoch, daß der Spielplatz in ihn eingeschnitten werden mußte. Auf der Parodos,[5] die zur Orchestra führte, schritt man hier hinab, während man vom Westen hinaufstieg: nur durch Erdaufschüttungen[6] konnte hier ein ebener Spielplatz geschaffen werden. In diesen Aufschüttungen hat sich, wie bei den Ausgrabungen festgestellt worden ist, der ‹Schutt der Jahrhunderte› abgelagert.

Während der Geländeabfall nach Westen allmählicher verläuft, ist an der

Südseite des Spielplatzes ein Geländesprung[7] von 2 bis 2 1/2 m Tiefe festzustellen. Dieser ist zum Teil künstlich geschaffen worden. Reste der Mauer, die im Osten abgearbeiteten Fels abschloß, im Westen die Erdaufschüttung verkleidete, sind gefunden worden. Der Spielplatz befand sich also von Anfang an auf einer künstlich hergestellten Terrasse, die im Süden und Westen freien Ausblick von den sich den Hang hinaufziehenden Zuschauersitzen aus gewährte, während im Osten der Blick durch den gewachsenen Fels für die unteren Reihen verstellt wurde.

Felsiges Gelände wie das hier beschriebene heißt pagos.[8] Das berühmteste war der Areopag *(Tafel 17)*.[9] Der nackte Fels, der diesen Hügel am Westfuß der Akropolis bildet, vermittelt uns ein Bild des Anblicks, den unser Fels gezeigt haben dürfte, ehe das Theater angelegt worden ist. Das auffallend fleckige Gestein erklärt die konventionelle Zeichnung von Felsen auf vielen Vasenbildern,[10] von denen ein Teil Dramenszenen wiedergibt. Der heutige Zustand eines Teils der Orchestra des Zea-Theaters in Piräus,[11] der den gleichen Anblick bietet, läßt vermuten, daß auch die Orchestra des Dionysostheaters so ausgesehen hat, ehe sie mit Stein- oder Marmorplatten ausgelegt worden ist. Der Spielplatz war durch gestampfte Erde oder Lehm eingeebnet: ein Estrich, der seinen felsigen Grundcharakter nicht verleugnete.

Wilamowitz[12] hat als erster gesehen, daß die drei frühen Stücke des Aischylos eine andere Bühne verlangen als die Orestie und alle Stücke, die ihr folgen (einschließlich des ‹Prometheus›). August Frickenhaus nannte diese Feststellung ein «unvergängliches Verdienst».[13] Sie ist in der Tat unwiderlegbar: keines dieser ältesten Stücke, die wir besitzen, hat einen Auftritt aus der Mitte, keines verlangt zwingend ein Gebäude, wie es für die Orestie und seit dieser für viele Stücke unentbehrlich ist. Wir lesen bei Wilamowitz: «Auf eine Abschlußwand deutet nichts. Die Personen kommen immer seitlich auf den Tanzplatz.» So gibt uns die Evidenz der Stücke eine Grundlage, wie wir uns die erste Aischylosbühne in unserem Gelände vorzustellen haben. Sie hatte eine Ost-West-Achse; die Parodos im Osten war ein Felsweg, der zur Orchestra hinab führte; im Westen gab es eine Rampe,[14] die zur Parodos hinaufführte. An der Südseite der Orchestra war kein Platz für irgend eine Art von Skene, da die Terrasse, auf der der Spielplatz angelegt war, an der Südtangente des Kreises steil abfiel: 2–2 1/2 m tief. Die Terrasse selbst bildete jedoch keine Kreisform; ihre Mauer, die parallel zum Alten Tempel zu denken ist,[15] bog nur an einer vermutbaren Stelle nach Norden ab; auch dort muß ein Rampenweg zur Felsparodos geführt haben.

Die Ost-West-Achse prägt den Antagonismus der drei frühen Stücke. Der Fels, in den der Spielplatz auf der Ostseite eingeschnitten war (und der dort an der Mauer Spuren von Abarbeitungen zeigt), zog sich langsam abfallend wohl noch

bis zur Mitte des Orchestrakreises im Süden hin. Im Südosten bildete er längs
des Kreises einen Teil des Spielplatzes, auf dem sich nächst den Zuschauersitzen
der Felsweg der Parodos befand und anschließend an diesen noch ein dem Areopag ähnliches Felsstück den Blick auf sich zog. Dieser Fels bildete den Akzent des
Ost-West-Antagonismus der drei frühen Stücke, «jenen höheren Spielplatz, den
der Chor der Hiketiden und der Sieben längere Zeit einnahm» (Wilamowitz).[16]
So nennen wir den Spielplatz dieser Stücke die ‹Pagos-Bühne›.

Nach dem Umbau, durch den der Spielplatz um mehrere Meter nach Norden
verschoben wurde,[17] verlor der Pagos seine akzentuierende Bedeutung. Das entsprach der Grundidee des neuen Plans: der Zentralperspektive. Andererseits
zeigte sich die Kontinuität der Konventionen darin, daß das Genre der Felsenstücke, die in so großer Zahl auf der Pagos-Bühne inszeniert worden waren, keineswegs aufgegeben wurde: nun wurden Felsen und Höhlen (wie im ‹Prometheus›, im ‹Philoktet›, im ‹Kyklops›) künstlich der alten Pagos-Szenerie nachgebildet. Und daß noch neben dem (Breccia-)Fundament, auf dem später die Häuser errichtet wurden, im Osten ‹unbehauener Fels› sichtbar war, scheint aus einer
Stelle in der spätesten Tragödie, die wir besitzen, dem ‹Oedipus auf Kolonos›,[18] hervorzugehen: in v. 19 fordert Antigone den Vater auf, sich ἐπ' ἀξέστου
πέτρου niederzulassen (was in v. 101 unterstrichen wird: βάθρον τόδ' ἀσκέπαρνον,
und noch einmal v. 192: τοῦδ' αὐτοπέτρου βήματος); entweder war hier also, wie
ein Scholion vermutet,[19] eine «rohen Felsstücken ähnliche Einfassung des Hains»
angelegt worden, in der sich die «eherne Schwelle» (57) zum Hain befand, oder
man hatte das noch sichtbare Stück Pagos durch Steine längs des Breccia-Funda-
ments so verlängert, daß es einer Einfriedung glich. Wie untrennbar vom Bild der
frühen Naturszenerie der Pagos-Bühne der Hain ist, zeigt gerade diese späteste
Tragödie, in der so vieles andere noch Rückschau ist: Rückschau auf die Idee der
Polis, in deren geschichtlichen Untergang hinein entworfen, und so wohl auch
Rückschau auf die Idee der Tragödie, in deren Untergang hinein entworfen. Auf
dem Hügel von Kolonos hatten die Athener 411 in einer «makabren Prozedur»
(A. Heuss)[20] der Demokratie abgeschworen. Dieser Hügel zeigt noch heute erstaunliche Ähnlichkeit mit dem des Areopag und so wohl auch mit dem Pagos der
alten Bühne; inmitten eines Hains der gleiche gewellte, geriffelte Steinboden:
Fels muß ja nicht etwas Schroffes, Steiles, Zackiges sein, es kann wohl auch eine
Kuppe sein wie diese, wie der Areopag. Und drunten der Hain, von dem Antigone sagt, er prange «von Lorbeer, Ölbaum, Wein» (v. 14 f.). Wie konnte man
auf den Gedanken kommen, dieser Hain sei auf Pinakes aufgemalt[21] gewesen, da
er doch in natura da war und da man doch eine Treppe zu ihm hinunterstieg, wie
sie Fiechter[22] im Breccia-Fundament nachgewiesen hat. Pagos und Alsos[23] – die
Opsis, die, wie das letzte Stück, an die Bühne der ersten erinnern sollte.

Dörpfeld: [24] «Die Orchestra liegt auf einer Terrasse, die eine 2 m hohe Stützmauer hat.» «Unter der Mauer fanden wir den gewachsenen Fels, der nach Süden stark abfällt.» Die aus Burgkalkstein polygonal errichtete Mauer, jetzt nur 1 m hoch, war beträchtlich höher, «weil der Fels hinter der Mauer noch heute bis unmittelbar an den Bodenbelag der Orchestra erhalten ist». «Der Fuß der Mauer liegt jetzt 1,80 m unter dem Orchestraboden. In der Achse des Theaters ist sie etwas höher, mindestens 2 m; auch die Stärke (jetzt 50 cm) war ursprünglich größer.» «Zwei Rampen führten von Osten und Westen aus dem Temenos zur Orchestra hinaus.» «Noch im vierten Jahrhundert war der Boden der Orchestra nicht gepflastert, sondern Naturfelsen, mit lehmiger Erde überzogen. Möglicherweise war der südliche Teil der Orchestra ganz unterhöhlt; in diesem großen Hohlraum befanden sich unterirdische Räume und Gänge.» – Auch 1924/5, als Dörpfeld seine zweiten Grabungen unternahm (und die perikleische Stützmauer auf der Westseite des Koilon entdeckte, die von der lykurgischen ersetzt wurde), stellte er fest: «Unter der Mauer fanden wir den gewachsenen Fels, der nach Süden stark abfällt.»

C. *Robert* [25] stellte 1897 neue Überlegungen aufgrund der Dörpfeldschen Ausgrabungsberichte an: «Die um 2 m über dem Niveau des Dionysos-Temenos erhöhte Orchestra bestand in ihrem weitaus größeren südlichen Teil aus aufgeschütteter Erde.» Die Tatsache, daß der Burgfels bis zu Dörpfelds Punkten E-F «bis zu bedeutender Tiefe glatt abgeschnitten» war, schien zu bestätigen, daß dort von Anfang an unterirdische Gänge eingeplant waren. Die von Dörpfeld nicht aufgeworfene Frage, wie Skene-Aufbauten errichtet werden konnten, da doch die Terrasse hinter der Orchestra 2 m tief und steil abfiel, schien keine andere Lösung zuzulassen als: auf der Orchestra selbst. An der Südtangente hätten sie auf ein hohes Gerüst gestellt werden müssen, und «ein Gerüst in seiner brutalen Häßlichkeit» wollte der Gelehrte den Blicken der aus der Stadt kommenden Zuschauer beim Betreten des Theaters nicht zumuten.

Diese These wurde 1915 von F. *Noack* [26] aufgenommen und gründlich ausgebaut: «Dem stetig abfallenden Felsboden war ein ebener Tanzplatz nur durch Terrassierung abzugewinnen. Die aus Polygonwerk errichtete Stützmauer a mußte darum nach Süden zu über 2 m hochgeführt werden, während sie sich nordwärts gegen den Abhang zu verlief. Und dieser Höhenunterschied gilt nur für den Boden unmittelbar bei dem Südpunkt dieser Terrasse; er wächst mit jedem Meter, um den wir uns auf dem sich ständig senkenden Gelände weiter nach Süden zu entfernen; beim großen Altar, d. h. nur etwa 40 m südlich von der Orchestraterrasse, ist der Boden, wie die Höhenzahlen auf Dörpfelds erstem Plane lehren, bereits um 4 m oder mehr gefallen.» In einer Anmerkung werden diese Feststellungen ergänzt: «Der Felsboden, am Fuß des erhaltenen Restes R der Orchestra-Terrasse (Taf. III) + 89,58 m ü. M. gelegen (Taf. I), liegt an der Stelle, wo der alte Orchestrakreis die Rückwand der Halle nach Süden überschneidet (Oberkante ihrer dortigen Stufe Taf. V = 89,34 m) schon wieder etwas tiefer, wie Photographien erkennen lassen. Eine auf meine Bitte von Herrn Baurat Knackfuß freundlichst vorgenommene Messung ergibt für diese Stelle nur noch eine Höhe von + 88,34 m. Da jedoch der Felsboden sehr weich und brüchig und bei der Erbauung der Halle vielfach angegriffen worden sei, werde seine Oberfläche zur Zeit der alten Orchestra-Anlage doch etwas höher als 88,34 m anzunehmen sein. Immerhin werden wir für diese Seite des Terrassenrundes auf eine Höhe von 2 1/2 m kommen.» Der Geländebefund wird weiter ausgeführt: «Man muß sich gegenwärtig halten, daß die seitlichen Vorsprünge des erhaltenen steinernen Zuschauerraums durchaus künstlich aufgebaut sind und dadurch das Bild der ursprünglichen Bodenform ganz verwischt ist. Ein Blick vom Asklepieion und der Eumenes-Stoa (den sich im Westen anschließenden Ruinen, d. Vf.) auf die tiefliegende und rasch absteigende Bodenlinie der westlichen Außenmauer des lykurgischen Zuschauerraumes kann aber noch heute lehren, daß der natürliche Abfall dieses ganzen südöstlichen Burgabhangs ziemlich geradlinig und gleichförmig verlief und keine größere Einmuldung, kein eigentliches koilon gebildet hat.» Noack schließt daraus, daß für die äschyleische Zeit nicht «mit dem festbegrenzten, engen Parodoi, an die wir von den Steinbauten her gewöhnt sind», zu rechnen sei. Er fordert eine Rampe an der West-Parodos, auf der Chor und Wagen die Steigung aus dem Temenos überwinden konnten: «Die Mauer D (D.-R. Plan I und III, S. 28, 31) kann schlechterdings nichts anderes als eine Stützmauer für einen Rampenweg bedeuten. Ihre Linie stößt, nach Osten hin verlängert, an den südwestlichen Rand der Orchesterterrasse an. Der von ihr gestützte Weg hatte von ca. 89 m Höhe ü. M. auf das Orchestraniveau (ca. 91,50 m) zu führen, ein Unterschied also, der... nur durch eine längere Rampe zu überwinden war. Und er kommt von der Gegend westlich, bzw. hinter dem alten Tempel her, wo man sich für die ältere Zeit die Garderobe denkt.» Noack verweist dann auf das «Fehlen jeder Spur einer entsprechenden östlichen Rampe» und schließt daraus, daß es überhaupt nur eine Parodos, eben die auf der Westseite, gegeben habe. Er berücksichtigt dabei nicht, daß der Pagos auf der Ostseite nicht nur keine Rampe erforderlich machte, sondern das genaue Gegenteil: den Einschnitt eines Weges in den Felsen. Die bühnenpraktische und dramaturgische Evidenz der drei frühen Stücke, die eindeutig auf den Ost-West-Antagonismus hin angelegt sind, macht diese These unerträglich; sie ist denn auch nur von einem einzigen Gelehrten aufgenommen worden (Flickinger[27]) und kann heute als abgetan gelten. Das Gleiche gilt für die ‹Blockhaus›-Aufbauten,[28] mit denen Noack die südliche Hälfte der Orchestra bebaut; auch die genau ausgearbeiteten Grundrisse (Abb. 3) können nicht darüber hinwegtäuschen, daß der volle Orchestrakreis für die Evolutionen der Chöre benötigt worden ist (s. S. 26), auch wenn die kultische Herkunft der kyklischen Grundform des Spielplatzes keine ausreichende Erklärung bieten sollte. Robert und Noack sind im Recht, wenn sie Skene-Aufbauten an der Südtangente der Orchestra für unmöglich halten; aber die Zwangsvorstellung der Symmetrie hat sie zu unhaltbaren Erfindungen geführt, obwohl doch schon aus der Formation des gewählten Spielplatzes hätte geschlossen werden müssen, daß Symmetrie für die Bühnenbauer, Dramatiker und Regisseure der frühen Phase keine maßgebende Kategorie gewesen sein kann: wie hätten ihre Augen sonst den Geländeabfall von Ost nach West ertragen?

Im Jahre 1917 befaßte sich August *Frickenhaus*[29] mit den Geländeproblemen der «altgriechischen Bühne», insbesondere in der frühen Zeit. Wie Dörpfeld hielt er die Steine SM 1 für Reste einer kyklischen Orchestra, die dann ein gutes Stück südöstlich der späteren (perikleischen) angelegt gewesen sein müßte. Es wurde darauf hingewiesen, daß Dörpfeld selbst aufgrund von Fiechters Ermittlungen diese These aufgegeben hat; so sind auch einige Schlüsse von Frickenhaus hinfällig geworden. Immerhin sah er schon, daß es in der Höhenlage keinen Unterschied zwischen dem 6. und 4. Jahrhundert gegeben haben könne, denn «dicht unter der lykurgischen Oberfläche steht der Fels an Stellen an, die allen drei Plätzen vermutlich gemeinsam waren». Auf seiner Durchschnittszeichnung (Abb. 24) wird der Geländeabfall freilich schematisiert: die «vermutete archaische Felsoberfläche» ist nur in der Nord-Süd-Richtung eingezeichnet. «Auf dem abfallenden Hang war es nicht leicht, einen kreisförmigen Platz von 24 m Durchmesser

anzulegen; man mußte ihn teils in den Fels hineinschneiden, teils durch eine Terrassenmauer abstützen, die eine Höhe bis zu 2–2 ¹/₂ m erreichte.» Eine Skene konnte es, wie
Frickenhaus richtig bemerkt, damals hinter der Orchestra nicht gegeben haben; sie wurde
erst nach dem Umbau angelegt; Aischylos, so vermutete Frickenhaus, habe um 465 die
Idee des Skene-Gebäudes aus Sizilien mitgebracht. Vorher habe es in den Stücken, wie
Wilamowitz schon 1886 erkannt hatte, nur einen Schauplatz gegeben, «der noch nicht die
feste Rückwand der skene besaß». Die in den frühen Stücken erforderlichen Aufbauten
reduziert Frickenhaus auf ein «Chorpodium», ein zweistufiges «Bema», das allen Bedürfnissen genügt habe (Altäre, Gräber etc.), «nicht zu klein, etwa 2 × 6 m»; es sei in
der Ecke und am Rand der Orchestra zu denken und beibehalten worden, als (vermutlich) Agatharchos den ersten Skenenbau errichtet habe: ein Grundgerüst mit stehender
Hinterwand, Mitteltür und Ekkyklema. «Der Hintergrund war stets vorhanden und
stets derselbe, einerlei ob und wie der Dichter ihn benützte». In der Vorstellung dieser
Einheitsbühne spiegelt sich bereits der veränderte Zeitgeschmack.

Frickenhaus stieß, vor allem aus Gründen, die später zu erörtern sind (s. S. 116), auf
Widerspruch bei Erich *Bethe*,[30] der aufgrund der Suda-Nachricht über den Einsturz der
ikria den Umbau in viel frühere Zeit verlegte: «Vor der Marathonschlacht ist die alte
Orchestra aufgegeben und an dieselbe Stelle verlegt worden, wo die lykurgische liegt.
Auch die Hiketiden, Perser, Sieben des Aischylos sind nicht mehr auf der alten Orchestra
aufgeführt.» So war es möglich, für jedes dieser Stücke ein Bauwerk anzunehmen, das
sich Bethe zugleich als «Kostümbude» dachte. «Damit ist eine urkundliche Überlieferung
wieder zur Geltung gebracht. Sie legt einen neuen Stein zur Theatergeschichte. Sie erlöst
uns von der unerträglichen Zumutung, zu glauben, daß, trotzdem die Tragödie geschaffen, dramatisch ausgestaltet und bis zur höchsten Vollendung auch szenisch gebracht
wurde, Dichter und Volk sich bis ans Ende des V. Jahrhunderts oder gar länger mit jenem alten Tanzplatze begnügt hätten, der von den Felshängen entfernt, 2 m hoch am
Südrande über dem gewachsenen Boden aufragte und so den Bau einer Skene dort kaum
möglich machte.» Diese Skene konnte die «aus der Interpretation der Tragödien gewonnene Entwicklung durchmachen: sie konnte ignoriert werden, konnte als türlose Wand
einen Allaltar, einen Grabbau, eine Felswand darstellen, ihr Dach konnte auch ungesehen
von innen heraus betreten werden. Von hier aus begreift man leicht, wie ein Dichter
auf den Gedanken kommen konnte, diese Wand auch mit Türen nach der Orchestra zu
versehen und sie so den Zuschauern als Haus darzustellen». – Warum, fragen wir uns,
soll ein Spielplatz mit freiem Ausblick auf den Hain, auf die Landschaft bis zum Meer
wie ihn noch der ‹Oedipus auf Kolonos› forderte, eine «unerträgliche Zumutung» sein,
von der wir «erlöst» werden müßten?

Ernst *Fiechter*,[31] der die Erforschung der Bühnengeschichte des Dionysostheaters vor
allem durch die Widerlegung von Dörpfelds Annahme der «alten Orchestra» auf eine
neue Grundlage gestellt hat, erkannte zwar die Probleme des Geländesprungs und der
2 m unter dem Meßhorizont aufsitzenden Stützmauer der alten Orchestra (die in der
gleichen Achse lag wie die nach Norden verschobene ‹perikleische›), fand aber für die
szenischen Ansprüche keine andere Lösung als die Vorstellung einer langgestreckten, auf
dem Boden unterhalb der Terrasse errichteten ‹Skenothek›, deren oberer Teil als Skene-
nengebäude gedient habe. (Abb. 30, 31). Diese Vorstellung hat er später wieder aufgegeben. Inwieweit in den frühen Stücken des Aischylos «schon Holzkonstruktionen für
Hintergründe errichtet worden sind», ließ Fiechter noch in seinen postum publizierten

Nachträgen offen. An die Möglichkeit einer Ost-West-Achse hat er so wenig gedacht wie an die Einbeziehung des Pagos in den Spielplatz. Auch die möglichen ‹Hintergrund-bauten›, die er zeichnete (Abb. 32–34), lassen die frühen Stücke unberücksichtigt. In einer eingehenden Rezension formulierte A. v. *Gerkan* seine Ansicht: «Für die frühen Stücke haben wir nichts als den natürlichen, anfangs wohl flacheren Felshang»; die Muldenform entstand danach erst durch den Umbau und nach diesem, den Gerkan allerdings erst für «sophokleisch-perikleisch» hielt.

Um 1930 wurden Rekonstruktionsversuche des Amerikaners James Th. *Allen*[32] dis-kutiert, der ein Skenengebäude am Südrand der Orchestra schon für die frühaischyleische Zeit nachzuweisen suchte. Sie können hier unberücksichtigt bleiben, da sie, wie C. *Fen-sterbusch*[33] zeigte, den Geländeverhältnissen nicht entsprachen.

1937 untersuchte Ernst *Buschor*[34] die Inszenierungsprobleme des etwa 475 aufgeführten Sisyphos-Satyrspieles von Aischylos in einer ‹Feldmäuse› betitelten Untersuchung, in der ihm der überzeugende Nachweis gelang, daß charontische Treppen, Gänge und Räume unterhalb des Orchestrabodens vorhanden gewesen sein müssen: «Der Befund zeigt je-denfalls ausgedehnte und tief herabreichende Felsabarbeitungen unter der späteren Or-chestra und südlich des Phaidros-Bemas.» Das mehrfach in den Stücken bzw. Fragmen-ten vorkommende Auftauchen von Gestalten (Göttern) aus dem Meer bereitete ihm Kopfzerbrechen: «Wie sich die Bühne mit dem Meer abgefunden hat, bleibt zu erraten; man wird an Felsklippen und Grotten denken dürfen.» Er ließ die einfache Möglichkeit unberücksichtigt, die sich aus dem Geländesprung hinter der skenelosen Orchestra ergab: dort konnten die Gestalten auftauchen, so wie in den ‹Netzziehern› des Aischylos die Fischer dort ihre Netze auswarfen und den Kasten mit Danae und dem kleinen Perseus «an Land» zogen.

Schon 1918 hatte der Amerikaner Roy C. *Flickinger*[35] den Versuch unternommen, die bisherigen Forschungen über das griechische Theater zusammenzufassen; die 4. Auflage erschien 1936 (4. Reprint 1968). Über die frühe Bühne heißt es dort: «The extant plays of this period show that for about thirty years no background of any kind stood in this declivity. Theatrical properties, such as a tomb, might be temporarily built at the center or to one side of the orchestra.» Dies ist das erste Mal, daß ein Spielplatz auf einer der Seiten der Orchestra placiert wird. «If dressing-rooms were then provided for the actors and the chorus they must have stood some distance away. In the absence of a back scene, the performers could enter only at the sides.» Den Umbau setzt auch Flickin-ger, nach der Evidenz der Stücke, in die Zeit um 465: damals sei ein Holzbau als Skene errichtet worden an der Stelle, «where the declivity had been». Die unbestreitbare Ver-schiebung nach Norden ist dabei nicht berücksichtigt. In einem Kapitel über den Einfluß der «physical conditions» stellt Flickinger fest: «It is well known that in the earliest extant Greek plays, viz. the Suppliants, Persians, and Prometheus Bound of Aeschylus, the scene is laid in the open country-side with not a house in sight and with no scenic accessoires except an altar, tom, or rock, respectively… From 499 B. C. until about 465 B. C. the theater at Athens consisted of an orchestral circle nearly ninety feet in diameter und somewhat south of the present orchestra, and an auditorium arranged partly about in the Acropolis stage. Immediately behind the orchestra there was no scene-building or back scene, but a six-foot declivity. Only within the orchestra itself, at the center or to one side, might there erected for temporary use some such theatrical ‹property› as an altar or tomb. Consequently it was inevitable that playwrights of the early fifth century in choosing an imaginary scene for their plays should react to these physical conditions and localize the dramatic action in more or less deserted spots.» Die erste Ausnahme bildeten die ‹Sieben gegen Theben›, doch handelte es sich auch dort um einen Platz ohne Bewohner. «It should be noted that at this period the exclusive mode of ingress and egress was the side entrances, the parodoi; under normal conditions, any movement into the orchestra or out of it, at the rear, was entirely precluded by the declivity.» Diese erste Unterstreichung der Ost-West-Achse in den Stücken wird durch den Hinweis auf die Bühne von Thorikos (S. 134) bekräftigt. Allerdings hat Flickinger die daraus zu ziehenden Konsequenzen stark beeinträchtigt durch die Übernahme der Noackschen 1-Parodos-Hypothese.

Fast um die gleiche Zeit rekapitulierte der Dörpfeld-Schüler Hans *Schleif*[36] in einer gründlichen Rezension der Fiechterschen Publikationen ‹Die Baugeschichte des Dionysostheaters›. Die Oberfläche der Terrasse, die mit der langen Mittelmauer abgestützt wurde, lag etwa in der Höhe der heutigen Orchestra: «Zu allen Zeiten seit Errichtung der Mauer H hat also auf dieser Linie der 2,5 m hohe Geländesprung gelegen.» Für die frühe Periode ergibt sich kaum etwas Neues; nur das Vorhandensein der Felsgänge unterhalb der Orchestra wird mit Berufung auf Buschors Untersuchung bestätigt: «Allzu lange hat man diese Gänge nicht benötigt, zur Zeit der Errichtung des Marmorproskenions waren sie bereits verschüttet und vergessen» (vermutlich schon bei der Errichtung des Brecciafundaments).

Neues finden wir auch nicht in dem von nun an grundlegenden Werk über das Dionysostheater von A. W. *Pickard-Cambridge*[37] (1946, letzter reprint 1966): «There is no reasonable doubt that the provision made for performances, dramatic or lyric, in the Dionysiac percinct, must at first have consisted of an orchestra or dancing-ground, for which a level area must have been made in the sloping hill-side by terracing and leveling, or by cutting into the slope, or both.» Die Steine SM 1 werden nach Fiechter dieser frühesten Terrassierungsmauer zugeordnet. «The exact size and position of this orchestra cannot be determined; but it may perhaps be assumed, in default of evidence of the contrary, that it was the same size as the later orchestra ... and that it lay in the same line from north to south – a line which was probably determined by the conformation of the hill-side, and which itself determined at a later date the position of the centre of the state buildings.» Den Umbau bringt Pickard-Cambridge, wie andere, nach unserer Ansicht fälschlich, mit der Errichtung des Odeions in ursächlichen Zusammenhang. Hier räumt er ein:[38] «The new plan consisted in the first place in the removal a slight distance northwards of the whole scene of dramatic performances ... The orchestra was moved northwards, though without changing its north and south axis.» Flickingers Vermutung, daß der Fels östlich der Orchestra z. B. in den ‹Hiketiden› als Spielplatz gedient habe, wird abgelehnt mit der Begründung, daß dies «an entirely different orientation of the seating arrangements from that of later years, and one which would not conform so well to the slope of the hill-side.» Zudem müßte dann der größte Teil des Stückes auf der Seite des Aktionsfelds gespielt worden sein, und nicht zentral, «and this seems very improbable». Diese Argumente sind keineswegs stichhaltig. Ein Ost-West-Antagonismus kann nur von einer Position senkrecht zu dieser Achse aus verfolgt werden. Nur der Chor befindet sich von v. 208–523 auf dem Pagos, während der König die Gegenposition einnimmt, und umgekehrt ist der Chor in der Szene 710 ff. in der Orchestra, während sich Danaos auf der Höhe befindet; in den letzten Szenen (Auftritt des Herolds und der Ägypter) ist ständig der ganze Spielplatz in Bewegung.

b) Die Stücke

Entscheidend für alle Bühnenfragen ist die Evidenz der Stücke. In den Texten finden wir das authentische Material; in ihnen ist die Bühnenpraxis enthalten, der die Tragiker folgten, während sie ihre Stücke schrieben, um sie selbst zu inszenieren. Die drei frühen Stücke sind für die Pagos-Bühne entworfen worden: daran kann es für denjenigen, der sich mit den Gegebenheiten und Möglichkeiten dieses Spielplatzes einmal vertraut gemacht hat, keinen Zweifel geben; jede Bewegung auf der Bühne fügt sich ohne Schwierigkeiten in diese Anlage; Positionen, Auftritte und Abgänge, Chor-Evolutionen, Kampf- und Volksszenen konnten hier mit jener Selbstverständlichkeit arrangiert und entwickelt werden, die sich einstellen muß, wenn Stücke auf einer Bühne gespielt werden, für die sie erfunden und geschrieben worden sind. Jeder, der unvoreingenommen den Versuch unternimmt, sich den Ablauf der drei frühen Stücke im Rahmen dieser räumlichen Grundfigur vorzustellen, muß zu dem gleichen Ergebnis kommen. Zu den Aufgaben, die sich unsre Untersuchung im zweiten Teil (‹Interpretationen›) stellt, wird es gehören, diesen Ablauf der ‹Perser›, der ‹Sieben› und der ‹Hiketiden› sozusagen Vers für Vers nachzuvollziehen. Im jetzigen Zusammenhang gehen wir auf Einzelprobleme ein, die sich aus der räumlichen Grundfigur für das jeweilige Stück ergeben.

Während in den ‹Sieben› und den ‹Hiketiden› klar von einer Erhebung die Rede ist, von der aus zu sehen ist, was auf der Orchestra nicht zu sehen ist, bereiten die beiden Aufbauten, die in den ‹Persern› erwähnt werden, vieldiskutierte Schwierigkeiten. Wie denken wir uns 1. das stegos archaion, auf das sich die Alten (der Chor) setzen wollen (140 f.)? Wo war 2. das Grab des Dareios, dessen hohe Krönung v. 659 beschrieben wird? Da wir davon ausgehen, daß an der Südseite der Orchestra kein Platz für irgend eine Art von Gebäude gewesen ist, können wir uns das alte Bauwerk nur auf oder seitlich der Orchestra denken. Der Pagos im Osten bietet sich leicht an: auch auf der Pnyx [39] waren Sitze in den Fels gehauen, und nicht weit von ihr, am NW-Hang des Museion *(Tafel 18)*,[40] können noch heute die sieben Felsensessel besichtigt werden, die vielleicht die Sitze von Richtern waren. Waren die Sitze stufenweise in zwei oder drei Reihen übereinander angeordnet, können sie die Stufen [41] gewesen sein, die in den ‹Sieben› und den ‹Hiketiden› benötigt werden, wenn der Chor den Pagos hinaufstürmt. Analog der Pnyx war der Versammlungsplatz außerhalb der Stadt angenommen; auch die Nähe bei Gräbern [42] hat Analogien. Daß der oberste Rat beim Grab des Großkönigs tagte, mußte auf die Zuschauer als ein Zeichen des dramatischen Ernstes der Lage wirken. Zwar spielt das Grab erst spät mit (Opfer und Epiphanie), aber von dem Toten, den es beherbergt, ist oft die Rede: schon im 6. Vers war Gelegenheit, das Grab durch feierliche Gestik zu identifizieren, und Atossas erste Szene ist voll von Dareios' Geist. Daß sich der Platz vor der Stadt zudem an der Straße befand, die von Boten und Heimkehrern passiert werden mußte, unterstrich von Anfang an den Antagonismus der Ost-West-Achse: die Blicke waren, von den Ratssitzen aus, nach Westen gerichtet, in die Ferne, zum Meer, von wo Botschaft, König und Heer erwartet wurden (v. 8/9, 14/15). Diese mußten die Rampe herauf kommen, und von dort kamen sie ja dann auch, schon im Kommen konfrontiert mit denen, die sie erwarteten. Das Grabmal [43] setzte den optischen Akzent in die Grundfigur; wenn es einen Schauspieler aufnehmen sollte, der sich in der Epiphanie-Szene aus seiner Kuppe erhob, muß es übermannshoch gewesen sein (Dörpfeld dachte an 3 Meter). Es ist nicht auszumachen, wo es aufgestellt war; seine massive Größe macht unwahrscheinlich, daß es innerhalb der Tetralogie auf- und abgebaut wurde; doch wissen wir zu wenig von den anderen Stücken; immerhin im Satyrspiel, dem ‹Prometheus Pyrkaeus› [44] könnte es den Altar (βωμὸν τόνδε fr. 343 M) bedeutet haben, an dem die Fackeln entzündet wurden. Wir denken es uns nicht weit vom Terrassenrand im südwestlichen Orchestrateil, an einem der Punkte, die durch einen charontischen Gang erreichbar waren. An der Existenz solcher Gänge und Hohlräume *(Abb. 15)* kann nach Buschors Erhärtung der Dörpfeldschen Befunde [45] nicht gezweifelt werden; in den frühen Stücken gibt es nur diese eine Szene, in der von ihnen Gebrauch gemacht werden konnte – wir haben keinen Grund, daran zu zweifeln, daß es hier geschah. Wieder ergibt sich ein antagonistisches Arrangement: der Opferzug Atossas, die diesmal ohne Wagen oder Sänfte aus dem Palast (in der Stadt), also die östliche Felsenparodos herab gekommen war, zog nach dem westlichen Grab; als das Eidolon erschien, lag der Chor in dieser Blickrichtung auf den Knieen (v. 694), und der Geist mußte sich in eine andere Richtung (vermutlich die Orchestramitte) wenden, um die Königin anzureden (v. 703 ff.). Die Technik der Verschränkung, die für Aischylos charakteristisch ist, zeigt sich in der Abfolge der Szenen auf der Ost-West-Achse: 1. Teil (1–245), Parodos und Szene der Königin aus dem Osten; 2. Teil (246–531), Botenbericht und Atossas Abgang aus dem Westen nach dem Osten; 3. Teil (nach dem Chorlied, das ziemlich genau in der Mitte des Stückes steht, 598–851) Opferzug aus dem Osten, Epiphanie und Atossas Abgang nach dem Osten; 4. Teil (852–1077), Chorlage, Aufzug des Xerxes aus dem Westen, Jammer und Katharsis, Exodos κατ' ἄστυ (1071). [46]

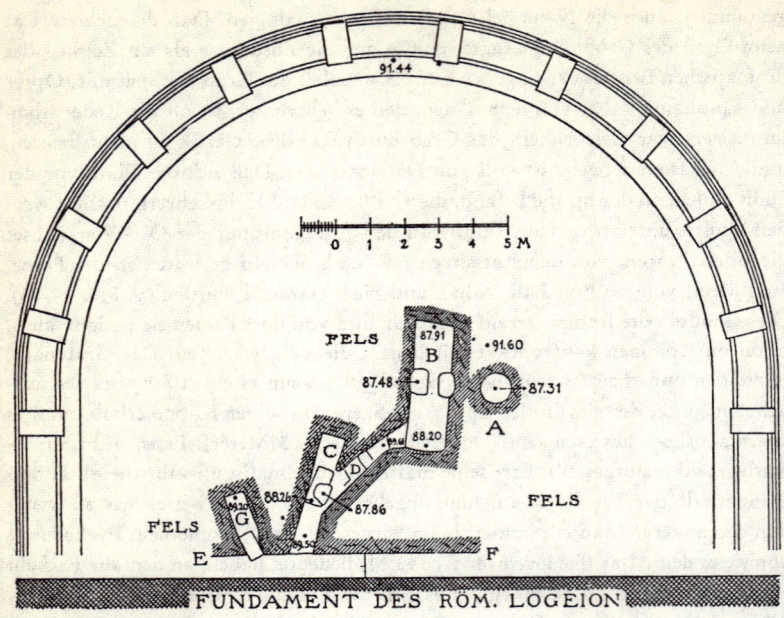

Abb. 15. Charontische Gänge im Felsen unter der Orchestra (nach Dörpfeld)

Wilamowitz [47] hat in den Aischylos-Interpretationen seine 1886 (in ‹Die Bühne des Aischylos›) gegebene Schilderung der Szenerie geändert. Damals hieß es noch: «In einem Hause ist nach dem klaren Worte diese Szene zu denken», keinesfalls aber der «Königspalast im Hintergrund, von dem die Modernen fabeln»; und «es ist mitten auf dem Tanzplatz eine Bühne, Estrade ist dem Deutschen wohl deutlicher, deren Stufen zu Anfang die Sitze des Rathauses, weiterhin die Stufen des Grabmonuments vorstellen». Später (1897, 1914) ließ er das Haus beiseite: jetzt wurde der Grabbau mit dem stegos archaion identifiziert, «hoch genug, daß der Schauspieler in ihm Platz hatte; getragen von den Stufen, auf die der Chor sich im ersten Akte setzen will, ein Oberbau wird nicht gefehlt haben. Es ist nicht dieselbe obere Bühne wie in den drei anderen älteren Dramen, aber etwas Analoges.» Man sieht wie die Zwangsvorstellung der Symmetrie dramaturgisch und bühnenpraktisch undenkbare Lösungen erfindet: wie sollten sich die Alten auf die Stufen eines Bauwerks setzen wollen, das zugleich die Würde eines Grabes und die Funktion eines Rathauses haben sollte? Und wie sollte sich Atossa einem solchen Zwitter gegenüber verhalten? Das Gleiche gilt für *Bethes* [48] Annahme, das Bauwerk sei zugleich Versammlungshalle und Grabmal gewesen. Daß auf Gräbern gelegentlich Leschen errichtet worden seien, habe F. Dümmler [49] nachgewiesen, ebenso berichte Pausanias (I 43, 3,) von Heroengräbern im Rathaus von Megara; «entlang dieses Bauwerks», das daher «eine beträchtliche Länge» gehabt haben müsse, seien die 12 Choreuten gesessen; von

Stufen spricht Bethe nicht, aber er muß sie sich wohl gedacht haben: das stegos archaion wird von den Alten ja nicht betreten, sondern «besessen» (140, nach Schadewaldts Übertragung: «setzen wir uns hier auf den alten Bau»); davon, daß das Bauwerk eine Halle war oder daß das Grab sich in einer Halle (einem Heroon) befunden habe, ist nirgends die Rede. Erforderlich sind nur die Stufen und das Grabmal; ein Bauwerk von der Breite und Höhe, wie es Bethe fordert, ist durchaus entbehrlich. Und ebenso entbehrlich sind das «Bema» von *Frickenhaus* [50] und *Noacks* [51] «Chorpodium», so richtig dessen Hinweise auf die Form des Grabmals sein mögen (ein «Heroon», wie auch *Bethe* angenommen hatte, ähnlich dem «einmal für die Hiketiden ausgedachten Aufbau» – denn dieses Stück galt fälschlich als das älteste): «mit diesem für den zweiten Teil des Stückes notwendigen aber ebenso notwendig schon zu Beginn vorhandenen Aufbau hatte er (der Dichter) sich im ersten Teile so gut es eben ging abzufinden...» Gegen Noacks und Flickingers 1-Parodos-Theorie hat J. T. *Allen* [52] mit Recht gerade auf die ‹Perser› hingewiesen, für die die beiden entgegengesetzten Parodoi unentbehrlich sind. Gegen die Identifikation von Rathaus und Grabmal wendet sich *Pickard-Cambridge* [53]: «It is a strange description of a tomb, and that a recent tomb, for Darius was but lately dead; and it is also strange that if it were their king's tomb, the chorus should give no hint of it;» «more natural» erscheint ihm die Annahme eines «simple background represented the Council Chamber», doch sei es bedenklich, daß er nur an dieser einen Stelle zu Beginn erwähnt werde; auf keinen Fall sei es der Palast gewesen.

P. *Arnott* [54] hält «the stage altar» für das Grab, während der von ihm postulierte neutrale Skenenbau das Rathaus bedeutet haben soll. H. D. *Broadhead* [55] entzieht sich nach ausführlicher Diskussion der verschiedenen Vorschläge der Entscheidung, indem er einfach einen Szenenwechsel postuliert: «The action was probably conceived as taking place as follows: Act I: before a Council-Chamber, presumably in the heart of the capital, Susa; its front wall may have formed the background of the stage. Act II: before the tomb of Darius: supposed location and position of stage uncertain; Act III: possibly still before the council-chamber; if not, probably somewhere else within the city.»

Auch A. M. *Dale* [56] hält es für das einfachste, das gleiche Bauwerk einmal als Rathaus und dann als Grabmal auszugeben: «Solch ein Hilfsmittel (ermöglicht durch Dialog-Information, d. Vf.) ist entwaffnend einfach, wie es eben unserem ältesten noch vorhandenen Drama entspricht... Für den Athener des 5. Jahrhunderts – besonders des frühen 5. Jahrhunderts – waren sowohl Raum als auch Zeit beim Theater von einer gewissen Elastizität.» Ja, wenn nur das Stück selbst so einfach wäre, und wenn es nicht die technisch schwierige Epiphanie zu inszenieren aufgegeben hätte! Immerhin kommt Mrs. Dale zu einer wichtigen Schlußfolgerung, die nahe an die Pagos-Bühne heranführt: «Der einzig verfügbare Platz zum Hinsetzen (des Chors auf das stegos archaion, d. Vf.) waren die langen Stufen der schwer zu beschreibenden σχηνή oder des Gerüstes, das in irgend einer Form immer im Hintergrund der Bühne stand», wozu in einer Anmerkung hinzugefügt wird: «Diese Szene in den ‹Persern›, zusammen mit Sept. 185 und 265 und Suppl. 189, ist der unbestreitbare Beweis dafür, daß schon damals eine oder mehrere Stufen existierten, die würdige Sitzplätze für 12 Chorsprecher in langen Gewändern abgaben.»

Für die Bühne der ‹Sieben gegen Theben› kann auf die ausführliche Schilderung der Eingangsszenen in dem Kapitel über die ‹Kopha› [57] verwiesen werden. Der Spielplatz stellte als Ganzes die Akropolis von Theben dar. Selbstverständlich gab es hier keinen Palast. Der Pagos im Osten war eine Zinne, von der aus in der großen Mittelszene der Wappnung des Eteokles die Teichoskopie des Spähers gesprochen wurde. Auf der Orchestra sammelte sich zu Beginn des Stückes das Aufgebot der Reserve, das über die Felsenparodos aus der Stadt eintraf, um von Eteokles in die Stellungen eingewiesen zu werden.[58] Die Front war an Mauern und Toren ‹drunten› gedacht, wohin man über die Mauerbrüstung[59] an der Süd-seite der Orchestra hinuntersehen konnte und wohin die Männer über die Rampe im Westen abzogen. Der Jammerchor der Frauen stürzte aus der Stadt, also über die Felsenparodos auf den Spielplatz, um sich flehend den Götterbildern zuzu-wenden (πάτρια βρέτη 94). Da Eteokles die Jammernden auffordert, die Götter-bilder zu verlassen und sie dem Befehl gehorchen, um anschließend in der Or-chestra das erste Stasimon zu singen und zu tanzen, müssen auch die Agalmata auf der Pagos-Zinne aufgestellt gewesen sein, an der gleichen Stelle, wo sie sich, ge-nau beschrieben, auch in den späteren ‹Hiketiden› befanden. Die Ost-West-Achse ist kriegerisch inszeniert: nach Westen geht man zur Front; von dort kommt Eteokles, um die Κάδμου πολῖται (1) einzuweisen (30 ff.), von dort kommt der Kataskopos ein erstes und, wie Eteokles, ein zweites Mal, nun konfrontiert mit vom Osten gekommenen Frauen, dorthin begibt sich der König, zum Bruder-todeskampf entschlossen, auf seinen letzten Weg (719). Und von dort kommt wieder der Bote (792) mit dem Bericht über Sieg und doppelten Tod, worauf sich die Schwestern an der Spitze der Pompe mit den Bahren der toten Brüder die Rampe herauf der Orchestra nähern. So korrupt die Schlußszene[60] auch sein mag – die Totenklage auf dem Weg von der Front in die Stadt gleicht so sehr dem Finale der ‹Eumeniden›, daß wir geneigt sind, in ihr nicht nur das Telos dieser Tragödie, sondern das (später wohl nicht mehr verstandene) Telos der Trilogie zu sehen. Was sich dort aus der Zentralperspektive heraus zur noch immer konventionellen Exodos entwickelt, gewinnt hier, auf der Ost-West-Achse, jene zwingende Logik, welche die Konvention erst geschaffen hat.

Wilamowitz 1886:[61] «Ein freier Platz, der Markt von Theben, auf welchem der König seine Proclamation erläßt, Meldungen empfängt, Befehle ausgibt. Dort laufen die Wei-ber in Angst zusammen, dorthin tragen die Schwestern die gefallenen Brüder und stellen sie aus. Aber auf dem Markte stehen die Götterbilder Zeus, Athena, Apollon, Artemis, Ares, Aphrodite, um sie drängen sich, sie umschlingen die Frauen in ihrer verzweiflungs-vollen Furcht; da haben wir wieder dieselbe Estrade wie in den Persern, anders decorirt; da haben wir die centrale Anlage des alten Schauspielplatzes.» Wir fragen erstaunt: ein Markt? Wie sollte man von der Agora inmitten der Stadt hinunterblicken können, dort-hin, wo sich die Schlacht formiert? 1914 fragte Wilamowitz selbst, wo die Götterbilder gestanden haben könnten.[62] Jetzt spricht er, zur Kenntnis nehmend, daß der Chor vom König aufgefordert wird, sich ἐκτὸς ἀγαλμάτων (264) zu begeben, von einer θεῶν ἀγορά, die sich auf der Burg befand «und hier zugleich ἀκρόπολις heißt». Wie in den ‹Hiketiden› denkt er sich diese «Estrade» als eine «erhöhte Bühne im Hintergrunde des Tanzplatzes». Aber «im Hintergrunde des Tanzplatzes» war doch der «Geländesprung»: das symmetrische Bild ist unmöglich.

Bethe [63] schlägt einen «Allaltar» vor, eine «koinobomia», wie sie in den ‹Hiketiden› beschrieben ist. Der ganze Schauplatz sei gemeint, wenn von τάνδ᾽ ἐς ἀϰϱόπολιν (240) gesprochen werde; der Chor habe sich nicht, wie Wilamowitz glaubte, «auf die Akropolis» begeben; der König fordere ihn ja nur auf, die Agalmata zu verlassen (ἐϰτὸς ἀγαλμάτων 265). Bethes Schluß, daß die Koinobomia 2 1/2 m hoch und (wie das stegos in den ‹Persern›) von «beträchtlicher Breite» gewesen sei, ist ganz willkürlich aus der Analogie zu den ‹Hiketiden› gezogen, für die ein solches Bauwerk an der Südseite der Orchestra (oder noch auf ihr) ebenfalls ausgeschlossen werden muß; Bethe widerspricht sich selbst, wenn er darauf hinweist, daß der Chor Vers 295 von der Orchestra in die Stadt hinabsehe: wie das, wenn ein Bauwerk die Aussicht versperrt hätte?

Frickenhaus hilft sich mit dem Bema auf der Orchestra. Wieder ist unvorstellbar, wie *Noack* [64] und *Flickinger* [65] auch in diesem Stück mit *einer* Parados auskommen zu können glauben. *Pickard-Cambridge* [66] versetzt Wilamowitz' erhöhte Hintergrundbühne an den Südrand der Orchestra, als «row or semircircle of ἀϱχαῖα βϱέτη»; wenn es einen background gegeben habe – «the text does not help to decide this» – so könne er nur den Palast dargestellt haben. Und es könnte sich dann ja auch nur um eine Art Wand gehandelt haben, ähnlich der, von der J. *Six* [67] meinte, Agatharchos habe darauf perspektivisch «the towers of Thebes» gemalt, wie sie 549 und 882 ff. geschildert sind. Aber die perspektivische Bühnenmalerei setzt den Umbau der Bühne in die Zentralperspektive voraus, und wenn es Türme gegeben haben sollte, so waren sie plastisch; vielleicht erstieg der Kataskopos einen solchen auf dem Pagos; er mag so ausgesehen haben wie die Mauertürme, die heute noch am Piräus-Ufer stehen *(Tafel 7),* klein und gedrungen: möglich, aber nicht nachweisbar. Immerhin: einen solchen Wachtturm verwendet Euripides für den gleichen Schauplatz in seinen ‹Hiketiden›, und da die ganze aischyleische Tetralogie den gleichen Schauplatz gehabt haben könnte – alle Stücke spielen in Theben, selbst für das Satyrspiel ‹Sphinx› gibt es auf Vasen eine ganze Reihe von Darstellungen, die die Rätsellösungsszene in der Stadt zeigen [68] – wäre der Aufbau eines oder mehrerer Türme für den ganzen Aufführungstag bühnenpraktisch möglich gewesen (wie der des Grabmals in den ‹Persern›).

Die klarsten Hinweise auf die Pagos-Bühne finden wir in den ‹Hiketiden›. Seit 1952 wissen wir, daß dies das späteste der drei frühen Stücke ist. Und übrigens lehrte uns der Papyrus auch, daß Sophokles, der den zweiten Preis gewann, als Aischylos mit diesem Stück siegte (463?), noch für die Pagos-Bühne geschrieben und auf ihr gespielt und inszeniert hat; das ist möglicherweise nicht ohne Bedeutung für das früheste seiner erhaltenen Stücke, den ‹Aias›,[69] dessen Anlage sich leichter in die Pagosbühne fügt als in die zentralperspektivische nach dem Umbau. So spät also, zehn Jahre nach den ‹Persern›, fünf Jahre vor der Orestie, konnte der ‹Schöpfer der Tragödie› noch eine Tetralogie verfassen, die keinerlei Aufbauten forderte und mit nichts anderem arbeitete als mit der Natur des gegebenen Spielplatzes. Von einem Pagos spricht schon Vers 189. Die Felskuppe hatte

Danaos erklettert, der Vater der Mädchen, deren Flucht übers Meer und vom
Meer herauf hier endete, wo man schon Argos sah, die nahe Stadt, von der die
Flüchtigen freilich nicht wußten, wie sie sie aufnehmen würde. So war der Schauplatz erdacht, so wurde er bezeichnet: als letzte Zuflucht, die kein Zurück und
kein Weiter mehr erlaubte, auch als ein Asyl, das die Götterbilder versprachen,
eine geweihte Stätte: «Lassen wir uns, Mädchen, an diesem Pagos der Schutz-
götter nieder!» Es ist die gleiche Koinobomia wie in den ‹Sieben›, errichtet auf
dem gleichen Hügel, auf den man hinaufsteigt und von dem aus man weite Sicht
hat, sowohl nach der Stadt hin, von wo sich staubaufwirbelnd Wagen mit Bewaffneten nahen (180 ff.) – denn Späher haben die Landung des Schiffs der
Danaiden dem König gemeldet –, wie nach dem Meeresstrand, wo später die Verfolger landen. Es ist eine ἀλκή (731, 832) und eine σκοπή (714), und man steigt zu
ihr hinauf vom λευρὸν ἄλσος (508), dem die Orchestra zugerechnet wird: diese ist
eben und βέβηλος, profan, frei zugänglich (509). Also[70] ist der Hain, den die
Zuschauer sahen – wie konnte man nur auf den Gedanken kommen, er sei auf
eine Wand aufgemalt gewesen![71] –, er spielt also mit, gleich dem Pagos, auf dem
die einzige ‹Dekoration› zu sehen war, die Götterbilder und Altäre der Koinobomia. Allerdings müssen das viele (vermutlich zwölf) gewesen sein, denn sonst
könnten die Mädchen nicht drohen, sich an ihnen zu erhängen (465). Das gibt uns
einen Hinweis auf die Größe des Pagos: er muß sich breit neben der Orchestra
hingezogen haben, wohl bis an deren Mittelachse, also nahezu die Hälfte der
Opsis einnehmend.

Der Ost-West-Antagonismus beherrscht das Stück in der typisch aischyleischen
Verschränkung: Die Mädchen sind die Westrampe herauf in den Spielplatz ge-
stürmt; Danaos hat den Pagos bestiegen, um nach der Stadt Ausschau zu halten;
von dort, von Osten, nahen die Wagen mit dem König, von denen einer die
Felsen-Parodos herab in die Orchestra gerattert sein mag. Die Mädchen werden
aufgefordert, den Kultplatz zu verlassen – wieder bildet ein großes Chorlied die
Mitte des Stückes; Danaos, der dem König in die Stadt gefolgt war, kehrt mit
guter Botschaft zurück, die ein neues Chorlied auslöst. Dann hat er wieder den
Pagos erstiegen, und der dritte ‹Akt› beginnt: die Verfolger sind angelangt; sie
kommen vom Meer herauf; die Mädchen erklettern erneut den Pagos, und als
die Ägypter sich anschicken, diesen zu stürmen, naht vom Osten der König mit
Bewaffneten: eine Szene von dramatischer Wucht. Die Exodos führt in die schüt-
zende Stadt.

Wir wissen wenig über den Fortgang der Tetralogie,[72] aber daß das folgende
Stück an der gleichen Stelle spielte wie das erste, ist nicht unwahrscheinlich, und,
falls das letzte eine Gerichtshandlung[73] hatte, wofür vieles spricht, könnte es
kaum einen füglicheren Schauplatz gehabt haben als an der Koinobomia, dem

‹Areopag› von Argos. Im Satyrspiel (‹Amymone›)[74] wurde ein männerscheues Mädchen, das an einer Quelle Wasser schöpfen wollte, von Satyrn (‹Walddämonen›) gejagt, und dazu paßt wieder gut der Hain mit der Rampe und dem Pagos, auf dem einer der Götter der Koinobomia, Poseidon, als Retter erschienen sein mochte.

Freilich gibt es einen Punkt, der das so selbstverständlich scheinende Bild der Szenerie, wie sie hier beschrieben wurde, in Frage stellt. Es sind die in Vers 146 erwähnten σεμνὰ ἐνώπια der Artemis.[75] Obwohl einige die «heilige Front» auf das Antlitz der Göttin bezogen haben, ist die Mehrzahl der Interpreten der Ansicht, daß «heilige Wände» eines Tempels angesprochen sind (wobei freilich das übliche τάδε zu vermissen ist). *Wilamowitz* erschien es «selbstverständlich», daß die heiligen Wände «dem Chore vor Augen stehen: nur weil er sie sieht, also sozusagen, die Anwesenheit dieser Göttin bemerkt, wendet er sich an sie. ἐνώπια sind Wände, genauer eigentlich eine Front». Der Gelehrte erinnert an die Schutzfunktion der Artemis-Hekate (675) und folgert weiter: «Also die Danaiden sehen vor einer Mauer einen Hekate-Altar, sie stehen vor einem τέμενος. Kein Athener konnte das in den Worten verkennen oder sich über die Erfindung wundern. Der Zuschauer sah die Anlage von Anfang an; wir gewinnen erst allmählich das volle Bild; aber die nächste Szene zeigt es bereits ganz unzweideutig.» Es ist also wieder die ‹Estrade› und in den ‹Persern› und in den ‹Sieben›, und natürlich in der Hintergrund-Mitte, eine θεῶν ἀγορά, der ‹erhöhte Spielplatz›, die ‹Oberbühne›, die man sich nur dort denken konnte, wo man sie denken wollte: im Zentrum, eben symmetrisch.

Noack hat daraus noch weitere Schlüsse gezogen. Er meint, daß bei der Nennung der semna enopia «jedem Athener sogleich die alten Propyläen vor Augen gestanden» hätten! *Bethe* polemisiert gegen Wilamowitz: enopia heiße nicht Front, sondern ‹Wand›, die Wand der Koinobomia nämlich, an die sich die Mädchen setzen (189) wie die Ältesten in den ‹Persern›; daß sie mindestens 2 ¹/₂ m hoch gewesen sein müsse, schließt Bethe aus der Drohung der Mädchen, sich an den Agalmata zu erhängen oder herabzustürzen (465, 795). Der ganze Chor müßte dann auf diese ‹Oberbühne› geklettert sein, und gewiß könnte sie dann nicht *Frickenhaus'* «einfaches Bema» mit zwei Stufen gewesen sein. Wenn da wirklich die Wand eines Gebäudes gewesen wäre, so wäre das nur ein Argument für die Zeit nach 467 (463?), was Bethe nicht wußte, da er die ‹Hiketiden› für das älteste Stück hielt; alle Analogieschlüsse auf ‹Perser› und ‹Sieben› sind dadurch hinfällig geworden. Bethe selbst sagt, «enopia» habe dies alles bedeutet: Altar, stegos, Wand, ja «Felswand». Gewiß kann es Felswand bedeutet haben: da es im Osten der Orchestra auf dem Pagos-Boden hinaufging, könnten die Mädchen tatsächlich wie vor einer Wand gestanden haben, die der weiteren Flucht ein Ende setzte. Nach Boisacq wurde «enopia» wie «en face» gebraucht. Möglich, daß es hier so gemeint war. Ein Bauwerk mit einer Wand wie ein Haus gab es jedenfalls nicht.

Immerhin, dem Argument gegen Frickenhaus' «einfaches Bema» stimmt auch *Pickard-Cambridge* zu: «The whole precinct is conceived of as on a height… and Danaus uses the altar, or it steps, as a lookout post giving a view of the shore in the distance (1. 714). The conditions would be satisfied if, at the tangent to the orchestra, on the side farthest from the audience, there were an erection of considerable size representing the καινὸς βωμός, mounted on one or two broad steps – large enough to accomodate the chorus

with the images grouped about it, and affording free passage to and from the orchestra...»
Ein background werde von der Aktion nicht gefordert, und Wilamowitz' Deutung der
enopia semna auf eine Tempelfassade sei ganz unnötig: «there is no indication what
temple of Artemis the chorus may have had in mind...The whole expression is probably
intended simply to contrast the security of Artemis in her abode with the peril of the
wandering Danaids, and need not refer to any particular temple.» Das dürfte zutreffen,
so wenig die Annahme eines großen Aufbaus im südlichen Teil der Orchestra einleuchtet:
gegen diesen sprechen dieselben Gründe, die gegen umfangreiche Aufbauten auf der Orchestra überhaupt sprechen. Für *Arnott* ist es ausgemacht, daß die Koinobomia auf der
«raised stage» im background errichtet war.

Pickard-Cambridge wendet sich gegen Flickingers Vermutung, daß «the access to the
orchestra terrace being originally on the west, the altar and images were exactly opposite
this on the east side of the orchestra – roughly where the later eastern parodos entered.»
(Seine Gegenargumente sind oben, S. 89 erörtert worden.) Aber Flickinger [76] hat, wenn
auch von der falschen Voraussetzung seiner 1-Parodos-These, das Richtige erschlossen:
im Osten, so argumentiert er, seien die «physical conditions» «best fitted» gewesen, «to
receive it.» «There is no reason for placing it in the south segment of the orchestra.»
J. Th. Allen, der diese Annahme als «the worst possible solution of the problem» bezeichnet, begründet sein Verdikt damit, daß der «Altar doch eingesehen» worden sein müßte.
Warum sollte er das denn nicht sein? Der Pagos erstreckte sich ja neben und hinter der
Orchestra bis an die Mitte (S. 83), denn die Orchestra war «in ihn eingeschnitten», wie
die Befunde beweisen. Damit dürfte sich die Schwierigkeit der «enopia» erledigen. Da die
Grundbedeutung des Wortes «in der opsis stehend» ist, könnte der Chor auch den Hügel
gemeint haben, aber weit wahrscheinlicher scheint uns die Erklärung von Pickard-
Cambridge, daß das Wort überhaupt nicht eine konkrete ‹Wand› auf der Bühne bedeutete.

Die Übereinstimmung der Geländeformation [77] mit der Evidenz der frühen Tragödien sichert die Pagos-Bühne für die ersten Jahrzehnte des Dionysostheaters im
5. Jahrhundert. Die Fragmente deuten noch auf weitere Stücke, die wir uns am
besten auf dieser Bühne vorstellen können. So Aischylos' ‹Philoktet›, der kaum
eine andere Szenerie als die des Sophokles gezeigt haben dürfte, wenn auch inzwischen der Fels mit der Höhle in die Zentralperspektive verlegt worden war;
doch lassen die Fragmente nicht mehr als die Vermutung zu. Dagegen wird in
Versen aus der ‹Niobe›,[78] die Platon zitiert (Pol. III, 391, E 4), ein Pagos mit
einem Zeus-Altar erwähnt, der (nach Strabo, Georg. XII 8, 21) am Sipylos bei
Magnesia lag, wo noch heute der Niobe-Fels gezeigt wird; in Aristophanes' ‹Fröschen› wird erwähnt (909 ff.), daß Aischylos seine Niobe (wie Achilleus in den
‹Phrygern›) bis zur Mitte des Stückes schweigend habe verharren lassen, so wie
es der 1932 gefundene Oxyrhynchos-Papyrus beschreibt (273, 5 M): den dritten
Tag sitze sie brütend an diesem Grab ihrer Kinder (τόνδε τάφον); das Grab mag
auf dem Pagos gewesen sein (wie die Agalmata in den ‹Sieben› und in den ‹Hiketiden›), und diesem mag sie am Ende, wie der Mythos es verlangte, gleichsam

‹einverleibt› worden sein. Wir haben die ‹Achilleis›[79] erwähnt, die als eine der frühesten Tetralogien Aischylos' gilt, noch früher als die ‹Niobe›; hier gab es im ersten Stück, den ‹Myrmidonen›, ein Zelt, in dem man den schweigenden Achilleus sitzen sehen konnte (fr. 213, Aristophanes ‹Frösche› 909 ff.), und wenn das zweite Stück, die ‹Nereiden›, was kaum bezweifelbar ist, auf dem gleichen Schauplatz[80] spielte, müssen die Meermädchen eine Möglichkeit gehabt haben, einen Strand zu erreichen; nach fr. 237 scheinen sie, ähnlich wie die Okeaniden im ‹Prometheus› auf Delphinen herangeritten zu sein. Wie anders hätte dies inszeniert werden können als dadurch, daß die Choreuten die Terrassenmauer heraufkletterten und so die neuen Waffen für den Heros an Land zogen? (Das Zelt, selbstverständlich ebenso einsehbar wie die Koinobomia der ‹Hiketiden›, hätten wir uns dann auf dem Pagos oder an diesem zu denken.)

Dafür, daß in den frühen Stücken der Geländesprung so genützt wurde und daß dies eine der konventionellen Szenerien war, gibt es nun einen schlagenden Beweis: das Satyrspiel ‹Die Netzzieher›, mit dem die Perseus-Tetralogie endete. Eines der Fragmente (465) spricht vom «meerumspülten Land», und in der kleinen Szene, die der Papyrus (PSI 1209 a) uns geschenkt hat, sehen wir die Fischer die Netze auswerfen und den Kasten mit Danae und dem kleinen Perseus an Land ziehen. Zum Zusammenhang zwischen Pagos und Hain fügt sich also die imaginäre Vorstellung von Strand – wieviele Stücke zeigen dies noch auch aus der späteren Zeit, am deutlichsten der ‹Prometheus›.

Aber der ‹Prometheus› gehört doch in die Zeit nach dem Umbau![81] Der Fels war nicht mehr der gewachsene des Pagos, sondern ein künstlicher, das Mittelstück eines plastischen Bühnen-Aufbaus. Die These vom Umbau der Pagos-Bühne zur zentral-perspektivischen Bühne der Orestie, deren Grundfigur nun die bleibende wurde, stellt uns vor ein schwieriges Problem: Wir müssen 1. erklären, wie es dazu kommen konnte, daß man sich entschloß, die Naturszenerie künstlich nachzubauen, und 2. aus welchem Material und in welcher Gestalt solche Felsen hergestellt wurden, wie sie der ‹Prometheus›, der ‹Philoktet›, der ‹Kyklops› und eine Reihe fragmentarisch bekannter Tragödien erforderten. Das Problem führt uns in die Zeit nach dem Umbau, also aus den Fragen dieses Kapitels heraus; doch zwingt uns die für das Theater der Tragödie so charakteristische Kontinuität der Konventionen, den Zusammenhang zu suchen. Es hätte nach dem Umbau keine Felsenstücke mehr geben müssen, wenn es nicht immer schon Felsenstücke gegeben hätte; die mythischen Bilder, die man vor sich sah, wenn man der alten Geschichten gedachte, lebten so sehr in der Pagos-Szenerie, daß man auf diese nicht verzichten wollte, als der gewachsene Fels sozusagen zur Seite verschoben (und teilweise wohl auch abgetragen) war und der Ost-West-Antagonismus (keineswegs verdrängt, aber) mit der Zentralperspektive seine strukturierende Bedeutung

verloren hatte. Und wenn man nun ein Haus auf das neue Fundament an der
Südtangente der Orchestra bauen konnte – warum sollte man dann nicht auch
einen Felsen aufstellen, so wie es doch dort auch Zelte gab, deren konventionelle
Szenerie sich durch das ganze Jahrhundert hindurchzieht, von der ‹Achilleis› bis
zur ‹Iphigenie in Aulis›. Aischylos, der Erfinder der gebauten Skene in der Büh-
nenmitte, hat nicht nur das erste Haus, sondern auch den ersten Felsen auf das
Podest dieser Skene gebaut; das war die schwierigere Aufgabe, gestellt, als die
neue Architektur der Bühne einen Höhepunkt ihrer Entwicklung erreicht hatte –
wir sehen darin einen der Gründe, weshalb die Promethie in die Zeit nach der
Orestie [82] zu setzen ist. Und selbst wenn diejenigen recht haben sollten, die das
erhaltene Stück nicht für aischyleisch halten, so ist es doch eine Realität in der
Geschichte der Tragödie des 5. Jahrhunderts: es gab einen Felsen, an den Prometheus geschmiedet wurde, und es gab den Sturz in den Tartaros, in dem der
Held mit dem Chor in die Tiefe versank.

Wir können uns das nicht so einfach machen, wie es neuerdings versucht worden ist. Mit Peter Arnotts Hypothese,[83] daß das Theater der Tragödie im 5. Jahrhundert auf einer illusionslosen Einheitsbühne («basic arrangement of skene,
altar, stage and steps») gespielt worden sei, setzen wir uns an anderer Stelle auseinander. Im gegebenen Zusammenhang interessiert uns nur, was das für die Felsenstücke bedeutet. In einer Zeit, in der das Theater zwar nicht den Realismus,
aber den Illusionismus aufgegeben hat – Realismus gilt nicht mehr als Axiom,
wohl aber als eine Möglichkeit –, ist es gewiß keine Kühnheit, festzustellen:
«Realistic scenery is not essential to the theatre.» Aber Arnott hätte sich, um
das zu beweisen, nicht auf das elisabethanische und das asiatische Theater berufen
dürfen; denn dieses kennt eben nicht, was das griechische kennt: die Einheitsbühne als eine das ganze Stück tragende Szenerie. Gewiß, es gibt auch Tragödien
mit Szenenwechsel,[84] den ‹Aias› und vor allem die Orestie (in den ‹Frauen von
Aitna› [85] soll es fünf Schauplätze gegeben haben); doch ist er nicht wie im elisabethanischen, indischen und chinesischen Theater (das japanische No-Spiel stellt
einen Sonderfall dar) das Normale, sondern das Ungewöhnliche, das daher den
Gelehrten viel Kopfzerbrechen bereitet hat und noch bereitet. Wir sind – soviel
sei hier kurz angedeutet – der Meinung, daß der Szenenwechsel in der Tragödie
eine Art Simultanbühne voraussetzt, worin jeweils ein bestimmter Teil der Skene
zu einem bestimmten ‹Akt› gehört; das entscheidende Argument dafür sehen wir
gerade darin, daß das griechische Theater nicht wie die genannten anderen von
Schauplatz zu Schauplatz eilt (innerhalb einer tatsächlich vorwiegend neutralen
Grundstruktur), sondern normalerweise in einem und demselben Raum spielt,
der, wie die frühen Stücke unwiderlegbar zeigen, ein ‹Bild› bedeutet, einen bestimmten, anschaulich charakterisierten Schauplatz: Ratsplatz und Grab, Akro-

polis, Hain mit Koinobomia. Diese Räume bedeuteten so sehr ‹Bild›, daß sie früh konventionalisiert wurden: die Tragiker entwarfen ihre Stücke für bestimmte, gegebene Szenerien.

Gegen Arnotts Hypothese spricht vor allem das eine unbestreitbar wichtige Rolle spielende *Zelt*.[86] Dieses war selbstverständlich praktikabel, also eine Realität. Und es war eben nicht, wie man früher angenommen hatte, eine Hütte (klisia), die sich materiell nicht von einem gewöhnlichen attischen Haus unterschieden hätte; denn es besaß Zeltbahnen, die, wie im ‹Aias›, zurückgeschlagen werden konnten, um den Blick ins Innere freizugeben; drinnen konnte es nicht dunkel gewesen sein wie in einem Haus, worin man das Bild, das gezeigt werden sollte, gar nicht hätte wahrnehmen können. Es war also ein Zelt, wie es im 5. Jahrhundert üblich war (und wie es die Vasen zeigen), wenn auch, selbstverständlich, ein Theaterzelt, mit Holzpfosten, die wie Säulen aussahen, und mancherlei Schmuck. Was für eine absurde Vorstellung ist es, daß die griechischen Szenenbauer zwar jedes Jahr, wie Arnott vorschlägt,[87] eine Gerüstwand mit Türen darin aufgeschlagen hätten, um sie dann hinterher als Zelt auszugeben! Da war es doch einfacher, das aufzuschlagen, was zu zeigen war: ein Zelt! Um die neutrale Einheitswand mit der neutralen Tür als Prometheus' Felsen hinstellen zu können, ist Arnott gezwungen, sie auch für etwas so Simples wie ein Zelt zu fordern. Räumt man freilich ein, daß es auf der Skene Zelte gegeben hat, die nichts anderes vorstellten, als was sie waren, dann muß man wohl auch zugeben, daß es Felsen gegeben hat, die nichts anderes vorstellten, als was sie bedeuten sollten.

Arnott mag recht haben, wenn er annimmt, daß auf der Bühne der frühen Stücke keine ‹realistischen› Szenerien aufgebaut worden sein könnten; aber die wenigen konventionellen Schauplätze, die wir aus den Stücken und den Fragmenten kennen, ließen sich in dem gegebenen Gelände leicht darstellen: die Ratssitze im Felsen, die Agalmata auf der Zinne der Akropolis, die Koinobomia auf dem Pagos am Alsos, und so auch ein Zelt auf dem Pagos oder eine Höhle in einem Felsenstück. Arnott postuliert, daß die Entwicklung der Bühnenszenerie einen «trend towards illusion» zeige: die Progression schreite vom Einfachen zum Komplizierten; das klingt vernünftig; allein ein so profunder Kenner wie Gilbert Murray[88] hat die gegenteilige These vertreten: daß die Tragödie allmählich die Bühnen-Effekte aufgegeben habe, die sie nicht benötigte, um erfolgreich zu sein, und so vom «Wunderbaren» (teratodes) zum Maßvollen (sophron) fortgeschritten sei. Das klingt ebenso überzeugend und stimmt ebensowenig. In der Zeit des Umbaus (um 465)[89] und mit den durch diesen bereitgestellten neuen Mitteln erreichte die Szenenkunst des Theaters der Tragödie einen Höhepunkt, auf dem so komplizierte Schauplätze wie die der ‹Eumeniden› und des ‹Prometheus› (oder

der ‹Psychostasia› und der ‹Europa›) möglich wurden. Wir haben an anderer
Stelle [90] die Gründe auseinandergesetzt, warum es dabei nicht bleiben konnte, und
in der Tat haben die Theatermänner dann aus der Not die Tugend der Sophrosyne gemacht, indem sie das Grundgerüst, in dem Paläste, Tempel, Zelte, Felsen
gleichsam eingehängt wurden, zu der Fassade vereinfachten, aus der später die
stehende Stein-Skene entwickelt wurde. Dann erst ging man dazu über, Andromeda,[91] die ältere Bilder an einen Felsen geschmiedet zeigen *(Tafel 16)*, an zwei
Säulen (des Proskenions) zu fesseln,[92] während man andererseits bemalte Pinakes als Landschaftsszenerien an der Fassadenwand oder zwischen den Säulen des
Proskenions aufhing. Historische Entwicklungen zeigen selten die simple Logik,
die man in sie hineinzusehen wünscht; sofern sie logisch sind, werden sie durch
Sprünge und Rückschläge differenziert. Das schönste Beispiel dafür gibt die letzte
Tragödie des Jahrhunderts: der ‹Oedipus auf Kolonos›, dessen Skene wie eine
Retrospektive auf die alte Pagos-Bühne wirkt.

Gegen die puristischen Bühnenhypothesen spricht noch ein anderes, wie uns
scheint, unwiderlegbares Argument: die Verwendung von Maschinen. Arnott [93]
erklärt ihre Entwicklung aus dem Trend vom Einfachen zum Komplizierten, dem
«natural development of all drama, and of Greek drama in particular». Auch
das ist in doppelter Hinsicht falsch: niemals war der Trend vom Komplizierten
zum Einfachen so stark wie im modernen Theater, und ein Vergleich der sophokleischen mit der aischyleischen Tragödie zeigt, daß der Jüngere weit weniger mit
Maschinen gearbeitet hat als der Ältere. Vollends werden die Analogien zu
anderen Theater-Ländern und -Geschichten nun hinfällig. In diesem Punkte hat
Hedwig Kenner das Richtige gesagt: [94] «Daß der griechischen klassischen Bühne
eine Illusionsabsicht eignete, beweisen Schwebekran und Ekkyklema, deren Verwendung datierungsmäßig und in den einzelnen Dramen zwar umstritten, für
zumindest das ausgehende 5. Jh. aber allgemein anerkannt ist. All die außer-
griechischen Aufführungen, wie die japanischen Spiele, die christlichen Mysterien-
stücke oder die Shakespearebühne, die P. Arnott heranzieht, um die schlichte
illusionslose Einrichtung der klassischen Skene wahrscheinlich zu machen, besaßen
und besitzen solche drastischen Illusionsmittel nicht. Der Illusion, die Mechane
(Schwebekran) und Ekkyklema boten, wird jene der Bühneninszenierung in
ihrem Grad genau entsprochen haben. Die Zuschauer sahen den hohen Mast des
Kranes, sahen das Schwanken seines drehbaren Armes, wohl auch das Seil oder
die Seile, an denen Perseus oder der Pegasos samt Bellerophon hingen, sie konnten das Herausrollen der Plattform des Ekkyklema, die das verschiedentliche
Innenmobiliar trug, wahrnehmen...» Es ist jedoch klar, daß Maschinen, deren
Vorrichtung man so, wie es hier beschrieben ist, sehen kann, nicht für eine ‹illusionistische› Bühne in Anspruch genommen werden können; sie zeigen im Gegen-

teil, daß dieses Theater seinem Wesen nach nichtillusionistisch war, und sie geben daher auch keinen Anhaltspunkt, um ‹Illusion› für die Inszenierung zu beweisen, wie sie H. Kenner in ihren beiden größeren Untersuchungen nachzuweisen sucht. Diesen Maschinen fehlte gerade das Element der Täuschung, das für das illusionistische Theater der Neuzeit charakteristisch war. (Übrigens sind auch im spätmittelalterlichen und im japanischen Kabuki-Theater Maschinen verwendet worden.) Arnotts Hypothese wird durch die Maschinen nur in ihrer entscheidenden Prämisse widerlegt: darin nämlich, daß die Opsis[95] im Theater des 5. Jahrhunderts wirklich jene untergeordnete Rolle gespielt hätte, die ihr die Verächter des Theaters, Platon und Aristoteles, den Blick ganz auf das Drama als Literatur gerichtet, zuzuweisen suchten. Wir sind, mit anderen, der Meinung, daß den Griechen alles zum Bild wurde, zumal in jenem Zeitalter, das ein Phidias[96] mitgeprägt hat. Was man bei Shakespeare ‹Wortkulisse› zu nennen pflegt, genügt nicht, um das Bild zu vergegenwärtigen, das die Zuschauer der Tragödien vor sich hatten; Shakespeares Wortkulisse ist dynamischer Art; sie setzt das «O von Holz», den «engen Raum», die «Hahnengrube», das «unwürdige Gerüst» voraus, aus dem sich, wie es der Prolog-Chorus in ‹Heinrich V.› ankündigt, die «Feuermuse» erhebt, um den «hellsten Himmel der Erfindung» hinanzusteigen. Die Athener sahen ihre Skene im Land und am Meer, unterm Himmel und vor den Bergen, und darauf die Menschen. Sie konnten diese gar nicht anders sehen als plastisch in einem plastischen, und zwar statisch plastischen Bild, in dem nur die wandernden Schatten die Zeit anzeigten. Es war diese statische Opsis, in die sie den Schauplatz der Vorgänge hineinsehen mußten und sollten und, wie wir zu wissen glauben, konnten. Wenn es richtig ist, daß der Pagos und der Hain mitspielten wie das Licht und die Schatten, dann kann es darin keine Wand gegeben haben, die nichts war und alles bedeutete – auch wenn wir von Schönheit noch gar nicht reden wollen.

c) Felsen und Höhlen

Als der gewachsene Felsen (Pagos) nicht mehr die Blicke auf sich zog wie zuvor, mußte der künstliche an seine Stelle treten. Das hat H. Kenner richtig erkannt:[97] «Die Frage nach der Felsbühne im 5. Jahrhundert muß gestellt werden.» Zur Antwort hat sie auch schon die ‹Pagos-Szenerie› herangezogen und als «Theaterlandschaft» ausführlich beschrieben. Freilich, sie dachte sich das alles künstlich, wie Kulissen einer modernen Bühnendekoration, und mit Malereien versehen. Dagegen hat A. von Gerkan,[98] sicher zu Recht, schwerwiegende Bedenken vorgebracht. Wir glauben, daß es Skenographie[99] in dieser Zeit nur als Architekturmalerei gegeben hat (erfunden von Aischylos und Agatharchos). Gemalte Felsen sind in den er-

haltenen Felsentragödien (‹Prometheus›, ‹Philoktet›) ebenso unbrauchbar wie in
den Satyrspielen (‹Ichneutai›, ‹Kyklops›). Auch H. Kenner spricht von «Fels-
attrappen».[100] Wir kommen nicht um sie herum. Denn auch schon in den frühen
Stücken, die auf dem gewachsenen Fels spielen konnten, gab es ja Höhlen, Grotten
(zum Beispiel in den ‹Phorkiden›, zu denen das Satyrspiel ‹Die Netzzieher›
zählt, vielleicht auch im ‹Sisyphos›[101]). Zwar läßt sich der Gedanke nicht abweisen, daß sie ebenso in den Naturfels eingearbeitet worden waren wie die
charontischen Gänge[102] (in Stücken, in denen sie nicht mitspielten, brauchte man
die Öffnung ja nur mit Steinen auszufüllen), aber ein Blick auf die Vasen zeigt
einen so bestimmten und so oft wiederkehrenden Formtypus, daß man schon für
die frühen Stücke künstliche Höhlenbildungen vorziehen möchte, zumal ja auch
nur in solchen ein Darsteller die Möglichkeit hatte, das Innere von einem nicht
einsehbaren Eingang her zu betreten; dieser nicht einsehbare Eingang, der mit der
Öffnung nach der Seite des Zuschauerraums korrespondiert, ist unentbehrlich
noch für die Höhle des sophokleischen ‹Philoktet›, worauf wir zurückkommen
werden.

Die *Felsen* auf den Vasen[103] zeigen zwei stereotype Bildungen (zu denen dann
noch die der Höhle kommt): sie sind geschweift und rundlich wie senkrechte Wellen, so wenn sie (am Bildrand) Wände darstellen, oder sie sind, vor allem, als
Felsboden mit merkwürdigen Punkten gefleckt; zuweilen gibt es daneben noch
rundliche Steine,[104] die einfach nebeneinander oder hintereinander angedeutet
sind und, wie erwähnt, an den Areopagfelsen erinnern. Ähnlich schematisch sind
Felsblöcke gezeichnet, auf denen Figuren sitzen: entweder haben sie Wellenform,
manchmal mit Löchern darin[105] oder ausgezackt, oder sie sind mit Punkten gefleckt. Diese stereotypen Bildungen erscheinen so wenig ‹natürlich› oder gar naturalistisch, daß sich der Gedanke nicht abweisen läßt, ihre Vorbilder seien
Theaterattrappen gewesen. Als Material würde sich dann Lehm (Ton), Stuck,
aber auch Holz anbieten, alles bemalt. Dies könnte H. Kenners Vermutung[106]
stützen, daß auch die «polygnotischen Terrainlinien», punktiert oder durchge-
zeichnet, den Felsattrappen des Theaters nachgebildet waren, von denen wir
dann weiter annehmen könnten, daß sie, natürlich nicht in der Pagos-Bühne, aber
nach dem Umbau in der zentralperspektivischen über die ganze Skene ausgelegt
worden wären (eingepaßt in die Stufen des Paraskenienfundaments). So wurde
der berühmte Pariser Argonauten-Krater des Niboiden-Malers[107] gedeutet, dessen künstlerische Herkunft aus der Stoa poikile Polygnots abgeleitet wird. Doch
würde dies alles im Bereich der Vermutung bleiben, hätten wir nicht den kampanischen Glockenkrater, ebenfalls im Louvre,[108] der eine Szene aus der taurischen Iphigenie wiedergibt und zwischen den beiden Paraskenien die punktierte
polygnotische Linie zeigt, felsiges Gelände andeutend, wie es auf der Skene zu

sehen war. Das macht H. Kenners Vermutung (für die ein noch aus dem 5. Jahrhundert stammendes römisches Weihrelief[109] mit Felsbildungen ähnlich denen
des Argonautenkraters spricht) unserer Meinung nach evident.[110] Denn die Terrainlinien tauchen auf den Vasen etwa zur gleichen Zeit auf, in der sich, bedingt
durch den Umbau, die Szenenkunst ganz neu ausbilden mußte: es ist die Zeit der
Phidias, Polygnot und – Agatharchos.

Die Überlegung ist einfach: Der Pagos konnte nur noch am Rande als Szenerie
mitverwendet werden; auf Felsenstücke wollte man aber, nach dem Gesetz von
der Kontinuität der Konventionen nicht verzichten; so mußten Felsgebilde,
zentralperspektivisch gesehen, künstlich hergestellt werden. Wir bleiben dabei,
daß auch dies eine Aufgabe des Bühnenbauers war, den der Bühnenmaler nur
durch Bemalung der plastischen ‹plantation› unterstützen konnte. Die Vorstellung von gemalten Bühnendekorationen, die ganze Landschaften dargestellt hätten, ist nun einmal unerträglich in einem Raum, der selbst eine Landschaft war,
solange man ihn als solche einsehen konnte; pinakes,[111] wie sie Polygnot in der
Stoa poikile verwendet haben mag, eine Art von screens, die an die Wände ge-
hängt wurden, sind erst für das steinerne Theater postulierbar. Achim v. Gerkans
wichtigstes Argument[112] gegen die Hypothese H. Kenners und ihrer Schule: daß
Malereien ohne geschlossenen Theaterraum keine andere Wirkungen hervorbrin-
gen «als nur die von konventionellen Markierungen», ist und bleibt unwiderlegbar. Was sollten perspektivische Malereien für einen Sinn haben, wenn das
Auge in dem durch sie geweckten Illusionsbedürfnis so massiv durch die echte
Natur gestört werden mußte, wie wir es hier anzunehmen haben? Auch im späteren Steintheater konnten auf den Pinakes nur ‹Markierungen› gegeben werden;
aber auf einer Bühne, auf der, wie noch die späteste Tragödie[113] beweist, der natürliche Hain mitspielen konnte, vor einem Podium, das dann einfach nicht bebaut war (und natürlich auch weder ein Gerüst noch eine Hinterwand aufwies),
mußte man keine gemalten Bäume auf Leinwandstücken zeigen, um den Zuschauern klar zu machen, daß das Stück in einer Landschaft spielte. Und wie soll
denn diese illusionistische Perspektive angesetzt gewesen sein? Wenn Personen
vor den Dekorationen gestanden hätten, müßten die Bäume im Vordergrund in
natürlicher Größe gemalt gewesen sein; das würde bedeuten, daß das einstöckige
Bühnenhaus niemals ausgereicht haben könnte; die Dekorationen hätten also
durchweg die zweistöckige Bühne benötigt. Jetzt stelle man sich noch vor, daß
die Dekorationen stets mindestens *eine* Öffnung gehabt haben müßten, durch die
ein Schauspieler aus der Mitte auftreten konnte: ein schwarzes Loch (oder was
sonst?), in dem plötzlich ein lebendiges Wesen aus dem unbelebten Bild aufgetaucht wäre?

Nun, kann man einwenden, das mag auf Szenerien mit Bäumen zutreffen, wie

steht es aber mit dem so oft verlangten Meeresgestade? Und, natürlich, wie steht
es mit den Felsen? Wir geben folgende Antwort: Auf der Pagos-Bühne hatte es
eine Grundszenerie gegeben, die durch wenige Aufbauten (Gräber, Agalmata,
Altäre etc.) verschieden markiert werden konnte; früh wurde als schon massivere
Markierung das Zelt verwendet, aufgeschlagen auf dem Pagos oder an diesem;
der Geländesprung an der Südseite der Orchestra-Terrasse konnte immer Meeresufer bedeuten, da er ja nicht einsehbar war (für Pedanten: ein Meeresarm, der
sich zwischen Pagos und Hain hinschlängelte). Zu diesen konventionellen Szenerien kamen nach dem Umbau die weiteren Möglichkeiten, die sich durch Aufbauten auf dem zunächst hölzernen, später steinernen (Breccia-)Fundament der
Paraskenienbühne herstellen ließen; die Palastfassade[114] wurde bald so beliebt,
daß sie schließlich, im 4. Jahrhundert, versteinern konnte; das zeigt, daß sie eine
Konvention war. Im 5. Jahrhundert allerdings noch eine Konvention neben anderen. Diese anderen waren und blieben, hergeleitet aus der Pagos-Bühne, 1. freie
Landschaft, 2. Zelt, 3. Fels. Alle drei mit Hain und Hang, der auch in der 4. Konvention, dem Haus (Palast, Tempel, Hütte) oft noch mitspielte – man denke nur
an die euripideische ‹Elektra›.[115]

Was das *Meeresgestade* betrifft, so läßt sich durch den Vergleich eines frühen
Satyrspieles mit einer späten Komödie beweisen, daß man den Geländesprung
auch noch mitspielen ließ, als durch die Verschiebung der Orchestra nach Norden
auf der Terrasse der Platz für das Skene-Podest geschaffen worden war. Wählte
man die Konvention ‹freie Landschaft›, hatte man ja nach wie vor an der Südseite den 2 bis 2 1/2 m tiefen Abfall, der nun von der Mauer H eingenommen
wurde. So wurde in Aischylos’ ‹Netzziehern›[116] der Kasten mit Danae und dem
kleinen Perseus an diesem ‹Gestade› aus dem Meer gefischt, nicht anders als Jahrzehnte später (421) in Aristophanes’ ‹Eirene›[117] die Puppe der Göttin mit Tauen
aus der Tiefe heraufgezogen wird; die Tiefe ist beschrieben als ἄντρον βαθύ (223),
(die Steine, mit der die Höhle vermauert worden ist, reichen bis auf das Skene-
Niveau, sie werden weggeschafft), und zwar eine Grotte am Meer, wie aus v. 507
hervorgeht. Und genau so heißt es in den ‹Diktyulkoi› (fr. 464 M, 6): δέρκου νῦν
ἐς κεύθη βαθυρρίζου πέτρας. Auch in Sophokles ‹Ichneutai› war die Höhle unten
(243, 282), d. h. im Geländesprung gedacht.[118]

Untersucht man die szenischen Angaben in den Stücken mit gebauten Felsen, so
stellt sich heraus, daß alle am Meer spielen, das hinter dem Felsenabsturz angenommen wird, also dort, wo sich der Geländesprung, bzw. die Terrassenmauer
befand. Das wird durch so fast wörtliche Übereinstimmungen verdeutlicht wie
die zwischen Aischylos’ ‹Netzfischern› fr. 465: ὦ τῆσδε χώρας ποντίας ἐνοικέται
und dem 1. Vers von Sophokles’ ‹Philoktet›: Ἀκτὴ μὲν ἥδε τῆς περιρρύτου χθονός.
Auch der Fels, an den Andromeda gefesselt ist, steht am Meeresstrand (fr. 125 N),

und es ist von den gleichen Grotten (ἐν ἄντροις fr. 118 N) die Rede wie im ‹Prometheus› (133), im ‹Kyklops› (22, 46, 82, 87, 191, 224, 252, 255, 288, 375, 426, 478) und in der ‹Eirene› (223). Noch auffallender ist die Übereinstimmung von 706/7 im ‹Kyklops› δι' ἀμφιτρῆτος τῆσδε mit ‹Philoktet› 19: δι' ἀμφιτρῆτος αὐλίου. A. M. Dale[119] hat daraus den Schluß gezogen, daß beide Stücke zum mindesten die gleiche Höhlenform im Felsenaufbau gehabt haben müssen, tunnelartiges Gebilde, das einen unsichtbaren rückwärtigen Eingang (oder Ausgang) hatte und sich nach der Zuschauerseite dergestalt öffnete, daß man irgendwie hinaufklettern mußte, um es zu erreichen. Der «doppeltorige Fels» (16, 159, 952) ist von Woodhouse[120] schon 1912 so überzeugend erschlossen worden, daß wir ihn uns gar nicht anders mehr denken können und, was nun wichtig ist, als konventionell für alle Stücke mit gebauten Felsen annehmen möchten. Es wurde oben gesagt, daß schon auf dem Pagos künstliche Höhlen errichtet worden sein müssen, weil die Bühnenpraxis den rückwärtigen Eingang benötigte, der zwar nicht unbedingt «mitspielen mußte» wie im ‹Philoktet›, aber dem Schauspieler die Möglichkeit gab, die Höhle zu betreten, ohne daß er eingesehen werden konnte. Aber wenn alle Felsen Höhlen hatten, müßte ja auch im ‹Prometheus› eine solche gefunden werden? Wir stellen die Antwort auf diese Frage zurück, um zuvor festzustellen, daß in der Tat alle anderen Felsenszenerien eine Höhle zeigten: ‹Andromeda› (fr. 118 N), ‹Antiope› (und diese Höhle muß die beiden Ausgänge gehabt haben wie die des ‹Philoktet›),[121] ‹Kyklops›. Aischylos' ‹Phorkiden›,[122] zu denen das Satyrspiel ‹Die Netzzieher› gehört, noch auf der Pagos-Bühne gespielt, scheinen nach dem einzigen Vers, der überliefert ist, ein ‹antron› gezeigt zu haben (Ath. IX 65); da Aristoteles das Stück im Zusammenhang mit dem ‹Prometheus› als Beispiel für das «Wunderbare» erwähnt (Poet. 1456a), hatte es sicher auch eine Felsenszenerie.

Nun ergibt die Vasen-Evidenz eine weitere verblüffende Übereinstimmung. Im 5. Jahrhundert finden sich zum erstenmal Darstellungen, die Höhlen nicht im Durchschnitt, sondern en face, also mit Eingang im Felsen, zeigen. Dafür bildet sich bald ein Schema heraus, das sich nach W. Jobst folgendermaßen skizzieren läßt:[123]

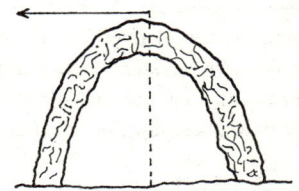

Abb. 16. Schema der Höhle (nach Jobst)

Zum erstenmal scheint diese bogenförmige Umschließung auf einem Krater in Dresden [124] angedeutet zu sein; deutlich ausgeprägt ist sie dann auf einem Glokkenkrater in Valetta,[125] auf dem außer der Bogenöffnung auch Felsgelände angedeutet ist. Von nun an kommt sie immer häufiger vor; den Zusammenhang mit dem Theater dürfte die Dirkevase *(Tafel 21)*[126] sichern, auf der die ‹Antiope› dargestellt ist. Erst aus dem 4. Jahrhundert stammt ein Glockenkrater in Syrakus,[127] der Philoktet im Bogenrahmen seiner Höhle zeigt. Dazu tritt der berühmte Andromeda-Krater [128] aus Capua mit der an den Fels gefesselten Andromeda vom Ende des 5. Jahrhunderts (ergänzt durch ein ähnliches Terrakotta-Relief [129] in Berlin aus der gleichen Zeit). Interessant ist eine Andromeda auf einer kampanischen Hydria,[130] weil sie den Felsen noch in der damals sicher schon altmodischen gefleckten Weise darstellt. Aber für uns wichtiger sind eine ganze Reihe von Andromeda-Darstellungen, die eine Grotte im Felsen zeigen: das Mädchen ist gleichsam an ein Felsentor gefesselt (Kelchkrater in Caltagirone,[131] Pelike in Würzburg,[132] Ruvo-Amphora in Halle,[133] Lutrophore in Bari [134]). Eine Amphora von Misanello (in Neapel [135]) scheint geradezu verdeutlichen zu wollen, wie solche Felsbögen gemacht wurden: aus Steinen, die nach dem Breccia-Prinzip übereinander gekittet sind; Breccia [136] kommt frühestens in der zweiten Jahrhunderthälfte auf; es sieht also so aus, daß man die ursprünglich aus Holz hergestellten Bögen später auf diese Weise versteinert hat. Die so Gefesselte befindet sich stets auf einem erhöhten Standort. Der Schluß liegt nahe, daß die erhöhten Standorte, auf denen Prometheus an den Felsen geschmiedet ist und Philoktets Höhle sich öffnet, der gleichen szenischen Konvention zuzuschreiben sind.

Und nun sind wir beim ‹Prometheus› angelangt. Auf einem Berliner Krater,[137] den A. Trendall im Jahrbuch der Berliner Museen 1970 beschrieben hat, sehen wir Prometheus auf erhöhtem Standplatz in einen Höhlenbogen gefesselt (der Bogen ist wellenförmig und rundlich gemalt, *Tafel 19 und 20*). Endlich, so scheint uns, stehen wir hier vor der Lösung des so heftig umstrittenen Problems, wie der Sturz in den Tartaros inszeniert worden ist. Der an die Grottenöffnung geschmiedete Prometheus wurde, vermutlich auf einem Ekkyklema,[138] ins Dunkel des Höhlen-Inneren zurückgerollt (daß die Höhlen geräumig genug waren, einen Chor mitaufzunehmen, beweist der ‹Kyklops›, und daß das Ekkyklema stabil und umfangreich genug für den gleichen Zweck gewesen ist, haben wir an anderer Stelle gezeigt); im dunklen Inneren verschwanden die Darsteller, während Getöse entfesselt wurde, um das Stürzen akustisch zu veranschaulichen. Diese verblüffend einfache Lösung läßt sich aus dem Text selbst belegen. V. 133 f. singen die Okeaniden:

τύπου γὰρ ἀχὼ χάλυβος διῆξεν ἄντρων
μυχόν...

ἄντρων μυχός ist formelhaft:[139] wir finden es auch im ‹Kyklops› (383, 478). Im ‹Prometheus› selbst wird es ähnlich noch einmal von den Erdhöhlen gesagt, in denen die Menschen einst wie Ameisen hausten (453). Doch wird die Parallele erst vollständig, wenn wir das Echo, das Andromeda (fr. 118 N) aus der Grotte – ἐν ἄντροις – hörte (an die sie gefesselt war, und in der sich nach Webster[140] ein Schauspieler befand, der es verlauten ließ, ähnlich wie der Schauspieler, der die Stimme der Prometheus-Puppe sprach, in der Höhle war), mit dem Echo vergleichen, das die Okeaniden aus dem μυχός ἄντρων im Pagos (τόνδε πάγον 130) vernahmen, das Echo der Hammerschläge, mit denen Prometheus gefesselt wurde.

So stimmt nun alles überein mit der Schilderung des Vorgangs, wie ihn Hermes v. 1016 ff. ankündigt:

πρῶτα μὲν γὰρ ὀκρίδα
φάραγγα βροντῇ καὶ κεραυνίᾳ φλογὶ
πατὴρ σπαράξει τήνδε, καὶ κρύψει δέμας
τὸ σόν, πετραία δ᾿ ἀγκάλη σε βαστάσει.

Die Felsattrappe hinter dem Grottenbogen, an den Prometheus ‹gehämmert› worden ist (56), wird auseinandergefahren: Zeus ‹zerreißt› sie. Das schwarze Loch der Grotte wird sichtbar und läßt den Tartaros ahnen. Die merkwürdige Vorstellung, daß der Gefesselte samt dem «felsigen Bogen» (ἀγκάλη = Ellenbogen, hier bildlich wie anderswo für Meeresbogen, z. B. Choephoren 587), der ihn noch festhält, hinabgestürzt wird, ist bisher ebensowenig beachtet worden, wie das κρύψει, das genau das beschreibt, was inszeniert werden wird: er wird den Blicken entzogen werden, d. h. er wird im Dunkel der Höhle verschwinden. Das Getöse übertönt das Rollen des Ekkyklema (1080 ff.). Und die letzten Worte des verschwindenden Prometheus sind an das Licht des Äthers gerichtet, das er nun nicht mehr erblicken soll (1091 ff.).

Noch ein letztes Argument. Wir setzen voraus, daß auf der Pagos-Bühne die einzelnen Stücke der Tetralogien den gleichen Schauplatz haben mußten, da Veränderungen höchstens durch kleinere Versatzstücke wie Altäre oder Götterbilder markiert werden konnten. Das änderte sich nach dem Umbau allmählich: man hatte nun das Podest und das Grundgerüst; hier konnten in den Pausen Veränderungen vorgenommen werden; nicht zufällig wurde gleichzeitig auch der thematische Zusammenhang der vier Stücke aufgegeben. Aischylos scheint noch am tetralogischen Thema festgehalten zu haben; dennoch benützte er schon in den ‹Eumeniden› die neue Möglichkeit der Schauplatzveränderung. Aber diese Möglichkeit war für Felsenstücke nicht so einfach gegeben. Mindestens in der Phase, in der die neue Pagos-Szenerie erfunden wurde, war diese zu massiv und umfangreich, als daß man sie leicht hätte abbauen können. (Später mag sich das geändert haben, entweder durch Vereinfachung des Aufbaus oder durch Verbesserung der Technik oder durch beides zusammen.) Zweifellos hatten das zweite und das dritte Stück der Promethie dieselbe Szenerie wie das erste. Das legt den Schluß nahe, daß sie auch für das Satyrspiel nicht verändert wurde. Nun hat Reinhardt für dieses zwei Schauplätze in Erwägung gezogen: 1. Die Kultstätte des Hephaistos und Prometheus im Norden des Kerameikos, wo der Fackellauf der Prometheia zur Akropolis gestartet wurde, und 2. die Heilige Grotte der Ge (Ge = Themis, Mutter des Prometheus, Mutter des Erechtheus) am Südhang der Akropolis. Da hätten wir also wieder die Höhle im Felsen, die von nun an konventionelle Szenerie.

Man hat vom ‹Prometheus› gesagt, daß seine Inszenierung ein Ereignis gewesen sein müsse.[141] Dem kann zugestimmt werden. Falls es das erste Mal war, daß die konventionelle Szenerie des Felsenstücks von der Pagos-Bühne in die zentralperspektivische übertragen worden war, kann man sich das Staunen ausmalen, das der Anblick der ins Gigantische gewachsenen Szenerie hervorgerufen haben mag, wie es die Vita (14) berichtet. Die künstlichen Höhlen der Pagosbühne dürften kaum mehr als mannshoch gewesen sein; ihre hölzernen Torbögen sahen ein wenig primitiv aus, wie auf den Vasen: durch leichte Verkleidung dem Fels angeglichen. Jetzt stand plötzlich eine ganze Architektur aus Fels vor den Augen der Zuschauer. Aufgebaut auf dem Dach des Gerüsts, das man schon von der Orestie und anderen Stücken kannte, erreichte sie die doppelte Höhe.[142] Das Gerüst selbst, seine Stufen und sein Paraskenien-Fundament waren mit Attrappen verkleidet, so daß sich Rampen bildeten, auf denen man zum zentralen Felsen hinaufsteigen konnte, an den die Puppe genagelt wurde, mit dem Standplatz auf der Dachhöhe des Gerüsts, an dem Felsenbogen vor der noch kaschierten Höhle.

Die ‹Prometheus›-Szenerie wurde erfunden und ausgeführt, als die Szenenkunst in stürmischer Entwicklung einen Höhepunkt erreicht hatte. Der Aufwand für den Umbau des gesamten Theaters beweist, daß man damals aus dem Vollen geschöpft hat. Es ist nicht dabei geblieben, aus Gründen, die an anderer Stelle auseinandergesetzt worden sind. Niemals wieder sind solche gigantischen Szenerien neu erfunden worden. Und doch war auch diese ja nicht eigentlich eine neue Erfindung; als Transformation der alten Felsenszenerie auf der Pagosbühne in die Form und die Masse der neuen Bühne blieb sie in der Kontinuität der Konventionen, die wir als ein Grundgesetz der griechischen Bühnengeschichte erkannt haben. Und darin mußte sie bleiben. So wie das Genre der Felsenstücke bis in die späte Zeit beibehalten wurde, so blieb die ‹Prometheus›-Szenerie, von Anfang an nicht nur für diese eine Tetralogie erdacht, nun die Szenerie aller Felsenstücke. Kleinigkeiten mögen jeweils verändert worden sein; denkbar ist, daß für dieses oder jenes Stück nur Teile der Attrappen-Architektur verwendet wurden, daß

man zum Beispiel den Oberstock weggelassen und die Höhle unmittelbar auf das
Fundament des Podests gestellt hat (so vielleicht im ‹Kyklops›, obwohl die zeit-
liche Nähe und die Übereinstimmungen mit den Angaben im ‹Philoktet›[143] die
höhere Lage keineswegs ausschließen); da mit Beschädigungen und Abnutzungen
zu rechnen ist, können bei der Reparatur Details neu entwickelt worden sein.
Doch im ganzen dürfte feststehen: die Attrappen lagerten im Fundus, so nume-
riert, daß sie mit ein paar Handgriffen an die Stelle gebracht und dort fixiert
werden konnten, wo sie, nach dem Grundplan, fixiert werden sollten. Sie waren
nicht aus dauerhaftem Material, wohl überwiegend aus Holz und Leinwand,
teilweise aus Lehm (denn sie wurden ja begangen). Gewiß sahen sie nicht natu-
ralistischer aus als die Felsgebilde, die damals auf den Vasen zu erscheinen begannen; im Gegenteil: die Vasen-Felsen sehen aus wie Bühnenfelsen; ihre Ähnlichkeit mit Attrappen ist zuweilen geradezu verblüffend. (Auch Trendall vermutet, daß die Felsendarstellungen auf den süditalienischen Vasen «under the
direct inspiration of the stage» entstanden sind.[144]) So wie es in Athen nirgends
einen Palast gab, der die Masse und den Pomp des Atridenpalasts in der Orestie
hatte, so war auch die Felsenszenerie eine Theaterarchitektur, entworfen in die
Opsis hinein, die das Auge des Zuschauers wahrnahm und aufzunehmen hatte,
stilisiert wie die Chöre und Masken, nichts anderes vortäuschend als das was sie
waren: Ingredienzien eines Theaters, in dem Menschen, Leben, Natur, Bauwerke
und alles andere nicht waren, sondern schienen, was sie bedeuteten. Was sie freilich bedeuteten, erregte die Denkkraft ebenso wie die Einbildungskraft. Die
Puppe, die den Prometheus bedeutete, war ein Gott und eine Idee; der Fels, an
dem sie hing, war nicht aus Stein, aber er bedeutete das Ende der Welt.

3. Der Umbau – Ein Beitrag zur Forschungsgeschichte

Wilamowitz scheint als erster erkannt zu haben, daß das Dionysostheater irgendwann in Aischylos' später Zeit umgebaut worden sein muß. Er schloß das aus den Stücken, da er sich nicht vorstellen konnte, daß die Orestie auf der gleichen Bühne gespielt worden wäre wie die anderen (wobei er den ‹Prometheus› zu den anderen zählte). Der Aufsatz über die ‹Bühne des Aischylos› erschien 1886. Im gleichen Jahr begann Dörpfeld im Dionysostheater zu graben. Die Resultate schienen Wilamowitz' Entdeckung auf das erstaunlichste zu bestätigen; Dörpfeld glaubte, die Orchestra des älteren Theaters gefunden zu haben; wir wissen heute, daß das ein Irrtum war, und er hat es selbst zugegeben. Dennoch hatte Wilamowitz den richtigen Schluß gezogen: die Orchestra ist um die Zeit, in die er den Umbau setzte, nicht von Osten nach Westen, wohl aber von Süden nach Norden verschoben worden. Erstaunlicherweise hat Wilamowitz nur den weniger wesentlichen Teil der Gründe, die dazu geführt hatten, erschlossen; der Hauptgrund ist, soweit wir sehen, bis heute nicht in seiner Bedeutung erkannt worden: nicht nur ein Bauwerk auf der Skene erstellbar zu machen, sondern ein Bauwerk in der Mitte der Skene mit einem zentralen Zugang zum Spielplatz, den es bis dahin nicht gegeben hatte. Befangen in den Vorstellungen der griechischen Klassik, wie sie Winckelmann geprägt hat, vermochte man sich auch die frühe Bühne nicht anders als symmetrisch vorzustellen. Es war wie ein Syndrom, und wir sollten vielleicht besser sagen: es ist wie ein Syndrom. Daß der Umbau nicht nur eine eminent bühnenpraktische, sondern eine ästhetische Bedeutung hatte, daß er eine kopernikanische Wendung war, die Wendung vom Spätarchaischen zum Klassischen – das ist eine offenbar schwierige und daher noch unbekannte Einsicht. Die Geschichte der Erforschung des Theaters der Tragödie ist so spannend wie absonderlich. Verfolgen wir sie anhand der Äußerungen zum Umbau.

Wilamowitz[1] 1886: «...die Lage des entscheidenden Punktes zu finden, d. h. die Zeit für die Umformung des Spielplatzes anzugeben, dazu reichen unsre Zeugnisse, so spärlich sie sind, auch noch hin, zwar nicht aufs Jahr, doch aufs Jahrzehnt. Die skenographia ist nach Aristoteles (Poet. 4) erst von Sophokles aufgebracht... Aber schon für Aischylos hatte Agatharchos eine Decoration gemalt, das heißt soviel, als die Neuerung hat zwischen 468 und 458 stattgefunden. Daß Sophokles gleich bei seinem ersten Versuch so etwas erzielt hätte, ist nicht zu denken, oder vielmehr, da doch nicht er persönlich diese Neuerung herbei-

führen konnte, es ist unglaublich, daß sie mit seinem ersten Auftreten zusammen-
gefallen wäre. So wird ja auch die Einführung des dritten Schauspielers auf ihn
zurückgeführt. Aber 467, in den ‹Sieben›, hatte ihn Aischylos noch nicht, 450 hat
er ihn. Dazu stimmt, daß die Orestie die Palastwand als Hintergrund, das Ekkyklema und sogar das zweite Stockwerk mit ebenso ausgereifter Kunst verwendet
wie die Dramen der jüngeren Tragiker. Damit haben wir die Zeitgrenzen recht
nahe gerückt, die Wahrscheinlichkeit spricht für die zweite Hälfte der sechziger
Jahre.» Die Analyse der Schauplätze in den frühen Tragödien einschließlich des
‹Prometheus› – er sei «für die älteste Bühne gedichtet, so vorzüglich für sie be-
rechnet, wie die Orestie für die neue» – scheint das Gesagte zu bestätigen (scheint –
denn die Argumente sind in vieler Hinsicht irrig). Wilamowitz fährt fort: «Sophokles muß ja auch noch etliche Dramen in der alten Weise verfaßt haben: auch
davon gelingt es eines aufzuweisen: die Wäscherinnen. Das Lokal, welches Homer
ihm schildert, ist nur für die alte Bühne geeignet.» Der Überlieferung, daß Sophokles selbst als Nausikaa durch sein Ballspiel entzückt habe, könne man trau-
en; also sei das ein sehr frühes Stück. «So haben wir die alte Bühne zwar deutlich
kennen gelernt, aber über die Zeit, als die neue aufkam, nicht mehr gelernt als …
daß es nach 468 war, wo die Athener das Festspiel des Dionysos neu ordneten.
Damals war dem Archon aufgetragen, für eine andere Einrichtung der skene, der
orchestra, der ikria zu sorgen. Damals begann die skenographia, damals ward
der Sold für einen dritten Schauspieler ausgeworfen. Wer wird das nicht alles
auf einen und denselben Zeitpunkt, auf denselben nomos Dionysiakos beziehen?
Und wer wird bezweifeln, daß dasselbe Jahr und dasselbe Gesetz die Komödie
stiftete, d. h. den Archon anwies, drei Choregen zu bestellen, die Chöre für drei
komoi auszuheben, und drei didaskaloi mit ihren komodiai zuzulassen? Denn
diese folgenschwere Neuerung fällt auch in diese Zeit.»

Dem hatte Wilamowitz später nicht viel mehr hinzuzufügen. 1912 mahnte
er:[2] «Die Erklärung der Dramen pflegt viel zu wenig damit zu rechnen, daß zu
jedem Feste besondere Holzbauten errichtet wurden, so daß die Dichter viel
größere Freiheit hatten als in den steinernen Theatern. Wir verfügen schlechterdings über gar kein anderes Material als ihre Verse: die erhaltenen Bühnenbauten
können höchstens verwirren. Gegeben ist nur das Rund des Tanzplatzes und die
durch die ansteigenden Zuschauerbänke bestimmten parodoi.» Auf die Vorstellungen, die Wilamowitz zu den drei frühen Stücken von der Bühne entwickelt
hat, sind wir im Zusammenhang der ‹Pagos›-Bühne eingegangen. Dort ist auch
die Bühne des ‹Prometheus› erörtert worden, die er sicher fälschlich, wie schon
Frickenhaus sah,[3] für die ‹alte› hielt.

Es scheint, daß *Dörpfeld*[4] von Wilamowitz' Entdeckung des Umbaus zwischen
468 und 458, die Frickenhaus als «unvergängliches Verdienst» bewertet hat, aus-

gegangen ist, als er im Dionysostheater zu graben begann. Man findet, was man
sucht. Die Steine SM 1 konnte man wohl nur dann für die Reste einer alten
Orchestra halten, wenn man davon überzeugt war, daß es eine solche gegeben
haben müsse. Fiechter hat dann klargestellt, daß es diese alte Orchestra an der
von Dörpfeld lokalisierten Stelle nicht gegeben haben kann; die Steine gehörten,
wie heute allgemein angenommen wird, nicht zur Orchestra, sondern zu der Terrasse, auf der diese errichtet werden mußte, da das Terrain nicht ohne Erdaufschüttungen und Stützmauer zum kreisrunden Spielplatz planiert werden konnte.
Die alte Orchestra lag in derselben Achse wie die spätere; sie wurde nicht 15 m
nach NW verschoben, sondern 9 m nach N. Merkwürdigerweise spricht Dörpfeld
(28) auch nur von einer Verschiebung nach N, was wohl damit zusammenhängt,
daß er glaubte, die alte Orchestra sei wesentlich größer gewesen als die umge-
baute. Im übrigen hat er vieles richtig gesehen, was den Umbau angeht – so die
Motive, die er nicht in dem Wunsch nach Erweiterung des Zuschauerraums suchte:
für diesen sah er nur den Vorteil, daß die Sitzreihen durch die Verschiebung nach
N in den Burgberg hinein steiler wurden; als Hauptmotiv erkannte er klar, daß
«zwischen Orchestra und Tempel Raum für ein Skenegebäude gewonnen werden
sollte». Es konnte sich nur um ein provisorisches Bauwerk handeln, aber es war
nicht eine «einfache Dekorations- oder Schmuckwand, sondern, wie das Wort
skene uns lehrt, ein wirklich körperliches Haus, das auch die Garderobenräume
aufnahm. Bald ging man dazu über, den Bau selbst stehen zu lassen und nur seine
Vorderwand den aufzuführenden Stücken entsprechend zu verändern.» Hier postuliert Dörpfeld ein weiteres Bau-Element, das es, wie wir glauben, im 5. Jahrhundert nicht gegeben haben kann: ein Proskenion. (Entscheidendes Gegenargument ist der Lichteinfall: der Spielraum hinter den Säulen eines Proskenion wäre
zum mindesten vormittags in tiefem Schatten gelegen.) Ein festeres Haus wurde,
nach Dörpfeld, durch den Gebrauch der Maschinen notwendig gemacht. Anfangs
sei es ein einfacher, viereckiger Bau mit einem einzigen Stockwerk gewesen; später «wurden weitere Häuser (die Paraskenien) oder auch ein zweites Stockwerk
hinzugefügt». Der Grundriß der steinernen Skene habe sich naturgemäß nach
demjenigen der älteren Holzbauten gerichtet. Den Umbau datierte Dörpfeld in
die Mitte des Jahrhunderts.

1923 unternahm Dörpfeld mit seinen Schülern weitere Grabungen, deren wichtigstes Resultat die Entdeckung einer perikleischen Stützmauer des Zuschauerraums an der Westparodos war;[5] die lykurgische Orchestra war demnach noch
einmal weiter nach N verschoben worden; daraus ging aber auch hervor, daß das
Versteinerungsprogramm schon in der perikleischen Zeit in Angriff genommen
worden war. Dörpfeld stellte jetzt, nachdem er die Hypothese der alten Orchestra fallen gelassen hatte, fest, daß die Orchestra beim Umbau gegen die älteste

um ca. 8 m nach N verschoben worden sei, «weil nördlich von der damals ent-
worfenen Säulenhalle des Dionysosbezirks (der Stoa, die wir für das ‹Bühnenhaus› halten, d. Vf.) ein Platz für die hölzerne skene und weiter eine kreisrunde
Orchestra angelegt werden mußte». Die lykurgische Verschiebung nach N berech-
nete er auf ca. 2 m.

Nach und neben Dörpfeld haben H. *Bulle*[6] und E. Fiechter im Dionysosbezirk
Grabungen und Messungen vorgenommen. Bulle kam zu folgenden Ergebnissen:
«Um 465 v. Chr. schafft der Maler Agatharch nach den Ideen des Aischylos die
endgültige Form der klassischen skene, vermutlich noch in Holz, aber mit Stein-
unterbau. Auf den Leinwandbehängen der Hintergrundwände sind Gebäude in
perspektivischer Verkürzung gemalt, wodurch Agatharch der Erfinder der Ar-
chitektur-Perspektive wird... Spätestens um diese Zeit, wahrscheinlich schon
früher, ist die Orchestra weiter in den Berg hinein gerückt worden.» Bulles Rekonstruktionen der Bühnengebäude (mit H. Wirsing) sind zu phantastisch, als
daß sie heute noch ernst genommen werden könnten. Das schließt natürlich nicht
aus, daß der Gelehrte einzelnes richtig gesehen und exakt begründet hat; im
Ganzen jedoch halten wir Gerkans Verdikt für berechtigt.

Gerkan[7] ist auch mit *Fiechter*[8] streng ins Gericht gegangen. Doch zögert er
nicht, das große Verdienst dieser Untersuchungen anzuerkennen, durch die die
«Bauepochen klargestellt» worden seien; den größten Teil von Fiechters Feststellungen konnte dieser profunde Kenner des griechischen Theaterbaus annehmen. Einwände drängen sich meist dort auf, wo vom Befund zur Deutung übergegangen wird. So hätte Fiechters Hypothese der riesigen ‹Skenothek› (62 m lang
und schon im 5. Jahrhundert aus Stein!) nicht entworfen und gezeichnet werden
können, wenn Stücke wie ‹Iphigenie in Aulis› oder ‹Oedipus auf Kolonos› in die
Bühnenrealität hineingedacht worden wären. Fiechter hat seine Skenothek später
selbst aufgegeben, da «kein Beweis dafür zu erbringen» sei, «so sinnvoll sie auch
erscheint». Obwohl sie uns keineswegs so ‹sinnvoll› erscheint, wird sie (oder
etwas Ähnliches) noch heute immer wieder in die Vorstellungen hineinprojiziert,
die man sich von der Bühne der Tragödie macht.

Fiechter hat in einem postum erschienenen Nachtrag seine Auffassung von den
baugeschichtlichen Epochen zusammengefaßt. Für den Umbau ergibt sich daraus
folgendes: «Die Hypothese von diesem (Dörpfelds) ältestem Orchestrakreis muß
jetzt endgültig aufgegeben werden. Sie hat viel unnötige Theorien veranlaßt.
Das Niveau der ältesten Terrasse kann nicht sicher bestimmt werden. Auch die
Größe, Form und Lage der ältesten Orchestra ist uns nicht bekannt. Auf dieser
frühen Orchestra-Terrasse wurden die frühen Stücke von Aeschylos aufgeführt.
Es bleibt im Dunkel, bis zu welchem Grad da schon Holzkonstruktionen für
Hintergründe errichtet worden sind.» Fiechter räumt ein, daß Versuche, sich diese

Bühne vorzustellen (wie sie ihm z. B. von Pickard-Cambridge noch vorgelegen haben), «einleuchtend» seien. Er fährt fort: «Bei der raschen Steigerung der Ansprüche ergab die Entwicklung der Spiele die Notwendigkeit einer größeren Terrasse. Der Bau der mächtigen Mauer H wird etwa in die Zeit um 460 bis 450 v. Chr. zu datieren sein... Wir haben keinen baulichen Beweis für eine genauere Fixierung. Die Entwicklung der Skene geht ... in der Richtung weiter, daß eine einheitliche, allmähliche konventionelle Holzkonstruktion als Grundgerüst für alle Stücke entstanden sein mag... Das Hintergrundgerüst wurde durch daran geheftete Verkleidungen bald als Tempelfront oder Palast oder Häuser oder Felsen oder Wald charakterisiert.» Streichen wir den Wald, so dürfte das etwa zutreffen; entscheidend ist, daß es sich nicht um einen permanenten Bau handelte, sondern um ein Gerüst, das jedes Jahr aufgeschlagen wurde, wenn die Spiele vorbereitet wurden. Den Plan zum Ausbau einer Stein-Skene setzt Fiechter in die zweite Hälfte des 5. Jahrhunderts; er bringt ihn mit der Vollendung des Odeion durch Perikles zusammen. «Noch dienen die hölzernen Skenengerüste als Hintergrund, weil der Steinbau der Skene in den Fundamenten stecken geblieben ist.» Wieder ist der Befund richtig, aber die Deutung falsch. Eine Stein-Skene dürfte kaum geplant worden sein, solange Stücke, die eine offene Szene voraussetzen, entworfen werden konnten. Für die lykurgische Verschiebung nach N errechnet Fiechter 1,13 m. Er schließt: «Die perikleische Periode begann mit dem Anlauf zu einem großen Steinbau, gelangte aber nicht zur Vollendung desselben. Das Dionysostheater teilte das Schicksal der Propyläen und des Erechtheions auf der Burg. Die Marmorhalle unterhalb von H ist ebenfalls nicht fertig geworden.»

Einige Versuche, den Umbau bis in die Zeit um 500 hinaufzurücken, müssen erwähnt werden. Sie sind schon dadurch entwertet, daß sie die ‹Hiketiden› als ältestes Stück voraussetzen. Und ein «dekorativer Spielhintergrund», der angeblich seit 480 «nachweisbar» sei, ist ihre wichtigste und, wie gezeigt wurde, unzutreffende Prämisse. In einer Untersuchung über den ‹Spielplatz des Aischylos› hat *Bethe* 1924 [9] diese Hypothese zu begründen versucht. Seine Argumente aus den Interpretationen der Stücke sind in anderem Zusammenhang behandelt und zurückgewiesen worden. Dann zieht er aus dem Suda-Artikel über Pratinas, wonach in der 70. Olympiade (500–497) die ikria-Katastrophe der Anlaß für den Beschluß, die Spiele zu verlegen, gewesen sei, weitere Schlüsse. So unsinnig ihm die widerspruchsvolle Begründung in Sudas Aischylos-Artikel erscheint, so unbezweifelbar erscheint ihm die Zuverlässigkeit einer «urkundlichen Überlieferung». Dabei wird in einer Anmerkung auf Dörpfelds Feststellung [10] verwiesen, wonach in der Erdaufschüttung am Fels viele Scherben gefunden worden seien, die älter sind als 500, und wenige, die noch ins 5. Jahrhundert hinabreichen; eine Nachprüfung durch Rumpf habe eine «dünne Schicht mykenischer Scherben» ergeben, dann «eine dichte Masse, die, soweit sie sich datieren läßt, dem Ende des 6. Jahrhunderts angehören». Was folgt daraus? Bethe: «Die so gedeutete Überlieferung erlöst uns von der unerträglichen Zumutung, zu glauben, daß, trotzdem die Tragödie geschaffen, dramatisch ausgestaltet und bis zur höchsten Vollendung auch szenisch gebracht wurde, Dichter und Volk sich bis zum Ende des 5. Jahrhunderts oder gar länger mit jenem alten Tanzplatz begnügt hätten, der von den Felshängen entfernt 2 m hoch am Südrande über dem gewachsenen Boden aufragte und so den Bau einer Skene dort unmöglich machte. In der 70. Olympiade (500 bis 497) aber nordwärts verlegt, hatte die neue Orchestra südlich hinter sich den Boden der alten, nun nicht mehr benutzten. Auf ihm konnte als Tangente des neuen Kreises die Kostümbude errichtet werden, also an eben der Stelle, wo Lykurg seine Skene erbaute, und hier konnte sie die oben geschilderte, aus der Interpretation der Tragödien gewonnene Entwicklung durchmachen.» Deutlich spürt man, daß der Wunsch, sich das Theater so vorzustellen, wie man es gern haben wollte, der Vater des Gedankens gewesen ist. Die Schlüsse aus den Interpretationen sind so hinfällig wie die Beweiskraft der einander widersprechenden Suda-Artikel. Und der Befund der Scherben wird dadurch nicht klarer, daß mindestens eine darunter ist, die selbst nach Bethe «richtig um 450 datiert» ist.

Trotzdem hat Curt *Fensterbusch*[11] 1930 diese Hypothese im wesentlichen übernommen. Sie schien damals gestützt durch eine später klar widerlegte ‹Entdeckung› von J. Th. Allen, wonach die älteste Orchestra dieselben Maße gehabt haben sollte wie die lykurgische. Immerhin räumte Fensterbusch ein, daß es eine frühaischyleische und eine spätaischyleische Skene gegeben haben müsse. In seinem RE-Artikel ‹Theatron› schreibt er: «Die Bezeichnung ‹skene› scheint... darauf hinzuweisen, daß in der Ausstattung des Spielplatzes gegenüber der Art, wie wir sie aus den ersten Stücken des Aischylos erschließen müssen, eine grundsätzliche Neuerung eingetreten ist. Soweit wir sehen, kann diese Neuerung nur darin bestanden haben, daß an Stelle des bloßen Spielhintergrundes (Altar oder ähnlichem, wie das Stück es gerade erforderte) ein hausähnliches Bauwerk trat, aus dem die Schauspieler heraustreten konnten und das ihnen zugleich als Umkleideraum dienen konnte.» Zugegeben wird, daß «der Aufbau von Dekorationen außerhalb der (alten) Orchestra große Unterbauten erfordert hätte», und die frühe Datierung des Umbaus erweist sich jetzt doch als recht kompliziert: «Entweder hat man um 500 v. Chr. für den Aufbau des Spielhintergrundes zunächst eine Terrasse gelegt, die durch eine Mauer... gestützt wurde, und hat bald nach Mitte des 5. Jahrhunderts mit geringer Umorientierung diese Mauer durch die Mauer SU (Dörpfeld) ersetzt. Oder man stützte die Terrasse schon damals durch eine Mauer im Verlauf der Mauer SU und ersetzt diese Mauer später durch die Mauer SU. Möglich ist aber auch, daß man sich, da die alte Orchestrastraße genügend terrassierten Platz am Südrand der neuen bot, mit diesem Platz genügen ließ und erst bald nach der Mitte des 5. Jahrhunderts die Terrasse durch eine besondere Mauer, eben die Terrasse SU, abstützte.» Mit keinem Wort wird begründet, warum eigentlich die Umorientierung vorgenommen worden sein soll. Daß der neue Tempel eine andere Richtung hat, kann doch nicht der Grund gewesen sein; ihm hätte man ja auch die alte Richtung geben können. Natürlich folgte der Bau des neuen Tempels dem Grundriß, der durch den Umbau gegeben war.

Wie Frickenhaus[12] setzt auch *Flickinger*[13] den Umbau in die Zeit um 465. Nur «reluctantly» akzeptiert er in der 4. Auflage seines Buchs Dörpfelds Verzicht[14] auf seine ‹älteste› Orchestra. Konsequenzen zieht er nicht daraus.

Wie wenig gesichert die Vorstellungen von der Baugeschichte des Dionysostheaters sind, mag die Rekapitulation zeigen, die T. B. L. *Webster*[15] in seinem ‹Handbuch› der ‹Griechischen Bühnenaltertümer› 1963 formuliert hat: «Die Baugeschichte des Dionysostheaters ist höchst verwickelt; folgende Etappen sind vielleicht zu unterscheiden: I. Von den Anfängen bis etwa zum Jahre 470 wurde vor dem alten Dionysostempel gespielt (wie im Kabirentheater in Theben).» In der Klammer steht der einzige Beweis, den es dafür gibt: das Gelände spricht massiv dagegen. «Um 470 sind die ikria (die auf der südlichen Seite der Orchestra nötig waren) während einer Aufführung zusammengebrochen. II. Deswegen wurde der Schauplatz von dem Tempel wegverlegt und neu orientiert, so daß alle Zuschauer auf dem Akropolishang saßen. Von diesem Theater sind nur ein paar Steine erhalten, aber genug, um zu zeigen, daß das Szenengebäude gänzlich unter den Fundamenten des perikleischen Theaters verschwunden ist. Die Dramen (‹Perser› bis vielleicht ‹Medea›) verlangen a) eine leichte Verbindung zwischen Schauspielern und Chor; b) eine richtige Tür; c) einen Dachplatz; d) ein ekkyklema.» Tür und Dachplatz gibt es erst seit der Orestie, auch das Ekkyklema kaum vorher. «III. Um 430 war das Breccia-Fundament für das perikleische Szenengebäude gelegt. Zu den vier existierenden Requisiten sind jetzt noch hinzuzunehmen die Mechane... und eine hölzerne Konstruktion vor der Mauer H, die gemalte Szenerien tragen konnte und den Gang zwischen Zentraltür, Parodoi und Dach verdeckte. Es ist anzunehmen, daß der Oberbau der Gestalt des Fundaments folgte: die Zuschauer sahen eine Tür, die von der flachen Hinterwand hervorragte und so die Verbindung zwischen Schauspielern und Chor betonte. IV. Unter Lykurg wurde um 330 eine neue Fassade mit Marmorsäulen und Gebälk gebaut; diese Fassade hatte Flügel und dazwischen drei Türen...» Die Daten 470 und 430 mögen ungefähr stimmen. Die Motivierung des Umbaus 470 ist undenkbar: Webster glaubt, daß ikria nur im S einstürzen konnten, weil sie sich im N an den Hang anlehnen konnten; was spricht aber dagegen, daß im S gar keine ikria

waren, genau so wie es später war und blieb? Die Stücke verlangen, wie wir gezeigt haben, den Ausblick nach S (Sieben, Hiketiden). Das Breccia-Fundament
hatte zweifellos einen Vorgänger aus Holz, so daß die Jahreszahl 430 höchstens
für den Beginn des Steinausbaus gelten kann, nicht für die Gesamtanlage.

Ein ähnlich verwirrendes Bild gewinnen wir aus den Darstellungen zweier
jüngerer Forscher. W. *Barton*[16] untersuchte 1952/3 die ‹Bühnenvorgänge bei
Aischylos›. Fest steht für ihn die Zäsur 465/60. Die Entwicklung sieht er so: «Wir
haben für das 5. Jahrhundert zu rechnen zunächst mit einer ausstattungslosen
Orchestra, an deren Tangente ein altarähnlicher Aufbau errichtet wurde (bis
etwa 465 = alte Bühne), der dann einem Bühnenhaus in Form einer Blockhütte
Platz machte (465/60), um schließlich in einen größeren, einen Palast repräsen-
tierenden Hintergrund überzugehen (ab 460 = neue Bühne).» Bei der Einzelin-
terpretation, in der die Bedeutung der ‹opsis›[17] stark unterstrichen wird, versucht
Barton zu zeigen, daß «der Wandel von Massenaktion zum Spiel des Einzelnen
... die archaische τρυφή im Bühnenbild mehr und mehr verdrängt»; das wird
geradezu als eine Folge der «Errichtung der skene» gedeutet: «sie zieht als Spielhintergrund nun unwiderstehlich die Aktionen an sich, teils aus praktischen
Gründen, da sie als Schallwand die Stimmen der Schauspieler akustisch gut un-
terstützte oder den Akteuren einen gedeckten, kürzeren Rückzugsweg ermöglichte,
als es die parodoi vermochten, teils nur deshalb, weil die Bedeutung, die das Bühnenhaus im jeweiligen Drama erlangte, es so forderte. Alles Spiel also, wenn es
auch weiterhin in der Orchestra stattfand, ist nun auf den Hintergrund bezogen.»
So wird wohl ein Grund für den Wandel der Spielweise angegeben, nicht aber
ein Grund für die Errichtung der Skene (denn die Akustik ist in der skenelosen
Ruine noch heute erstaunlich, und auf jeden Fall hatte man ja Jahrzehnte ohne
Skene gespielt; schließlich war selbst für Bartons «altarähnlichen Aufbau» südlich
der Orchestra kein Platz). Ebensowenig wird erklärt, warum das Haus, nun als
Palast, stereotyp wurde und warum es dann doch immer wieder, noch in den spä-
ten Stücken, nicht aufgebaut worden ist.

Wie leicht wird Geschichte verstehbar, wenn man sie so auf ein Schema ver-
einfacht! τρυφή – das hat es gegeben, in der ‹Promethie› zum Beispiel, aber doch
nicht am Anfang! Wie kam es dazu, warum wurde es aufgegeben? Vereinfachung – natürlich, das war die Absicht, aber warum blieb es nicht beim Haus?
Warum kam die Einheit, das Letzte, erst lang nachdem die Geschichte der großen
Tragödie zu Ende war, versteinert auch im metaphorischen Sinn? Ein anderer
Vereinfacher hat das Schema umgekehrt: der ‹logische› Weg habe vom Einfachen
zum Komplizierten führen müssen... Nein, so leicht macht es uns die Geschichte
nicht. Als Pickard-Cambridge 1947[18] das Vorwort zu seinem Theaterbuch schrieb,
sah er sich genötigt, Kritikern seiner Arbeiten zu erwidern: «In studying the wri-

tings of scholars on this subject I have found certain assumptions continually (though not always explicitly) made, which seem to me to be mere superstitions, and contrary to what we know of human nature and freedom – such as these: that variations in structure always take place in a logical order, and that the chronological order can be inferred from the logical...» etc.

Vorsätzlichkeit anderer Art finden wir in Kurzschlüssen, die eine sonst sorgfältige und nützliche Arbeit über ‹Die Höhle im griechischen Theater› zieht, um zu beweisen, daß schon der frühe Aischylos mit gemalten Dekorationen gearbeitet habe. W. *Jobst*[19] gibt zu, daß «die Annahme eines Bühnengebäudes in der ersten Hälfte des 5. Jahrhunderts v. Chr. mit den Grabungsbefunden allein nur schwer zu sichern ist». Er widmet dem Wort Skene eine gründlichere Beachtung als dies, wie er meint, meist geschehen sei. Er glaubt, den Nachweis führen zu können, daß es im 5. Jahrhundert einen umfangreichen Bau bedeutet habe, wobei vor allem, wie schon bei Broneer,[20] die persischen Lagerzelte eine Rolle gespielt haben sollen; außerdem sei es ein Holzbau gewesen, was hauptsächlich aus der Beschreibung des großen delphischen Festzelts im ‹Ion› hergeleitet wird. Aber im ‹Ion› ist ausdrücklich von ἄτοιχοι περιβολαί (1133) die Rede, was man nun einmal nicht anders übersetzen kann als Staiger:[21] «eines Zeltes Umkreis, auf Stangen, ohne Wand», ein großes Holzgerüst mit Plachen (gewebten Tüchern),[22] wie es dann 1141 ff. ausdrücklich beschrieben wird. Ganz abwegig sind die Schlüsse, die aus den Befunden im Theater von Delos[23] gezogen werden, denn die Angaben stammen sämtlich erst aus dem 3. Jahrhundert. Vor allem aber ist schon der Ausgangspunkt dieser Überlegungen eine typische préoccupation: «Als Ausgangspunkt haben wir die griechische Bezeichnung des am S–Rand der Orchestra errichteten Baues zu wählen, den man σκηνή nannte.» Aber an diesem Südrand war nicht nur im 6. Jahrhundert, wie es zwei Seiten vorher heißt, kein Platz für Bauten, auch in den Stücken vor der Orestie gibt es keinen Hinweis auf ein Gebäude, das am Südrand der Orchestra errichtet gewesen sein sollte, dagegen eine ganze Reihe von Hinweisen auf einen offenen Ausblick, den man von der Orchestra hatte. «Die neueste Forschung», schreibt Jobst, «ist ... um die Überwindung der alten Anschauung bemüht, daß Stücke wie die ‹Perser› des Aischylos nur mit Hilfe eines Versatzstücks am Orchestrarand oder an dem in der Orchestramitte stehenden Altar aufgeführt worden seien.» Daß es seit Anfang des 5. Jahrhunderts eine «stehende Holzskene» gegeben habe, wird als «gesichert» angenommen. Doch können die «Autoritäten»,[24] die dafür in Anspruch genommen werden, keineswegs überzeugen. Über Webster wurde schon gesprochen: seine Verdienste, vor allem um die Bereitstellung des heranziehbaren Materials aus der Bildenden Kunst, sind groß, aber seine Konjekturen zur Baugeschichte ganz willkürlich. Pickard-Cambridge[25] geht noch davon aus, daß die ‹Hiketiden›, von denen er

sagt, «there is no reason to think that there was any background», das älteste
Stück wären; wenn aber im jetzt gesicherten ‹Hiketiden›-Jahr 467 kein «back-
ground» da war, dann kann es keine «stehende Holz-Skene» gegeben haben. Und
Arnott sollte gerade für denjenigen, der beweisen will, daß schon der frühe
Aischylos mit gemalten Dekorationen gearbeitet habe, keine Autorität sein, da
er von der entgegengesetzten Auffassung präokkupiert ist.

Wir meinen hier nicht die Kontroverse um «the raised stage», über die schon
kurz gesprochen worden ist. Sie wird belanglos, sofern man sich darauf einigt,
daß es Stufen gegeben haben kann (oder muß), wo immer Tempel, Paläste oder
Altäre auf der Skene errichtet worden sind, und das räumt auch Pickard-Cambridge ein, der sonst Dörpfelds Ablehnung jeder Erhöhung zwischen Orchestra
und Skene teilt. Aber *Arnott* [26] geht ja viel weiter. Für ihn steht es fest, daß die
Skene des 5. Jahrhunderts eine neutrale Einheitsbühne war, «an architectural
background» auf einem allmählich solider ausgearbeiteten Fundament: «a scene-
wall with a door or doors, a few statues and an altar» – «no more». Und das
konnte jeweils alles bedeuten: Palast oder Zelt, Tempel oder Fels mit Höhle
(die dann durch die Tür dargestellt worden sei); erst im Laufe des Jahrhunderts
soll ein «trend towards illusion» festzustellen sein. Wir müssen uns damit auseinandersetzen, weil die beiden extremen Auffassungen – gemalte Dekorationen
schon bei Aischylos gegen neutrale Einheitsbühne – in *einem* Punkt übereinstimmen: daß nämlich kein Umbau die Grundfigur der Skene verändert hätte. Für
die frühen Stücke begnügt sich Arnott immerhin mit einer Plattform als «raised
stage», die auch «a mound» = pagos bedeuten konnte. Im ‹Prometheus› ist natürlich die Wand erforderlich, denn der Held mußte ja zum Schluß irgendwie verschwinden: einfach, indem er «step back inside the skene door»; aber der Chor? –
der «scatter and flee down the parodoi», also genau das, was er Hermes verwei-
gert hat (1067)! Auch im ‹Agamemnon› hat es nach Arnott kein Haus, sondern
nur die Wand gegeben; wo war dann der Wächter? Natürlich nicht auf dem
Dach, wie alle anderen dachten und denken: «he would surely have appeared in
the normal place before the skene doors.» Wohl muß eingeräumt werden, daß
der Platz, auf dem er wachen soll, ἄγκαθεν (3) sei, aber dort befinde er sich jetzt
nicht mehr ... Warum war dann dort sein ‹Lager› (13), wenn wir zusehen, wie er
jetzt, hier vor der Tür in der Wand, wahrzunehmen vermag, was er ankündigen
soll, das Feuersignal (21 f.)? Für einige Stücke wird dann doch ein «upper storey»
als Theologeion zugestanden. Wie war das gebaut? Bretter auf einem Gerüst hinter der Wand? Und: Was sah man hinter der Tür, wenn diese, wie in vielen
Stücken, rasselnd geöffnet wurde? Wie kamen die Schauspieler dort hinauf, wenn
sie durch sie auftreten mußten? Die Wand muß auf jeden Fall einen hinterszenischen Raum besessen haben – warum durfte dann dort kein Haus sein? Hinter-

szenischer Raum wurde auch für die Maschinen benötigt. Und alles, was über das
für Aischylos so wichtige und vielfach bezeugte Überraschungsmoment [27] gesagt
wurde, spricht dagegen, daß die technische Zurüstung eingesehen werden konnte.
Wir sind der Ansicht, daß es Maschinen erst geben konnte, als der Platz für das
Haus und dieses selbst, bzw. sein Gerüst geschaffen worden war, also nach dem
Umbau.

Schließlich ist man gezwungen, den revolutionären Schritt, der nach Aristoteles dem Agatharchos [28] zugeschrieben werden muß, auf eine «weitere Entwicklung und Vervollkommnung» zu reduzieren, wenn man der Ansicht ist, daß die
Stücke schon früher vor gemalten Dekorationen gespielt worden sind.

Wir haben hier gegen die extremen Auffassungen vom Spielhintergrund nur
die Argumente vorgebracht, die im Zusammenhang mit dem Umbau stehen. Das
Grundsätzliche [29] wurde an anderen Stellen ausgeführt. Eines steht fest: Wenn,
wie heute allgemein angenommen wird, die archäologisch nachweisbare Tatsache
eines Umbaus in die Zeit zwischen den frühen Stücken des Aischylos und der
Orestie fällt, dann sind die beiden Auffassungen unannehmbar; denn sie tun so, als
wäre damals nichts mit der Skene geschehen; sie setzen voraus, daß es, von der
Skene her, keinerlei Gründe für einen Umbau gegeben hätte. Warum aber wurde
dann umgebaut?

An den Schluß dieser Übersicht über die Erforschung der Geschichte des Dionysostheaters setzen wir ein Zitat aus Pickard-Cambridges ‹Summary›,[30] das wir
mit zwei Einschränkungen als die Synopsis des gründlichsten und vorsichtigsten
aller Kenner akzeptieren:

«The reader who has persevered so far may be glad of a summary of the
principal results of the preceding chapters.

1. The history of the theatre of Dionysus at Athens begins with an orchestra
placed on a terrace banked up on its south side by a curved wall, of which only
the fragment SM 1 remains. Below this terrace wall and between it and the
Older (but then comparatively new) Temple of Dionysus a curving road or path
led up to the western edge of the orchestra. The spectators of performances at
first stood or sat on the same level as the orchestra itself, or took advantage of
the slope of the hill above it; but by the beginning of the fifth century it is
probable that wooden stands carried seats for them. An accident to these stands
– or possibly to similar erections in the agora – probably early in the century,
caused the Athenians to replace these by earthen embankments accommodated
to the hill-side, though still with wooden seats or benches, and these continued
to suffice for them for many years. At first there was no skené or ‹stage building›,
and the stage properties were of the simplest – an altar, a tomb, a plain background with a single doorway; but the later plays of Aeschylus and the plays of

Sophocles, who began to produce some years before Aeschylus' death, called for something more elaborate, and it is probable that at least by about 460 B.C. backgrounds representing a palace or a temple were provided in stock sets, mainly of wood and canvas, and that these were terminated at either end by projecting wings or paraskenia. At the same time some amount of scene-painting came into vogue; the name of Agatharchus is connected with this. Conventional backgrounds must also have been provided for satyric drama and comedy.

2. The latter half of the fifth century, from the time of the building of the Odeum of Pericles onwards, appears to have been a time of great activity in connexion with the theatre. It appears that the orchestra was moved northwards, and the front lines of the auditorium were correspondingly retracted; the auditorium was banked up afresh, with a steeper slope, and its eastern boundary adapted to the western side of the Odeum. Probably arrangements for the drainage of the orchestra and auditorium were made at the same time. The seats for the spectators were still for the most part of wood, though a partial use of stone in the auditorium cannot be entirely ruled out. The steeper auditorium required strong stone walls to contain it, and these were apparently executed by degrees; the building of the double wall on the western side may have been spread over many years; of the south walls, the westernmost (aA in the Plans) was not quite symmetrical with that to the east of the centre, but appears not to have been altered until some date in the next century. The ‹Periclean› period also saw the replacement of the old curved terrace wall behind the orchestra by a new, long, and straight wall, calculated to hold up the mass of earth constituting the extended terrace. This wall was probably low at first, but in its northern surface were grooves for the reception of strong wooden posts, which were doubtless of great service (together with others, of which all traces have now disappeared, at a convenient distance to the north of them) in upholding an improved skené or stage building of wood. It may safely be conjectured that all the scenic arrangements were now made more elaborate, as the plays of Sophocles, Euripides, and Aristophanes and their contemporaries demanded, though we have no indication of their actual character except from the plays themselves. These suggest the existence of a series of conventional ‹sets›, at the same time admitting of considerable variation for the different kinds of play. There can be little doubt that there were projecting paraskenia enclosing the actors' domain on either side, but the evidence for a prothyron or porch, standing out in front of the central doorway and regularly found in backgrounds representing a palace or temple, breaks down on examination. Frequent use was made of what seem now to be somewhat crude devices, such as the μηχανή and γέρανος, for transporting gods and heroes through the air, but it is very uncertain whether what was

termed the ἐκκύκλημα – a platform on wheels, rolling out of a doorway to show either an interior scene or its consequences – belongs to this periods. The evidence of the plays is strongly against the supposition that a raised stage was employed in the Classical age, though temples, palaces, and altars would naturally stand above one or two broad steps, of which advantage would be taken for dramatic purposes.

The plays suggest that the stage building in the set representing a palace or houses was normally of two stories, and that the upper may have been slightly set back and may have afforded room for actors to pass in front of it and round its sides. The set representing a temple as its central feature may well have had a gabled pediment. In either set the appearance of gods above the roof may have been contrived by means of a special Θεολογεῖον, though there is nothing to show exactly what it was like, nor how much of the platform composing it, as distinct from the figure or figures on it, was visible.

The ‹Periclean› reconstruction was completed – though by what date is uncertain – by the building of a hall or stoa, with an open colonnade on its south side, along the whole length of the terrace wall, and with free access between the skené and the hall by a staircase leading from the former (which was on the level of the orchestra) to the floor of the latter about 8 feet below. The terrace wall and the hall ran parallel to the Later Temple of Dionysus, which dates probably from the last third of the fifth century. It seems evident that these buildings all belong to the same plan.»

Die Einschränkungen:

1. Zu streichen ist in Absatz 1. «a plain background with a single doorway». In keinem der frühen Stücke wird ein «Tor» verlangt. Der ‹Prometheus›, für den ein solcher «background» mit einer Öffnung notwendig ist, ist, wie wir (und andere) glauben, nach der Orestie entstanden; der zentrale Felsen setzt den Umbau voraus, den Pickard-Cambridge selbst in die Zeit um 460 setzt.

2. Die Verlegung der Orchestra nach N ist nicht erst im Zusammenhang mit dem Bau des Odeion erfolgt. Die Gründe, die dagegen sprechen, sind eingehend dargelegt worden. Hinzu kommt, daß wir dann zwei Umbauten ansetzen müßten, einen um 460 und einen um 443. Die Irregularität im Ostflügel des Koilons kann ebensogut daraus erklärt werden, daß entweder das Odeion schon in irgendeiner Form Teil des Gesamtbauplans gewesen ist oder daß bei seiner Erbauung Veränderungen an der Ostparodos vorgenommen worden sind, die mit denen an der Westparodos zusammenfallen: auch diese hat Dörpfeld als «perikleisch» gedeutet. Wir glauben, daß die «perikleische Rekonstruktion»[31] mit dem Programm einer «Versteinerung» des Theaters zusammenzubringen ist, bei dessen

Ausführung das Breccia-Fundament, die Anfänge der Stoa unter der Mauer H, die Anlage von steineren Sitzreihen (mit den neuen Parodosmauern) den Auftakt bildeten. Dabei blieb die 460 realisierte Grundanlage unverändert. Das Programm konnte im 5. Jahrhundert nicht mehr zu Ende geführt werden.[32]

Der Umbau um 460 ist und bleibt der wichtigste Einschnitt in der Baugeschichte des Dionysostheaters.

4. Das Meer und die Sonne

Die antiken Theater sind Freilichtbühnen. Damit ist noch nicht alles gesagt: sie sind Freilichtbühnen in der Landschaft. Auch das elisabethanische Theater spielte bei Tag im Freien; aber ein Gebäude mit Rängen umschloß die in eine Art Hof vorspringende Bühne. Diese Form wurde aus den gleichen Bedingungen entwickkelt, aus denen die völlig andersartige Form der griechischen Bühne entstanden sein dürfte: ein Spielplatz, um den sich die Zuschauer versammelten. Die Tradition vom Thespiskarren [1] ist zu hartnäckig und zu einleuchtend, als daß sie nicht mit den Entsprechungen in den Bühnengeschichten anderer Kontinente und späterer Zeiten zusammengebracht werden dürfte. Auf einem Wagen kamen die Spieler angefahren; auf einem Wagen schlugen sie ihre Bühne auf; um den Wagen herum standen oder saßen die Zuschauer. Sie spielten in Wirtshaushöfen oder auf den Märkten, in Athen auf der Agora.

Der erste Schritt über diese Grundform hinaus mußte getan werden, wenn die Zahl der Zuschauer wuchs. Von da an gehen die Wege auseinander. Die jeweils getroffenen Entscheidungen waren durch verschiedene Voraussetzungen bedingt. Eine der verfügbaren Möglichkeiten war, die Zuschauer auf Gerüste zu setzen, die nach rückwärts anstiegen. (Eine andere war: das Podium zu erhöhen; für sie entschieden sich die asiatischen Theater, wie später das hellenistisch-römische.) In diesem ersten Schritt trafen die Athener des 6. Jahrhunderts noch die gleiche Entscheidung wie die britischen Elisabethaner: Gerüste wurden offenbar schon aufgeschlagen, als der von Peisistratos gestiftete Agon noch auf der Agora stattfand. Die Vermutung Gerkans, daß der von der Suda widerspruchsvoll berichtete Einsturz der Gerüste [2] noch auf die Orchestra am Markt zu beziehen sei, ist ansprechend, da sie einen zwingenden Grund für den Beschluß zur Verlegung der Spiele angibt. Aber es gibt keinen Beweis; andere Überlegungen sprechen dafür, daß der Einsturz erst um 470 und schon im Theater am Burghang geschehen ist, eines der Motive, die den Beschluß zum Umbau begründet haben könnten. Der Einsturz war jedenfalls eine Katastrophe: das Gerüst muß also sehr hoch gewesen sein. Als es im elisabethanischen London die gleiche Höhe erreicht hatte, entschloß man sich zum Bau eines Hauses, um es zu sichern. Bei diesem zweiten Schritt wählten die Griechen, wenn Gerkan recht hat, einen anderen Ausweg: sie suchten ein Gelände, [3] das die größere Zahl der Zuschauer aufnehmen konnte,

einen Berghang, von dem aus man auf den Spielplatz eine gleich gute Sicht hatte
wie von dem Gerüst.

Warum wurde der Platz am Hang des Burgbergs gewählt? Wüßten wir, wann
der alte Tempel[4] errichtet worden ist, könnten wir die Frage leichter beantworten. Daß er aus dem 6. Jahrhundert stammt, ist sicher. Aber gab es ihn schon, als
der Verlegungsbeschluß gefaßt wurde? Immerhin, eines läßt sich noch sagen: der
Gott hatte mehrere Tempel[5] (zum Beispiel einen in den Limnai, einen im Lenaion und einen an der Akademie), die Wahl des Platzes am Burgberg kann also
nicht nur durch den Tempel bestimmt gewesen sein, falls es diesen schon gegeben
haben sollte. Da der gewählte Platz ferner keineswegs eine der Natur der Sache
völlig entsprechende Geländeform aufgewiesen hat, müssen noch andere Gründe
gesucht werden, die ihn für das Theater empfohlen haben könnten. Einen dieser
Gründe glauben wir gerade in den Schwierigkeiten der Geländeform gefunden zu
haben: die Möglichkeit, in dem 2 bis 2 1/2 m tiefen Geländesprung[6] die Zone der
Zurüstungen der Einsicht zu entziehen. Einen weiteren sehen wir in dem Blick
auf das Meer.[7]

Vergleichen wir den zweiten Schritt, den die Griechen getan haben, mit dem
der Elisabethaner, so ist klar, daß sie sich für die Anlage im Gelände entschieden
haben. Aber weder die bühnenpraktischen, noch die publikumspraktischen
Gründe können den Ausschlag für gerade dieses Gelände gegeben haben. Sogar
innerhalb des Temenos (sofern dieses nicht erst aus Anlaß der Verlegung geschaffen worden ist) hätte es andere Orientierungen gegeben, die diesen Ansprüchen
genügt und geringere Schwierigkeiten bereitet hätten. Man wollte die Höhe, in
der sich das Theater jetzt befindet; man wollte das Blickfeld, das den Horizont
umfaßt, wie er sich noch heute von vielen Reihen aus darbietet.

In Aristophanes' ‹Rittern› wird der Wursthändler aufgefordert: «Steig hier
auf den Schragen, mach die Augen auf und überschau die Inseln ringsherum!» Er
tut es und schaut: «Ich seh!» – «Den Mastenwald, die Warenlager – siehst du?» –
«Gar wohl.» Wenn es danach heißt, der Wursthändler könne mit dem einen
Auge nach Karien sehen, also bis nach Kleinasien, und mit dem anderen bis nach
Karthago, so ist das in den Horizont gesprochen, in dem das Meer fernwärts ver-
schwimmt.

Was dieser Horizont für jeden Athener bedeutet hat,[8] bedarf keiner Erläute-
rung. Wie viele Darstellungen der bildenden Kunst[9] ist auch das Theater darin
hinein projiziert, vor allem in der frühen Zeit; nur in den ‹Sieben› spielt das Meer
nicht mit; in allen anderen Stücken des Aischylos ist es ein dramatisches Element:
vom Meer kommen der Bote und Xerxes in den ‹Persern›; vom Meer kommen
die Danaiden und die Aigypter; vom Meer kommen die Okeaniden im ‹Prometheus›; vom Meer kommt Agamemnon.

Eine Übersicht über die Orientierung der griechischen Theater[10] ergibt ein verwirrendes Bild. Darüber sind Kontroversen entstanden. Aber wenn gesagt wird, die überwiegende Zahl der Theater sei, wie die griechischen Städte, nach Süden oder Südosten orientiert, so fordert allein Korinth zum Widerspruch heraus. Da ferner die Theater des 5. von denen des 4. und der späteren Jahrhunderte durch eine unübersehbare Zäsur getrennt sind, stellt sich die Frage: nach welcher Richtung waren die klassischen Theater orientiert? Wieder wählen wir nur einige Beispiele, die sich aufdrängen, Beispiele, von denen durchweg festzustehen scheint, daß eine im 5. Jahrhundert gewählte Anlage die Orientierung bestimmt hat: Korinth – Norden *(Tafel 23)*, Argos – Südosten, Eretria – Süden, Piräus – Südosten, Thorikos – Südwesten *(Tafel 24)*, Ikaria – Osten. Die Beispiele sind homogen, so verschieden sie scheinen: sie haben alle die Orientierung nach dem Meer. Wir ergänzen: Eleusis, Sikyon, Elis, Oiniadai, Kos, Priene, Syrakus, Tarent, Segesta, Tyndaris.[11]

Daß der Blick auf das Meer bei der Platzwahl eine Rolle gespielt haben kann, lehrt eine Beobachtung in Delphi. Dort wurde im Bezirk der Athener (Athena Pronaos) die Tholos[12] an der einzigen Stelle errichtet, von der aus man drunten am Ende des Pleistos-Tales das Meer erblickt. Sie stammt aus der klassischen Zeit. Man mag die Frage stellen, warum das ‹Meerbewußtsein› den Erbauern von Theatern in der späteren Zeit verloren gegangen ist. Eine Antwort liegt nahe: Das Theater der Tragödie ist ein Teil des Ruhmes von Athen gewesen; nun waren Athens Glanz, Glück, Größe gebrochen; wo immer zuvor Theater errichtet worden waren, hatte man selbstverständlich das attische Modell vor Augen gehabt; damit war es nun vorbei.

Wie das Theater ein Teil des Ruhmes von Athen gewesen ist, so war das ‹Meerbewußtsein› ein Teil des Selbstbewußtseins der Athener. Was in dem berühmten Vers der ‹Perser› (241) ausgesprochen ist: «Keines Menschen Knechte sind sie, keinem untertan», der Geist der auf isonomia beruhenden Freiheit, hatte in der Polis die Herrschaft (Demokratie) nur erlangen können dadurch, daß die Suprematie des Landbesitzes gebrochen wurde, und diese wurde gebrochen durch den Aufschwung des Handels zur See. «Freiheit für den Handel bedeutete Freiheit von der Aufsicht der Eupatriden», sagt G. Thomson.[13] Ein Mann des Handels, weitgereist, wenn auch ein Eupatride, hatte die Demokratie geschaffen: Solon. Seit die Schiffe Reichtum in die Polis brachten, war jeder Athener irgendwann einmal, die meisten viele Male, zur See gefahren. Als die Polis Macht über ihr Land hinaus gewann, gewann sie es als Seemacht. Der Satz, daß das Theater die Polis ist, läßt sich durch das ‹Meerbewußtsein› erhärten. Als Themistokles, noch vor den Perserkriegen, Archon wurde, war es sein erklärtes Ziel, «Athen in eine Seemacht zu verwandeln, was gleichzeitig bedeutete: in einen noch demokratischeren Staat» (V. Ehrenberg).[14] Im Piräus wurde ein neuer Hafen angelegt. Damals erreichte die Nachricht von der Zerstörung Milets durch die Perser Athen. Phrynichos[15] brachte unter ihrem unmittelbaren Eindruck und, wie viele glauben, im Auftrag von Themistokles, seine Tragödie ‹Die Zerstörung Milets› zur Aufführung. «Es war das erste Mal, daß ein Stück ein aktuelles Ereignis reflektierte» (Ehrenberg). Wenn es eine politische Tendenz hatte, dann konnte diese nur darin liegen, die Athener zum Ausbau der Flotte zu bewegen. Das ‹Meerbewußtsein› sollte aktiviert werden. (Die Reaktion war so heftig, daß das Stück verboten wurde.)

Das war aber nur die eine Seite der Möglichkeiten: so gezielt diese Aktion in die Aktualität gerichtet war, so spontan scheinen die gleichen Vorstellungen zum Ausdruck im religiös-kultischen Bereich gedrängt zu haben, und zwar wiederum im Zusammenhang mit dem Theaterfest, den Dionysien. In der Pompe, die am Tag des Proagon durch die Stadt zog, fuhr Dionysos (in Gestalt eines Priesters) auf einem Schiffskarren mit *(Abb. 17)*.[16] Zwar sollte die feierliche Einholung

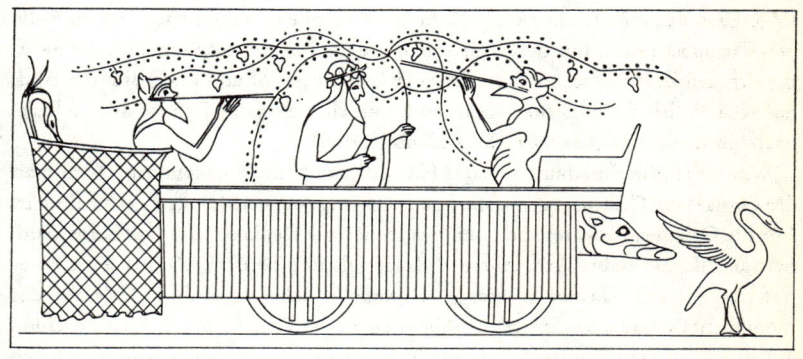

Abb. 17. Schiffskarren in der Dionysos-Pompe

(eisagoge) den Einzug des Gottes aus dem ländlichen Eleutherai in die Stadt wiederholen, aber damit hatte sich offenbar unwiderstehlich die Überlieferung verbunden, er sei zu Schiff übers Meer gekommen. Nilsson meint, der Sinn des auf dem Land fahrenden Schiffes beziehe sich auf die mit der Zeit der Dionysien zusammenfallende «Eröffnung der Schiffahrt» im Frühjahr: «Vor der Eröffnung der Schiffahrt spielen ziemlich zeitraubende Vorbereitungen. Das Schiff muß aus dem Winterverwahrungsort hervorgeholt und ausgebessert werden. In diese Vorbereitungen ordnet sich der Schiffskarrenzug ein.» Die Vereinigung des Schiffskarrenzugs mit der Epiphanie des Dionysos habe die Vorstellung entstehen las-

sen, der Gott sei zu Schiff gekommen. Wie dem auch sei, fest steht, daß der
Theatergott zu Schiff gefahren kam. Viele Vasenbilder zeigen ihn so. Er kam
von dort, wohin der Blick ging, wenn man im Theater Platz genommen hatte.
In solchen fast absurden Tiefen hatte sich das ‹Meerbewußtsein› mit dem Theater-
bewußtsein verbunden.

Alle anderen Versuche, ein Prinzip für die Orientierung der Theater, die ein so
verwirrend verschiedenartiges Bild zeigt, zu finden, sind gescheitert. Nach der
jüngsten Kontroverse[17] hat Gerkan[18] die Resignation formuliert: «Fragen wir
schließlich, weshalb die überwiegende Mehrzahl der Theater die doch unter allen
Umständen ungünstigere Südrichtung bevorzugen, die Vitruv V 3, 2... als auch
für den Zuschauer ungünstig erklärt, so werden wir das lieber für einen bloßen
Zufall erklären dürfen.» Nun, wir glauben, für das fünfte Jahrhundert das Prinzip gefunden zu haben. Dieses planende Volk hat in seiner klarsichtigsten Epoche
ein Problem, von dessen Lösung so vieles abhing, nicht dem ‹Zufall› überlassen.
(Auch für die spätere Zeit müßten Untersuchungen zu jedem Einzelfall unternommen werden, deren Resultate miteinander zu vergleichen wären; da das
‹Meerbewußtsein› erloschen war, dürfte das Gelände nun die entscheidende Rolle
gespielt haben: nicht nur die natürliche Mulde am Hang, sondern auch die Sicht,
die sich den Zuschauern bot. Vor allem in Epidauros bot und bietet sich der Blick
auf eine wahrhaft ‹tragische›, wenn auch nun eher elegische Landschaft, undenkbar, daß sie den Zu*schauern* nichts bedeutet hätte.)

Warum ist die Forschung auf das Nächstliegende nicht gekommen? Weil man
der Opsis[19] im Theatron, im *Schau*raum, zu wenig Aufmerksamkeit geschenkt hat.
Für die Griechen bedeutete Schauen fast soviel wie Denken: Idee war eidos, Bild.
Seltsam, daß es selbst Archäologen Schwierigkeiten bereitet, daraus die Konsequenzen für das Theater zu ziehen. Kommt es daher, daß ihre Opsis auf das
monumentale Bauwerk fixiert ist? Aber denen, die Tempel wie den des Poseidon
auf dem Kap Sunion oder den der Aphaia auf Aegina dorthin gebaut haben, wo
ihre Ruinen stehen, kann die Landschaft nicht gleichgültig gewesen sein, in deren
Opsis hinein sie sie entworfen haben. Wie sollte sich der Zuschauer angesichts der
offenen ‹Bühne› der frühen Stücke optisch verhalten haben? Hat er einen imaginären Vorhang vor Fels und Hain heruntergelassen? Daß Fels und Hain[20] mitgespielt haben, läßt sich zeigen. Wenn aber Fels und Hain mitgespielt haben,
warum nicht Täler, Hügel, Berge, das Land und das Meer, das kein Vorhang der
Opsis hätte entziehen können? Das Grundprinzip der offenen ‹Bühne› muß zu
Ende gedacht werden; es ist schon früh in der Ost-West-Achse[21] der beiden Parodoi fixiert worden: man sah, woher die Auftretenden kamen und wohin sie
abgingen. Die hinterszenische Zurüstung[22] war unter anderem auch deswegen in
eine Zone verlegt, wo sie unsichtbar blieb, weil das Sichtbare immer mit berück-

*sicht*igt wurde. Auch die Holzbauten (nach dem Umbau [23]) bildeten keinen Abschluß, schon deswegen nicht, weil man ihnen von den meisten Plätzen aus aufs Dach sehen konnte (wie in der ersten Szene des ‹Agamemnon›). Und noch die späteste Tragödie ‹Oedipus auf Kolonos› hatte, wie mehrfach betont, eine offene Szene.

Auch die Sonne spielte mit! Gerkan, der in der erwähnten Kontroverse über die Orientierungsfrage das Verdikt gegen M. F. Gerhäusers ‹Untersuchungen über die Spielmöglichkeiten in griechischen Theatern› mit fast höhnischer Schärfe ausgesprochen hat, ist den Bemühungen des Verfassers nicht gerecht geworden. So falsch einige Folgerungen sind, die Gerhäuser aus seinen Beobachtungen über Licht und Schatten auf der ‹Bühne› der alten Theater zieht (daß nämlich der gewählte Standort von den Genres, Tragödie oder Komödie, bestimmt gewesen sei, was schon für das Dionysostheater nicht zutrifft, da dort beide Genres gespielt worden sind), so unbestreitbar ist sein Verdienst, daß er, soweit ich sehe, als erster die Aufmerksamkeit auf den ‹Scheinwerfer Sonne› gelenkt hat. Die einfache Tatsache, daß die Spieler (und später die Bauten) am Vormittag im Gegenlicht lagen, während am Nachmittag frontales Licht auf sie fiel, kann den Tragikern, die ihre eigenen Regisseure waren, nicht verborgen geblieben sein. Gerkan wendet ein, daß «das Reflex-Licht aus dem Koilon die Schatten stark aufgehellt» habe; aber die Steinsitze, die er dabei im Auge gehabt zu haben scheint, gab es im 5. Jahrhundert erst sehr spät und auch dann nur in den unteren Reihen, und wie konnten sie reflektieren, da sie doch von Menschen besetzt waren? Später hat er den Einwand gegen Gerhäusers Experimente (mit einem Modell und einer je nach der Jahres- und Tageszeit eingestellten Lichtquelle) anders formuliert; solche Modellversuche seien insofern irreführend, «als schließlich ein großer Unterschied besteht zwischen der Beleuchtung eines winzigen Modells mit scharfem Licht auf kurze Entfernung, womöglich noch in einem verdunkelten Raum, und dem Sonnenlicht in der Natur, wo zugleich die ganze Luft leuchtet, jeder Stein reflektiert und alle Schatten aufgehellt sind». Gerhäuser hat dagegen vorgebracht, daß «die Schattenwirkung unter dem 38. Breitengrad eine wesentlich stärkere als in unseren Breitengraden ist, und daß das Reflexlicht hier keine wesentliche Minderung mit sich bringt». Ich bin oft und zu verschiedenen Tageszeiten auf verschiedenen Steinsitzen des Dionysostheaters gesessen, um die Wirkung von Licht und Schatten zu beobachten. Ich bin zu dem Ergebnis gekommen, daß beide nicht unrecht haben.

Das attische Licht ist unverwechselbar für jeden, der es einmal gesehen hat. Man spricht von gläserner Klarheit, aber wer denkt hier an Glas? Nichts ist zwischen dem Geschehen und dem, der es sieht. Tritt man vom Gegenstand zurück, so scheint dieser kaum kleiner zu werden. Die Augen erkennen noch auf große Entfernung jede Einzelheit, auch wenn der Gegenstand im Schatten liegt. Auch weicht der Gegenstand, der ins Auge gefaßt wird, nicht in jenes vage Flirren zurück, das die impressionistischen Maler, von Pariser Impressionen inspiriert, ihren Bildern als Atmosphäre einzuhauchen suchten. Noch von der Brüstung der Akropolis herab erblickt man Menschen im Theater in der vollen Plastik wandelnder Skulpturen. Stereoskopische Skulpturen. Auf jedem Sitz des Zuschauer-Halbrunds, noch in den letzten Reihen – welche Nähe! Die Zahl der Meter besagt wenig; wie die Säulen des Parthenon aus Gründen der Optik leicht aus der mathematischen Symmetrie verschoben sind, so wirkt hier die höhere Mathematik der Erscheinung. In der Klarheit dieses attischen Lichts rücken die Menschen auf der ‹Bühne› den Zuschauern näher als auf irgendeiner Bühne der Welt.

Und doch: Kein Schauender, der in sich die Opsis beschwört, wie sie der Zuschauer der Tragödie während des Spiels vor sich hatte, kann sich dem Phänomen des Gegenlichts am Morgen und dem der wachsenden Schatten am Nachmittag und gegen Abend entziehen. Das Phänomen ist nicht objektiv, wie es Gerkan sieht – es ist subjektiv: die Sonne blendet. Ein Mensch, der im Gegenlicht (oder gegen Mittag: im Schulterlicht) steht, ist von einer Aura umflossen. Gerhäuser mag recht haben, wenn er sagt, daß eine reliefartige Wirkung entstanden sei, wenn der Schauspieler mit seinem Eigenschatten in den Schatten der Bühnenbauten trat. Aber das Gegenteil trat ein, wenn der Schauspieler im Licht stand: dann hob er sich in scheinbar verdoppelter Plastik vor dem im Eigenschatten liegenden Bühnenaufbau ab. Und wie plastisch muß er erst in der frühen Zeit gewirkt haben, als es noch keine Aufbauten gab, im vollen Licht, das ihn von oben und von rückwärts beschien und nur vom Fels oder vom Hain oder vom Horizont abhob!

Gerkan hat recht, wenn er sagt, daß der Eigenschatten der Bühnengebäude von der «leuchtenden Luft» aufgehellt war; das trifft auf die Oberfläche zu; wo immer aber geöffnete Türen den Blick ins Innere freigaben oder (was für die Zeit nach dem Umbau von eminenter Bedeutung ist) Säulen unter einem Dach einen Raum einsehbar machten (wie in den Paraskenien), entstand tiefes Dunkel, das an der Rückwand (wo sich die Tür befand) nahezu undurchdringlich wurde; und zwar war dieses Dunkel schwärzer, wenn die Oberfläche des Gebäudes im vollen Licht lag, als am Vormittag, wenn das Auge sich an das Gegenlicht gewöhnt hatte oder die Sonne höher stieg.[24] So konnte ein Gott plötzlich ‹erscheinen›, wenn er nur aus dem Schatten ins Helle trat.

Die Regisseure konnten den Scheinwerfer Sonne nicht einstellen, wie sie wollten; aber sie konnten ihre Arrangements nach der Bewegung des Scheinwerfers einstellen, und wir sind ganz sicher, daß sie, da sie ja ihre eigenen Stücke inszenierten, schon beim Entwurf einer Szene das Licht und die Schatten vor Augen hatten, in denen Schauspieler, Chor und Szenerien bei der Aufführung liegen würden. Daher ist es für die Interpretation unerläßlich, sich in die Tageszeit hineinzuversetzen, in der die Stücke gespielt worden sind. War es ein Morgen-Stück, oder ein zweites oder ein drittes, das wie das Satyrspiel in die Abend-dämmerung hinein ging? Wir müssen dabei nicht pedantisch verfahren. Es mag Stücke gegeben haben, bei denen, wie im Theater Shakespeares (beim ‹Sommer-nachtstraum›!) Fackeln die Nacht anzeigten, die man nicht ‹machen› konnte. Aber wer wollte leugnen, daß im ‹Agamemnon›, wo die Morgenröte εὐάγγελος der Mutter Nacht entsteigt (264/5) oder im ‹König Oedipus›, wo die Klagen kei-nen weckten, der schlafen konnte (65), oder im ‹Ion›, wo im Licht des Tages die Höhen des Parnaß erglühten (86), die Morgenfrühe mit im Spiel war, schon als die ersten Szenen erdacht und geschrieben worden waren? Und wenn auch in der letzten Szene der ‹Eumeniden› wirklich Fackeln entzündet wurden oder wenn in der anstelle eines Satyrspiels gegebenen ‹Alkestis› das Wunder der Auferste-hung vom Tode geschieht – sollten wir uns das nicht im Abendschein vorstellen dürfen, während Land, Berge und Meer in der Ferne noch im hellen Licht waren und der Spielplatz schon im Schatten der Akropolis lag, hinter der die Sonne unterging?

Opsis das alles! Nichts, was für das Theater geschrieben worden ist, kann ganz verstanden und genau interpretiert werden, ohne daß wir unsere Einbildungs-kraft zu Hilfe rufen; denn nichts ist ohne Einbildungskraft erfunden worden: die Tragiker haben ihre Stücke inszeniert, während sie sie geschrieben haben.

5. Thorikos

Von dem kleinen Theater in Thorikos *(Tafel 24)* schreibt Dörpfeld[1]: «Man kann sagen, daß wir in ihm das Bild eines griechischen Theaters des 5. Jahrhunderts vor uns haben.» Dem stimmt Pickard-Cambridge zu. Margarete Bieber meint, es gebe uns «the best idea of the way the Athenian theatre must have appeared in an early period». Schon Dörpfeld glaubte, darin «die einfachste Form des gro-ßen Theaters» gefunden zu haben, wie es für Athen zu erschließen sei.

Die Übereinstimmungen sind in der Tat verblüffend, vor allem in zwei Punk-ten, die freilich weder Dörpfeld noch anderen wichtig erschienen sind. Wie in Athen ist da ein terrassenförmiger Platz mit einer Stützmauer und daneben ein alter Tempel; es gibt zwei Parodoi und keinen anderen Zugang zur Spielstätte. Wenn Aufbauten[2] verwendet worden sein sollten, müßten sie auf einem Gerüst gestanden haben, das an der Terrassenmauer hochgebaut worden wäre. Von einem Skene-Gebäude ist nichts erhalten; man kann Dörpfeld zustimmen: es hat nie eines gegeben. Noch eine weitere Übereinstimmung bietet der Befund, daß das Theater in einer zweiten Periode[3] umgebaut worden ist, wobei sozusagen ein zweiter Rang von Zuschauerreihen (19 zu den 13) in die Höhe des Felshangs gehauen wurde.

Dem ersten Blick freilich scheint gerade die einzige Nichtübereinstimmung sen-sationell, und es ist nicht verwunderlich, daß sie Spekulationen hervorgerufen hat. Wenden wir uns also zunächst ihr zu! Der Zuschauerraum bildet kein Halb-rund *(Abb. 18)*; er ist flach, mit einer Abrundung auf einer Seite; die ersten Rei-hen sind ebenfalls flach, mit leicht vorspringenden Abrundungen auf beiden Sei-ten. Die Orchestra soll daher nach Dörpfelds Ansicht «ein Viereck von ca. 30 m Länge und 15 m Breite» gebildet haben. Daß sie «rectangular» gewesen sei, kann man seitdem überall in der Literatur lesen, wo über Thorikos gesprochen wird. Anti[4] hat u. a. darauf die These begründet, daß die ursprüngliche Form der dionysischen Orchestra trapezartig gewesen sei; seine Rekonstruktion der ‹Ur-form› des Dionysostheaters am Burghang in Athen zeigt neben dem alten Tem-pel eine (sonderbarerweise) abgerundete Terrasse mit einer (ebensolchen) Stütz-mauer, im Zentrum ein langgezogenes Bema mit dem Orchestra-Trapez davor, von dem in der gleichen Form auf drei Seiten Sitzreihen ansteigen; sie sind in den Fels des Burgbergs hineingelegt, ikria natürlich. Da konnte die Erinnerung

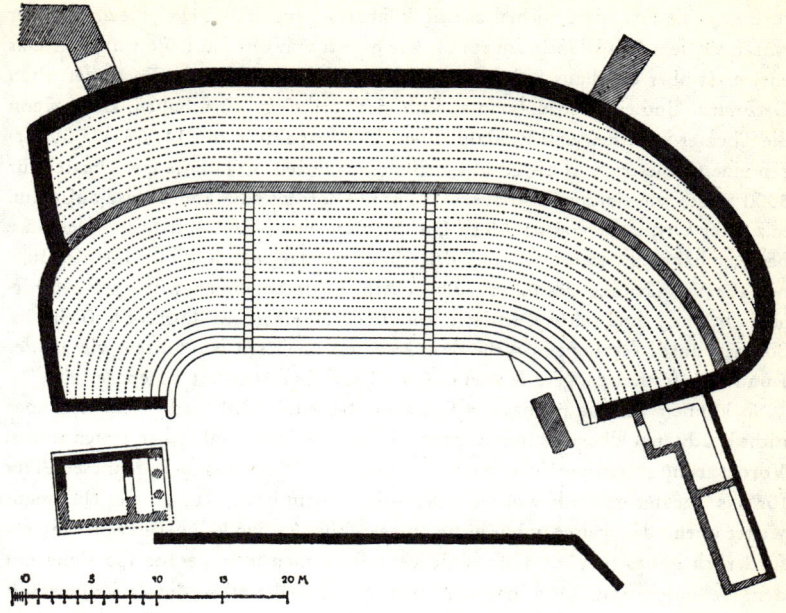

Abb. 18. Grundriß des Zuschauerraums in Thorikos (nach Dörpfeld)

an Knossos[5] nicht ausbleiben, wo eine ähnliche Art von ‹Theater› oder Tanz-platz gefunden worden ist.

So interessant dieser Brückenschlag von Kreta ins perikleische Athen sein mag – auf Thorikos kann er nicht gegründet werden. Dörpfeld schreibt: «Eine volle Aufdeckung der Orchestra steht noch aus»; sie ist bis heute nicht vorgenom-men worden. Dörpfelds rechtwinklige Orchestra ist reine Spekulation. Man muß sich wundern, daß sie von der Forschung ungeprüft übernommen worden ist.

Die ‹gequetschte› Anlage des Koilon, die sich in die Geländeform einpaßt, ist für die Theater des 5. Jahrhunderts keineswegs ungewöhnlich. Man denke etwa an Argos. Es ist klar, daß die frühen Zuschaueranlagen überall den natürlichen Gegebenheiten angepaßt worden sind; auch im Dionysostheater entstand das ge-rundete Koilon erst allmählich, und seine vollsymmetrische, halbamphitheatrali-sche Gestalt konnte es erst erhalten, als die Stützmauern für den steinernen Aus-bau errichtet worden waren. Einen solchen Ausbau hat es in Thorikos so wenig gegeben wie ein steinernes Bühnenhaus. Anti (und Dinsmoor[6]) mögen recht ha-ben: im alten Dionysostheater hatten die Sitzreihen nicht die vollendete Rund-

form, die sie erst später erhielten: sie können ‹polygonal› gewesen sein – sicher
waren sie dem Felsgelände angepaßt, wie es sich von Ost nach West hinzog. Das
entwertet aber durchaus nicht die Argumente für die kyklische Form der alten
Orchestra. Und eine solche kann es auch in Thorikos gegeben haben. Denn wenn
die Theater in Athen und Epidauros bei einer Kapazität von 14 000–17 000 Sitzen eine Orchestra von ca. 20 m Durchmesser hatten, so könnte ein Theater für
5000 Sitze, wie sie der Zuschauerraum von Thorikos schätzungsweise aufnahm,
mit einer Orchestra von ca. 15 m Durchmesser eine höchst stattliche Spielfläche
besessen haben. (Nichts zwingt zu der Annahme, daß man in diesen kleinen Bühnen die Verstärkung des Chors, die in Athen vorgenommen worden war, mit-
gemacht hat.) Eine solche Orchestra konnte die Terrasse in Thorikos aufnehmen.
Solange durch Grabungen nicht das Gegenteil bewiesen ist, sollten wir an der
Rundform festhalten, gerade weil die cavea sich ihr erst später angepaßt hat.

So können wir die primavista-Sensation beiseitelassen. Und die beiden noch
nicht beachteten Übereinstimmungen zwischen Thorikos und Athen treten in den
Vordergrund. Hier wie dort stellt sich die Frage: Warum ist gerade dieser Platz
für das Theater gewählt worden? Der Augenschein lehrt, daß man es ebensogut
weiter oben oder weiter unten hätte anlegen können, wo keine Terrassierung erforderlich gewesen wäre. Offensichtlich wählte man aber gerade die Zone mit
dem Geländesprung. Und man scheint in der Tat überall solche Zonen gewählt
zu haben, wo im 5. Jahrhundert Theater gebaut worden sind. Überall scheinen
zwei Gesichtspunkte maßgebend gewesen zu sein: 1. der Blick aufs Meer,[7] 2. die
Halbhöhe:[8] (Ein dritter muß noch hinzugefügt werden, ein rein praktischer: der
Geländesprung erleichtert die Anlage der Drainage; in den archäologischen Befunden spielt der Abwasserkanal nicht zufällig eine so große Rolle: man mußte
wenigstens halbhoch gehen, damit sich ein natürliches Gefälle ergab).

Dafür, daß der Gesichtspunkt der Halbhöhe jedoch nicht der ausschlaggebende
gewesen ist, bietet das Theater in Eretria[9] ein charakteristisches Beispiel. Als dort
der jetzt in der Ruine sichtbare Zuschauerraum gebaut wurde, hatte man die
Orchestra um 3,35 m tiefergelegt: «So entstand ein Niveauunterschied zwischen
dem Festplatz südlich der alten Skene und der Orchestra, der mit der Treppe und
dem gewölbten Gang überwunden wurde» (Schefold[10]). Nun ist das Auffällig-
ste, was der Augenschein zeigt, der hohe Wall auf der Bühnenseite. Zwar ist
Pickard-Cambridge der Ansicht, daß er «quite inadequate as a background by
itself» gewesen sei. Inadäquat, aber doch vorhanden! Als die Orchestra noch
nicht sozusagen ‹versenkt› worden war, saßen die Zuschauer um sie herum auf
gleicher Höhe; sie sahen übrigens das Meer, das die Westrichtung der Anlage des
Theaters bestimmt hat, aber sie sahen auch den Wall. Wie immer er mitgespielt
haben mag – seine Hauptfunktion war, die Zurüstung der Einsicht der Zuschauer

zu entziehen. Bevor der Steinbau gebaut worden ist, kann es, bei dieser Anlage, keinen anderen Platz für Garderoben und Magazine gegeben haben. Und nun von hier aus zu dem für uns interessanten Punkt in Thorikos:

Es gibt dort im Osten an der Felswand neben dem Theater zwei Räume, eine Art von Kammern, in denen Dörpfeld «eine zur Aufbewahrung von Theatergegenständen dienende Skenothek» vermutet hat.[11] Das waren sie wohl ohne Zweifel; was hätten sie sonst sein sollen? Bringen wir sie in den Zusammenhang mit den Problemen des Dionysostheaters, so scheinen sie einmal zu beweisen, daß der Grundsatz, die Zurüstung den Blicken zu entziehen, allgemein gegolten hat, denn die Räume liegen sozusagen um die Ecke, völlig außer Sicht des Publikums; und sie könnten ferner eine letzte Übereinstimmung mit der Entwicklung in Athen erschließen lassen: daß nämlich die Zurüstungszone ursprünglich im Geländesprung gewesen ist und daß diese, beim Umbau, in die Felsenkammern verlegt werden mußte, weil der Raum in der Zone den Bühnenanforderungen nicht mehr genügte. (Das Gefälle ist in der Tat nicht so ausbaufähig wie in Athen.)

6. Skene – Zelt – Xerxeszelt

Oscar Broneer[1] hat, gestützt auf eine Reihe bemerkenswerter Indikationen, 1944 eine Hypothese vorgetragen, die, wenn wir ihr zustimmen könnten, geeignet wäre, eines der schwierigsten Probleme der Bühnengeschichte des 5. Jahrhunderts der Lösung zum mindesten näher zu bringen. Fest steht, wie wir meinen, daß in den sechziger Jahren hinter der Orchestra Häuser aus Holz errichtet worden sind, die als Bühnenbauten in den Stücken mitgespielt haben; das erste dieser Häuser, das wir nach den erhaltenen Texten genau kennen, ist der Palast der Atriden in Argos (‹Agamemnon› und ‹Choephoren›); auch im dritten Stück der 458 aufgeführten Tetralogie stand ein Gebäude auf der ‹Bühne›: die Pythia öffnet die Türe des Apollon-Tempels von Delphi und schildert entsetzt das Bild, das sich ihr dort im Inneren dargeboten hat: Orest am Omphalos, umgeben von den Erinnyen;[2] später sehen wir Orest, den Apollon im ersten ‹Akt› nach Athen gewiesen hat, wiederauftreten und sich dem ‹Haus› der Göttin Athena nähern; er läßt sich vor ihrem ‹Bild› (bretas = hölzernes Götterbild) nieder, um es zu umfassen und dort das τέλος δίκης zu erwarten, «des Gerichtes Schluß». Als das Gericht versammelt ist, ruft Athena Apollon auf, Orests Sache gegen die Erinnyen zu vertreten. Der Gott erscheint, und nach dem Urteil entschwindet er. Wie ist er erschienen, wie entschwunden? In Athenas Tempel? Natürlich in seinem eigenen Tempel, der nun in Athen steht. Zwei Tempel also – was liegt näher, als sie in den Paraskenien zu vermuten? Wie auf Vasen solche Tempelbauten durch eine Art Kolonnade verbunden sind,[3] so denken wir uns in den ‹Eumeniden› Vorder- und Rückwand des ‹Palasts› weggeschoben und zwischen den Tempeln einen offenen Platz: πάγον δ' Ἄρειον τόνδε,[4] unter einem geschmückten Dach.

Keine einfache Bühnenarchitektur, gewiß. Aber abgesehen von der Vasen-Evidenz spricht für sie, daß das Fundament dem des lykurgischen Steinbaus gleicht, der eine derartige Vorstufe aus Holz gehabt haben muß; und daß es Paraskenien schon früh gegeben hat, fordert die Bühnenpraxis der Stücke.

Das Problem, von dem wir gesprochen haben, liegt nicht in der Tatsache, daß und warum die Tragiker in den sechziger Jahren Stücke mit Häusern geschrieben haben, sondern in der Form, die sie diesen Häusern gegeben haben. Denn es ist offensichtlich, daß es Gebäude mit Paraskenienflügeln in der Realität der Polis nicht gegeben hat. Freilich, in der Demokratie konnte sich keiner erlauben, in

einem Palast zu wohnen. Die Paläste in den Stücken sind mythisch. Daß die
Form, in der sie auf der Skene errichtet wurden, primär theaterhaft erdacht war,
also als rechtwinkliger Abschluß des Orchestrakreises, den sie aus der Tangente
heraus einfaßte, ist mehr als wahrscheinlich. Dennoch liegt die Frage nahe, ob
die Tragiker und ihre Bühnenarchitekten nicht Vorbilder vor Augen hatten, die
einerseits die gewünschte Theaterhaftigkeit besaßen und andererseits den Eindruck der mythischen Königlichkeit, also des Palasts, vermittelten.

Hier nun bietet sich Broneers Hypothese an. Sie ist umso ernster zu nehmen,
als sie die Zustimmung einer archäologischen Autorität vom Rang Karl Sche-
folds[5] gefunden hat.

Das 480/479 in die Hände der Sieger gefallene Zelt des Großkönigs beschäftigte die Phantasie der Griechen stark; es wurde sprichwörtlich für ·Pracht und
Luxus der ‹Barbaren›. Das zeigt sich in der Erwähnung bei Herodot.[6] Es war kein
gewöhnliches Zelt, sondern ein riesiger Pavillon, in dem sogar Platz für die
Pferde war, selbstverständlich mit Räumen für die Dienerschaft, also wohl so
etwas wie ‹Nebengebäuden›. Der Hauptraum in der Mitte war eine Art Säulenhalle. Die Tapisserien, welche die Wände bildeten, konnten zurückgeschlagen
werden. So etwa beschreibt Broneer das Prunkstück. Die Hypothese: Das Zelt
des Xerxes trat gerade zu dem Zeitpunkt in Erscheinung, als das Theater der
Tragödie die Aera der ‹Provisorien› hinter sich ließ und eine ‹permanente skene›
suchte.

Broneer: «To create a structure, substantial and elaborate enough to suggest a
royal palace or a temple façade, and the same time capable of quick alteration
or complete removal, must have taxed the inventive powers of the greatest of
playwrights. The solution to such a problem would not descend from heaven in
a tightly sealed package, but would be likely to suggest itself to an imaginative
mind through some concrete object intended for some other use. I should like to
submit the hypothesis that the tent of Xerxes played an important – perhaps a
decisive – role in the development of Greek scene-building.»

Beziehungen zwischen Zelt und Theater sind auf mannigfache Weise bezeugt.
Platon[7] berichtet, daß noch im 4. Jahrhundert Zelte zur Aufführung von Tragödien auf Marktplätzen aufgeschlagen wurden. Von Perikles' Odeion, das ja im
Theaterbezirk errichtet wurde, berichtet Plutarch,[8] es sei eine Imitation des Xer-
xes-Zeltes gewesen. James Th. Allen[9] hat eindringlich darauf hingewiesen, daß der
Wiederaufbau des von den Persern zerstörten Theaters und die Errichtung des
Odeions «correlative parts of a single project» gewesen seien; nach Berichten Hero-
dots wurden die Trümmer der persischen Schiffe geborgen und als Baumaterial verwendet; Allens Vermutung, daß sie vor allem der Wiederherstellung der ver-
brannten ikria des Theaters dienten, wird durch eine Nachricht Vitruvs gestützt,

wonach das Spitzdach des Odeion aus Masten persischer Schiffe gezimmert gewesen sei; wo, fragt Allen, sollen diese Masten fast 25 Jahre gewesen sein? Wenn in Perikles' Bauprogramm der Ausbau der Zuschauersitze in Stein vorgesehen war (so wie der Ausbau der Bühnenfundamente von H und T, ferner der Halle in Breccia), konnten sukzessive Holzbänke abgebaut und anderweitig verwendet werden. Das alles beweist noch nicht das Zelt auf der Bühne der Tragödie. Aber das wichtigste Argument rastet hier ein: das Wort skene = Zelt löst um die gleiche Zeit, also zwischen 480 und 450, das ältere klisie, das bei Homer ausschließlich verwendet wird, ab. Broneer: «The word, which at first may have had an exotic, any specifically Persian connotation, became the name of the structure in the theater», und das gerade in jenen Jahren, in denen das Xerxes-Zelt die Phantasie der Griechen beschäftigte.

Und hier rastet ein zweites Argument ein. Drei frühe Tragödien spielen im persischen Milieu: Aischylos' ‹Perser›, Phrynichos' ‹Fall Milets› und Phrynichos' ‹Phoenissen›. Schon Eugene O'Neill [10] hat vermutet, daß bei der Aufführung der zuletzt genannten Tragödie «material souvenirs» als Attraktion verwendet worden seien. Die ‹Phoenissen› sind drei Jahre nach der Erbeutung des Zelts aufgeführt worden; Chorege war Themistokles. Schließt sich das nicht von selbst zusammen? Für Broneer gibt es keinen Zweifel: Das Xerxes-Zelt, erstmals verwendet in Phrynichos' ‹Phoenissen›, wurde «the prototype for the permanent skene», und es war selbstverständlich auch der ‹background› der ‹Perser› des Aischylos.

Hier müssen nun ernste Bedenken vorgebracht werden; sie werden zeigen, daß die Hypothese mit den Schlüssen, die Broneer gezogen hat, nicht aufrecht erhalten werden kann; das beeinträchtigt jedoch nicht ihre Schlüssigkeit in einer anderen, kaum minder bedeutsamen Hinsicht.

1. Die ‹Perser› hatten keinen background, der mit dem Xerxes-Zelt in Zusammenhang gebracht werden könnte. Atossa sagt, als sie das zweite Mal auftritt, sie habe diesmal den Wagen nicht genommen (weil sie zur Klage gekommen ist); der Palast war also nicht ‹auf der Bühne›; und Xerxes könnte ihn kaum «links liegen lassen», wenn er zum Schluß mit dem Chor zur Klageprozession in die Stadt aufbricht. In den ‹Hiketiden› gab es kein Gebäude, das von einem Zelt dargestellt worden sein könnte: die Koinobomia war auf dem Pagos errichtet. Auch für die ‹Sieben› ist ein Palast auszuschließen, da er dem Späher den Blick nach draußen, nach drunten verbaut hätte; der Schauplatz war eine offene Zitadelle mit Zinnen, vielleicht mit einem Turm.

Wir haben also allen Grund anzunehmen, daß das erste Haus auf der Bühne in der Orestie errichtet wurde.

2. Zeltstücke sind schon in früher Zeit zahlreich gewesen. Das wichtigste war Aischylos' ‹Achilleis›.[11] Es kann als erwiesen angesehen werden, daß Achills Zelt nicht in der Form der homerischen Klisie (Bretterhütte) gezeigt worden ist, sondern mit Zeltbahnen, die hochgeschlagen werden konnten, um den Blick auf den stumm trauernden Helden freizugeben. Auch wenn die Tetralogie nicht schon 490 aufgeführt worden sein sollte, wofür manches spricht, verbietet sich die Annahme, hier sei Xerxes' Zelt verwendet worden: einfach dadurch, daß kein griechischer Held sich mit so barbarischem Luxus umgeben hätte. Gerade für die Zeltstücke hätte sich also Xerxes' Zelt am wenigsten geeignet.

3. Wenn an der Überlieferung, daß das Odeion eine Nachbildung des Xerxes-Zelts gewesen sei, etwas Wahres sein soll, kann dieses für das früheste Haus, das wir kennen, nicht in Frage kommen, denn der Wächter des ‹Agamemnon› befindet sich auf einem flachen Dach.

4. Herodot berichtet, Xerxes habe, als er nach der Schlacht von Salamis beschloß, die Rückkehr nach Susa anzutreten, sein Zelt dem Mardonios überlassen, und ·Pausanias, der es bei Plataä erbeutete, habe sich darin ein persisches Mahl anrichten lassen. Wie soll das Zelt dann nach Athen gekommen sein? Sollten die Spartaner das Prunkstück den Athenern überlassen haben?

5. Der älteste Zeuge, Aischylos in den ‹Persern›, spricht von einem Zelt-*Wagen*.[12] Danach war also der ‹riesige› Pavillon auf Rädern montiert. Wie soll ein solches Gefährt, wenn es wirklich so riesig war, die Straßen von Sardes/Susa nach Athen bewältigt haben? Die Krippe, von der Herodot spricht, muß ja nicht in einem Stall gestanden haben; auch ist daran zu zweifeln, daß der Großkönig seinen Sklaven eine luxuriöse Unterkunft geboten hätte, wie sie nicht einmal den Offizieren und Soldaten zur Verfügung stand. Luxus und Pracht der harmamaxai – Herodot spricht übrigens an anderer Stelle[13] von zwei Wagen – entsprachen den persönlichen Bedürfnissen des Königs, und dazu bedurfte es keines palastähnlichen Riesenbaues, es genügte ein «wheeled palanquin».[14] Wie hätte man auch einen solchen Riesenbau auf Rädern an Ort und Stelle der Skene des Dionysostheaters gebracht? Mußte man ihn aber vom Radgestell abmontieren, um ihn auf der Skene wiederaufzuschlagen, dann bestand keinerlei Grund, Zeltbahnen für Wände auszugeben.

Dennoch führt uns Broneers Hypothese weiter. Was die Griechen von den Persern lernen konnten, war die Montage-Technik,[15] die sie am Xerxes-Zelt studieren konnten. Stützbalken, Querbalken, ein ‹framework›, ein Gerüstsystem, in das die jeweils benötigten Platten (screens) des szenischen Bauwerks nur eingehängt werden mußten – das war genau das, was für die Skene des Dionysostheaters benötigt wurde, als die Tragiker dazu übergingen, ihre Stücke vor Häusern spielen zu lassen. Dieses System ist im Dionysostheater noch archäologisch nachweisbar, und die Parallelen zu anderen Theater-Skenen sind zahlreich. So trifft auch die von Broneer herangezogene Schilderung des großen Zeltes in Euripides' ‹Ion›[16] zu: Zelte wie dieses konnten dank der persischen Montage-Technik «auf Rädern» mitgeführt und aufgeschlagen werden, wo man sie brauchte.

Freilich: die Griechen machten sich die fremde Technik zunutze, um damit ‹Griechisches› herzustellen.

Auch Broneers Hinweis auf die vielfältigen orientalischen Einflüsse, die sich in der Opsis des Theaters der Tragödie bemerkbar machen (Kostüm[17] – siehe Pronomos-Vase *Tafel 15* –, Haar- und Barttracht[18]) ist für das, was er die Wendung zur «permanent skene» nennt, nicht ohne Bedeutung. Betrachtet man die Rekonstruktion des Alten Palastes von Larisa am Hermos *(Abb. 19)*,[19] so ist man ver-

Abb. 19. Rekonstruktion des Alten Palastes in Larisa am Hermos
(nach Boehlau-Schefold)

blüfft von der Ähnlichkeit mit den Rekonstruktionen der Skene des Dionysostheaters, wie sie sich in der einschlägigen Literatur finden.[20] Die Bühnenarchitektur mit den Paraskenien[21] erscheint wie eine «imitation of Near Eastern architecture». Doch hatten die Griechen dieser Architektur, die ihnen als Korrelat zum Orchestrakreis so verwendbar schien, offenbar von Anfang an ihre eigene Note gegeben. Die vorspringenden Flügel des Palasts in Larisa am Hermos zeigen geschlossene Frontwände mit je zwei kleinen Fenstern. Bei Herodot[22] heißt es von den persischen Palästen: «Zu dem König durfte niemand hineingehen, sondern alles wurde durch Boten abgemacht, und den König bekam keiner zu sehen.» Ähnlich ‹geschlossen› waren auch die Privathäuser der Griechen. Aber das Theater war öffentlich, und dies in einem Grade wie kaum ein anderes Theater der Welt und der Geschichte. So konnte der geschlossene Palast nicht einfach übernommen werden, obwohl er in der Wirklichkeit des 5. Jahrhunderts das bekannteste Vorbild für Königlichkeit bot und obwohl sich sein Grundriß mit den vorspringenden Flügeln für die Form eines theaterhaften Gebäudes an der Orchestra-Tangente in idealer Weise anbot. Wie der Palast in Larisa am Hermos hatte auch die Palastfassade der Theaterarchitektur eine zentrale Türe;[23] es war stets ein hochdramatischer Moment, wenn die Riegel zurückgestoßen wurden und, knarrend, die Flügel sich öffneten. Im ‹Agamemnon› und in den ‹Choephoren› tat sich hier das Innere auf, um als Ekkyklema herausgefahren zu werden. Noch wichtiger war die Öffnung der Frontwände in den vorspringenden Flügeln: Paraskenien, wie wir sie eingangs für die ‹Eumeniden› forderten, hatten Propyla. (Säulen hatten auch, wie heute übereinstimmend angenommen wird, die Paraskenia des lykurgischen Steinbaus.) So wurden Grundriß und Pomp der Paläste den persischen Vorbildern nachgebaut; aber griechischer Geist verwandelte sie in griechische Architektur.

7. Okribas (pulpitum)

Themistios (Orat. 21, 316 d) beruft sich auf Aristoteles als Zeugen für die Nachricht, daß Aischylos die ὑποκριτὰς καὶ ὀκριβάντας erfunden habe. Ähnlich berichtet Horaz (Ars poet. 278/80): «Aeschylus et modicis instravit pulpita tignis.» Die Relevanz dieses Berichts wird von Pickard-Cambridge[1] mit Recht angezweifelt, da Horaz sozusagen im gleichen Atemzug dem Dichter die Erfindung der Maske und des Kothurns zuschreibt, die beide im 5. Jahrhundert so, wie sie sich Horaz, nach der Bühnenrealität seiner Zeit, vorgestellt hat, nicht getragen worden sind. Doch ist das Mißverständnis nicht unerklärbar. Zur Zeit Horaz' bedeutete ὀκρίβας in der Tat beides: sowohl Gestell wie Kothurn. Wenn es anstelle von κοθόρνος oder ἐμβάτης[2] gebraucht werden konnte, so erklärt sich das daraus, daß a) die hohe Sohle des Kothurns aus Holz war (oder sein konnte) wie das Gestell, und daß b) in den Zeiten, als es hölzerne Bühnen nicht mehr gab, Überlieferungen über ὀκρίβας auf den Kothurn bezogen wurden. Bedeutungswandel dieser Art ist nicht ungewöhnlich: auch κοθόρνος war ursprünglich nur ein hoher Lederschuh, wie ihn die Diener des Dionysos im kultischen Zeremoniell trugen,[3] jedoch ohne die dicke Sohle der späteren Zeit (insofern könnte es sogar stimmen, daß Aischylos ihn obligatorisch gemacht hat, als er den zweiten Schauspieler einführte). Schließlich sind die beiden Bedeutungen bei Horaz materiell verschieden: pulpitum ist eben nicht gleichgesetzt mit cothurnus.

Der Wortgebrauch in der klassischen Zeit ist eindeutig. Wie in Platon Sympos. 194 b bedeutet ὀκρίβας ausschließlich ein Holzgerüst (und noch nicht den Schuh). Die Tradition ist nachweisbar in der Suda, wo das Wort die «Fundamente der hölzernen Theater» bedeutet, und bei Timaios[4] (Plat. Lex. 190 R). Xenophon spricht (Kyr. VI 1, 54) von «Hölzern, so dick wie die der tragischen skene». Rohde[5] verweist auf die ursprüngliche Wortbedeutung: ὄνος oder ἄγριος κριός wie unser ‹Bock› = Gestell auf Füßen. Der Scholiast zu der Platon-Stelle sagt: gemeint sei das ‹logeion› (pulpitum, Vitruv V 7), das einige auch κιλλιβάντα τρισκελῆ nennen: sehr hartes (wohl: sehr festes) Gerüst.

Eine alte Tradition bringt also ὀκρίβας in Zusammenhang mit einer Bühne, die es später nicht mehr gab: dem Theater der hölzernen Skene.

Wenn die gleiche Tradition Aischylos für den Erfinder des ὀκρίβας (pulpitum) hält, so heißt das, daß noch in der späten Antike die auf einem Gerüst errichtete Spielstätte als eine Erfindung des Aischylos galt.[6] Wenn man Themistios trauen kann, stand es so schon bei Aristoteles. Selbst wenn an dieser Tradition nur so viel wahr wäre, daß es zuerst eine Bühne ohne Pulpitum gegeben habe und daß dann eine mit Pulpitum erfunden worden sei, so muß Aischylos daran beteiligt gewesen sein. Denn die drei ersten Stücke von ihm, die wir kennen, bedürfen keines Gerüsts. Der Terminus post quem für dieses ist die Orestie: 458. Man kann sich schwer vorstellen, daß eine so grundlegende Änderung ohne die Mitwirkung des ersten Tragikers erfolgt wäre.

8. Paraskenien

Den Theatermann faszinieren die Paraskenien. Er stellt sie sich vor, wenn er hier und dort, oben und unten, an den Seiten, im steinernen Koilon Platz nimmt. Er sieht diese ‹Bühne› zunächst nur als ein Podest,[1] das dem Breccia-Fundament entspricht: ein ‹Gerüst›, mit Brettern belegt, zwei, höchstens drei Stufen über dem Orchestrakreis, diesen dreimal tangierend, in der Mitte des Südkreises, und links, rechts, noch immer am Südkreis, mit den inneren Ecken der vorspringenden Flügel. Er sieht dahinter den Hain, im Osten den Pagos, zu dem man noch immer durch die Parodos hinansteigt, im Westen die Rampe, die zum Temenos hinunterführt, er sieht das Ganze eingefaßt von den Bergen und in der Ferne das Meer. Welch ein Spiel-Raum im glasklaren attischen Licht und in den Strahlen der mittelmeerischen Sonne!

So haben die Tragiker ihr Theater vor sich gesehen, während sie ihre Stücke entwarfen, von irgendeinem Zeitpunkt an, um 460. Die Idee der neuen Anlage mit der Zentralachse, wie sie durch den Umbau verwirklicht wurde, ist so komplex und so aus einem Guß, daß man sie als eine der genialen Erfindungen des griechischen Theaters erkennen muß. Derartiges ergibt sich nicht von selbst aus allmählicher Entwicklung und schrittweiser Veränderung. So wie der Beschluß zum Umbau unzweifelhaft einmal von den Verantwortlichen gefaßt worden ist, so unzweifelhaft haben sie ihn gefaßt aufgrund eines Bau-Programms, und zu diesem Programm müssen die Paraskenien gehört haben *(Abb. 20 und 21)*.

Wir haben die Ursachen und Motive klarzulegen versucht, die den Beschluß zum Umbau unumgänglich erscheinen lassen. Wir haben in einer Hypothese eine Übergangsbühne postuliert, da der Sprung von der Pagos- zur Paraskenien-Bühne zu jäh gewesen sein mochte. Wir können die Hypothese jetzt noch durch eine weitere Überlegung stützen.

Die Pagos-Bühne (Bühne im modernen Sinn als Spielfeld verstanden) war aus der Ost-West-Achse entwickelt worden. Es entspricht, wie wir festgestellt haben, einer Regel der attischen Theatergeschichte, daß die Konventionen von großer Dauerhaftigkeit gewesen sind; sie werden fast immer in das Neue integriert. So sind auch mit der Zentralachse die Konventionen der Ost-West-Achse nicht aufgegeben worden. Festgehalten wird zum Beispiel an den beiden Parodoi – was alles andere als selbstverständlich ist, da die neue Mauer H eine Menge Auftrittsmöglichkeiten aus der Bühnen-Zone im Temenos angeboten hätte: direkt von der

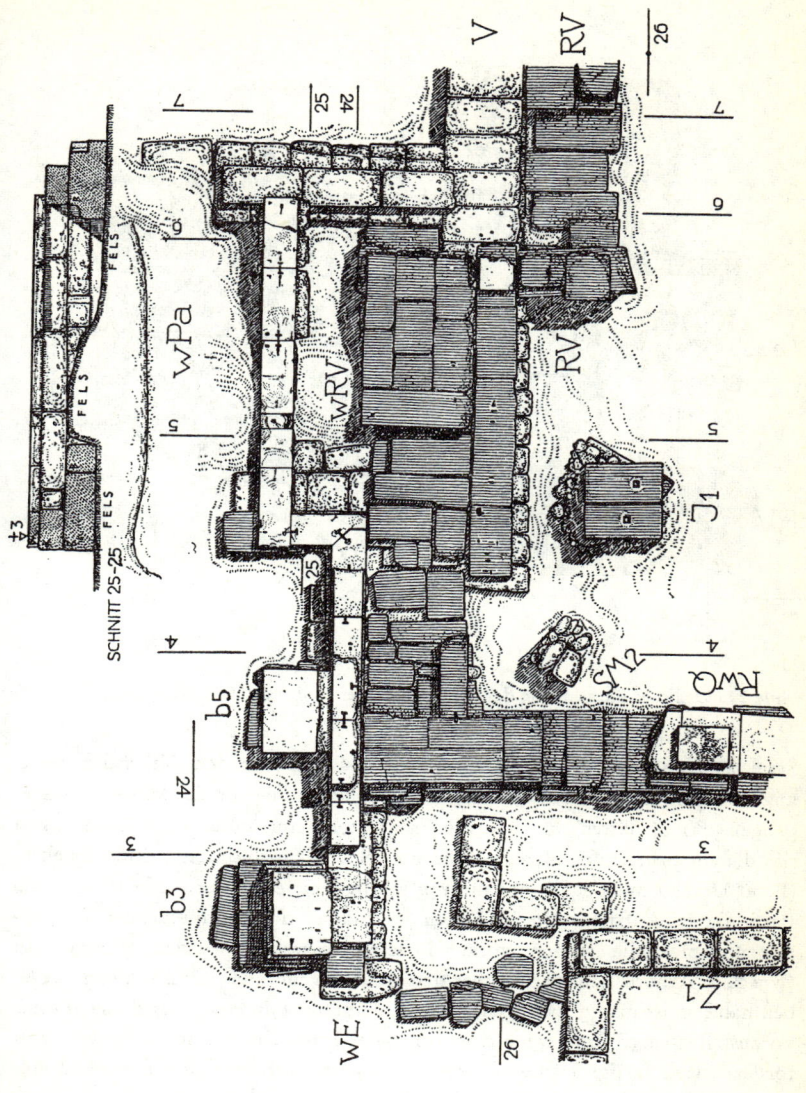

Abb. 20. Westliches Paraskenion des Dionysostheaters (Grundriß der Ruine n. Fiechter)

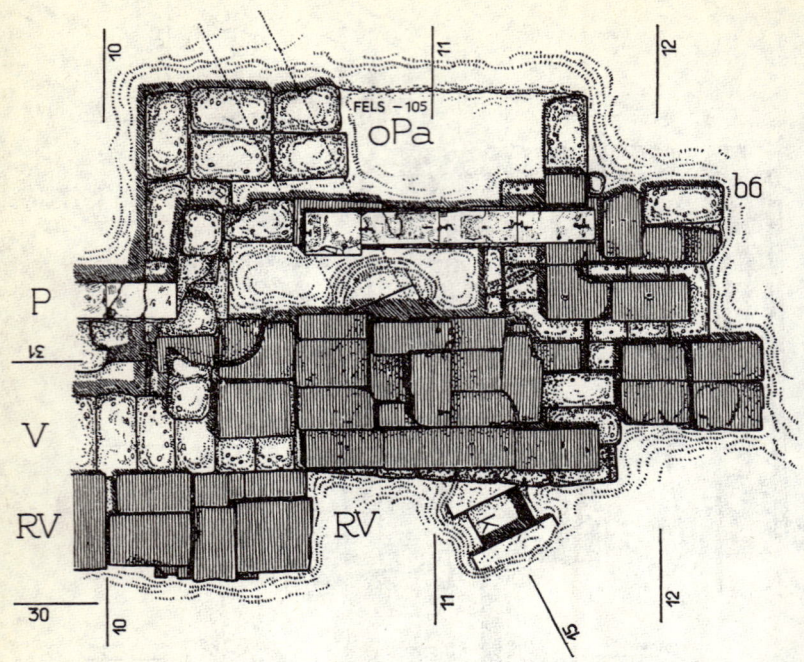

Abb. 21. Östliches Paraskenion des Dionysostheaters (Grundriß der Ruine nach Fiechter)

Seite her zum Beispiel (wie es Dörpfeld[2] für Pelasgos in den ‹Hiketiden› sogar angenommen hat). Aber alle Auftrittsmöglichkeiten, die von der Mauer H ausgegangen wären, hätten sofort in die Frontalzone einmünden müssen. So lassen sich die vorspringenden Flügel geradezu als Sperre für solche Auftritte verstehen. (Beim Umbau muß das Problem aufgetaucht sein: entweder Auftritte aus den Parodoi oder Auftritte von den Seiten des Podests; die Kontinuität der Konventionen empfahl die ersteren, worauf die letzteren gesperrt wurden.) Nimmt man (wie z. B. Arnott[3]) an, daß es über der Mauer H eine stehende Rückwand gegeben habe, so ist man gezwungen, sich die Vorgänge reliefartig vor dieser ‹Front› vorzustellen (noch dazu wenn man vor dieser Front ein Podest als ‹raised stage› fordert). Reliefartige Darstellungsweise ist vorzüglich verwendbar für das epische (nichtaristotelische) Theater; das Theater der Tragödie war jedoch von Anfang an antagonistisch, ‹dramatisch›, und im Verlauf seiner Entwicklung während des 5. Jahrhunderts wurde der Antagonismus eher überspannt als ent-

spannt. So gesehen erscheinen die Paraskenien geradezu als eine einzigartige Möglichkeit, die reliefartige Darstellungsweise zu vermeiden und den Antagonismus
der Ost-West-Achse in das neue Theater der Zentralachse zu integrieren.

Schon auf dem unbebauten Podest konnten antagonistische Personen oder
Positionen auf den vorspringenden Flügeln gegeneinander exponiert werden:
wie zahlreich sind solche, oft an Prozeß-Szenen erinnernde Auseinandersetzun-
gen in den Tragödien, vor allem bei Euripides!

Das ist nur eine der Spielmöglichkeiten, die von der Paraskenienbühne angeboten worden sind. Versucht man, sich vorzustellen, wie die Tragiker ihre Stücke
in diesen Spiel-Raum hineinkomponiert haben, gewinnt man leicht ein Bild von
der Variationsbreite der Gänge, Gruppierungen, Positionen, Auftritte und Abgänge, die durch die Relation zu den Evolutionsmöglichkeiten des Chors noch
vervielfacht wurde. In der Ost-West-Achsen-Bühne war die Orchestra das selbstverständliche Zentrum, sozusagen das Gelenk des antagonistischen Spiels; der
Chor war also im Wesentlichen auf Evolutionen eingeschränkt, die entweder
aus dem kyklischen Grundcharakter der Spielstätte gewonnen wurden oder nach
rechts, bzw. links, umgekehrt von links, bzw. rechts her tendierten. Diese Möglichkeiten waren im neuen Spielraum weiterhin gegeben; aber nun kamen andere
hinzu – man kann sie fast mathematisch errechnen: zentral nach dem Mitteltor,
halbrechts und halblinks zu den Paraskenien, frontal zu den Paraskenien oder zu
je einem Paraskenion, profiliert zu den Innenseiten der Flügel. Dazu zwei weitere
Grundarrangements:[4] die Einbeziehung der Stufen in der Form des offenen
Rechtecks mit zwei Parallelseiten in der Proportion 1:3:1, und die Öffnung aus
dem Kreis zu rechteckigen Formen oder umgekehrt.

Die spezifische Theaterhaftigkeit des durch die Paraskenienbühne gebildeten
Raums erscheint dem Theatermann so stupend, daß er sie mit modernen ‹Erfindungen› vergleichen muß. Edward Gordon Craig, der zu Beginn unsres Jahrhunderts die Bühne als künstlerisch spezifischen (und daher im Prinzip antiillusionistischen) Raum entdeckt (wiederentdeckt) hat, experimentierte in abstrak-
ten Szenerien mit kubischen Formen und Treppen, ebenso sein Zeitgenosse Adol-
phe Appia. Aus der Theaterhaftigkeit dieser Opsis entwickelten Leopold Jessner
seine berühmte Treppe und Jürgen Fehling (mit Caspar Neher) die ‹Schräge›.
Dörpfelds Ansicht,[5] daß die Sicht aus dem Koilon die völlig ebene Spielfläche
fordere, ist absurd: auch der Zuschauer in modernen Theatergebäuden sieht doch
von den ansteigenden Sitzreihen oder Rängen auf die Bühne herab, und trotzdem wurden Treppe und Schräge erfunden, um die Wirkung der Vorgänge zu
steigern. Nicht weil, wie Dörpfeld auf gestellten Fotos zu zeigen versuchte, auch
die hinter dem Chor stehenden Darsteller gut sichtbar waren, ist das ‹Proskenion-
Podest› für das Theater des 5. Jahrhunderts abzulehnen, sondern: weil die ge-

steigerte Bedeutung der Hauptdarsteller deren optische Hervorhebung erforderte, ist es erfunden worden. Und wenn das Breccia-Fundament [6] eine Anlage des ‹perikleischen Theaters› (oder wenigstens der Spätzeit des 5. Jahrhunderts) gewesen ist, kann die These des gleichen Niveaus von Orchestra und Skene schon gar nicht mehr aufrechterhalten werden. Pickard-Cambridge,[7] der zu dem Schluß kommt, daß es keinerlei Beweise für eine ‹raised stage› gebe, widerlegt sich selbst, wenn er unter den Tempeln auf Vasen auch solche mit Stufen zeigt *(Abb. 22 und 23)*. Und Gerkans[8] Behauptung, daß die paraskenia nicht vorspringende Seiten-

Abb. 22. Tempelchen auf Vasen.   *Abb. 23.* Tempelchen auf Vasen.
Amphora aus Ruvo   Medea-Vase in München

flügel gewesen seien, sondern nur einfach ‹Nebenskenen› (nicht vorspringend), die «den Spielplatz seitlich abschließen», ist mit Recht nicht akzeptiert worden.

Pickard-Cambridge räumt ein, daß die ältesten Paraskenien, die archäologisch nachweisbar sind, die in Eretria, noch in der zweiten Hälfte des 5. Jahrhunderts entstanden sein können. Im jüngsten Bericht über die Grabungen bestätigt Karl Schefold diesen Befund für die erste Periode des Theaters.[9]

Auch das ist natürlich kein Beweis, ebensowenig wie leider die früheste Erwähnung des Wortes παρασκήνιον bei Demosthenes (in Meid. 17: τὰ παρασκήνια φράττων, προσηλῶν ἰδιώτης ὢν τὰ δημόσια); denn obwohl der Wortlaut ziemlich eindeutig scheint («die Paraskenien vernagelnd»), waren schon die alten Kommentatoren nicht sicher, was mit dem Wort gemeint sei (Harpokration[10]): Nebengebäude zur Skene oder Eingang zur Orchestra. Theophrastos, ein Freund des Aristoteles, wird für die Bedeutung ‹Seitenflügel› in Anspruch genommen, doch wird nicht gesagt, ob diese vorspringend gewesen seien oder nicht. Auf dem zeitlich nächsten Vorkommen des Wortes gründet Gerkan seine These. Pollux erwähnt paraskenion (IV 123) ohne Erklärung – er hatte wohl keine.

Die Konfusion ist leicht zu erklären. Wie die Bedeutung war die Sache den späteren Kommentatoren nicht mehr bekannt. Die hellenistische und die römische Bühne hatten Seitenbauten, aber keine Paraskenien in dem Sinne, wie sie mindestens für das lykurgische Theater charakteristisch waren. Die Frage der Benennung ist also sekundär. Wenn wir die vorspringenden Seitenflügel Paraskenien nennen, so befinden wir uns in Übereinstimmung mit der Mehrheit der Forscher, die weder die Ansichten Gerkans noch die Dörpfelds und Pickard-Cambridges teilen.

Für *Fiechter*[11] ist das Breccia-Fundament mit seinen beidseitig vorspringenden Fundamentteilen die Basis der Annahme, daß es hölzerne Aufbauten gegeben haben muß, die dem Grundriß dieses Fundaments folgten. (Selbstverständlich kann daraus nicht geschlossen werden, daß die Paraskenien-Fundamente in sämtlichen Stücken überbaut worden sind: Euripides' ‹Medea› oder ‹Elektra› hatten sicher keine solchen Aufbauten, sondern nur den Bau in der Mitte, ein einfaches Haus, eine Hütte.) Fiechter glaubt, Spuren gefunden zu haben, die darauf deuten, daß «der Marmorbau der Paraskenien auf einem Fundament des 5. Jahrhunderts» ruhte. Seine Ansicht, daß das Fundament in den Proportionen zwischen Skene-Rückwand und Paraskenien (nach den Funden 5:14:5) ursprünglich in der Relation 1:3:1 geplant gewesen sei, hat vieles für sich. Gegen Gerkans Einwände bestand er in dem kurz vor seinem Tod (1948) abgeschlossenen Nachtrag darauf, daß die «Säulen-Paraskenien auf ein älteres Fundament aufgestellt worden sind». Die bühnenpraktisch unmögliche Vorstellung, daß die Seitenwände der Paraskenien geschlossen gewesen seien, hat er glücklicherweise aufgegeben. Mit Dörpfeld, Bulle und Gerkan nahm er nun «offene eingeschoßige Hallen» an. Da er das Breccia-Fundament bis in die Jahrhundertmitte hinaufsetzte, hielt er hölzerne Paraskenien-Aufbauten in dieser Zeit für wahrscheinlich.

Frickenhaus[12] vermeidet das Wort ‹Paraskenien› und glaubt, daß in der Demosthenes-Stelle «die äußersten Flügel der Skene, aus denen man durch eine Tür unmittelbar in die Parodoi gelangte», gemeint seien. Aber was soll eine solche Tür bezweckt haben, da die Auftritte aus ihr doch einsehbar waren?

Fensterbusch[13] hat keinen Zweifel, daß die Skene «ein Haus mit seitlich vorspringenden Flügelbauten» war, das gelegentlich «praktikable Anbauten und Aufbauten» erhielt.

Schleif,[14] der es für bewiesen hielt, daß die Paraskenien «von Anfang an offene einstöckige Säulenhallen waren, im inneren Wesen also nichts anderes als die vorausgegangenen, nun in Stein umgesetzten, ebenfalls doch wohl einstöckigen Holzparaskenien», setzt das Breccia-Fundament viel später an (343/2?); aber das ändert in der Sache nichts, da sich für ihn ein Vorgänger aus Holz von selbst verstand. Eine interessante Feststellung: «Der einzig wirklich meßbare Kreis, der Orchestrakreis auf der Innenkante des jetzigen Ring-Kanals», trifft «genau die Fluchtlinien der ersten Marmorparaskenien (vielleicht auch schon der Holzparaskenien?)».

Flickinger:[15] «Of the same material (wie der Neue Tempel) are the foundations of the parascenia and the front and back walls of the scene-building, and perhaps they are to be assigned to the same period as the temple», also das letzte Viertel des Jahrhunderts.

Anti[16] verbindet die Entstehung der Paraskenienbühne mit der Hypothese des Modells der persischen Paläste für die Palast-Skene (Larisa am Hermos, Basileiai stoai); er glaubt, sie durch weitere Analogien stützen zu können, und datiert die Entwicklung eindeutig ins 5. Jahrhundert. Die Argumentation steht und fällt mit der Glaubwürdigkeit der Hypothese.

Webster[17] setzt die Paraskenien in die spätklassische Zeit, mit Flickinger ins «letzte Viertel des Jahrhunderts» und begründet dies hauptsächlich aus der Evidenz der Stücke. Da Aristophanes' ‹Acharner›, 425 aufgeführt, drei Türen benötigen, schließt er: «We should have then to conclude that the new stage-building with wide central door and two narrow side-doors was completed by 425.»

Dinsmoor[18] geht ebenfalls davon aus, daß das Breccia-Fundament aus dem letzten Drittel des 5. Jahrhunderts stammt; aus der Demosthenes-Stelle schließt er, daß es Holzparaskenien von ca. 420 bis Lykurg gegeben habe, mit einer «platform of 6,53 m in width and projecting 3,26 m». Paraskenien definiert er als «projecting lateral pavillons». Nach der Evidenz der Stücke, wie wir sie sehen, sind die Datierungen Websters und Dinsmoors zu spät angesetzt.

Margarete *Bieber*[19] widmet dem Problem eine gründliche Darstellung. Sie faßt Befunde, Argumente und Meinungen zusammen und stellt dann die Frage, wofür wir uns zu entscheiden hätten: «The breccia foundations for a skene with side wings, paraskenia, were built before the wall H, which had served as a background for the temporary playhouses and as a northern wall of the stoa. It thus became the southern wall of the stone skene... The rectangular rooms, projecting in front of both sides, facing the corner between the parodos and the passage around the orchestra, seem to have been correctly the name paraskenia, side buildings of the skene.» Die Demosthenes-Stelle wird in diesem Sinne ausgelegt. Gegen die Rekonstruktionen von Fiechter[20] (der sich hier, wie erwähnt, später korrigiert hat), Mahr[21] und Bulle wird mit Recht vorgebracht, daß die Paraskenien «to heavy» seien. Diese zweistöckigen Türme,[22] die Bunkern gleichen, sind aus bühnenpraktischen Gründen völlig auszuschließen. Es kann sich nur um offene Säulenhallen gehandelt haben, mit einer Rückwand, die, wie viele Vasenbilder zeigen, eine praktikable Tür[23] ins Innere des Skenengebäudes hatte, an der Stelle, von der aus der Flügel aus diesem vorsprang. M. Bieber wendet sich gegen die Annahme, die Paraskenien seien zweistöckig gewesen (wie in Delos, dessen Theater frühestens aus dem späten 4. Jahrhundert stammt,) und fährt fort: «It seems to me, however, that as long as the skene was erected in wood and with the scenery painted on canvas it had usually only one story, which served as background to the plays, as it be seen on the Iphigenia vase.[24] This vase corresponds not only to the recognizable outline of the earliest stone skene in Athens but also to the earliest foundations for the skene buildings in Eretria, in Syracuse, in Segesta with very strong substructures for the paraskenia, in Tyndaris, and in Pompeii. It is proved by the Iphigenia vase in Paris that plays were acted in the fourth century not on an proskenion, a stage between the paraskenia, but in front of the skene and between the paraskenia on the ground floor in the orchestra... The picture of a wooden paraskenion-theatre with slender columns, rich ebtablature, and acroteria is depicted on a fragment found in Tarentum and now in Würzburg.» (Wir halten es nicht für ratsam, so weitgehende Schlüsse aus unteritalischen Vasen des 4. Jahrhunderts zu ziehen.) M. Bieber fährt fort: «May we now accept this form of the skene with side wings and of the plays represented on vases of the fourth century for the presentations in the fifth century? I think we may, at least for the period after 458 when Aeschylus produced the Oresteia. The drawings of the earlier Athenian stage buildings made by Fiechter and Mahr without the knowledge of the vases, and based on the requirements of the plays, have the projecting paraskenia. The requirements of a play of the fifth century and those of the fourth century, when the first stone skene was laid out and finished under Lycurgus, did not differ from each other, since the development of tragedy and Old Comedy came to a standstill about 400 B. C. We may suppose that the stone skene was designed and executed in a form which had repeatedly proved itself, during the fifth century, practical and useful for a number of performances. The skene of the classical period thus avanced steadly from south to nord in the direction of the slope of the acropolis, that is, in the direction of the auditorium. Even when three buildings were necessary, the playhouse with two paraskenia and the orchestra between could fulfill all conditions of the ‹mise en scène› by using the buildings one after the other like simultaneous stage of the Middle Ages... The paraskenia have their origin in the fact that Euripides and Aristophanes needed more possibilities for entrance than their predecessors.»[25]

Wir haben über die Möglichkeit, die Paraskenienbühne mit ihrer Dreigliederung als Simultanbühne zu benützen, noch nicht gesprochen. Vor allem Hedwig *Kenner*[26] hat sie sozusagen durchgespielt und interessantes Bildmaterial dazu beigebracht. Aber sie, wie M. Bieber, haben unscharfe Vorstellungen von der Simultanbühne, wie sie die Theatergeschichte aus der Praxis des späten Mittelalters kennt. Wesentlich für die Spielweise auf dieser Bühne ist die Stationenform: der Schauplatz wechselt von einer Station (mansion) zur anderen, und zwar derart, daß die betreffende Szene jeweils nur diesen einen Schauplatz hat. Es gibt kein griechisches Stück, das einen solchen Ablauf für die Bühne vorschreibt. Wo immer so etwas wie ‹Simultanbühne› in Frage kommt, zum Beispiel in den ‹Eumeniden›, spielt stets die ganze Bühne mit, was bedeutet, daß dieselben Bühnenteile nacheinander verschiedene Schauplätze vorstellen. (Wir untersuchen diese Methode genauer in unserer Interpretation der ‹Eumeniden›.) Hier nur soviel: Im 1. Bild haben wir links einen zunächst nicht mitspielenden Tempel, rechts den Tempel des Apollon, dazwischen offene Szene (mit einem massiven Gebälk[27] zwischen den Paraskenien, wie auf der Iphigenia-Vase); im 2. Bild ist der Tempel links Athenas Heiligtum in Athen; im 3. Bild wird die offene Szene in der Mitte als Areopag angesprochen, während der Prozeß sozusagen zwischen den beiden Tempeln geführt wird (Apollon spricht von seinem Tempel aus, dem Paraskenion rechts). Aber die offene Szene hat schon vom 1. zum 2. Bild mitgespielt: man sah Orest von rechts unten kommen und über die offene Szene nach Athenas Tempel rennen, gejagt von den Erinyen, die ihm auf dem gleichen Weg folgten. Auf den Stufen, die am Breccia-Fundament aus Natursteinen geschichtet waren, saßen die Richter des Areopags, vor der offenen Szene.

Das Wesen der Simultanbühne ist episch; das Wesen der Tragödie ist dramatisch. W. Jens[28] und K. von Fritz[29] haben den Anteil epischer Elemente (Botenbericht, Chor) am Theater der Tragödie erörtert. Aber mit Recht besteht K. v. Fritz darauf, daß die Tragödie nicht episodenhaft ist und daß dieses Nichtepisodenhafte die «Einheit der Handlung» bedeutet, zu der «ein wesentlicher Grund ganz einfach durch die äußeren Gegebenheiten des Theaters gegeben» sei; diese äußeren Gegebenheiten bedingen für das Theater eine «engere Begrenzung» als für das moderne. Enger begrenzt ist die Möglichkeit des Szenenwechsels; die epische Stationenform ist ausgeschlossen. Aber man bedenke, daß diese Bühnenform nicht ‹da› war, sondern erfunden wurde, zumal nach dem Umbau um 460. Dramatische und szenische Struktur sind nicht voneinander zu trennen. Beide sind aufgebaut auf dem Axiom der ‹Einheit› = Geschlossenheit. Wie könnte Geschlossenheit optisch klarer ins Bewußtsein gehoben werden als durch die Paraskenienbühne? In den ‹Eumeniden› zum Beispiel gab sie dem Ablauf der drei Bilder (oder Akte) eine synoptische Einheit, in der die Schritte des logischen

Verlaufs ständig der Erinnerung an die vorausgegangenen Vorgänge gewärtig bleiben mußten.

Wir sind wie Webster der Ansicht, daß die Evidenz der Stücke den Ausschlag geben muß. So fassen wir summarisch zusammen, was sich aus ihr ergibt (wobei für die detaillierte Begründung auf die Einzelinterpretationen verwiesen sei):

Eine Vorfrage stellt sich zunächst: das Problem der Türen. Daß es Stücke mit mehr als einer Türe gegeben hat, sollte trotz aller spitzfindigen Argumente der Verfechter einer puritanischen Bühne[30] nicht in Frage gestellt werden. Die Frage, ob es zwei oder drei gewesen sind, ist für denjenigen leicht entscheidbar, der den Grundzug zur Symmetrie in allen Maßnahmen der ‹neuen Bühne› erkannt hat. Denkt man an die halbgeöffneten Türen auf so vielen Vasenbildern, die Theaterszenen wiedergeben (oder wiedergeben könnten), kann man kaum daran zweifeln, daß die beiden anderen Türen in den Paraskenien zu suchen sind. Und in der Tat erklären sich nicht wenige Auftritte und Abgänge so am leichtesten.

Wenig beachtet wurde bisher das überraschende Auftreten (von Göttern oder Fremden) ‹aus dem Dunkel› in Szenen, in denen keine Mechane in Bewegung gesetzt wird. Auch hierfür bieten die Paraskenien die willkommene Lösung: die Säulenhallen lagen während des ganzen Vormittags in tiefem Schatten, da die Sonne im Rücken der Bühne stand; nachmittags erreichte das Licht erst spät mehr als die Hälfte der offenen Säulenhalle, wobei der Schlagschatten dahinter umso tiefer wirkte. So konnte ein Gott leicht durch die im Dunkel liegende Tür eintreten und plötzlich mit *einem* Schritt ins Licht gelangen – ein coup de théâtre! Auch Lauscher, wie sie vor allem die Elektra-Stücke fordern, hatten es leicht, dort im Schatten fast unsichtbar zu sein, unsichtbar auf jeden Fall hinter den Säulen für die Partner.

Und noch ein dritter Punkt gilt für eine Reihe von Stücken. Neben dem Haupthaus (mit der Mitteltür) gibt es ein Nebenhaus (oder mindestens eine Nebentür), bezeichnet als Frauenhaus (thalamos, im Gegensatz zu megaron) oder als Gästehaus (xenon). In keiner Szenerie kann ein Nebenhaus für beides gegolten haben. Wenn es ein Gästehaus gab, gab es auch ein Frauenhaus. Mindestens *ein* Stück zeigt unzweifelhaft die beiden Nebenhäuser links und rechts von dem Zentraltrakt mit der großen Mitteltüre: die ‹Choephoren›. Webster[31] ist der Ansicht, daß die drei letzten Stücke des Sophokles (‹Elektra›, ‹Philoktet›, ‹Oedipus auf Kolonos›) und die letzten Stücke des Euripides («from rather before die ‹Trojan Women›») und alle Stücke des Aristophanes nach dem ‹Frieden› gespielt wurden «before a wooden stage-building with projecting wings». Wir sind, wie gesagt, überzeugt, daß die Evidenz der Stücke schon von der Orestie an für die Paraskenienbühne spricht.

Dabei muß allerdings *eines* betont werden: es handelte sich immer um eine hölzerne, also temporäre Skene. Konstant ist nur das Fundament (zuerst Holz und Breccia). Es gibt späte Stücke, die ‹auf offener Szene› gespielt worden sein müssen (wobei eine Verkleidung mit Natursteinen die alte Pagos-Szenerie fortführen konnte). Und bei den Stücken, die ein schlichtes Haus oder eine Hütte zeigten, sind die Paraskenien-Fundamente entweder freigeblieben oder ebenfalls verkleidet worden. Die Variabilität der Holz-Skene gehört ins Bild des 5. Jahrhunderts, auch wenn sie im Lauf der Zeit durch ein konstantes Grundgerüst eingeschränkt worden ist; ihre Attraktivität war noch gegen Ende des Jahrhunderts so stark, daß sie die grundverschiedenen Szenerien der ‹Phoenissen› (Zitadelle), des ‹Philoktet› (Fels und Höhle), des ‹Orestes› (Palast), der ‹Iphigenie in Aulis› (Zelte), der ‹Bakchen› (beschädigter Palast) und des ‹Oedipus auf Kolonos› (Hain am Pagos) auf die Bühne bringen konnte. Das kennzeichnet den tiefen Einschnitt, der die transitorische Welt des klassischen Theaters von der petrefakten des lykurgischen trennt.

Ohne Paraskenien ist die Inszenierung der ‹*Orestie*› undenkbar. Über die ‹Eumeniden› haben wir schon gesprochen. Im ‹Agamemnon› gab es ein Frauenhaus und erst, als die roten Teppiche zum Empfang des Königs ausgelegt wurden, auf dem Höhepunkt des Stückes, wurde das Zentraltor geöffnet. Altäre werden erwähnt: sie dürften im anderen (rechten?) Paraskenion gestanden haben, wo in den ‹Choephoren› der Eingang zum Fremdenhaus war (712), während im anderen (linken?) Paraskenion die γυναικεῖαι πύλαι (878) zum thalamos führten. Für die ‹Eumeniden› muß der Mitteltrakt unter dem Gebälk abgebaut oder weggerollt worden sein.[32]

Für den ‹*Prometheus*›[33] räumt Patrick-Cambridge[34] ein, daß paraskenia die Inszenierung wesentlich erleichtert hätten, wenn es sie gegeben hätte. Wir hoffen, zeigen zu können, daß die zweifellos stereotype Felsenszenerie, die in vielen späteren Stücken die alte Natur-Szenerie des Pagos ersetzen mußte, über das Paraskenien-Fundament (damals sicher noch aus Holz) gezogen wurde, zusammengesetzt aus immer wieder verwendeten Attrappen. Prometheus stand auf einer Art Oberbühne; man mußte zu ihm hinaufsteigen oder, wie die Okeaniden, von dort zur Orchestra hinabsteigen (272); um dahin zu gelangen, mußten sie eine der Parodoi hinter den Felsen erreichen (vor 397).

Vom *Aias*[35] wurde gesagt, daß er möglicherweise noch auf der Pagos-Bühne gespielt worden ist; aber das Zelt kann auch, statt auf dem Pagos im Osten, auf dem Ost-Paraskenion aufgeschlagen gewesen sein; es spielt dann die gleiche Rolle im letzten ‹Akt›, nämlich keine. Da das Stück noch in die Anfangsphase der ‹neuen Bühne› gehört, in der so viel Opsis gezeigt wurde wie in der Orestie und der Promethie, ist auch denkbar, daß es weggerollt worden ist (hinter die Ostparodos, wo es den Blicken entzogen war).

Antigone und Ismene kommen aus dem Frauenhaus (linkes? Paraskenion); das Agalma des Dionysos, den der Chor in der Parodos feiert, stand im anderen Paraskenion: dorthin tendieren die Evolutionen der bakchantisch Tanzenden, während von der entgegengesetzten Seite, aus der Stadt, Kreon mit der Leibwache die Szene betritt. Der Palast war der gleiche wie im ‹König Oedipus›: Iokaste kam aus dem Frauenhaus, um, gefolgt von ihren Frauen, nach der anderen Seite zu gehen, zum Altar im Paraskenion, der nunmehr derjenige des Apollon war.

Elektra, für die Webster[36] Paraskenien konzendiert, hatte ein Frauenhaus und ein Gästehaus, wo sich der Paidagogos zwischen der Bericht-Szene und seinem Wiederauftritt (1322) aufhält: nur wenn Orest durch diesen Eingang das Haus betritt, kann sich der Mord so ereignen, wie er geschildert wird. In den ‹Trachinierinnen› gab es wohl nur ein einfaches Haus, ein Asyl.

Für *Philoktet* gilt, was zu ‹Prometheus› gesagt wurde. Die Felsen-Höhlen-Dekoration war stereotyp; sie war die des euripideischen ‹Kyklops›.

Als *Oedipus auf Kolonos* verfaßt wurde, gab es wohl längst das Breccia-Fundament. Es kann mit Natursteinen verkleidet gewesen sein (195, 19), oder es gab in dem Segment zwischen Orchestrakreis und Ostparaskenion noch gewachsenes Felsgestein.

Die meisten Stücke des Euripides spielen vor einem Haus, und die Mehrzahl unter diesen verlangt die Paraskenienbühne.

Alkestis: ein Frauenhaus, aus dem der lebende Leichnam ein letztes Mal ins Sonnenlicht getragen wird; ein xenon, in dem Herakles zecht, während aus dem Mitteltor die pompe funèbre aufbricht.

Während in *Medea* nur von einer Herberge die Rede ist, einem schlichten Haus im Mitteltrakt, benötigt ‹Hippolytos› für den Jägerchor ein Herrenhaus, zu dem die Amme aus dem Frauenhaus hinüberschleicht. Erst für Theseus öffnet sich das Mitteltor.

Der delphische Tempel im *Ion* stellt ein Spezialproblem, denn er hatte ein von drei Seiten einsehbares Peristyl.

Aber die Zelte in der *Hekabe* und den *Troerinnen* waren ebenso wie die der aulischen *Iphigenie* auf den Fundamenten der Paraskenienbühne aufgeschlagen, mit dem Hauptzelt in der Mitte. Von Stufen ist übrigens hier ausdrücklich die Rede.

In *Andromache* hat sich die Heldin zu Thetis' Tempel (Paraskenion) geflüchtet, und eine Dienerin kommt aus dem Frauenhaus gelaufen, während Hermione im Pomp aus dem Mitteltor auftritt.

Auch im *Herakles* gibt es ein Nebenhaus, aus dem Megara mit den Kindern und dem Vater aufbricht, um in den Tod zu gehen; und es gibt einen Altar des

Zeus, an dem sie Zuflucht gesucht haben, bis der Usurpator droht, sie auszuräuchern. Das Ekkyklema mit dem Schreckensbild rollte aus dem Mitteltor.

Die späten Stücke, wohl durchweg auf dem Breccia-Fundament gespielt, haben das, was man ‹interessante Szenerie› nennen kann. Keines zeigt die inzwischen fast zur Norm gewordene Palastarchitektur (der ägyptische Palast in der *Helena* bot ein exotisches Bild), aber in allen müssen die Paraskenien-Fundamente mitgespielt haben: sie waren ja nun aus Stein. Selbst den Atriden-Palast im *Orestes* möchte man sich beschädigt denken, so wie in den *Bakchen* ausdrücklich von Trümmern die Rede ist (7) und das Erdbeben noch ein übriges dazu getan haben mag. Euripides' letzte Tragödie spielte nach Pickard-Cambridge[37] vor folgendem Bild: «There were on one side of the palace the remains of Semele's dwelling and her grave (7–12, 597), from which fire and smoke shot up, and on the other side, probably, the stables, in which Dionysos was confined.» Wir sind fast sicher, daß das ungewöhnliche Stück eine weniger normale Szenerie fordert, doch bleibt es dabei, daß auch sie auf dem Fundament aufgebaut werden mußte, auf dem sich später die Paraskenien-Bühne versteinern sollte.

In der Evidenz der Stücke zeichnet sich eine Entwicklung ab: Variationsbreite – Vereinfachung – Variationsbreite. Das entspricht dem Pendelgesetz der transitorischen Kunstart: auf eine Phase reicher Opsis folgt eine Phase, in der das Interesse auf die Darstellung gelenkt ist; und die Phase der Darstellung wird wieder von einer Phase der Opsis abgelöst.

Für das klassische Jahrhundert der griechischen Kunst ist es bezeichnend, daß sich in der Vereinfachung zugleich die Vorliebe für ein Gebilde von geschlossener Symmetrie ausdrückt. Um 460 waren auf der Bühne die Häuser das eigentlich Neue, das Sensationelle; noch zeigen ‹Eumeniden›, ‹Prometheus›, ‹Aias›, daß die ‹neue Bühne› auch für Natur-Szenerie offengehalten wurde; auf dem neuen Fundament wurden Felsen errichtet (und zum Einsturz gebracht). Und doch muß die Anziehungskraft des Gebäudes, das über dem Fundament erstand, wenn es voll ausgebaut wurde, so groß gewesen sein, daß die Dichter bald kaum eine andere Szenerie mehr wählten. Die Paraskenien-Bühnenbauten mögen die ausgewogene Schönheit der Akropolis-Bauten dargeboten haben, die um die gleiche Zeit entstanden (aus Holz war auch das Odeion). Und doch hatten sie eine von diesen grundverschiedene Struktur, ja, diese ihre Struktur gab es nirgends in der gebauten Realität der Polis. Meist stellten sie Königspaläste dar. Solche Paläste kannte die Polis nicht; die Reichen vermieden den Pomp nach außen, den kompos, der den Neid herausforderte und die Demokratie schockierte. Anderswo in Hellas gab es Tyrannenpaläste – in Athen ist nicht einmal von Peisistratos' Herrschersitz eine Spur gefunden worden. Wo fand man die Vorbilder für die Königspaläste der Mythen? Die Athener kamen viel und weit herum in diesem Jahrhundert. Das Imperium der Polis[38] erstreckte sich in der Zeit seiner größten Macht bis hinauf in den Norden, wo noch Fürsten regierten, wie jener Archelaos in Pella, an dessen Hof Euripides seine letzten Jahre verbrachte, nach Süden bis Ägypten, gegen das 460 Perikles einen ebenso abenteuerlichen wie unglücklichen Kriegszug ausgerüstet hatte, vor allem aber in den Orient hinein. So mag die (andernorts besprochene[39]) Vermutung zutreffen, daß das Königszelt des Xerxes, eine vielbestaunte Trophäe von Salamis, oder persische Paläste dem oder den Architekten der Theaterpaläste als Modelle gedient haben. Nur den Grundriß können nicht diese bestimmt haben; er war zuerst da, die eigentliche Erfindung der ‹neuen Bühne›, die geniale Idee eines Mannes, der ein fundamentales Problem zu lösen hatte: die unitas der opposita, Kreis und Rechteck. Häuser, die man nun zu bauen wünschte, sind nun einmal rechteckig (die Tholos der Agora und der delphischen Pronoia hätte man für das Theater nur brauchen können, wenn man sie aufgeschnitten hätte); so stehen sie in Opposition zur Orchestra. Wie Heraklit ‹harmonia› als die Vereinigung (im Wortsinn: Zusammenfügung) der Gegensätze verstanden hat,[40] so hat der Erfinder der Paraskenienbühne in seinem Grundriß die *Lösung für die Zusammenfügung von Rechteck und Kreis gefunden, im Geist einer maßstabgerechten Symmetrie*,[41] und das heißt: im klassischen Geist.

Die Struktur der Tragödie – große, geschlossene, aber stets ineinander verschränkte Quader, deren Proportionen so bemessen sind, daß rationale Klarheit die Aufmerksamkeit auf die Form lenkt, auf die Form als ein Mittel der Sinngebung – hat in der Paraskenienbühne ihre statische Entsprechung gefunden. Die Klarheit der Gliederung verweist auf das Prinzip der Rationalität, das alle Vorgänge, noch die dramatischsten und affektivsten, überschaubar macht auf den Plan hin, dem sie dienen. Dazu reicht chronometrisches Kalkul so wenig aus wie geometrisches. Es sind gerade die Unregelmäßigkeiten der Säulenstellung des Parthenon, welche der künstlerischen Sensibilität den Eindruck des Vollkommenen vermitteln. So muß auch die Relation zwischen Kreis und Rechteck im Grundriß der Paraskenienbühne optisch erprobt worden sein, ehe ihre Masse fixiert wurde. Die chronometrische Symmetrie, mit der die klassizistische Dramaturgie (und noch Schiller) die Klimax in den 3. der 5 oder den 2. der 3 Akte gelegt hat, ist in der griechischen Tragödie nirgends angewandt. Die wahre Symmetrie der Zeit muß in der Relation zwischen Uhrzeit und erlebter Zeit gefunden werden. So zeigen die meisten Tragödien, vor allem die des Sophokles, aber auch die Orestie, die Klimax zwischen dem 2. und 3. Drittel; in den ersten beiden Dritteln folgt der Zuschauer den Vorgängen mit frischer Spannung; im letzten, nachdem die Frische sozusagen aufgebraucht ist, muß die Uhrzeit verkürzt werden, wenn das Zeiterlebnis den Eindruck ausgewogener Proportionen vermitteln soll.

Euripides treibt die Spannung, vor allem in den Stücken, in denen der deus ex machina nach Goethes Wort «das Unauflösbare durch ein Wunder gleichsam beiseite» bringt,[42] aus der Symmetrie hinaus ins Exzentrische. Aber er kennt auch die sophokleische Symmetrie, wie ‹Alkestis›, ‹Hiketiden› oder ‹Medea› zeigen; und Sophokles kennt seinerseits die euripideische Struktur – im ‹Philoktet›.

So sind auch die Proportionen der Paraskenienbühne nach Spannungswerten kalkuliert, die sich mathematischen Gesetzen entziehen. Das Theater erlaubt keine statische Ausgeglichenheit. Die Paraskenien haben einen anderen Stellenwert als der Mitteltrakt, insbesondere das Zentraltor, und die Orchestra. Gerade dadurch offerieren sie der Regie die Arrangements von Crescendo und Diminuendo, Ritardando und Accelerando auf der Linie der Grundspannung zwischen Seitenwirkung und Zentralwirkung. Die Symmetrie ist dynamisch. Sie zentriert ein Kraftfeld.

Jede Tragödie ist ein Kraftfeld dieser Art. Den Theatermann fasziniert die Paraskenienbühne, weil ihr Grundriß das Kraftfeld der Inszenierung geradezu konstituiert.

Nachtrag: Paraskenien ohne Skene?

Wenn Arnotts[43] These zutrifft, daß die ältesten Fundamente der Holz-Skene in Athen, Korinth und Thorikos übereinstimmende Befunde aufweisen, könnte gefolgert werden, daß die ältesten Skene-Aufbauten nicht auf der Tangente zur Orchestra errichtet wurden, sondern links und rechts, neben oder im Zusammenhang mit den Parodoi.

Athen: Anstelle des Okribas-Gerüsts,[44] das wir als Übergang von der Pagos-Bühne zur zentralperspektivischen Bühne postulieren, wäre dann am Pagos im Osten und an der Rampe im Westen ein Holzfundament für Aufbauten gelegt und durch ein Podium (überall mit wenigen Stufen) verbunden worden. Das wäre eine Skene, wie sie die Iphigenien-Vase[45] im Louvre nahelegt, wo zwischen zwei Tempelchen[46] (als Paraskenien), die nur durch ein Gebälk verbunden sind, ohne Zweifel die Bühne ‹offen› ist.

Thorikos: Auch hier hätte sich an Stelle des Okribas-Gerüsts die Doppelparaskenienbühne ohne Skene angeboten, die sich leichter hätte errichten lassen.

Für die Realität einer solchen Bühne spricht die Vasen-Evidenz: wir finden hier niemals einen Palast, aber unzählige Tempelchen in der Art der Paraskenien-Aufbauten. Die Verbindung zwischen den Tempelchen könnte auch eine Kolonnade gewesen sein, wie sie die Würzburger Vase aus Tarent[47] andeutet. Dies wäre, wie schon angedeutet, die bühnenpraktisch einfachste Lösung des Problems der ‹Eumeniden›-Bühne. Da auch Dörpfeld[48] die Technik verschiebbarer Wände (scaena ductilis) offenbar für alt gehalten hat, könnte man sich denken, daß die Wände des Palasts nach links und rechts geschoben wurden, worauf die Kolonnade zum Vorschein kam, während das Dachgebälk das gleiche blieb; dahinter die offene Szenerie des Hains.

Das ist gewiß nicht beweisbar. Aber wir sollten uns wohl die Variationsbreite der Holzaufbauten in der Zeit des ersten Bauens (nach dem Umbau) größer denken, als es die dann einsetzende Schematisierung[49] der Konvention nahelegt. Man wählte schließlich aus den verschiedenen Varianten die schlüssigste und praktischste, um sie zu fixieren. Warum sollte nicht einmal die Gerüstbühne (okribas) in der Mitte, ein anderes Mal die Paraskenienbühne ohne Skene und schließlich die Paraskenien-Palast-Bühne gebaut worden sein? Dazwischen gab es ja auf jeden Fall noch die Zeltbühne und die Felsenbühne, sicher auch die ‹offene Bühne› ohne Aufbauten.

9. Skenographie

Die Zeugnisse:

Aristoteles poet. 1449 a.[1] Sophokles hat die Skenographie eingeführt (παρεσκεύασεν).

Vitruv. praef. ad. lib. VII 11: «primum Agatharchus Athenis Aeschylo docente tragoediam scaenam fecit, et de ea commentarium reliquit.» Demokrit und Anaxagoras haben aus diesem Werk die Prinzipien der Perspektive gelernt, über die sie geschrieben haben, zeigend, wie die gemalten Darstellungen von Häusern auf der Bühne so gemacht werden könnten, daß «quae in directis planisque frontibus sint figurata, alia abscedentia, alia prominentia esse videantur».

Rumpf[2] hat bezweifelt, daß Agatharchos' Wirken so früh angesetzt werden könne: es müsse sich wohl um die Wiederaufführung einer Aischyleischen Tragödie nach dessen Tod gehandelt haben, und Webster[3] hat dem zugestimmt: Rumpf habe «so die Daten in Ordnung gebracht».

Aber Vitruv selbst kann jedenfalls keine Wiederaufführung im Auge gehabt haben; denn er schreibt «docente Aeschylo», was heißt: unter der Regie des Aischylos (docere = διδάσκειν). Daß mehrere Nachrichten[4] bezeugen, Agatharchos habe Alkibiades' Haus ausgemalt, ist kein Einwand; wenn er 458, im Jahre der Orestie, etwa vierzig Jahre alt gewesen wäre, wäre er um die Zeit, als Alkibiades eine Rolle zu spielen begann, in den Sechzigern gewesen. Zeitgenossenschaft mit Perikles bezeugt Plutarch. Wenn sich Anaxagoras und Demokrit in ihren Schriften, die Vitruv vorgelegen haben dürften, auf Agatharchos' Kommentar bezogen haben, kann dieser kaum erst in der Zeit verfaßt worden sein, in der er nach Rumpf gewirkt haben soll. Anaxagoras kam 456 nach Athen, zwei Jahre nach der Uraufführung der Orestie, und starb 426. Wie der viel jüngere Demokrit hat er über ‹Perspektive› geschrieben; der Terminus für Perspektive heißt: σκηνογραφία.

Ferner: Sophokles hat den dritten Schauspieler eingeführt, und Aischylos hat ihn übernommen. Sophokles' erster Sieg über Aischylos fällt in das Jahr 468. Also kann Aischylos von ihm auch die Skenographie übernommen und dann mit Agatharchos die scaena ‹gemacht› haben, für deren Erfindung wir ihn in Anspruch nehmen;[5] oder Aischylos hat mit Agatharchos ‹primum› die scaena ‹gemacht›, und Sophokles hat sie als erster bemalen lassen, skenographisch = per-

spektivisch. Alles Neue wurde, wie im Kapitel ‹Die Kontinuität der Konventionen› gezeigt worden ist, alsbald konventionalisiert. Nachdem einmal das Haus
gebaut worden war, wurde es immer wieder gebaut; nachdem es einmal bemalt
worden war, wurde es immer bemalt. Wir haben evident gemacht, daß der Umbau des Theaters um 460 mit der Einführung der Zentralperspektive[6] in ursäch-
lichem Zusammenhang steht. Was liegt näher, als den Erfinder der perspektivischen Malerei zu den Planern des Umbaus zu zählen?

Dafür, daß Agatharchos primär für das Theater gearbeitet hat, spricht eine
Anekdote, die Plutarch[7] berichtet: Agatharchos habe sich Zeuxis gegenüber ge-
rühmt, wie rasch und leicht er arbeite; darauf habe dieser ihm geantwortet: ja,
aber meine Malerei hält länger! Das wird nur verständlich, wenn man die Äuße-
rung Zeuxis' auf die Bühnenmalerei und deren temporären Charakter bezieht.

Schließlich heißt es bei Vitruv[8] noch weiter: «Scaenographia est frontis et la-
terum abscendentium adumbratio ... uti de re incerta certae imagines aedificio-
rum in scaenarum picturis redderent speciem.»

Wir haben also klare Zeugnisse darüber, daß Skenographie Architekturmalerei
war und daß diese im 5. Jahrhundert, aller Wahrscheinlichkeit nach seit dem
Umbau, für die Bühne verwendet worden ist. Es gibt jedoch nicht ein einziges
Zeugnis dafür, daß Pinakes[9] (Paneels, bemalte Holztafeln, ähnlich denen, die,
von Polygnot bemalt, an den Wänden der Stoa poikile hingen[10]) im 5. Jahrhundert an der Front des Skenegebäudes aufgehängt worden wären, um ‹Landschaft› als Szenerie darzustellen. Die frühesten Belege für solche Pinakes[11] stammen aus dem 3. Jahrhundert; selbst die Hetäre Nannion, die nach Antiphanes
ihre Häßlichkeit so ‹dekoriert› hatte, daß sie den Spitznamen ‹proskenion› bekam,[12] beweist kaum etwas für das 4. Jahrhundert. Diese Pinakes gehören wie
die Periakten, die Pollux und Vitruv beschreiben,[13] ins hellenistische Theater. Sie
setzen das zweistöckige Steinhaus voraus, das den Blick in die Landschaft verstellt. Warum sollte man Landschaft malen, wenn man sie in natura sah? Wir
haben an anderer Stelle[14] auseinandergesetzt, warum wir gemalte Naturszene-
rien im Theater des 5. Jahrhunderts für ganz undenkbar halten.

Andererseits war Architekturmalerei geradezu notwendig, wenn die Holzbauten zeigen sollten, was sie vor allem bedeuteten: Paläste, Tempel. Der Glanz
der zeitgenössischen Architektur mußte sich auf der Bühne spiegeln. Und wenn es
in der Polis keine Paläste gab, wie sie die Mythen für die Stücke forderten, so
mußte der Skenograph sie erschaffen, als Architekt und Architekturmaler! Die
Holzbauten, die rasch aufgeschlagen und abgebaut wurden, bedurften solcher ‹Behandlung›: so konnten sie Architrave, Gesimse, Metopen, Giebel und anderen
Schmuck zeigen; Tore und Türen, Wände und Decken (Kassettendecken!) konnten die kunstvolle Ausführung zeigen, die man ihnen auch in den repräsentativen

Gebäuden der Wirklichkeit gab. Dafür, daß das Publikum seine Freude an dieser Art von Bühnenkunst hatte, ist die wachsende Beliebtheit der skenographisch ausgestatteten Palastfassade ein Beweis.

Diese Malerei wurde nicht nur auf Tafeln gemalt, die man vor Wände hing.[15] Es gab ja Säulen in den Paraskenien, Giebel darüber und eine Tür in der Rückwand, die sich ins Dunkel der Hinterbühne öffnete, und es gab das große plastische Tor in der Palastfassadenwand. Säulen, Giebel und Wände waren selbst bemalt, so wie es Vitruv beschreibt, und dieser hat, nach den einschlägigen Schriften von Anaxagoras und Demokrit, beschrieben, was in Agatharchos' Kommentar darüber ausgeführt war.

Es gibt eine Tragödie, die beweist, welche Ansprüche hier befriedigt werden mußten und welche Kunstfertigkeit dabei entwickelt worden sein muß: ‹Ion›. Jeder zweite Zuschauer kannte den berühmten Tempel, vor dem das Stück spielt und dessen Bildschmuck der Mädchenchor entzückt beschreibt. Es mußte möglich sein, die Säulenfront so auf die Bühne zu stellen, daß das Publikum sie sofort erkannte und die Kunst bewunderte, mit der sie hergestellt war. Keinem sollte vorgetäuscht werden, daß es der wirkliche Tempel wäre, und keiner nahm daher Anstoß daran, daß er nur ein Segment sah, das Frontispiz, das plastisch nachgebaut war, mit Säulen für Ions erste Szene, mit dem Mitteltor, aus dem die Pythia auftritt, mit dem Stufenpostament: «Nicht nur in der Götterstadt Athen gibt es Säulenhallen der Götter» – so beginnt die Parodos (185) und die agatharchische Skenographie dürfte hier ein Meisterstück gezeigt haben.

10. Die Halle

1946 hat Pickard-Cambridge[1] Befunde und Meinungen über die Halle unterhalb der Mauer H, also zwischen Tempel und Terrasse, wie folgt zusammengefaßt: «Different opinions have been expressed as to the date of the hall, but is seems most probable that it was part of the general plan of the ‹Periclean› lay-out, though it may have been one of the last executed elements in the plan. It runs parallel, as has already been noticed, to the Later Temple of Dionysus, which must be dated in the last third of the fifth century, and it resembles it in the material of its foundations. The discovery of potsherds of the fifth century underneath the north wall of the hall seems to dispose of Fiechter's attempt to date the hall als far back as the latter part of the sixth century. Fiechter's[2] further opinion that the hall was originally a great store-room in which were kept scenery, stage properties, and the scaffolding an other woodwork used for seating the audience, also seems insufficiently grounded. If his view were correct, we should have to suppose that the hall was enclosed by a wall (not a colonnade) on the south side, as well as on the other three. But there seems to be no reason why the hall should not from the first have been the should portico or stoa referred to by Vitruvius (V, 9, 1) and designed as a place of refuge from sudden storms and a promenade for spectators not watching the plays...

Fiechter's attempt to reconstruct the appearence of the hall from some architectural fragments lying about inside it is open to grave doubt, and von Gerkan[3] denies that the fragments belong to the hall at all, the clamps used in them being of an different pattern from those found in the marble remains in the hall. This is, perhaps, not an strong argument; but it is clear that the materials for a convincing reconstruction do not exist.

The special purpose of the smaller chamber at the west end of the hall, which was enclosed all round where it runs close to the Older Temple, is unknown. Frickenhaus thinks that it was the archon's dining-room, on the strength of a fragment of Hypereides[4] quoted by Pollux in a section referring to the theatre: but the passage is only quoted to show that αὐλαία was an occasional synonym of παραπέτασμα, and *need* not itself refer to the theatre, though it may do so. The chamber may well have been a theatrical store-room.»

Gerkan[5] hat Fiechters chronologische Zuordnungen scharf kritisiert, mit der

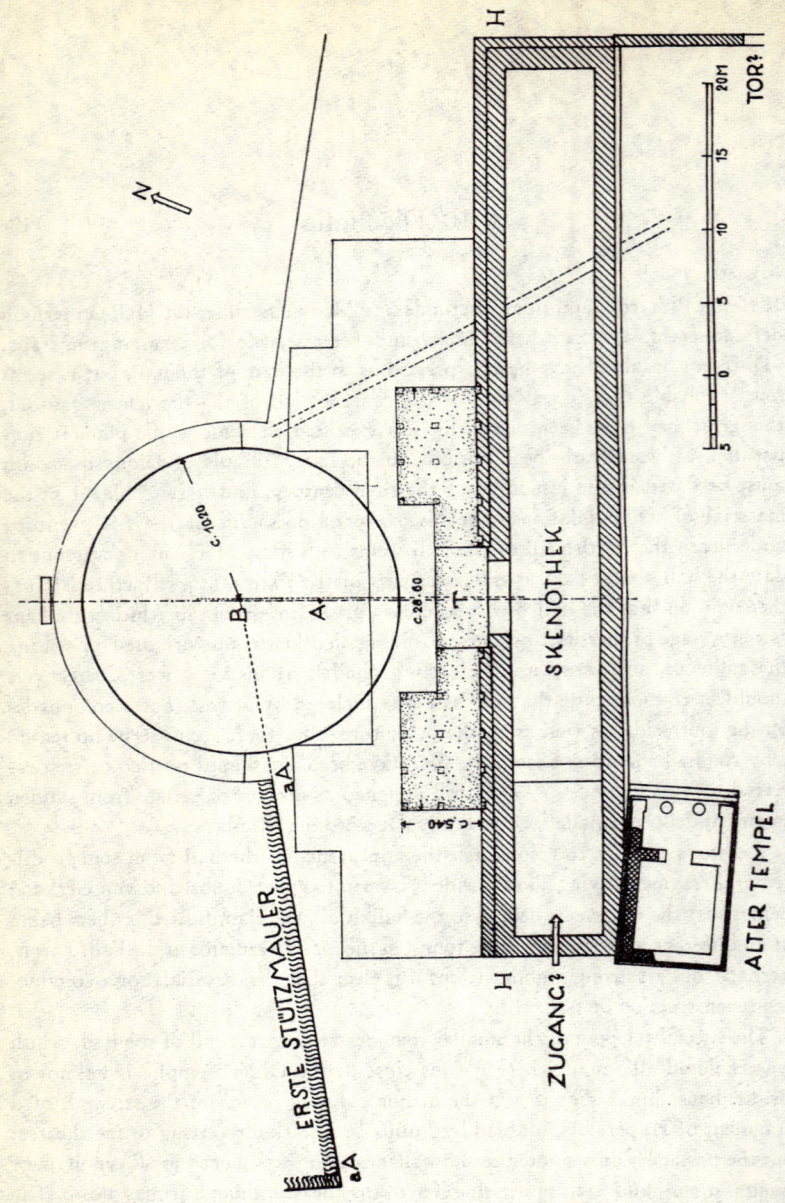

Abb. 24. Tempel, Halle, Skene und Orchestra – mit Stützmauer des Theatron – in der klassischen Zeit mit Fundament T und Mauer H (nach Dörpfeld)

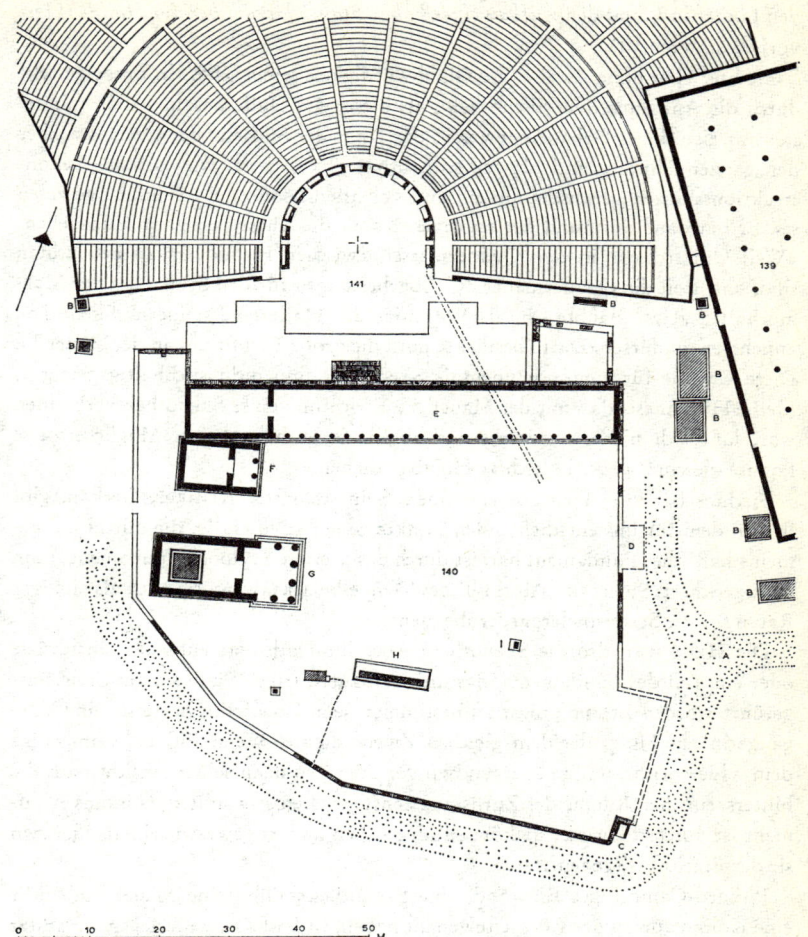

Abb. 25. Rekonstruierter Grundriß des Dionysostheaters mit Temenos und Odeion

Schlußfolgerung: «Der Marmorbau muß als ursprünglich und perikleisch gelten», wobei für uns noch der Schlußsatz der Auseinandersetzung bemerkenswert ist: «Die 10 Pfosten in der Rückwand waren der einzige Spielhintergrund bis Lykurg; sie ermöglichten den Aufbau des Hintergrunds, unterstützt durch die beiden Löcher in I, und den *Aufbau eines hohen Standplatzes über der Halle*» (Hervorhebung vom Vf).

Fiechter [6] hat ohne Zweifel die Glaubwürdigkeit seiner These in Frage gestellt durch die Annahme, die ‹Skenothek›, als die er die Halle ansah, sei ein mindestens zweistöckiges Gebäude gewesen, das längs der Südseite der Orchestra über den ganzen Hintergrund hinweg so sichtbar gewesen sei, wie es seine Rekonstruktionsskizzen veranschaulichen, und vor allem, daß es ein Steinbau gewesen sei. Er hat dann aufgrund der massiven Kritik die These fast ganz aufgegeben: «Weil Unterschiede in den Quadermassen zwischen H und sH zu beobachten sind, und weil die Quadermauer oQ Abarbeitungen für den Stufenbau der Marmorhallen zeigt, glaubte ich, als Vorläufer der Halle eine steinerne Skenothek annehmen zu dürfen. Darin bestärkte mich die große Türöffnung in der Mauer H. Diese Gründe für eine monumentale Skenothek sind nicht stichhaltig genug... Meine Hypothese, daß mit der Mauer die Errichtung einer Skenothek verbunden war, läßt sich nicht beweisen, so sinnvoll sie auch erscheint. Möglicherweise konnte diesem Zweck ein leichter Holzbau dienen.»

Fiechter hat zuviel zurückgenommen. Sein schärfster Kritiker, Gerkan, gibt ihm in dem für uns entscheidenden Punkte recht: «Die Halle, die mit H ein gemeinschaftliches Fundament hat, ist durch das breitere Stylobat-Fundament schon jetzt gesichert. Sie ist der Abschluß des Tempelbezirks, wenn sie auch als einziger Raum für die Schauspielergarderobe diente.»

Die Halle war also die Skenothek. Aber ihr Dach war entweder unsichtbar oder ein Teil des Fundaments, das die Aufbauten trug. Wann sie aus Stein ausgeführt worden ist, mag nicht zu bestimmen sein. Zweifellos hatte sie eine Vorgängerin aus Holz, die dem gleichen Zweck diente. Wenn Pickard-Cambridge dem widerspricht, müßte er irgendwo verraten, wo denn seiner Ansicht nach die hinterszenischen Räume der Zurüstung sonst gewesen sein sollten. Gerkans Argument ist durchschlagend: sie können nirgendwo anders gewesen sein als hier, wo sie der Einsicht entzogen waren.

Pickard-Cambridges Einwand, eine Skenothek müßte eine Mauer und nicht eine Kolonnade an der Rückseite gehabt haben, ist leicht zu widerlegen. Er stützt sich auf Schleif, [7] der den «Requisitenschuppen von 60 m Länge mit dicken Wänden, die am Tempel abgeschrägt werden mußten und mit 2 m hoch aufgefülltem Fußboden ... aus dem Dionysosheiligtum verschwinden lassen» möchte und die Ansicht vertritt, daß die Marmorhalle «als repräsentatives Gebäude neben dem Tempel vom Bezirk ‹abgeschlossen› und ‹dabei doch beide als Wandelhalle in harmonischer Weise› verbunden habe.

Ein ‹Schuppen› hat keine dicken Wände. Fiechter hat nicht an eine Baracke gedacht, wenn auch nicht an einen ‹repräsentativen Bau›. Aber 60 m mußte dieser wirklich lang sein, wenn er sämtlichen Funktionen genügen sollte, für die weder Schleif noch Pickard-Cambridge noch – soweit ich sehe – andere neuere Forscher irgendwo einen Raum angeben.

Eine Stoa, also eine Wandelhalle, hat es hier zweifellos erst gegeben, nachdem für diese Funktionen im Steinbau auf der Terrasse alle Räumlichkeiten vorgesehen waren, also in lykurgischer Zeit. Dennoch halte ich es für ausgeschlossen, daß hier das Publikum lustwandelte oder Schatten vor der Sonne oder Schutz vor Regen suchte.[8] (Dazu gab es später die Eumenes-Stoa im Westen, die gewiß einen Vorläufer gehabt hat.) Wenn da irgendwer Ruhe suchte, so waren es die Schauspieler, die Choreuten, die Techniten. Die Bühnenpraxis fordert einen Raum für diesen Zweck.

Und damit fällt auch Pickard-Cambridges Argument. Sicherlich haben Teile der Halle als Magazine gedient (wie er es selbst für die Kammer hinter dem Alten Tempel annimmt): dazu mußte man ja zwischen den Säulen nur Holzwände einziehen. Aber der Hauptteil war offen, gerade weil er nicht nur als Garderobe, sondern auch als Aufenthaltsraum für die Darsteller dienen mußte. Wie heute so pflegten sich auch damals die Athener nicht in muffige Innenräume zurückzuziehen. Der größere Teil des Lebens spielte sich im Freien ab. Es mag Markisen und Vorhänge gegeben haben, übernommen von den Plachen der alten Skene; aber es gehört nicht viel Einbildungskraft dazu, sie alle hier sitzen, liegen, wandeln zu sehen, während sie oben auf der Bühne nicht gebraucht wurden.

Ganz abwegig ist der Einwand, ein solcher Anblick hätte die Zuschauer tief desillusioniert.[9] Sie hatten diesen Anblick nämlich nicht. Sie konnten ihn gar nicht haben, sofern unsere Überlegungen zum Überraschungsmoment und zur Unsichtbarkeit der Zurüstung zutreffen. Glaubt man wirklich, die Zuschauer hätten dort Zutritt gehabt, wo sie ‹hinter die Kulissen› sehen konnten? Nicht einmal, wie oben gesagt, als es einen Steinbau gab, kann diese Zone ‹öffentlich› gewesen sein.

Es gibt kein Theater in der Welt ohne eine solche Tabu-Zone. Auch Brechts Schauspieler hatten sie.

Während der Spiele war der Bezirk zwischen Tempel und Orchestra nichtöffentlich. Seine Unzugänglichkeit war identisch mit seiner Uneinsehbarkeit. Wenn in ‹perikleischer Zeit› die Halle diese Funktion hatte, so hatte sie sie übernommen von dem Bretterhaus, das ihr vorher gedient hatte. Das Marmorfundament, das die Archäologen in das 5. Jahrhundert setzen, mag in der Zeit entstanden sein, als die Wertschätzung der Schauspieler so gestiegen war, daß man auch ihnen Preise verlieh.

11. Kopha – Statisterie und Schauspieler-Ausbildung

1.

«Das Volk ist versammelt» – so lesen wir in den Regiebemerkungen der Übersetzer[1] vor dem ersten Vers der ‹Sieben gegen Theben›. Die ‹Bühne› ist voller
Menschen. Aber es ist kein Vorhang hochgegangen. Als die Fanfare den Beginn
des Spiels angekündigt hatte, war der Schauplatz leer. Zwei Stücke waren vorangegangen, ‹Laios› und ‹Oedipus›, wir wissen fast nichts von ihnen, doch die Zuschauer, die gespannt auf ihren Sitzen saßen, wußten, daß viel Zeit zwischen den
Stücken als vergangen angenommen war, und sie wußten vor dem dritten Stück,
daß die ‹Belagerung einer Stadt› inszeniert werden würde, hier die Polis – dort
die Feinde, so wie es die meisten von ihnen noch in blutiger Erinnerung hatten:
vor dreizehn Jahren,[2] Athen – die Perser. So konnte die Szene, mit der das Stück
eröffnet werden würde, nicht rituell angelegt sein. Das Drama beginnt nicht mit
dem ersten Vers. Eine hochdramatische Szene ging ihm voraus. Es ist unmöglich,
sie ‹stumm› zu nennen, auch wenn kein Dialog gesprochen und keine Verse gesungen wurden; sie war «des Ares voll».[3]

Inszeniert war der Aufmarsch der Belagerten, und zwar des letzten Aufgebots,
denn selbstverständlich waren Mauern und Tore besetzt, seit die Belagerung
begonnen hatte; und bisher war es gut gegangen (21), aber nun hatten Meldungen
und Zeichen angekündigt, daß die Feinde zum «größten Sturm» (28) ansetzen
würden, und zwar in der kommenden Nacht. Es war nicht mehr lang bis dahin,
nicht länger als zu der Tageszeit,[4] die das Spiel erreicht hatte: schon fielen die
Schatten lang und länger in die ‹Bühne›; die Sonne stand im Rücken der Zuschauer, sinkend gegen die Akropolis.

Wir rekonstruieren die wortlose Szene aus der Situation, die Eteokles und bald
danach der Späher in der nächsten beschreiben. Alle Männer sind aufgeboten
worden, die Älteren und die Alten, die noch nicht wehrfähigen Jungen (10 ff.),
nicht alle mit Waffen, denn an der Front werden auch Träger und Sanitäter gebraucht; unter ihnen sind die Soldaten, die in die Stadt beordert waren, um die
Reserven einzuberufen. So ist das Bild angelegt: Die gleiche Szenerie[5] wie in den
vorausgegangenen Stücken der Tetralogie, Thebens Akropolis, die Zitadelle, mit
einer Mauer, die von rechts die Orchestra abschließt und sich nach links in den
Pagos hineinzieht, auf dem die Götterbilder stehen (an der Mauer vielleicht nied-

rige Türme[6], wie wir sie heute noch zum Beispiel in Piräus sehen, *Tafel 7*); vielleicht, fast sicher, hat sich auch im ersten und zweiten Stück das Volk hier versammelt, aber da war Frieden, jetzt ist Krieg.

Waffenlärm kommt näher und schwillt an. Der erste Trupp erreicht über die östliche Parodos die Orchestra; weitere folgen, immer mehr, dazwischen die Soldaten, die das Kommando haben. Der König wird erwartet, um die Mannschaften zu vereidigen und einzuweisen. Der Vorgang hat nichts Prähistorisches, nichts Mythisches: es ist eine militärische Aktion, nicht mit preußischem Drill, versteht sich, aber entwickelt und abgewickelt in der gespannten Ordnung, die der Situation entspricht. «Helm ab zum Gebet», so hieß es noch vor den Schlachten des ersten Weltkriegs. Die Szene, sagten wir, konnte nicht rituell angelegt sein; aber das Militär und der Krieg haben ihre Reglements: die Mannschaften, mit denen sich die Bühne gefüllt hat, sind angetreten, um den König das Gebet zu Zeus sprechen zu hören. Unsere Interpretation des Stückes wird zeigen, wie Aischylos noch dieses Reglement, einschließlich des Gebets, mit der Dramatik des Heros durchsetzt und aufbricht; nur soviel muß hier noch gesagt werden, weil Gang und Haltung der maskierten Menge davon bestimmt sind: Eteokles wird in die Öffentlichkeit hinein sprechen, und er weiß, was man dort denkt und fühlt; seine Rede wird das Bewußtsein der Polis artikulieren, das Bewußtsein, daß dieser Krieg seinetwegen über das Land gekommen ist, und das Bewußtsein dieses Bewußtseins – so will es der Dichter, der im Anfang, selbst in dem der «stummen» Szene, das Ende begründet, das Finale der Trilogie, in dem der Fluch mit den letzten Söhnen des Geschlechts begraben werden wird – denn die ‹Antigone› wird erst fünfundzwanzig Jahre später geschrieben werden, und manches spricht dafür, daß es ihre Fabel im Mythos nicht gegeben hat.[7]

Während des Aufmarschs ist die Bühne von Lärm und Bewegung erfüllt; die Spannung ist – in der Ost-West-Achse – auf die den Ankommenden entgegengesetzte Seite gerichtet: von dort wird der König erwartet. Trompeten kündigen ihn an. Man hört und sieht von weitem den Wagen,[8] auf dem er steht, noch nicht gewappnet, im Königsmantel, mit der Krone, hinter ihm die Waffenträger, die Leibwache. Die Regie läßt eine Gasse bilden. Am Fuße des Pagos hält der Wagen; der König steigt ab und stürmt zu den Götterbildern hinauf; in die erst jetzt eintretende Ruhe schneidet das erste Wort: «Kadmu politai».

Einige Übersetzer[9] nehmen an, daß die Bürger nach der Rede «auseinandergegangen» seien, und daß der König den Bericht des Spähers allein angehört habe (vermutlich, weil sie sich die Verse 69–77 als Monolog vorzustellen wünschen); das ist falsch, denn die letzten Verse der Rede (36–39) kündigen den ‹skopos› ausdrücklich an, und seine Meldung ist für alle bestimmt: sie verschärft die Spannung der Lage. Nach dem Bericht wendet sich der König mit erhobenen Armen gegen die Götterbilder, und alle Mannschaft folgt seinem Beispiel: «Mögt ihr, frei, wie es ist, das Land und Kadmos' Burg / Niemals unter das Joch der Knechtschaft beugen! / Seid unser Schutz!»[10] In diesem fordernden Gebet vereinigen sich König und Volk.

Eteokles besteigt den Wagen und fährt den in guter ‹taxis› nach der Westseite abrückenden Mannschaften voraus, während vom Osten her, aus der Stadt, der Chor hereinrennt, von panischer Angst gehetzte Mädchen, heulend, aufgelöst (wie die astrophischen Dochmien, die sie durcheinanderschreien), einer der schneidenden Kontraste, wie sie Aischylos liebt – unterstrichen noch dadurch, daß Schlachtlärm von drunten herauf dröhnt (84, 100, 104).

Wir haben die Szene so ausführlich beschrieben, um zu veranschaulichen, wie wichtig für die Tragödie, vor allem für die des Aischylos, das ist, was die antike Terminologie in der Kategorie ‹kopha prosopa›,[11] stumme Personen, zusammenfaßt. Sie bildeten die dritte darstellerische Gruppe neben den Schauspielern und dem Chor. Sie trugen Kostüme wie diese (im Falle der ‹Sieben› vorwiegend kriegerische, mit Speeren, Schwertern, Schilden) und waren maskiert wie diese. Später, als die Masken zu der Fratze mit dem weit aufgerissenen Mund erstarrt waren, machte man Witze darüber. Man nannte sie auch ‹kena prosopa›,[12] weil aus der klaffenden Öffnung nicht der geringste Laut herauskam. Doch in der klassischen Zeit waren sie keineswegs ‹lautlos›. Wir sind sicher, daß den Bahren, auf denen vor der letzten Szene der ‹Sieben› die Leichen der Brüder hereingetragen wurden, sämtliche Kopha der ersten Szene folgten, ein langer Kondukt in der Choreographie der Totenklage, und daß alle in die rituellen Klagerufe, die aus Gesang und Tanz der Doppelchöre aufstiegen (875 ff., 966, 978, 994 ff.), einstimmten. Das Tutti-Finale mit der grandiosen Pompe gleicht (wenn man die Interpolationen beseitigt) dem der ‹Eumeniden› so auffallend, daß sich der Schluß aufdrängt: alle Trilogien des Aischylos könnten so ausgeklungen sein. Auch in den ‹Eumeniden› überfüllt sich die Bühne mit Volk, um den Chor, die versöhnten Erinyen, zum neuen Wohnsitz zu geleiten, eine ebenso grandiose pompa (1034), deren Exodos als Choral im Tutti-Finale zelebriert wird. Beidemale werden die Geleiter ‹propompoi› genannt (Eum. 1005, Sieben 1069). Der Schlußchor der ‹Eumeniden› ist durch die Refrains so sehr als Gemeindechor ausgewiesen, daß Wilamowitz annehmen konnte, in die Ololyge (1043, 1047) habe sogar das ‹Volk im Theater› eingestimmt.[13]

Wir haben also drei große Szenen bei Aischylos, in denen die Kopha als Volk (leos) aufgetreten sind. Wir wissen nicht, wieviele es waren; es müssen nicht an die hundert gewesen sein (obwohl auch das nicht auszuschließen ist); man müßte durch Experimente herausfinden, bei wievielen Personen die ‹Bühne› den erstrebten Eindruck der Überfüllung gemacht hat. Niemals bildeten sie eine ‹Masse›, wie sie in den Tragödien-Aufführungen Max Reinhardts naturalistisch-expressiv gleichsam zusammengeschweißt und wie ein einziger Organismus bewegt wurden.[14] Niemals können sie homogen kostümiert gewesen sein: in den ‹Sieben› werden drei Altersgruppen benannt (10 ff.), für die es typisierte Masken und Kostüme gab, und im Volk des ‹Eumeniden›-Finales[15] waren nicht nur die verschiedenen Altersgruppen, sondern auch beide Geschlechter vertreten. Individualisierungen waren, wie bei den Chören, weder auffallend gemacht, noch vermieden. Die Gliederung erfolgte auf der Basis rhythmischer Ordnungen (taxeis), wie sie in der Realität der Polis praktiziert wurden (Militär, Kult, Prozession). Aber sie wurde selbstverständlich, vor allem in den Finalszenen, zu bewegten Bildern ausgestaltet, die überwältigen sollten: durch die Synthese von Opsis, Klang und Rhythmus.

Die Kopha sind eben nicht ‹Statisten›: sie ‹stehen› nicht einfach herum. Selbst wenn sie reglos einen Standplatz eingenommen haben (wie später am Beispiel der ‹Leibwache› gezeigt werden soll), stehen sie in einem dramatischen Bild und haben sie eine dramatische Funktion. δρᾶμα und δρᾶν[16] bedeuten primär nicht ‹handeln› im Sinne einer Aktion, sondern Rolle, sowohl eine Rolle darstellen wie eine Rolle tanzen. Früher als der Ursprungsbereich des dialogischen Theaters liegt der des ‹orchestischen›, d. i. des getanzten. Mimesis ist mimisches Agieren. Im 5. Jahrhundert war die Pantomime, wie O. Weinreich[17] gezeigt hat, eine hochentwickelte Kunstform. Pantomimisch waren die Bereiche der Tragödie, die von den Kopha dargestellt wurden. So pointiert H. Schreckenberg in ‹ΔΡΑΜΑ› mit Recht: «Das ursprüngliche δρᾶμα war rein pantomimisch-musikalisch; darauf führt gerade die Tatsache, daß, je weiter man die Tragödien-Entwicklung zurückverfolgt, die Bedeutung der ὄρχησις zunimmt: die älteren Tragiker hießen ὀρχησταί und waren sicher noch mehr Choreographen als Dichter.» Das bedeutet, daß die beiden anderen Darstellungsbereiche, der chorische (Musik/Tanz) und der schauspielerisch-dialogische (lexis) in dem Darstellungsbereich wurzeln, der sich im ‹Volk› der Kopha bei Aischylos noch so mächtig bekundet. Dieses ‹Volk› ist eben nicht Masse, sondern plastisch gegliederter und rhythmisch bewegter, nicht einmal völlig und immer stummer ‹Chor›; Gliederung und Bewegung sind Choreographie.[18]

2.

Es fällt auf, daß ‹Volk› in solchem Sinne bei Sophokles nur einmal, bei Euripides überhaupt nicht auftritt. Wilamowitz[19] meint, es «springt in die Augen, wo Sophokles den Prolog seines Oedipus her hat». Aber so einfach dürfen wir es uns angesichts der geringen Zahl von Stücken, die wir kennen, nicht machen. Zwei-

fellos waren solche Volksszenen, solange es sie gab, konventionell. Die Vermutung, die Konvention könne mit Theben zusammenhängen, ist auszuschließen,
da sie weder in der ‹Antigone› noch in den ‹Phoenissen› angewandt wird. Viel
wichtiger erscheint uns der Unterschied zwischen den Kopha der ‹Sieben› und
denen des ‹König Oedipus›. Es ist zunächst ein quantitativer. Was bei Aischylos
‹Volk› war, ist bei Sophokles eine Delegation[20] aus dem Volk: Knaben, Jünglinge, geleitet von (vermutlich zwei[21]) sehr alten Priestern, unter denen einer der
Sprecher ist. Oedipus spricht nur zu den «tekna», der «nea trophe» aus Kadmos'
altem Stamm (1); es ist der Anblick der Kinder, mit dem die Priester den rat-
losen König treffen wollen.

Bei Aischylos gibt es keine Kinder[22] (jedenfalls nicht in den erhaltenen Stük-
ken, und in den Fragmenten offenbar nur das Baby der Danae in den ‹Netzziehern›[23]). Man sollte jedoch nicht sagen, daß erst der ‹weichere› Sophokles sie als
Elemente der Rührung ins Spiel gebracht habe; Eleos ist in seinen Kinderszenen
stets mit Phobos gemischt: Wenn Aias den kleinen Eurysakes in den Armen hält,
sollen wir wissen, daß dies das einzige ist, was ihm noch geblieben ist und daß
auch dieses einzige ihn nicht davon abhalten wird, sich zu töten; die Empfindungen sollen sich zum Affekt steigern, wenn wir das im ersten ‹Akt› vorbereitete
Bild im letzten ‹Akt› wiedersehen werden:[24] das Kind über der blutigen Leiche
des Vaters, die jammernde Mutter und daneben, dahinter die Streitenden, die
Atriden vor allem, denen der Anblick nichts bedeutet. Und ebenso schauerlich
wird die Kinderszene im letzten Bild des ‹König Oedipus›, wenn der Geblendete
sagt: «Kinder! Wo seid ihr denn? Kommt hierher! Kommt zu diesen meinen
brüderlichen Armen!» Beide Kinder sind, in den Armen des geblendeten Vaters,
der ihr Bruder ist, zugleich Zeichen und Opfer des Miasma, schuldlos verdammt;
so ist das Bild, das einer Pietà gleicht, des Greuels voll.[25]

Nicht anders ist es bei Euripides: die kleinen Söhne des Polymestor erscheinen,
um geschlachtet zu werden, während ihr Vater geblendet wird (‹Hekabe›[26]); die
drei Söhne des Herakles,[27] schrecklich bedroht von den Feinden, werden vom
eigenen Vater in der Mania der Reihe nach umgebracht; fröhlich spielend kehren
Medeas Kinder heim vom Spaziergang, und dann hören wir ihr Angstgeschrei
und ihr Todesröcheln aus dem Haus.[28] Es geht immer um Tod und Mord und Ver-
schleppung: Menelaos hat Andromaches Sohn aus dem Versteck geholt und
droht, ihn zu erwürgen;[29] der Herold reißt Hektors Sohn aus den Armen der
Mutter, um den kleinen Schädel an Trojas Mauern zu zerschmettern (‹Troerinnen›[30]); und wie Andromache den Astyanax, so hält Klytaimestra den kleinen
Orest in den Armen, als sie in Aulis eintrifft, wo Iphigenie geschlachtet werden
soll:[31] wie muß der Blick des Kindes den Vater in Agamemnon treffen …

Kinder sind nicht einfach Kinder: jedes ist anders, auch wenn sich Masken und

Kostüme nicht wesentlich unterschieden haben. Ihr Alter reicht vom Kleinkind (Astyanax, Orest) bis zu den sieben Söhnen der ‹Sieben von Theben› (‹Hiketiden›); sie sind natürlich auch untereinander verschieden, Herakles' erstes, zweites und drittes Kind, oder die ‹Herakliden›. Antigone ist – im ‹König Oedipus› – älter und doch wohl auch anders als Ismene, denn die Zuschauer kannten die beiden aus dem früheren Stück.

Noch etwas ist zu den Kindern zu sagen: sie sind nicht immer Kopha, nicht immer stumm. Zwar hört man die Verse, die Medeas Kinder haben, nur hinter der Szene, aber im Finale der ‹Hiketiden›[32] singen die sieben Söhne den Threnos, während sie die Urnen ihrer Väter über die Bühne tragen, und in der ‹Alkestis›[33] bricht der zehnjährige Eumolos in ein zweistrophiges Klagelied aus, nachdem seine Mutter die Seele ausgehaucht hat: ὦ σχέτλια δὴ παθὼν ἐγὼ ἐργά (408). Die Kinder singen. (Auch die hinterszenischen Iamben in der ‹Medea› stehen in einer gesungenen Partie.) Gesang ist leichter einzustudieren als Dialog. Und doch wird von ihnen allen, außer den Kleinsten, verlangt, daß sie mimisch spielen: Fröhlichkeit, Arglosigkeit, Schmerz, Todesangst. (Wir kommen darauf zurück, warum uns das wichtig scheint.)

In diesen Perspektiven sehen wir nun die Eingangs-Szene des ‹Oedipus›, von der wir ausgegangen sind, so etwa:

Wie in den ‹Sieben› war die Bühne leer, als die Fanfare das Zeichen gab. Aber jetzt war da ein Palast mit Paraskenien, in denen Altäre standen.[34] Man hörte ferne Klagegesänge, dann die klagende Litanei (wortlos), ehe man die Prozession durch die linke Parados herunterkommen sah: geleitet von zwei Priestern ein Zug von psalmodierenden Epheben verschiedenen Alters und unterschiedlicher Größe, in schwarzen Mänteln, Ölbaumzweige mit Bändern und Schleifen, in den Händen einige mit Fackeln. In der Orchestra wandten sie sich, lose gruppiert und jeweils von einem Priester geführt, einem der Paraskenien zu;[35] betend legten sie die Ölzweige auf die Altäre (auf Oedipus' Geheiß mußten sie sie beim Abgang von dort wegnehmen, 143), einer nach dem andern; zugleich wurde mit den Fackeln das Räucherwerk (thymiamata, 4) entzündet, und Weihrauchsäulen erhoben sich von den Altären. Dann kauerten sich alle in der rituellen Haltung der Hikesia (3, 41, 143) auf den Stufen der Paraskenien nieder, während ihre Ololyge an- und abschwoll. Es ist dieses Bild, das sich Oedipus darbot, als das große Mitteltor aufgestoßen wurde und der König mit seinem Gefolge[36] darin erschien. Auch diese Kopha waren also nicht nur stumm; ihre Pompe und die Evolution in der Orchestra war sorgfältig einstudiert; und von der Haltung wie von den Bewegungen war ‹mimesis› verlangt; es war ja keine gewöhnliche Klage, zu der sie vor den Palast gezogen waren; in der Ololyge klang Schreckliches mit: die Angst vor der Pest, die Verzweiflung, daß sie nicht enden wollte, Verstörung, die so tief saß, daß sie keine Notiz vom König nahmen und dieser erst seine volle Autorität ins Spiel bringen mußte (8), um sie (d. i. ihren Sprecher) zum Reden zu bringen. So war hier mehr inszeniert als nur eine rituelle Prozession: die Todeswolke, die über der Polis hing, und die Ratlosigkeit (67) des Rätsellösers (36 ff.), des «berühmten Oedipus» (8).

Was hatte sich seit den ‹Sieben› verändert? An die Stelle der großen Menge, die den Schauplatz überfüllt hatte, ist die Gruppe getreten. Wir wissen nicht, wieviele Kinder es waren, aber auf jeden Fall stellten sie nur eine Delegation dar, vielleicht zweimal sieben, mit je einem Priester. Da nach Aischylos ‹Volk›, wie in den ‹Sieben› oder in den ‹Eumeniden›, nicht mehr in den Stücken vorkommt und überall, wo Kopha in größerer Zahl auftreten, Gruppen gebildet sind (z. B. die sieben Söhne in den ‹Hiketiden› des Euripides), müssen wir den Grund wohl in der durch die Haus-Skene[37] veränderten Opsis suchen. Aischylos brauchte das große Aufgebot, um das Finale zum Höhepunkt zu steigern: es war die einzige Möglichkeit, alles zu einer einzigen Demonstration zusammenzufassen. Vor der offenen Szene (wir haben die Ansicht geäußert, daß auch die ‹Eumeniden› zwischen den beiden Paraskenien vor einer offenen Kolonnade gespielt worden sind[38]) konnten sich Gruppen und einzelne gegen die natürliche Opsis nur in der Aktion behaupten: Aktion war die Exodos des Chors mit dem Heros in den ‹Persern›, in den ‹Sieben› füllte sich der Schauplatz mit Volk, und auch in den ‹Hiketiden› war die Bühne voller Menschen (worüber gleich noch etwas zu sagen sein wird). Schon im ‹Agamemnon› und in den ‹Choephoren› hatte sich die szenische Situation verändert: durch den Palast. Das Haus, mit den Paraskenien, übernahm, in der Funktion eines Rahmens, die Zusammenfassung. Die gebaute Rückwand sollte höchstens nebenbei auch akustische Bedürfnisse befriedigen (wäre die Akustik[39] in der cavea nicht ohne die Rückwand so gut gewesen wie sie es noch heute ist, ohne Rückwand – leicht nachzuprüfen im Dionysostheater und in Epidauros –, so hätte die Bühne mit den vielen Tragödien vor dem Umbau,[40] also etwa vierzig Jahre lang, kaum funktioniert); sie war von denselben Künstlern erfunden worden, die das Theater in die Zentralperspektive transponierten, denn sie war ein Mittel, jede Art von plastischer Gruppierung zu grundieren und damit zu exponieren; im Großformat der Optik des Theaters hatte sie die gleiche Funktion wie etwa der Steingrund der Friese und Metopen. Die Phidias-Zeit zog der Menge die Gruppe vor; aber ihr Hauptaugenmerk richtete sie auf die Plastik des Einzelmenschen. Der späte Aischylos, den wir als den Inaugurator der zentralperspektivischen Skene ansehen, hatte damit begonnen, auch wenn er im Schlußbild der ‹Eumeniden› aus theologischen und politischen Gründen noch einmal das Bild des ‹Volks› beschwor: plastische Bilder wie Klytaimestra oder Orest mit den Leichen auf dem Ekkyklema, also die Figur des Einzelmenschen im

Zentrum aller Optik – das hatte es in den frühen Stücken nicht gegeben. Von nun an werden sie immer wieder inszeniert: Prometheus am Felsen, Oedipus mit den blutigen Augen in der Zentraltür, Medea im Drachenwagen, Ion vor dem Apollon-Tempel. Und das bedeutete, daß auch die Kopha mehr Plastik gewannen. Schon am Beispiel der Kinder haben wir zu zeigen versucht, wie verschieden und wie dramatisch die Aufgaben gewesen sind, die ihnen zugewiesen wurden, und damit die Funktionen, die sie im Ablauf des Ganzen hatten. Dabei wurden die Grenzen des ‹kophon› im strengen Sinne immer wieder überschritten: die Stummen taten den Mund auf. Nicht anders ist es bei den übrigen ‹Statisten›. Natürlich gab es eine Reihe von Leuten, die auf der Bühne nur Träger- oder Handlanger-Dienste zu leisten hatten: vor allem bei Szenen mit Wagen oder Bahren.[41] Ob die Wagen von Pferden oder von Sklaven gezogen wurden – in beiden Fällen benötigten sie solche Leute; Bahren mußten getragen werden: so kam der sterbende Herakles in den ‹Trachinierinnen› auf die Bühne, so wurden die lebenden Leichname Alkestis und Phaedra aus dem Palast getragen. In der Gerichtsszene der ‹Eumeniden› mußten die Stimmsteine eingesammelt werden. An kultischen Szenen mögen Tempeldiener oder -dienerinnen[42] beteiligt gewesen sein; oft wurden die Vorbereitungen und Verrichtungen des Opfers den Dienerinnen[43] anvertraut, ohne die die Königinnen oder Priesterinnen ebensowenig auftraten wie die Fürsten ohne Leibwache.

Soldaten spielten im Theater der Tragödie eine so große Rolle, daß man die Kopha auch Doryphoroi[44] nannte: Speerträger. Und doch bietet sich, wenn wir das Auftreten des Militärs in den einzelnen Stücken überblicken, ein höchst differenziertes Bild. Es gibt die Truppe, wie wir sie in der Eröffnungsszene der ‹Sieben› kennengelernt haben. So mag auch Pelasgos in den ‹Hiketiden› an der Spitze einer starken Mannschaft erschienen sein. In den ‹Trachinierinnen› eskortieren Bewaffnete den Zug der Gefangenen und Sklavinnen, den Herakles vorausgeschickt hat. Antigone wird von Schergen zur Richtstätte getrieben. Im ‹König Oedipus› ist Teiresias von zwei Mann geholt und vor den Palast gebracht worden. Soldaten jagen die Troerinnen von der Bühne, auf die Schiffe. In den ‹Herakliden› haben bewaffnete Athener den Befehl erhalten, den gefesselten Eurystheus zu Alkmene zu bringen. Schon diese Beispiele zeigen, wie verschieden die Zahl und die Funktionen der bewaffneten Kopha sind. Zwar wirkten sie unter den Helmen und hinter den Schildern maskenhafter als alle anderen Darsteller; aber dem wirkte entgegen, daß sie, als einzige (außer den Kindern) nicht den langen Rock trugen: ihre ‹Uniform›[45] ließ die geschienten Beine frei.

Ihre große Rolle spielten die Waffenträger auf der Bühne als Exekutive der Macht, genauer der Mächtigen. Wo immer sie auftreten, wird das Theater politisch. Sie sind entweder die Handlanger des Terrors (wie in den ‹Troerinnen›)

oder die Polizei der Gerechtigkeit (wie in den ‹Herakliden›). Am schärfsten artikuliert sich diese Rolle in der Funktion der *Leibwache*. Keiner der Großen tritt
ohne die (mindestens) zwei Mann auf, die, in Waffen starrend (oder die Waffen
des Herrn tragend), das Status-Symbol der Herrschaft darstellen. Es gibt fast
keine Tragödie, in der sie fehlen. Sie stehen drohend hinter den Gegnern, die
aufeinander losgehen. Ihre bloße Erscheinung – das Schimmern und Blitzen der
Rüstung, der Waffen in der Sonne – konnte Phobos auslösen, aber auch Genug-
tuung, so wenn Theseus an ihrer Spitze erschien: es ist sicherlich kein Zufall, daß
er in den Stücken, wo er, meist als Retter, auftritt, stets mit einer größeren Truppe herbeieilt: im ‹Oedipus auf Kolonos›, im ‹Herakles›, in Euripides' ‹Hiketiden›
(sicher auch im ‹Hippolytos›, obwohl er da nur von einer Reise nach Delphi zu-
rückkehrt): hier ist der Charakter der Leibwache verwischt; das Polis-Idol gleicht
in seinem Auftreten dem des demokratischen Strategos an der Spitze der Hopliten.

3.

Puritanischen Vorstellungen vom Theater der Tragödie mag dieses Bild einer
reichen, differenzierten und sorgfältig ausgestatteten Komparserie zuwiderlau-
fen. Daß es jedoch der Realität entspricht, läßt sich, außer an dem hier herangezogenen Beispiel des Eröffnungsbildes der ‹Sieben gegen Theben›, drastisch an
Aischylos' ‹Hiketiden›[46] beweisen. Wenn wir einräumen, daß die Danaiden nicht,
wie es im Stück heißt, aus einem Chor von 50 Mädchen bestanden, sondern nur
von 12 dargestellt worden sind, kommt ein ebenso großer Chor von Mägden
hinzu, weiter ein Trupp von Ägyptern, der kaum weniger zahlreich war, weiter
die Waffenmacht des Pelasgos, die den Ägyptern überlegen war – das sind außer
den Hauptdarstellern und dem Chor mindestens 36 Kopha (von denen 24 im
Schlußchor mitgesungen haben), insgesamt über 50 Personen. Daran ist nicht zu
rütteln, auch daran nicht, daß sich die bewegten Bilder in exotischer Farben-
pracht[47] darboten, zu der die vertrautere Opsis der Griechen einen starken Kon-
trasteffekt bildete.

Einige sagen: das mag für Aischylos zutreffen; Sophokles zog Einfachheit vor.
Gewiß hat er, wie wir sahen, die Gruppe der Menge vorgezogen; gewiß hat er
die neue Plastik der Einzelfigur vor dem Gebäude-Hintergrund im Auge gehabt,
wenn er die Kopha auftreten ließ und in Positionen brachte; gewiß veränderte er
die Opsis noch mehr als Aischylos nach den ästhetischen Maximen der Phidias-
Zeit; aber heißt das, daß er ihr geringere Bedeutung beimaß? Außer der geschil-
derten Eingangsszene des ‹Oedipus› drängen sich andere Bilder auf: der Zug der
orientalischen Gefangenen in den ‹Trachinierinnen› mit der schönen Stummen

(Iole), eskortiert von Bewaffneten; Antigones letzter Gang, im Pflock, an den Ketten der Schergen, und das Kontrapost dazu: Kreons Heimkehr mit den Schergen, Haimons Leichnam in den Armen; die schauerliche Szene in der ‹Elektra›, in der Aigisth, flankiert von seiner Leibwache, die von Orests Kopha getragene Bahre mit der verdeckten Leiche Klytaimestras auf sich zukommen sieht und ahnungslos das Tuch zurückschlägt; Kreons Menschenraub im ‹Oedipus auf Kolonos›, das Waffengetümmel zwischen seinen und Theseus' Leuten, die Rückkehr des Königs mit den geraubten Mädchen...

Gehen wir nur *ein* Stück genauer durch: den ‹Aias›. Ein ‹propompos›, orientalisch gekleidet wie Tekmessa, die Sklavin, die eine Prinzessin war, ein stummer Sklave, bringt dem blutbefleckten Vater den kleinen Sohn (344). Vier Leibwachen treten im letzten ‹Akt› in Aktion, wobei Schwerter gezückt werden: das des Menelaos, das des Agamemnon, das des Teukros (als er abgeht, ein Grab für Aias zu suchen, muß er Leute dabei gehabt haben, um die Erde auszuheben, 1183/4), zuletzt das des Odysseus; wir haben das Bild beschrieben, das während des ganzen Gezänks um die Leiche die Augen der Zuschauer auf sich zog: Aias' kleiner Sohn mit seiner Mutter über der Bahre – stumme Klage und Anklage, und wir greifen voraus auf einen noch nicht besprochenen Hauptzug dieses Theaters der Kopha, den wichtigsten vielleicht, den Kondukt: Hauptdarsteller, Chor und Kopha formieren sich zur Pompe, zur pompe funèbre, um den toten Heros zu seiner letzten Ruhestätte zu geleiten.

Nichts prägt die Opsis des Theaters der Tragödie so grundlegend und so durchgehend wie die *Pompe*. Sie ist kaum denkbar ohne die Kopha. Viele Stücke scheinen geradezu auf sie angelegt zu sein: Höhepunkte der Inszenierung. In dieser Hinsicht ändert sich nichts von den ersten bis zu den letzten Tragödien. Es sind im wesentlichen drei Funktionen, die das Arrangement dieser Aufzüge bestimmen: 1. der Kondukt, 2. die Prozession der Klage, 3. die Prozession der Freude. Die drei frühesten der erhaltenen Stücke zeigen alle drei Funktionen: Xerxes setzt sich an die Spitze der Jammer-Pompe, um in die Stadt zu ziehen (κατ' ἄστυ 1071); Antigone und Ismene führen am Ende der ‹Sieben› den Kondukt mit den Leichen der Brüder an; die Danaiden stimmen den Dankgesang an, um, geleitet von bewaffneten Argivern, geführt von Danaos, feierlich zur Stadt zu ziehen.

Das sind drei Exodoi. Natürlich gehören auch die Parodoi in dieses Bild. Solange es das Haus nicht gab (oder einen anderen Blickpunkt der Zentralperspektive, z. B. den Felsen) zogen es die Tragiker vor, die Stücke nicht mit einzelnen zu eröffnen (wir sind sicher, daß auch der Eunuch, der in Phrynichos' ‹Phoenissen›[48] den Prolog hatte, während die Sitze für die Ratsversammlung geordnet wurden, an der Spitze einer Sklavenschar auf die Bühne gezogen ist). Für den Abschluß mußte eine Pompe vorgesehen werden, da der Chor den Schauplatz

nicht anders verlassen konnte. Daß dies von Euripides als eine lästige Konvention empfunden wurde, geht daraus hervor, daß er die gleichen Schlußchöre für
mehrere Stücke verwendet hat,[49] (vielleicht ging das Verständnis der Worte
ohnedies im allgemeinen Aufbruch der Siebzehntausend unter – diese Vermutung
wird durch die Banalität der Texte nahegelegt).

Die Anlage des Theaters im Freien erzwang eine spezifische Opsis: Die Zuschauer sahen die Darsteller von weither kommen, man mußte damit rechnen,
daß sie noch geraume Zeit sichtbar blieben, wenn sie die Skene oder die Orchestra
durch die Parodoi verließen. Wer so als einzelner langsam den Blicken entschwindet, wird kleiner und kleiner: er zieht in die Verlassenheit wie Charlie
Chaplin im Schlußbild von ‹Goldrausch›. So stürzte Orest in den ‹Choephoren›
davon, in die Ferne, während der Chor in die entgegengesetzte Richtung zog:
zur Stadt. Einer, der allein aus der Fremde kam, konnte nur ein Verlassener sein,
wie Xerxes, der natürlich nicht zu Fuß aus Hellas gekommen war, aber den
Zeltwagen verlassen hatte, um sich so zu zeigen, wie er auftritt: als der vom
Dämon Vernichtete – von weitem hatte man ihn so zur Parodos heraufwanken
sehen, im zerfetzten Gewand, mit dem leeren Köcher als Zeichen.[50] Freilich, es
gab auch den großen Einzelgänger, den alle Welt als solchen kannte und liebte:
Herakles, der niemals Dienstleute hatte, da er doch selbst einer war (‹Alkestis›).
Wer nicht den Eindruck der Verlassenheit machen sollte, mußte an der Spitze
oder innerhalb einer Gruppe erscheinen; auch diese szenische Funktion erklärt
die vielen Leibwachen von den frühen bis zu den spätesten Stücken.

Durch solche Notwendigkeiten waren die Hauptdarsteller an die Kopha gekettet, und wenn sich beide Darstellerarten mit dem Chor zu rhythmisierter Bewegung vereinigten, entstand wie von selbst die Pompe. Die drei wichtigsten
Funktionen, die wir benannt haben, verleihen ihr demonstrativen Charakter.
Aber wie die Demonstration dramatisiert wurde, zeigen die beiden Eingangsszenen, die wir analysiert haben.

Totenklage, Unglücksjammer, Versöhnungsfreude sind im Theater der Tragödie
kollektive Bekundungen. Sicherlich waren diese in der frühen Zeit kultisch gebunden; in den erhaltenen Stücken ist diese frühe Bindung nicht aufgegeben,
auch wenn ihr Anteil an der Pompe schwindet; bei Aischylos überwiegt in jeder
Pompe das politische Moment; sie wird bei ihm eingesetzt als ein Mittel, die Dimensionen der Handlung in die Dimensionen der Polis zu übertragen, oder besser gesagt: die jeder Handlung innewohnende politische Relevanz zu demonstrieren. So ist sie eine Art Selbstdarstellung der Polis, im rhythmischen Zusammenwirken der drei Darstellungsbereiche geradezu ein demokratisches Element
dieses Theaters. Das trifft in solcher Unbedingtheit auf Sophokles und Euripides
nicht mehr zu. Und doch sind die von Sklaventreibern aus der Bühne auf die

Schiffe gejagten Troerinnen[51] am Vorabend der sizilischen Expedition als politische Demonstration verstanden worden; und die schwarze Pompe der Mütter in den ‹Schutzflehenden›[52] war ein Appell an die Polis Athen, das panhellenische Ideal der Menschenrechte nicht zu vernachlässigen.

Die Pompe zeigt, wie hoch die dramatische Rolle der Kopha gespielt werden konnte. Dem entspricht die Beobachtung, daß die Grenzen ihres Darstellungsbereichs nach den beiden anderen Bereichen hin fließend waren. Wenn ihnen so bedeutende Aufgaben zugewiesen werden konnten, wie zum Beispiel den Areopagiten in den ‹Eumeniden›, dann konnten ihnen auch Rollen übertragen werden. Das schlagende Beispiel liefert Pylades, der bei Sophokles und Euripides (in der ‹Elektra›) stumm bleibt, während ihm Aischylos in den ‹Choephoren› in einem Moment höchster Spannung, vor dem Muttermord, drei wichtige Verse gibt (900 ff.)[53]. Innerhalb der Kopha gab es also eine Spitzengruppe, die man, wenn nötig, als Schauspieler ins Spiel bringen konnte. So löst sich das umstrittene Problem des vierten Schauspielers, der in vielen späteren Stücken eingesetzt worden ist; er wurde zwar aus den vom Choregen bezahlten Kopha ausgewählt, hatte aber Anspruch auf ein staatliches Sonderhonorar, das ‹parachoregema› genannt wurde, weil es ‹daneben›, d. h. zusätzlich an den Choregen bezahlt wurde (der für den Mann ja Ausstattung, Gage und Diäten aufzuwenden hatte).[54] Ebenso hat sich am Beispiel der Eröffnungsszene des ‹Oedipus› gezeigt, daß hier eine Gruppe von Knaben-Kopha wie eine Art Nebenchor eingesetzt wurde, wobei die Ololyge außer der choreographischen auch eine spezifisch chorische Einstudierung notwendig gemacht hatte.

Nebenchöre mit gesungenem Text gibt es schon bei Aischylos (‹Hiketiden› und ‹Eumeniden›). Doppelchöre wie in der ‹Lysistrate› finden wir in den erhaltenen Tragödien nirgends. Das ist sonderbar; denn die Dramatik, mit der sie Aristophanes dort gegeneinander in Aktion setzt, war den Chören der Tragödie keineswegs an sich fremd, wie etwa (nicht nur die Danaiden, sondern) die Haltung des Chors in der letzten Szene des ‹Agamemnon› zeigt (1344 ff., 1612 ff.). Die Konvention der Tragödie erlaubte offensichtlich nur Chöre ersten und hie und da solche zweiten Ranges. Die dramatische Struktur ist geradezu daraufhin entworfen. Wie oft kommt es vor, daß da eine oder mehrere Personen mit dem Chor auf der Bühne sind, und nun tritt das dramatische Moment von außen her dazu, in Gestalt einer Person, die kommt, aber nicht nur niemals einen Chor hat, sondern so angelegt ist, daß sie keinen haben kann! Wird nicht auch hier noch die Kontinuität der Konventionen evident, darin nämlich, daß sich der ursprüngliche Antagonismus[55] nicht zwischen Darsteller und Darsteller abgespielt hat, sondern zwischen Darsteller und Chor?

Ein eklatantes Beispiel haben wir im ‹Hippolytos›. Das ganze Stück beruht

auf dem Antagonismus zwischen den Mächten, die in Artemis und Aphrodite per-
sonifiziert sind (die eine Göttin erscheint im Prolog, die andere als dea ex machina). Und es gibt in der Tat auch zwei Chöre: einen Männer- und einen Frauenchor; aber es war offenbar ganz undenkbar, sie gegeneinander auftreten zu lassen. So hatten auch die Choreuten ihre Hierarchie, so gut wie die Schauspieler.
Wer den Status des ersten Chors erreicht hatte, bestand darauf, daß es neben
ihm nur eben Nebenchoreuten geben durfte. Und der Ehrwürdigkeit dieser Konvention erliegen sonderbarerweise noch moderne Kommentatoren,[56] die sogar
bereit sind zu vergessen, daß es Nebenchöre gegeben hat, um zu beweisen, daß
nicht ist, was nicht sein darf. Der Jägerchor, der mit Hippolytos in die Bühne
stürmt, eine Bande junger Leute, deren Fröhlichkeit die Folie bildet zu der Szene,
in der sie wiederauftreten werden, nun mit der Bahre ihres Prinzen, dieser Chor
soll gar keiner gewesen sein: das schlichte Lied, das zu Ehren der Jagdgöttin er-
klingt, soll entweder hinter der Szene vor dem Auftritt oder zu einer Pantomime hinter der Szene vom ‹Chor› gesungen worden sein.

Wie stellt man sich das vor? Gab es immer nur den einen ‹Chor› (der in Wahrheit aus drei Chören bestand, je einer für eine Tetralogie, die Komödienchöre
nicht gerechnet), und wenn einer nicht mehr singen und tanzen konnte, machte
er einem neuen Mann Platz, der zuvor niemals auf der Bühne im Chor gesungen
und getanzt hatte? In der Frage ist die Antwort enthalten. Die Nebenchöre boten
eine vorzügliche Gelegenheit, den Chor-Nachwuchs ebenso auszubilden, wie die
Nebenrollen des vierten Schauspielers und der Kopha den Schauspieler-Nach-
wuchs.

4.

Die Untersuchung des darstellerischen Bereichs der Kopha hat uns an einen Punkt
geführt, wo wir wieder einmal vor einer Lücke in der Überlieferung stehen. Es
gibt keine Nachrichten über die *Ausbildung.* Offenbar wurde darüber in ähnlicher Weise ein unvereinbartes Stillschweigen bewahrt wie über die hinterszenische
Zurüstung.[57] Aber Schauspieler und Choreuten waren Professionals (auch wenn
sie sich zu Vereinen oder Gilden erst später organisiert haben). Seit der Mitte des
Jahrhunderts stand der Name des Protagonisten gleichberechtigt auf der Sieger-
tafel neben denen des Dichters und des Choregen (des Repräsentanten des
Chors). Wie wurde man Schauspieler? Wie wurde man Choreut oder Orchestes
(Tänzer), was das Gleiche war?[58] Wir können die Lücke nur mit einer Hypothese
zu schließen versuchen. Doch würde das Bild des Theaters der Tragödie lücken-
haft bleiben, wenn wir den Versuch nicht wagen würden. Die Überlegungen über
die Kopha haben uns einen Schlüssel in die Hand gegeben.

Für die Propaideutik sorgte die ‹Schule›.[59] In der Ausbildung des jungen Athe-
ners nahmen die Fächer des Wissens den gleichen Rang ein wie die Fächer der
Körperbildung, die des Militärs den gleichen wie die der Kunst. Was die Rekru-
ten auf dem Hopliten-Exerzierplatz gelernt hatten, konnten sie auf der Bühne
als Soldaten und Leibwachen verwenden. Der Sport hatte sie zu Athleten gemacht. Aber es war selbstverständlich, daß sie auch singen, rezitieren und tanzen
konnten – sicher nicht jeder gleich gut, und gerade dabei mögen die Talente auf-
gefallen sein, die zum Theater drängten. Die entzückende Berliner Duris-Vase [60]
läßt uns einen Blick in ein ‹musisches Gymnasium› tun *(Tafel 22):* einer wird im
Spiel auf der Lyra unterrichtet, ein zweiter lernt die Rezitation, daneben sitzt ein
Alter mit untergeschlagenen Beinen, der aussieht wie ein Schauspieler-Veteran,
und wieder einem solchen begegnen wir auf der Rückseite, wo einem Jungen das
Flötenspiel beigebracht wird und einem anderen das Zeichnen. Damit stand es
also entschieden besser als heute; doch war es sicherlich, wie heute, das Normale,
daß ältere Schauspieler sich mit der Ausbildung der Eleven befaßten, auch sehr
alte wie die auf der Vase, spezialisierte Pädagogen der Mimesis. Beim Chor ist
der entsprechende Titel überliefert: chorodidaskalos.[61] Zwar heißt didaskein
(docere) auch, oder im Theater primär: einstudieren, Regie führen, inszenieren,
aber gerade diese Didaskaloi, diese ‹Dozenten› der Inszenierung waren aus der
Natur der Sache heraus gezwungen, ihr Augenmerk auf den Nachwuchs zu richten, wenn sie die Qualität ihrer Chöre und Schauspieler auf dem wünschenswert
hohen Stand halten wollten. Die jungen Leute, welche Schauspieler oder Choreuten werden wollten, gingen also in die Schule zuständiger Lehrkräfte. Aber wer
einmal hinter die Kulissen gesehen hat, weiß, daß es damit nicht getan ist. Das
Wichtigste des Theaters erlernt sich im Theater. Und hier setzt unsre Hypothese
ein.

*Der Darstellungsbereich der Kopha war die Ausbildungsstätte des Nachwuch-
ses.* Mit Kinderchören, Kinderrollen fing es an. Wir sagten schon, daß in vielen
Kinderszenen musikalisches und mimisches Spiel verlangt wird.[62] Die Talente,
die da auffielen, wurden gefördert. Jeder Ausbildungsprozeß im künstlerischen
Bereich hat elitären Charakter. Irgendwann mußte jedoch in diesem Theater die
Entscheidung fallen, wohin sich der weitere Weg spezialisierte: zum Schauspieler
oder zum Choreuten. Tanzen und singen mußten sie in beiden Sparten; aber für
den Schauspieler mochte sich derjenige qualifizieren, der in der Mimesis, der
Darstellung, hervorragte und so aus der Gruppe heraus zur Person drängte. Es
war keine Abwertung, wenn einer mehr für den Chor als für die Schauspieler
geeignet erschien. Denn es gab nicht nur, als begehrtes Ziel, den Koryphaios,[63] es
gab auch große Choreuten: einer von ihnen konnte seiner Kunst Nachruhm verleihen bis in unsre Zeit, denn wir kennen seinen Namen: Telestes.[64] Er war in

Aischylos' ‹Sieben› ein Kophon, der durch seine Kunst als Tänzer und Pantomime
das Publikum hingerissen haben soll – wir wissen nicht wie, wir können es nur
vermuten. Auch den Choreuten wurden darstellerische Aufgaben abverlangt. Und
der Schauspieler des Ion mußte, in seiner großen Monodie, den Ansprüchen an
einen ersten Tenor genügen. Der junge Sophokles entzückte die Zuschauer als
Thamyris durch sein Spiel auf der Kithara und in der Rolle der Nausikaa durch
sein Ballspiel.[65] Wie anders und wo sonst konnten diese Künste wirklich erlernt
werden als auf der Bühne?

Alle waren zunächst einmal Kopha, ‹Volk›, wie in der Eingangsszene der ‹Sieben›, die ja nach Aischylos' Tod wiederaufgeführt wurden und so den jungen
Schauspielern nach wie vor diese Aufgaben stellten, auch wenn die jüngeren Tragiker andere Wege gingen. In einem bestimmten Stadium teilten sich die Wege:
die einen spezialisierten sich auf den Weg des Kophon, dessen Karriere zunächst
den Rollen des ‹vierten Schauspielers› zustrebte, die anderen auf den Weg in den
Chor, aufsteigend von den stummen Gruppen zu den Nebenchören. Nur wenige
erreichten Rang und Bestallung als ‹erster Choreut›. Und wer Tritagonist geworden war, hatte die größte Chance noch vor sich: Protagonist zu werden. (Auch
die Lehrer hatten ihre Assistenten, von denen der jeweils beste in die Position
aufrückte, wenn sie frei wurde.)

Dieses Bild ist noch zu schematisch gezeichnet. Berichte aus nachklassischer
Zeit[66] bezeugen, daß die Schauspieler viel auf Reisen waren; von Aischylos wissen wir, daß er seine Stücke in Sizilien als Gast inszenierte; Euripides dürfte am
Königshof in Pella das gleiche getan haben. In der klassischen Zeit gab es allein
in Attika zahlreiche kleine und größere Theater.[67] Die Vermutung liegt nahe,
daß die jungen Schauspieler sich dort ihre Sporen verdienten und freispielten,
ehe sie bei den Dionysien in Athen in den Rollen des dritten Schauspielers auftreten durften. Jedes dieser Theater hatte Chöre; Fluktuation war also auch in
dieser Sparte möglich. Wir haben keinerlei Zeugnis darüber. Aber der Aufstieg
des Schauspielers von der kleinen zur großen Rolle, des Choreuten von der stummen Gruppe zum Nebenchor und zum Hauptchor, von der kleinen Rolle im großen Theater zur großen Rolle im kleinen Theater und von dort zur Krönung der
Laufbahn, der großen Rolle im großen Theater, kann aus der bezeugten Hierarchie erschlossen werden. Die Spitze des Protagonisten bedingt die Leiter, auf der
sie, mühsam, erklommen wurde. Und wer einer der 12 oder dann 15 Choreuten
geworden war, die den Siegespreis miterrangen, war ebenfalls in die Spitzen-
klasse aufgerückt.

«Das Theater war die Polis.» Der Elite des Theaters waren Honorar und Ehre
der Polis gewiß (denn auch dem Choregen wurde die Leiturgia als Ehre verlie-
hen[68]). Die Kopha bildeten den dritten Darstellungsbereich; aber in ihm war die

Potenz der Elite enthalten. Die Potenz ist, heute wie damals, das Talent. Auch die Größten sind einmal Kopha gewesen.

12. Wagen und Pferde

In mehreren der erhaltenen Tragödien fahren Wagen[1] auf die Bühne. Königswagen: in Aischylos' ‹Persern›, ‹Hiketiden›, ‹Agamemnon›; Götterwagen: in
Aischylos' ‹Eumeniden› und ‹Prometheus›; Reisewagen in Euripides' ‹Elektra›
und ‹Aulischer Iphigenie›; ein Karren in Euripides' ‹Troerinnen›. Wir lassen die
Wagen, die mit der Mechane verbunden waren, also herein- oder hinausgeflogen
wurden (Okeanos im ‹Prometheus›, Medeas Flügelwagen, Athena im ‹Ion›) beiseite, da wir hier nur über die Wagen auf der Bühne sprechen.

Wie wurden die Wagen auf den Spielplatz gefahren? Mit Pferden? Es gibt nur
eine sichere Stelle,[2] an der im Zusammenhang mit Wagen von Pferden die Rede
ist: in den ‹Hiketiden› (183). Von beidem, von Pferden und Wagen, wird im
Plural gesprochen.[3] Sind also mehrere Wagen in die Bühne gefahren? Wie hätte
sich sonst die Leibwache des Königs fortbewegen sollen? Im Laufschritt oder beritten? Der König im Wagen mit Pferden, dahinter ein zweiter Wagen mit Bewaffneten, geleitet von Reitern in Waffen – das wäre eine bildhafte Aktion, die
vor allem in der Szene, in der die Ägypter offenbar kampflos das Feld räumen,
Effekt gemacht hätte. Da die ‹Hiketiden› schon in die Phase gehören, in der die
Opsis immer stärkere Bedeutung gewann,[4] wäre ihre Erfindung dem Dichter zuzutrauen. Aber dagegen spricht eine Überlegung, die es zweifelhaft erscheinen
läßt, ob überhaupt jemals Pferde auf dem Spielplatz erschienen sind.[5] In der
ersten Pelasgos-Szene müßten die Pferde 289 Verse lang auf der Bühne gestanden
haben. Pferde ‹stehen› aber nicht; sie sind unruhig; sie wiehern in den Text. In
diesem Fall nicht nur in den Text, sondern in ein gesungenes Amoibaion von 175
Versen. Diese Vorstellung ist unerträglich. Es hilft nichts, anzunehmen (wovon
im Text nichts angedeutet ist), daß der König vom Wagen gestiegen und das Gefährt mit den Pferden während der Szene abgeführt worden wäre, um erst wieder zum Aufbruch hereinzufahren. Denn weit könnten die Pferde nicht gewesen
sein. Auch hinterszenisches Wiehern hätte die Zuschauer zum Lachen gereizt. Die
Vorstellung des Dichters war wohl die: sie kamen mit Pferden und Wagen; aber
irgendwo ließen sie die Pferde zurück, um die letzte Strecke zu Fuß zurückzulegen; es ist nirgends ausdrücklich erwähnt, daß Pelasgos im Wagen auf den
Schauplatz gefahren worden ist; doch steht der Annahme nichts im Wege, wenn
eingeräumt wird, daß der Wagen von seinen Leuten gezogen wurde. Und das
war, wie sich aus allen anderen Wagen-Szenen ergibt, offensichtlich das Normale.

Für die Pagos-Bühne[6] der frühen Stücke kommt hinzu, daß Wagen mit Pferden über die felsige Parodos nicht ohne Schwierigkeiten in die Orchestra hinabgelenkt worden sein könnten. Zwischenfälle wären kaum völlig auszuschließen gewesen. Umsomehr mochte es den Zuschauern einleuchten, daß die Reiter vor dem Pagos abgesessen und die Pferde von den Wagen abgeschirrt worden sind. Der Vers 183 besagt ja nur, daß Danaos etwas sieht, was weder der Chor noch das Publikum sehen konnten.

Auch auf Vasenbildern[7] werden Wagen von Männern gezogen, vor allem in Prozessionen *(Abb. 26)*. Sklaven hielt man sich wohl unter anderem auch des-

Abb. 26. Schiffskarren in der Dionysos-Pompe

wegen. Die Athener dürften kaum in Pferdewagen zur Agora gefahren sein. Im Satyrspiel und in der Komödie wurden Pferde von verkleideten Männern dargestellt (ein hübsches Beispiel auf einer schwarzfigurigen Berliner Amphora,[8] *Tafel 25*).

Die einzelnen Wagenszenen:

Perser: Atossa erwähnt bei ihrem zweiten Auftritt, daß sie diesmal ohne Wagen gekommen sei (607). Wie das erste Mal ist sie von Dienerinnen begleitet. Der Aufzug ist der gleiche, nur der Pomp ist abgelegt. Von Pferden ist keine Rede. Atossa ist 372 Verse lang auf der Bühne. Höhepunkt der Szene sind der Kommos (gesungen) und der Botenbericht. Wie die Kostüme orientalische Pracht zeigten, so dürfte auch der Wagen nach persischer Sitte eine Sänfte[9] gewesen sein, getragen von Sklaven. Von Xerxes wird angenommen, er sei im möglicherweise ramponierten Zeltwagen[10] auf die Bühne gefahren. Das wird aus Vers 1000 f. geschlossen.

ἔταφον, ἔταφον· οὐκ ἀμφὶ σκηναῖς
τροχηλάτοισιν ὄπιθεν ἑπομένους.

Aber der Chor beschreibt nicht, was er sieht, sondern was er sich vorstellt, und er stellt sich vor, wie es hätte sein müssen: Xerxes, der Sieger, zieht auf dem Zeltwagen ein, gefolgt von den Feldherrn und der Truppe. Natürlich ist Xerxes nicht zu Fuß aus Hellas heimgezogen. Aber der Auftritt, in dem ihn Aischylos zeigen will und den er ihn selbst so wählen läßt (wie es der Sinn der orgiastischen Klage und ihrer Steigerung fordert), ist genau beschrieben in den Versen 1016 bis 1021. «Was kam *nicht* um von den Persern, μεγάλατε?» («Thou of great illfortune» Headlam, «Großverblendeter» Schadewaldt), fragt der Chor. Und es folgt eine Szene großen Zeigens, die wir schon vor uns gesehen haben, denn Dareios hatte sie visionär beschrieben: heimkehren werde er im zerfetzten Prachtgewand (834 ff.). Jetzt wirft er den Mantel ab, in Fetzen steht er da, das einzige vorweisend, das ihm noch geblieben sei: den leeren Köcher. Realistisch ist in dieser Szene nur die Absicht, die Xerxes mit ihr verfolgt. Niemand kann annehmen, es wäre ihm nicht möglich gewesen, sich Waffen und Kleider zu verschaffen, sobald er den Boden seines Reiches betrat; es wäre geradezu das Nächstliegende gewesen, mit Bewaffneten einzufahren und den Thron zu sichern. Aischylos mußte ihm diese Absicht in den Kopf setzen, um das Finale inszenieren zu können, das in die Gegenwart des Athen von 472[11] hinein wirken sollte: eine Warnung, ein Menetekel – die Absicht, allein vor dem Chor zu erscheinen, sich zur äußersten Wahrheit und tiefsten Schuld zu bekennen, sich so gleichsam aus dem Abgrund wieder zu ermächtigen und an die Spitze der Prozession zu setzen. Soll er im Zeltwagen vorausgefahren sein? Wenn dieser aber schon bei seinem Auftritt von der Bühne gefahren worden wäre – warum sollte er dann überhaupt hereingefahren werden? Wir sprachen in anderem Zusammenhang[12] von dem Modus der Verlassenheit, der in den Dimensionen dieses Theaters dem von weither sichtbar sich nähernden Einzelnen anhaftet. So kam Xerxes zur rechten Parodos herauf, so allein, zu Fuß, so gottverlassen betrat er die Bühne.

Sieben:[13] Wir nehmen an, daß Eteokles im Wagen von der Front (drunten im Tal an den Stadtmauern) zur Akropolis heraufgefahren kam, gezogen von Sklaven. Aber das ist pure Annahme. Von Pferden ist jedenfalls keine Rede, freilich auch nicht von einem Wagen.

Hiketiden: siehe oben!

Agamemnon: 548 Verse bis zu Kassandras Abgang, die noch 1071 auf dem Wagen ist. Die Szene beginnt mit gesungenen Anapästen und kulminiert im

Kommos mit Kassandra. Pferde im Mittelpunkt der Szene, unruhig, stampfend, wiehernd – undenkbar, doppelt undenkbar zwei Wagen [14] mit zwei Gespannen!

Eumeniden: Die Frage, ob Athena [15] im Wagen oder mit Hilfe der Mechane aufgetreten ist, ist viel erörtert worden. Die Erklärer glauben, in den Versen 404–406 einen Widerspruch erkennen zu müssen: die Göttin müsse entweder zu Wagen oder πτερῶν ἄτερ ῥοιβδοῦσα κόλπον αἰγίδος aufgetreten sein. Aber kann nicht der Wagen geflogen sein? Wenn es die Mechane schon gegeben hat (was wir bezweifeln), wäre das eine einfache Lösung: die Gondel, in der die Göttin stand, wäre dann als Wagen gefertigt gewesen. Unsere Zweifel [16] sind anders begründet: ein Stück, das auf der Ebene der Götter spielt (wie es sein Titel schon vorwegnimmt), bedarf der Wundermaschine nicht. Wie dem auch sei, Pferde hatte dieser Wagen jedenfalls nicht.

In den erhaltenen Stücken des Sophokles [17] gibt es keine Wagen. Vermutungen aufgrund der Fragmente besagen wenig.

Troerinnen: [18] Andromache kommt auf einem vierrädrigen Karren in die Bühne gefahren: der Wagen ist mit Beutestücken beladen (573); sie sitzt, auch ein Beutestück, obenauf, das Kind im Arm, Hektors kleinen Sohn. Die pompe ist kommatisch. Nachdem man ihr das Kind entrissen hat, wird sie wieder auf den Karren gezwungen und fortgezerrt. Von den Soldaten oder Sklaven natürlich, die den Wagen ziehen. So hübsch die Vermutung ist, Maultiere [19] seien vor den Karren gespannt gewesen – es steht nichts davon im Text.

Elektra: Klytaimestra wird lang, bevor sie auf dem Schauplatz erscheint, gesehen, wie sie im Wagen von der Stadt zu Elektras Bauernhütte fährt. Weithin sichtbar ist der Pomp, mit dem sie sich umgeben hat (966, cf. 314 ff.). Es ist orientalischer Pomp. Die trojanischen Sklavinnen sind hinter ihr im Wagen; sie steigen ab, um ihr vom Sitz zu helfen (998 ff.). So viele Details werden erwähnt, aber keine Pferde. Der Wagen mußte auf der Bühne bleiben: die Leichen Klytaimestras und Aigisths werden auf ihm zur Stadt gefahren, während die Geschwister in die Fremde ziehen. Im Theater des Zeigens hat das Prunkstück eine Funktion. Während in der Hütte der Muttermord geschieht, steht er einfach da, eine Folie des Horrors – so wie der Jubelchor, der dazu getanzt wird. Pferde? Sie passen nicht in dieses Bild. Da sich Klytaimestra mit so viel orientalischem Pomp umgeben hatte, waren es wohl auch trojanische Sklaven, die den Wagen zogen.

Iphigenie in Aulis: Diese Wagenszene könnte unsre These, daß Pferde nicht auf dem Schauplatz der Tragödie erschienen sind, zunichte machen. Denn hier wird gesungen, überaus genau werden alle Details beschrieben: das Herabsteigen, das Abladen des Brautschatzes, das Herunterheben des kleinen Orest, und doch heißt es 619 f.:

αἴ δ᾽ ἐς τὸ πρόσθεν στῆτε πωλικῶν ζυγῶν·
φοβερὸν γὰρ ἀπαραμύθου ὄμμα πωλκόν.

Aber die Szene hat etwas Merkwürdiges. Den Mädchen sollen die unberechen-
baren jungen Pferde anvertraut worden sein? Die Mädchen (der Chor) sind nur
Schaulustige aus dem nahen Chalkis, herübergeeilt, die glänzende Heerschau des
Lagers von Aulis zu besichtigen: sie sind also Fremde. Nun hat Murray[20] bemerkt, daß diese Mädchen unmöglich Iphigenie als ἄνασσαν ἐμήν (592) anspre-
chen könnten, wie er überhaupt die «tota felicitatio» nicht den Mädchen aus Chalkis in den Mund legen möchte; so hat er die Strophe 590–592 dem Nebenchor
einer argivischen Eskorte zugewiesen, die den Wagen nach Aulis gebracht hat. Ist
das richtig, so kann Klytaimestra sich mit ihren Bitten um Hilfeleistungen zwar
an die Mädchen gewandt haben, soweit es sich um sie selbst, Iphigenie und den
kleinen Orest handelte, nicht aber soweit es die Pferde anging: das wäre doch
Sache der Männer gewesen. Schon Kirchhoff[21] hat die Verse 619 ff., worin von
den Pferden die Rede ist, «lacunae explendae gratia» für interpoliert gehalten.
Wir maßen uns nicht an, das zu entscheiden. Aber die Pferde können durch eine
immerhin unsichere Stelle kaum bühnenfähig gemacht werden.

13. Maschinen – Ekkyklema, Deus ex machina

Daß es im Theater der Tragödie Maschinen gegeben hat, ist sicher. Strittig ist nur die Frage, wann sie eingeführt worden sind. Wir fassen die Resultate unserer Überlegungen zusammen:

Das Ekkyklema, eine Plattform auf Rädern, die aus dem Inneren des Bühnenhauses auf die offene Skene gerollt worden ist, erscheint zum erstenmal in der Orestie;[1] es setzt wie diese überhaupt das Haus voraus; die Erfindung rückt so in den Zusammenhang des Umbaus.

Die Mechane, der Kran, der Götter und Halbgötter in die Bühne geschwenkt hat, mag ebenfalls zu den Erfindungen gehört haben, die in der Umbauzeit eingeführt worden sind; da sie jedoch bei Sophokles nicht vorkommt (und bei Aischylos[2] nicht absolut notwendig ist), bringen wir sie mit Euripides[3] zusammen, der sie in fünf Stücken mit Sicherheit, in weiteren vier wahrscheinlich verwendet hat und schon im Altertum geradezu als ihr Erfinder gegolten hat.

Zu diesen beiden Maschinen tritt mit großer Wahrscheinlichkeit eine dritte: *der Flügelwagen,*[4] der, in verschiedenen Größen, an Seilen gezogen, auf kaschierten Rädern, in die Bühne gefahren worden ist, so im ‹Prometheus›.

Maschinen sind also ein Charakteristikum des Theaters der Tragödie. Dieses wird durch sie etwa vom elisabethanischen Theater Shakespeares unterschieden, das nichts Ähnliches gekannt oder jedenfalls verwendet hat und trotzdem immer wieder zu Analogieschlüssen herangezogen wird. Bilder und Vorgänge, die mit Hilfe von Maschinen bewerkstelligt worden sind, fügen sich schlecht in die Vorstellung von einem Theater, in dem die ‹opsis›[5] keine größere Rolle gespielt haben soll als diejenige, die ihr Aristoteles einräumt; sie passen auch nicht zu der neutralen Einheitsbühne, die angeblich alles bedeutet haben konnte. Ebensowenig können sie freilich die Vorstellung einer realistischen oder gar illusionistischen Bühne stützen; denn mit keiner der Maschinen sind wirkliche Bilder oder Vorgänge vorgetäuscht worden; was sie zeigten, war als manipuliert erkennbar, es war Theater. Sie zeigten Greuel und Wunder. Es ist bezeichnend, daß vor allem das Ekkyklema den Widerwillen derjenigen erregte, die das Tragische mit dem ‹Klassischen› gleichzusetzen wünschten: einer nannte es ein «Ungetüm»,[6] dem man «den Garaus machen» müsse. Aber die ‹lebenden Bilder›, die da herausgerollt wurden – der Terminus kann nur ironisch verwendet werden, denn sie waren stets voller Blut und Tod –, haben Entsetzen hervorgerufen, jenen Phobos, jenen Schrecken, in dem keiner der Tragiker ein Maß kannte oder ‹das Maß› walten ließ. Die Opsis des Schrecklichen ist ein Merkmal des Bildes, das wir uns vom Theater der Tragödie zu machen haben, so wie das Teratodes, das ‹Wunderbare›, jedenfalls bei Aischylos und Euripides, ein integrierendes Element dieses Theaters ist. Beides steht in engster Beziehung zu der Art von Wahrheit, die hier demonstriert werden sollte. Die Maschinen dienten dazu, sie ‹auszustellen›, wenn wir ein Lieblingswort des Autors eines modernen ‹Theaters des Zeigens›, Brechts, verwenden wollen.

Ekkyklema [7]

Wort und Gegenstand *(Abb. 27)* [8] sind aus dem 5. Jahrhundert bezeugt: durch Aristophanes. Ein Grammatiker aus dem 3. Jahrhundert v. Chr. [9] bezeugt den

Abb. 27. Das Ekkyklema in der rekonstruierten Skene (nach Flickinger)

Gebrauch der Maschine für Euripides. Es ist nicht der geringste Grund dafür vorhanden, daß eine Maschine, die im 3. Jahrhundert Ekkyklema hieß, im 5. Jahrhundert etwas anderes war, das ebenso genannt wurde, zum Beispiel, eine ‹Couch auf Rädern›. [10] Unter den Argumenten, die Pickard-Cambridge, [11] leider auch ein Gegner des Ekkyklema im 5. Jahrhundert, vorbringt, ist eines so aufschlußreich, daß es sich lohnt, darauf näher einzugehen.

In Aristophanes' ‹Wolken› wird ein Schüler des Sokrates aufgefordert, die Tür zum ‹phrontisterion› aufzumachen und den Denker mit seinen Schülern zu zei-

gen (181 ff.). Dann wird das ‹lebende Bild› beschrieben, Sokrates in der Hänge-
matte und die Schüler in komischen Haltungen. Der Scholiast merkt an, daß das
Tableau auf dem Ekkyklema herausgerollt worden ist. Pickard-Cambridge erklärt, das könne nicht sein, da das Tableau keine Innenszene zeige (obwohl von
200 an eine Menge Möbelstücke und Einrichtungsgegenstände beschrieben werden), weil die Szene «in the open air» spiele. Aber natürlich ist sie jetzt im Freien,
und Sokrates stellt staunend fest, daß er in der Luft schwebe und die Sonne er-
blicke (225). Das Ekkyklema hat das Märchen in Gang gesetzt: bald werden ‹die
Wolken› auftreten, der Chor.

Die Alternative, die meist vorgeschlagen wird, wenn es sich um Szenen handelt, für die gewöhnlich die Maschine als unerläßlich angesehen wird: daß man
nämlich einfach durch eine geöffnete Tür ins Innere der Skene gesehen habe, wo
das Tableau gestellt gewesen sei, ist in unserer Szene unmöglich, da sie ja, nach
Pickard-Cambridge, «in the open air» spielt. Sie ist im übrigen, aus bühnenpraktischen Gründen, ebenso absurd wie die Vorstellung von Rees,[12] in dem angeblichen Säulen-Prothyron vor der Skene, wo alle diese Szenen gezeigt worden
seien, sei ein Vorhang hochgezogen worden, hinter dem das Bild gestellt gewesen
sei. Pickard-Cambridge hat selbst, am Beispiel des ‹Herakles›,[13] bewiesen, daß es
einen solchen Vorhang vor einer Palastfront mit einer Mitteltür, die klar ‹mitspielt›, nicht gegeben haben kann. Alle Versuche, zu beweisen, daß Innenszenen
‹drinnen› gezeigt worden seien, durch Öffnung von Türen oder Wegschieben von
Wänden, werden durch die Befunde des Lichteinfalls[14] widerlegt: man konnte
drinnen einfach nichts sehen, da das Gebäude den größten Teil des Tages in tiefem Schatten lag, ganz abgesehen davon, daß, selbst wenn man drinnen Fackeln
angesteckt hätte (wofür es nicht den geringsten Hinweis gibt), immer nur ein
kleiner Teil der Zuschauer in den Genuß des ‹Einblicks› hätte kommen können:
die anderen konnten nicht um die Ecke sehen. Übrigens hat das schon Karl Reinhardt[15] bündig klargestellt: «Immer noch betrachtet man als Norm für alles,
was die Bühne angeht, unsere Kastenbühne. Philologen, die sich über die Lichtverhältnisse nicht klar sind, lieben es immer noch, die Hauptschauszenen in ein
Interieur hinter sich öffnende Türen oder Vorhänge zu verlegen. Da muß dann
zum Beispiel Orest das blutige Tuch, das sein Beweisstück ist für die Ermordung
des Agamemnon, dem ‹Allseher Helios› zeigen – im Loch einer gänzlich dunklen
Hinterbühne.»

Selbstverständlich hatte die Pagos-Bühne keine Maschinen. Auch für Zeltstücke[16] (einschließlich des ‹Aias›) ist das Ekkyklema nicht unerläßlich, da die
Plachen weit zurückgeschlagen werden konnten. Das Ekkyklema setzt eine feste
Basis voraus, wie sie das Fundament T[17] angeboten haben mag; aber dieses hat
vermutlich einen Vorgänger aus Holz gehabt, der fest genug gewesen sein mag.

Die Tatsache, daß es keine bildliche Darstellung gibt, bestätigt unsere Annahme, daß diese hinterszenischen Vorrichtungen zu den Dingen gehörten, über
die man schwieg; denn auch von der Mechane haben wir aus klassischer Zeit weder eine Beschreibung noch eine Abbildung.

Mechane [18]

Wir haben keinerlei Anhaltspunkte, wie diese Maschine wirklich ausgesehen und
funktioniert hat. Selbst die Flugmaschinen im modernen Theater (oder die flie-
genden Engel in den späten Mysterienspielen) geben höchstens Anhaltspunkte;
denn es muß ja ein Kran gewesen sein, der in die Skene hereingeschwenkt werden konnte, und zwar, wie mehrere Stücke zeigen, ‹über dem Haus›. Eine phan-
tastische Maschine. Die Theatergeschichte kennt nichts Vergleichbares. Wieviel
muß das, was sie bewerkstelligt hat, den Tragikern bedeutet haben, daß es überhaupt zu dieser Erfindung kommen konnte! Ganz verstehen können wir es erst
bei Euripides. Denn bei diesem hat die Epiphanie jenes Air von kaum übersch-
barer Ironie, das sich aufdrängt, wenn wir uns Götter, die an einem Kran hängen,
als schwebend oder fliegend vorstellen sollen: Und so hat Aristophanes die Mechane im ‹Frieden› herrlich parodiert: Auf einem Mistkäfer, den er Pegasus nennt,
fliegt der Held himmelhoch bis zu den Göttern; und aus der Gondel ruft er hinter
die Skene: (174 ff.)

> ὦ μηχανοποιέ, πρόσεχε τὸν νοῦν ὡς ἐμέ·
> ἤδη στροφεῖ τι πνεῦμα περὶ τὸν ὀμφαλόν,
> κεἰ μὴ φυλάξει, χορτάσω τὸν κάνθαρον.
> ἀτὰρ γὰρ ἐγγὺς εἶναι τῶν θεῶν ἐμοὶ δοκῶ...

Der Kran muß mit einer Gondel versehen gewesen sein. Es ist ganz ausgeschlossen, daß ein Schauspieler, frei im Gurt hängend, die Verse gesprochen haben
kann, die in den Epiphanien göttliche Feierlichkeit ausdrücken sollen. Medeas
Drachenwagen, vielleicht die erste Mechane in den erhaltenen Stücken, könnte
eine Art Modell darstellen.

Dörpfeld [19] hat das Fundament T für die Basis der Maschine gehalten. Das ist
wahrscheinlicher als die Angabe von Pollux (IV 128), sie sei in der linken Parodos aufgestellt gewesen, denn dann müßte sie einen riesigen Arm gehabt haben,
um den Schauspieler «über das Haus» bringen zu können. Der Kran konnte «wie
ein Finger» [20] über das Haus auf der Bühne hochgeschoben werden; er wurde also
erst sichtbar, wenn die Maschine in Aktion trat. Die Gondel, die an ihm hing, ist
vielleicht aus dem Temenos hochgehievt worden, wo sie der Schauspieler bestiegen hatte; sie hing an Stricken (αἰῶραι, αἰώρημα = Schaukel), die an einem Haken (γέρανος,[21] wie manchmal auch die ganze Maschine heißt) befestigt waren.

Die Gurte (ζωστῆρες), mit denen der Schauspieler angeschnallt war, blieben wohl unsichtbar. Der Arm des Krans hieß κράδη = Ast (danach κραδάω, κραδαίνω = schwenken).

Jebb[22] hat bemerkt, daß der Einsatz der Mechane in den Stücken wie durch ein Stichwort im Dialog angekündigt wird, so Thetis in der ‹Andromache› (1226), die Dioskuren in der ‹Elektra› (1233 ff.), die Muse im ‹Rhesos› (895 ff.), Athena im ‹Ion› (1594 ff.). Aber es gibt auch unangekündigte Epiphanien, so Athena in Euripides' ‹Hiketiden› (1183) und in der ‹Taurischen Iphigenie›, Apollon und Helena in ‹Orestes› (1625), Artemis in ‹Hippolytos› (1389), schließlich Medea im Drachenwagen (1317). Euripides verwendet den Kran noch im ‹Herakles› für die Iris-Lyssa-Szene (816). Aristophanes parodiert im ‹Frieden› und in den ‹Thesmophoriazusen› die Epiphanien der verlorenen Tragödien ‹Bellerophon› und ‹Andromeda›.

Im 4. Jahrhundert ist der deus ex machina bereits sprichwörtlich,[23] so bei Platon (Kratylos 425 D, Kleitophon 407 A). Die Mechane wird abschätzig beurteilt; das läßt sich aus Aristoteles Poetik 54 b schließen: φανερὸν οὖν ὅτι καὶ τὰς λύσεις τῶν μύθων ἐξ αὐτοῦ δεῖ τοῦ μύθου συμβαίνειν καὶ μὴ ὥσπερ ἐν τῇ Μηδείᾳ ἀπὸ μηχανῆς. ἀλλὰ μηχανῇ χρηστέον ἐπὶ τὰ ἔξω τοῦ δράματος ἢ ὅσα πρὸ τοῦ γέγονεν ἃ οὐχ οἷόν τε ἄνθρωπον εἰδέναι ἢ ὅσα ὕστερον, ἃ δεῖται προαγορεύσεως καὶ ἀγγελίας· ἅπαντα γὰρ ἀποδίδομεν τοῖς θεοῖς ὁρᾶν.

Seit wann hat es diese Maschine gegeben? Die Frage wird verschieden beantwortet. Einige[24] glauben, daß schon Aischylos sie verwendet habe; für Sophokles steht fest, daß sie nicht notwendig ist, so wenig wie das Ekkyklema: dieser Tragiker scheint die Maschinen nicht geliebt zu haben. Charakteristisch ist sie jedenfalls nur für Euripides. So neigen wir dazu, ihre Gebräuchlichkeit erst in die letzten Jahrzehnte der Tragödie zu setzen. Euripides hat sie als Konvention installiert; jetzt erst wurde sie sprichwörtlich, und so forderte sie den Spott der Komödie heraus.

Erörtern wir die Szenen der fraglichen Stücke im einzelnen.

Aischylos, Eumeniden: 398. Athena erscheint. Zu Wagen oder mit der Maschine? Die Maschine ist nur möglich, wenn wir einen Vers athetieren: 405, wo auf einen sichtbaren Wagen verwiesen wird. Wilamowitz[25] hält den Vers zwar für interpoliert («Aischylos war zu klug, die himmlischen Rosse auf die Burg fahren zu lassen, wohin irdische Rosse nicht kamen»), aber an die Flugmaschinen glaubt er auch nicht: geflogen sei sie nur übers Meer; so läßt er sie einfach zu Fuß kommen. Auch Murray[26] billigt Paleys Athetese: Athena könne nur entweder im Wagen oder mit der Maschine aufgetreten sein. Aber die Frage ist: wie ist sie dann abgegangen? Wieland Schmidt:[27] «Irgendwann...», vermutlich gleich nach der Ankunft, betritt Athena die Bühne und verläßt ihre Maschine; ihren Abgang vollzieht sie zu Fuß, gefolgt von den Eumeniden.» Wie stellt man sich das bühnenpraktisch vor? Sie hat sich selbst abgeschnallt, dann den Chiton gelüftet, um aus der Gondel zu steigen (die wir, s. oben, für unerläßlich halten), worauf diese dann leer aus der Bühne geschwenkt worden ist? Es mag nicht ganz so schlimm sein, wenn wir annehmen, daß sie in der Gondel geblieben und v. 488 wieder hinausgeschwenkt worden ist, um die Areopagiten aus der Polis zu holen. Zweifellos kam sie mit diesen zu Fuß zurück (566). Wozu aber dann das Wunder? Und warum wird es Apollon nicht zugebilligt? πτερῶν ἄτερ ῥοιβδοῦσα κόλπον αἰγίδος (404) kann ebensogut das Geräusch der Räder eines Flügelwagens meinen, der nicht mit Pferden, sondern mit Seilen hereingezogen und wieder hinausgezogen worden ist. Auch das war ja eine Art ‹Wunder›. Entscheidend ist ein dramaturgisches Moment. In diesem letzten Stück der Trilogie ist die Bühne keine gewöhnliche Erde mehr, über der die Himmlischen schweben; das Drama spielt vielmehr auf einer Ebene, wo von Anfang an Sterbliche, Unsterbliche, ja Tote einander begegnen. Diese mythische Ebene würde durch einen Götterflug aufgehoben. Die Mechane halten wir also für unmöglich – über den Wagen gleich noch mehr.

Aischylos, Prometheus: die Okeaniden und Okeanos. Die Maschine ist nicht beweisbar und ganz unwahrscheinlich. Den ‹Okeaniden-Omnibus› kann man sich schwer an einem Kran schwebend vorstellen, weniger wegen des Gewichts (W. Schmidt[28] hat ganz recht, wenn er darauf hinweist, daß es in dieser Zeit Baukräne gegeben haben mußte, die tonnenschwere Lasten beförderten) als wegen des Gleichgewichts! Wir glauben an einen Flügelwagen, der dem in der Prozession mitfahrenden Schiffskarren des Dionysos[29] geglichen haben dürfte, wie er auf vielen Vasen[30] zu sehen ist *(siehe Abb. 17).* Dieser Wagen wurde auf Geleisen[31] in die Felsenszenerie[32] hereingerollt und wieder hinausgefahren. Auf dem gleichen Weg erschien der ‹Greifenwagen› des Okeanos. Wieder entscheidet eine dramaturgische Überlegung: Meermädchen und Meergott sollen aus der Luft gekommen sein, während es doch im Stück ausdrücklich heißt, drunten, zu Füßen des Felsens, also im Abhang hinter der Szene, sei das Meer? Wagen wie diese gehörten zu den Erfindungen der aischyleischen Zeit.

Aischylos, Psychostasia: Laut Pollux (IV, 130) soll Zeus in dem verlorenen Stück auf einem ‹theologeion› die Seelen Achills und Memnons gewogen haben. Viele[33] glauben, das sei eine riesige Waage gewesen, ein Kran mit zwei Gondeln, auf denen die Leichen lagen. Wilamowitz[34] denkt an eine primitive Vorform der Mechane. In der Schluß-Szene des Stücks (fr. 205) soll Eos zu sehen gewesen sein, wie sie mit dem Leichnam ihres Sohnes durch die Lüfte davonflog: Mette[35] meint, das sei mit Hilfe eines Krans geschehen. Liest man die Stelle bei Pollux genau, so möchte man annehmen, daß eine Wiederaufführung auf einer hellenistischen Bühne beschrieben wird. Das ‹Theologeion über der Skene› wird nur an dieser Stelle so erwähnt (wo es sonst notwendig wäre, kann es auf dem Dach gedacht werden); Haigh [36] und Frickenhaus [37] hätten sich dadurch nicht zur Annahme einer besonderen Vorrichtung verleiten lassen sollen (Frickenhaus, der übrigens die Mechane als Flugmaschine ganz ablehnt, spricht von einem «riesenhohen Felsen», auf dem die Götter «wie im Äther» erschienen seien). Wir wissen zu wenig über das Stück, um Genaueres sagen zu können. Aber warum muß die Waage riesengroß gewesen sein? Auf einem kyprischen Krater [38] hält Zeus eine Waage, die nicht größer ist als eine gewöhnliche: gewogen wurde ja nicht der Leib, sondern die Seele.

Aischylos, Die Karer oder Europa: Auf einer apulischen Vase in New York (400/380 v. Chr.) [39] *(Tafel 26)* schweben Hypnos und Thanatos durch die Luft, den Leichnam Sarpedons tragend. M. Bieber möchte darin eine Illustration der verlorenen Europa-Tragödie des Aischylos erblicken; da es aber auch einen ‹Sarpedon› von Euripides gegeben hat, auf den sich die Darstellung ebenso bezogen haben könnte, ist die Vase für die Bühnengeschichte ohne Belang.

Sophokles, Aias: Prolog Athena und Odysseus. Athena war für Odysseus unsichtbar (14 ff.), aber, wie der Scholiast bemerkt, ἐπὶ τῆς σκηνῆς, also sichtbar für die Zuschauer. Daraus wurde geschlossen, daß sie sich auf einem Theologeion [40] befunden hätte, das der vor dem Zelt stehende Odysseus nicht sehen konnte. Aber wo soll das gewesen sein? Auf dem ‹Dach› des Zeltes? Das müßte dann eine Blockhütte [41] gewesen sein, wie sich manche die Zelte der Tragödie vorstellen; doch Tekmessa ‹öffnet› das Zelt und man sieht darin das grausige Tableau mit Aias. Solche ‹Einblicke› waren, wie oben ausgeführt (S. 131) unmöglich; es war also ein Zelt mit Zeltbahnen, die weit zurückgeschlagen werden konnten; darauf gibt es kein Dach. Außerdem: Athena weidet sich an dem Anblick des Frevlers; sie hat einen Dialog mit ihm, und dieser wenigstens glaubt, sie zu sehen. Nein, Athena war auf der Bühne.[42] Sie war so unsichtbar, wie Apollon auf dem Giebel des Zeustempels von Olympia unsichtbar für die anderen Figuren ist: Phidias' Zeit ist Sophokles' Zeit. (Übrigens meinen wir, daß das Stück zu denen gehört, die, nach Wilamowitz, Sophokles noch für die ‹alte Bühne› geschrieben hat; [43] das Zelt war am Pagos oder auf diesem; ein Theologeion oder eine Mechane kann es auf dieser Bühne nicht gegeben haben.)

Sophokles, Philoktet: Epiphanie des Herakles. Obwohl die Finalszene an Euripides' deus ex machina erinnert, der um 409 längst konventionell geworden war (aber Reinhardt [44] hat mit Recht auf die grundverschiedene Bedeutung hingewiesen), kann Herakles ebensogut hinter dem Felsen hervorgetreten sein. Nichts zwingt zur Annahme der Maschine, so wenig übrigens wie das Erscheinen der Thetis in dem verlorenen ‹Peleus› [45] (Soph. Frg. Pearson II 142), dessen Szenerie (nach Diktys 6, 7–9) ganz auffallend der des ‹Philoktet› gleicht.

Die Maschine gehört also in die Bühnenwelt des Euripides. Damit wollen wir nicht ausschließen,[46] daß sie früher schon in einzelnen Stücken verwendet worden ist. Möglicherweise war auch sie eine der Erfindungen, die wir der den Umbau fordernden und durch diesen ermöglichten Phase zuschreiben: die szenische Kunst hatte hier ihre Kulmination erreicht; später wurden die ‹Schauszenen› eher abgebaut. Tatsächlich wäre die Mechane das einzige, was noch an Neuem hinzuerfunden worden wäre. Das ist nicht wahrscheinlich. Aber auch wenn wir einräumen, daß die Maschine, als eine verfügbare szenische Möglichkeit – um nicht zu sagen, als ein jederzeit einsetzbarer Effekt – im Fundus vorhanden war, so steht doch fest, daß es das, was Euripides mit ihr gemacht hat, die Konvention des deus ex machina, vorher nicht gegeben hat. Wie ist es dazu gekommen? Daß der «trend towards illusion and spectacle»[47] gerade für diese Maschine, deren technische Zurüstung so offen gezeigt wurde, nicht verantwortlich zu machen ist, haben wir schon auseinandergesetzt; die Konventionalisierung des deus ex machina, der sprichwörtlich die Dinge in Ordnung bringt, ist der schlagende Gegenbeweis dafür, daß es diesen Trend überhaupt gegeben hätte. Euripides' Neuerung muß aus ganz anderen Gründen erklärt werden.

In der Tragödie sagen die Personen nicht, was der Dichter denkt, sondern was er sie denken läßt. So ist es mit den Göttern: sie stellen nicht dar, was der Dichter glaubt, sondern, was die Leute glauben. An die Götter glaubten die meisten, die im Theater saßen, trotz allem; sonst hätte es keine Asebie-Prozesse geben können. Die Polis glaubte offiziell an sie; sie wollte, daß das Volk an sie glaubte: Aidos gegen Hybris. Man baute ihnen Tempel, brachte ihnen Opfer und feierte ihre Feste; das ganze öffentliche Jahr war kultisch geordnet; auch das Theater unterstand dieser Ordnung. Perikles[48] hielt Pietät für ein Element der politischen Ordnung. Aber für das berühmte Standbild der Athena, strahlendes Symbol der göttlichen Polis, ist es charakteristisch, daß ihm kein Gottesdienst verordnet wurde.[49] Man hat gesagt, Euripides, der ‹Rationalist›, habe nicht an die Götter geglaubt, die er auftreten, ex machina ‹erscheinen› ließ. Aber so einfach war es nicht. Sicher ist: er mußte mit vielen rechnen, die an sie glaubten. Es war ihm klar, daß es Intellektuelle gab, die sich über die Götter lustig machten und damit natürlich auch über die, die an sie glaubten. Was mächtiger war, zeigte spätestens der Tod des Sokrates, 399. Die Konservativen waren in der Mehrheit, mindestens in dieser Sache. Darüber konnte sich ein Tragiker nicht hinwegsetzen. Sogar Aischylos war nur mit Mühe und Not der Anklage entgangen; und doch hat von ihm und Sophokles noch niemand behauptet, sie hätten nicht mehr an die Götter geglaubt. Auch ihr Glaube war gewiß nicht mehr der alte: «Zeus, oder wer du auch seist», heißt es bei Aischylos. Und bei Euripides? «Oh du der Erde Grund und Thron, wer du auch bist, unbegreifbar unsrem Wissen, Zeus, ob Lauf der

Dinge oder Vernunft der Menschen – ich flehe zu dir» – so läßt er eine alte Frau sprechen (Hekabe in den ‹Troerinnen› 883 ff.).

Für den deus ex machina ist wichtig: wer an die Macht der Götter glaubte, und daran glaubten, wie gesagt, die meisten, mußte nicht mehr glauben, daß sie, wie bei Homer und Hesiod, als anthropomorphe Wesen unter den Menschen umgingen, unsichtbar, aber mit dem Willen, sich in deren Leben und Treiben zu mischen. Einige von den Göttern waren Bilder für Mächte (die Griechen dachten so, bildhaft: eidos = Idee): Ares, Aphrodite, Dionysos. Oder Dike, Kratos und Bia, Thanatos und Hypnos, Peitho, Lype, Phthonos, Isotes, Nike. Sie wurden gedacht als wirkend in der Welt; ihre Macht durchwirkte alles, was geschah, und man mußte sie fürchten, weil man sie selten begriff. Aus dem Dunkel, das die helle Welt des logos, des nus, umgab, schlugen sie zu: «Wen sie verderben wollen, dem erfinden sie eine Schuld» (Aischylos fr. 273 M, 15 f.). Fest stand: ob es sie gibt oder nicht gibt – wir wissen nichts von ihnen (Protagoras). So können wir auch nicht wissen, wie sie aussehen, wie sie erscheinen[50] und reden. Wir können uns nur Bilder von ihnen machen, eidola, Bilder unserer Vorstellungen, auch Symbole (im Sinne des Wortes, wie es damals verstanden worden ist), Zeichen.

Damit ist klargestellt, daß der deus ex machina nicht vortäuschen wollte und konnte, er sei der, als was er erschien. Daran glaubten nur noch wenige. Naive Gemüter und alte Leute im Publikum mochten ihre Freude daran haben, Gestalten ihres Kinderglaubens leibhaftig vor sich zu sehen: die Dioskuren, schau! Und Schauder mochte alle überlaufen, wenn der Tod auftrat (‹Alkestis›) oder Dämonen wie Lyssa mit dem Basiliskenblick und Iris, die Schwester der Harpyen (‹Herakles›), oder Apollon am Ende eines Stückes, das damit begonnen hatte, daß einer schrie: «Er hat uns geopfert» (‹Orestes› 191) und nach Pfeil und Bogen verlangte, damit man sehe, wie ein Gott von Menschenhand getroffen werde (271), und das damit endete, daß der Gott erschien und alles ‹ordnete›. Dieser gleiche Apollon, der alles Unglück angerichtet hat, erbarmungslos, unbegreiflich, stiftet nun, unbegreiflich, jeden Segen, den man sich wünschen kann: Freispruch, Hochzeiten, ein Königreich, vor allem Frieden: «Geht nun eurer Wege und ehrt die schönste der Gottheiten, Eirene» (1682 f.). Und das sprach der Gott im Jahre 408, als keiner mehr glaubte, daß der Krieg gewonnen werden könnte, als die Feinde die Polis so unmittelbar bedrohten, daß man nicht einmal mehr wagte, die Heilige Prozession nach Eleusis auszurichten, nun schon im fünften Jahr.[51] Der Schauder, der die Zuschauer überlaufen haben mochte, als sie den Gott in der Gondel sahen und hörten, war von der bittersten Art: der der tragischen Ironie.

Das Wort ist gefallen. Man darf es nicht in der billigen Art verwenden und verstehen, wie es sich eingebürgert hat. Auch nicht so billig, wie es das Sprichwort vom deus ex machina schon damals gemeint hat. Euripides hat, darin dem ‹from-

men› Sophokles folgend,[52] die Ironie zu einem Hauptmittel der tragischen Darstellung gemacht (so wie es, genau genommen, schon ‹Ironie› ist, wenn wir in Ge-
spieltem Wahres erkennen). Nichts ist so, wie es aussieht – das scheint er dauernd
den Zuschauern zuzurufen; glaubt nicht alles, was ich die Menschen sagen lasse:
sie könnten lügen oder sich selbst belügen; die Geschichten, die ich zeige, wie sie
aus lang vergangener Zeit berichtet werden und wie ich sie verstehe, könnten
wahr sein – aber wir wissen es nur von Menschen. Auch alles, was wir von Göttern wissen, wissen wir nur von Menschen. Und was ich, ein Mensch, die Götter
sagen lasse, dürft ihr nicht anders nehmen als so: es könnte wahr sein, oder auch
nicht.

Sämtliche Stücke, in denen der deus ex machina erscheint, um im letzten Moment die Dinge ins Lot zu bringen, haben diese Struktur. Sie sind mit allen Mitteln der Dialektik und der Psychologik bis an einen Punkt getrieben worden, an
dem es keinen Ausweg mehr gibt. Auch nicht den Ausweg, den der Mythos überliefert. Und nun läßt der τραγικώτατος[53] den deus ex machina erscheinen. «Durch
ein Wunder bringt er», nach Goethes mehrfach zitiertem Wort, «das Unauflös-
liche gleichsam beiseite.»[54] Durch ein Theaterwunder. Der Dichter scheint zu sagen: ihr wollt es doch so haben, und der Mythos sagt es auch, also gut, dann müßt
ihr eben an ein Wunder glauben, und dieses Wunder können wir machen: mit der
Maschine; ihr könnt es sehen und durchschauen, wie ihr wollt.

Der Dichter entläßt seine Zuschauer aus der wahren Welt und dem Stück Leben, das er aus dem Mythos abgeleitet hat, in das Bewußtsein, daß ja doch alles
Theater war. Warum soll der Mythos da nicht recht behalten? Die Denkenden
werden sich ihr eigenes Urteil bilden. Herausgerissen aus der ‹Illusion›, daß wahr
sein könnte, was nur gespielt worden ist, wird das Publikum den Illusionen überlassen, an die es glauben mag oder nicht, dem ‹schönen Schein›.

Die Maschine ist das Zeichen, daß die Stunde der Wahrheit zu Ende ist. Wie
ein Finger taucht der Kran, knarrend, hinter der Skene auf; man sieht den Fla-
schenzug, an dem die Gondel hochgehievt wird; sie hängt an einem Arm, der
langsam über die Szene geschwenkt wird; jetzt ist der Schauspieler darin zu
sehen, glänzend angetan, mit einer Maske wie von Phidias, ausgestattet mit den
Emblemen des Gottes, die jeder kennt – ein Bild, ein Kunstgebilde, und doch eine
Person mit Sprache und Geste. Auf der Szene sind aller Blicke nach ihm gerichtet,
und die Zuschauer können nicht anders als ihnen folgen. Oft tönt Musik dazu,
der Chor wiegt sich im Tanz; und während der Schlußgesang zur Exodos angestimmt wird, knarrt es wieder im Gestänge. Die Maschine schwenkt den ‹Gott›
zurück. Die Gondel verschwindet; irgendwo, ungesehen, steigt der Schauspieler
aus, nachdem er die Gurte gelöst hat. Aufbruch. Lärm. Vielleicht Applaus. Die
Erde hat uns wieder.

14. Maske

1.

Die Maske der Tragödie ist zum Emblem des Theaters geworden. Kein gutes Emblem, denn diese Maske ist falsch.[1] Weder Agamemnon noch Teiresias haben solche Masken getragen, als die Tragödien, in denen sie auftraten, von ihren Dichtern inszeniert wurden. Trotzdem darf der emblematische Charakter nicht gering geschätzt werden. Die Fratzen mit den starrenden Haaren, dem aufgerissenen Mund und den leeren Augenhöhlen hätten nicht zum Symbol des Theaters werden können, ginge nicht eine Faszination von ihnen aus, die an das Wesen der Sache rührt: das Wesen der Sache Theater, das ebenso weit entfernt von der Natur und der Menschennorm ist wie diese Masken, wie die Maske als Idee.

Tatsächlich gleicht die Mehrzahl der Masken, wie wir sie aus allen Kulturen und keineswegs nur aus fernen Zeiten kennen – denken wir an den Karneval! – eben nicht der ‹wahren› Maske, wie sie Agamemnon und Teiresias auf der Bühne des Dionysostheaters im 5. Jahrhundert v. Chr. getragen haben. Nur wenn wir von diesem Befund ausgehen, lernen wir verstehen, was die Maske für die Tragödie bedeutet hat. Aber das ist erst das zweite Problem. Das erste und zunächst wichtigere ist das der Maskierung überhaupt.

Man macht es sich zu leicht, wenn man die Maske als ein Relikt magischer Kulturstufen, ein Gewächs des Totemismus oder des Totenkults, oder als eine Erfindung der Schamanen, bei den Griechen vor allem als ein Element des Dionysoskults, erklärt. Zu erklären ist vielmehr, wie und warum die Maske ein Instrument des Theaters bleiben konnte, nachdem dieses jede Verbindung mit ritueller Magie verloren hatte. Warum blieb sie zum Beispiel durch die ganze Geschichte der Antike hindurch ein integraler Bestandteil dieses Theaters, während sie im Theater der Neuzeit erst seit kurzem eine Rolle zu spielen beginnt? Oder: Warum trägt im japanischen No[2] der Shite (‹Held›) die Maske, während die anderen Darsteller keine tragen? «Gebt ein Gehäuse (case) für mein Antlitz mir», heißt es in ‹Romeo und Julia›, «'ne Larve für 'ne Larve (visor for visor)»[3] – aber warum sagen wir, der Schauspieler, der dies sagt, hat ‹Maske gemacht›? Ist das, was man heute ‹image› nennt, nicht eigentlich die Maske? Dann käme es auf das an, was dahinter ist, und Wahrheit wäre gleichbedeutend mit ‹Demaskierung›.

Hier sind wir nahe am Kern des Problems. Die Griechen hatten dasselbe Wort für Maske wie für Gesicht: prosopon,[4] einfach das, was angeschaut wird. Das lateinische persona[5] hat nichts mit personare = durchtönen zu tun (wobei gleich angemerkt sei, daß die noch immer nachgeplapperte Behauptung, die Maske habe den Schauspielern unter anderem als Megaphon gedient,[6] durch Experimente und durch die archäologische Evidenz ins Reich der Fabel verwiesen ist); die Etymologie ist umstritten; einige verweisen auf das griechische zone = Gürtel, als auf etwas, was man sich umbindet; aber daß daraus, wie übrigens auch aus dem griechischen prosopon, nicht nur ‹Rolle› (image), sondern Charakter und schließlich Persönlichkeit werden konnte, kennzeichnet die elementare Ambivalenz, die beide Bedeutungen, Gesicht und Maske, verbindet. Es ist die Ambivalenz des Theaters schlechthin: theatrum mundi,[7] die Welt als Theater oder das Theater als die Welt. Spiel und Leben, Schein und Sein. Die Frage nach der Maske impliziert die Frage nach der Wahrheit.

Dies ist keine antiquarische Frage. Die Maske ist archaisch und modern. Sie ist, wenn wir in ihr ein integrales Element des Theaters der Tragödie erblicken, als solche kein Hinderungsgrund mehr für dessen Vergegenwärtigung. In modernen Inszenierungen griechischer Tragödien wird sie heute fast immer verwendet,[8] ja, man kann mit einer gewissen Berechtigung sagen, daß heute Tragödien oft aus keinem anderen Grund gespielt werden, als weil sie die Möglichkeit gestatten, Theater mit Masken zu machen. Der Prophet des antiillusionistischen Theaters unserer Zeit, Edward Gordon Craig,[9] erklärte in seiner Zeitschrift, die er demonstrativ ‹The Mask› benannt hatte, die Maske sei auf dem Theater natürlicher und überzeugender als das Gesicht: «natürlicher», weil sie der Natur des Theaters entspreche, «überzeugender», weil der «menschliche Gesichtsausdruck die meiste Zeit ohne jeden Wert ist…», flüchtig, vergänglich, wechselhaft, unruhig und beunruhigend». Wie es, nach Craig, nicht Sache des Theaters ist, die Wirklichkeit abzubilden, so kann es nicht Sache des Schauspielers sein, einen Menschen vorzutäuschen, der er nicht ist. Brecht[10] brachte das später auf die Formel: Er ist nicht Lear oder Cäsar, er zeigt diese Leute. Zwischen Craig und Brecht liegt das experimentelle Theater, das die Möglichkeit der Maske vielfach erprobte (nach den Vorbildern des asiatischen Theaters und der Commedia dell'arte, auch der nachklassischen Antike, in Rußland: Wachtangow, Meyerhold, Tairoff;[11] nach den Zielen abstrakter Kunst im deutschen Expressionismus: Dada,[12] Bauhausbühne, Oskar Schlemmers ‹Triadisches Ballett›[13] – um nur die wichtigsten Beispiele zu nennen). Wie O'Neill (im ‹Großen Gott Brown› 1926)[14] die Maske psychologisch eingesetzt hat, so hat sie Brecht (in der Inszenierung seines ‹Kaukasischen Kreidekreises› 1954)[15] antipsychologisch verwendet: zur Typisierung. Aber die elementare Ambivalenz wirkt fort. Sie zeitigt im jüngsten Gruppentheater diametral entgegengesetzte Ausdrucksformen. Während die Fanatiker der Aufrichtigkeit, angefeuert von Parolen des Metaphysikers Antonin Artaud [16] die Nacktheit des Menschen entblößen (Living Theatre,[17] Grotowski [18]) und damit auch jede Art von Maskenhaftigkeit (im Sinne von image) dem Gesicht zu entreißen suchen, spielt das Bread and Puppet Theatre [19] mit Riesenpuppen das noch im modernen Menschen geisternde ‹mythische Bewußtsein› provokativ gegen die herrschende Gesellschaft aus, so die latente Faszination der Maske erneuernd. Die Frage der Wahrheit ist eine Frage des Ansatzes und der Mittel: Wahrheit wird entweder ‹demaskiert›, indem die Maske vom Gesicht gerissen wird, oder sie wird mit den Mitteln der Maske gezeigt, indem sie, wie es, vorsichtig, schon bei Brecht heißt, «auffallend» gemacht oder, wie man es jetzt praktiziert, aufgebläht wird, bis sie schockiert.

Sehen wir der ‹Maske› (die ja persona heißt) nur ins Gesicht, so bilden sich die beiden extremen Möglichkeiten ab: einerseits in den mit großer Kunst zu höchster Einfachheit gesteigerten Holzmasken des japanischen No und andererseits in den konvulsivisch verzerrten, die Ekstase aus dem Innersten heraustülpenden Gesichtern des Living Theatre. Zwischen diesen extremen Positionen erkennen wir die der Tragödienmaske als eine mittlere, jedoch keineswegs als eine vermittelnde, vielmehr als eine Mitte, von der aus das Pendel nach beiden Seiten auszuschlagen vermag, wenn es auch, nach den Maximen der klassischen Kunst dieses Zeitalters, das Extreme meidet, sowohl das Extrem der Entblößung wie das Extrem der Verbergung. Möglich ist der Gorgonen-Schock, wie der Bericht über die Panik beweist, die Aischylos' Erinyen bei der ersten Aufführung der Orestie hervorgerufen haben;[20] möglich sind auch die schwarzen Blutbäche auf der Maske des geblendeten Oedipus; und auf der anderen Seite ist möglich das scheinbar Unmögliche: Lachen und Weinen der Maske, wie wir es sogar von Schauspielern mit der Holzmaske gesehen haben (als Übertragung durch Konzentration),[21] und wie es auch dem nicht herausragenden Schauspieler des 5. Jahrhunderts ermöglicht wurde durch die besondere Art der Maske, die in eben dieser Art entwickelt und von den Tragikern gewählt worden war.

2.

Die Maske war eine integrale Konvention der Tragödie. Aber nicht immer die gleiche. Wir können ihre Entwicklung überblicken. Literarische Zeugnisse melden glaubwürdig, daß Thespis [22] sich anfangs noch durch Schminke (Bleiweiß und Portulax) maskiert, später aber eine Leinwandmaske über das Gesicht gezogen habe, und das bestätigt die archäologische Evidenz durch die früheste Maske, die auf den Vasen abgebildet ist: auf der Scherbe einer Oinochoe *(Tafel 27),*[23] die zwi-

schen 470 und 460 datiert wird: denn diese Maske ist aus Stoff und weiß bemalt.
Daß es sich um auffallendes Weiß, also um Schminke handelt, ergibt der Kontrast
zu der dunkleren Hautfarbe des nackten Mannes, der die Maske hält; er hat sie
irgendwie auf der Rückseite gefaßt, aber da sie ihre volle Plastik hält, muß der
Stoff, aus dem sie gemacht war, gestärkt gewesen sein. Schwarz sind die Gesichts-
züge gemalt: die Augenbrauen gestrichelt, der Mund klein und geschlossen, die
Nase mit einer Andeutung von Plastik; von den Augen ist nur das eine schwarz,
also als Öffnung wiedergegeben. Das kurze schwarze Haar, von einem Stirnband
gehalten, könnte bei dem eindeutig weiblichen Eindruck, den die Maske macht,
auf eine Trauernde deuten, eine trauernde Mänade aus einem Tragödienchor, die
Rolle des Mannes mit der Maske.

Eine weitere Vase aus relativ früher Zeit *(Tafel 28)*, attischer Provenienz,
460/450,[24] zeigt zwei Masken, die eine auf dem Kopf einer tanzenden Mänade,
die andere wieder in der Hand eines ihr zuschauenden jungen Mannes. Das Profil
der Mänaden-Maske hat mit dem halbgeöffneten Mund den Ausdruck der Ekstase, den die Gesamterscheinung vermittelt; vom schwarzen Haar ist wenig zu
sehen, da es unter einer Mütze steckt; das Auge ist schwarz, die Augenbraue gestrichelt; deutlich ist der Ansatz der Maske zu erkennen, die offensichtlich unter
der Mütze über den Kopf gestülpt und rückwärts befestigt wurde. In der Farbe ist
kein Unterschied zwischen Haut, Kleidung und Maske. Das auffallende Weiß ist
also verschwunden. Die Maske, die der junge Mann hält, nicht eben meisterhaft
gezeichnet, wirkt mit der Perücke aus langen, orangebraunen Locken natürlicher
als die frühere, weil das Haar die Ohren nicht bedeckt; der Mund ist klein und
nur ganz leicht geöffnet.

Eine Pelike aus etwas späterer Zeit[25] – eine Genreszene *(Tafel 29):* Blick in
eine Garderobe – ist interessant, weil sie die gleiche Art von Masken in getragenem und nicht getragenem Zustand zeigt: die am Boden liegende Maske hat
breite Bänder, die am Hinterkopf in eine Schlaufe übergehen; und mit dieser
Schlaufe ist die Maske auf dem Kopf des Frauendarstellers befestigt, der im Begriff ist, sich ein Umschlagtuch (himation) überzuwerfen.

Schon ans Ende des Jahrhunderts führt uns die berühmteste Theater-Vase:
Dionysos mit Schauspielern, Chortänzern, Musikern, nach dem eingezeichneten
Namen des Flötenspielers ‹Pronomos-Vase› benannt *(Tafel 15).*[26] Von den zwölf
Satyrn hat nur einer die Maske bereits übergestülpt, die andern halten sie auf die
verschiedenste Weise in der Hand, einer mit der Hand in der Perücke. Diese ist
struppig und schwarz wie die Bärte. Die roten Gesichter unterscheiden sich deutlich von den heller gefärbten Schauspieler-Masken, die Figuren verschiedenen
Geschlechts und verschiedenen Alters zugehören: charakteristisch ist für alle der
halb geöffnete Mund. Diesen sehen wir noch deutlicher, und, wie es scheint, schon

wesentlich stärker fixiert, auf dem realistischen Schauspieler-Porträt, das wir noch in die Nähe der klassischen Tragödie rücken dürfen: einem Vasenfragment aus Tarent (frühes 4. Jahrhundert):[27] der Schauspieler, noch ohne Kostüm und Maske, aber schon in den charakteristischen Dionysos-Schuhen, hält in der einen Hand ein Schwert und in der anderen die Maske, die er tragen wird: die eines weißhaarigen und weißbärtigen (beides gelockt) alten Mannes.

Einen ähnlichen Typus stellt die Maske dar, die ein Schauspieler auf einem Dionysos-Relief aus dem Piräus (Anfang 4. Jahrhundert, *Tafel 30*) in der Hand hält.[28] Dagegen ist auf einem schönen Marmor-Relief, das sich jetzt in Kopenhagen befindet *(Tafel 32)*,[29] der Mund der Maske, die der Schauspieler in der langhaarigen Perücke gepackt hält, schon so weit aufgerissen, wie ihn die erstarrten Masken der späteren Zeit zeigen; noch sind die Haare nicht hochgestellt und gesteift wie auf diesen (durch den ‹onkos› genannten Aufsatz über der Stirn), aber man sieht deutlich, wohin die Entwicklung führen wird: zu den ‹tragischen› Fratzen, wie sie eine ebenfalls im Piräus gefundene Kolossalmaske in Bronze aus dem Ende des 4. Jahrhunderts[30] zeigt.

Ein lehrreiches Beispiel für die noch klassische Auffassung der Maske erkennen wir in einem auf der Akropolis gefundenen Relief-Fragment *(Tafel 31)*:[31] es zeigt dreimal zwei Masken untereinander, von denen keine der anderen völlig gleicht, obwohl vier ohne Zweifel langhaarigen Mädchen eines Chors zugehören. So ist der Mund einmal geschlossen und dann auf verschiedene Weise geöffnet. Ein bärtiger älterer Mann und ein junger mit gewelltem Haar lassen trotz der starken Beschädigung die Züge erkennen, die wir von der Schule des Phidias erwarten. Der Zusammenhang zwischen den Maximen der Bildenden Kunst und denen der tragischen Opsis[32] wird mit solcher Selbstverständlichkeit klar, daß sich für uns die Frage nach der Funktion der Maske unlösbar verknüpft mit der Frage nach dem besonderen Sinn, den die Tragiker ihren Masken gegeben haben.

Die Maske war zwar, wie wir sagten, eine integrale Konvention der Tragödie. Aber keine der vielfältigen Konventionen, die von jedem der drei Tragiker übernommen worden sind, hat die Starrheit der No-Tradition angenommen. Jeder ist allem, was er übernahm, mit seiner eigenen Methode auf den Grund gegangen. Sollte die Maske ein Relikt aus archaischer Zeit gewesen sein – worauf geisterhaft die bleiweiße Schminke aus Thespis' Anfängen deutet –, so ist das Reliktäre systematisch gleichsam aus ihr herausgewaschen worden. Die Maske wurde modern, Gegenwart, Selbstverständlichkeit, indem die Frage nach ihrem Sinn unerbittlich immer neu gestellt wurde. Möglicherweise ist die Entscheidung schon mit der ersten Veränderung gefallen, die dem Thespis zugeschrieben wird: dem Übergang von der geschminkten Fratze zu dem zwar anfangs noch weiß oder rot oder sonstwie monochrom bemalten Leinwandüberzug, der jedoch schon die Möglich-

keit in sich trug, ein Gesicht erkennbar zu machen und allmählich jede Erinnerung
an den Schamanismus, soweit er nicht dramatisch gefordert war, auszulöschen.
Von Aischylos[33] jedenfalls meldet die antike Überlieferung, er habe die Maske
zwar ‹schrecklich›, d. i. schreckenerregend gemacht, aber mit Farben bemalen lassen, also vermenschlicht.

3.

Erkennbarkeit – das ist es. Man pflegt den funktionellen Vorteilen der Maske für
die Bühnenpraxis zu viel Gewicht beizulegen. Zwei von den drei Hauptfunk-
tionen sind in Wahrheit gar keine, und die dritte ist aus der Praxis allein nicht
zu erklären. Fassen wir gleich diese ins Auge: den Rollentausch.[34] Zuerst zwei,
dann drei, zuweilen vier Schauspieler konnten im gleichen Stück bis zu zehn Rollen spielen, wenn sie hinter der Bühne die Maske wechselten. Das Verfahren war
dabei strikte konträr dem des modernen Gruppentheaters,[35] in dem bald dieser,
bald jener spontan nach einer Rolle greift (ein Mädchen bald nach der Antigone,
bald nach Kreon, ein Junge bald nach Hämon, bald nach Antigone), wenn ihn
ein Impuls dazu treibt: in der Tragödie war es gerade die Aufgabe des Schauspielers, als ein anderer erkennbar zu werden, wobei ihm die neue Maske zweifellos große Hilfe leistete, aber auch höchste Konzentration abforderte: so mußte
der Darsteller der Ismene in der ‹Antigone› (möglicherweise) als Teiresias wieder
auftreten; oder Phaidra verwandelte sich im ‹Hippolytos›, nachdem sie gestorben
war, in Theseus.

Aber die Erhöhung der Schauspielerzahl[36] von zwei auf drei und gelegentlich
auf vier zeigt, daß die Konvention nicht sakrosankt war; die Frage, warum am
Rollentausch festgehalten wurde, obwohl man doch einfach mehr Schauspieler
hätte spielen lassen können, kann unmöglich mit dem Hinweis auf die Kosten[37]
beantwortet werden; das ist für die perikleische Zeit, in der Unsummen verbaut
worden sind, kein Argument. So wie Aischylos in seinen frühen Stücken der
Zwei-Zahl ein Prinzip abgewonnen hat, so zeigen die für drei Schauspieler ge-
dachten Stücke neben dem beibehaltenen Prinzip der Zweier-Szenen das neue
Prinzip der Dreier-Szenen als ein Strukturelement.[38] Dies sind die strukturellen
Grundformen der Dialektik. Die Tatsache, daß der vierte Schauspieler,[39] wenn
er verwendet wurde, stets nur eine Nebenrolle spielt, beweist, daß es den Tragikern wichtig war, mit diesen Grundformen zu arbeiten: eine Abkehr vom Rollentausch erschien ihnen einfach nicht als notwendig.

Zum Rollentausch gehörte der Wechsel zwischen männlichen und weiblichen
Rollen,[40] und diese Möglichkeit gilt als eine weitere Funktion der Maske. Sie ist

keine. In Shakespeares Theater haben Männer die Frauenrollen[41] ohne Maske gespielt. Auch im chinesischen Theater, wo sich beides vermischt hat, Frauen von Männern und von Frauen gespielt, sind die Frauendarsteller nur geschminkt: was der Schauspielkunst in dieser Hinsicht möglich ist, hat Brecht am Beispiel des chinesischen Frauendarstellers Mei-lan-fang beschrieben, den er 1935 in Moskau gesehen hat.[42]

Über eine angebliche dritte Funktion der Maske wurde schon gesprochen:[43] den Megaphon-Effekt. Es hat ihn nicht gegeben, es konnte ihn nicht geben, da die Maske nicht aus Holz oder einem anderen resonierenden Material angefertigt war, sondern aus Stoff.

Wie die Tragiker reliktäre Funktionen verarbeitet haben, läßt sich am Beispiel des Schreckens zeigen, den das Maskengesicht hervorrufen konnte.[44] Der Ursprung ist sicher schamanistisch: Geister gab es im Theater früher als Menschen (auch wenn man dieses ‹Theater› Kult zu nennen pflegt). Den Gorgonen-Effekt haben die Perchten mit den Erinyen[45] gemein, deren Anblick, wie erwähnt, 458 so panisches Entsetzen ausgelöst hat, und zwar vor allem durch die Masken, die (vermutlich) schwarz waren wie die Kostüme, mit bluttriefenden Augen. Der Horror ist des Theaters liebstes Kind. Erst unsre Zeit, an Greuel gewöhnt, hat Shakespeares grausigstes Stück ‹Titus Andronicus› wieder auf die Bühne gebracht.[46] Im ‹König Lear› demonstriert die Blendung Glosters («pluck out his eyes»)[47] das ‹Theater der Grausamkeit›.[48] In den Tragödien ist es die Maske, die den Greuel ‹ausstellt›. Es gibt in den erhaltenen Stücken drei Blendungen,[49] von denen eine, die des Kyklopen,[50] nicht dadurch gemildert ist, daß sie komisch sein soll, der schauerliche Witz eines Satyrspiels, von dem man zu sagen pflegt, es sei eigentlich ‹harmlos›. Die beiden anderen: Hekabe sticht mit ihren Weibern dem Polymestor die Augen aus, dessen Kinder sie umbringt; den Geblendeten läßt Euripides brüllend, auf allen Vieren, aus dem Zelt kriechen, in dem das geschehen ist: «Schafft das Schwein fort», sagt Agamemnon.[51] Oedipus wankt, nachdem er sich selbst geblendet hat, aus dem großen Tor; der Schauspieler hat das Kostüm und die Maske gewechselt; jenes ist blutbespritzt, auf dieser sind zwei schwarze Bäche aufgemalt, die aus den Augenhöhlen rinnen: «Warum schafft ihr den Greuel nicht weg?» herrscht Kreon den Chor an.[52]

Das Theater der Tragödie ist voller Greuel, die sich auf den Masken abzeichnen. Wir erwähnen nur noch drei Beispiele: Klytaimestra, auf dem Ekkyklema, mit dem blutigen Beil über den Leichen Agamemnons und Kassandras, blutbespritzt, noch im Blutrausch (mania);[53] Aias, ausgestellt als blutbespritzter Mörder von Vieh, das er für seine Feinde hielt, noch im Blutrausch;[54] Agaue, in den ‹Bakchen›, mit dem Kopf ihres Sohnes, den sie abgerissen und auf eine Stange gesteckt hat, jauchzend, noch im Blutrausch: der Kopf ist die Maske...[55] Horror

– das ist, nach Aristoteles[56] das eine: Phobos; Eleos – das andere: Mitleid oder,
nach Schadewaldt, Jammer und Rührung, am einfachsten doch: nicht Mitleid,
philanthropisch, sondern mit-leiden, im Affekt. Wie man auch über Aristoteles'
Verhältnis zur Tragödie denken mag (und über die Katharsis-Theorie), – unleugbar ist, daß alle erhaltenen Stücke auf diese beiden Wirkungen hin angelegt sind,
auch wenn sie, was bei Aristoteles nicht steht, oft nur die Vehikel sind, um die
Wirkung auszulösen, die dem Autor die wichtigste war: die politische zum Beispiel. Mit-leiden können sterbliche Wesen nur mit sterblichen Wesen, Ephemeroi
nur mit Ephemeroi,[57] Eintagsfliegen mit Eintagsfliegen, (oder einmal mit einem,
der, obwohl unsterblich, litt, weil er aus Mitleid mit den Sterblichen ‹gefrevelt›
hatte). Auch wer die Ursprünge der Tragödie im religiösen Bereich sucht, wird
zugeben müssen, daß in keinem der erhaltenen Stücke (und in keinem der Fragmente!) ein Gott die Hauptperson ist. Die Maske war nicht (jedenfalls nicht mehr)
kultisch, als Thespis sein Gesicht mit weißer Schminke bemalte. Warum tat er
das? Um sich, als Subjekt, unkenntlich zu machen, um zu zeigen, daß er nicht er
selbst, sondern ein anderer war, um einen Menschen darzustellen. Der ihm zugeschriebene Schritt von der Schminke zur Maske konnte nur dies eine Ziel haben:
das Menschliche kenntlicher zu machen, ohne deswegen das eigene Subjekt zum
Vorschein zu bringen. Die Maske objektivierte die Figur, indem sie den anderen
erkennbar machte, wen sie bedeutete.

4.

Von Phrynichos heißt es, er habe die Frauenchöre eingeführt.[58] Daraus folgt,
daß auch der Chor schon vorher zur Darstellung übergegangen war. Falls die
Tragödie, wie Aristoteles sagt (Poet. 1449 a), aus dem Dithyrambos hervorgegangen ist, war dies die entscheidende Wendung, mit der er in das Theater einzog.
Nun trugen die Choreuten Masken, homogene Masken, die sie zur Gruppe zusammenschlossen, zu einer Gruppe, die sich durch die Merkmale der Maske (und
des Kostüms) von anderen möglichen Gruppen unterschied. Frauen also – das
ist auffallend, weil sie, im Theater der Griechen, von Anfang an von Männern
gespielt worden sind. Auf einer Stuttgarter Vase,[59] die stilistisch in die Thespis-
Zeit gehört (und von U. Hausmann mit einem Stück von Thespis zusammengebracht wird, *Tafel 33*), ist Oedipus mit der Sphinx von trauernden Frauen umgeben, die unzweifelhaft verkleidete Männer sind. Wenn die Vase wirklich eine
Theaterszene wiedergibt, beweist das, daß lang vor Phrynichos Frauenchöre von
Männern gespielt worden sind. Das Phänomen ist aus der Geschichte aller Thea-
terländer bekannt (in Europa sind, vom römischen Mimus abgesehen, Frauen als

Frauen erst vom 17. Jahrhundert an auf der Bühne selbstverständlich geworden), aber, soweit ich sehe, nicht erklärt. In Griechenland ist es merkwürdig, weil weibliche Gemeindechöre [60] in der Liturgie und in der Chorlyrik (Hymenaion, Partheneion etc.) usuell waren. Hängt es zusammen mit der Abwertung der Frau im öffentlichen Leben,[61] die seit den Zeiten Homers in zunehmendem Maße festgestellt werden kann, aber in Athen einen Höhepunkt erreicht zu haben scheint, wo Männer ungestraft Frauen und Kinder verlassen konnten, während der Ehebruch einer Frau drakonisch bestraft wurde? Alle drei Tragiker haben auf ihre Weise dagegen protestiert, allein dadurch, daß sie Frauen zu Helden ihrer Stücke machten, Aischylos die Danaiden, Sophokles Antigone, vor allem aber Euripides, den die Athener als Weiberfeind verschrieen, weil er Frauen gezeigt hatte, wie sie waren, und nicht wie sie von Männern gesehen und behandelt wurden: Alkestis,[62] Medea, Andromache, die Troerinnen, die Schutzflehenden, Elektra, Iphigenie, selbst Helena (deren Ehre er rettete). Das Problem wurde im 5. Jahrhundert diskutiert.[63] Aristophanes[64] ärgerte in drei Stücken die athenischen Männer dadurch, daß er zeigte, wie viel vernünftiger die Frauen regieren würden, wenn man sie ließe: Lysistrate ist dafür berühmt geworden. Aber in der Demokratie Solons[65] gab es keine Frauenrechte; der Staat war Männersache; von den Frauen sagte man, die besten seien die, über die man nicht spreche; sie spielten keine Rolle im öffentlichen Leben. Und das war die Zeit, in der die Tragödie entstand. Es scheint, daß man den Frauen das Recht, ihr eigenes Geschlecht auf der Bühne darzustellen, verweigerte, weil man nicht wünschte, sie so öffentlich auftreten zu sehen. (Doch erklärt das Argument nicht alles: in London wurden Cleopatra und Hamlets Mutter von Männern in einer Zeit gespielt, in der eine Königin regierte.)

Wie dem auch sei – Frauen mußten als Frauen erkennbar gemacht werden. Dem diente noch mehr als das Kostüm[66] – denn auch die Männer trugen fußlange Gewänder – die Maske mit der Gesichtsfarbe, die heller war als die der Männer,[67] und der ihr gleichsam angewachsenen Perücke.[68] In der Bewertung der Frau als Rolle gab es keinerlei Vorurteile. Selbst Aischylos, der seinem Eteokles in den ‹Sieben gegen Theben›[69] Misogynie in den Mund legt, erhob Frauenwürde zum Thema einer Trilogie (‹Danaiden›) und eine Frau zur Personifikation des leidenden Menschengeschlechts (Io im ‹Prometheus›). Fünf von den sieben erhaltenen Tragödien haben Frauenchöre: ihre Verschiedenartigkeit zeigt, daß es außer den Merkmalen des Geschlechts auf den Masken andere Züge gegeben hat, die den Zuschauern sagten, was für eine Gruppe der Chor darstellte: junge Mädchen aus Ägypten in den ‹Schutzflehenden› und aus Theben in den ‹Sieben›, troische Sklavinnen (in den ‹Choephoren›), dazu mythische Wesen von so entgegengesetzter Art wie die anmutigen Meermädchen im ‹Prometheus› und die Schreckensgestal-

ten der Erinyen in den ‹Eumeniden›. Zum Altersunterschied, der vor allem durch
die Haarfarbe der Perücke gekennzeichnet wurde *(Tafel 34),*[70] vom hellen Blond
der Jünglinge über das Schwarz der reifen Männer, das Grau der Älteren zum
Weiß der Alten, waren schon in den drei frühesten Stücken weitere Differenzierungen getreten: die Danaiden[71] waren durch ihre dunkle Hautfarbe als Orien-
talinnen (und durch das Kostüm noch genauer als Ägypterinnen) ausgewiesen.
Die Thebanerinnen der ‹Sieben› stürzten mit aufgelösten Haaren und zerkratz-
ten Wangen herein, heulende Klageweiber, wie es der Ritus forderte (auch die zur
Totenklage aufgebrochenen Choephoren der Orestie hatten «blutige Striemen»
auf den Masken [24/25]), aber ebenso die dramatische Situation, die den rituellen
Aufzug hervorrief.

Wir sind sicher, daß die Choreuten zwar in Grundzügen homogene Masken
trugen, aber im einzelnen verschieden gezeichnet waren. Die Töchter des Danaos
können nicht alle das gleiche Alter gehabt haben. Sollte der Rückschluß von den
‹Alten› des ‹Agamemnon›,[72] deren Individualisierung an einer hochdramatischen
Stelle auch im Text zum Ausdruck kommt, auf die Alten der ‹Perser›, die immerhin Würdenträger verkörpern,[73] Minister, einen ‹Senat›, zu voreilig sein, so wäre
doch die Tendenz zur Differenzierung der Choreuten an der Orestie ablesbar:
denn auch die Scheußlichkeit der Erinyen[74] konnte durch ihre schon mythologisch
gegebene Verschiedenartigkeit nur gesteigert werden.

Wir haben eine untrügliche Evidenz für die Chöre dieser Zeit: die Panathenäen-Prozession[75] auf dem Parthenon-Fries *(Tafel 11)*. Keines der Mädchenge-
sichter gleicht völlig dem anderen, und doch sind sie rhythmisch zusammengefaßt
zur Gruppe. So denken wir uns die Choreographie der Tragödie, so ihre Masken-
bildnerei.

Die Entwicklung zu immer reicherer Variabilität des Maskengesichts zeichnet
sich auch in den Hauptrollen ab. Freilich müssen wir uns davor hüten, die Individualität aus der Psychologie zu erklären: sie konnte nur zeichenhaft sein, dar-
stellbar eben als Maske. Das ganze Jahrhundert hindurch blieb die Hierarchie
der Schauspieler[76] ein bestimmendes Element. Der Protagonist, ursprünglich der
Autor selbst, später durch einen eigenen Agon neben diesen gestellt, hatte Anspruch auf die Maske, die ihn als den ‹ersten› auswies. Die Konvention rechtfer-
tigte sich aus sich selbst dadurch, daß er auch die zentralen Rollen spielte. Die
Grundfunktion des ‹Zweiten›,[77] die sich, als Konvention, ebenfalls durch das ganze
Jahrhundert hindurch hielt, war die des Boten. In den drei frühen Stücken gibt
es keinen dramatischen Antagonismus zwischen den Rollen; der Antagonismus
spielt sich ab zwischen dem Protagonisten und dem Chor. Atossa und Xerxes
wurden vom Protagonisten gespielt; der ‹Zweite› hatte den Boten und den be-
schworenen Toten. Genau so ist es in den ‹Sieben›, wo es außer Eteokles und dem

Chor nur den Späher gibt (die Schlußszene mit Antigone und Ismene ist, sofern sie echt ist, nicht dramatisch).[78] Und so unterscheidet sich noch in den ‹Schutzflehenden› die Rollenfunktion des Danaos als des Vaters der dramatischen Danaiden kaum von der des Herolds. So paradox es klingen mag: Rollen-Antagonismus, wie er die ganze Orestie beherrscht, ist erst nach der Einführung des dritten Schauspielers[79] (der die Funktionen des ‹Zweiten› übernahm) möglich geworden, eine der großartigen Erfindungen des Aischylos.

Die Rollentypik, die den Grundzug jeder Maske bildet — so sehr, daß in der späteren Zeit Listen von Typen[80] zusammengestellt werden konnten (bei Pollux sind es 25 für die Tragödie), geordnet nach Geschlecht, Alter und Klasse, war in den Masken der Protagonisten differenziert von Anfang an. Xerxes sah anders aus als Eteokles, und Eteokles anders als Pelasgos. Aber die gleiche Differenzierung muß früh auf die Rollen der ‹Zweiten› angewandt worden sein. Der Bote der ‹Perser› trug die Qualen seines langen Marsches und des großen Unglücks im Gesicht. Zwischen dem Späher und dem Boten der ‹Sieben› liegt die Tragik des Doppelbrudermords. Der Herold in den ‹Schutzflehenden›[81] ist der Exponent einer Bande von Terroristen, während der vom selben Schauspieler dargestellte Danaos zwar die gleiche Hautfarbe auf der Maske trägt, aber doch auch die milde Väterlichkeit.

Welch eine Veränderung von den drei frühen Stücken zur Orestie! Gewiß, wir überblicken zum erstenmal das Personal einer Trilogie (und wir wissen sogar, wer im verlorenen Satyrspiel aufgetreten ist), aber es liegt nicht nur daran. Die Skala der maskierten Personen spannt sich über die sichtbare und die unsichtbare Welt, über Götter und Menschen, über die Göttlichkeit von der chthonischen Tiefe bis zum olympischen Himmel und über die Menschlichkeit vom Sklaven bis zum König, dazu noch über das Zwischenreich: die Geisterwelt. Die drei Chöre: zuerst Geronten als Würdenträger wie in den ‹Persern›, Repräsentanten der Polis, deren sich die Usurpatoren bemächtigen (Tyrannis[82]); dann die Sklavinnen, Opfer des Krieges, Entrechtete, Enterbte, Repräsentanten der Klage und Anklage gegen die Herrschenden; und drittens die unsterblichen Anklägerinnen, die «Hunde des Rechts»,[83] wie sich die Erinyen nennen, und am Ende keineswegs verjagt aus dem Weltbild, sondern in dieses eingefügt als politische Notwendigkeit: «Treibt das zu Fürchtende nicht aus eurem Staat!» In diesem dritten Stück überfüllt sich die Bühne am Ende mit Volk, von den höchsten Richtern bis zu fackelschwingender, tanzender Jugend, eine Panathenäen-Prozession formiert sich zur Exodos, ehe die Satyrn auf den Spielplatz springen: als Robben verkleidete Soldaten, die ein Schiffbruch an einen exotischen Strand geworfen hat; das Stück[84] spielt, mit Menelaos als Heimfahrer von Troja, auf der Insel Pharos vor Ägypten, ein Märchenspiel wie Euripides' ägyptische ‹Helena›, aber mit einem Helden, wie ihn nur der universalste unter den Tragikern wählen konnte: mit Proteus, dem Seetierhirten, dem Maskenmann schlechthin, der sich als Löwe, Drache, Feuer, Pflanze und Wasser maskierte, ehe er sich ergab, um zu weissagen. Alle vier Chöre wurden von denselben Choreuten gespielt.

Und unter den Hauptdarstellern hatte nun der ‹Zweite› die Funktion des Gegenspielers, während die ‹Boten›-Funktion dem neuen ‹Dritten› übertragen war. Dieser Dritte spielte Sklaven (eine Amme), Diener, Wächter, Soldaten, aber auch eine Gottesdienerin: die Pythia. Den königlichen Mann, Agamemnon, löste der junge Held ab, Orest; der mörderischen Mutter trat die rebellisch anklagende Tochter entgegen, Sklavin Elektra,[85] gezeichnet vom Geist der Rache, dem Fluchgeist (Alastor) [86] dieses Geschlechts. Und Klytaimestra, die den Leichnam des erschlagenen Mannes hatte zerstückeln lassen, geisterte als Erschlagene, die nicht zur Ruhe kommen kann, auf die Bühne des letzten Stückes, ein Geist unter Dämonen und Göttern. Vergessen wir die Rasende nicht: Kassandra, die Klägerin gegen den Gott, mit der Priesterbinde, die sie sich von der Stirn reißt, um sie mit Füßen zu treten. Und schließlich die Götter: der Lichtgott (mit goldener Perücke),[87] der die Schreckensgeister der Finsternis mit den schwarzen Masken aus seinem Tempel treibt, und Athena mit der Krone der Polis – wie sollten wir die Gottheiten uns anders denken als in den Maskengesichtern, die ihnen Phidias [88] gegeben hat? Die goldelfenbeinerne Athena des Parthenon können wir aus den Kopien nur vage erschließen, aber den olympischen Apollon haben wir vor uns, wie er dargestellt worden sein mag: das Haar wie zur Perücke stilisiert, das Profil von der einzigen Linie des Herrischen gezeichnet, das Gesicht die Maske, in der sich der Gott zeigt, wenn er erkannt werden will.

Sechzig Jahre danach umfaßt das Personal der Tragödie eine Fülle von Gestalten. Die Kammer, in der die Masken hingen,[89] faßte die Zahl kaum mehr. Denn es waren immer neue hinzugekommen. Und es scheint, daß sich die Variabilität, die den typischen Grundzügen immer neue Charaktere abgewonnen hatte, schließlich erschöpft hat. Euripides, der den Maskenbildern die Schönheit selbst, den Koros Ion und die Kore Iphigenie (die aulische), in Auftrag gab, verlangte von ihnen zugleich das entgegengesetzte Extrem: die Pathologie und die Zeichen des Todes (die lebenden Leichname: Alkestis, Phaidra, Orest). Der bluttriefende Totenschädel, mit dem in der letzten Tragödie, den ‹Bakchen›, die entmenschte Mutter, die Mörderin ihres Sohnes in der Mania des Triumphs die Szene betrat, trug die Maske des jungen Heros, entsetzlich entstellt. Aber auch Euripides, von dem man gesagt hat, er habe bei seinen Helden den Schritt von der sophokleischen ‹privacy›, dem Alleinsein des Helden, zur ‹inwardness›, zur Innerlichkeit, getan,[90] ist nicht einmal auf den Gedanken gekommen, die Konvention selbst aufzugeben und das Gesicht nackt zu zeigen. Die Idee der Maske blieb unangetastet, und so versuchen wir nun die Frage zu beantworten, was diese Idee für das Theater der Tragödie bedeutet hat.

5.

Es waren Menschengesichter. Selbst die Götter hatten noch in der höchsten Sublimierung und in der schrecklichsten Fratze jene anthropomorphen Züge, die für die religiöse Einbildungskraft der Griechen charakteristisch sind. Die Maske war human. Sir Arthur Pickard-Cambridge, der gründlichste, sorgfältigste und vorsichtigste Kenner des griechischen Theaters, kommt nach dem Überblick über die archäologische Evidenz zu dem Schluß, daß ‹Naturalismus› angestrebt worden sei.[91] Es gebe keinerlei unnatürliche Züge und sehr wenig Verzerrung, ausgenommen beim Mund, bei dem sie praktische Gründe gehabt habe. Das kann, so summarisch gefaßt, nicht akzeptiert werden. Es trifft relativ zu, wenn wir die Fratzen der Spätzeit neben die Menschenmasken des 5. Jahrhunderts halten. Aber wären diese naturalistisch gewesen, müßte man doch fragen: wozu dann überhaupt Masken? Sie können gar nicht naturalistisch genannt werden, da die Personen, die sie trugen und die durch sie bezeichnet wurden, nicht nur ‹natürliche› waren. In der frühesten Tragödie tritt der Geist eines Toten auf; im dritten Stück der Orestie wird die Welt gezeigt, wie sie sich der Theologe Aischylos vorgestellt hat: mit den Unsichtbaren, die auf und über und unter der Erde *sind*, mit Geistern, Dämonen, Göttern. Das theologische Theater der Promethie spielte unter Titanen, Halbgöttern, Göttern; Menschen hatten in ihr die Rolle der Ohnmacht, des Opfers (was in der Maske dadurch zum Ausdruck kam, daß Io, die Menschin, Stierhörner trug, durch die eine Göttin sie entstellt hatte). Und so blieb es bis zum Ende des Jahrhunderts. In Euripides' letzter Tragödie ist Dionysos nicht der deus ex machina, sondern der Acteur, der seinen Gegenspieler, den menschlichen Theomachos, mit göttlicher Grausamkeit in die tödliche Aktion zwingt.

Die Ausnahme, auf die Pickard-Cambridge hinweist, ist interessant: der Mund. Wir haben gesehen, daß erst die späteren Masken den halb geöffneten Mund haben. Er wird stereotyp erst im Laufe einer Entwicklung, die sich dann noch später zur tragischen Fratze fortsetzen sollte. Es war diese Entwicklung, die zu immer reicherer Variabilität der Grundtypen führte. Daß gerade Differenzierung die Stereotypie des halbgeöffneten Mundes hervorgebracht hat, kann nur aus einer Veränderung des Materials[92] erklärt werden. Die Leinenmasken, die anfangs über den Kopf gestülpt wurden, hatten eine Mundöffnung, die sich den Mundbewegungen anpassen konnte. Der Charakterisierung durch Bemalung waren umso engere Grenzen gesetzt, je größer der Zuschauerraum wurde; auch

von den obersten Reihen aus, die an die 60 m vom Spielplatz entfernt waren,
mußte der differenzierte Charakter noch erkennbar sein. Dies konnte nur durch
Plastik erreicht werden. So wurden die Masken wohl stuckiert, um ihre Form zu
behalten. Was sie an Ausdruck gewannen, büßten sie an Elastizität ein. Der ge-
steifte Mund mußte offen bleiben.

Aber auch diese Konzession an die Unnatürlichkeit wäre nicht hingenommen
worden, wenn die Intention der Maske auf Naturalismus gerichtet gewesen wäre.
Das war sie eben nicht. Die Kategorie der Illusion hat im Theater der Tragödie
nichts zu suchen. Die Maske täuschte das Gesicht nicht vor, sie war das, was das
Gesicht für die gespielte Aktion bedeutete.[93]

Wie überall in der Theatergeschichte war die primäre Intention der Maske das
Verbergen. Bevor sie etwas bedeuten konnte, mußte sie die private Person des
Spielers zum Verschwinden bringen. Die zweite Intention – und sie war die spe-
zifisch griechische, welche die Entwicklung bestimmte – zielte auf Erkennbarkeit.
Erkennbarkeit beruht auf Distinktion. Anfangs mochten die unterscheidbaren
Merkmale noch einfach gewesen sein, Alter, Geschlecht, Klasse, aber schon in
diesen Anfängen spielte, wie wir gesehen haben, das Erstaunliche (teratodes) mit,
das Unheimliche, das Schreckliche, das Wunder, das Unsichtbare. Kein Zuschauer
war noch so in magischen Vorstellungen befangen, daß er geglaubt hätte, ein
Geist oder ein Gott wäre da wirklich erschienen. Er sah das Bild, er nahm es als
Zeichen, er verstand es als Möglichkeit. Wenn Dareios aus dem Grab stieg, so
erregte er die Einbildungskraft nicht anders als Hamlets toter Vater; die Wirkung
auf die Darsteller übertrug sich auf das Publikum (diesem Transport vor allem
diente der Chor). Die Erregbarkeit der Phantasie gehörte zum Calcul dieses
Theaters. Dazu bedurfte es nicht der Illusion: das Bild genügte. So vertrat auch
die Maske nicht das Menschengesicht selbst: sie war dessen Bild. Von Anfang an
und durch alle Differenzierung hindurch bis zur letzten Tragödie. Die Maske des
Theseus (im ‹Oedipus auf Kolonos›) verkörperte nicht den realen Theseus, sondern das Bild des Polis-Idols, das jeder Athener in sich trug. Der Gorgonenkopf
des Pentheus (in den ‹Bakchen›) war entsetzlich allein durch den Horror, den er
als Gebilde auszulösen vermochte. (Niemand, der ihn auf einer heutigen Bühne
gesehen hat, wird sich des Schauderns erwehrt haben, wenn er auch nur eine Se-
kunde an die in dieser Zeit möglich gewordenen Greuel erinnert worden ist.)

Es war zunächst die bühnenpraktische Erkennbarkeit, welche ‹Natürlichkeit›
verbot und die Verstärkung der bezeichnenden Züge forderte. Aber das Bezeich-
nende wurde als das Wesentliche verstanden. Wenn die Maske nicht das nackte,
das naturalistische Menschengesicht zeigen sollte, sondern das Bild des durch sie
bezeichneten Menschen, so konnte die gleiche Kunst auf sie verwendet werden,
die von den Bildhauern auf das Menschengesicht verwendet wurde. Diese ‹Skulp-

turisierung› der Maske ermöglichte beides: die Differenzierung der Erkennbarkeit und die Simplizität des Wesentlichen. Die Vereinfachung war eine konzentrische. Das dürfen wir aus der Koinzidenz der Künste schließen. So wie die Wahrheit der Dichtung, die uns die Texte vermitteln, so ist auch die Wahrheit der Opsis, die das Theater den Zuschauern des 5. Jahrhunderts zeigte, vom Logos geprägt. Von Phidias schreibt Bernhard Schweitzer,[94] daß der Ideengehalt seiner Bildwerke völlig in «sinnlicher Gestalt» aufgehe, und er fügt hinzu, man glaube zu verspüren, wie die «tragische Antithese, aus der Polygnot das Ethos seiner Gestalten formt, bei ihm sich in den Reichtum welthafter Beziehungen verwandelt». Wir können das von der Maske noch einfacher sagen: indem sie das Bild auf die wesentliche Wahrheit konzentriert, objektiviert sie das Menschengesicht. Aus dem Zwang zur Erkennbarkeit wird die Tugend der Klärung.

Der ‹objektive› Mensch ist der Mensch, wie er erscheint. Wie er gesehen wird. Nicht, wie er sich selber sieht. Die Tragödie zeigt den Menschen in der Maske, wie ihn die Partner, der Chor, die Zuschauer sehen. Sie ‹veröffentlicht› ihn. Die Vereinsamung, in die Sophokles seine Helden führt, Aias, Antigone, Oedipus, Philoktet, ist niemals eine hamletische: sie ist ausgestellt vor den anderen. Auch bei Euripides ist nur in den noch nicht tragischen Prologen ein Mensch allein mit sich selbst auf der Bühne. Phaidras ‹innerlichstes› Eingeständnis ihrer Liebe wird erst tragisch in dem Augenblick, in dem sie es ‹veröffentlicht› sieht, und die schreckliche Lüge, durch die sie den Geliebten opfert, hat kein anderes Ziel, als ihr ‹Image› zu wahren. In diesem Sinn ist die Maske das ‹Image› der Menschen.[95]

Aber wenn es auch richtig sein mag, sich die Vorgänge der Tragödien als das vorzustellen, was die Menschen einander antun durch das Bild, das sie sich voneinander machen, so gibt es doch Momente, in denen der Dichter die Wahrheit des Bildes, also der Maske aufhebt, um ahnen zu lassen, was dahinter ist. Es ist tief bezeichnend für den Sinn, den die Maske in der Tragödie hat, daß sich diese Momente in dem berühmten Schweigen des Helden verdichten,[96] der äußersten Konzentration, die dem Träger der Maske abgefordert wird. Wenn aller Augen in höchster Spannung auf das starre Bild gerichtet sind, das der Maskierte zeigt, wird die Maske durchsichtig; aber sie zeigt auch dann nicht einfach, was hinter ihr ist, sondern was die Zuschauer in sie hineinsehen.

Wie läßt sich das vergegenwärtigen?[97] Der moderne Interpret hat zwei Möglichkeiten:[98] entweder von dem Befremdenden auszugehen, das die Jahrhunderte zwischen die Tragödie und uns gelegt haben, also bewußt die befremdende Maske einzusetzen; oder von unseren Theatervorstellungen auszugehen und das Menschengesicht an die Stelle der Maske zu setzen. Im zweiten Fall muß er bedenken, daß das Menschengesicht immer auch das Schauspielergesicht ist, daß es also not-

wendig ist, die konzentrische Wahrheit der Maske durch Vereinfachung diesem
Gesicht gleichsam einzuprägen. Im ersten Fall muß er sich darüber klar sein, daß
der ästhetische Reiz des Befremdenden auch dann nicht ausreicht, wenn man, wie
es geschehen ist, die sich zwangsläufig einstellende Monotonie durch Clownsszenen
aufbricht, daß vielmehr durch die Maskierung hindurch die Wahrheit zum
Vorschein gebracht werden muß, die allein zu erklären vermag, warum wir diese
Stücke nach bald zweieinhalb Jahrtausenden noch spielen.

Nachtrag über den Kothurn [99]

Wie die Fratzenmaske ist der Stelzschuh eine Erfindung der späten Zeit. Daß
ihn Aischylos nicht erfunden haben kann (wie Horaz behauptet, AP. 280), läßt
sich beweisen. Im ersten Stück der Orestie läßt Klytaimestra zum Empfang Agamemnons
einen roten Teppich ausrollen, auf dem der König in das Haus einziehen
soll; Agamemnon verwahrt sich dagegen, weil solche Ehrung nur Göttern
gebühre; als er dann doch nachgibt, befiehlt er, man solle ihm die Schuhe ausziehen,
damit er barfuß, d. i. ohne Hybris, den Teppich betrete (907–974, vorallem
945/9). Hätte der Kothurn zur Würde des Heros gehört, hätte er sich nicht
von dessen Fuß ablösen lassen, ohne diese zu beschädigen.

Die archäologische Evidenz bestätigt den Befund des Textes. Wenn es eine erhöhte
Sohle im 5. Jahrhundert gegeben haben soll, dann kann sie nur einen oder
zwei Zentimeter hoch gewesen sein. Der früheste ‹Kothurn›, der sich auf Bildern
nachweisen läßt, stammt aus der Mitte des 2. Jahrhunderts.[100]

Die «Grundform des Kothurns», so faßt Erika Simon zusammen,[101] was wir
darüber wissen, «war weich und weit und endete vorn an den Zehen in einer
schnabelartigen Spitze. Die Sohle war in der Zeit der drei großen Dramatiker
flach und nicht, wie manche Lexika schreiben, erhöht. Diese falsche Nachricht geht
auf den späten Verfasser der Vita des Aischylos zurück, der diesem Dichter die
Einführung des hohen tragischen Kothurns zuschrieb.[102] Dem widersprechen aber
eindeutig die archäologischen Zeugnisse, die den Kothurn in klassischer Zeit stets
flach zeigen. Der Verfasser der Vita hatte den stelzenartigen Kothurn der römischen
Kaiserzeit vor Augen, der in der Literatur zum Symbol des tragischen Stils
geworden ist.»

15. Rhythmus – Mimesis: akoe und opsis

1.

Die Tragiker hörten, was sie schrieben; sie sahen, was sie hörten.

Wir lesen die alten Texte; wir versuchen, die Bühne zu rekonstruieren, für die sie geschrieben worden sind. Das sind die Fixpunkte, die wir haben: 1. die jederzeit fixierbaren Anhaltspunkte der vergegenwärtigenden Interpretation in den *Texten*, und 2. das zwar im Laufe des Jahrhunderts veränderte, auch von Stück zu Stück durch die Ausstattung anders erscheinende, doch in den Grundzügen bleibende *Schema der Bühne*. Aber fast alles, was dazwischen liegt, die Realisierung dessen, was die Tragiker bei der Niederschrift gehört und gesehen haben, wie sie es sich auf der Bühne, die sie kannten, vorgestellt haben, nicht zuletzt die Wirkung, die sie im Detail wie im Ganzen bei den Zuschauern erwarteten (das Kalkulierbare genau kalkulierend) – das war Bewegung, vorgestellt während der Niederschrift, dargestellt als Theater, gehörte und gesehene Bewegung, akoe und opsis in der Zeit.

Die Gabe, das Wort nicht nur zu verstehen und als Verständigungsmittel zu gebrauchen, sondern es aus seinem Ursprung heraus gleichsam neu zu erfinden, ist nicht rationalisierbar. Einige haben sie, die meisten haben sie nicht. Daraus hat die von Herder und der Romantik faszinierte Schulästhetik jene Mystifikation des dichterischen Prozesses hergeleitet, die, im Geniebegriff und der Vorstellung von der ‹Heiligkeit der Kunst› kulminierend, seit den zwanziger Jahren mit Recht scharfer Kritik unterzogen wird. Der Irrtum ist leicht zu klären: nicht rationalisierbar ist zwar die Gabe, keineswegs jedoch der Prozeß. (Da heute das Pendel nach der entgegengesetzten Seite ausgeschlagen ist, besteht einiger Anlaß, auf das Unterscheidungsmerkmal der künstlerischen Produktion gegenüber der nichtkünstlerischen aufmerksam zu machen: die Gabe, ob wir sie Talent nennen oder Genie, oder wie immer, ist deswegen nicht rationalisierbar, weil sie einige haben und andere, die meisten, nicht. Sie ist auf keinen Fall herstellbar. Was die Sprache betrifft, so braucht man nur einen Satz oder einen Vers des schärfsten Feindes aller Mystifikation von Kunst und Künstlern, Brechts, zu lesen – hörend, was man liest –, um zu wissen, daß hier etwas am Werk gewesen ist, das einer hatte und andere, die meisten, nicht. Wer die Sprache der Tragiker hört, während er sie liest, bemerkt unweigerlich ebenso: daß jeder seine eigene, unverwechselbare

Sprache hat, woraus schon Aristophanes in den ‹Fröschen› den Witz der streitenden Dichter gewonnen hat, und daß die drei schon allein durch diese ihre Sprache
aus der großen Zahl derer, die in Vergessenheit geraten sind, herausgeragt sind.)

Der Umgang mit der Gabe geschieht zweifellos nicht in der Trance. Dafür
liefert die Produktion von Sprache für das Theater das einfachste Beispiel. ‹Ein-
gegeben› mag hie und da ein Gedicht sein (wobei auch hier noch in den «Wallungswerten»[1] mindestens halbbewußtes und leicht analysierbares Material aus
dem Gedächtnis eingeströmt ist – Mnemosyne nannten die Griechen die Mutter
der Musen); ein Theaterstück bedarf zwar der Erfindung, aber die Gabe der
Einbildungskraft, sich Szenen und Personen vorzustellen, wie sie, im Theater, gesprochen und gezeigt werden sollten, ist auf die Instrumente der Ratio mehr angewiesen als die schöpferische Gabe in anderen Kunstarten, ausgenommen die
Architektur und die Musik: auf Genauigkeit, Logik, Konzentration, Übersicht,
Calcul.

Dies alles fassen wir, soweit es sich im *Wort* produziert, in der Kategorie der
Akoe[2] zusammen. Die Griechen müssen sie gekannt und sich bewußt gemacht haben, was sie für das Theater bedeutet: das, was nicht in den Buchstaben steht,
sondern erst verlautet wird, sobald Sprache gesprochen wird. Bei Aristoteles
kommt das Wort zwar nicht vor, aber es ist viel die Rede von dem, was es meint.
Die Koppelung mit dem Schwesterbegriff ‹opsis›,[3] den Aristoteles nennt, ist antik;
später koppelte man in ähnlicher Weise Theoria und Akroasis,[4] und das Verbum
zu letzterem Begriff kommt bei Aristoteles in dem Zusammenhang vor, von dem
wir sprechen: ἔτι δὲ ἀκροώμενοι τῶν μιμήσεων γίγνονται πάντες συμπαθεῖς (Pol.
8, V, 5). Und man spricht ja auch von den ‹akroamatischen› Werken des Aristoteles, zu denen die Poetik gehört, Werken für Hörer (bei Vorlesungen), nicht für
Leser. Das Wort Akoe, das Aischylos kennt (Prometheus 689), ist unentbehrlich
für die Benennung der Kategorie von Vorstellung (beim Dichter) und Darstellung (im Theater), die wir definieren als die Bewegung der Sprache in der Zeit.

Wir meinen also nicht das gleiche, was die Mystifikateure des dichterischen
Prozesses unter dem ‹Sprachleib› verstehen; gewiß gehört es zu der Gabe, von der
die Rede ist, ein Wort aus dem Ursprung heraus gleichsam neu zu erfinden, es also
mit ‹Wallungswerten› aufzuladen oder wie einen ‹Leib› zu spüren; aber weit
wichtiger, zumal für das Theater, ist es, daraus Sätze zu machen, so wie Tschechow[5] gesagt hat: «Man muß einen Satz konstruieren, darin liegt die ganze
Kunst.» Solche Sätze dienen, für das Theater konstruiert, nicht nur der Verstän-
digung mit dem Partner oder dem Zuhörer: in ihnen spricht sich, direkt oder
indirekt, die Person aus; aus ihnen spricht die Spannung der Situation; durch sie
spricht der Stil, den der Dichter dem Stück zu geben wünscht. Sie haben – außer
der Syntax – Tonfall, Klang, Rhythmus, wobei es zunächst noch keine Rolle

spielt, ob sie Prosa oder Verse sind.[6] Man braucht nicht auf die von Platon ver-
spottete Kunstprosa der gorgianischen Rhetorik[7] zu verweisen, um das zu verdeutlichen; man braucht nur die Reden bei Thukydides nachzulesen, um zu begreifen, daß dieser Meister der Prosa bei den Tragikern in die Schule gegangen
ist. Nun, entscheidend ist natürlich doch, daß die Tragödien in Versen geschrieben sind. Die Sätze wurden also nicht nur auf ihren Sinn, nicht nur für eine bestimmte Person und eine bestimmte Situation konstruiert, sondern so verlautbart, daß nicht einmal die Illusion von ‹Natürlichkeit› entstehen konnte. Der
erste Vers war gegen die Realität entworfen. Niemals konnte nun, wenn er er-
klungen war, der Gedanke noch aufkommen, es handle sich um ‹apate›,[8] Vortäuschung von Realität. Verlautbart wurde eine konstruierte Welt. Soweit sind
wir schon, ehe noch ein Wort über die *Musik* gefallen ist. Und die Tragödie war
von Anfang an, bis an ihr Ende, so voller Musik, daß Nietzsche das Wort von
ihrer Geburt aus dem Geiste der Musik zum Titel seiner berühmten Schrift
machen konnte. Wir erörtern nicht, ob diese Darstellung das Wesen der Tragödie
wirklich getroffen hat, aber den Titel hätte sie nicht erhalten können, wenn nicht
der Chor in jedem Stück singend in die Orchestra eingezogen wäre, geleitet von
Kithara- oder Flötenspielern[9] und anderen Musikern, wenn nicht der Umschlag
vom Dialog in den Gesang (und umgekehrt) ein Wesenszug dieses Theaters gewesen wäre, das sich auch darin über jede Apate hinwegsetzte. Das alles ist Akoe.
Der gesprochene und der gesungene Vers. Die Sprachgewalt des Dialogs und die
Faszination durch Musik. Stimme, Klang, Metrum, Rhythmus. Dazu die unarti-
kulierte, doch genau geplante Verlautbarung[10] durch Schreie, Rufe, Jauchzen,
Heulen, Murmeln, Litaneien, Lärm, Donner, Schlacht. Akoe teilt Sinn mit und
spricht die Sinne an. Beides dringt ans Ohr des Auditoriums: es will aufgenommen werden, um sowohl unvermischt einzuwirken, wie um Erkanntes (logos) in
Erkenntnis (logos) umzusetzen. Die Tragiker wußten, daß man das nicht ausein-
andernehmen kann wie eine Maschine. Unsre Ohren hören Leben, und Leben ist
beides: Geist und Seele. Akoe wirkt durch Logos und durch Psyche.

Damit sind wir an dem erstaunlichsten Punkt, den wir angepeilt haben: die
Tragiker haben Musik als *psychagogia*[11] verstanden und verwendet. Es gab für
sie keine andere als ‹ethische› Musik. Bevor wir darauf eingehen, müssen wir
1. daran erinnern, daß akoe niemals nur die Sinne angesprochen hat: auch Psychagogia diente dem Sinn, und 2. einen Schritt weitergehen, indem wir in Augenschein nehmen, was unlösbar mit ihr verbunden ist: Opsis. Hier wäre die Kategorie der Mimesis einzusetzen. Aber wir lassen zunächst den umstrittenen Begriff
beiseite, um nur soviel vorwegzunehmen: Wenn die Tragödie undenkbar ist ohne
Musik (Gesang), so heißt das auch, daß sie undenkbar ist ohne Tanz.[12] Im Tanz
wird die Akoe am sinnfälligsten zur Opsis.

2.

Opsis[13] wird von Aristoteles in der Poetik zweimal genannt. Beim erstenmal
zeigt sich, daß sie so gemeint ist, wie wir sie hier, analog zur Akoe, verstehen: als
Bewegung des Bildes in der Zeit. Hier heißt es (1449 b 34): da die Mimesis in der
Tragödie durch Aktion zustandekomme, konstituiere zwangsläufig der «κόσμος
τῆς ὄψεως»[14] einen Teil ihrer Darstellung; ‹kosmos› ist hier natürlich nicht
‹Schmuck›, sondern ‹Ordnung›, wobei die Synonymie etwa in der Mitte liegen
mag zwischen Welt und Stil. Opsis jedenfalls heißt nicht etwa ‹Bühnenbild›, sondern das Sichtbare in Aktion, in Bewegung. Was Opsis mit Akoe gemeinsam hat,
ist Rhythmus, so wie Aristoxenos, Aristotelesschüler und bedeutender Musik-
theoretiker, ihn definiert:[15] «Zerteilung der Zeit nach einer bestimmten Ordnung» (kosmos). Wenigstens die Bedeutung der Opsis für das Theater der Tragödie hat Aristoteles noch erkannt; aber daran, daß diese in den meisten modernen Untersuchungen kaum eine Rolle spielt, trifft ihn doch die Schuld, denn an
der zweiten Stelle, an der er auf sie zu sprechen kommt, bezeichnenderweise als
auf das letzte der sechs Elemente des Theaters (1450 b 16–20), sagt er: die Opsis
sei zwar «psychagogisch», aber höchst unkünstlerisch (atechnotaton) und am wenigsten dichterisch; «die Kraft der Tragödie besteht auch ohne Aufführung (agon)
und Schauspieler, denn noch stärker als die Kunst der Dichter wirkt in der Zurüstung der opsis die des Bühnenbildners (skeuopoios[16]).» Für den Aristoteles der
Poetik ist die Tragödie primär Literatur.[17] Wie Platon verachtet er das Theater.
Von jenem weiß man das, von ihm wird es kaum zur Kenntnis genommen. Wie
Platon unterscheidet er in der Politik (8, V 5) zwei Arten von Zuschauern: die
freien, die pepaideumenoi, und die gemeinen (phortikoi), «die sich aus Banausen,
Taglöhnern und anderen Derartigen zusammensetzen»; für diese müsse man
wohl Theater spielen, und für sie mache man Opsis und Musik, was der Gebildete
nicht nötig habe. Wenn man bemerkt, wie beide Philosophen die Aulos-Musik
verdammen,[18] weil sie die schlechten Affekte im Menschen anreize, dann kann
man keinen Zweifel haben, daß sie das Theater der Tragödie nur so gesehen haben, wie sie es in ihrer Zeit erlebt haben mögen, denn wo gibt es, von den ‹Persern› bis zu den ‹Bakchen›, eine Tragödie, in der nicht auch der Aulos Chor und
Tanz angeführt hätte? Im Theater des 4. Jahrhunderts hatten die stärksten Impulse der großen Tragiker ihre Kraft verloren, vor allem der politische[19] (worüber in anderem Zusammenhang zu sprechen ist – hier nur die Feststellung, daß
weder Platon noch Aristoteles ein Wort verlieren über die Funktion des Theaters der Tragödie in der Polis und für die Polis, daß im Gegenteil der eine das
Theater für die Polis verbietet und der andere die Tragödie lieber liest als sieht

und hört[20]) und der darstellerische. Daß sich das Wort zeigt, verkörpert,[21] daß es
sich als Klang, Bild rhythmisch bewegt – das verstand sich für die Tragiker von
selbst. Die Texte, die wir haben, sind nur ein Sektor dieses Theaters; das Regiebuch hatten die Dichter im Kopf: sie waren ja meist ihre eigenen Regisseure. Daß
sie über Opsis und Akoe anders gedacht haben als die Philosophen, die nach ihnen
kamen, wird durch Nachrichten bezeugt. Von Aischylos berichtet die Vita, er
habe die Skene reich ausgestattet (ἐκόσμησεν) und die Opsis der Zuschauer durch
Glanz und Pracht, Skenographie (γραφαί) und Maschinen fasziniert (κατέπληξε).
Die älteren Tragiker hießen auch «orchestai»,[22] Tänzer (unter den sechs Elementen der Tragödie, die Aristoteles aufzählt, fehlt die orchesis[23]); von Aischylos
wird berichtet,[24] er habe viele schemata, d. i. Tanzfiguren, erfunden, vom jungen
Sophokles,[25] er sei als tanzendes Mädchen aufgetreten (in der Rolle der ballspie-
lenden Nausikaa).

Gewiß, im Laufe des Jahrhunderts hat sich manches geändert, und davon wird
noch die Rede sein. Das Chorische[26] ist schon bei Sophokles und Euripides nicht
mehr so zentral wie bei Aischylos. Aber Opsis und Akoe lassen sich nicht nach der
Zahl der Verse bemessen; wir müssen die gesungene und gezeigte Bewegung in
die Zeit versetzen, die sie im Theater eingenommen haben.

Gegen die ‹Trachinierinnen›[27] ist oft der Einwand vorgebracht worden, daß
sie in zwei Stücke zerfallen; wer seine Einbildungskraft bemüht, um sich den Ablauf im Theater vorzustellen, kann darüber nur lächeln: alles läuft in diesem
Stück auf die eine große Szene zu; Szene für Szene werden wir der Gewißheit
näher gebracht, daß Schreckliches geschehen wird und daß es dann geschehen ist;
die Athener mögen einen ungeheuren Ausbruch des Jammers erwartet haben,
ähnlich dem, wie sie ihn aus den ‹Persern› kannten. Und was geschieht? Schau-
dernd lauscht der klagende Chor dem Kommenden entgegen. Immer leiser werden Musik und Gesang, immer verhaltener die Tanzschritte. Von weitem sah man
die Pompe. Man hörte die Schritte, sonst nichts: αἰαῖ, ὅδ' ἀναύδατος φέρεται (968).
Jetzt haben die Männer mit der Bahre die Bühne erreicht; sie setzen sie in der
Orchestra nieder; da liegt Herakles vom Schlaf übermannt, aber, wie alle wissen,
von der Säure zerfressen, die ihn verzehren wird; wie um das Schweigen noch
mehr zu dramatisieren, läßt Sophokles den Sohn in den Wehruf ausbrechen und
an der Bahre niedersinken: er glaubt, der Vater sei tot. Aber der Alte, der den
Kondukt anführt, führt die Hand vor die Lippen der Maske: σίγα, τέκνον –
wecke ihn nicht, lasse ihn schlafen. Flüsternde Verse der beiden. Nur Verse? Nein,
es ist Gesang, Kommos, die Flöte spielt, und Herakles, bald darauf erwacht, wird
seine Schmerzen singen, sekundiert von den beiden anderen Solisten, während
die Choreographie das Entsetzen der Frauen bewegt. 99 Verse: erfüllt von Opsis
und Akoe. Die große Szene. Die Kulmination.

Gewiß, das ist nicht mehr die stürmische Bewegung, die Aischylos seinen großen Szenen [28] gegeben hat. Man kann sagen, Sophokles habe die Dramatik des
Schweigens entdeckt (doch gibt es schon bei Aischylos den schweigenden Achill
und die stumme Niobe): panischer Schrecken, der die Rede verschlägt, – das ist
der Kontrapunkt dieser Szene. Aber auch Stille ist eine Art der Akoe, wenn sie
hervorgerufen wird durch solche Opsis.

Schon Aischylos hat den Kommos mit den singenden und dann immer auch
‹tanzenden› Schauspielern zur großen Kunst gesteigert; natürlich ist das kein
Tanz wie der Pas de deux unsres Balletts; aber es ist rhythmisierte Bewegung,
und natürlich ist auch der Gesang kein Opernduett, aber die Flöte oder die Kithara werden dazu gespielt, und die Verse sind komponiert. Euripides, der das
Chorische zunächst noch weiter reduziert hat, gibt der Monodie des Schauspielers
immer größeren Raum. Wilamowitz [29] bemerkt, der «Text solcher Stücke sinkt
ziemlich auf das Niveau eines Librettos herab». Aber dürfen wir so urteilen, da
wir doch die Musik nicht kennen? Wilamowitz selbst fügt ein paar Zeilen später
hinzu: «Wir dürfen niemals vergessen, daß die Tragödie ein halb musikalisches
Kunstwerk ist, uns also nur unvollkommen zugänglich…» Die Gelehrten sprechen gern von «Auflösungserscheinungen», [30] die sie dem Einfluß der nun ‹modern› werdenden Musik zuschreiben. Ist es ‹Auflösung›, wenn im Theater die
Musik partienweise die erste Stimme übernimmt? Muß Musik weniger wert sein
als das Wort? Wir haben gesehen, daß selbst Schweigen dramatisch sein kann.
Keine musikalische ‹Nummer› darf für sich allein genommen werden; jede hat
ihren Stellenwert; sie wird dramatisch in ihrer Beziehung zum Voraufgegange-
nen und zum Kommenden. Oft ist ein Chorlied nur Folie – man denke an den
schrecklich ironischen Paian auf den Sohn der Tyche im ‹Oedipus›: Calcul der
Affekte, die ins Publikum transportiert werden, bevor der Dramatiker zum
nächsten Schlag ausholt.

Ein glänzendes Beispiel für die Dramatik des Lyrischen ist Ions große Monodie: Nicht mit dem hellen Morgengesang des delphischen Tempeldieners eröffnet
Euripides die Tragödie, sondern mit dem Prolog des Hermes, der die Zuschauer
wissen läßt: dieses zauberische Glück wird zerstört werden; und das zauberische
Glück hat seinerseits den Stellenwert des Kontraposts zu der Wirklichkeit, die,
wenn sie einbrechen wird, desto schrecklicher erscheint. So hat Euripides das Calcul in Szene gesetzt: auf dem Grund der Unheimlichkeit entfalten Akoe und Opsis
ein trügerisches Bild; und mit der forttönenden Musik dieses Bildes ist nun die
Erwartung als Bangen grundiert, Phobos und Eleos sind evoziert, bereits ehe das
Gefürchtete und zu Bejammernde eintritt. Die Analyse läßt sich noch weiterfüh-
ren. Ions Melodie, der apollinische Paian, wurde vom Instrument dieses Gottes,
der Lyra, begleitet. Gleich darauf zieht der Chor, geführt von Aulosbläsern, ein:

so bricht in das Himmlische das Irdische ein, in Gestalt und Stimme aufgeregt hingerissener Mädchen. Aulos und Lyra werden in dramatischen Kontrast gesetzt. Euripides verwendet also die vieldiskutierte Grundpolarität der musikalischen Psychagogie (S. 229), um das Grundproblem des Konflikts seines Helden, des Gottesdieners, mit der Menschenwelt anklingen zu lassen. (Und Hermes, der zuvor den Prolog gesprochen hatte, ist ja der mythische Erfinder der Lyra, deren Schallkörper er aus dem Rücken einer Schildkrötenschale entwickelt haben soll!) Das apollinische Solo [31] und der dionysische Chor stellen hier «die beiden ebenso elementaren wie einander entgegengesetzten Grundauffassungen von Musik» dar, die, wie Georgiades [32] sagt, die «Möglichkeiten der gesamten Musik in sich tragen. Sie sind zwei Eckpfeiler, die die gesamte Musik bis heute tragen. Sie sind zwei Extreme, zwischen denen alle historisch gegebene Musik pendelt.»

Durch die ‹Bakchen› dröhnt orgiastische Musik. Sie wird getanzt vom Chor, der als Thiasos des Gottes erscheint. Aber wiederum sind Opsis und Akoe mehr als nur das, was sie zunächst zu sein scheinen. Der Prolog hat die Zuschauer wissen lassen, daß alle Frauen und Mädchen Thebens die Stadt verlassen haben, um in den Bergen die Orgien des Gottes zu feiern. So ist das Bild, das die fünfzehn Mänaden als Thiasos zeigen, ein Abbild dessen, was wir dahinter sehen sollen. Und wenn die Tympana [33] geschlagen werden, die Flöten schrillen und (vielleicht) die Krotala klirren, scheinen die Schwärme in den Bergen mitzustampfen, mitzujauchzen, mitzuschäumen. Aischylos hätte die Bühne mit Volk überfüllt. Euripides hatte die Möglichkeiten der neuen Musik zur Verfügung, um durch Akoe und Opsis die gleiche Wirkung auf die Einbildungskraft hervorzurufen.

Und es ist genau diese Wirkung, die den Philosophen des nächsten Jahrhunderts das Theater als solches suspekt machen wird. Aristoteles, [34] bei dem die Musik an vorletzter Stelle vor der Opsis und, genau genommen, gemeinsam mit dieser, als letztes unter den Elementen der Tragödie rangiert, weiß sehr wohl, daß sie, ebenso wie die Opsis, den stärksten emotionalen Effekt hervorzurufen vermag. Er kennt auch ihre Verlockung (delear) als Lust. Aber eben das macht sie gefährlich. Akoe und Opsis sind psychagogisch; sie sind imstande, die Seele zu verändern. Sie verderben den Charakter, der sich ihren Wirkungen überläßt. So untergraben sie das Ethos. [35] Auf dem Umweg über die Moral kommt jetzt die Polis ins Spiel, nachdem man sie zuvor eskamotiert hat. Das apolitische Theater kann höchstens als Vergnügen derjenigen geduldet werden, die nicht zur Politik zugelassen sind; am besten ist es aber, es ganz zu verbieten, da es die Jugend korrumpieren könnte. So fordert Platon, daß nur die sittenstärkende und erhebende Musik zur Kithara erlaubt sein dürfe, und daß es nur *eine* Mimesis zu geben habe, die der Ideen. Wozu brauchen wir Schauspieler, fragt er (Staat 603 c), da «unsere ganze Polis nichts als eine Mimesis des schönsten und besten Lebens ist – was wir für die wahre Tragödie halten».

Die wahre Mimesis in der Polis wird also der falschen Mimesis im Theater entgegengehalten. Mimesis in der Polis ist die Verwirklichung der Idee des schönsten und besten Lebens. Was ist Mimesis im Theater? Verwirklichung, so scheint es, auf jeden Fall. Verwirklichung eines Lebens, das nicht das Abbild des Schönsten und Besten ist. Verwirklichung eines Lebens, das nicht so ist, wie es sein soll, aber so ist, wie es ist: gut und böse, schön und häßlich. Wenn Wahrheit nur in der Idee ist, kann sie nicht in Opsis und Akoe des Theaters verwirklicht werden. Eidos heißt zwar Bild. Aber wo sich die Sinne einmischen, wird, nach Platon, der Logos beschädigt. Wie die gemalten Bilder Phantasmata sind, so ist die Mimesis des Theaters pure Spielerei (Pol. 602).[36]

3.

So selbstverständlich sich die Deutung des Begriffs ‹mimesis›[37] als ‹Verwirklichung› für das Theater anbietet, und zwar gerade durch die negativierende platonische Metapher, so problematisch ist die Herkunft und ursprüngliche Bedeutung des Wortes. Gegen die Gepflogenheit der Lexika, sie als ‹Nachahmung› zu deklarieren, hat H. Koller in einer umfangreichen Untersuchung Argumente vorgebracht, die Gerald F. Else zum Teil entkräften konnte. Kollers These, daß ‹mimos› zuerst ‹Tänzer› bedeutet habe, genauer den Tänzer der orgiastischen Dromena des Dionysoskults, kann als widerlegt betrachtet werden. Darauf deutet in der Tat nichts; dagegen konnte Else gute Gründe dafür beibringen, daß die von ihm auf semantischem Weg gefundenen drei Bedeutungen[38] imitatorische Elemente enthalten: «Miming» – direkte Darstellung des Aussehens, der Handlungen und anderer Äußerungen von Tieren oder Menschen durch Sprache, Gesang und (oder) Tanz; «Imitation» – Nachahmung der Handlungen einer Person durch eine andere; «Replication» – Bild oder Abbild einer Person oder eines Dings in materieller Form. Fragwürdig ist freilich auch Elses Herkunftshypothese. Aus der Feststellung, daß das Wort und seine Ableitungen erst relativ spät im Attischen erscheinen und daß Aischylos und Pindar die frühesten Belege bieten, schließt er auf sizilischen Ursprung (denn beide Dichter waren in Sizilien); tatsächlich war in dieser Zeit der ‹mimos› eine künstlerisch ausgebildete Gattung des Theaters in Sizilien (Sophron), und Else meint, daß die Dichter das Wort von dort nach Athen mitgebracht hätten. Dagegen ist einzuwenden, daß weder Aischylos noch Pindar (und Aristophanes![39]) in einer Dichtung von einem Fremdwort Gebrauch gemacht hätten, dessen Kenntnis höchstens bei Sizilienreisenden und Kennern vorausgesetzt werden konnte. Da Otto Weinreich[40] nachgewiesen hat, daß schon im 5. Jahrhundert die Pantomime ein beliebtes Darstellungsgenre in Athen war, liegt es näher, anzunehmen, daß die beiden Dichter, möglicherweise unter dem Eindruck dessen, was sie in Sizilien gesehen hatten, ein umgangssprachliches Wort in die Hochsprache aufgenommen haben.

Mit der Behauptung, ‹mimeisthai› habe mit Nachahmung gar nichts zu tun, hat Koller ebensogroße Konfusion angerichtet wie diejenigen, die vor ihm erklärt hatten, es bedeute *nur* ‹nachahmen›. Die Bedeutung ‹darstellen› (im Theater ‹verwirklichen›) inkludiert natürlich auch ein imitatorisches Element. Der Schauspieler, der die Maske einer Person trägt, ahmt deren Verhaltensweisen nach, auch wenn es sein Bestreben sein sollte, sich nicht ganz mit ihr zu identifizieren; er *zeigt* sie, wie Brecht[41] gelehrt hat, und nichts anderes konnten die Darsteller in einem Theater, das sich so hoher Stilisierungen bediente wie der Maske und des Tanzes, erstreben und erreichen.

Durch die für das Theater selbstverständliche Deutung von Mimesis als Darstellung, Verkörperung, Verwirklichung ist die Problematik des Mimesis-Begriffs nicht aufgelöst. Gegen Kollers These, es habe im 5. Jahrhundert eine konzise, vor allem von den Pythagoreern begründete Theorie der Mimesis gegeben, in deren Rahmen das Theater nur einen Teilaspekt gebildet habe, noch dazu einen nicht zentralen, wenn man ihn neben den anderen betrachte: Mimesis der Sprache, Mimesis der Erziehung, Mimesis der Technai, Mimesis der Politik – gegen diese These, die zugleich voraussetzt, daß die Mimesis-Lehren Platons und Aristoteles' auf der pythagoreischen des 5. Jahrhunderts gründen, indem sie sich mit ihr auseinandersetzen, beharrt Else darauf, daß Mimesis eine platonische Idee ist und erst durch die platonische Begründung kategoriale Bedeutung erlangt hat.

Koller sieht in der zweifellos antiplatonischen Verbindung von Mimesis und Katharsis[42] durch Aristoteles einen Rückgriff auf die vorplatonische Theorie, die Mimesis als einen primär somatischen Prozeß verstanden habe (bei Koller: ursprünglich «tänzerischer Ausdruck»). Daran, daß Katharsis ein pythagoreischer und ursprünglich therapeutisch-medizinischer (also hippokratischer) Begriff ist, dürfte es wohl kaum mehr einen Zweifel geben. Das beweist jedoch noch nichts für eine pythagoreische Theorie der somatischen Mimesis; denn die Verbindung der Kategorien könnte Aristoteles gerade als Antithese zur platonischen Theorie vorgenommen haben; es ist höchstens ein Argument für die metaphorische Verwendung des Wortes Mimesis bei Platon, die, wie wir sahen, durch die Formulierung der gegen das Theater gerichteten Polis-Stelle mehr als nahegelegt wird; wenn es aber möglich war, Mimesis metaphorisch zu verwenden, dann muß das Wort nichtmetaphorisch einen ebenso geläufigen wie konkreten Sinn gehabt ha-

ben; und gerade die Spitze gegen das Theater scheint auf einen in diesem Bereich
geläufigen und konkreten Sinn zu verweisen.

Für uns sind nur zwei Fragen wichtig. 1. Gibt es das, was Mimesis in dem für
das Theater selbstverständlichen Sinn bedeutet, im Theater der Tragödie des
5. Jahrhunderts? 2. Hat die Reflexion über diesen Sinn bereits im 5. Jahrhundert
derart eingesetzt, daß daraus etwas wie eine Theorie entstehen konnte?

Die erste Frage beantwortet sich von selbst. Die Tragiker haben ihre Stücke
nicht als Literatur verfaßt, sondern für das Theater (zunächst nur für eine einzige
Aufführung bei den Dionysien); sie waren selber Schauspieler [43] (sogar auch Orchestai, Tänzer [44]); sie waren Regisseure und Choreographen. [45] Die erhaltenen
Texte stellen, wie wir sagten, nur einen Sektor dessen dar, was durch sie verwirklicht werden sollte. Studiert man sie genau und mit der Vorstellungskraft,
die sehen und hören läßt, was zwischen und neben den Zeilen steht, so zeigt sich,
daß Akoe und Opsis Szene für Szene eingeplant sind und daß sich nur durch sie
der Sinn der Texte ganz verwirklichen läßt. Verwirklichung des Logos durch
Darstellung war also das Hauptgeschäft der dramatischen Produktion. Die Sache
steht einwandfrei fest; es fragt sich nur, wie sie benannt worden ist. Sofern sich
die zweite Frage positiv beantworten läßt, muß es ein Wort für diese Sache gegeben haben.

Dafür, daß es im 5. Jahrhundert eine Theorie des Theaters gegeben hat, haben
wir keine Beweise, aber Anhaltspunkte, aus denen sich Schlüsse ziehen lassen. Ein
Unternehmen wie der große Umbau um 460 [46] konnte weder geplant noch ausgeführt werden, ohne daß man sich zuvor Klarheit über die Prinzipien ver-
schafft hatte, nach denen vorzugehen war. Die Einführung der Zentralperspektive [47] mag durch die Bühnenpraxis nahegelegt worden sein, wie wir es darzu-
legen versucht haben; in der Konsequenz jedoch, mit der sie durchgeführt worden ist, setzt sie die Reflexion über das Wesen der Sache voraus, der sie zu dienen
hatte. In der Untersuchung über die ‹Kontinuität der Konventionen› [48] wurde
gezeigt, wie jeder der drei Tragiker jede Konvention, die er übernahm, von
Grund auf gleichsam neu erfunden hat, um sie auf seine Weise zu verändern oder
in seine Vorstellungen vom Theater zu integrieren. Die Vermehrung der Schauspieler und Choreuten durch Sophokles zum Beispiel war ein prinzipieller Akt:
sie erfolgte auf der theoretischen Grundlage der durch die Zentralperspektive be-
dingten Symmetrie. Schließlich beweist die vielzitierte Chorstelle aus dem ‹Oedipus›: «Wozu dann noch chortanzen (choreuein 896)?», [49] daß Diskussionen über
den Sinn der Tragödie, speziell über den der chorischen Tragödie geführt worden
sind; für das letzte Drittel des Jahrhunderts sind solche Diskussionen direkt nachweisbar: durch die Komödien des Aristophanes, die Theaterfragen behandeln,
vor allem die ‹Frösche›. Dort kommt nun sogar das Wort vor: Mimesis (Frösche

109, ferner Thesmophoriazusen 157, Plutos 290). Daraus hat schon K. Ziegler[50] geschlossen, daß eine «sophistische Mimesis-Theorie» existiert haben müsse.

Hinzu kommen Nachrichten, die uns die (freilich oft ungesicherte) Tradition übermittelt. Sophokles soll eine Schrift ‹Über den Chor› verfaßt haben.[51] Vitruvs Zeugnis, daß Agatharchos[52] «Aeschylo docente tragoediam», unter der Regie des Aischylos, nicht nur die scaena gemacht, sondern darüber ein «commentarium» geschrieben habe, ist kaum aus der Luft gegriffen, da dem Autor offenbar Schriften vorlagen, in denen diese Schrift erwähnt worden ist. Wenn wir bedenken, daß auch Polyklet einen ‹Kanon›[53] entworfen und niedergelegt hat, so bedarf die These, daß die Theorie der Künste spätestens mit der Mitte des Jahrhunderts auf breiter Grundlage und hohem Niveau abgehandelt worden ist, nur noch *einer* Stütze, die freilich für uns von fundamentaler Bedeutung ist: diese gibt *Damon*,[54] der «Lehrer des Perikles», Verfasser einer noch von Cicero gerühmten Schrift ‹Areopageitos›, in der, vielleicht schon um 460,[55] die Grundlagen einer Theorie und Philosophie der *Musik* gelegt worden sind. Wie Polyklets Kanon über die Plastik des menschlichen Körperbaus für die Opsis der Tragödie (Maske, Kostüm, Gestik, Bewegung) herangezogen werden konnte, so behandelte Damons Schrift deren Akoe, ja, wir gehen soweit, zu behaupten, daß diese Theorie und Philosophie der Musik überhaupt nur verständlich wird, wenn wir einsehen, daß sie aus dem Chortanz des Theaters entwickelt worden ist.

Ehe wir darauf eingehen, fassen wir die bisherigen Überlegungen zusammen: Es ist mehr als wahrscheinlich, daß es im 5. Jahrhundert eine Theorie des Theaters gegeben hat; in dieser Theorie muß das, was wir unter den Kategorien Opsis und Akoe behandelt haben, eine zentrale Rolle gespielt haben; das Auftreten des Wortes Mimesis bei Aristophanes legt nahe, daß die damit bezeichnete Sache zum mindesten im letzten Drittel des Jahrhunderts schon ihren Namen gehabt hat. Richten wir den Blick auf die ‹Vergeistigung› des Begriffs durch Platon, so wird der Unterschied in den Denkprozessen der beiden Jahrhunderte deutlich. Der philosophischen Mimesis des vierten steht die praktische des fünften Jahrhunderts gegenüber. Diese war auch noch nicht wissenschaftlich systematisiert wie bei Aristoteles. Anders als die philosophische und wissenschaftliche Reflexion des 4. Jahrhunderts befaßte sich die des 5. Jahrhunderts primär mit der lebendigen Praxis des Theaters. Für Platon ist die Mimesis des Theaters nur noch eine (negative) Metapher, die einer philosophischen Idee eine anschauliche Bildhaftigkeit zu geben vermag. Aristoteles blickt zurück auf die Mimesis als eine poetische Methode, die er in den Texten der Tragiker angewandt gefunden hat; auch er vergeistigt das Resultat seiner Erfahrung: das ‹Theater› ist für ihn eine quantité négligeable. Das 5. Jahrhundert hat die praktische Mimesis theoretisch reflektiert in ihrer selbstverständlichen Bedeutung als Darstellung, Verkörperung,[56] Verwirklichung,

wie wir sie an dem in den Texten nachweisbaren Calcul von Akoe und Opsis ablesen können.

H. Kollers These, daß Mimesis im 5. Jahrhundert primär somatisch verstanden worden ist, hat eine bemerkenswerte Unterstützung gefunden durch
H. Schreckenbergs[57] Nachweis, daß auch das Wort ‹δρᾶμα›, ebenso wie das Verbum ‹δρᾶν› im 5. Jahrhundert nicht die Bedeutung gehabt haben, die ihnen später, nach Aristoteles, unterlegt worden ist. Danach heißt δρᾶν ‹somatisch-tänze-
risches Agieren›, und δρᾶμα zunächst nichts anderes als Part, Rolle, und zwar
noch bei Platon (Theat. 169b): getanzte Rolle. In allen frühen Stellen ist mit
δρᾶν etwas Manuelles, Handgreifliches gemeint (es hängt mit χείρ derart zusammen, daß der Tänzer auch als χειρόσοφος[58] bezeichnet werden kann, wobei freilich pars pro toto steht: das Handgreifliche ist das Somatische). So wird μιμεῖσθαι
noch von Platon (Ges. 816e) als Oberbegriff für δρᾶν und λέγειν verwendet.
Daraus ergibt sich nach Schreckenberg folgendes Schema:[59]

$$\text{δρᾶν· λέγειν} \sim \text{λέξις / ᾠδή: ὄρχησις}$$
$$\text{μιμεῖσθαι} \sim \text{μιμήματα}$$
$$\text{μίμησις}$$

4.

Von da fällt klares Licht auf Damon, dessen Theorie wir nur aus Zitaten und
Zeugnissen erschließen können, vor allem aus den Erwähnungen bei Platon.

Es gibt für Damon weder eine instrumentale noch eine absolute Musik. Er
kennt nur Musik als Darstellung. Die Stimme versteht sich für ihn von selbst,
Instrumente haben nur begleitende Funktion; für das Somatische (bei Platon Ges.
653d: εἰπεῖν τοῖς τε σώμασι καὶ ταῖς φωναῖς, ebenso Platon Staat 396c) kann
auch σχήματα oder κίνησεις stehen: Tanzfiguren oder -bewegungen. (Dazu
kommt noch πορεία,[60] Platon Ges. 795d, als Terminus für das, was wir heute im
Theater ‹Gänge› nennen: die schreitende Bewegung, etwa der Pompe, die ja stets
von Musik begleitet ist. μέτρον[61] heißt auch ‹Gangart›. Und unter den drei Arten
der «Rhythmizomena», die Aristoxenos[62] unterscheidet, befindet sich neben
λέξις und μέλος ausdrücklich die κίνησις σωματική.) Schon dadurch wird klar,
daß sich Damons Musiktheorie auf die Orchestik bezieht, also auf Opsis und Akoe
des Chortanzes, und wo anders hat es diesen in solcher Bedeutung gegeben wie in
der Tragödie?

Diese Beziehung wird noch eindeutiger durch die Grundthese der Theorie, wie
sie in Platons ‹Gesetzen› 816a zitiert wird: «διὸ μίμησις τῶν λεγομένων σχήμασι
γενομένη τὴν ὀρχηστικὴν ἐξηργάσατο τέχνην σύμπασαν.»[63] Im ‹Staat› beruft sich

Platon ausdrücklich auf Damon, dem er zustimmt, wenn er erklärt habe, daß
niemals «an den Regeln der Musenkunst gerüttelt» werde, ohne daß nicht auch
«die Gesetze der Polis erschüttert würden (οὐδαμοῦ γὰρ κινοῦνται μουσικῆς τρό-
ποι ἄνευ πολιτικῶν νόμων τῶν μεγίστων, ὥς φησι Δάμων καὶ ἐγὼ πείθομαι)»
(424 c). Denn Musik drückt nicht nur ἤθη aus: sie wirkt auch auf diese ein. Chorische Orchestik ist die Darstellung menschlicher Verhaltensweisen (μιμήματα
τρόπων),[64] und zwar in doppelter Hinsicht: einmal durch ihre Gesetzlichkeit und
dann durch ihre Mimesis. Sie ist politisch durch ihre Form und psychagogisch
durch ihre Formen. Platons Theaterverbot ist wesentlich auf der Gefährlichkeit
bestimmter, vor allem orgiastischer Formen der Musik gegründet, ohne die es
keine Tragödie gegeben hat und geben kann, denn gerade auf die Darstellung
von κακά, orge und mania und auf die Wirkung von phobos und eleos, also auf
Irrationales ist dieses objektive Theater mitangelegt.

Platon mag Gründe gehabt haben, sich auf Damon als Vorkämpfer einer bestimmten Moral in der Musik, nämlich derjenigen, die er in seinem Staat allein
zulassen wollte, der erhebenden, zu berufen. Einiges spricht dafür, daß Damon
gegen die ‹Modernen›,[65] die das Orgiastische, ja Pathologische der Auletik[66] bevorzugten, nicht ohne Erfolg zu Felde gezogen ist. (So scheint die Auletik seit der
Jahrhundertmitte aus dem Jugendunterricht zu verschwinden.) Aber es ist völlig
ausgeschlossen, daß er eine Musiktheorie begründet haben sollte, in der dem
Aulos nicht die führende Rolle eingeräumt worden wäre, die er in der Orchestik
seiner Zeit nun einmal spielte. Gerade die Möglichkeit, sowohl diese wie jene
moralische Wirkung aus diesem wie jenem moralischen Charakter zu entwickeln,
kennzeichnet ja seine Theorie von der Musik als Mimesis in der Orchestik. Diese
ist so politisch wie die Tragödie, nicht weil sie das positiv Moralische lehrt, sondern weil sie die Dialektik des Moralischen im öffentlichen Leben (oder auch die
Dialektik des Moralischen zwischen der Existenz des einzelnen und der öffentlichen) darstellt. Diese Objektivität des damonischen Musikbegriffs kann bewiesen werden.

Aristoteles sagt (Poet. 1447 a 28) von den Tänzern: διὰ τῶν σχηματιζομένων
ῥυθμῶν μιμοῦνται καὶ ἤθη καὶ πάθη καὶ πράξεις. Die Mimesis des Tanzes erstreckt
sich also auf das Dramatische; sie ist eine Spezies dessen, was die Tragödie überhaupt zeigt: Charaktere, Pathos,[67] Aktion. Wo gibt es eine Tragödie, die nicht
auch negative Charaktere und Aktionen darstellt und in Pathos umsetzt? Platon
schlägt (Pol. 400 b) vor: «Darüber wollen wir uns mit Damon beraten, welche
Taktarten zur ἐλευθερία und welche zur ὕβρις oder zur μανία oder anderer κακία
passen und welche Rhythmen man für das Entgegengesetzte vorbehalten muß.»
Ebenso spricht Aristoteles (Pol. 1340 a) von Entsprechungen der ὀργή, der
πρᾳότης, der σωφροσύνη und aller entgegengesetzten ἠθικά in den Rhythmen

und Melodien. Die Berufung auf Damon bei Platon sichert die gemeinsame Herkunft dieser These: Damon hat also in seiner Schrift dargelegt, welche Art von Musik zur Mimesis bestimmter Ethika *und ihrer Gegensätze* herangezogen werden müsse. Damit ist geklärt, daß – nach ihm – die Mimesis der Musik in der Orchestik dramatisch objektiv ist: sie stellt das Gute wie das Böse dar. (Selbstverständlich soll in der Paideia nur die Darstellung des Guten gelehrt werden.)

Andererseits ist unleugbar, daß Damon in der Darstellung der objektiven Ethika eine moralische Bewertung mitausgedrückt wissen wollte. Wie ist das möglich?

Musik gibt die ‹schlechten› Ethika nicht wieder, wie sie sich im Leben ausdrücken; sie imitiert sie nicht; sie täuscht nicht vor, daß der Mensch, der das Schlechte tut, in Wirklichkeit schlecht sei. Musik stellt das moralisch Schlechte dar, indem sie es in eine Form bringt. Jetzt verstehen wir, warum sich Damon gegen die ‹moderne› Musik wenden mußte: indem er darauf bestand, daß musikalische Mimesis den Gesetzen der Eunomia [68] unterworfen werden müsse, verlangte er, daß die Form, in der sich die Mimesis des Schlechten darbot, in den Zusammenhang eines Ganzen gerückt werde, dessen Sinn die Bewertung zu klären hatte; einen solchen Zusammenhang konnte nur eine Musik ins Bewußtsein rufen, die etwa das Orgiastische nicht imitierte, sondern in seiner wesenhaften Wahrheit (οὐσία) zeigte, so wie sie die gleiche Wahrheit im ‹Entgegengesetzten› zeigte. Die direkte Wirkung des Orgiastischen wird also von vornherein dadurch aufgehoben, daß dieses, etwa im Chortanz, rhythmisch und melodisch geordnet, vor allem strophisch behandelt wird. Das bedeutet, daß das Ethos sich durch Logos darstellt. So heißt es in Pindars 12. mythischer Ode, daß Athene den Aulos erfunden habe, um die Klage mit Hilfe dieses Instruments ‹darzustellen›[69] (V. 21). Damon müßte sich gegen die ‹Modernen› wenden, wenn sie den absoluten Vorrang des Logos[70] in der Musik durch direkten Ausdruck der Ethika aufheben wollten. Im Gegensatz zu Aristoteles, der sagte, daß das Ethos sich auch rein akustisch, ohne Logos, allein durch Melos ausdrücken lasse (Probl. 919, 26 ff.), hielt Damon, nach allem, was wir wissen, strikte daran fest, daß der Logos als vernehmbares und erkennbares Wort Rhythmus und Melos zu bestimmen habe. Musik war für ihn aber nicht nur die Einheit von Logos und Melos, sondern auch die Einheit von Logos, Melos und Morphe. Logos stellte sich im Melos dar durch das (gesungene, aber unbedingt vernehmbare, erkennbare) Wort; die Instrumente konnten niemals eine andere Funktion haben als die der Begleitung; Logos bestimmte auch die Bewegungen der Morphe: Tanz durfte so wenig abstrakt sein wie (instrumentale) Musik. Alle Musik war Mimesis durch den Logos, der sowohl vernehmbar machte, was sie meinte, wie er den Zusammenhang herstellte, in dem sich die Bewertung des Dargestellten aus dem Logos des Ganzen, dem Sinn, klärte.

So kommen wir auch von dieser Seite her zu dem Schluß, daß Damons Theorie der Musik eine Theorie des Musik-Theaters [71] war. Das kann ihre Bedeutung nicht einschränken; denn ebenso wie Musik hier nicht ohne Theater gedacht war, so war das Theater der Tragödie nicht denkbar ohne Musik. Und gerade darin artikuliert sich die Philosophie dieser Theorie. Th. Georgiades [72] hat das so pointiert, daß es altgriechische Dichtung nie gegeben habe, daß vielmehr alles in dieser Poesie Musiké gewesen sei, Musik als ein «eigenartiger, in der europäischen Geschichte sonst nicht bekannter Träger von *Sinn*».

Zur philosophischen Begründung seiner Theorie (nur zu dieser) hat Damon zweifellos pythagoreische Lehre [73] herangezogen. Die Einheit von Logos und Musik wäre durch Mimesis nicht zu verwirklichen, wenn sie nicht im Ursprung der beiden Produktivitäten bereits angelegt wäre. Das verbindende Element ist der *Rhythmus*. [74] Er wirkt in Physis und Nomos zugleich. Was der Pulsschlag im Blut oder im Herzen ist, bekundet sich im Logos durch den Wunsch nach dem Gesetz. In der Lust an der Musik ist der Wunsch nach dem Nomos enthalten, denn sie bekundet sich rhythmisch und harmonisch (im Wortsinn Heraklits). Rhythmus ist das Spontane, Harmonia (wörtlich = compositio) das Wiederholbare. Der dem Logos immanente Wunsch nach dem Nomos erscheint in der Mimesis als Form; Form ist von Natur (physei) rhythmisch. So ist Rhythmus die Einheit von Nomos und Physis, die sich in der Einheit von Logos und Musik darstellt. [75]

Das ist pythagoreisch gedacht. Aber es hat nicht das Geringste zu tun mit der aristotelischen Katharsis-Lehre, die aus anderen pythagoreischen Quellen stammen mag (und beweist also nichts für Kollers These, Aristoteles habe, gegen Platon, auf die pythagoreische Mimesis-Theorie dadurch zurückgegriffen, daß er die Katharsis ins Spiel gebracht habe); denn die Homöopathie der Reinigung von Affekten durch die Evokation von Affekten (Purgierung) [76] setzt die Ausschaltung des Logos voraus. (So soll die Angst im Kind dadurch beruhigt werden, daß es von orgiastischer Flötenmusik zunächst aufgeputscht und dann eingelullt wird.) Damons Position in der Jahrhundertwendung zur Klassik, [77] wie sie sich in der Umstellung des Theaters auf die Zentralperspektive äußert, manifestiert sich in seiner Theorie der Mimesis als die Idee der Harmonia, [78] nicht im pythagoreischen Sinn einer Mischung (krasis [79]) der Gegensätze, sondern in dem heraklitisch-aischyleischen einer Zusammenfügung der Gegensätze, deren Schlüssel er im Rhythmus gefunden hatte.

5.

Da uns fast nichts hilft, Musik zu hören, wie sie die Griechen in diesem Jahrhundert gehört haben, [80] bleiben auch alle Spekulationen über die Entwicklung

der Musik im Jahrhundert der Tragödie vage. Platon behauptet, Damon habe
die «alten Gesetze» gegen die Neuerer verteidigt, wodurch er ihn als Kronzeugen
für seine eigenen Aggressionen gegen die Modernen seiner Zeit aufruft. Es mag
richtig sein, daß die Neuerer in Damons Zeit der Musik ein Übergewicht über
den Logos, oder sogar die Loslösung vom Logos zugemutet haben. Aber der
Streit über den Primat von Logos oder Musik ist, wie das Fragment eines Hyporchema aus einem Satyrspiel des Pratinas [81] und die Polemik gegen die Neuerungen der Phrynis und Melanippides – alles in den ersten Jahrzehnten des 5. Jahrhunderts [82] – beweisen, viel älter, fast so alt wie die Tragödie selbst. Und er zieht
sich durch das ganze Jahrhundert, wobei – wie wir glauben, zu Unrecht – dem
Euripides die Rolle eines ‹Auflösers› [83] in der Spätzeit zugeschrieben wird, während es doch solche ‹Auflöser› offensichtlich schon in der Frühzeit gegeben hat.
Das Faktum, daß Damon, der selbst ein bedeutender Musiker gewesen ist, vielleicht der erste seiner Zeit, eine Theorie der Musik niedergelegt hat, die, wie sich
aus den Erwähnungen bei Platon [84] erschließen läßt, Anleitungen zur Komposition enthalten hat, legt eine andere (freilich ebenso spekulative) Vermutung
nahe.

Eine systematische Interpretation der erhaltenen Chorlieder zeigt, daß sich das
gemeindechorische Element, das die Grundformen (nomoi) [85] in den Chorgesang
eingebracht hat (Paian, Hymnos, Threnos etc.), allmählich abschwächt. Man
kann das vielleicht so illustrieren: in der Frühzeit hatten die Chöre etwas Volksliedhaftes [86] und Volkstanzhaftes; daraus entwickelte sich allmählich die Komposition von Kunstformen sowohl in der Musik wie in der Choreographie. Höhepunkte der Tragödien wurden chorisch-solistische ‹Nummern›: Amoibaion, Kommos.[87] Was bei Sophokles als Einschränkung des Chorischen erscheint, ist von
den Zeitgenossen möglicherweise als eine Progression zur Kunst verstanden worden. So gesehen wäre dann die von Euripides inaugurierte Wendung zur Monodie eine weitere Progression, die dem Komponisten neue Möglichkeiten er-
schloß. Wer hier von ‹Auflösungserscheinungen› spricht, berücksichtigt nicht, daß
das auf einer Art Gleichgewicht von Logos und Musik begründete *Modell* der
Tragödie dadurch keineswegs angetastet worden ist. Die Monodie übernahm
zwar einige Funktionen des Chorgesangs, aber sie blieb durchaus innerhalb der
Strukturgesetze des Modells. Dieses wurde erst im 4. Jahrhundert zersetzt und
schließlich zerstört, als die Schauspielervirtuosen einzelne Nummern in Solo-
produktionen umwandelten (es gab ja dann ganze Vorstellungen, die sich aus
solchen ‹Nummern› zusammensetzten). Von einer ‹Emanzipation der Musik›
kann keine Rede sein, *solange das Modell der Tragödie als eines Gebildes aus
logos, akoe und opsis erhalten blieb, in dem durch mimesis ein Ganzes als Sinn
zur Darstellung gebracht wurde.* Nicht eine einzige der erhaltenen Tragödien des

Euripides zeigt eine Auflösung oder gar Zersetzung dieses Modells, dessen Mimesis die Musiktheorie Damons in einer für uns erstaunlich greifbaren Weise begründet hat.

Fast nichts, sagten wir, hilft uns, zu hören, wie diese Musik geklungen hat. Besser steht es mit dem Sehen. Skulpturen und Vasen zeigen Bilder von Tanzenden: das Schreiten in der Prozession, das Stampfen der Mänaden *(Tafel 14)*, die Sprünge der Satyrn. Die Metren, Rhythmen, Strophen der Texte bestimmen die Choreographie, die aus ‹phorai› (Bewegungen), ‹schemata› (Figuren) und ‹deixeis› (Gezeigtem) zusammengesetzt, komponiert worden ist (Plut. Quaest. conv. IX 747 b). Jedes einzelne Chorlied, jede Monodie, jedes Amoibaion muß so interpretiert werden: mit Hilfe der archäologischen Evidenz, aus den Zeichen, die in die Texte eingetragen sind, und aufgrund der Musiktheorie, die uns lehrt, daß alles Tanzen Mimesis gewesen ist:[88] Darstellung. Von W. Kranz, F. Weege, L. Séchan, Th. Georgiades haben wir Vorarbeiten dazu.[89] Zu der Methode, die systematisiert werden müßte, hat H. D. F. Kitto[90] einen nützlichen Beitrag geliefert. Auf keinen Fall dürfen die getanzten Gesänge, wie lyrische ‹Nummern› behandelt werden. Da sie mimetisch sind, ist jeder von ihnen dramatisch: der Stellenwert setzt den Ausgangspunkt und bestimmt das Ziel der Interpretation. Diese kann also nur im Kontext geleistet werden.

Noch eines muß bedacht werden. Damons Theorie der Einheit von Logos, Musik und Morphe besagt nicht, daß die Elemente stets ineinander verschmolzen sind. Innerhalb der einzelnen Kompositionen gibt es Sprache ohne Musik; ja, das Wechselspiel zwischen dialogischen und musikalischen Partien bildet zuweilen geradezu ein Kompositionsprinzip. So können die Elemente auch unvermischt nebeneinander, miteinander, gegeneinander komponiert werden. Die sich daraus ergebende Darstellungsform, in allen Theatergeschichten bekannt,[91] entwicklungsgeschichtlich meist als Vorstufe des dramatischen Theaters gedeutet, nannten die Griechen Hyporchema.[92] Die Komposition der getrennten Elemente[93] erlaubte folgende Varianten: Gruppentanz zu solistischer Rezitation, Solotanz zu chorischer Rezitation, Solotanz zu Chorgesang, chorischer Tanz zu Sologesang, pantomimischer Solo- oder Gruppentanz zum Dialog, pantomimischer Chortanz zum Dialog, schließlich Dialog mit getanztem Chorgesang und solistisch-pantomimischem Tanz.

Es ist kaum möglich, die Anwendung dieser Darstellungsform aus unseren Texten zu erschließen. Nur für *eine* Szene legt sie sich mit hoher Wahrscheinlichkeit nahe: für den Kommos der ‹Sieben gegen Theben› (672 ff.). Dargestellt wurde hier, wie Wolfgang Schadewaldt schlüssig gezeigt hat,[94] die Wappnung des Eteokles. Es ist die Kulmination des Stückes, «ein bedeutungsvoller repräsentativer Akt», hochdramatisch, da die Zuschauer ebenso wie der Heros wissen, daß es sich um eine Rüstung zum Tode handelt, und der Chor in höchsten Affekt versetzt wird, um den Todgeweihten (sich selbst dem Tod Weihenden) zurückzuhalten. Die Komposition ist kommatisch: Eteokles spricht, der Chor singt und tanzt, aber damit ist nur die Hälfte erklärt. Sechs Waffenstücke werden dem Heros gebracht: Beinschienen, Panzer, Schwert, Helm, Schild, Speer. Waffenträger (doryphoroi) [95] tragen sie auf die Bühne. In sechs Aktionen werden sie angelegt. Es ist ein Ritual. Einkleidungsszenen dieser Art sind stets großes Theater: ein modernes Beispiel gibt Brecht in der Papstszene seines ‹Galilei›.

Nun nennt Platon an einer Stelle der ‹Gesetze› (II, 40 ff.) unter vier Tanzarten, von denen drei ausschließlich auf das Theater bezogen sind, als vierte die Pyrriche,[96] den Waffentanz. Der Zusammenhang legt nahe, daß es sich auch hier um einen Tanz handelt, der nicht selten auf dem Theater zu sehen war. Dafür spricht auch die Parodie, die Aristophanes in der Parabase der ‹Ritter›[97] von ihm zeigt (595 ff.); diese scheint inszeniert gewesen zu sein, wie wir es auf einer viel älteren schwarzfigurigen Berliner Vase *(Tafel 25)* sehen: drei Choreuten mit Pferdeköpfen und Pferdeschwänzen tragen hier drei Behelmte auf dem Rücken, und dazu spielt ein Musiker die Doppelflöte – es war also ein Tanz.

Aber wie konnte die Wappnung des Eteokles als Pyrriche getanzt werden, da doch der Chor seinen Tanz aus dem abwehrenden, also dem entgegengesetzten Affekt zu entwickeln hatte? Die Antwort auf diese Frage glauben wir in einer meist als mysteriös bezeichneten Nachricht bei Athenäus zu finden (I 22 a): Telestes,[98] der «Tänzer des Aischylos», heißt es dort, habe in den ‹Sieben gegen Theben› die «pragmata» durch «orchesis» «phanera» gemacht. Es gibt in der Tragödie keine Szene, in der ein Tänzer Aktionen «phanera» gemacht haben könnte, als eben diese: die Wappnung; «phaneros» heißt, da es sich um Tanz handelt, wohl mehr als nur «deutlich»: «glänzend». Telestes muß der Pyrrichistes gewesen sein, der, wohl assistiert von mehreren Doryphoroi, die Zeremonie der Wappnung demonstrierte.

Die Szene gibt exemplarisch wieder, was Mimesis in diesem ‹Theater des Zeigens› bedeutet hat ...

Die Instrumente spielten, vielleicht außer der Flöte noch das Tympanon [99] (oder wurden dröhnend die Schilde geschlagen?); der Chor tanzte und sang immer leidenschaftlicher im Affekt, der Heros sprach, Tänzer trugen die Waffen herein, tanzten die Pyrriche, während der Solist feierlich die Wappnung vollführte, wie Homer sie beschreibt.[100]

Anhang

ΛΟΓΟΣ *(Logos)*

Beobachtungen und Thesen des Kapitels ‹Rhythmus› sind der Methode dieser Untersuchung abgewonnen worden: die Wirklichkeit des Theaters der Tragödie im 5. Jahrhundert aus den Texten der Tragiker heraus zu ermitteln. Musik wurde also gehört und begriffen als ein Element dieser Wirklichkeit. Daß die Resultate in vieler Hinsicht mit denen des heute vielleicht besten Kenners griechischer Musik, Thrasybulos Georgiades, übereinstimmen, verleiht ihnen eine bemerkenswerte Beweiskraft. Der Unterscheidung von ‹Musik› in der modernen Auffassung und ‹musike› im Sinne der Griechen, von einer spezifischen Techne und einer universalen Wirklichkeit und Wirksamkeit (‹musische Erziehung durch musische Betätigung›), entspricht in gewisser Hinsicht unsere Unterscheidung von modernem und griechischem Theater: in diesem sind die Genres – Oper, Schauspiel, Ballett – noch nicht getrennt, und doch ist, wie, nach Georgiades, die abendländische Musik, so auch das europäische Theater aus dem altgriechischen hervorgegangen. Daß es im 5. Jahrhundert keine Musik (Melos, Rhythmus, Harmonie) ohne Logos (Sprache = Sinn) gegeben hat, macht klar, welche Bedeutung innerhalb der Produktivität der ‹musike› das Theater gehabt hat. Wir sind der Ansicht, daß die im ganzen nur erschließbare Gestalt des Damon erst von daher wirklich faßbar wird: Damons Musiktheorie war eine Theorie des vorwiegend musikalischen Theaters.

An diesem Punkt sind wir jedoch genötigt, einer bestimmten These von Georgiades zu widersprechen. So überzeugend die Ableitung der griechischen Musik aus dem spezifischen Rhythmus der Sprache (und des Verses) ist, so bedenklich erscheint uns die Vorstellung eines «bedeutungsfreien, statischen Rhythmus», der den Sprechenden gehindert haben soll, «die Wörter, die starren Körper» «zur Sinneinheit» zu verschmelzen (‹Musik und Rhythmus bei den Griechen› 1958, 47) – ein Prozeß, welcher der «geistigen Aktivität» der Zuhörer überlassen worden sei. Im Theater jedenfalls können weder Sprache noch Musik ‹statisch› sein oder gar ‹ohne Subjekt›. Die Musikalität der Sprache kann den Vers nicht gehindert haben, dialektische Spannung zwischen den Auffassungen oder Absichten verschiedener dramatischer Subjekte scharf zu artikulieren, z. B. in der Stichomythie, in der Logos und Pathos gleichsam miteinander wetteifern (cf W. Jens ‹Die Stichomythie in der frühen griechischen Tragödie› 1955). Wir können uns daher nicht vorstellen, daß die Verse der Tragödie so ‹statisch›, d. i. ohne Ausdruckswert und Sinnbetonung, gesprochen worden sind, wie dies Georgiades annimmt (möglicherweise mit Recht für die Chorlyrik).

Die Kunstform der Tragödie umfaßt in ihrer ‹Zusammensetzung› (s. S. 57) aus Chorischem und Dialogischem und deren Mischungsmöglichkeiten (Amoibaion, Kommos) ein weites Kraftfeld zwischen den entgegengesetzten Polen von musique pure und purem Logos; niemals jedoch tritt die extreme Möglichkeit selbst zutage; noch die schärfste Dialektik drückt sich im Rhythmus des Verses aus, und noch im manischen Affekt ist der Logos hörbar als Motiv. So neigen wir dazu, uns den gesprochenen Vers *zugleich rhythmisch und logisch* zu denken; im rhythmischen Ablauf wurde unüberhörbar ein Sinnakzent mitgesprochen. Und nur darin scheint uns auch die Möglichkeit des ‹Wandels› begründet zu sein, den Georgiades als Entwicklung von Euripides bis zur Prosa des Neuen Testamentes deutet. Wäre diese Ambivalenz nicht sprechbar gewesen, hätte es auch die ‹Reden› bei Thukydides nicht geben können. ‹Prosa› in diesem Sinn ist bereits ein noch nicht ausgeformtes, aber approximativ erstrebtes Element der dramatischen Sprache, die sich, wie oft gesagt wurde, in einzelnen Partien schon bei Sophokles und dann oft bei Euripides der ‹Umgangssprache› nähert. Gewiß hat der gewählte Rhythmus als solcher schon einen Sinngehalt im dramatischen Stellenwert, aber das schließt nicht aus, daß durch ihn hindurch Dialektik vernehmbar wird, daß also der Vers nicht ‹statisch›, sondern ‹dramatisch› gesprochen worden ist.

ΜΙΜΗΣΙΣ (*Mimesis*)

H. Koller (‹Die Mimesis in der Antike – Nachahmung, Darstellung, Ausdruck› 1954) hat das unbestreitbare Verdienst, den Mimesis-Begriff, wie er der aristotelischen und der platonischen Kunsttheorie zugrundeliegt, aufgeklärt und definiert zu haben. Er hat jedoch den zentralen Bereich, in dem Mimesis nicht nur theoretisiert, sondern praktiziert worden ist, die Tragödie des 5. Jahrhunderts, kaum berücksichtigt. Nach Georgiades (‹Der griechische Rhythmus› 136, cf Koller 210) war diese nicht Dichtung, sondern ‹musike›. Kein Wort, kein Vers ist in ihr literarisch allein ganz zu verstehen: alles muß in Anschauung (opsis) und Anhörung (akoe) versetzt werden. Musike in diesem Sinn ist dann nichts anderes als der Dachbegriff für Theater (neben Epos, Lyrik, Prosa), und Theater ist der Dachbegriff für Logos, Opsis, Akoe oder Dialog, Bild, Musik oder Schauspielkunst, Skene, Gesang/Tanz. Demgegenüber will Koller nachweisen, daß Mimesis ‹ursprünglich› überhaupt nichts mit dem Theater und der Tragödie zu tun gehabt habe (19, 177 ff.). Und die Tatsache, daß er an keiner Stelle, wo die Rede von Theater, Tragödie, Komödie, Mimos etc. ist, auch nur eine Ahnung von der Tragweite des Mimesisbegriffs auf diesem Gebiet verrät, zeigt, in welch engen ‹wissenschaftlichen› Bahnen sein Denken sich bewegt. Im Grunde geht es ihm nur darum, ‹Einflüsse› aufzudecken, aus denen sich so etwas wie eine historische Entwicklung erschließen läßt. Schadewaldts Verdikt (‹Hellas und Hesperien› 1966, 371) geht zu weit, da es sich gegen eine Ausdrucksweise richtet, die nur von diesem einseitigen Interesse geprägt ist: sie reflektiert die Erregungen des Forschers beim Aufspüren und Erschließen. Aber solche Erregungen finden sich bei Koller nicht, wo Sinngehalte und Sinnzusammenhänge aufgedeckt werden müßten; der mehr oder weniger glücklichen Heuristik folgt kaum irgendwo die Deutung des Gefundenen. (Die Dürftigkeit des Orpheus-Kapitels ist charakteristisch für Kollers Schürfen an der Oberfläche: zu fordern wäre eine Untersuchung über die Bedeutung der Orphik, in der Orchesis und Mimesis eine große Rolle gespielt haben, für die Tragödie.)

Daß die philosophische Basis der Mimesis-Praxis in der Tragödie die Musik-Ethik (nicht: -Ästhetik) der Pythagoreer gewesen ist, dürfte Koller nachgewiesen haben. Ob freilich Damon, der ‹musike› wie heute Georgiades verstanden hat und daher ein Theoretiker des Theaters der Tragödie gewesen ist, Pythagoreer war oder unter deren Einfluß stand, ist nicht zu klären. Sicher ist nur, daß ihn mehr als die philosophische Theorie die ethische Praxis interessierte, und daß diese sich am sinnfälligsten und am öffentlichsten in der Tragödie zeigte.

G. F. Else (‹Imitation in the fifth Century› in Class. Philol. 53, 1958, 73–90, Appendix 245) hat Kollers Übereilungen nüchtern und in vielen Punkten einleuchtend korrigiert. Die Herkunft der Mimesis aus dem Kult z. B. bleibt unbewiesen. Auch Else bestreitet nicht, daß es das Phänomen und die Praxis hinter dem Begriff gegeben hat (84, 85, 87), und daß die Pythagoreer im 5. Jahrhundert die Homoiotes von Musik und Seele zur Grundlage der Pädagogik und kathartischen Therapie gemacht haben (86): «We may grant to Koller at once that the early Pythagoreans were obsessed by the importance of music; that they found musical (i. e. musical-mathematical) principles embodied both in the cosmos and in human life; that they had a developed body of practice, if not theory, for the ethical and cathartic use of music; and that some – not all – of these attitudes have a close parallel in Damon. But all this, and it is a good deal, does not prove that they had a conception of ‹imitation›.» Dafür, daß Katharsis von Aristoteles auf die Tragödie angewandt wird, gibt es nur zwei mögliche Erklärungen: entweder hat er das als erster erdacht, oder er hat es übernommen. Das Letztere ist wahrscheinlicher, da es auf Damon zurückweist, dessen Musiktheorie – was auch Else nicht gesehen hat – nur aus der Praxis des Theaters abgeleitet sein kann (s. S. 231); Damons Lehre von «a likeness or kinship between music and soul» (Else 87) ist primär in der Mimesis der Bühne praktiziert worden. Das 5. Jahrhundert hat praktiziert, was im 4. theoretisiert worden ist, genauer (wie S. 223 ausgeführt): Die Theorie des 5. Jahrhunderts war auf die Praxis gerichtet, die des vierten Jahrhunderts auf Philosophie oder Wissenschaft.

Zu den verschiedenen Mimesis-Auffassungen bei Platon und Aristoteles hat John Jones (‹On Aristotle and Greek Tragedy› 1962, 21 ff. und passim) folgende interessante Überlegung vorgebracht: «The central argument of the ‹Poetics›, that Tragedy is an imitation not of human beings but of action und life, receives here its histrionic complement. The distinction between the composing dramatist who imitate human beings and one who imitates an action rich in human interest is paralleled by a second distinction between the actor who impersonates his mythico-historical original and the actor mask who appropriates to that original his share of the play's action... The distinction again seems flimsly, since I cannot mimic the actions of Oedipus without pretending to be Oedipus; and again the distinction is important»; cf a. a. O. 51 f.

ΡΥΘΜΟΣ (Rhythmos)

«Von den drei Zweigen der musischen Kunst im weiteren Sinn, der Poesie, der Musik im engeren Sinn, und der Tanzkunst, kann eine der anderen entraten, aber keine des Rhythmus» – so H. Abert (‹Die Lehre vom Ethos in der griechischen Musik› 1899, 54). Für die Musik der Griechen war der Rhythmus schon deswegen das wesentlich formende Element, weil sie durchweg linear war; Mehrstimmigkeit im heutigen Sinne gab es so gut wie nicht. Der Rhythmus ist aber nach Aristoteles (Poet. 1447 a) auch der eigentliche Träger des Ethos. Wir müssen noch einen Schritt weiter gehen. Rhythmus ist das Element, das gleichsam im Herzen (abstrakt: im Zentrum) aller Bewegung schlägt (pulsiert): Natur als Kosmos, Physis und Logos – soweit sie sich bewegen, d. i. in der Zeit ereignen und ausdrücken –, Psyche, Polis, Mimesis, Kunst. (So B. Schweitzer in: Schriften der Königsberger Gel. Ges. Geisteswis. Kl. 9, 1932, 11: Rhythmus «bedeutet die von einem einheitlichen ‹Zug› belebte und geregelte, Bewegungsvorstellungen erzeugende Form».) Nach Aristoteles (Probl. XIX 38) ist nur rhythmisch geregelte Musik ‹gut› für den Menschen. Platon fordert, daß Harmonie und Rhythmus dem Logos folgen müssen (Staat 398 d). Es genügt also nicht, dem «männlich gestalterischen Rhythmus, der sich in der horizontalen Reihung der Töne, der Harmonia, auswirkt», die Formung des «weiblich passiven Melos» zuzuweisen, wie es W. Vetter tut (‹Musik in Geschichte und Gegenwart› III 1584). Man muß so weit gehen wie Georgiades (‹Musik und Rhythmus› 42): «Seine Wurzeln reichen bis in den Tanz (die Orchesis), bis in das Körpergefühl, jene menschliche Schicht des Vorgeistigen und des bloß Triebhaften hinab. Er ergreift also den Menschen von der urtümlichen Schicht des bloß Körperhaft-Bewegungsmäßigen bis zu der höchsten, der des Logos der Sprache»; oder (7): «Das der Musik und der Sprache Gemeinsame, das, worin sich die Einheit von Musik und Vers bekundete, ist der Rhythmus.»

'APMONIA *(Harmonia)*

Tiefsinnige Mythologie erkennt in Harmonia, der Göttin, die in der Tragödie schon früh angerufen wird (Aisch. Hiket. 1041), die Tochter der Aphrodite und des Ares. Wie Mnemosyne erscheint sie auch als Mutter der Musen (Eur. Med. 834). W. Schadewaldt sagt von ihr (‹Sophokles und das Leid› in ‹Hellas und Hesperien› 1966, 247): «‹Harmonie› ist der wundervolle Name für ein…aus widerstrebenden Kräften zusammengebändigtes Gefüge – ein Wort, das in unserem alltäglichen Gebrauch so abgegriffen wurde, daß man unter ihm gewöhnlich nur eine blasse Ausgeglichenheit versteht, aber an die Spannungen, die dahinter stecken, an die Leistung, die es erfordert, kaum mehr denkt.» ‹Zusammenfügung› ist der ursprüngliche Wortsinn (Odyss. 5, 247). So versteht noch Heraklit das Wort: «entzweite Einheit», «gegenstrebiges Gefüge» (B 8 Diels: τὸ ἀντίξουν συμφέρον. καὶ ἐκ τῶν διαφερόντων καλλίστην ἁρμονίαν, cf B 10, B 51, B 54, B 88, A 22). Theon von Smyrna berichtet, die Pythagoreer hätten Harmonia als eine «vollendete Übereinstimmung der Gegensätze, Einheit in der Vielheit, Eintracht in der Zwietracht» bezeichnet (Philoloas in Nikom. Arithm. 19, Diels 44 B 10). In Aischylos' ‹Prometheus› wird das Wort zweimal gesprochen: οὔποτε γάρ τοι τὰν Διὸς ἁρμονίαν θνατῶν παρεξίασι βουλαί (551) und γίγνωσκε σαυτὸν καὶ μεθάρμοσαι τρόπους νέους· νέος γὰρ καὶ τύραννος ἐν θεοῖς (309). Beidemale ergibt der Zusammenhang, daß das Wort dem Helden vorwirft, was er nicht akzeptiert; einmal sagt es der Chor, das andere Mal Okeanos, der Konformist. Das beweist, daß der heraklitische Sinn der unaufhebbaren Widersprüchlichkeit dem Tragiker noch voll bewußt war.

So ist nun die Frage zu stellen: Wann erhielt das Wort seine Bedeutung in der Musik, und welches war dort sein ursprünglicher Sinn?

Platon nennt (Staat 398 e, 399) die Tonarten «harmoniai». Das hilft uns kaum weiter. Auch Wegner (a. a. O. 7) möchte statt «Tonarten» lieber «Weisen» verstehen, aber was sind dann die μέλη? Wenn es von dem ‹Modernen› Phrynis heißt, er verwende mehrere Harmoniai willkührlich durcheinander (cf. W. Riemenschneider in RE XX, 1941, sp. 925 ff.), so wird das nur verständlich, sofern man berücksichtigt, daß bei Harmonia nicht an Akkorde zu denken ist, sondern an eine waagrechte Linienführung (‹horizontale Reihung› W. Vetter a. a. O.) der Tonfolge; Phrynis muß die Harmoniai also hintereinander verwendet haben. Daß ‹melos› die übergeordnete Kategorie für Logos, Rhythmos und Harmonia gewesen sein soll, paßt kaum zu Platons Ermahnung: «Rhythmos und Harmoniai soll man in die Seelen der Knaben pflanzen» (Prot. 326 b), und ebensowenig dazu, daß Logos den Rhythmus und die Harmonien beherrschen soll (Staat 398 d, 400 a, d). Hier, wie fast immer im 4. Jahrhundert, kann Harmonia nichts anderes bedeutet haben als eine Relation der Töne in der Abfolge zu einer festgelegten Form dieser Abfolge, also eben doch so etwas wie ‹Tonart›, freilich ohne Akkorde. Der heraklitische Sinn der Zusammenfügung von Gegensätzlichem ist dem Wort also bereits verlorengegangen. Die Frage, was Harmonia in der Musik des 5. Jahrhunderts ursprünglich bedeutet hat, ist damit nicht beantwortet.

Gehen wir davon aus, daß ‹harmonia› offensichtlich auch in Polyklets ‹Kanon› eine bedeutende Rolle gespielt hat (Plut. Moral. I 13, 45; cf D. Schulz in Hermes 83, 1955, 202 f.) und daß der Wortsinn bei Heraklit ein philosophischer, bei den Pythagoreern auch ein astronomischer (Plat. Staat 530 d; Aristot. Metaph. 985 b; De Cael. 290 b) ist, so müssen wir schließen, daß ein bestimmter musikalischer Akt der Zusammenfügung heterogener Elemente unter diesen Begriff subsumiert wurde. Was liegt da näher als an das lateinische compositio zu denken, das den gleichen Wortsinn hat (und schon von Livius für das Komponieren von Liedern verwendet wird)? Komposition war nach der Damonschen Musiktheorie nicht ohne ‹logos› zu denken. Der Gegensatz von logos ist physis: in der Musik also das Tönende; *logos und Tönendes zusammenzusetzen, compositio von Sprache und Musik – das wäre danach harmonia.* Und dies entspräche auch der Bedeutung, die das Wort innerhalb der Klassik des 5. Jahrhunderts gehabt haben muß: Einheit von unaufhebbar Widersprüchlichem in der Form.

Wie leicht sich das so eingeführte Wort in der musikalischen Praxis auf die Komposition in ‹Tonarten› spezifizieren konnte, lehrt die Überlegung, daß es nach Platon, der hier Damon folgt, keine Musik ohne Logos gibt, daß also die Tonarten sich vor allem in ihrem Logos-Gehalt unterscheiden, so wie es Sokrates in Platons ‹Staat› (398 B ff.) auseinandersetzt, indem er von «klagenden», «weichlichen», «kriegerischen», «bittenden», «besonnenen» Harmonien spricht. (Ebenso Aristot. Pol. 1340 a 13.) Es leuchtet ein, daß dieser Logos-Gehalt ein mimetischer ist; seine Ausdrucksform hat er vorwiegend in der Tragödie gefunden. «Harmonia» ist also geradezu eine Kategorie des Tragischen; die Tragödie als Kunstwerk, in dem die Widersprüchlichkeit der condition humaine zur Darstellung gebracht wird, fordert jene Form, die nach Heraklit die «Eintracht der Gegensätze» herbeiführt, das «Gefüge des Gegenstrebigen» (B 8), also genau das, wodurch ‹harmonia› definiert wird.[101]

Anhang

Literaturverzeichnis

Bei häufig zitierten Werken werden in den Anmerkungen die hier in Klammern genannten Titelkurzfassungen benutzt.

Theater

C. Anti, Teatri Greci arcaici, 1947 (Anti)

P. Arnott, Greek Scenic Conventions, 1962 (Arnott)

– An Introduction in the Greek Tragedy, 1965

E. Bethe, Prolegomena zur Geschichte des Theaters im Altertum, 1896 (Bethe)

M. Bieber, The History of the Greek and Roman Theater, 1961[2] (Bieber Hist.)

I. Brooke, Costume in Greek Classic Drama, 1962

H. Bulle, Untersuchungen an griechischen Theatern, 1928 (Bulle, Untersuchungen)

– Eine Skenographie, 1934

– und H. Wirsing, Szenenbilder zum griechischen Theater des 5. Jahrhunderts, 1950

J. Dingel, Das Requisit in der griechischen Tragödie, 1947

W. Dörpfeld und E. Reisch, Das griechische Theater, 1896 (D. R.)

E. Fiechter, Antike griechische Theaterbauten, 1930/50 Heft 5, 6, 7, 9: Das Dionysostheater in Athen (Fiechter)

R. C. Flickinger, The Greek Theater and its Drama, 1936[4] (1968) (Flickinger)

A. Frickenhaus, Die altgriechische Bühne, 1917 (Frickenhaus)

J. Geffcken, Die griechische Tragödie, 1911[2]

C. E. Geppert, Die altgriechische Bühne, 1843

M. F. Gerhäuser, Untersuchungen über die Spielmöglichkeiten in griechischen Theatern, 1964

A. v. Gerkan, Von antiker Architektur und Topographie, 1956

– und W. Müller-Wiener, Das Theater von Epidauros, 1961

A. E. Haigh, The Attic Theatre, 1907[3] (1969) (Haigh)

M. Herrmann, Die Entstehung der berufsmäßigen Schauspielkunst, 1962

W. Jobst, Die Höhle im griechischen Theater des 5. und 4. Jahrhunderts, 1970

H. Kenner, Theater und Realismus in der griechischen Kunst, 1954

– Griechische Theaterlandschaften, 1964 (Österreichische Jahreshefte 47)

H. Kindermann, Theatergeschichte Europas I, 1957

H. Koller, Die Mimesis in der Antike, 1953 (Koller, Mimesis)

A. Mahr, The Origin of the Greek Tragic Form, 1938

A. Müller, Lehrbuch der Griechischen Bühnenaltertümer, 1886 (Müller, Lehrbuch)

F. Noack, Σκηνὴ τραγική, 1915 (Noack)

R. Opitz, Das Theaterwesen der Griechen und Römer, 1889

A. W. Pickard-Cambridge, The Theatre of Dionysus in Athens, 1946 (1966) (Pickard-Cambridge, Theatre)

– The Dramatic Festivals of Athens, 1968[2] (Pickard-Cambridge, Festivals)

O. Puchstein, Die griechische Bühne, 1901
G. L. W. Schneider, Attisches Theaterwesen, 1835
G. M. Sifakis, Studies in the History of Hellenistic Drama, 1967 (Sifakis)
E. Simon, Das antike Theater, 1972 (Simon)
A. Spitzbarth, Untersuchungen zur Spieltechnik der griechischen Tragödie, 1946
T. L. B. Webster, Greek Theatre Production, 1956 (Webster, Production)
– Griechische Bühnenaltertümer, 1963 (Webster, Bühnenaltertümer)
– The Greek Chorus, 1970
H. Wiemken, Der griechische Mimos, 1971

Die Stücke

D. Broadhead, The Persae of Aeschylus, 1969
F. Brommer, Satyrspiele, 1944
V. Ehrenberg, Sophokles und Perikles, 1956
G. F. Else, The Origin and early Form of Greek Tragedy, 1965 (Else, The Origin)
– Aristotle's Poetics, 1967
W. H. Friedrich, Vorbild und Neugestaltung, 1967
K. v. Fritz, Antike und moderne Tragödie, 1962
K. Hamburger, Von Sophokles zu Sartre, 1965[3]
W. Jaeger (Herausgeber), Das Problem des Klassischen und die Antike, 1933 (1961)
W. Jens (Herausgeber), Die Bauformen der griechischen Tragödie, 1971
J. Jones, On Aristotle and Greek Tragedy, 1962
H. F. Kitto, Greek Tragedy, 1961[3]
– Form and Meaning in Drama, 1964[2]
A. Lesky, Die griechische Tragödie, 1968[4]
– Die Tragische Dichtung der Hellenen, 1972[3]
K. O. Müller, Die Eumeniden, 1933
G. Murray, Aeschylus, 1962, dt. 1969
– Euripides und seine Zeit, 1955[2], dt. 1957
H. Patzer, Die Anfänge der griechischen Tragödie, 1962
A. W. Pickard-Cambridge, Dithyramb, Tragedy and Comedy, 1962[2] (Pickard-Cambridge, Dithyramb)
M. Pohlenz, Die griechische Tragödie, 1930
K. Reinhardt, Aischylos als Regisseur und Theologe, 1949
– Sophokles, 1947[3]
W. Schadewaldt, Hellas und Hesperien, I, II 1972[2]
– Antikes Drama auf dem Theater heute, 1969
W. Schmid (und O. Stählin), Griechische Literaturgeschichte, I–IV 1934 (1959)
H. Schreckenberg, Δρᾶμα, 1960
B. Snell, Aischylos und das Handeln im Drama, 1928
– Scenes from Greek Drama, 1964, dt. 1971
W. Steidle, Studien zum antiken Drama, 1968
George Thomson, Aischylos und Athen, 1946[2], dt. 1957
R. Unterberger, Der gefesselte Prometheus des Aischylos, 1968
U. v. Wilamowitz-Möllendorf, Griechische Tragödien, I–IV 1899–1923 (Griech. Trag.)

– Einleitung in die griechische Tragödie, 1907
– Aischylos. Interpretationen, 1914 (1966)

Archäologie

E. Buschor, Phidias, der Mensch, 1948
– Griechische Vasen, Neuausgabe 1959
A. v. Gerkan, Von antiker Architektur und Topographie, 1959
W. Judeich, Topographie von Athen, 1931[2]
B. Schweitzer, Vom Sinn der Perspektive, 1953
L. Séchan, Études sur la tragédie Grecque dans ses rapports de la céramique, 1926
R. Stilwell, Corinth II, The Theatre, 1952
J. Travlos, Bildlexikon zur Topographie des antiken Athen, 1971
T. B. L. Webster, Monuments Illustrating Tragedy and Satyr Play, 1967[2]

Musik

H. Abert, Die Lehre vom Ethos in der griechischen Musik, 1899
– und C. Sachs, Die Musik in der Antike, 1930[2]
Th. Georgiades, Der griechische Rhythmus, 1949
– Musik und Rhythmus bei den Griechen, 1958
H. Koller, Musik und Dichtung im alten Griechenland, 1963
Fritz Weege, Der dionysische Reigen, 1926
M. Wegner, Das Musikleben der Griechen, 1949
– Griechenland in: Musikgeschichte in Bildern, II, 4 o. J.

Mythologie und Geschichte

H. Bolkestein, Economic Life in Greece's Golden Age, 1958
F. Busigny, Das Altertum, 1960
L. Deubner, Attische Feste, 1969[3]
V. Ehrenberg, From Solon to Socrates, 1968
A. Heuss, Griechenland in: Propyläen-Weltgeschichte III 1962
K. Kerényi, Dionysos und das Tragische in der Antigone, 1935
– Prometheus, 1946 (1959)
S. Melchinger, Geschichte des politischen Theaters, 1971 (1974)
G. E. Mylonas, Eleusis, 1961
W. F. Otto, Menschengestalt und Tanz, 1956
– Die Musen, 1956
– Dionysos, 1960[3]
– Das Wort der Antike, 1962
J. Vogt, Sklaverei und Humanität, 1965

Anmerkungen

Bei den in Kapitälchen gesetzten Titeln handelt es sich um Verweise auf Kapitelüberschriften dieses Buches.
Bei häufig zitierten Werken werden die im Literaturverzeichnis in Klammern genannten Titelkurzfassungen benutzt.

Erster Teil. Das Dionysostheater

1. Zum Zuschauerraum cf Judeich, Topographie von Athen, 1931[2]: 311:30 m hoch ansteigend, größte Breite 100 m, größte Tiefe 90 m, etwa 78 Sitzstufen. J. Travlos, Bildlexikon zur Topographie des antiken Athen, 1971, 537 ff. Dazu D. R. 30 ff.; Pickard-Cambridge, Theatre, 10 ff.

2. cf W. Engelhardt, Griechische Impressionen eines Landschaftsökologen, in: Kosmos 59 (1963) 261 ff.

3. s. DAS MEER UND DIE SONNE. cf B. Sauer, Die griechische Kunst und das Meer in: Neue Jbb für das klass. Alt. 15 (1912) 477 ff.; A. Lesky, Thalatta – Der Weg der Griechen zum Meer, 1947 (jetzt Ges. Schr. 1966, 468 ff.).

4. s. DAS MEER UND DIE SONNE S. 131.

5. Aristoteles Poet. 1449 b; s. RHYTHMUS S. 220.

6. D. R. 41:32 + 32 + 14 = 78. 14 000–17 000 Plätze; Fiechter 5, 62 f.: 73; Judeich a. a. O. 78. Pickard-Cambridge, Theatre, 141: «The theatre, when complete, would have held about 17 000 persons, but it is generally thought that a total of 14 000 is nearer the truth.» Das bezieht sich allerdings auf Messungen im lykurgischen Theater. Pickard-Cambridge hält Platons Angabe (Symp. 175 e) über einen Zuschauerraum von 30 000 Plätzen für eine Übertreibung, doch handelt es sich wohl eher um eine angenommene große Zahl, die nicht zufällig übereinstimmt mit der geschätzten runden Zahl der Bürger; cf Pickard-Cambridge, Festivals, 263 f.; V. Ehrenberg, Der Staat der Griechen, 1965, 38 ff.

7. Zum Gegensatz Öffentlichkeit – Vertraulichkeit am Beispiel der euripideischen und goetheschen ‹Iphigenie› cf Vf in: Jb der Schillergesellschaft 11 (1967) 306 ff.

8. cf V. Ehrenberg, Sophokles und Perikles, 1956, 8.

9. Pickard-Cambridge, Theatre, 5 ff.; Dörpfelds Annahme einer weiter südöstlich gelegenen «alten Orchestra» (D. R. 27 ff.) ist aufgegeben. S. Anm. 42.

10. Die Zeit ist umstritten. Capps (Hesperia 12, 1943, 10) nimmt an, daß der Agon der Spiele um 502/1 gestiftet worden ist; würde das zutreffen, bzw. wäre das auch das Datum der Verlegung der Spiele aus der Stadt an den Burghang, so würde diese in eine auffallende Nähe zu einer anderen Verlegung rücken: die Ekklesia wurde um 500 aus der Agora auf die Pnyx verlegt, cf Ehrenberg, From Solon to Socrates, 1968, 90; nach Judeich a. a. O. 394 f. hatte der Versammlungsplatz des 5. Jhs. auf der Pnyx eine «dem Theater vergleichbare Gestalt»; Judeich datiert die Verlegung «in die kleisthenische Zeit oder in die Anfänge des 5. Jhs.» Noch in später Zeit tagten Volksversammlungen auch

im Dionysostheater (im 3. Jh. verzeichnen die Inschriften ἐκκλησία ἐν θεάτρῳ, cf Thuk. VIII 93, 4; Poll. VIII 132 f.). Nach Demosthenes in Meid. 8, 9 war der letzte Tag der Dionysien eine Volksversammlung. Wenn wir die Kontinuität der Konventionen in der griechischen Bühnengeschichte berücksichtigen, erscheint es kaum zu gewagt, einen Zusammenhang zwischen beiden Verlegungen herzustellen. Könnten vor der Verlegung Versammlung und Theater auf dem gleichen Platz in der Agora stattgefunden haben? V. Ehrenberg in: From Solon to Socrates, 127: «The theatre was just as much as the assembly a place in which political issues could be aired» (so die Zusammenarbeit zwischen Themistokles und Phrynichos bei der Aufführung des ‹Falls von Milet›). Die Gründe für die Verlegung der ekklesia dürften ähnliche gewesen sein wie für die des Theaters; auch die Wahl der beiden Plätze, mit der Akropolis dazwischen, erscheint nicht zufällig. Capps hat die organisatorischen Zusammenhänge aufgedeckt, nach einem damals neuen Fund auf der Agora über den Beginn der «Fasti» (dazu J. T. Allen, Aristophanes and the Pnyx, in: Univ. of Calif. Publ. in: Class. Philol. 12, 1944, 27 ff.; G. F. Else in: Hermes 85, 1952, 24 f.); J. Travlos in: Bildlexikon, 537 vermutet, daß die Verlegung erst Mitte des 5. Jh. stattgefunden habe; das ist nach unsrer Bühnen-Interpretation der frühen Stücke ganz undenkbar.

11. s. DAS MEER UND DIE SONNE S. 131. cf M. Gerhäuser, Untersuchungen über die Spielmöglichkeiten in griechischen Theatern, 1964, 26 ff. Gerkans Rezension hat unleugbare Mängel dieser Arbeit scharf kritisiert (in: Gött. Gel. Anz. 217, 1965, 231 ff.), ohne ihrem ebenso unbestreitbaren Verdienst gerecht zu werden; sie hat m. W. zum erstenmal die Bedeutung des «Scheinwerfers Sonne» erkannt und bewiesen. Gerhäusers Schlußfolgerungen über die Orientierungsprinzipien sind falsch. Auch Gerkan hat nicht berücksichtigt, daß hier das Grundprinzip der Orientierung der Theateranlagen im 5. Jh. unerkannt geblieben ist: der Blick zum Meer.

12. *Tafel 5;* cf D. R. XI; Bieber, Hist., figs 53, 251 (erstaunlicherweise in der Auflage von 1961 nicht gegen neuere Aufnahmen ausgetauscht); Pickard-Cambridge, Theatre, frontispiece. – Zum Hain cf Judeich a. a. O. 316; der Bezirk war von einer gegen 0,75 m breiten Mauer aus Porosquadern umgeben; auch die Agora hatte (nach Judeich 350) ein solches perischoinisma; sie war mit Bäumen bepflanzt: Platanen, Weiden, Weiß- und Schwarzpappeln (357). Das Temenos umfaßte insgesamt ca. 4000 qm; cf Nilsson, Arch. Jb. 31, 1916, 338 f.

13. Schlüsse der Gelehrten, die den Hain nicht sehen wollen und glauben, daß es gemalte Landschaftsdekorationen gegeben habe (so H. Kenner, Theater und Realismus, 1954 und Griechische Theaterlandschaften in: Österr. Jh. 47, 1964/5, 35 ff.), oder anderer, die glauben, daß Hain und Ausblick durch eine background-Wand verstellt worden wären (so P. Arnott, Greek Scenic Conventions, 1962).

14. Die Grabungen im Dionysostheater in: Praktika, 1925, 25 ff. und Athen. Mitt. 49 (1924) 50 ff.; dazu G. Welter in: Arch. Anz. 40 (1925) 311 ff. Dörpfeld hat aus dem Befund geschlossen, daß schon im 5. Jh. mit dem Ausbau in Stein begonnen worden ist. So auch Fiechter 9, 26 f.

15. s. S. 115.

16. Zum Wortgebrauch und Bedeutungswandel Pickard-Cambridge, Theatre, 73 f., 215 f. Neuerdings W. Jobst, Die Höhle im griechischen Theater des 5. und 4. Jahrhunderts, 1970, 10 ff. Antike Literatur bei A. Müller, Lehrbuch, 2 f., 50; cf ferner D. R. 283; A. Frickenhaus in: PW RE III A 1, 474 ff.; Arnott 4 ff., 19.– Zur Terminologie: Die Herkunft von Zelt erklärt die ursprüngliche Bedeutung: Garderobe, Magazin, hin-

terszenischer Raum für die Zurüstung des Spiels; wir nennen diese Baulichkeit das ‹Bühnenhaus›. Was ἐπὶ τῆς σκηνῆς bedeutet, wird in anderem Zusammenhang erörtert (S. 25). Das Bühnenhaus ist im lykurgischen Theater zum stehenden Gebäude aus Stein geworden, seine Rückwand entwickelte sich zur scaenae frons. Im Theater des 5. Jhs. ist von der skene die Spielstätte (Spielfeld, Spielplatz) zu unterscheiden; da aber im modernen Sprachgebrauch das Wort ‹Bühne› für alles gilt, worauf und worin gespielt wird, hat es wenig Sinn, die Bedeutungen pedantisch auseinanderzuhalten.

17. Übersicht bei Bieber, Hist., 56 ff., figs 226 (Fiechter), 228/9 (Anti), 234/5 (Fiechter), 239 (Dörpfeld), 240 (Mahr), 241 (Fiechter), 259/60 (Mahr), 261 (Fiechter).

18. cf Pickard-Cambridge, Theatre, 257 ff., zu ergänzen durch Fiechter 9, 21 f. und Abb. 5; neuerdings M. Maass, Die Prohedrie des Dionysostheaters in Athen, 1972.

19. Der Archon Lykurgos, der die Verantwortung für den Umbau trug, war eine Art Finanzminister von 338–326; er starb 324; cf Pickard-Cambridge, Theatre, 136.

20. Aristoteles Poet. 1449 a 15. Vierter Schauspieler z. B. Pylades in den ‹Choephoren› mit nur 3 Versen (900/3). Dazu stumme Personen (z. B. Bia in ‹Prometheus›) und Komparserie, s. KOPHA S. 170.

21. So Dörpfeld in: Athen. Mitt. 49 (1924) 94: «Die Bauwerke haben infolge des starren Festhaltens der Baukunst am Alten oft noch einzelne ältere Einrichtungen treu bewahrt, auch wenn diese nicht mehr nötig waren.» s. DIE KONTINUITÄT DER KONVENTIONEN.

22. cf H. Hommel in FAZ vom 10. 9. 1970, 9: «...eine Hypothese..., die auf Indizien beruht, wie meist in der Philologie – wie denn die sog. Geisteswissenschaften alle zwar nach der Wahrheit streben, aber von der Wahrscheinlichkeit leben.»

23. Einen größeren Versuch unternahm der 1942 in Theresienstadt umgekommene Berliner Theaterwissenschaftler Max Herrmann in einer Untersuchung: Die Entstehung der berufsmäßigen Schauspielkunst (1962 posthum von R. Mövius herausgegeben, cf die zu seinem 100. Geburtstag am 14. 5. 1965 im Tagesspiegel Berlin erschienene Würdigung von Hans-J. Weitz). Die unter den schrecklichen Umständen seiner letzten Lebensjahre verfaßte, nicht abgeschlossene Arbeit hatte sich zum Ziel gesetzt, eine Lücke zu schließen, die Philologie und Archäologie offen gelassen haben. Da zuverlässige Informationen über die Entwicklung des Berufsschauspielertums und den frühen Stand der Schauspielkunst nicht vorlagen (cf jetzt G. M. Sifakis, Studies in the History of Hellenistic Drama, 1967 und die Kapitel III, V, VII in Pickard-Cambridge, Festivals, auch Bieber, Hist. VII und XII), zog H. seine Schlüsse aus der Interpretation der Stücke. Seine Analysen der von Aischylos gestellten Anforderungen an die Schauspieler (am Beispiel der Klytaimestra und des Eteokles) sind aufschlußreich; leider beruhen jedoch die daraus gezogenen Schlüsse auf einer falschen Chronologie: die ‹Hiketiden› sind eben, wie wir seit 1952 wissen, nicht das älteste der erhaltenen Stücke. Schon das entwertet wie M. Fuhrmann (Gnomon 35, 1963, 537 ff.) ausführte, H.s These, daß Aischylos 468/7 bei der Uraufführung der ‹Sieben› mit einem Berufsschauspieler habe rechnen können, während das bei den ‹Hiketiden› und den ‹Persern› nicht der Fall gewesen sei. Auch geht H. bei der Beurteilung der schauspielerischen Aufgaben von einer vorwiegend psychologischen Spielweise aus, was ihn hindert, die eminente Skala wahrzunehmen, die etwa der Schauspieler des Xerxes von seinem Auftritt bis zum Abgang zu meistern hatte. Und auf diesem brüchigen Fundament baut H. weiter. Er erschließt eine Begegnung des Aischylos mit Epicharm und der hochentwickelten professionellen Schauspielkunst des Mimos in Syrakus; einen dieser Mimos-Spieler soll der Dichter nach Athen gebracht haben, zur Urauf-

führung der ‹Sieben›. Mit diesem «ersten Auftreten eines Berufsschauspielers» wird auch noch «die Entstehung des Satyrspiels in einen entscheidenden Zusammenhang» gebracht; erst jetzt soll dieses seinen festen Platz in der Tetralogie erhalten haben. (Man könnte ebenso behaupten, daß Aischylos einen Schauspieler aus Athen nach Syrakus mitgebracht habe, um dort die Tragödie zu begründen; denn daß aus Mimos-Spieler die Rollen der Tragödien so einfach hätten übernehmen können, ist schwer denkbar.) Freilich, in die Lücke, von der eingangs die Rede war, gehört wohl auch der Mimos, sicher jedoch nicht in der hochentwickelten Form, die Epicharms Fragmente zeigen (sofern diese überhaupt der Gattung ‹mimos› zugerechnet werden dürfen, cf Pickard-Cambridge, Dithyramb, 230 ff.), wohl aber aus den elementaren Antrieben heraus, die Mimesis im weitesten Sinn, als Darstellung oder Spiel vor Zuschauern, seit früher Zeit mobilisiert hatte (s. Rhythmus S. 236). Es bleibt eine Aufgabe der Theaterforschung, diese Zusammenhänge, auch nach den Analogien im Theater anderer Länder, zu ermitteln, wozu bisher noch kaum etwas getan worden ist. Man wird auf eine gemeinsame Wurzel schließen dürfen, aus der sich zwei, dann nebeneinander laufende Stränge entwickelt haben. – Zum mimos neuerdings H. Wiemken, Der griechische Mimus, 1972, worin freilich Zusammenhänge mit dem dramatischen Theater als unmöglich bezeichnet werden.

24. Nicht identisch mit Wagners ‹Gesamtkunstwerk›, in dem alles in Musik ertränkt wird (cf Vf in: Versuch einer Grundlegung, Atlantisbuch des Theaters, 1961, 21 ff.). In diesem Punkt ist Nietzsches ‹Geburt der Tragödie aus dem Geiste der Musik› entschieden zu korrigieren (cf G. Else, The Origin and early Form of Greek Tragedy, 1965, 9 f., 30). In der Tragödie sind die chorisch-musikalischen und die dialogischen Formen streng geschieden, auch wenn (oder weil) es Mischformen gibt (Amoibaion, Kommos, Monodie). Als Regel kann gelten: Überall, wo Musik einsetzt, durchbricht Affekt (Emotion bis zur Mania) den Logos (cf Th. Georgiades, Der griechische Rhythmus, 1949 und Musik und Rhythmus bei den Griechen, 1958, s. Rhythmus). Wilamowitz in: Griech. Trag. IV 1923, 268, 7: «Wir dürfen nie vergessen, daß die Tragödie ein halb musikalisches Kunstwerk ist, uns also nur unvollkommen zugänglich, und wenn die Verskunst dem, der sie zu genießen weiß, einigen Ersatz liefert, geht es doch in der Übersetzung immer verloren.» Die Tragödie ist aber nicht nur «ein halb musikalisches Kunstwerk» – ihr Theater ist in viel weiterem Sinn eine «zusammengesetzte Kunstart», und jeder Versuch, die Texte dieser «extraordinarly syncretic form» (J. Jones in: On Aristotle and Greek Tragedy, 1962, 69) wie Literatur zu interpretieren, führt zu Mißverständnissen und Fehlurteilen.

25. Aesch. Vita 9.

26. cf Aristoteles Poet. 1456 a 6, 1453 a 19. Der Komiker Antiphanes (Com. Att. Frgm. Kock fr. 191, Fragm. Com, Graec. Meincke III 1840, 105) beneidete die Tragiker, weil ihre Fabeln den Zuschauern schon bekannt seien; der Autor brauche sie nur daran zu erinnern; cf R. Flickinger, 127. Pickard-Cambridge möchte das stark einschränken unter Hinweis auf Euripides Hipp. 451 ff., wo von denen die Rede ist, die die alten Geschichten kennen, und auf Aristoteles Poet. 1451 b 25: ἐπεὶ τὰ γνώριμα ὀλίγεις γνώριμά ἐστιν, ἀλλ᾿ ὅμως εὐφραίνει πάντας. Aber das schließt doch nicht aus, daß die meisten zum mindesten die homerischen Geschichten kannten, im Großen wohl auch die von Argos und Theben; die Details waren gewiß veränderbar, und gerade dort wurde das Überraschungsmoment angesetzt (z. B. die Teppich-Szene im ‹Agamemnon›).

27. Poet. 1456 a 1, cf Vita 7. Über τερατεία, τερατώδης G. Murray, Aischylos, dt. 1969, 48 ff. Als Gegensatz zur ἀπάτη = Illusion bei Wilamowitz, Aischylos. Interpretationen, 1914/1966, 240, 249.

28. ‹Illusionismus› cf Brecht, Schriften zum Theater, 3 (1963) 36.

29. Edward Bond, Early mourning, 1969.

30. D. R. 68 f.; Athen. Mitt. 49 (1924) 89. Dagegen Pickard-Cambridge, Theatre, 156 ff.

31. s. DAS MEER UND DIE SONNE S. 131.

32. Über das umstrittene Problem der ‹raised stage› s. UMBAU S. 121.

33. Demosthenes in Meid. 17 (348 v. Chr.), Xenophon Kyropaideia VI 1, 54 (vor 354 v. Chr.). Dazu noch Andokides I 38: ἐπεὶ δὲ παρὰ τὸ προσπύλαιον τὸ Διονύσου ἦν, ὁρᾶν ἀνθρώπους πολλοὺς ἀπὸ τοῦ ᾽Ωιδείου καταβαίνοντας εἰς τὴν ὀρχήστραν das hätte man nicht sehen können, wenn es ein steinernes Bauwerk hinter der Orchestra gegeben hätte. Ähnlich Fragm. Com. Graec. Kaibel I, 22; cf Pickard-Cambridge, Theatre, 1; D. R. 32.

34. Zum Fundament T und zur Mauer H mit Pfostenlöchern: D. R. 61; Dörpfeld in: Praktika, 1925, 32; Furtwängler in: Sitz. Ber. Bayr. Akad. der Wiss. Phil.-hist. Kl. 1901, 412, 77; G. Welter in: Arch. Anz. 40 (1925) 313; Fiechter 5, 15, 21, 38 f.; 7, 68, 72 ff.; 8, 25 f.; H. Schleif: in Arch. Anz. 52 (1937) 31, 34, 37 f.; H.-J. Newiger in: Rhein. Mus. NF 108 (1965) 231 f.; Gerkan in: Gnomon 14 (1938) 176 zusammenfassend: «Die 10 Pfosten der Rückwand waren der einzige Spielhintergrund bis Lykurg; sie ermöglichten den Aufbau des Hintergrunds, unterstützt durch die beiden Löcher in I, und den Aufbau eines hohen Standplatzes über der Halle»; Pickard-Cambridge, Theatre, 21; Dinsmoor in: Studies pres. to D. M. Robinson (1951/3) 310 ff.; Arnott. 10. – Über das Fundament T, s. S. 11 f., über das Bauwerk an der Mauer, gewöhnlich ‹Halle (Stoa)› genannt s. HALLE, S. 165 ff.

35. Fiechter 5, 23 f., 39, 7, 74; Schleif a. a. O. 37 f.; Pickard-Cambridge, Theatre, 16 f.; H.-J. Newiger in: Retraktationen zu Aristophanes' ‹Frieden› (Rhein. Mus. NF 108, 1965) 231 f.; J. Travlos, Bildlexikon, 537; cf Anm. 128.

36. cf Dörpfeld in: Athen. Mitt. 49 (1924) 89 und Praktika 1925, 25 ff.

37. Über die Schwierigkeit, Tragödienszenen auf Vasenbildern nachzuweisen: E. Simon in: Das antike Theater, 1972, 15.

38. z. B. die Form des Terrakottahäuschens aus dem Heraion in Argos 8. Jh. Nationalmuseum Athen (Abb. in Poulsen, Griech. Kunst, 1963 II, 59); Übersicht bei D. R. 308 ff.; Pickard-Cambridge, Theatre, 81 ff.; H. Kenner, Theater und Realismus, 1954, 130 ff.; cf L. Séchan, Etudes sur la tragédie Grecque dans ses rapports de la céramique, 1926, 558 ff. – Zur Funktion des Tempels im Gegensatz zur christlichen Kirche: Flickinger 120. Die Grundform, die wohl den Paraskenien-Aufbauten zugrundelag – megaronartige Cella für die Statue der Gottheit und vorgebaute Säulenhalle –, scheint erst seit dem 6. Jh. in Stein nachweisbar zu sein.

39. *Abb. 4,* Judeich, Topographie, 306; cf Pickard-Cambridge, Theatre, 15, 17 ff.; Pickard-Cambridge, Festivals, 63 f., 67 f.; Dinsmoor a. a. O. 309 ff.; Broneer in: Amer. Journ. of Phil. 1952, 172; Webster, Production, 1956, 6; s. *Abb. 25* (Travlos). – Zur Kostspieligkeit: cf Ehrenberg, Sophokles und Perikles, 1956, 110. – Schauplatz des Proagon: Plat. Symp. 192 b, 194 a; Schol. zu Aeschines in Ctes. 66 ff.; Pickard-Cambridge, Theatre, 72; – Proben im Odeion: Plut. de exil. 604; Schol. zu Aristoph. ‹Wespen› 1109; Schol. zu Aeschines in Ctes. 67; Judeich, Topographie, 307. – Dithyrambos-Agon: cf Pickard-Cambridge, Festivals, 67 f., 75; Theatre, 239 ff. S. Anm. 98.

40. Gerkan in: Gnomon 23 (1951) 450 f.

41. cf Dörpfeld in: Praktika 1925, 33.

42. D. R. 26 ff.; dazu Dörpfeld in: Philol. Woch. 43 (1923) 442 f.; Fiechter 5, 38 f.; 7, 58, 66 f.; 9, 23 f.: «Die Hypothese von diesem ältesten Orchestrakreis muß endgültig aufgegeben werden»; Schleif a. a. O. 27; Pickard-Cambridge, Theatre, 5 ff.: «... probable that the six stones formed part of the supporting wall, not of the orchestra itself, but of a terrace which was larger than the actual orchestra, and on which, at a little distance inwards (i. e. northwards) from the edge of the terrace, the first circular orchestra lay» (8); Gerkan in: Gnomon 14 (1938) 175: «Gewiß ist es einleuchtender, in SM 1 nicht den Rand einer Orchestra selbst zu erblicken, die sich 2 m über die südliche Umgebung erheben müßte, sondern die Stützmauern der Terrasse; dabei kann die Orchestra von Anbeginn die gleiche Achse gehabt haben, die gewiß nicht willkürlich gewählt war, sondern von der Form des Berghangs bedingt war. Größe und Zentrum bleiben freilich völlig ungeklärt. Da SM 3 fast parallel zum Tempel ist, halte ich es für wahrscheinlicher, sie bis zur Flucht der Tempelfront nach Osten reichen und dann in SM 1 übergehen zu lassen, so daß sie die Fortsetzung der gleichen Terrassenmauer wäre.» Fiechter nimmt in seiner Rekonstruktion (7 Abb. 29) an, daß eine Stützmauer in gebogener Linienführung den alten Spielplatz umgeben habe und daß die Steine zu dieser gehörten (5, 39). Wir begründen später (S. 117), warum wir mit Gerkan (und Fensterbusch in: Gnomon 21, 1949, 150) eine Mauer vorziehen, die zunächst parallel zum Tempel verlief und sich dann in einer Kurve nach N wandte.

43. D. R. 30; C. Robert in: Hermes 32 (1897) 421; Fiechter 5, 59; 9, 23; vor allem F. Noack in: Σκηνὴ τραγική 1915, 3 ff. Diese Erdaufschüttungen sind z. T. bei den späteren Umbauten beseitigt worden, cf Robert a a. O. 423, Noack 8. S. PAGOS S. 82.

44. s. PAGOS S. 82.

45. s. AUFTRITTE UND ABGÄNGE S. 76.

46. PAGOS S. 86 UND AUFTRITTE UND ABGÄNGE S. 82.

47. Gerkan in: Gnomon 14 (1938) 177: «Für die Frühperiode haben wir nichts als den natürlichen, anfangs wohl flacheren Felshang»; cf Pickard-Cambridge, Theatre, 14 f.; Bieber, Hist., 59.

48. s. S. 17; cf Flickinger a. a. O. 57 f.; Gerkan in: Gnomon 23 (1951) 450: «Die Halle, die mit H ein gemeinschaftliches Fundament hat, ist durch das breite Stylobatfundament schon jetzt gesichert. Sie ist der Abschluß des Tempelbezirks, wenn sie auch als *einziger Raum für die Schauspielergarderobe diente*» (Hervorhebung vom Vf.).

49. s. PAGOS S. 101; D. R. 32: «Vor dem Eingang zum Tempel neben dem alten Tanzplatz wurde an den Festen seit Mitte des 5. Jhs. ein Spielhaus errichtet.» Dagegen Bieber Hist. 57: «The actors probably dressed in a small hut or booth (skene), perhaps hidden in sacred grove which must suppose grew in southern part of the percinct.» Flickinger 57 über «a dressing-room»: «This temporary structure was called a σκηνή (‹hut›: our English word ‹scene›), and at first stood outside the spectators' range of vision. Afterward it was brought immediately behind the orchestra circle and then served as a background in front which the dramatic action was performed»; ähnlich 65: «If dressing-rooms were the provided for the actors and chorus must have stood some distance away». – Die bisher verbreitete Auffassung zusammengefaßt in E. Simon, Das antike Theater, 1972, 11 f.

50. Il. 24, 448; Aisch. frgm. 212 c 3 M (131 N); cf Wilamowitz, Griech. Trag., IV 1925, 259: «Das Wort skene ist immer ein Holzbau; die Übersetzung Zelt führt irre.» Ebenso W. Jobst, Die Höhle im griechischen Theater, 1970, 10 ff. Dagegen über Achills Zelt: B. Döhle, Die Achilleis des Aischylos, in: Klio 49 (1967) 99 ff., vor allem 119. Danach ist das Zelt auf den Vasen ein Gerüst aus Stützpfosten, die auf Plinthen ruhen;

oben sind Querbalken aufgelegt, von denen durch Schnüre hochgeraffte Stoffbahnen herabhängen; am ‹Dach› sind Waffen aufgehängt. Einblick hat man nicht nur von vorn, sondern – wichtig für die Bühne – auch von den Seiten; s. *Tafel 8*, ferner Amphora in Boston bei Séchan a. a. O. 528 (und 558 Anm. 1.). In Doehles Liste der Zelte dieser Art fehlen der Nereidenkrater in Wien und eine weißfigurige Lekythos in New York, cf H. Kenner, Theater und Realismus, 106 und Oest. Jh. 33 (1941) 7 f. Cf ferner Margot Schmidt, Der Zorn des Achill, in: Opus Nobile, Fs für Ulf Jantzen 1969, 143 zu einem Stamnos in Schweizer Privatbesitz. Das Bild des stumm in seinem Zelt trauernden Achill, das Aristophanes (Frösche 309 ff.) dem Aischylos zuschreibt, ist auf der Bühne des Dionysostheaters nur in einem auch von den Seiten einsehbaren Zelt denkbar. (So denken wir uns übrigens auch Aias' Zelt bei Sophokles, s. S. 22 und Maschinen S. 197.) Daraus kann geschlossen werden, daß das Bühnenzelt im Theater der Tragödie nicht den archaischen Typus der klisia zeigte, sondern den damals modernen Typus, was unserer Auffassung entspricht, daß dieses kaum ‹historische› Ausstattung gekannt hat. Auch solche Theaterzelte konnten prunkhaft ausgestaltet werden, etwa mit Säulen als Pfosten. Wir halten danach alle anderen Ansichten über Zelte oder skene für widerlegt. S. Pagos S. 101, Maschinen S. 197, Skene, Zelt, Xerxeszelt S. 139.

51. s. S. 30.

52. D. R. 371.

53. Fiechter 7, 68, Abb. 30, 31; von ihm selbst aufgegeben in: *9*, 25. S. Halle S. 168.

54. Hik. 179 ff., 714 ff.

55. s. S. 31, 256 (108) und Pagos S. 105, wo das Problem der ‹Landschaftsdekoration› eingehend behandelt wird.

56. s. S. 168.

57. P. Arnott a. a. O., ferner in: An Introduction in the Greek Tragedy, 1965, mit einem Vorwort von H. D. F. Kitto, der ihm zustimmt.

58. cf Aesch. Vita 7: ταῖς τε [γαρ] ὄψεσι καὶ τοῖς μύθοις πρὸς ἔκπληξιν τερατώδη μᾶλλον ἢ πρὸς ἀπάτην κέχρηται. Dazu Vita 14: τὴν δὲ σκηνὴν ἐκόσμησεν καὶ τὴν ὄψιν τῶν θεωμένων κατέπληξε.

59. Pickard-Cambridge, Festivals, 198, Theatre, 123.

60. s. Thorikos, *Tafel 24* und *Abb. 18*.

61. s. S. 16.

62. so schon C. Robert in: Hermes 32 (1897) 424 gegen Dörpfeld D. R. 372: «Wenn die Orchestra 2 m hoch war, war an der von Dörpfeld angenommenen Stelle eine Erdaufschüttung oder ein Gerüst nötig.» Da es von einer Erdaufschüttung dort keine Spuren gibt und ein Gerüst «wegen seiner unvorstellbaren Häßlichkeit» unvorstellbar sei, sah Robert nur einen Ausweg: Aufbauten auf der Orchestra anzunehmen; aus den gleichen Argumenten hat F. Noack seine Hypothese der Bühnenaufbauten auf der Orchestra (‹Blockhaus-Skenen›) entwickelt (Noack 4, 40, Abb. 3.).

63. In den ‹Edonoi› (Lykurgie) scheint es nach frg. 19 M (58 N) einen Palast gegeben zu haben (doch könnte das Zitat auch aus einem Bericht stammen); auf jeden Fall gehört die Lykurgie in die Nähe der Orestie (so Wilamowitz, Aisch. Interpret., 245: zwischen 466 und 459). Für die ‹Hiereiai› (frg. 118 M, 87 N) und die ‹Aitniai› (deren fünf Schauplätze ein Sonderproblem darstellen, cf Snell in: Gnomon 25, 1953, 440; Robertson in: Class. Rev. N. S. 3, 1953, 79; Fraenkel in: Eranos 52, 1954, 61) dürfte ein Tempel notwendig gewesen sein. Daß eines der verlorenen Stücke der Danaiden- und der Labdakiden-Tetralogie vor einem Haus gespielt hätte, erscheint äußerst unwahrscheinlich, da

ein Umbau oder Abbau zwischen zwei Stücken angenommen werden müßte, was technisch kaum möglich war s. S. 43.

64. s. AUFTRITTE UND ABGÄNGE S. 78.

65. s. PAGOS S. 90.

66. s. PAGOS S. 93; cf Wilamowitz, Aisch. Interpret., 1914 (1966) 78 ff., 88 77. Die Gräber liegen am Stadtrand, zwischen der Warte (Akropolis) und der eigentlichen Polis (wie die Gräber in Euripides' ‹Elektra› und ‹Orestes›).

67. Dörpfelds Querschnitte, vor allem Taf. V (unsre *Abb.* 6 und *8*); cf Noack Abb. 2 (unsre *Abb.* 7); Flickinger 344, fig. 81; W. Jobst a. a. O. 147.

68. Zu der vielerörterten Stelle cf Flickinger 227; Pickard-Cambridge, Theatre, 51; Arnott 35; H. Kenner, Griechische Theaterlandschaften, 45.

69. s. PAGOS.

70. D. R. 197; er müßte so ausgesehen haben wie die Türme an der themistokleischen Hafenmauer im Piräus (cf Judeich, Topographie, 150), gut zu sehen heute am Strand des Westviertels (S. *Tafel* 7.).

71. s. PAGOS S. 103.

72. Anm. 16 und Anm. 50.

73. s. PAGOS S. 101 und MASCHINEN S. 197.

74. Schefold: Die Ausgrabungen in Eretria im Herbst 1964 und 1965 in: Antike Kunst 2, IX (1966) 112; cf O. Broneer, The tent of Xerxes and the Greek Theatre, in: Univ. of Calif. Publ. in Class. Arch. I, 12 (1944) 305 ff.; auch C. Fensterbusch in: Gnomon 21 (1949) 301 sieht das Vorbild der Paraskenienbühne, die er allerdings für lykurgisch hält, im Palast von Larisa am Hermos oder in den von diesem abhängigen stoai basileiai (*Abb. 19*, nach Boehlau-Schefold, Larisa am Hermos, I, 1940, T. 30). S. SKENE, ZELT, XERXESZELT.

75. Aristot. Pol. 1267 b 8; K. F. Hermann, De Hippodamo Milesio, 1841; A. v. Gerkan, Von antiker Architektur und Topographie, 1959, 8 ff. Hippodamos leitete den Ausbau des Piraeus (nach Gerkan um 465), die Ausschmückung der Agora, den Wiederaufbau Milets (Theater mit Blick zum Meer!); als Städtebauer der perikleischen Kolonie Thurioi soll er das Schachbrettsystem rechtwinkliger Straßen entworfen haben: vor allem dies macht ihn zum Repräsentanten klassischer Baukunst. So Ehrenberg, From Solon to Socrates, 233: «The spirit of the new age reveals itself in Hippodamos», den Aristoteles rühmt als «a precessor of Plato's Utopia».

76. s. SKENOGRAPHIE S. 162.

77. Alles Wichtige bei Pickard-Cambridge, Theatre, 73 ff.; cf D. R. 283 ff. und Dörpfeld in: Athen. Mitt. 49 (1924) 50 ff., Flickinger 93, 96; ferner in: Decenn. Publ. of Univ. Calif. 6 (1922) 3 ff. und in: Transactions Am. Phil. Ass. 1910, 109 ff.

78. So schon C. Robert in: Hermes 32 (1897) 429 f.: «Für das Umkleiden war . . . ein bedeckter Raum bequemer und so wählte man statt der einfachen Wand eine Bude, deren Dach sich in sehr willkommener Weise verwenden ließ.»

79. cf Anm. 62.

80. A. Minotis cf Vf. in: Theater heute (1963), 9, 24 f.; T. Muzenidis in Gesprächen mit dem Vf (cf dessen Aischylos auf dem Theater, 1937, 65).

81. cf H. Patzer, Die Anfänge der griechischen Tragödie, 1962, 136 ff.; Pickard-Cambridge, Dithyramb, 1962², 32; H. Koller, Musik und Dichtung, 86; E. Simon, Das antike Theater, 1972, 7; s. DIE KONTINUITÄT DER KONVENTIONEN.

82. Aristoteles Poet. 1449 a. G. F. Elses Emendation der Stelle (Aristoteles Poetics

1967, 87 f.) ist nicht überzeugend; der Satz, dessen Inhalt unbestreitbar ist, könnte sozusagen in Klammern stehen. Else vermutet übrigens, daß Aischylos den 3. Schauspieler eingeführt habe, cf The Origin and early Form of Greek Tragedy 1965, 86.

83. Vita Soph. 4; cf Pollux IV 109; dazu Pickard-Cambridge, Theatre, 73 f., Festivals, 232 ff.

84. Bis zum Ende des 5. Jhs. wurde an dem ‹Drei-Schauspieler-Gesetz› (so H. Kaffenberger Diss. Gießen 1911) festgehalten. Das kann nicht nur eine Kostenfrage gewesen sein. Für Nebenschauspieler (Pylades in den ‹Choephoren›) oder stumme Personen gab es zur Kostendeckung das parachoregema (die konfuse Erwähnung bei Pollux IV 109 f. ist aufgeklärt durch Pickard-Cambridge in: Festivals, 137 f.; ferner 89, 143 f., 148; dazu K. Rees in: Class Phil. 2, 1907, 387 ff. und The so-called rule of the three actors in the Classical Greek Drama, 1908). S. Die Kontinuität der Konventionen S. 54.

85. In der 12-Zahl spiegelt sich noch archaische Zahlen-Mystik. Die Erhöhung auf 15 ist eine Art Säkularisierung oder Rationalisierung, vergleichbar der Demen-Reform des Kleisthenes; cf V. Ehrenberg, From Solon..., 89 f.: «The duodecimal-system with the traditional figures of three, four and twelfe, lost its political, though not its religious importance... The decimal structure, with its freedom from traditional bonds, representing a union of political and scientific thought, became a symbol of democracy.»

86. Carl Robert in: Hermes 32 (1897) 429 f.

87. s. Okribas.

88. zu ὀκρίβας s. Okribas.

89. Wilamowitz, Die Bühne des Aischylos, in: Hermes 21 (1886) 606, 612; so auch Reisch in: D. R. 200: 465 als Epochenjahr für die «neuartige Ausstattung des Spielplatzes»; s. Umbau.

90. Wie sehr das Haus in der Orestie als eine sensationelle Neuerung empfunden wurde, zeigt die Wächter-Szene, die nicht nur den ‹Agamemnon›, sondern die Tetralogie eröffnet. Das Haus ist weit mehr als ein Stück Szenerie, es ist die plastische Chiffre des ‹Hauses› der Atriden: στέγας ’Ατρειδῶν (3); κλαίω τότ’ οἴκου τοῦδε συμφορὰν στένων (18); ἀνάκτος οἴκων (35); οἶκος δ’ αὐτός, εἰ φθογγὴν λάβοι, σαφέστατ’ ἂν λέξειεν. cf J. Jones, On Aristotle and Greek Tragedy, 1962, 82 ff., wo noch auf einen weiteren Punkt hingewiesen wird: Aischylos spricht entgegen der mythologischen Tradition von δόμον τὸν ’Ατρειδᾶν (400), macht also dieses Haus zum Schauplatz der Paris-Helena-Geschichte, mit der alles Unheil begonnen hatte. Auch die Teppich-Szene erhält durch Klytaimestras Replik deutlich Bezug auf das Haus (962, 964, 966, 968, 971); cf ferner 368, 377, 761, 774, 962, 1011, 1363, 1531 ff.: δ’ ὄμβρου κτύπον δομοσφαλῆ, Choeph. 471 ff., 480, 963 f., 1066, Eumen. 651, 654.

91. Zusammenstellung bei D. R. 307 ff.; Pickard-Cambridge, Theatre, 81 ff.; Bieber, Hist. figs 115–117, 121, 266, 283; H. Kenner, Theater und Realismus, 1954, 130 ff. Dazu Bulle im Berliner Winckelmannprogramm Eine Skenographie, 1934 und Webster, South Italian Vases and Attic Drama, in: Class. Quat. 42 (1948) 15 ff.

92. Fiechter 5, 69 f., 9, 16.

93. Webster NV 2 (p. 80); Abb. Bieber, Hist., fig. 115 (253); Pickard-Cambridge, Theatre, fig. 58.

94. Webster GV 1 (p. 80); Abb. bei Pickard-Cambridge, Theatre, fig. 55, 56, 1707; Bieber Hist. fig. 266. Dazu Bulle, Eine Skenographie, pl. 2; Rumpf: in Journ. Hell. St. 1947, 67.

95. s. Paraskenien S. 153.

96. Bei der langen Probenzeit, in der ‹die Bühne› benötigt wurde (s. S. 38) ist auch das Witterungsproblem von Bedeutung gewesen; Stürme und Böen sind in der frühen Jahreszeit keine Seltenheit in Athen.

97. s. S. 38 ff.

98. cf Anm. 39; zum Aufwand: Lysias Or. XXI 1, 2; Demosth. in Meid. 156. Nach Pickard-Cambridge, Dithyramb, 37 kostete der Dithyrambos-Chor mehr als der tragische; cf Festivals, 77.

99. s. KOPHA.

100. M. Bieber, Hist., 53.

101. s. MASCHINEN S. 192; cf Webster, Production 8 f.

102. D. R. 234 ff.

103. s. MASCHINEN S. 194.

104. s. RHYTHMUS S. 228.

105. s. SKENOGRAPHIE.

106. Buschor, Griechische Vasen, 1969 (Neuausgabe) 118.

107. cf B. Schweitzer in: Das Problem des Klassischen und die Antike hg W. Jaeger 1933 (Neudruck 1961) 83; B. Sauer in: Neue Jbb für das klass. Alt. 15 (1912) 482 ff., wo von der «stürmischen revolutionären Entwicklung» in der Bildenden Kunst dieser Zeit gesprochen wird; ähnlich B. Schweitzer: «die universale Bewegung in der griechischen Kunst, die vor und mit Polygnot einsetzt» und «die gewaltigste Umwälzung in der Weltgeschichte der Kunst»; E. Simon stellt fest, daß auch «die Masken in der Zeit der drei großen Dramatiker an der allgemeinen Kunstentwicklung ihrer Zeit teilhatten» (Das antike Theater, 1972, 19).

108. Mit Pickard-Cambridge (Theatre 184 ff.) halten wir gemalte Landschaftsszenerien im 5. Jh. für unmöglich (ebenso Gerkan in: Gött. Gel. Anz. 216, 1956, 166 ff.). Dagegen hat sich Webster, Production, 16, Griechische Bühnenaltertümer, 19, offenbar von H. Kenner (Theater und Realismus, 1954) überzeugen lassen; cf W. Jobst, Die Höhle im griechischen Theater, 1970, 17 f. Auch E. Simon ist (a. a. O. 33 f.) der Ansicht, daß Skenographia nur die «perspektivische Wiedergabe von Architektur» bedeutet haben kann. Zu diesem Punkt eingehend SKENOGRAPHIE S. 162 und UMBAU S. 105.

109. Damianos schrieb im 4. Jh. περὶ τῶν ὀπτικῶν ὑποθεσέων ed. Schöne 1897. Zitat bei B. Schweitzer, Vom Sinn der Perspektive, 1953, 16.

110. s. SKENOGRAPHIE S. 162.

111. Rumpf in: Journ. Hell. St. 67 (1947) 13.

112. Webster in: Production, 13 f.; so auch A. Lesky, Tragische Dichtung, 1971, 265; cf Pickard-Cambridge, Theatre, 124 f., Anm. 6.

113. cf Pickard-Cambridge, Festivals, 54: Appendix an I. G. II² 3091, 71; Schneider, Attisches Theaterwesen, 1835, 111 ff.

114. Apollon-Tempel in Euripides ‹Ion›; Telesterion in Euripides ‹Hiketiden›.

115. z. B. Palladium-Pelike in Neapel (Pickard-Cambridge, Theatre, fig. 12), Panathenäische Amphora aus Ruvo (*Abb. 22*), Achilles-Krater in Boston (a. a. O. fig. 17), Würzburger Vase (Bieber, Hist., fig. 266.)

116. s. S. 103.

117. B. Schweitzer a. a. O. 14.

118. R. Schnyder in: Zs für schweiz. Archäol. und Kunstgesch. 22 (1962) 143 ff. Diese Einschätzung der «Scheinarchitektur» widerlegt Gerkans Ansicht, es heiße den Griechen «einen unbegreiflichen Tiefstand ihrer wissenschaftlichen Befähigung zuschieben, wenn sie

in den 500 Jahren bis zur Kaiserzeit und dann noch weiteren 500 Jahren bis zur Völkerwanderung, nicht imstande gewesen wären, eine korrekte Perspektive zu entwickeln» (Gött. Gel. Anz. 210, 1956, 168). Sie haben die Perspektive für den Zweck erfunden, studiert und entwickelt, für den sie sie gebraucht haben: für die Scheinarchitektur der Skenographie; cf B. Schweitzer a. a. O. 16 f.

119. s. SKENOGRAPHIE S. 162, PAGOS S. 105.

120. Ebenso Staat X 533 B, 598 A, 602 C, 603 B, Phaidon 69 E, Kritias 107 C; cf J. Six in: Journ. of Hell. Stud. 40 (1920) 180 ff. Gegen die Schlußfolgerungen des Verfassers, die «a flat screen cut out and painted» zur Illusion von Türmen und Mauern als gemalte Dekorationen annehmen, gelten die allgemein gegen solche Dekorationen vorgebrachten Einwände; weder die Stadtmauer auf dem Fries des Heroon von Tyrsa (L. Benndorf, Das Heroon von Gjölbaschni-Tyrsal, T. XII, XXII; Six fig. 1), noch die pompejanische Wandmalerei der Mauer von Athen mit Theseus und Penthesilea (Brunn-Bruckmann, Denkmäler griechisch-römischer Skulptur, Nr. 486) sind beweiskräftig für eine Bühne, auf der es vollplastische Häuser aus Holz gab. Zu H. Kenner, Griechische Theaterlandschaften, 45, die Ähnliches für Aisch. ‹Sieben› und Soph. ‹Oed. Col.› beweisen will, s. PAGOS S. 105.

121. Schnyder a. a. O. 151.

122. s. RHYTHMUS S. 239.

123. B. Schweitzer, Vom Sinn der Perspektive, 1953, 24.

124. Es ist nicht die Wendung vom ‹Archaischen› zum ‹Klassischen›, sondern die Kulmination einer Entwicklung, die wir insgesamt unter den Begriff des Klassischen zu stellen vorziehen. Doch hat sich die Einstellung zu diesem ‹Klassischen› seit 1933, als Werner Jaeger die Naumburger Vorträge von 1930 über: Das Problem des Klassischen und die Antike herausgegeben hat, verändert. Die Lektüre des 1961 erschienenen Reprint stimmt nachdenklich. Wir sind skeptisch geworden gegenüber dem Bestreben fast aller Gelehrten, die damals gesprochen haben, dem Begriff etwas Exemplarisches, Mustergültiges, den Rang der Vollendung zuzuschreiben. Auch haben wir uns von dem Bedürfnis der Ästhetik der zwanziger Jahre, morphologische ‹Grundbegriffe› in die Geschichte hinein oder aus dieser heraus zu sehen, ziemlich weit entfernt. Trotzdem scheint etwas wie eine Entelechie des Klassischen in der ‹kopernikanischen Wendung› angelegt gewesen zu sein, sofern man für die damals in den Künsten bewußt werdenden Phänomene einen Nenner sucht: Symmetrie (Emmetrie), Zentralperspektive, Metron und Rhythmus, das prepon. Johannes Stroux' Naumburger Vortrag zeigt den Zusammenhang zwischen dem platonischen Ideal der orthotes (Pol. II 655 ff.) und dem prepon (decorum). Das «Gerade» und das «Gemäße» – das «Gerade» als das «Richtige» im Wortsinn – sind die formbildenden Normen (so Paul Friedländer in seinem Vortrag, 35). Im Theater der Tragödie kann das Klassische keinesfalls als ein «Ausgleich der Gegensätze» verstanden werden. Die Spannungen und Aporien werden nicht «harmonisiert» (s. zu ‹harmonia› in RHYTHMUS S. 239), sondern geklärt und zur Quintessenz zusammengefaßt; wo immer das «Einfache» erreicht wird, hat es zahlreiche Komplikationen und Differenzierungen passiert, die sich auf dem Weg zu seiner Wahrheit eingestellt haben. Sophokles z. B. ist als Tragiker nicht der Darsteller eines «sittlichen Kosmos», sondern der Darsteller der schlimmsten Greuel, der unaufhebbaren Spannungen, der Grundaporie der «condition humaine»; «klassisch» in unserem Sinn ist er nur darin, daß er das alles sieht und sich ihm stellt, indem er dem «Willen der Götter» die Fähigkeit des Menschen entgegensetzt, sich weder zu beugen noch zu verzweifeln (‹König Oedipus›). Wir sind Paul Friedländer

dankbar, daß er Aischylos nicht als «archaisch», sondern als «früh klassisch» einschätzt:
der Geist der Orestie ist dem Geist des ‹Oedipus› näher als dem der archaischen Koren
und Kuroi des 6. Jhs. Wir meinen wie Friedländer, daß Aischylos den «klassischen Stil»
geschaffen hat, und wir verstehen noch mehr darunter als dieser Gelehrte: nicht nur den
der Dichtung, sondern den des Theaters, das durch den Umbau seine klassische Form
erhalten hat. So lesen wir es auch in B. Schweitzers Vortrag (83): «Unter dem Einfluß
eines neuen Sehens und einer mehr perspektivischen Gestaltung des Bildraums verändert
sich unvermerkt ihre Struktur; und aus dem gelockerten Raum um die Figur, aus der
vertieften Bühne um die bildliche Gruppe erwächst eine neue Darstellungsform für die
unendliche Ausdrucksfülle persönlichen Daseins.»

125. Wilamowitz in: Hermes 21 (1886) 612 f.

126. Der Umbau erstreckte sich über sehr lange Zeit. Die Erklärung, warum der
Parthenon in 15 Jahren stehen konnte und das Theater nicht einmal in 100, ist nicht
schwer zu geben. (Der Krieg brachte die Arbeiten erst später ins Stocken; die Anfänge
fielen in eine relativ friedliche Zeit, und 449 wurde der «dreißigjährige Frieden» geschlossen). Die Schwierigkeiten sind darin zu suchen, daß jedes Jahr gespielt wurde;
während der Proben konnte nicht gebaut werden, und wir werden gleich zeigen, daß für
die Probenzeit jeweils Monate anzusetzen sind. Dazu kam seit 445, daß auch die Lenäen
im Dionysostheater gefeiert wurden (Pickard-Cambridge, Festivals, 40); auch sie hatten
einen agon, der erhebliche Probezeit erforderte, Zeit, in der wieder nicht gebaut werden
konnte. So stand kaum mehr als die Hälfte des Jahres für die Bauarbeiten zur Verfügung.

127. Die von Dörpfeld 1924 gefundene Stützmauer (s. Anm. 14) ist erst beim lykurgischen Umbau verlegt worden. Nichts deutet darauf hin, daß zwischendurch der Grundriß des Bauprogramms geändert worden ist. Die Form des Koilons dürfte um 460 so
festgelegt worden sein, wie sie später in Stein ausgeführt wurde. Die Vermutung, daß
der allmähliche Ausbau in Stein schon zum Bauprogramm von 460 gehört hat, könnte
durch die umstrittene Nachricht vom Einsturz der ikria gestützt werden, wenn dieser
(wie Frickenhaus PW RE 9, 1916, 993 f., Pickard-Cambridge, Theatre, 13, Webster,
Griech. Bühnenaltertümer 19 annehmen) um 470 anzusetzen ist, also noch in frischer
Erinnerung war. Gerkans Einwand (Gnomon 14, 1938, 238), es wäre ein Schildbür-
gerstreich gewesen, «am Berghang noch so hohe Holzbauten zu errichten» (wie sie z. B.
sehr hübsch auf der Sophilos-Vase zu sehen sind, Bieber, Hist., fig. 220 und wie sie auch
sonst bezeugt sind, nach E. Simon, Das antike Theater, 1972, 10), überzeugt nicht; daß
es anfangs und für längere Zeit im Koilon noch Holzgerüste gegeben hat, räumt Gerkan
selbst ein (Gnomon 23, 1951, 450 f.); an der Südseite müssen diese hoch gewesen sein,
wenn sie die Orchestra in ähnlicher Weise umfaßt hatten wie die erhaltenen Stützmauern.
So liegt die Annahme nahe, daß das Bauprogramm, das um 460 festgelegt wurde und bis
in die lykurgische Zeit nahezu unverändert blieb, auch den Ausbau des Zuschauerraums,
der Spielplatzfundamente und der «Halle» vorgesehen hat, wie er spätestens seit 440
nachweisbar ist; cf Anm. 14.

128. cf Anm. 35. Datierung von Fiechter (5, 25; 7, 74 f.) und Pickard-Cambridge
(Theatre, 17) um 450; Bieber (Hist. 60): nach dem Nikiasfrieden; Webster (Griech. Bühnenaltertümer, 19): um 430; Gerkan (Gnomon 23, 1951, 451): nicht perikleisch, sondern
lykurgisch (wie Dörpfeld D. R. 12 und Praktika 1925/6, 25 f.); ebenso J. Travlos (Bildlexikon, 537). Die Datierung ist unwesentlich (wir neigen zu 450); da das Bauprogramm
nur sehr langsam realisiert werden konnte und der Steinausbau des Zuschauerraums den

Vorrang gehabt haben dürfte, ist es evident, daß dem Steinfundament der skene ein hölzernes vorausgegangen ist.

129. 458 Orestie; 442 (?) Antigone; 438 Alkestis; nach 438 Trachinierinnen; Medea; 430 (?) Herakliden; nach 430 König Oedipus; 429 (?) Andromache; vor 428 Hippolytos; 421 (?) Hiketiden, Herakles; vor 416 Eur. Elektra; 414 (?) Iphigenie Taur.; nach 413 Soph. Elektra; Ion; 412 Helena; 410 Phoinissen; 408 Orestes; 405 Bakchen.

130. Murray, Aischylos, dt. 1969, 50.

131. cf Vf, Geschichte des politischen Theaters, 1971 II–V.

132. cf A. Heuss in Propyläen-Weltgeschichte III 1962, 333; V. Ehrenberg, From Solon to Socrates, 350 f.

133. Inscr. Aristot. Rhet. III 1; cf Müller, Lehrbuch, 1886, 328 ff., 360 ff.; Pickard-Cambridge, Festivals, 93: 449 Dionysien, um 440 Lenäen.

134. cf Anm. 39. Antike Zeugnisse: Aristoph. Acharner 1154, Wolken 338; Aristot. Eth. Nik. 1123 a 20; Lysias Apol. XXI 4; Demosth. in Meid. 18, 61; Xenoph. de magist. equit. 1, 26; Plut. de glor. Ath. 6, 349 A, Nik. 3, 2/3. – Müller, Lehrbuch, 330 ff. Im Jahre 411 kostete eine tragische Choregie 3000 Drachmen; nach Boeckh (Staatshaushaltung der Athener, 1851 I² 604) liegen hier über das gewöhnliche Maß hinausgehende Leistungen vor. Der Chorege hatte nicht nur die Honorare, sondern auch Tagegelder während der Probenzeit zu zahlen (Antiph. De chor. 12 f.; Plut. de glor. Ath. 6, 394 a: ἐπὶ πολὺν χρόνον; cf Rohde in Rhein. Mus. NF 38, 1883, 261); er hatte auch Sorge zu tragen für die Probebühne, für Kostüme und Masken, den Chorodidaskalos, die Musiker, die Komparserie. Pickard-Cambridge, Festivals, 87 ff., 89: «The horough training of a dramatic chorus was evidently regarded as a matter of some public importance, apart from its artistic attraction.» Dazu Athen. XIV 628 e, f.: ἦν γὰρ τὸ τῆς ὀρχήσεως γένος τῆς ἐν τοῖς χοροῖς εὔσχημον τότε καὶ μεγαλοπρεπὲς καὶ ὡσανεὶ τᾶς ἐν τοῖς ὅπλοις κινήσεις ἀπομιμούμενον. ὅθεν καὶ Σωκράτης ἐν τοῖς ποιήμασιν τοὺς κάλλιστα χορεύοντας ἀρίστους φησιν εἶναι τὰ πολέμια, λέγων οὕτως

οἳ δὲ χοροῖς κάλλιστα θεοὺς τιμῶσιν / ἐν τῷ πολέμῳ.

Nicht zum Aufwand der Choregen gehörten die Ausgaben für Autoren und Schauspieler, die ihre Honorare vom Staat erhielten.

135. cf B. Snell in: Gött. Gel. Nachr. 1966, 39; Pickard-Cambridge, Festivals, 66, 83; J. Th. Allen in: Univ. of Calif. Publ. in Class. Phil. 12 (1938) 36. Sollte dabei ein Festspieltag eingespart worden sein, so war das eine wirkungsvolle Maßnahme nur dann, wenn das Satyrspiel durch die Komödie ersetzt worden wäre. Die Schlüsse aus Aristoph. Vögel 785 sind weder zwingend, noch glaubwürdig: daß nämlich nach der Tetralogie, also nach dem Satyrspiel noch eine Komödie aufgeführt worden sei; die Stelle besagt nur, daß man, wenn man Flügel hätte, vom Theater aus einer langweiligen Tragödienaufführung nach Hause fliegen könnte, um sich zu stärken und dann «hierher» zurückzufliegen; das bezieht sich nicht auf die Komödie, sondern auf das Theater. Mehr als vier Stücke an einem Tag hätten nicht nur die Aufnahmefähigkeit, sondern auch die technische Kapazität überfordert. Denken wir an die Alkestis als Satyrspiel und daran, daß der tetralogische Zusammenhang längst aufgegeben war, haben wir kaum Schwierigkeiten, uns die Komödie als viertes Stück eines Spieltages vorzustellen.

136. παρασκευή = Zürüstung, Poll. IX; σκευὴ μὲν ἡ τῶν ὑποκριτῶν στόλη Poll. IV 115; ἡ σκευὴ ... τῶν ὑποκριτῶν Poll. X 14. Einiges bei Pickard-Cambridge, Festivals,

75 ff., 84 ff. Soweit ich sehe, haben sich nur in einer Kontroverse einige nicht eben kennt-nisreiche Überlegungen niedergeschlagen. A. v. Gerkan brachte in seiner Rezension von H. Kenner, Theater und Realismus, (Gött. Gel. Anz. 210, 1956, 165) das Argument vor, daß die große Zahl der aufgeführten Stücke den Aufbau von «reicheren Inszenierungen» nicht gestattet habe. Und H. Kenner hat darauf in: Griechische Theaterlandschaften, (Oest. Jh. 47, 1964/5, 65 ff.) zu erwidern versucht; das einzige ernsthafte Gegenargument, das sie vorbringt, die Existenz einer ‹Simultanbühne› ist jedoch nicht stichhaltig, s. PA-RASKENIEN S. 154. Aber auch Gerkan sagt nirgends, wie er sich die Zurüstung vielleicht nicht «reicher», aber doch von Stück zu Stück am selben Tag und dann wieder von Tag zu Tag geänderter ‹Inszenierungen› vorstellt.

137. Probebühne: χορηγεῖον, χορήγιον, auch διδασκαλεῖον Antiphon Or. VI 11, 13 (De Chor.); Dem. de falsa leg. 200; Pollux IV 106, IX 442: χορήγιον · ὁ τόπος, οὗ ἡ παρασκευὴ τοῦ χορηγοῦ; Anecd. Bekk. 72, 17: χορηγεῖον· ὁ τόπος ἔνθα ὁ χορηγὸς τούς τε χορούς καὶ τοὺς ὑποκρίτας συνάγων συνεκρότει.

138. cf Deubner, Attische Feste, 1932 (1956), 134 ff.; Patrick-Cambridge, Festivals, 42 ff.; Bieber, Hist. 50 f.

139. cf Deubner a. a. O. 131; Pickard-Cambridge, Festivals 45 f.

140. cf Schneider, Das attische Theaterwesen, 1835, 8, 57 f.; Boeckh in: Abh. der Akadem. der Wiss. Berlin 1816/7, 97, 103 f.; Rohde Scaenica in: Rhein. Mus. 38 (1883) 276. Die Tradition (Diog. Lart. VIII 90, Schol. zu Aristoph. Frösche 220, Alkiphron Ep. II 3, 11) ist leider nicht eben klar, wird aber gestützt durch ähnliche Bräuche in Rom (Hor. Sat. I 10, 377, Sueton vit. Ter. c. 2). Die Hypothese der Leseproben ist nur durch bühnenpraktische Erwägungen wahrscheinlich zu machen.

141. Aristoph. Frösche 866 ff. und Scholion; cf Müller, Lehrbuch, 323 f. Das Faktum ist aus dem Beschluß, für die Wiederaufführung aischyleischer Tragödien jedem, der das wünsche, einen Chor zu bewilligen, für das 5. Jh. klar zu erschließen (Vita 12).

142. cf Demosth. in Meid. 17, 58; Aesch. Tim. 98; Athen. I 21 F, 22 A. - ὑποδιδάσ-καλος, Phot.: ὁ τῷ χορῷ καταλέγων, διδάσκαλος γὰρ ὁ ποιητής, ὡς Ἀριστοφάνης. Cf Plat. Ion 536 a; Pickard-Cambridge, Festivals, 90 f.

143. s. AUFTRITTE UND ABGÄNGE.

144. s. WAGEN UND PFERDE.

145. Prom. 599 f., 884.

146. Oft erwähntes Beispiel das Verschwinden des Danaos in Hik. 775 vor dem Auf-tritt des Herolds der Aigyptossöhne, der vom selben Schauspieler gespielt werden mußte; cf Pickard-Cambridge, Festivals, 138 f.

147. cf Pickard-Cambridge, Theatre, 122 f.: «We may be sure that the theatre ser-vants had reduced all these changes to routine, and that the changes could be made openly in the presence of the spectators without offending their sensibilities. It has been calculated that in a twelve-hourday of the festival not more than two hours at most can have been available for intervals between plays; so that both a fixed structure as a framework and great rapidity in making the changes would be necessary.»

148. cf E. Bethe in: Hermes 61 (1926) 459 ff.; Flickinger, 204 ff.; Pickard-Cambridge, Festivals, 63 ff., 67 f.; ferner George Thomson, Aischylos und Athen, 1957, 147 ff.

149. Die Asklepieia wurden 420 in Athen eingeführt (I. G. II² 4960); erster Priester war lt. Vita Sophokles; cf J. T. Allen, On the program of the City Dionysia during the Peloponnesian war, 1938; Pickard-Cambridge, Festivals, 64 f.

150. cf Frickenhaus, 78 f.

151. Solche Ausgangspositionen gibt es in den erhaltenen Stücken nur bei Euripides. s. AUFTRITTE UND ABGÄNGE S. 73.

152. Es gibt keine exakten Angaben. Daß früh begonnen wurde, bezeugt Xenoph. Oecon. III 7. Dazu E. Simon, Das antike Theater, 1972, 6.

153. s. DAS MEER UND DIE SONNE.

154. s. PAGOS S. 100.

155. Von Bühnenarbeitern spricht kein einziges Zeugnis aus der Antike ausdrücklich. Technitai ist der Sammelbegriff für alle Mitwirkenden. Waren die Bühnenarbeiter Staatssklaven, die keiner Erwähnung wert befunden wurden? Oder gehört auch das zu den ungeschriebenen Gesetzen des Schweigens über die Zurüstung? Cf Sifakis, 19 ff., 34 ff., 71 ff., 86 ff., 99 ff., 136 ff.

156. Auch über die Einweihung des Parthenon liegen keine Nachrichten vor.

157. Fiechter, 6, 25 f.; Frickenhaus S. 79 mit dem Hinweis auf die in Pergamon gefundenen «Löcher im Boden, in denen zweifellos doch immer derselbe Aufbau verankert war». Über den Kurzschluß, den nach Frickenhaus vor allem Arnott daraus gezogen hat: daß es einen neutralen background als Hinterwand gegeben habe, s. PAGOS S. 100 und UMBAU S. 121; cf Pickard-Cambridge, Theatre, 122 f.; zu S. 60: DIE NEUE BÜHNE.

158. cf Wilamowitz, Aischylos. Interpretationen, 10: «... sieht es fast so aus, als hätte die Tragödie der letzten Zeit des Jahrhunderts archaistische Neigungen gehabt.»

159. cf Wilamowitz a. a. O. 10: «Auch der Oedipus auf Kolonos kann gar keine architektonisch dekorierte Hinterwand haben, und auch da denkt man sich am besten eine Tiefe des Spielplatzes, ähnlich den Ichneuten. Nur in die Tiefe kann, soviel ich sehe, Oedipus abgehen.» Er ging über die «eherne Schwelle» (57) hinunter in den Hain.

Zweiter Teil. Bühnenfragen des 5. Jahrhunderts

1. Die Kontinuität der Konventionen

1. Zu ergänzen s. S. 54.

2. cf Pickard-Cambridge, Dithyramb, 63 ff.

3. V. Ehrenberg, From Solon to Socrates, 1968, 316.

4. No: cf Ezra Pound/E. Fenellosa, The classical theatre of Japan, 1959 und Classical Noble Plays of Japan, 1916, dt. 1963; R. Seiffert, La tradition secrète du No, 1960; O. Benl, Die geheime Überlieferung des No, 1961 und 24 N-Spiele, 1961; Fernöstliches Theater, hg. H. Kindermann, 1966, B. Ortolani 408 ff.

5. Kabuki: cf A. Scott, The Kabuki Theatre of Japan; S. Miyake, Kabuki, 1965; Les théâtres d'Asie, ed. J. Jaquot 1961, 152 ff.; Fernöstliches Theater, B. Ortolani, 447 ff.

6. Schon in Aristoph. Frösche, dann z. B. bei A. W. Schlegel, Vorlesungen über dramat. Kunst und Lit., 1801/3, 5. Vorl.; W. Schmid, Griechische Literaturgeschichte, III 1, 312, 758; M. Pohlenz, Die griech. Tragödie, 1930, 482.

7. Nach Aristoph. Frösche 841: στωμυλιοσυλλεκτάδης; Acharner, 412: ἀτὰρ τί τὰ ῥάκι' ἐκ τραγῳδίας ἔχεις, ἐσθῆτ' ἐλεεινήν.

8. cf Pickard-Cambridge, Festivals, 137.

9. cf Pickard-Cambridge, Festivals, 93 ff., 134; Bieber, Hist., 81.

10. cf F. Brommer, Satyrspiele, 1944, 5 ff.; H. Patzer, Die Anfänge der griechischen Tragödie, 1962, 23 ff., 129 ff.; W. Aly in: PW II 2, 1 (1921) sp. 235 ff. Eine andere Deutung als die hier vertretene gibt G. F. Else in: The Origin and early Form of Greek Tragedy, 1965, 19 f., 81 ff.

11. Berühmtes Beispiel: Das irdene Wägelchen (auch «Vasantasena») des Sudraka mit der komischen Figur des Vidushaka; cf B. Gargi, Theatre in India, 1962, 13.

12. cf A. Beaujard, Le théâtre comique des Japonais, 1937.

13. cf H. Kindermann, Theatergeschichte Europas, II 1959, 70 ff., 109 ff., III 1959, 22 ff., 192 f., 300 ff.

14. Ein Beispiel für die Zusammengehörigkeit von Tragödie und Satyrspiel gibt Dioskorides (Anth. Pal. VII 37), der berichtet, auf Sophokles' Grab habe ein Satyr gestanden, der die Maske einer tragischen Heldin getragen habe; cf Wilamowitz, Neue Jbb für das klass. Alt., 15 (1912), 465.

15. Nach Plat. Pol. III 395 A spielten auch keine Schauspieler der Komödie in Tragödien.

16. cf Pickard-Cambridge, Festivals, 41.

17. Plut. de cup. divit. 527 d; cf Deubner, Attische Feste, 139, 141 f.; Pickard-Cambridge, Festivals, 62.

18. s. RHYTHMUS S. 228, 236.

19. cf B. Snell, Aischylos, 1928, 5 f.; H. Patzer, Die Anfänge der griechischen Tragödie, 1962, 64 f.; H. Schreckenberg, Δρᾶμα, 1960, 122 ff.

20. cf G. F. Else, The Origin and early Form of Greek Tragedy, 1965, 5, wonach die aristotelische Identifikation von δρᾶμα mit Aktion auf die frühen Tragödien, vor allem ‹Perser› und ‹Sieben›, nicht zutrifft; ähnlich ders., The Origin of τραγῳδία, in: Hermes 85 (1957, 35. 39); cf ferner J. Jones, On Aristotle and Greek Tragedy, 1962, 21 ff.; H. Schreckenberg a. a. O. 74 ff.

21. Die Dialektik auf dem Theater, 1954, Ges. W. 1967, VII, 888.

22. Die Daten: 425 Aristophanes Acharner; 486: Suda s. v. Chionides, Sieg mit einer Komödie; Lenäen-Agon seit 442/440; cf Pickard-Cambridge, Festivals, 40, 72, 82, 125 und Dithyrambus, 189.

23. cf J. Th. Allen in: Univ. of Calif. Publ. in Class. Philol. 12 (1938) 35 ff.

24. s. MASKE.

25. cf Pickard-Cambridge, Festivals, 74 ff., 78 ff., 82 ff.

26. So erschlossen von E. Capps (Hesperia 12, 1943, 1 ff.) nach einem neuen Fragment der ‹Fasti› das 1937 auf der Agora gefunden worden ist: «we have learned from the new Agora fragment of the Fasti that the fundamental innovation of the young democracy, which marked the epoch of the Fasti, was the establishment of the choregic system of state support of tragedy and that the competition of the tragic poets under this system was regarded as the outstanding event of the programme of the Dionysia by the author of the heading of the Fasti.» cf G. F. Else, The Origin of τραγῳδία, in: Hermes 85 (1957) 24 f., 43.

27. Vita Aeschyli 12.

28. s. MASCHINEN S. 198 ff.

29. Goethe 26. 5. 1799 an W. v. Humboldt.

30. Stichomythie und Botenbericht als ‹Nummern› nach W. Schadewaldt, Einleitung zur Antigone, in: Hellas und Hesperien, 1960, 251 f.; cf W. Jens, Die Stichomythie in der

frühen griechischen Tragödie, 1955; zur Stichomythie bei Euripides cf M. Pohlenz, Die griechische Tragödie, 1930, 479. Zum Botenbericht K. Reinhardt, Aischylos, 1949, 80. Zur Konvention der Bauformen jetzt das von W. Jens herausgegebene Kompendium Die Bauformen der griechischen Tragödie, 1971 (Stichomythie S. 183 ff.: B. Seidensticker).

31. s. S. 28, UMBAU S. 112 ff.

32. Ausnahmen: Choephoren, Eumeniden, Sophokles' Elektra, Euripides' Troerinnen und Helena (?).

33. Dörpfeld in: Athen. Mitt. 49 (1924) 24.

34. Alles Material bei Pickard-Cambridge, Festivals, 132 ff.

35. Antigonae (Hölderlin) 1949; Oedipus der Tyrann (Hölderlin) 1959, Prometheus (griechischer Originaltext) 1969.

36. Ernst Krenek, Musik zu den beiden Oedipus-Tragödien (Nachdichtung von R. Bayr), uraufgeführt bei den Salzburger Festspielen 1965.

37. Karl Kerényi in: Der frühe Dionysos, 1961.

38. cf W. Schadewaldt, Antike Tragödie auf der modernen Bühne, in: Hellas und Hesperien, 1960, 557 ff.; Vf. in: Max Reinhardt – sein Theater in Bildern, 1968, 11, 16 (Abb. 104/6).

39. Vergegenwärtigung als Aufgabe cf Vf. in: Shakespeare auf dem modernen Welttheater 1964, 11 und Die Gegenwart der Klassiker (Veröffentlichungen der Stuttgarter Goethegesellschaft) 1969. – Möglicherweise hat Aristoteles das Wesen des Theaters der Tragödie ähnlich gesehen, so jedenfalls wie John Jones a. a. O. die Definitionen der Poetik interpretiert, etwa 29: «that the *praxis* contemplated by the tragedian is the form of an event of life, sometimes close in time and known immediately, but usually received from an historical or mythological source … Thus tragic action presents the translucent and vital quiddity of a life=event; it makes sense of experience. Aristotles' treatise begins and ends, as any sane aesthetic might, with at confronting life in an effort of interpretation.» So auch poet. 1455 a 34: τούτους τε λόγους καὶ τοὺς πεποιημένους δεῖ καὶ αὐτὸν ποιοῦντα ἐκτίθεσθαι καθόλου, εἶθ᾽ οὕτως ἐπεισοδιοῦν καὶ περιτείνειν. Jones übersetzt frei (59): «The tragic poet should first simplify and reduce his story to a universal form (whether that story be taken from the existing stock or of his own making), before proceeding to lengthen it out by the insertion of episodes.»

40. Pickard-Cambridge, Festivals, 260: «At first can be no doubt that the music, or at least the musical accompaniment, was strictly subordinate to the words should be heard clearly throughout the vast theatre.» cf Dithyramb, 39 ff. – cf G. F. Else, Aristotle' Poetics, 1967, 105: «It should be noted that Aristotle says nothing about the ‹thought› of the choral odes, which is so important to us … He considers the choral parts solely under the heading of ‹musical composition›, which he said 50 b 16, is ‹the greatest of the sensous attractions›. His purpose here seems to be to remind the dramatists of his own day …» Zum Streit über das Pratinasfragment und zum hyporchema s. RHYTHMUS S. 232.

41. Musik: s. RHYTHMUS S. 219 ff.

42. ‹Lyrisch› in dem bei uns üblichen Wortsinn von gefühlvoll, undramatisch, der in anderen Sprachen nicht mitklingt, z. B. teatro lirico ital. = Oper. cf Aristoteles poet. 1456 a 25: τὸν χορὸν δὲ ἕνα δεῖ ὑπολαβεῖν τῶν ὑποκριτῶν καὶ μόριον εἶναι τοῦ ὅλου καὶ συναγωνίζεσθαι.

43. s. S. 41.

44. cf H. Patzer, Die Anfänge der griechischen Tragödie, 1962, 900 ff., 100 ff. P. geht freilich zu weit, wenn er von der «Ineinssetzung» des Chors mit der «Festgemeinde»

spricht. Das widerlegen die dramatischen Chöre des Aischylos. G. F. Else (The Origin, 46) unterstreicht, daß die Chorlieder wohl Affinitäten zum Hymnus, Paian, Parthenion, Threnos etc zeigen, jedoch «in fact with almost very known variety of choral lyric except the dithyramb». Die Folgerung, daß der Chor nicht spezifisch «dionysisch» gewesen sei, ist nicht schlüssig; dagegen spricht insbesondere die Maske, die doch diesem Gott wesentlich zugehört. Meint Else wirklich, einem Einzelnen sei es möglich gewesen, sie zu «erfinden»?. So sehr wir ihm zustimmen, wenn er (a. a. O. 44, 69) die Bedeutung des logos («a high sophistication») im Entstehungsprozeß des tragischen Theaters hervorhebt, so wenig kann doch übersehen werden, daß dieser Prozeß von kontemplativen, ja antinomischen Kräften mit getragen wurde: Philosophie, Demokratie, Aufklärung auf der einen Seite, auf der anderen Dionysos, Mysterien. Das Theater der Tragödie ist von den Spannungen zwischen dem logos (Dialog, Dialektik) und dem allem, was wir mimesis nennen, geradezu geprägt.

45. cf H. Popp, Amoibaion, 1968.

46. cf W. Schadewaldt in: Hellas und Hesperien, 1960, 106 ff.; K. Reinhardt, Aischylos, 1949, 112 ff.; K. v. Fritz, Antike und moderne Tragödie, 1962, 124 ff.; H. F. Kitto, Form and Meaning in Drama, 1964², 43 ff.

47. Aristoteles spricht von ἐμβόλιμα erst in der Tragödie des 4. Jhs. (poet. 1460 a 30).

48. Zu ergänzen das zeitraffende Element, das den Chorliedern in vielen Stücken zukommt.

49. Gemütsbewegung und Reflexion s. Anm. 40.

50. s. S. 42.

51. cf W. Schadewaldts Deutung in: Hellas und Hesperien, 1972², 476 ff.

52. cf Oed. R. 191/29 gegen 909/10.

53. s. S. 31; cf B. Schweitzer in: Das Problem des Klassischen in der Antike, hg. W. Weber 1933 (1961) 77 ff., besonders 84, wo es heißt, daß die klassische Kunst «erzeugt und getragen» sei durch «ungeheure Spannungen, welche den ganzen Umfang des sittlich-politischen Menschen umfassen».

54. so B. Schweitzer a. a. O. 86.

55. Zur *Tafel 14* cf Margot Schmidt in: Antike Kunst 10 (1967) 70 ff.; gegen die Deutung der Tanzenden als Dithyrambos-Chor H. Froning in: Dithyrambos und Vasenmalerei in Athen (Beiträge zur Archäologie 2, 1971) 23 ff.; der Deutung als Tragödienchor stimmt E. Simon zu (Das antike Theater, 1972, 16); cf Semni Karaozou in: Revue Archéologique 1972, 199, Anm. 2. Wir neigen zu der Deutung von M. Schmidt, glauben aber, daß die archaische Darstellung in eine Zeit gehört, in der die Distinktion zwischen tragischem und dithyrambischem Chor noch nicht voll entwickelt war.

56. cf Die Bauformen der griechischen Tragödie, hg. W. Jens 1 ff. (H. W. Schmidt) und 117 ff. (G. Kremer).

57. Vf. verdankt die Kenntnis dieser Methode den Eindrücken von Chorproben im Musiktheater Walter Felsensteins (cf W. Felsenstein / S. Melchinger, Musiktheater, 1961, 65 et passim).

58. Pollux IV 108/9.

59. Viereckige und kreisförmige Chöre: Athen. V 181 c; cf Wilamowitz, Einl. in die griech. Trag., 1907, 78 ff.; Pickard-Cambridge, Dithyramb, 32.

60. K. O. Müller, Die Eumeniden, 1833, 73 ff. Dagegen schon G. F. Hermann, Opusc., VI² 158 f.

61. cf Bieber, Hist., fig. 645.

62. cf Pickard-Cambridge, Festivals, 251.

63. D. R. 70. D. ist der Ansicht, daß «vier Personen bequem nebeneinander hergehen konnten», was bezweifelt werden muß; fünf auf keinen Fall.

64. K. O. Müller a. a. O. 87; dagegen Riemann a. a. O. 29.

65. cf D. Brodhead, The Persae, 1969, 383 f.

66. s. Anm. 44.

67. Pickard-Cambridge, Festivals, 246; cf H. D. F. Kitto, Greek Tragedy, 1961³ (1966) 115.

68. Pollux IV 103/5; Athen. XIV 629 f.; Plut. (Quaest. Conv. 747 b) unterscheidet φόραι = Bewegungen, σχήματα = Stellungen, Haltungen, δείξεις = Zeichen, Merkmale; cf Müller, Lehrbuch, 225, Pickard-Cambridge, Festivals, 249 ff.

69. Athen. I 21 E. Zu der merkwürdigen Stelle über die Tänze des Telestes in den ‹Sieben› s. Rhythmus S. 233 f.

70. Plut. Quaest. Conv. 732 f.

71. bei Athen. I 21 E.

72. cf Wilamowitz, Griechische Tragödien, IV 1923, 268: «Um die Mitte des Jahrhunderts begann eine Umwälzung und trotz des heftigsten Widerstands drängte die moderne Musik die alten Meister zurück.» s. Rhythmus S. 232.

73. s. Rhythmus S. 228 ff.

74. Das ist gegen Aristoteles poet. 1456 a 27 zu verteidigen; vgl. Rhythmus S. 232.

75. s. Anm. 47.

76. Das Satyrspiel ‹Prometheus pyrphoros› hat ein gesichertes Aition in Athen; cf L. Deubner, Attische Feste, 1969³, 211; Wilamowitz in: Hermes 21 (1886) 211; K. Reinhardt, Aischylos, 1949, 39 ff. Natürlich könnte Aischylos die Tetralogie noch in Athen begonnen, aber in Sizilien beendet und inszeniert haben.

77. s. S. 24 und Umbau.

78. cf Flickinger, 229.

79. cf Pickard-Cambridge, Festivals, 59 ff., 63 ff.

80. cf L. Deubner a. a. O. 139.

81. s. Maschinen S. 198.

82. Alkestis, Andromache, Medea, Helena, Bakchen.

83. Dafür findet sich kein Beweis im Text; es kann nur erschlossen werden, wenn die Annahme, daß die frühen Stücke auf der Pagos-Bühne gespielt worden sind, richtig ist, s. S. 20, Pagos S. 90 ff.

84. Nur dieses «hinunter» steht im Text. s. Pagos S. 94 und Kopha S. 170.

85. s. S. 20 und Pagos S. 83.

86. Daß ἄνα und κάτα (ἀναβείνειν, καταβαίνειν), wie der Scholiast zu Aristoph. Ritter 149 behauptet, nur auftreten und abtreten bedeutet habe, mag für die spätere Zeit gelten. J. Th. Allen in: Univ. of California Publ. in Class. Phil. 7 (1919) 36 ff. leitet den Wortgebrauch ab «from the upard slope of the parodoi leading to the orchestra-terrace in the earliest period of the Athenian theater»; cf E. Capps in: Transactions Americ. Phil. Ass. 22 (1891) 5; J. M. White in: Harvard Studies II 165; A. W. Pickard-Cambridge in: Americ. Journal of Philol. 14, 289.

87. Pickard-Cambridge, Theatre, 57, 69 ff.; ebenso Flickinger XX, 91 f.

88. D. R. 33, 54, 70, 373.

89. s. Pagos S. 100.

90. cf Pickard-Cambridge, Theatre, 159: gegen Dörpfelds Ansicht, ἄνω bedeute die

gewöhnlichen Auftritte zum Unterschied von den Auftritten aus den Seitenflügeln in die Orchestra, Dörpfeld in: Athen. Mitt. 28 (1903) 422 f.; cf aber Dörpfeld in: Athen. Mitt. 49 (1929) 99: «Die Tragöden traten, wenn sie aus der Stadt kamen, durch die gewöhnliche Parodos, die in Athen höher als die Orchestra lag, ins Theater ein und schritten zur Orchestra hinab.» Anders Arnott, 32 f.; aber die von ihm herangezogene Platon-Stelle (Symp. 114 b: Agathon «mounting the platform with his actors») bezieht sich nicht auf eine Theatervorstellung.

91. cf Pickard-Cambridge, Theatre, 1; Arnott, 9.

92. Dörpfeld in: Arch. Anz. 1915 sp. 93 ff.

93. Die gegenteiligen Auslegungen: Pickard-Cambridge, Theatre, 58; Arnott, 28.

94. cf Arnott, 30; Pickard-Cambridge in: Theatre zu Phoenissen 54, Ion 57, Elektra 58.

95. cf Dörpfeld in: πρακτικά, 1925, 30.

96. cf Pickard-Cambridge, Festivals, 39 f., 82 f. – C. Anti (Teatri Greci arcaici, 1947, 219 ff. Taf. V) hat für das Lenäen-Theater, die eigentliche Bühne der Komödie, einen Spielplatz auf einer rechteckigen Orchestra rekonstruiert, die er folgerichtig auch für die frühe Phase des Dionysostheaters vorschlägt (55 ff.). Aber das Hauptargument, das dafür zu sprechen scheint (wenn wir von Syrakus absehen, von dem Anti ausgeht), die angeblich nicht kyklische Orchestra in Thorikos, kann nicht überzeugen s. THORIKOS S. 134 ff. Wenn Komödien von Aristophanes sowohl im Lenaion wie im Dionysostheater gegeben worden sind, müssen die Bühnen etwa die gleiche Form gehabt haben, also auch die Orchestra als Spielplatz. M. Biebers «Plan for presentation of Aristophanes' Frogs» (Hist. ² fig. 221) ist dann unmöglich. – Zur Bühne der Komödie cf C. Fensterbusch, Die Bühne des Aristophanes, 1912; H.-J. Newiger in: Rhein. Mus. NF 108 (1965) 231 ff.

97. cf E. Reisch in: D. R. 189; Pickard-Cambridge, Theatre, 69, 59, 101 ff.; Arnott, 33.

98. cf Pickard-Cambridge, Theatre, 60, 69 Anm. 2; Arnott, 33, 31. Scholion zu ἀνάβαινε σωτὴρ τῇ πόλει: ἵνα, φησίν, ἐκ τῆς παρόδου ἐπὶ τὸ λογεῖον ἀναβῇ. διὰ τί οὖν ἐκ τῆς παρόδου; τοῦτο γὰρ οὐκ ἀναγκαῖον. λεκτέον οὖν ὅτι ἀναβαίνειν λέγετο τὸ ἐπὶ τὸν λογεῖον εἰσιέναι. ὅ καὶ πρόσκειται. λέγεται γὰρ καταβαίνειν τὸ ἀπαλλάτεσθαι ἐντεῦθεν. ἀπὸ τοῦ παλαιοῦ ἔθους ... ὡς ἐν θυμέλῃ δὲ τὸ ἀνάβαινε. Der Scholiast, der sich kein Bild von der Bühne des Jahres 424 machen konnte und nur die scaenae frons seiner eigenen Zeit vor Augen hatte, legte den «alten Brauch» auf seine Weise aus. Ein logeion gab es 424 keinesfalls; und skene hatte noch die Bedeutung, die das Wort in Aristophanes' ‹Friede› 131 hat; s. UMBAU S. 120: Garderobe, Bühnenhaus. Selbst Arnott, 31 muß zugeben, daß das Scholion (für seine These) «proves nothing». Dazu Flickinger, 351. s. Anm. 11.

99. cf Pickard-Cambridge, Theatre, 59 f.

100. cf E. R. Lehmann im Nachwort zu seiner Ausgabe der Droysenschen Übersetzungen o. J. 370: «Der Heliast wird in das Leben eines der modernen Clubs hineingezogen (die angeführten Namen seiner Zechgenossen aus der modernen Gesellschaft weisen wenigstens auf eine solche Hetairie).»

101. cf Pickard-Cambridge, Theatre, 67, 103 f.; Arnott 34.

102. cf Pickard-Cambridge, Theatre, 58, 65; Arnott 28; W. Jobst, Die Höhle im griechischen Theater, 1970, 74 ff., wo (mit H. Kenner, Griechische Theaterlandschaften, in: Oester. Jahreshefte 47, 1964/5, 42) die Vorstellung «Burg über Felsen» als Bühnenkulisse vorausgesetzt und der Aufstieg der Greise, wie bei Arnott, auf diese bezogen wird.

103. s. THORIKOS S. 134.

104. Aristoph. Acharn. 202: ἄξω τὰ κατ' ἀγροὺς εἰσιὼν Διονύσια; cf Wilamowitz in: Hermes 21 (1886) 615; L. Deubner, Attische Feste, 1969³, 124; Pickard-Cambridge, Festivals, 22 ff., 37 ff. – Über die Ausgrabungen ἐν Λίμναις cf Dörpfeld in: Athen. Mitt. 20 (1895) 161 ff. und ebda 46 (1921) 81 ff.; Judeich, Topographie von Athen, 1931², 293 ff.; Pickard-Cambridge, Festivals, 22: «This was, as the authorities require, outside the earliest, or Thesean, city wall, but included in the later city.»

105. cf Judeich a. a. O. 183, 305, Abb. 39.

106. cf D. R. 11, wo ein Nebentor im Westen angenommen wird; Pickard-Cambridge, Theatre, 2 f.; Festivals, 20 f.

107. So Reisch in: D. R. 256; Müller, Lehrbuch, 158 ff.; Frickenhaus 9; Flickinger 233; M. Bieber, Hist., 75.

108. M. Bieber in: Americ. Journal of Arch. 58 (1954) 277 ff. Dazu N. C. Hourmouziades in: Production and Imagination in Euripides, 1965, 129.

109. cf Judeich a. a. O. Pl. IV.

110. R. Stillwell, Corinth, II, The Theater, 1952, 33. s. DAS MEER UND DIE SONNE S. 128.

111. cf Pickard-Cambridge, Theatre, 132 f., der das Zeugnis ein «jumble» nennt.

112. G. Hermann; Aeschyli tragoediae, 1859 II 649 f.

113. A. Müller, Lehrbuch, 157 ff.

114. D. R. 256.

115. R. C. Flickinger, 101 (Plutarch), 233 f.

116. D. R. 256: Amphitryon 333, Menaechmi 551, Mercator 879; dazu Ennius Ribbeck fragm. trag. lat. 51.

117. Flickinger 346, 363. s. PAGOS S. 86.

118. cf N. C. Hourmouziades a. a. O. 129. Freilich gelangt er aufgrund von Analysen anderer Euripides-Stellen zu einem Schluß, der die «Orestes»-Stelle als Ausnahme erscheinen lassen muß (136): «The conventional significance of the parodoi had not been established by the time he produced his plays. Each play creates its own topography.» Aber die herangezogenen *Herakliden*-Stellen (Parodos A: 55, 287 etc. Parodos B: 73, 120, 381, 607) beweisen, daß die Konvention genau eingehalten ist: der König und die Athener sind aus der Stadt durch Parodos B gekommen, die Feinde vom Land durch Parodos A. – Und nur mit Pollux' konfusem Zeugnis stimmen die Angaben in der *Helena* nicht überein; selbstverständlich kommen Teukros, Menelaos und die Boten vom Meer durch die Westparodos (78, 368, 597, 1512), während der Chor und Theoklymenos von der entgegengesetzten Seite auftreten; dort ist allerdings, in dem Märchenstück, keine Stadt: der Palast ist als eine Art Landschloß gedacht, ähnlich wie der des Theseus in Troizen (‹Hippolytos›). – Für *Medea* ist es wichtig, daß Aigeus einen exponierten Auftritt hat, nach Hourmouziades den einzigen von links (wenn man Pollux folgt), in Wahrheit von rechts: aus der Fremde; aber es ist gar nicht der einzige Auftritt von daher: wichtig ist, daß die Kinder vom Spiel und Spaziergang außerhalb der Stadtmauern kommen (Rennplatz 46, Peirene-Quelle 69) und später durch die entgegengesetzte Parodos mit Iason zur Stadt gehen (975). – Ähnlich klar sind Auftritte und Abgänge, sofern man die richtigen Richtungen zugrundelegt, in der *Hekabe:* links, wo sonst die Stadt ist, ist das Lager, rechts das «Tal» und die «Pforten des Hades» (1); von dort kommt die pompe mit der Leiche des Polydoros (657), ebenso wie Polymestor (953). – Ebensowenig Schwierigkeiten bereitet die *Taurische Iphigenie.* – Komplizierter scheint die Situation im *Hippolytos* zu sein, da Theseus, der vom Hafen kommt, nicht von der gleichen Seite auf-

treten kann wie Hippolytos mit seinen Jagdgefährten; doch legt schon die Jagd die Analogie zur *Helena* nahe, auf die oben hingewiesen wurde; der Palast ist als Landschloß gedacht, rechts das Meer (und der Strand, von dem der Chor kommt), links die Jagdgründe und die «heiligen Auen» (77). – Dagegen kann es im *Orestes* keinen Zweifel geben. Menelaos kommt vom Hafen (369, Nauplia = Piräus) und begibt sich zur Stadt (715); Tyndareos war an Klytaimestras Grab, das zwischen dem Palast und der Stadt liegt (98 ff., 108 f.), kommt also von links und geht dorthin ab, zur Versammlung (704). – Bei *Elektra* muß davon ausgegangen werden, daß Klytaimestra aus der Stadt kommt, während Aigisth «in den Gärten» ist, also in einem Landhaus. Agamemnons Grab ist «unten» angenommen, denn von dort steigt der Alte herauf (s. S. 76), und von dort ist Orestes mit Pylades gekommen; der Alte sagt ausdrücklich, er habe Aigisth gesehen, als er zur Hütte gegangen sei (621). – Beim *Ion* ist die Topographie von Delphi zugrundezulegen, die vielen Zuschauern bekannt war. – Von den *Phoenissen* sagt Hourmouziades selbst: «The off-stage area is so accurately described that any attempt to distribute its localities on a conventional pattern would ruin the illusion, maintained by the poet throughout the play of the ‹besieged city› (135).» Aber die Situation ist genau die gleiche wie in Aischylos' ‹Sieben› (s. PAGOS S. 93 f.), nur daß die Akropolis jetzt ein Haus mit einem Dach (oder einem Turm?) hat. Polyneikes kommt aus der Stadt (363), Eteokles wie Iokaste aus dem Haus. Polyneikes geht ab nach rechts, zum Schlachtfeld (637), und dorthin folgt ihm der Bruder während des 2. Stasimons. Teiresias ist wie Kreon von drunten gekommen und will zur Stadt, um Kreon aufzusuchen (843); er hat eine weite Reise hinter sich (852 ff.), dann geht er nach Haus, in die Stadt (954), und Kreon folgt ihm, um ihn zu hindern, die Weissagung dem Volk bekanntzumachen (925). Iokaste eilt mit Antigone aufs Schlachtfeld nach rechts (1252), und von dort kehrt Antigone zurück mit dem Kondukt.

119. Pickard-Cambridge, Theatre, 236; Aristophanes-Vita zitiert nach Dindorf, Proleg. de Com., 36.

2. Pagos

1. cf D. R. 26 f., 30, 35; Judeich, Topographie von Athen, 1930², 306; Mauer: 316; Pickard-Cambridge, Theatre, 1 ff., 3: «From the Propyleum the ground would have risen gradually to the level of the orchestra as this level was in the fifth century (and still is, with little or no alteration), and this ascent would meet a descent from the Odeum towards the same spot. In the earliest period... the road from the Propyleum, after passing the Older Temple, probably turned gradually to the right and gave access to the level ground of the earliest orchestra.» – A. Müller, Lehrbuch, verfaßt 1886, also vor Dörpfelds Grabungen, beschreibt den Ostteil: «Die südliche Hälfte der östlichen Umgrenzung ist durchaus unregelmäßig; die einspringenden und sich kreuzenden Conglomeratsfundamente sind offenbar Futtermauern für einen rampen- und terrassenartigen Aufgang, der sich in einem Weg quer durch die cavea fortsetzte.» – cf ferner C. Robert in: Hermes 32 (1897) 421; F. Noack 1915, 4 f.; H. Schleif in: Archäologisches Jahrbuch 52 (1937) Anz. sp. 27.

2. Oed. Kol. 16 f. βρύων δάφνης, ἐλαίας, ἀμπέλου.

3. Bakchen 81 f., 11, 104.

4. cf Dörpfeld in: πρακτικά, 1925, 30: «Unter der Mauer fanden wir den gewachsenen Fels.»

5. s. Auftritte und Abgänge.

6. cf D. R. 30; C. Robert a. a. O. 421; Noack, 3 ff.; Fiechter, 5, 59, 9, 23; W. Jobst, Die Höhle im griechischen Theater, 1970, 147. Die Erdaufschüttungen sind zum Teil beim Bau des lykurgischen Theaters beseitigt worden; cf Robert a. a. O. 423, Noack, 8.

7. cf H. Schleif a. a. O. 27: «2,5 m hoher Geländesprung» (seit Errichtung der Mauer H.).

8. πάγος cf H. Frisk, Griechisches etymologisches Wörterbuch, Lief. 15 (1965 = Bd. II) 459 f.: «Festmachen, Feststecken, dann auch Erstarren und Gefrieren, schließlich das Harte, Gefrorene, Verkrustete, Feste, Starre, Fels, Felsspitze, Klippe, steiniger Hügel.»

9. cf H. Kenner, Griechische Theaterlandschaften in: Oester. Jh. 47 (1964/5) 46 ff., 60.

10. z. B. H. Kenner a. a. O. Abb. 34, 35: Kampanische Hydria Berlin 3238 (Séchan fig. 78, Webster, Productions, 155); Buschor, Griechische Vasen, Abb. 239: Choenkanne Oxford 532.

11. cf D. R. 99; Fiechter 9 (1950) 35 ff.

12. Wilamowitz in: Hermes 21 (1886) 603 ff.; cf ds., Aischylos . Interpretationen, 1914 (1966) IV und Griechische Tragödien, IV 1923, 258 ff. Allerdings sah er den Felsen des Prometheus noch auf dem gleichen pagos (dem «oberen Spielplatz») wie dem der koinobomia der Hiketiden: Aischylos. Interpretationen, 115 ff.

13. A. Frickenhaus, Die altgriechische Bühne, 1917, 3.

14. cf D. R. 36; F. Noack, 5 (nach C. Robert a. a. O. 426).

15. so A. v. Gerkan in: Gnomon 14 (1938) 175.

16. Wilamowitz, Aischylos . Interpretationen, 117.

17. cf Dörpfeld in: πρακτικά 1925, 33.

18. cf Pickard-Cambridge, Theatre, 51.

19. Scholion 1589, 1590 (cf 57, 1059).

20. Propyläen-Weltgeschichte, III 333.

21. H. Kenner, Das Theater und der Realismus, 1954, 109; Pickard-Cambridge, Theatre, 51.

22. Fiechter, 5, 17, Taf. 4; Schleif a. a. O. sp. 30.

23. Aisch. Hik. 508 f., 558, s. S. 96.

24. D. R. 26, 36, 56; πρακτικά 1925, 30: Archäologischer Anzeiger 30 (1928) 93 ff.; cf G. Welter, Archäologischer Anzeiger, 40 (1925) 311 ff.

25. C. Robert in: Hermes 32 (1897), 422 ff.

26. Noack, 3 ff.

27. Flickinger, 346, 363.

28. cf F. Noack 39 ff.

29. Frickenhaus, 75, 121, 84 f.; cf 3, 5, 83, 72, 81.

30. E. Bethe in: Hermes 59 (1924), 108 ff., 117.

31. Fiechter, 5 (1935), 38, 9 (1950) 25 f. Dazu A. v. Gerkan in: Gnomon 14 (1938) 132 ff. und Gnomon 23 (1951) 450 ff.

32. J. T. Allen, Stage Antiquities of the Greeks and Romans, 1927; On the Odeum and the Periclean Reconstruction of the Theater, 1941; ferner zu Flickinger in: Class. Arch. 1 (1944) 169 ff.

33. C. Fensterbusch in: Philologus NF 39 (1930) 236 ff.; Gnomon 21 (1944) 150; PW V, 2 sp. 1389, 1399.

34. E. Buschor in: Sitzungsberichte der Bayer. Akademie der Wiss. Phil.-hist. Klasse 1937, 1 S. 17, 32, 34.

35. R. C. Flickinger 65 ff., 226 ff.

36. H. Schleif in: Archäologischer Anzeiger 1936, sp. 26 ff.

37. Pickard-Cambridge, Theatre, 1 ff., 5, 8.

38. Pickard-Cambridge, Theatre, 15 f., 34 f.

39. cf J. Th. Allen in: Univ. of California Publ. Class Philol. 12 (1944) 27 ff.; Judeich a. a. O. 392: «Rechts und links des großen zentralen Felswürfels war eine Anzahl langer bankartiger Felsstufen eingearbeitet.»

40. Abb. in: E. Curtius und J. A. Keupert, Atlas von Athen, 1878 Bl. VI, 20, dazu Judeich a. a. O. 397.

41. cf A. M. Dale in: Sophokles hg. H. Diller 1967, Sichtbares und Unsichtbares auf der griechischen Bühne 239; A. M. Harmon in: Transactions of the American Philol. Assoc. 1932, 7 ff.

42. Nach Pausanias I 43, 3 befanden sich im Rathaus von Megara Heroengräber.

43. cf D. R. 281; F. Noack 13, Anm. 18.

44. cf G. Murray, Aischylos, dt. 1969, 92.

45. s. Anm. 34.

46. Man beachte die Gleichartigkeit der Blöcke, die noch schlagender wirkt, wenn man die Aktionszeiten einkalkuliert.

47. Wilamowitz in: Hermes 21 (1886) 606 ff.; Hermes 32 (1897) 393 ff.; Hermes 33 (1898) 382 ff.; Aischylos. Interpretationen 1914 (1966) 42 ff., 50 f.

48. E. Bethe in: Hermes 59 (1924) 109 ff.; vorher: Prolegomena, 1896, 88 ff.

49. F. Dümmler in: Delphica, Basler Universitätsprogramme, 1899, 23 = Kleine Schriften II 147.

50. A. Frickenhaus 83 f.

51. F. Noack 12 ff.

52. J. Th. Allen in: Univ. of California Punl. in: Class Arch. 1 (1944) 170.

53. Pickard-Cambridge, Theatre, 35 f.

54. Arnott, 57 f.

55. H. D. Broadhead, The Persae of Aeschylus, 1960 XLIII ff., XLVI.

56. A. M. Dale s. Anm. 41.

57. s. KOPHA S. 170.

58. So auch Wilamowitz, Aischylos . Interpretationen, 59, Anm. 3: «An die Gewehre». Zur Wappnungsszene s. RHYTHMUS S. 233 f.

59. Mauerbrüstung vielleicht mit Türmen cf D. R. 197.

60. Zum Schluß der ‹Sieben› cf B. Snell, Aischylos, in: Philol. Suppl. XX 1 (1928) 90 ff.; anders Wilamowitz in Aischylos. Interpretationen, 88 ff.

61. Wilamowitz in: Hermes 21 (1886) 608.

62. Aischylos . Interpretationen, 32 f.

63. E. Bethe in: Hermes 59 (1924) 110.

64. F. Noack, 13.

65. Flickinger, 363 cf 226, 347.

66. A. Pickard-Cambridge, Theatre, 36 f.

67. J. Six in: Journal of Hell. Studies 40 (1920) 186 ff.; so auch H. Kenner, die im Hintergrund eine «gemalte Oberstadt» sieht (Theater und Realismus, 108, Griechische Theaterlandschaften, a. a. O. 60).

68. «Sphinx» cf U. Hausmann, Zur Antiope des Euripides in: Mitt. des Dt. Archäol. Inst. Athen. Abt. 73 (1958) 50 ff. Für die ‹Urbanisierung› der Szene gibt eine Amphora

im Stuttgarter Landesmuseum (Nr. 497, unsere *Tafel 33*) ein sehr frühes Beispiel (nach U. Hausmann vielleicht eine Szene aus einem Stück von Thespis).

69. s. S. 22.

70. s. Anm. 23; cf D. R. 209. Oed. Kol. 113. νάπος heißt der Hain Soph. Aias 892, Oed. Kol. 157 (aus dieser Stelle geht hervor, daß es sich um Synonyma handelt).

71. cf Wilamowitz, Aischylos. Interpretationen, 7: «Daß auf der Orchestra irgend etwas hergerichtet wurde, um den Hain zu bezeichnen, ist umso weniger notwendig, da die ganze Vorstellung im Bezirk des Dionysos vor sich geht, der natürlich selbst ein ἄλσος und sogar kein βέβηλον war.»

72. Gleichen Schauplatz für alle Stücke fordert F. Stoessl in: Aischylos, 1952, 95.

73. Dagegen Wilamowitz, Aischylos. Interpretationen, 23.

74. cf Stoessl a. a. O. 96 f.

75. cf Wilamowitz, Aischylos. Interpretationen, 5; Noack 27; Bethe in: Hermes 59 (1924) 109, 111; Pickard-Cambridge, Theatre, 33–35; Arnott a. a. O. 23, 46. Das Wort nach Frisk, Etymol. Wörterbuch, 1960, 526 aus ἐν ὦπα = ins Angesicht; durch Hypostasierung entstand ἐνώπιος = vor dem Gesicht seiend, sichtbar, gegenwärtig usw. Im Neutr. pl. Vorderwände, Außenwände, Fassade eines Hauses, bei Homer, aber ‹Antlitz› A. Suppl. 146 (lyr.); aus dem Zusammenhang ergebe sich, daß in den Hiketiden nur das heilige Antlitz der Artemis gemeint sein könne.

76. R. C. Flickinger, in: Transactions Americ. Philol. Assoc. 61 (1950) 88, 94; dagegen J. Th. Allen in: Univ. of California Publ. in Class. Arch. I (1944) 171.

77. Zu erwägen ist noch die Bedeutung der Lichtverhältnisse, auf die M. Gerhäuser, Untersuchungen über die Spielmöglichkeiten in griechischen Theatern, 1964 (s. S. 131) hingewiesen hat. Experimente haben ergeben, daß von 8–11 Uhr die Skene des Dionysostheaters, gedacht als niedriges Gebäude mit Paraskenien, im Eigenschatten lag, der um 8 Uhr bis zur Orchestramitte reichte. Bei dieser Verschattung war nach Gerhäuser (29) ein Spiel im Skenenraum zwischen den beiden Seitenflügeln kaum möglich; er fährt fort: «Wenn kein Skenengebäude vorhanden war, so war allerdings schon in den Morgenstunden günstige Spielzeit, die dann den Tag über so lange anhielt, bis am Nachmittag der Koilon- oder der Bergschatten die Orchestra erreichte.» Das mag in der Tat bei der Wahl des Platzes für die Pagos-Bühne eine Rolle gespielt haben; aber bald verstanden es die Dramatiker als Regisseure, mit diesen Lichtveränderungen zu arbeiten. Nach dem Umbau wurde nun einmal am Morgen vor einem Haus gespielt. Der Auftritt des geblendeten Oedipus, in einem Morgen-Stück, mag so inszeniert gewesen sein, daß der Schauspieler aus dem Dunkel des Gegenlichts plötzlich ins Helle trat; das Licht hatte um diese Zeit der Vorstellung, bei schon hochstehender Sonne, das Gebäude schon fast erreicht. – Übrigens waren viele Theater – die meisten, deren frühe Anlagen noch ins 5. Jahrhundert zurückreichten – in gewachsenen Fels hineingebaut. Nach Sifakis 128 f. war im Theater in Akrai, Sizilien, «a large area of the hyposkenion occupied by living rock, that has never been removed». L. B. Brea, Akrai, 1956, 39; Sizilien, 1969, 65.

78. cf W. Schadewaldt in: Hellas und Hesperien 1960, 141 ff.; Pickard-Cambridge, Theatre, 36: «The play was evidently one of Aeschylus' earliest.» Allerdings kann die von Pickard-Cambridge (83) herangezogene Amphora in Neapel (Nr. 3246, Webster, Monuments, TV 12) aus dem 4. Jahrh. (330/20 nach Webster) nicht auf eine Darstellung aus der frühen Zeit zurückgeführt werden: sie deutet trotz der punktierten Linien, die Felsen darstellen, eher auf eine Wiederaufführung des Stücks, das zu Aischylos' beliebtesten gehört zu haben scheint.

79. cf W. Schadewaldt in: Hellas und Hesperien, 1960, 160 ff., grundlegend B. Doehle in: Klio 49 (1967) 80 ff.; dazu H. Kenner in: Wiener Jahreshefte 33 (1941) 18 (Theater und Realismus, 106) und M. Schmidt in: Opus Nobile für Ulf Jantzen 1969, 141 ff. Schadewaldt verweist S. 203 auf eine Mitteilung B. Schweitzers, wonach die Darstellungen mit Thetis und den die Waffen bringenden Nereiden in der bildenden Kunst in den siebziger Jahren einsetzen.

80. Auf dem gleichen Schauplatz spielte bestimmt das 3. Stück ‹Die Phryger›.

81. Es ist unmöglich und, wie wir meinen, auch unnötig, die Vorschläge zusammenzustellen, die für die Szenerie dieses Stückes gemacht worden sind. Die extremen Ansichten: a) neutrale Hinterwand auf Podest, in der das Mitteltor die Höhle, bzw. den Felsen bedeutete (P. Arnott, 123 ff.); b) gemalte Dekoration (H. Kenner, die noch in: Theater und Realismus, 105, Fels-Attrappen angenommen hatte, aber jetzt «schon bei Aischylos gemalte Kulissen vorzieht», Griechische Theaterlandschaften, a. a. O. 54, Anm. 47, zum ‹Prometheus› 54 f., und W. Jobst, Die Höhle im griechischen Theater 1970, vor allem 143 ff. Freilich entdeckt man auf den Szenenbildern, die H. Kenner für den ‹Dyskolos› entworfen hat, Theaterlandschaften, 28, und die Jobst zum ‹Prometheus› heranzieht, neben gemalten Dekorationen auch plastische Attrappen.) Beide Ansichten lehnen wir ab s. S. 17. Pickard-Cambridge faßt seine Vorstellungen folgendermaßen zusammen, (Theatre 41): «Thus the scenery will have consisted of a background, perhaps higher in the middle, representing cliffs with a central rock to which is Prometheus attached; a slope or steps led up to this from the edge of orchestra, and above this background was an upper story or floor, serving to carry the chorus in their winged chariot, until they descend to the orchestra. This upper floor need not be much, if at all, higher than the raised centre of the background.» Obwohl er die schon von anderen vorgebrachte Annahme, Prometheus sei mit Hilfe des ekkylema verschwunden, als überflüssig zurückweist (38), gibt er keine Erklärung für die Technik der letzten Szene. E. Simon a. a. O. 37 plädiert für das Ekkylema, s. Anm. 143, auch 137. Die Schwierigkeiten, die der Auftritt der Okeaniden bereitet, werden im Zusammenhang der Interpretation erörtert werden; hier sei nur erwähnt, daß sie nach unserer Analyse aus der Bühnenrückseite auf eine Rampe gefahren worden sind, die wir uns zwischen den über den Paraskenien errichteten Felsen und dem höheren Zentralfelsen denken, s. S. 156.

82. Zur Datierung der Promethie nach der Orestie: George Thomson, The Prometheus Bound, 1932. W. Schmid, Griechische Literaturgeschichte, III 1, 1941, 282 und W. Nestle (in seiner Ausgabe der Droysenschen Übertragung 1939, 353), die nicht glauben, daß das Stück von Aischylos ist, datieren es immerhin in die Zeit um 450.

83. P. Arnott, 106.

84. Szenenwechsel auf der Simultanbühne s. PARASKENIEN S. 154. Die von Arnott, 92, herangezogene Bühne des No ist eine Einheitsbühne, die stets nur ein und dasselbe Bild darstellt: ein Baum an einem Kreuzweg; gerade den Symbolwert, den dieses Bild ausstrahlen soll, besitzt die Szene der Tragödie nie.

85. Hypothesis tr. 26 Mette P. Ox. 2257 fr 1, 26; cf B. Snell in: Gnomon 25 (1954) 440.

86. S. 24. Zum Theaterzelt: cf W. Jobst a. a. O. 11 ff. Möglicherweise sind hier wirklich Perserzelte nachgeahmt worden, allerdings dann, wie F. Studnicka (Das Symposion Ptolemaios’ II., in: Abhandlungen der Sächs. Ges. der Wiss., phil.-hist. Klasse 30 II 1915, 24, 68) ausgeführt hat, Zelte nicht mit Wänden, sondern mit Plachen, die zurückgeschlagen werden konnten, z. B. «scharlachroten Decken». Über die Hypothese O. Bro-

neers, daß das erbeutete Xerxes-Zelt das Vorbild für das früheste Bühnengebäude gewesen sei, s. SKENE-ZELT-XERXESZELT.

87. Arnott, 107 ff.

88. Gilbert Murray, Aischylos, dt. 1969, 48 ff.

89. s. UMBAU.

90. s. S. 44.

91. cf L. Séchan, Études sur la tragédie Grecque, 1926, 256 ff.; W. Jobst a. a. O. 125 ff., Abb. 19–24.

92. Vielleicht müßte man sagen: wieder an zwei Säulen zu fesseln, wie das auf frühen Darstellungen auch des Prometheus zu sehen ist: Jobst a. a. O. 133. Das wäre ein weiterer Hinweis auf die Bühnenhaftigkeit der Grotten-Struktur (genauer: Grotten-Konstruktion), die wohl nur vom Theater her auf die Vasen kommen konnte. cf K. M. Philipps jr. in: Amer. Journal of Arch. 72 (1968) 11, wo der Zusammenhang zwischen «posts and a strong arch» besprochen wird und Darstellungen wie die der Dirke-Vase *(Tafel 21)* als ein ‹link› zwischen beiden gedeutet werden. Auch Philipps' Annahme, daß ein Grottenbogen den Eingang in den Hades bedeuten konnte, dürfte zutreffen: in Eleusis heute noch die Grotte zu sehen, durch die Pluto mit der geraubten Persephone in die Unterwelt hinabgestiegen sein soll.

93. Arnott, 75.

94. H. Kenner, Griechische Theaterlandschaften, a. a. O. 68.

95. Opsis s. RHYTHMUS S. 220.

96. cf E. Buschor, Phidias der Mensch, 1948, 5.

97. Theater und Realismus, 104. Auch Wilamowitz vergleicht in: Aischylos. Interpretationen, 115 ff. den pagos des ‹Prometheus› mit dem der ‹Sieben› und der ‹Hiketiden›.

98. A. v. Gerkan, in: Gött. Gel. Anz., 210 (1956), 163 ff.

99. s. SKENOGRAPHIE.

100. H. Kenner in: Theater und Realismus, 105.

101. cf W. Jobst a. a. O. 31 f., 145 f.

102. cf D. R. 56 (dagegen Pickard-Cambridge, Theatre, 146), s. S. 88 Buschor (269, 34).

103. Felsen auf Vasen: geschweift wie senkrechte Wellen z. b. Schale des Brygosmalers um 490 Antikenmuseum Basel 111, 4; attischer Krater aus Gela um 450 Ehem. Staatl. Museen Berlin Ant. Abt. V, 1, 3172 (Orpheus mit Thraker Abb. Buschor, Griechische Vasen 1969, 226); gefleckt z. B. Tragodia-Kanne in Oxford 534 (Abb. bei Buschor 239); Andromeda-Hydria Berlin 3228 (Abb. Kenner, Theaterlandschaften, 48, Abb. 34, 35); Kanne des Eretria-Malers um 430/20 Antikenmuseum Basel 131, 2.

104. z. B. Vase im Louvre G 372, 5. Jh.

105. z. B. Paros auf dem Ida in München CV 235, 237, 239 oder Berliner Krater 1969, 9.

106. H. Kenner, Theater und Realismus, 102 ff.; cf W. Jobst a. a. O. 105 ff.

107. Louvre G 341 (Abb. 215 bei Buschor); cf H. Kenner, Theater und Realismus, 102. Ähnlich der Amazonenkrater in New York 07.288.86 (Abb. 214 bei Buschor) oder der Hades-Krater in Boston 34.79 (Abb. 13 bei Jobst a. a. O.).

108. Louvre K 404; Webster, Monuments, NV 2 (Abb. Pickard-Cambridge, Theatre, fig. 58, Bieber, Hist. 2, fig. 115).

109. Sammlung Torlonia (Abb. 31 bei H. Kenner, Theaterlandschaften, 44).

110. Freilich entschieden abgelehnt von Gerkan a. a. O. 167. Woher weiß Gerkan, daß Polygnot «nur Schlacht- und Schiffsszenen» gemalt hat?

111. cf H. A. Thompson in: Hesperia 19 (1950) 313 ff.; Jobst a. a. O. 17.

112. Gerkan, a. a. O. 165.

113. s. S. 20.

114. s. S. 45.

115. ‹Elektra› spielt vor einer Bauernhütte an einem Berghang, cf N. C. Hourmouziades, Production and imagination in Euripides, 1965, 51.

116. PS I 1209 a fr. 464. Seltsamerweise von W. Jobst nur nebenbei erwähnt: 31, Anm. 95.

117. cf W. Jobst a. a. O. 81 ff., 148. Die Meeresufer-Szenerie war so konventionell, daß wir die Übereinstimmung zwischen den ‹Diktyulkoi› und der ‹Eirene› gar nicht identifizieren könnten, wenn es nicht diesen einzigen Vers 507 gäbe: πρὸς τὴν θάλατταν ὀλίγον ὑποχωρήσατε. Das Publikum wußte eben, was da drunten war. Und nur so (nicht wie Jobst 67) kann Vers 224 interpretiert werden: εἰς τουτὶ τὸ κάτω. Gedeutet wird vom Podest herab auf das, was da drunten ist.

118. cf Wilamowitz in: Neue Jahrbücher für das Klass. Altertum 15 (1912) 449 ff., der vieles richtig gesehen hat, so wenn er sich die Höhle «unterirdisch» dachte (an einem «Dreiweg» 456); freilich die Hypothese einer «Schräge» («ansteigender Holzboden» 457), die «den Schauspielern unten Raum genug bot», um die Aktion ausführen zu können, ist abwegig, da stets das Selbstverständlichere, Einfachere vorgezogen werden sollte. – Fels und Wald bilden nach 215/6 die Szenerie: τόνδε χλοεχὸν ὑλώδη πάγον. cf J. E. Harrison in: Essays and Studies pres. to W. Ridgeway 1913, 136 ff.; Jobst a. a. O. 118.

119. s. Anm. 41, Dale a. a. O. 248 ff.; cf Pickard-Cambridge, Theatre, 50.

120. W. J. Woodhouse in: Journal of Hellen. Studies 32 (1912) 239 ff.

121. Antiope: cf U. Hausmann a. a. O. 56 und 58 Anm. 42: «Der Hirt verläßt die Höhle und damit die Bühne durch den Hinterausgang, um sich für die Rolle des Hermes fertigzumachen.»

122. cf H. J. Mette, Der verlorene Aischylos, 1963, 156; H. Kenner, Theater und Realismus, 107; Pickard-Cambridge, Theatre, 46; W. Jobst a. a. O. 31.

123. W. Jobst a. a. O. 91, dazu 103 ff.

124. Um 350; Abb. 12 bei Jobst a. a. O. 113 f.

125. cf A. Cambitoglou in: Journal of Hellen. Studies, 75 (1955) Tf. III; Abb. 14 bei Jobst a. a. O. 114 f.

126. Kelchkrater in Berlin F 3296; Webster, Monuments, TV 9; Abb. bei Bieber, Hist.[2], fig. 120; U. Hausmann a. a. O. Beil. 57, dazu 69.

127. NM 36319; Abb. bei Bieber, Hist.[2], fig. 119; Séchan, Etudes, 491; W. Jobst a. a. O. 123 f., Abb. 18.

128. Berlin F 3237; Webster, Monuments, AV 34; Abb. bei Bieber, Hist.[2], fig. 110/111; Séchan, Etudes, 258; W. Jobst a. a. O. 125, Abb. 19.

129. Berlin 7042; Abb. 21 bei Jobst a. a. O. 127.

130. Berlin F 3238; Abb. 22 bei Jobst a. a. O. 1127.

131. Abb. 23 bei Jobst a. a. O. 128.

132. Würzburg 855, Abb. 24 bei W. Jobst a. a. O. 128.

133. Halle, Abb. Philipps a. a. O. fig. 34–36; Séchan, Etudes, 260; W. Jobst a. a. O. 128.

134. Bari 5591 cf W. Jobst a. a. O. 129.

135. Neapel. Nicht bei W. Jobst; Séchan, Etudes, 261, fig. 80. Die Steine sind ähnlich aufeinandergeschichtet wie auf dem Reliefbecher in Athen, s. Anm. 125; U. Hausmann a. a. O. Beil. 56.1.

136. s. S. 12. Vielleicht sind die einzelnen Stücke, wie M. Schmidt (brieflich an Vf.) ansprechend vermutet, zusammengezapft worden.

137. 1969, 9. Hinweis und Abbildungen *(Tafeln 19, 20)* verdanken wir A. Greifenhagen.

138. So G. Thomson, The Prometheus unbound, 1932; schon A. Frickenhaus, 12, neuerdings E. Simon, 32. cf K. Reinhardt, Aischylos, 1949, 77. S. auch Anm. 80, 143 und MASCHINEN S. 192.

139. cf Ag. 96 Italie: «ex intima parte domus».

140. B. I. C. S. 12 (1965) 29.

141. H. Kenner in: Theater und Realismus, 105.

142. cf D. R. 198 ff.

143. Eine Brücke zwischen ‹Prometheus› und ‹Philoktet› könnte der sophokleische ‹Peleus› bilden, dessen Szenerie nach Diktys VI 7–9 (Soph. Frg. Pearson II 141 f.) der von uns als konventionell beschriebenen auffallend ähnlich gewesen sein muß. Da Aristophanes das Stück in den ‹Rittern› 1099 zitiert, muß es vor 424 aufgeführt worden sein, also ziemlich genau in der Mitte zwischen ‹Prometheus› (458/6 ?) einerseits und ‹Philoktet› (409) und ‹Kyklops› (406) andererseits.

144. a.a.O. 168. Gewiß betont Trendall a.a.O. 175 mit Recht, daß es sich bei der Vasendarstellung nicht um die Abbildung einer Bühnen-Szene handelt. Das trifft, wie wir S. 12 ausgeführt haben, prinzipiell auf alle Vasenbilder zu. Doch sind die Darstellungen von der Bühne «inspiriert» (so Trendall selbst 168); Elemente wie z. B. die Felsen und Höhlen werden übernommen und in eigene Kompositionen eingefügt. In diesem Sinne kann E. Simon a.a.O. 32 den Berliner Kelchkrater als «einzige bisher bekannte Darstellung des aischyleischen Prometheus in der Vasenmalerei» bezeichnen; sie schreibt: «Der gefesselte Titan steht in einem aus Felsen gebildeten Torbogen. Es ist der alte Höhleneingang, der sich hier aus bühnentechnischen Gründen rechtfertigen läßt. Denn da die griechische Bühne keinen Vorhang kannte, mußte Prometheus, der seit vielen Jahren unbewegt Gebundene, auf dem Ekkyklema durch eine Tür in der Skene (? d. Vf) herausgerollt werden. Diese Tür war wegen des zum Prometheusmythos gehörenden Gebirges als Felsentor gestaltet. Sie hatte hier zudem noch eine konkrete Bedeutung, nämlich als Tor des Tartaros, in den Prometheus ... versunken war. Dieses Versinken war nämlich auf der Bühne nicht vertikal, sondern horizontal bewerkstelligt worden, durch Zurückrollen des Ekkyklema hinter das Felsentor.» Ähnlich auch R. Unterberger in ‹Der gefesselte Prometheus des Aischylos›, Tübinger Beiträge zur Altertumswissenschaft 45 (1968) 130: «Prometheus sinkt wohl nicht senkrecht in die Tiefe, sondern wird vom Ekkyklema durch die Hinterwand (?. d. Vf.) schräg abwärts zurückgerollt.»

3. Der Umbau

1. Wilamowitz, Die Bühne des Aischylos, Hermes 21 (1886) 600 ff.; ergänzt in: Aischylos. Interpretationen, 1914 (reprint 1966).

2. Wilamowitz, Neue Jbb. für das klass. Altert., 15 (1912) 457, Anm. 1.

3. Frickenhaus 72.

4. D. R., vor allem 28 ff., 329 ff.

5. Dörpfeld in: Praktika 1925, 25 ff.

6. H. Bulle, Untersuchungen an griechischen Theatern, 1928, 55 ff.; H. Bulle und H. Wirsing, Szenenbilder zum griechischen Theater des 5. Jahrhunderts, 1950.

7. A. v. Gerkan, in: Göttinger Gel. Anz. 210 (1956) 160 ff.; Gnomon 14 (1938) 175, 179.

8. Fiechter 5–7 (1935/6) Abb. 17, 30, 31, 36; 9 (1950) 23 f. – zum Odeion s. S. 124 und 13 f.

9. E. Bethe: Hermes 59 (1924) 108 ff.; vorher: Prolegomena zur Geschichte des Theaters im Altertum, 1896, 68 ff., 83 ff., 204 ff.

10. Bestätigt durch A. Schneider in Athen. Mitt. 14 (1889) 330, dort auch die «richtig datierte» Scherbe aus der Zeit um 450.

11. C. Fensterbusch in: Philologus NF 39 (1930) 229 ff. und Pauly-Wissowa, RE V 2, 1383 ff.

12. Frickenhaus 71; ähnlich Pickard-Cambridge, Theatre, 14.

13. Flickinger 66, 68, 362.

14. Philol. Wochenschrift 43 (1923) 442 f.

15. T. B. L. Webster, Bühnenaltertümer, 7 (Handbuch) 197; ebenso Production 7.

16. Wiss. Zeitschrift der Univ. Jena, Gesellschafts- und sprachwiss. Reihe Jg. 2 (1952/3) 35 ff. Bartons Jenenser Dissertation, Schauplätze und Bühnenvorgänge bei Aischylos 1952, war mir nicht zugänglich.

17. «Symbolische Plastifizierung» nach Schöll (Die Tetralogien der attischen Tragödie, 1839, 434), «optisch dramatische Plastizität» nach Bulle, «Schauszenen» nach K. Reinhardt, der die Richtung dieser Untersuchungen gewiesen hat. s. RHYTHMUS S. 226.

18. Pickard-Cambridge, Theatre, VII.

19. W. Jobst, Die Höhle im griechischen Theater des 5. und 4. Jahrhunderts, Sitz. Ber. der Oest. Akademie der Wiss., Philos.-hist. Kl. 268, 2 (1970) 8 ff.

20. Broneer in: Univ. of Calif. Publ. in Class. Arch. 1 (1944) 305 ff.

21. Staiger, Euripides, Ion, 1947, 49.

22. Plachen: So auch B. Döhle in: Klio 49 (1967) 119 ff.; F. Studniczka in: Abh. der Sächs. Ges. der Wiss. phil.-hist. Kl. 30 (1914) 24 ff., 68 ff.

23. cf D. R. 144 ff.; Pickard-Cambridge, Theatre, 206 ff.; Webster, Bühnenaltertümer, 1963, 41.

24. Jobst, a.a.O. 18, Webster, Production 1956, 1 ff.; (Websters Verdienst vor allem: Monuments illustrating Tragedy and Satyr Play 1962² = Bulletin Suppl. 20 Univ. of London, Institute of Classical Studies); Pickard-Cambridge, Theatre, 35 cf 7; Arnott 24 ff.

25. Pickard-Cambridge a.a.O. 266.

26. P. Arnott a.a.O. 91, 129; ders., A Introduction in the Greek Tragedy, 1965 mit Vorwort von H. D. F. Kitto. Ähnliches hatte schon Frickenhaus a.a.O. 81 ff. vorgeschlagen.

27. s. S. 9 ff.

28. Jobst a.a.O. 107 und 143. Gemalte Dekorationen hatten nach H. Kenner schon ‹Perser› (Theater und Realismus, 1954, 108), ‹Sieben› («ein bekrönender Stadtfries»: Griechische Theaterlandschaften, Österr. Jahreshefte 47, 1964/5, 60) und selbstverständlich ‹Hiketiden› (‹pagos› ebda. 46).

29. Das Grundsätzliche s. S. 32.

30. Pickard-Cambridge, Theatre, 266 ff.

31. Dörpfeld, Athen. Mitt., 49 (1956) 89.
32. Fiechter 9, 27.

4. Das Meer und die Sonne

1. Horaz Ars poet. 276 ff.: «dicitur et plaustris vexisse poemata Thespis.» Pollux IV 123 setzt die trapeza archaia, die eleos geheißen habe, noch in die Zeit vor Thespis; cf Pickard-Cambridge, Dithyramb, 82 ff.; Webster, Production 7, 165; Flickinger 19. M. Biebers Vermutung, daß der Karren des Thespis «is perhaps the car in the form of a ship, which ... was driven in company with flute-playing satyrs and drawn ... into this holy percinct at the festival of Great Dionysia» (Hist. 19, 52 f., 275) wird von Pickard-Cambridge sicher zu Recht abgelehnt. Doch mag der Vergleich mit den Wagen der Karnevalsumzüge in ähnlicher Weise zutreffen wie ein Vergleich der Gauklerwagen («pageants», cf R. Stamm, Geschichte des englischen Theaters, 1951, 30 ff., oder «carros», cf K.-Vossler, Lope de Vega, 1947, 201) im späten Mittelalter und zu Beginn der Neuzeit mit den Wagen der «trionfi» (cf R. Alewyn, Das große Welttheater, 1959, 19 ff.); so auch Arnott, 6. H. Patzer (in: Die Anfänge der griech. Trag., 1962, 37 et passim) verweist den nur von Horaz bezeugten Thespiskarren ins Reich der Legende. Aber selbst wenn die (schon von F. G. Welcker im Nachtrag zu der Schrift über die Aesch. Trag., 1826 begründete) Vermutung, es handle sich um eine «Mißdeutung des Brauchs der ‹Spöttereien vom Wagen herab› (σκώμματα ἐκ τῶν ἁμαξῶν) zutreffen würde, müßte man sich doch fragen, ob nicht auch diese etwas mit dem Theater zu tun gehabt haben könnten; ihre Verwandtschaft mit der Parabase der Komödie liegt auf der Hand. Warum sollte nicht ein Theaterwagen in der pompe des Gottes mitgefahren sein? Für die Möglichkeit des Theaterkarrens sprechen die Analogien im Welttheater; vielleicht kannte ihn Horaz aus der Volkskomödie seines Landes; die Phlyakenbühne erinnert unmittelbar an die Wagenbühne (cf Bieber, Hist., 19, 146; Pickard-Cambridge, Festivals, 218 ff.), ebenso die Volksposse.

2. s. UMBAU S. 116.

3. s. S. 5 f.

4. cf Pickard-Cambridge, Theatre, 3 ff.

5. cf Deubner, Attische Feste, 1969[3], 93 ff., 124, 141; Pickard-Cambridge, Festivals, 1 ff., 25 ff., 60.

6. s. S. 16.

7. cf Flickinger 62: «The Greek theaters were regulary built upon a hill-side and often commanded outlook over a scene of great natural beauty and picturesqueness»; cf F. Noack 33, Anm. 47 zu Hik. 117: «Man sieht das Meer, wie mir Karos freundlichst bestätigte, schon unten von den Marmorsesseln aus (von dem des Dionysospriesters, allen östlich und einigen westlich davon) und natürlich auch die peloponnesische Küste, und zu Aischylos’ Zeit und in den Hiketiden war dieser Blick noch durch kein Skenenhaus verbaut.» (cf Wilamowitz, Aischylos. Interpretationen, 32, Anm. 1).

8. Zum Meerbewußtsein cf V. Ehrenberg, Der Staat der Griechen, 1965[2], 4: «Das Volk, das kein Wort für das Meer besaß, als es in das ägäische Gebiet einwanderte, hat hier das thalassozentrische Denken gelernt und nie wieder ganz verloren»; ferner 6 über das Meer als das ‹Ventil› des engen Raums; cf A. Lesky, Thalatta – Der Weg der Griechen zum Meer, 1947 (vgl. jetzt auch Ges. Schr. 1966, 468 ff.).

9. cf B. Sauer, Die griechische Kunst und das Meer, in: Neue Jbb. für das klass. Alt. 15 (1942) 477 ff.

10. Zusammenstellung, Tabellen und Tafeln bei M. F. Gerhäuser, Untersuchungen über die Spielmöglichkeiten in griechischen Theatern, 1964; zu ergänzen durch Webster, Bühnenaltertümer.

11. Beispiele aus dem 5. Jh.: Korinth (R. Stillwell, Corinth, II 1952, 5); Argos (G. Roux, Bulletin de Corr. Hellénique, 80, 1956, 376); Eretria (Fiechter 8, 1937, 34 ff.; K. Schefold, Die Grabungen auf Eretria in: Antike Kunst 9, 1966, 110 ff.); Piräus (Fiechter 9, 1950); Thorikos (s. THORIKOS); Eleusis? (Webster a. a. O. 21); Ikaria (Bulle, Untersuchungen, 1928, 4); Sikyon? (Fiechter 3, 1931, 10, 32); Elis (Webster a. a. O. 36; Roux a. a. O. 376; Anti 119 ff.); Priene? (Dörpfeld, Das Theater von Priene in: Athen. Mitt. 49, 1924, 89 ff.; Gerkan, Das Theater von Priene, 1921, 62: Baubeginn erst um 300); Oiniadai (Fiechter 2, 1931, 7, 18); Syrakus (Anti a. a. O. 87 ff.); Tarent? (Viola, Scoperte di antiquità, 1900, 518; Annius Florus: «ad prospectum maris positum, theatrum», 1, 13, 3 f.; Webster a. a. O. 53); Segesta? (Bulle a. a. O. 11 ff.; Gerkan in Festschrift für Rumpf 82 ff.); Tyndaris? (Bulle a. a. O. 131 ff.; Arias, Il teatro Greco fuori di Atene, 1934, 143 ff.).

12. cf H. Pontow in: Klio XII (1912) 281 ff.

13. George Thomson, Aischylos und Athen, dt. 1957, 90.

14. V. Ehrenberg, From Solon to Socrates, 1968, 127 f.

15. cf Pickard-Cambridge, Dithyramb, 63 ff.; Thomson a. a. O. 245; Ehrenberg a. a. O. 306 ff. Über die Reaktion der Athener Herodot 6, 21.

16. s. MASCHINEN S. 196. Nach Deubner, Attische Feste, 102 nicht bei den Großen Dionysien, sondern bei den Anthesterien; so auch Bethe in: Hermes 61 (1926) 462 und Frickenhaus in: Arch. Jb 27 (1912) 61. Anders Nilsson in: Arch. Jb. 31 (1916) 323 ff., 333: «Die Beziehung auf das Meer ist so fest wie möglich. Jedoch soll der übers Meer fahrende und im Schiffskarren in die Stadt einziehende Gott auf dem Landweg von der Bergstadt Eleutherai kommen.»; cf W. F. Otto, Dionysos, 1960³, 148 ff. Die Eröffnungsfeier der Seefahrt fand am 5. März statt. Vasenbilder bei Deubner a. a. O. T. 14, 2 (dazu 107 f.); Pickard-Cambridge, Festivals, figs 11, 12, 13; Bieber, Hist., figs 56–59. M. Bieber hält es (19) für wahrscheinlich, daß der Thespiskarren die Form des dionysischen Schiffskarrens hatte (currus navalis wird zu carnevale); so schon Dümmler in Rhein. Mus. NF 1888, 355 ff. zu einem Skyphos in Bologna (Bieber fig. 58). Cf A. Lesky, Zum Schiffskarren des Dionysos, in: Ges. Schriften 1966, 297 ff.; H. Hommel in: Symbola I.

17. M. F. Gerhäuser a. a. O.; das Nachwort enthält 39 ff. eine Auseinandersetzung mit Gerkans brieflich geäußerten Einwänden; Gerkans Rezension in Gött. Gel. Anz. 217 (1965), 231 ff.

18. Gerkan a. a. O. 233.

19. s. RHYTHMUS S. 220.

20. s. PAGOS.

21. s. S. 20 f. und PAGOS S. 90 ff.

22. s. S. 18 f.

23. s. UMBAU.

24. Einblicke in Innenräume waren im Dionysostheater des 5. Jhs. unmöglich. Der Lichteinfall erlaubte am Vormittag (bis 12 Uhr, solange die Bühnenaufbauten im Eigenschatten lagen) nicht einmal das Spiel in einer Vorhalle (wie Dörpfeld sie forderte: D. R. 217, 234, 248, 309, 317). Auch am Nachmittag war die Sicht behindert, da die Schatten

aus dem Westen immer tiefer und länger fielen. So entfallen die vorgeschlagenen Alternativen gegen die Verwendung des ekkyklema: Öffnen von Türen mit Einblick in einen Innenraum (Pickard-Cambridge, Theatre, 107 f.) oder scaena ductilis mit weggeschobenen Wänden (Bulle, Untersuchungen, 230, Dörpfeld in: Philol. Wochenschr. 1921, 1215; u. a.). cf. Fensterbusch RE 5, 2, sp. 1400; K. Reinhardt, Aischylos, 1949, 163; Arnott 81 ff. s. Maschinen S. 192 ff.

Angaben des Astronomischen Instituts der Sternwarte Athen

	25. März	3. April	15. April
Astronomische Morgendämmerung:	ab 5.22	ab 5.09	6.09
Bürgerliche Morgendämmerung:	ab 5.43	ab 5.29	
Sonnenaufgang:	6.21	6.08	7.08
Sonnenuntergang:	18.41	18.50	19.50
Bürgerliche Abenddämmerung:	bis 19.19	bis 19.29	20.29
Astronomische Abenddämmerung:	bis 19.40	bis 19.49	20.24

Anmerkungen:

1. Alle Zeitangaben in Osteuropäischer Zeit (OEZ = GMT + 2).
2. Astronomische Dämmerung: Die Sonne steht weniger als 12° unter dem Horizont.
3. Bürgerliche Dämmerung: Die Sonne steht weniger als 8° unter dem Horizont. (Lesen im Freien möglich.)

5. Thorikos

1. D. R. 109 ff.; cf H. Bulle, Untersuchungen an griechischen Theatern, 9 ff.; Pickard-Cambridge, Festivals, 32 f.; M. Bieber, Hist., 57; Flickinger 103 f., 227 f.; Archäologischer Report: H. F. Mussche in: L'Antiquité Classique, 34 (1965) 5 ff.
2. Nach Arnott 14 gibt es in der Terrassenmauer «considerable traces... of holes bored in the rock face at various angles, to support a wooden structure on the uncompromising terrain».
3. Pickard-Cambridge a. a. O. vermutet, daß der Umbau 410/9 erfolgte, als Thorikos von den Athenern befestigt wurde. Es ist unwahrscheinlich, daß in den Kriegsnöten Zeit und Geld für ein Theater vorhanden waren; man sollte den Umbau näher an den des Dionysostheaters heranrücken.
4. Anti, 45 ff.; dazu C. Fensterbusch in: Gnomon 21 (1949) 299 ff., der Antis These für das Dionysostheater mit guten Gründen ablehnt, aber für das Lenäen-Theater ernsthaft in Erwägung zieht; so auch M. Bieber a. a. O.
5. cf A. B. Cook, Zeus, I 149 f.
6. Dinsmoor in: Studies presented to D. M. Robinson 1951/3, 328 f.
7. s. Das Meer und die Sonne.
8. s. S. 16 und Pagos S. 82 f.
9. cf D. R. 113 ff.; Fiechter 8, 34 ff.; Pickard-Cambridge, Theatre, 198 ff.
10. K. Schefold in: Antike Kunst 9 (1966) 110 ff.
11. cf H. Mussche a. a. O. 107 ff.

6. Skene – Zelt – Xerxeszelt

1. Oscar Broneer, The tent of Xerxes and the Greek Theatre in: Univers. of Calif. Publ. in Class. Archaeol. I 1944, p. 305–312.

2. Eum. 242, 243.

3. Vasen mit zwei Tempeln: Iphigenie-Vase im Louvre Webster NV 2 *(Tafel 9)*; Würzburger Vasen-Fragmente Webster GV 1 *(Tafel 10)*. Zu beiden Vasen cf Webster, Class. Quast., 42, 1948, p. 15 ff.

4. Eum. 685.

5. Karl Schefold, Die Grabungen in Eretria im Herbst 1964 und 1965 in: Antike Kunst 2 (1966) 112. Auch C. Fensterbusch (Gnomon 21, 1949, S. 301) sieht das Vorbild der Paraskenienbühne, die er für lykurgisch hält, im Palast von Larisa am Hermos oder in den davon abhängigen stoai basileiai. Webster (Production, 6, 166), Pickard-Cambridge (Theatre, p. 44, 199 f.), Fiechter (Gnomon 14, 1938, 232 ff.), W. B. Dinsmoor (Studies repr. to D. M. Robertson, I 1951, 3177 ff.), M. Bieber (Hist.[2] 1961, 67–70) setzen die Paraskenienbühne ins 5. Jahrhundert, wenn auch nicht so früh wie wir. Für die Argumente aus der Bühnenpraxis siehe PARASKENIA.

6. Herodot IX 70, 82, ferner (von Broneer nicht erwähnt) VII 41.

7. Plat. Ges. VII 817 c.

8. Plut. Per. XIII.

9. James Th. Allen, On the Odeum of Pericles and the Periclean reconstruction of the theatre in: Univ. of Calif. Publ. in Class. Arch. I 1944, p. 176 f.

10. Eugene O'Neill (nicht der Dichter, sondern der Professor) zitiert bei Broneer: Class. Phil. 37 (1942) 425 ff.

11. cf Bernhard Döhle, Die Achilleis des Aischylos, in: Klio 49 (1967) 99 f.; Margot Schmidt, Der Zorn des Achill, in: Opus Nobile, Festschrift für Ulf Jantzen 1969, 143; W. Schadewaldt, Hellas und Hesperien, 1960, S. 166 ff.

12. Pers. 1000, cf Herodot IX, 70.

13. Herodot VII, 41.

14. so H. D. Broadhead, The Persae of Aeschylus, 1960, p. 236.

15. cf u. a. E. Fiechter 9, 1950, 25 f.

16. Euripides Ion v. 1128–1166.

17. Pickard-Cambridge, Festivals, 180 ff., vor allem 201 ff.; M. Bieber, Hist., 22 ff. und Die Herkunft des tragischen Kostüms in: Arch. Jahrb. XXXII (1917) 15 ff., vor allem 47; J. Dingel, Das Requisit in der griech. Trag., 1967, über orientalisiertes Kostüm vor allem 17 ff. Ferner Iris Brooke, Costume in Greek Classic Drama, 1962, dort 82 ff. über Headdress; dazu Broneer a. a. O. 311: «the high headgear» der königlichen Personen als Adaption der persischen Tiara.

18. cf W. Bremer RE VII 1912, sp. 2109 ff.

19. Rekonstruktion in Joh. Boehlau und K. Schefold, Larisa am Hermos, I 1940; Die Bauten, Taf. 30 *(Abb. 19)*.

20. D. R. 373, fig. 93; Fiechter 7 III 1935, figs 32–34; A. C. Mahr, The Origin of the Greek Tragic Form, 1938, fig. 22.

21. In den Rekonstruktionsversuchen von Fiechter und Mahr finden sich geschlossene Frontwände. Aber Fiechter hat sie in dem kurz vor seinem Tod verfaßten Nachtrag 1948 aufgegeben. Mit Dörpfeld, Bulle und Gerkan nahm auch er nun «offene, eingeschoßige Hallen» an. Da er das Breccia-Fundament bis in die Jahrhundertmitte hinaufsetzte, hielt

er hölzerne Paraskenien-Aufbauten in dieser Zeit für wahrscheinlich. Daß das Breccia-Fundament zum «periklеischen Theater» gehört hat, wird heute meist angenommen. s. S. 251 (35), 258 (128).

22. Herodot I 99.

23. z. B. Oed. R. 1294, Hippol. 807.

7. Okribas

1. Pickard-Cambridge, Theatre 72; cf Arnott 6 f.

2. κοϑόρνος: Herodot VI 125 3 (I, 155, 4); ἐμβάτης Aristophanes Lys. 657; cf Pickard-Cambridge, Festivals, 205, note 3.

3. cf M. Bieber, Die Herkunft des tragischen Kostüms, in: Arch. Jb. XXXII (1917) 16.

4. Lex. Plat. 190 Ruhnken: πῆγμα τὸ ἐν τῷ θεάτρῳ τιϑέμενον, ἐφ' αὖ ἵστανται οἱ τὰ δημόσια λέγοντες ... Λέγει γοῦν τις· Λογείόν ἐστι πῆξις ἐσορεσμένη ξύλων, εἶτα ἑξῆς Ὀκρίβας ὀνομάζεται, ebenso Photios s. v. ὀκρίβας: πήγματα ἐφ' οἷς διατυποῦσι τὰς εἰκόνας καὶ τὰ ὑπερείσματα τῶν ξυλίων θεάτρων.

5. E. Rohde in: Rhein. Mus. NF 38 (1883) 255 f.

6. cf Reisch in D. R. 201: «...darf man mit einiger Sicherheit Aischylos als den Erfinder der neuen Skene bezeichnen.»

8. Paraskenien

1. cf Bieber, Hist., fig. 262, Fiechter 5 fig. 14, 15 T. 5, 6. 7 T. 18.

2. D. R. 374.

3. Arnott 11 ff.

4. cf Fiechter 7, 56.

5. D. R. 68.

6. cf S. 251 (35), 258 (128).

7. Pickard-Cambridge, Theatre, 69; Vasenbilder figs 9, 10, 11, 12, 15, 16, 17, 20, 21, 24, 25, 26, 27, 28, 29, 30.

8. Gerkan in: Österreichische Jahreshefte 36 (1946) 51. Die Beweisführung in: Theater von Priene 1921, 99 f. ist nicht überzeugend. Wenn in Delos von Paraskenien gesprochen wird, obwohl es dort keine vorspringenden Flügelbauten gegeben hat, so ist damit nur gesagt, daß παρασκήνιον ein Dachbegriff gewesen ist, unter dem beide Formen von Seitenflügeln subsumiert wurden. Damit erübrigen sich auch die entsprechenden Ausführungen in Gerkans Rezension von H. Kenner, Theater und Realismus (Gött. Gel. Anz. 210, 1956, 168), obwohl wir, wie mehrfach betont, die grundsätzliche Skepsis gegen H. Kenners ‹Theaterlandschaften› teilen.

9. cf Pickard-Cambridge, Theatre, 44, 199 f.; K. Schefold in: Antike Kunst IX (1966) 112.

10. cf A. E. Haigh, The Attic Theatre, 1907 (repr. 1969) 117.

11. E. Fiechter 5, 24; 7, 17; Gerkans Einwände in: Gnomon 14 (1938) 232 ff.; darauf Fiechter in 9, 15; dagegen wieder Gerkan in: Gnomon 23 (1951) 450.

12. A. Frickenhaus 82.

13. C. Fensterbusch in: RE V, 2 Sp. 1390 ‹Theatrum›.

14. H. Schleif in: Arch. Anz. 52 (1937) 40; 36.

15. R. C. Flickinger 67.

16. C. Anti, a. a. O. 251 ff., fig. 73, 66 (Terracotta Santangelo zu Neapel).

17. Webster, Production, 6, 166: Periclean theatre, 11.

18. W. B. Dinsmoor in: Studies pres. to David M. Robertson I (1951) 317 ff.: The Athen. Theatre of the fifth Century, 327/7.

19. M. Bieber, Hist., 67–70.

20. August C. Mahr, Origin of the Tragic Form, 1938, fig. 22.

21. E. Fiechter 7 fig. 34.

22. Webster, Production, 146 ff.; cf Sifakis 44.

23. S. z. B. die Würzburger Vase *Tafel 10, Abb. 9.*

24. S. *Tafel 9.*

25. E. Simon a. a. O. 12 hält Paraskenien in der periklleischen Zeit mit T. B. L. Webster für «pure conjecture»; H.-J. Newiger in: Rhein. Mus. NF 108 (1965) 233 meint, man dürfe für das Ende des Jahrhunderts «mindestens mit einer Andeutung von Paraskenien» rechnen.

26. H. Kenner, Griechische Theaterlandschaften, 1964/5, 38 ff.

27. Ein Gebälk ist notwendig, weil es ein Teil des Gerüstes war, das in den beiden ersten Stücken die Palastwände getragen hatte; zwischen den ‹Choephoren› und den ‹Eumeniden› wurden Vorder- und Rückwand abgebaut, weggeschoben oder weggerollt.

28. Antikes und modernes Drama in: Eranion, Fs für H. Hommel 1961, 43 ff.

29. Antike und moderne Tragödie, 1962 XVII ff.

30. z. B. A. M. Dale in: Wiener Studien 69 (1956) 96 ff. (jetzt in Sophokles, hg. Diller 239 ff.) oder in: Journal of Hellen. Studies 1957, 205 ff.; Webster in: Bühnenaltertümer 24: Für die Tragödie sei *eine* Türe immer ausreichend; aber für die Komödie konzediert er die Möglichkeit von drei Türen in der Holzskene; dagegen: Production 166: «The chief additions of the Periclean theatre were wide wings … and two small doors on either side of the widen central door which could be used for separate houses in comedy»; cf E. Simon a. a. O. 36 f.; H.-J. Newiger a. a. O. 235 ff.

31. Production 6.

32. cf Dörpfeld in: Philol. Wochenschrift 41 (1921) sp. 1215 f.: man habe sich die «altgriechische Skenenwand aus Holzpfosten mit einer vorgezogenen Dekorationswand» vorzustellen. «Diese aus Zeug und Holz bestehende Schmuckwand konnte entweder nach der Seite in die Paraskenien oder Skenotheken hineingezogen oder dorthin auf Prismen oder Zylinder aufgerollt werden. Im ersten Falle sprach man von einer ‹scaena ductilis›, im anderen von einer ‹scaena versilis›.»

33. s. PAGOS S. 99, 108. cf Pickard-Cambridge, Theatre, 40.

34. Pickard-Cambridge, Theatre, 40.

35. s. S. 22.

36. Webster, Production, 6.

37. Pickard-Cambridge, Theatre, 52.

38. cf V. Ehrenberg, From Solon to Socrates, 208.

39. s. SKENE – ZELT – XERXESZELT.

40. cf H. Hommel, W. Jahrb. 1940, 281 (jetzt in Symbola, I).

41. cf H. Schleif a. a. O. 5. – Ich kann nicht umhin, den von Gerkan und anderen so abschätzig beurteilten «geometrischen Planschemata» Fiechters (7, 50, T. 15) eine *rationale*

Überzeugungskraft zuzubilligen, auch wenn sie im einzelnen nicht ausreichend bewiesen sein mögen; cf Gerkan in: Gnomon 9 (1933) 151; H. Schleif a. a. O. 36; dagegen R. Schnyder in: Zeitschrift für schweiz. Archäologie und Kunstgesch. 22 (1962) 143 ff., bes. 151.

42. Goethe an W. v. Humboldt 26. 5. 1799; s. MASCHINEN S. 200.

43. Arnott 11 ff. Oropos muß freilich ausgeschieden werden, da die ganze Anlage ohne Zweifel ‹postclassical› ist.

44. s. S. 25 ff. und OKRIBAS.

45. *Tafel 9.*

46. Tempelchen S. 28, *Abb. 22, 23.*

47. *Tafel 10.* cf H. Bulle, Eine Skenographie, 1934.

48. Dörpfeld in: Phil. Wochenschrift 41 (1920) sp. 1215.

49. Reisch spricht in D. R. 310 von einem «feststehenden Schema»: «abgekürzte, skizzenhafte Andeutungen, die dem Beschauer das Bild jener Paläste in Erinnerung rufen sollte» (aber es gab in Athen keine solchen Paläste – woran sollten sich die Zuschauer also erinnern?). Reisch führt die «schlanke leichte Bauart» auf die Holzarchitektur der Proskenionbauten zurück und will ihre kleinen Abmessungen daraus erklären, daß «die 2–4-säuligen Hallen vor dem Mitteltor des Theaterpalasts als nächstes Vorbild gedient haben». Dörpfelds Proskenion-Halle muß aufgegeben werden, da die Sichtverhältnisse nichts Derartiges zuließen (s. S. 10). Ferner sind die Tempelchen auf den Vasen oft rückwärts offen; auf keinen Fall können sie so breit angenommen werden, wie sie auf der Rekonstruktionszeichnung (373 Fig. 93) dargestellt sind: auf allen Vasen sind sie entweder quadratisch oder schlank hoch. – Dörpfeld nimmt auch an, daß in einigen Tragödien des 5. Jhs. ein Vorhang zwischen den Paraskenien (und vor dem Proskenion) gespannt worden sei, da er sich nur so das Arrangement der Eröffnungsszenen denken kann, in denen Personen zu Beginn des Stückes schon auf der Bühne sind (D. R. 349, 253). Das wird hinfällig mit dem Proskenion.

9. Skenographie

1. Die Stelle wurde emendiert von G. F. Else, Aristotle Poetics, 1967, weil der Einschub den Zusammenhang störe (88). Das mindert den Informationswert der Stelle kaum.

2. Rumpf in: Journ. of Hellen. Studies 67 (1947) 13, Malerei und Zeichnung der Griechen 1953, 121 (Handb. d. Arch. 4, 1).

3. Webster, Production, 13 f.; Bühnenaltertümer, 1963, 23.

4. Plut. Alk. 16; Demosth. in Meid. 147, Andokid. Alk. 17.

5. s. OKRIBAS.

6. s. S. 33 und PAGOS S. 100. cf Pickard-Cambridge, Theatre, 124 f. Anm. 6: «Attempts by Frickenhaus and others to discredit Vitruvius' statement about Agatharchus are sufficiently met by Bulle ‹Unters.› 11, 215 ff. The importance of Agatharchus' work is significantly indicated by the fact that perspective became technically known by the name σκηνογραφία. It is useless, on the evidence now available, to try to determine how much of the ‹effects› required in the background was secured by perspective drawing and how much was structural.» Beides wirkte natürlich zusammen.

7. Plutarch Per. 13, cf Arnott 94.

8. Vitruv a. a. O.

9. Poll. IV 131. Mit anderen (z. B. Bulle, Untersuchungen, 295) hält M. Bieber, Hist.,

74 die pinakes ebenso für ‹klassisch› wie die Periakten (s. u.). Dagegen Pickard-Cambridge, Theatre, 184 ff., 217 f.

10. cf W. Jobst, Die Höhle im griechischen Theater des 5. u. 4. Jahrhunderts, 1970, 17 f.

11. cf Sifakis, 44 ff., 128.

12. Athen. 587 b 2; dazu Pickard-Cambridge a. a. O. 157, Sifakis 128, Arnott 19. Nach Fensterbusch ist die Metapher als «Träger der Dekoration» zu interpretieren: RE XXIII 1291.

13. Drehbare Prismen, mit deren Hilfe Szenenwechsel dargestellt wurde, Poll. IV 126 ff., Vitruv 5, 5, VI 8. cf Fensterbusch in: RE NF 5, 2 Sp. 1404. Pickard-Cambridge a. a. O. 126 f., 234 f.

14. s. S. 32, Pagos S. 83.

15. So auch Flickinger 66.

10. Die Halle

1. Pickard-Cambridge, Theatre, 27 f. Maße der Halle nach Judeich a. a. O. 318: 9,5 m : 63 m.

2. Fiechter 7, 68 ff., T. 18.

3. Gerkan in: Gnomon 14 (1938) 239.

4. Hyperoides frg. 139 Jensen; cf Pollux IV 122.

5. Gerkan in: Gnomon 14 (1938) 176 und Gnomon 23 (1951) 450.

6. Fiechter 9, 17; 25.

7. Schleif in: Arch. Anz. 52 (1937) 29 f.

8. Vitruv V 9, 1; aber auch: choragiaque laxamentum habeant ad comparandum; choragia nach Plaut. Capt. 61: «Ausstattung».

9. so C. Robert in: Hermes 32 (1897) 425, allerdings in anderem Zusammenhang, cf Pagos S. 85.

11. Kopha

1. z. B. W. Schadewaldt, Griechisches Theater, 1964, 51; O. Werner, Aischylos, Tragödien und Fragmente, 1959, 341.

2. Datum der ‹Sieben›-Aufführung durch die Hypothesis gesichert: 467.

3. Aristoph. Frösche 1021.

4. Die ‹Sieben› wurden als 3. Stück am späten Nachmittag gespielt.

5. s. S. 20 und Pagos S. 93 f.

6. 532, 805; cf D. R. 197 f.: «Nicht ganz undenkbar, daß auch in den ‹Sieben› ... bereits wirkliche Türme gebaut waren...»

7. cf W. Schadewaldt, Griechisches Theater, 1964, 508.

8. s. Pferde und Wagen S. 188.

9. z. B. Droysen, hg. W. Nestle 1939, 76; Werner a. a. O. 343.

10. Deutsch von W. Schadewaldt (a. a. O 54).

11. cf K. O. Müller, Die Eumeniden, 1833, 213 ff.; G. C. W. Schneider, Das attische Theaterwesen, 1835 § 161; A. Müller, Lehrbuch, 1886, 179 f., 272 f.; Pickard-Cambridge, Festivals, 88, 137; W. Barton, Bühnenvorgänge bei Aischylos in: Wiss. Zeitschrift der Universität Jena, Gesellschaftlich-sprachwissenschaftliche Reihe 1952/3, 40 f.

12. Plut. Quaest. Conv. VII, 721; Luk. Toxarch. 9; cf Hippokrates Nomos 1.

13. Wilamowitz, Aischylos. Interpretationen, 1914 (1966) 185.

14. cf W. Schadewaldt, Antike Tragödie auf der modernen Bühne in: Hellas und Hesperien 1960, 557 ff.; Vf. in: Max Reinhardt – sein Theater in Bildern, 1968, 11, 16.

15. cf Wilamowitz, Aischylos. Interpretationen, 1914 (1966) 185 f.

16. cf H. Schreckenberg, ΔPAMA, 1960, 84 ff.; das Zitat: 115.

17. cf O. Weinreich, Epigramm und Pantomime in: Sitz. Ber. der Heidelberger Akademie, philol.-hist. Klasse 1944/1948, 1 ff.; s. RHYTHMUS S. 225, 300 (40).

18. s. DIE KONTINUITÄT DER KONVENTIONEN S. 66 ff.

19. Wilamowitz a. a. O. 60.

20. λεκτοί Oed. R. 19.

21. s. S. 181.

22. cf K. O. Müller, Die Eumeniden, 1833, 211; A. Müller, Lehrbuch, 178.

23. frg. 474 Mette, 786 (P. Ox, 2161).

24. cf K. Reinhardt, Sophokles, 1947[3], 41: «Während der Hader schwillt, knieen rückwärts, hütend an der Leiche, Tekmessa zusammen mit Eurysakos, als stumme, regungslose Gruppe.»

25. König Oedipus 1480 f., deutsch von W. Schadewaldt, und 1485, 1496 f.

26. Hekabe 1005 ff.

27. Herakles 1131.

28. Medea 48 ff., 1271 ff.

29. Andromache 109.

30. Troerinnen 709 ff.

31. Iphigenie in Aulis 622.

32. Euripides Hiketiden 1224 ff.

33. Alkestis 393 ff.

34. s. PARASKENIEN S. 156.

35. Das andere war das Frauenhaus s. PARASKENIEN S. 155.

36. s .Wilamowitz, Griechische Tragödien, I, 1919, 29.

37. s. S. 28 und UMBAU S. 112.

38. s. PARASKENIEN S. 160 f.

39. s. S. 4.

40. s. S. 20 und PAGOS S. 83.

41. s. WAGEN UND PFERDE.

42. Tempeldiener: Ion 94 ff.; Tempeldienerinnen: Helena 861 ff.

43. cf A. Müller, Lehrbuch, 179 f., wo darauf hingewiesen wird, daß «athenische Bürgerinnen auf ihren Ausgängen ebensowenig ohne Begleitung» erschienen seien; Verweise auf Dem. in Meid. 158; Xenoph. Memor. 1, 2; Athen. XIII 582 B; Lysias Diog. 16; Plut. Phok. 19.

44. δορυφόροι, δορυφορήματα: Schol. zu Aisch. Sieben 657, Hik. 174; Plut. Phok. 19; Plut. De glor. Ath. 6; Etym. M. und Hesych. v. δορυφόρος; cf Wilamowitz, Aischylos. Interpretationen, 1944 (1966) 7: «die zwei langweiligen Lanzenknechte..., die den späteren Theaterkönig begleiten».

45. cf Iris Brooke, Costume in Greek Classic Drama, 1962, 34 ff.

46. cf Wilamowitz, Aischylos. Interpretationen, 5 ff.; Pickard-Cambridge, Festivals, 31 ff.; Theatre, 31 ff. Als wichtigstes Argument gegen die Annahme von 50 Choreuten wird vorgebracht, daß es dann auf der koinobomia 50 Götterbilder gegeben haben

müßte, an denen sie sich (465) aufzuhängen drohen. Daß die Spielfläche die ungeheure Menge von 50 Mädchen plus 50 Dienerinnen (978) plus Ägyptern plus Soldaten aus Argos, insgesamt nahezu 150 Personen, hätte fassen können, ist schwer vorstellbar, auch wenn, wie Pickard-Cambridge einräumt, die alte Orchestra größer gewesen wäre als die spätere. Der Chor spricht übrigens nirgends von 50; Pickard-Cambridge verweist (wie schon H. Hommel, N. Jahrb. 1940, 281 f.) auf die Analogie der koinobomia zum Zwölf-Götter-Altar auf der Agora in Athen, sehr einleuchtend.

47. 234 ff., 121, 719; cf Pickard-Cambridge, Festivals, 192 f., 209; zum Kostüm cf Andromeda-Krater Abb. Bieber, Hist.², fig. 110 a; Iris Brooke a. a. O. 95 ff.; J. Dingel, Das Requisit in der griechischen Tragödie, 1967, 28 f.

48. cf Wilamowitz, Aischylos. Interpretationen, 49 f.; Pickard-Cambridge, Dithyramb, 64 f.; Arnott 70; Glaukos von Rhegion (Fragm. Hist. Graec. II 23 f.) Trag. Graec. Fragm. Nauck-Snell 1964, 722 (8): ἐκτίθησι δὲ καὶ τὴν ἀρχὴν τοῦ δράματος ταύτην ‹τάδ᾽ ἐστι Περσῶν τῶν πάλαι βεβηκότων› πλὴν ἐκεῖ εὐνοῦχός ἐστιν ἀγγέλλων ἐν ἀρχῆ τὴν Ξέρξου ἧτταν, στορνύς τε θρόνους τινὰς τῆς ἀρχῆς παρέδροις.

49. Alk., Androm., Bakchen, Hel.

50. s. PFERDE UND WAGEN S. 187 f.

51. Troerinnen 1285, 1310; cf G. Murray, Euripides und seine Zeit, dt. 1957, 70 f.

52. Euripides Hiketiden 97.

53. cf J. Jones, On Aristotle and Greek Tragedy, 1968, 100, spricht geradezu von einem «Schock», den dieses unerwartete Sprechen beim Publikum des 5. Jahrhunderts ausgelöst haben müsse. Das scheint uns, wie im folgenden ausgeführt, übertrieben.

54. cf A. Müller, Lehrbuch, 177 ff.; Pickard-Cambridge, Festivals, 189.

55. s. PAGOS S. 83 und DIE KONTINUITÄT DER KONVENTIONEN S. 55.

56. So Pickard-Cambridge, Festivals, 89 (nach Haigh); R. Arnoldt, Die chorische Technik des Euripides, 1878, 7. Schon Müller, Lehrbuch, 176, Anm. 5 hat gegen die Annahme des Schol. ad 58 vorgebracht, daß der Jägerchor erst 108 abgeht, während der Chor bereits 121 auftritt.

57. s. S. 18.

58. cf H. Schreckenberg, ΔΡΑΜΑ, 1960, 102, 84.

59. cf E. Ziebarth, Aus dem griechischen Schulwesen, 1914²; H. Koller, Musik und Dichtung, 1963⁴, 86 ff.

60. Berliner Duris-Vase *(Tafel 22)*. Eine Satyrstatue aus dem 2. Jahrh. (Marmor, Uffizien, G. Hafner, Geschichte der griechischen Kunst, 1961, 401 Fig. 420) zeigt einen Satyrn mit krotala und Fußklapper; von der letzteren sagt Dem. in Meid. 17, sie habe als Taktinstrument zum Einstudieren von Chören gedient. Weiteres Beispiel für musischen Unterricht: Skyphos des Pistoxenos-Malers aus Cervetri (ca. 475 in Schwerin, Beazley 862, 30; Buschor, Griechische Vasen, Abb. 181, 1969).

61. χοροδιδάσκαλος, διδάσκειν: Xenoph. Memor. III 4, 4; Bekk. Anecd. 235, 9; Poll. IV 106; Athen. I 21 EF; Plut. Them. 114, 5, Vitr. VII, praef. 11 «Aeschylo docente»; Suid. Hesych. v. didaskalos; cf A. Müller, Lehrbuch, 225, 358. – Über die Ausbildung der Choreuten gibt Plat. Ges. 812 b einige Andeutungen, deren zusammengefaßter Sinn zwar philosophisch auf die allgemeine paideia zielt, deren Details jedoch ohne Zweifel nach der Praxis der Ausbildung gezeichnet sind: Ἔφαμεν, οἶμαι, τοὺς τοῦ Διονύσου τοὺς ἑξηκοντούτας ᾠδοὺς διαφερόντως εὐαισθήτους δεῖν γεγονέναι περί τε τοὺς ῥυθμοὺς καὶ τὰς τῶν ἁρμονιῶν συστάσεις, ἵνα τὴν τῶν μελῶν μίμησιν τὴν εὖ καὶ τὴν κακῶς μεμιμημένην, ἐν τοῖς παθήμασιν ὅταν ψυχὴ γίγνεται τά τε τῆς ἀγαθῆς ὁμοιώματα καὶ

τὰ τῆς ἐναντίας ἐκλέξασθαι δυνατὸς ὤν τις... Die sechzigjährigen Choreuten gaben also Unterricht.

62. s. S. 174 f.

63. κορυφαῖος: Pollux IV 106; Athen. IV 152 B; Dem. in Meid.: ἡγεμὼν κορυφαῖος, auch χοραγός·; Plut. Apophth. Lac. 219 E.

64. Athen. I 22 A. Zu vermuten ist, daß er einer der Waffenträger des Eteokles war und die große Zeremonie der Wappnung (mit Helfern) «tanzte», wie sie Schadewaldt so einleuchtend beschrieben hat in: Eranion, Festschrift für H. Hommel 1959, 106 ff.; s. RHYTHMUS S. 233 f.

65. vita 3, 5; Athen. I 20 E.

66. Dem. de pac. 58; de fals. leg. 192; Plut. de Alex. 29. cf Wilamowitz, Griechische Tragödien, IV, 266: «Die Schauspieler werden wohl schon damals nach manchen Orten herumgezogen sein, wo man Verlangen trug, die attischen Tragödien zu sehen»; G. C. W. Schneider, Das attische Theaterwesen, 1835, 143.

67. Theater in Attika: Piräus (Munichia, Zea), Acharnai, Aigilia, Aigina, Anagyrus, Eleusis, Ikaria, Kollytos, Myrrhinous, Paiania, Phlya, Rhamnus, Salamis, Thorikos – nach Webster, Bühnenaltertümer, 1963, 20 ff. In allen diesen Theatern wurde mit einiger Wahrscheinlichkeit im 4. Jahrh. gespielt; für einige sind Aufführungen im 5. Jahrhundert bezeugt.

68. λειτουργία cf Pickard-Cambridge, Festivals, 86; V. Ehrenberg, From Solon to Socrates, 1968, 227.

12. Wagen und Pferde

1. cf J. Dingel, Das Requisit in der griechischen Tragödie, 1967, 65 f., 165 f., 197 f.; ferner A. Müller, Lehrbuch, 134 f.; Arnott 38 f.

2. zu Eur. Iph. Aul. 619 f. s. S. 189.

3. Auch Atossa spricht in Pers. 607 von Wagen im Plural.

4. s. PAGOS S. 95.

5. cf Arnott 72: «Live horses were used in the theatre to draw chariots, as in the royal entrances of ‹Persae› and ‹Agamemnon›, but are notoriously difficult to handle on-stage, particularly when wearing cumbersome and unaccustomed trappings. The problem of suspending a live horse in mid-air, with an actor on its back, would be truly formidable.» Man sollte also Pferde auf der Bühne doch nur dann annehmen, wenn es keine andere Lösung gibt.

6. s. PAGOS S. 83.

7. z. B. die Schiffskarren in der Dionysien-Prozession s. S. 129, *Abb. 17 und 26.*

8. s. *Tafel 27.*

9. so auch Petersen, Die attische Tragödie als Bild- und Bühnenkunst, 1915, 349, 554; Wilamowitz in: Aischylos. Interpretationen 43: «Die Königinmutter kommt stolz in reichem Schmuck mit stattlichem Gefolge angefahren.» Warum er sie nicht im Wagen zurückfahren lassen will, ist unerfindlich; haben ihn die Pferde gestört?

10. so Dingel a. a. O. 65.

11. cf V. Ehrenberg, From Solon to Socrates, 192 ff., 430 (Anm. 21); das Kapitel trägt die Überschrift ‹The growth of Athenian imperialism›. Ähnlich G. Thomson, Aischylos und Athen, 1957, 24 ff. und A. Heuss in: Propyläen-Weltgeschichte III, 254 ff.: Demokratischer Imperialismus.

12. s. KOPHA S. 180.

13. s. KOPHA S. 171.

14. So die antiken Erklärer, dagegen Wilamowitz, Aischylos. Interpretationen, 171 f.; cf Dingel a. a. O. 165, Anm. 1 (gegen K. Reinhardt, Aischylos, 1949, 97).

15. cf. J. Dingel a. a. O. 65 f. Murray und Wilamowitz (Aischylos. Interpretationen 181) emendieren v. 405. Dagegen Arnott, Animals in the Greek Theatre, G. & R. ser. 2, 6 (1959) 177 ff.

16. s. MASCHINEN S. 195.

17. Ein Fragment aus dem ‹Oinomaos› spricht vom Striegeln eines Pferdes (475 P, 434 N 1964); doch dürfte es sich um einen Bericht handeln. Ob Eratosthenes «Katastasterismoi» 16 die sophokleische Andromeda meint, ist zweifelhaft.

18. cf Wilamowitz, Griechische Tragödien, III 1919, 274.

19. cf Arnott a. a. O. 178.

20. Murray, Euripides-Edition III 1909 zu 590.

21. Kirchhoff, Eur. fab. II (1867) 208.

13. Maschinen

1. s. S. 31.

2. s. S. 31.

3. cf N. C. Hourmouziades, Production and Imagination in Euripides, 1965, 146 ff., W. Schmidt, Der deus ex machina bei Euripides, 1963, 36 ff. – 5 Stücke mit Sicherheit, nach Hourmouziades a. a. O. 169: Medea, Andromache, Herakles, Elektra, Orestes; 4 Stücke wahrscheinlich: Hippolytos, Ion, Helena, Bakchen.

4. s. S. 196.

5. s. RHYTHMUS S. 220.

6. H. Bulle, Theater in Sparta, Sitz. ber. der Bayer. Akad. d. Wiss. Philos.-hist. Klasse. 1937, Heft 5, 86 ff.; ähnlich E. Bethe: Rhein. Mus. 83 (1934), 21 f.

7. Lit. Alles Wichtige bei Pickard-Cambridge, Theatre, 1946 (1966) 100 ff. Ferner D. R. 234 ff., E. Bethe, Prolegomena, 100 ff. und a. a. O.; A. M. Haigh, The Attic Theatre, 1907 (1969) 201 ff.; H. Bulle, Untersuchungen, 1928, 230; Flickinger, 234 ff.; C. Fensterbusch, PW RE 5, 2 Sp. 1400; Bieber, Hist., 76 ff.; Webster, Production, 9, 17 ff.; Arnott, 68 ff.; N. C. Hourmouziades a. a. O. 93 ff.; A. M. Dale in: Sophokles, hg. H. Diller 1967, 241 ff. – Der Wortsinn ist allerdings zweideutig: herausrollen oder herausdrehen. So konnte C. Exon in: Hermathena 1900, 132 ff. die Hypothese entwickeln, daß die Maschine das tableau herausgedreht habe, nach der Art der modernen Drehbühne; Flickinger hat dem zugestimmt, 285 f., fig. 286 *(Abb. 27)*. Dagegen sprechen die gleichen Tatsachen, die alle «Einblicke» widerlegen, denn auch das herausgedrehte tableau hätte zum größeren Teil im Schatten gelegen.

8. Aristophanes Acharn. 407 ff., 479, Thesm. 96, 269, Wolken 183, 195.

9. Aristophanes von Byzanz, Schol. zu Hipp. 170 f.

10. so Bulle, Theater in Sparta, 86.

11. Pickard-Cambridge, Theatre, 104.

12. K. Rees, Class. Philol., 10 (1915) 117 ff.

13. Pickard-Cambridge, Theatre, 112 f. Anm. 1.

14. cf M. F. Gerhäuser, Untersuchungen über die Spielmöglichkeiten in griechischen Theatern, 1964, 26 ff.

15. Karl Reinhardt, Aischylos, 1949, 163; ebenso C. Fensterbusch PW RE 5, 2 Sp. 1400.

16. s. S. 252 (50). Zum Aias S. 22, dazu Pickard-Cambridge, Theatre, 109 f., Hourmouziades a. a. O. 99 f.

17. D. R. 61.

18. cf. Wieland Schmidt a. a. O. 36 ff.; Hourmouziades a. a. O. 146 ff.

19. D. R. 232; so auch Bieber, Hist., 67. 76 und Webster, Bühnenaltertümer, 19.

20. Antiphanes fr. 191 K.

21. γέρανος eigentlich Kranichschnabel: Pollux IV 130, Etym. M. 228, 2; cf lat. grus, Vitruv 10, XIII, 3, dort auch corvus. Kran (von Kranich) = mechane bei Herodot 2. 125.
– Haken, Klüver auch ἅρπαξ. ἀγκυρίς cf Webster, Greek Th. Prod. 18: jib and lifted = hochgehievt, cf W. Schmidt a. a. O. 53. Der Vorgang wurde als μετεωρίζειν = schweben bezeichnet.

22. zu Soph. Phil. 1409.

23. Belege bei W. Schmidt a. a. O. 8 ff.

24. so W. Schmidt a. a. O. 40 f.

25. Wilamowitz, Aischylos. Interpretationen, 1914 (1966), 181.

26. Murray in seiner Edition, 1955, 341.

27. W. Schmidt a. a. O. 44.

28. W. Schmidt a. a. O. 45.

29. cf Nilsson, Arch. Jb 31 (1916) 326; E. Bethe, Hermes 61 (1926) 462; F. Dümmler, Rhein. Museum NF 43 (1888) 355; Pickard-Cambridge, Festivals, 13, fig. 11.

30. z. B. Skyphos in Bologna: Abb. Pickard-Cambridge, Festivals, fig. 11; Skyphos auf der Akropolis Abb. bei Pickard-Cambridge a. a. O. fig 12; Skyphos im British Museum Abb. Pickard-Cambridge a. a. O. fig 13.

31. cf H. Bulle, Theater in Sparta, a. a. O. 68 f., 74 f. Rollgeleise wurden im Theater zu Eretria gefunden, cf Bulle a. a. O. 81 ff.

32. s. PAGOS S. 103 ff.

33. So Murray in: Aischylos, dt. 1969, 45, 49; cf E. Wüst in: RE XXIII (1959) 1439 ff.

34. Wilamowitz, Herakles, 1895² (1959) I, 148.

35. Mette, Der verlorene Aischylos, 1963, 112.

36. Haigh, Attic Theatre, 1907³ (1969), 164, 213.

37. Frickenhaus, Das altgriechische Theater, 1917, 6.

38. Kyprischer Krater in: Nikosia 3. Jahrh. Abb. 14 bei Erika Simon, Die Götter Griechenlands, 1969, 25.

39. *Tafel 26;* Webster, Monuments, TV 16; dazu Pickard-Cambridge, Theatre, 100, fig. 30.

40. Das Theologeion soll nach Frickenhaus a. a. O. 6 der Götter-Spielplatz gewesen sein, eine loggia-artige Oberbühne, auf die ein ekkyklema die Götter hereingedreht habe (nach Anecd. Bekk. I 208, 9); sie sollen nur mit dem Oberteil sichtbar gewesen sein. Aber wie kommt es dann zu dem Sprachgebrauch «deus ex machina»?

41. s. PAGOS S. 101; cf W. Jobst, Die Höhle im griechischen Theater des 5. und 4. Jahrhunderts, 1970, 14 ff.

42. So auch Pickard-Cambridge, Theatre, 48: «Athena was on the ground.»

43. s. S. 22.

44. Reinhardt, Sophokles, 1947³, 199 f. cf H. D. F. Kitto, Greek Tragedy, 1966⁴, 309, W. Schmidt a. a. O. 94 ff.

45. cf Pickard-Cambridge, Theatre, 50, Anm. 2.

46. So auch Fensterbusch in: PW RE 5, 2 Sp. 1401.

47. So P. C. Arnott 78, 90, 107 ff. Dieser ‹Trend› sieht bei Euripides in Wahrheit so aus: von den 4 spätesten Stücken hat mit Sicherheit nur eines die Maschine: ‹Orestes› (gerade hier ist sie völlig ironisch eingesetzt, s. u.). Daß Dionysos am Ende der ‹Bakchen›, nachdem er die ganze Zeit «auf Erden gewandelt» war, ex machina erschienen sein soll, kann aus dem korrupten Text nicht erschlossen werden.

48. cf V. Ehrenberg, Sophokles und Perikles, 1956, 49.

49. cf V. Ehrenberg a. a. O. 116.

50. cf V. Ehrenberg, From Solon to Socrates, 1968, 333: «... nor what they are like in appeerence».

51. cf Ehrenberg, From Solon to Socrates 316 f. 407 rüstete Alkibiades die Prozession noch einmal aus, unter militärischem Schutz: Xenophon Hell. I, 4, 11–20.

52. cf Vf., Elektra, in: Neue Zürcher Zeitung vom 17. 1. 1965 Bl. 4.

53. τραγικώτατος – so nennt ihn Aristoteles Poet. 53 a, obwohl er das Wunder tadelt und fordert, der Mythos müsse ἐξ αὐτοῦ zur Lösung gebracht werden (54 b); ging er davon aus, daß die Zuschauer diese tragische Ironie der happy-ends verstanden haben?

54. Goethe 26. 5. 1799 an Wilhelm v. Humboldt.

14. Maske

1. cf Wilamowitz, Griechische Tragödien, II 264: «Ebensowenig hatten die Masken den entstellenden weit aufgerissenen Mund, den ungeheuren Ansatz der Haare, der die Figur größer machen sollte»; E. Simon a. a. O. 19 betont, «daß die Masken in der Zeit der drei großen Dramatiker an der allgemeinen Kunstentwicklung ihrer Zeit teilhatten, daß sich ihr Stil von dem der gleichzeitigen Plastik nicht unterschied».

2. cf B. Ortolani in: Fernöstliches Theater, hg. H. Kindermann 1966, 436; E. Pound und E. Fenollosa, Das klassische No-Theater Japans, in: No – Vom Genius Japans, hg. E. Hesse 1963, 72 f., 175.

3. Romeo I, 4.

4. πρόσωπον = Maske zum erstenmal Demosth. XIX 287.

5. Zur umstrittenen Etymologie cf A. v. Blumenthal in: PW 19 (1937) sp. 1036 ff. Nach Walde-Hofmann, Lateinisches etymologisches Wörterbuch, 1965⁴, 292 etruskische Entlehnung aus dem Griechischen; zur Ableitung von ζώνη cf Stowasser in: Wiener Studien 12, 156. Im mittelalterlichen Myserientheater bedeutete ‹persona› Stellvertreter; cf H. Rheinfelder, Das Wort ‹persona› in: Zeitschrift für romanische Philologie 1928, Beiheft 77; H. Kindermann, Theatergeschichte Europas, I 1957, 239.

6. cf Pickard-Cambridge, Festivals, 196; M. Bieber in: RE 14, 2 (1930) sp. 2073.

7. cf E. R. Curtius, Europäische Literatur und lateinisches Mittelalter, 1954², 148 ff.; R. Alewyn, Das große Welttheater, 1959, 50 ff.

8. z. B. Antigone Chur 1948: Brecht-Neher; König Oedipus Darmstadt 1952: Sellner; London 1954: Tyrone Guthrie; Salzburg 1965: Sellner; Orestie Paris 1955, 1961: Barrault; Elektra (Sophokles) Darmstadt 1956, Wien 1963: Sellner; Die Frauen von Trachis (Sophokles/Pound) Darmstadt 1959: Sellner; Antigone Wiesbaden 1965: Heyme; Oedipus der Tyrann Berlin 1967: Besson; Prometheus (Aischylos/Orff) Stuttgart 1969:

Sellner, München 1969: Rennert; Philoktet (Sophokles/H. Müller) München 1968, Hamburg 1970: Lietzau; König Oedipus und Oedipus auf Kolonos Köln 1969: Heyme; Sieben gegen Theben und Antigone Köln 1970: Heyme; u. a.

9. Edward Gordon Craig verwendete Masken schon 1900 für ‹Dido und Aeneas› von H. Purcell. Die Forderung nach der Maske findet sich dann in seiner frühesten Schrift, Die Kunst des Theaters (1905 zuerst deutsch erschienen); bald danach entwickelte er seine Konzeption vom Schauspieler als der «Übermarionette», die dann in der seit 1908 erscheinenden Zeitschrift The Mask als Programm auseinandergesetzt wurde; cf D. Bablet, Edward Gordon Craig, dt. 1965, 125 ff., vor allem 136 f. Das Zitat von Craig aus: A Note on Masks in: The Mask 1 (1908), 10.

10. Kleines Organon für das Theater § 48 (Schriften zum Theater 7, 1964, 28, 31 ff.; Ges. W. 1967 VIII 1967, 683).

11. Russische Theaterrevolutionäre: A. Tairoff, Das entfesselte Theater, dt. 1927, z. B. 24 f.; J. B. Wachtangow cf J. Rühle, Das gefesselte Theater, 1956, 113; W. Meyerhold, Le théâtre théâtrale, hg. N. Gourfinkel 1963, 102, 169, 173, 207; ders. Theaterarbeit 1917 bis 1930, hg. R. Tietze 1974; cf A. M. Ripellino, Majakowski und das russische Theater der Avantgarde, 1964, 149, 153, 161 f., 254 f.

12. cf H. Rischbieter, Bühne und Bildende Kunst, 1968, 168.

13. O. Schlemmer, cf Die Bühne des Bauhauses, hg H. M. Wingler 1965, 15 ff.; Rischbieter a. a. O. 140 ff.

14. O'Neill, Der große Gott Brown, Drama mit Masken 1926; cf E. O'Neill, Memorandum on Masks, in: The American Spectator Yearbook 1934; Time Tiusanen, O'Neills Scenic Images, 1968, 168 ff., 225 ff.

15. Aufführung des Berliner Ensembles 1954 cf Materialien zum Kaukasischen Kreidekreis, 1966, 101 ff. (J. Tenschert).

16. A. Artaud, Le théâtre et son double, dt. 1969, aber 104.

17. cf E. Billeter, Paradise Now, 1968.

18. J. Grotowski, Das arme Theater des Jerzy Grotowski, 1969.

19. F. Kourilsky, The Bread and Puppet Theatre, 1971.

20. Aesch. Vita 9.

21. Dazu Carl Zuckmayer in: Werner Krauss – Das Spiel meines Lebens, 1958, 10 ff.; Vf. in: Theater heute 1965, 10, 23; H. Hommel, W. Jahrb. 1940, 282.

22. Suda v. Θέσπις: καὶ πρῶτον μὲν χρίσας τὸ πρόσωπον ψιμυθέῳ ἐτραγῴδησεν, εἶτα ἀνδράχνῃ ἐσκέπασεν ἐν τῷ ἐπιδείκνυσθαι, καὶ μένα ταῦτα εἰνήνεγκε καὶ τὴν προσωπείων χρῆσιν ἐς μόνῃ ὀθόνῃ κατασκευάσας; cf Dioskorides Anth. Pal. VII 411; Horaz Ars Poet. 275 ff. ignotum tragicae genus invenisse Camenae / dicitur et plaustris vexisse poemata Thepsis / quae canerent agerentque peruncti faecibus ora; / post hunc personae pallaeque repertor honestae / Aeschylus et modicis instravit pulpita tignis / et docuit magnumque loqui nitique cothurno. Cf Pickard-Cambridge, Dithyramb, 69 ff.; ders., Festivals, 190; M. Bieber, PW, 14 (1930) sp. 2070 ff., (Maske).

23. *Tafel 27* Webster, Monuments, 1967 AV 9, p. 46. Die Deutung als Darstellung einer Trauernden (Talcott in: Hesperia 8, 1939, 267 ff.) ist umstritten; cf Webster in: Hesperia 29 (1960) 254 ff. über den «neuen Fund der Oinochoe» von 470.

24. *Tafel 28* (Ferrara, Valle Pega) Webster, Monuments, Pl. 1 1, dazu AV 10, p. 46.

25. *Tafel 29* (Cervetri) ca. 450 nach Webster, (Monuments AV 20, p. 46) ca 340 nach Pickard-Cambridge, Festivals fig. 34, p. 182.

26. *Tafel 15*, vielleicht ein Satyrspiel ‹Hesione› darstellend: Webster, Monuments, AV

25 p. 49. Dieser Pronomos, Lehrer des Alkibiades, spielt in der Musikgeschichte eine bedeutende Rolle; er war (nach Paus. IX 12,5 f., Athen. XIV 31) der erste, der auf einem und demselben Aulos in allen Tonarten zu spielen verstand; er soll diesen neuen Aulos erfunden haben; cf H. Riemann, Handbuch der Musikgeschichte, 1919[2] I 106.

27. Nach Webster, Monuments, GV 3, p. 80 ca 350, nach Bieber, Hist., fig. 306. ca 400.

28. *Tafel 30:* Nationalmuseum Athen: Webster, Monuments, AS 1, p. 33.

29. *Tafel 32:* Webster, Monuments, AS 4, p. 34 (360/50).

30. Im Piräus-Museum: Webster, Monuments AB 1, p. 31. Abb. Pickard-Cambridge, Festivals, fig. 58; Bieber, Hist.[2], fig. 301.

31. *Tafel 31:* im Nationalmuseum Athen, Webster, Monuments, AS 5, p. 34 (375/50). Svoronos (Nationalmuseum Athen Nr. 385, P. 161) datiert das Fragment früher, dem glauben wir zustimmen zu sollen.

32. opsis cf J. Dingel, Das Requisit in der Tragödie, 1967 XI, vor allem 101 ff., wo in dem Abschnitt ‹Spektakuläres Bühnengeschehen› eindrucksvoll belegt ist, wie sehr Aristoteles die Rolle der opsis unterschätzt (was möglicherweise dadurch zu erklären ist, daß die Poetik weniger vom Theater als vom Drama als Literatur handelt), s. auch S. 220 f. Cf Aesch. Vita 7: ταῖς τε γὰρ ὄψεσι καὶ τοῖς μύθοις πρὸς ἔκπληξιν τερατώδη μᾶλλον ἢ πρὸς ἀπάτην κέχρηται; ferner Vita 14.

33. s. Suda: οὗτος πρῶτος εὗρε προσώπεια δεινὰ καὶ χρώμασι κεχρισμένα ἔχειν τοὺς τραγικούς. Der Plural χρώματα ist, wie Pickard-Cambridge, Festivals, 190 bemerkt, «contrasting apparently with the masks ἐν μόνῃ ὀθόνῃ of Thespis».

34. Übersicht bei Pickard-Cambridge, Festivals, 135–149.

35. z. B. in einer Antigone-Version am Staatstheater Kassel 1968 (Regie Kai Braak). Die Version des Living Theatre 1967 hielt an den Personen des Stückes fest: «The Antigone of Sophocles, adapted for the stage by Bertolt Brecht, based on the German traduction of Friedrich Hölderlin und translated into English by Judith Malina, performed by the Living Theatre.»

36. Die Kontinuität der Konventionen S. 54.

37. S. 255 (84). Die Gagen für die Schauspieler wurden aus der Staatskasse bezahlt, während der Chorege für alles übrige aufzukommen hatte.

38. s. S. 26.

39. s. S. 8 und Kopha S. 181; cf Pickard-Cambridge, Festivals, 136 f.

40. cf W. Barton, Bühnenvorgänge bei Aischylos, in: Wiss. Zeitschrift der Univ. Jena, gesellschafts-sprachwissensch. Kl. 1952/3, 42.

41. s. unten S. 208. Shakespeare: R. Stamm, Geschichte des englischen Theaters, 1951, 58 f.; China: C. A. Scott, The Classical Theatre of China, 1957, 68, 84 f.

42. Brecht, Verfremdungseffekte der chinesischen Schauspielkunst, Ges. W. 1967 VII 621 ff. und Über ein Detail des chinesischen Theaters, a. a. O. 427.

43. s. S. 202.

44. Zur ‹Technik der Ekplexis› und ‹Funktion des Ekpleptikon› cf J. Dingel a. a. O. 102, 104 ff., ferner 50 ff. ‹Maske› wird in dieser höchst nützlichen Arbeit als ‹Requisit› behandelt, ebenso wie das Kostüm. Das entspricht nicht dem Sprachgebrauch und der Praxis des Theaters, wo das Arsenal des Requisiteurs eine Spezialabteilung in der Art einer Rüstkammer ist. Aber die Synopsis hat unbestreitbare Vorteile, zumal wenn Requisiten, Kostüm und Maske als Elemente eines Bereichs der opsis verstanden werden, deren Gemeinsamkeit darin besteht, daß sie von den Darstellern getragen werden. cf J. Dingel in: Die Bauformen der griech. Tragödie, hg W. Jens, 1971, 347 ff.

45. Zu den Masken der Erinyen: Choeph. 1048, 1058: κἀξ ὀμμάτων στάζουσιν αἷμα δυσφιλές, Eum. 48 ff. 52: μέλαναι δ' ἐς τὸ πᾶν, βδελύκτροποι – wir setzen das Komma so, weil das ἐς τὸ πᾶν den conclusio-Sinn nur haben könnte, wenn keine Details mehr folgten; 54: bluttriefend; 184, 192; cf J. Dingel a. a. O. 50 f., 118; L. Séchan, Études sur la tragédie grecque, 1926, 12 (Pl. I Nr. 92, Pl. II). Die bildende Kunst scheint die Darstellung des horrors weitgehend gemieden zu haben; auf den Vasen tragen die Erinyen meist Schlangen in den Händen, im Haar und um den Hals, so auf einer Berliner Hydria (F 2380), die fast gleichzeitig mit der Orestie datiert wird: um 460/450 (Beazley [2]1121) oder auf einem Berliner Krater (4560) aus dem Ende des Jahrhunderts. Ähnlich auf dem Eumeniden-Krater im Louvre (390/80), Abb. Bieber, Hist.[2], fig. 96 (Webster, Monuments, TV 13). Anders Pausan. I 28, 6 cf Wilamowitz, Griechische Tragödien, II 23, 227 f.

46. Bedeutende Inszenierung von Peter Brook mit Laurence Olivier 1955 Stratford, dann Welttournee; cf Ian Kott, Shakespeare heute, dt. 1964, 287 ff., seither auch im deutschsprachigen Repertoire, so 1970 in Basel und Kassel.

47. Lear, III 7.

48. Antonin Artauds Manifeste in: Le théâtre et son double, 1938, dt. 1969; «Theatre of Cruelty» in London 1964 unter Peter Brook und Charles Marowitz.

49. cf J. Dingel a. a. O. 41 ff., 106 ff.

50. cf Wilamowitz, Griechische Tragödien, III 1919, 14 ff., 20: «Die häßliche Aktion der Blendung wird ... ganz ins Dunkel geschoben ... und der Abschluß klüglich überhastet.» Aber man hört das Opfer brüllen und sieht es auftreten mit blutiger Maske und ausgebrannter Augenhöhle, keineswegs im ‹Dunkel›.

51. Die Grausamkeit der Szene ist kaum zu überbieten. Die bluttriefende Maske: 1067, 1117, 1169 ff. Agamemnon: 1282, 1285.

52. Die Maske 1276 f.: μέλας ὄμβρος χαλαζά θ' αἱματοῦσσ' ἐτέγγετο. Das theama 1295: δεινότατον πάθος: 1298, Kreon: τοιόνδ' ἄγος, 1426: ἀλλ' ὡς τάχιστ' ἐς οἶκον ἐσκομίζετε 1429. Noch der alte Oedipus bietet einen horror-Anblick: Oed. Col. 141, 577. Auch Sophokles' verlorener ‹Thamyris› zeigte eine Blendung (Pollux IV 141).

53. Klytaimestras blutbefleckte Maske 1389, 1428. Die Interpretation ist nicht unbestritten, cf Dingel a. a. O. 43, Anm. 2. Aber das zweimal erwähnte ἀμφίτομον βέλεμνον (1496, 1520) sah der Chor in ihrer Hand (cf 1405, 1527). Zur «Unbestimmtheit» der Waffe cf K. Reinhardt, Aischylos, 1949, 106: Reinhardt entscheidet sich mit H. Weil gegen Wilamowitz für das Schwert. Aber Choeph. 889 verlangt Klytaimestra ἀνδροκμῆτα πέλεκυν – warum wäre es ἀνδροκμής, wenn es nicht schon einen Mann getötet hätte? Auch ist typisch für πέλεκυς a) die Zweischneidigkeit (wie 1496, 1520) b) die Verwendung als Opferbeil. – Mania: 1427.

54. Aias' schweißtriefendes Mörderhaupt 9 f., mit blutiger Peitsche 11, 242, blutigen Händen 219, 453, die ins Haar greifen, also mit blutiger Perücke; mania 59.

55. Pentheus' Haupt auf dem Thyrsos Agaues 1139 ff., Maske und Perücke 1185 ff., 1215.

56. Poet. 1449 b 26: δι' ἐλέου καὶ φόβου περιαίνουσα τὴν τῶν τοιούτων παθημάτων κάθαρσιν. (G. F. Else schreibt: παθηματῶν i. e. «the plural form of the technical term pathos» nach 1459 b 11, 1452 b 10 = «tragic acts»). Zur Deutung der Begriffe: W. Schadewaldt in: Hellas und Hesperien 1960, 346 ff. Lessings philanthropische Auffassung des Mitleids, vor allem im 75. Stück der Hamburgischen Dramaturgie – «Furcht als das auf uns selbst bezogene Mitleid» (cf Aristoteles Poet. 1453 a 1) – und im 77. Stück – Mit-

leid = «alle philanthropischen Empfindungen». Dazu Schadewaldt a. a. O. 353 f. – Sicherlich ist eleos nicht im christlichen, auch nicht in Lessings philanthropischem Sinne zu verstehen; dennoch scheint uns in den Zusammenhängen, in denen es bei Aristoteles steht, der direkte Zielpunkt im Zuschauer ebensowenig auszuschließen wie bei phobos (horror). Die Übertragung des gespielten Geschehens erfolgt, wenn dieses Betroffenheit hervorruft.

57. Prom. 83, 253.

58. Suda: πρῶτος γυναικεῖον πρόσωπον εἰσήγαγεν. cf A. v. Blumenthal RE 20 (1941) 911 ff. Seine ‹Phoenissen› wurden vermutlich 476, vier Jahre vor den ‹Persern›, zum erstenmal aufgeführt. Es ist höchst unwahrscheinlich, daß der Frauenchor, der bei Aischylos schon so häufig ist, erst in so später Zeit eingeführt worden sein soll. ‹Prosopon› kann natürlich auch ‹Person› heißen, aber auch das ist kaum auf ‹Einführung› zu beziehen. Vermutlich handelt es sich um einen gelehrten Rückschluß auf den frühesten überlieferten Titel von Stücken mit Frauenchören, cf Pickard-Cambridge, Dithyramb, 63 ff.

59. *Tafel 33;* dazu U. Hausmann in: Mitt. des Dt. Arch. Inst. Athen. Abt. 73 (1958) 50 ff. Eine der Gestalten, die ein Gewandstück über den Kopf gezogen haben und am Boden um Oedipus und die Sphinx (auf einer Säule) herum hocken, blickt en face und hat ein Frauenauge. Die Vase stammt aus einer Zeit, die nur wenig später als das Thespis-Datum (534) anzusetzen ist.

60. cf H. Patzer, Die Anfänge der griechischen Tragödie, 1962, 102 ff., 160; E. Reisch in: RE 3 (1899), sp. 2379.

61. Etwa Eteokles in den ‹Sieben› 200 f.; cf V. Ehrenberg, Der Staat der Griechen, 1965² 51 f.; ders., From Solon to Socrates, 1968, 10, 15, 69 f., 70 ff., 245 f.; A. Gomme, The position of women in Athens, in: Essays in Greek History and Literature; Erich Burck, Die Frau in der griechisch-römischen Antike, 1969, 12 ff., 24 f.

62. cf K. v. Fritz in: Antike und moderne Tragödie, 1962, 256 ff. Die bedeutende Analyse läßt leider die politische Seite, speziell die Frauenfrage, völlig außer Betracht. Anders A. M. Verrall, cf G. Murray, Euripides und seine Zeit, 1957, 16, 45 f. Ein neuer Versuch, Admet zu ‹retten› in: E. Burck a. a. O. 42 ff.

63. cf E. Burck a. a. O. 26; J. Vogt in: Sitz. ber. der Mainzer Akademie 1960 (216, 222 ff., 230).

64. Thesmoph. 414, Lys. 11 et passim, Ekkl. 430 ff. cf V. Ehrenberg, Aristophanes und das Volk der Athener, dt. 1968, 207; J. Vogt a. a. O. 231 ff.

65. cf G. Thomson, Aeschylus und Athen, dt. 1957, 213.

66. cf Pickard-Cambridge, Festivals, 198 ff. Bieber, Hist., 27: Das Kostüm «covered the whole person from head to foot... The complete covering made the wearer unrecognizable»; A. Müller, Lehrbuch, 229 f.: «Das Costum bestand aus lang herabwallenden, bunten und reich gemusterten Chitonen, welche allem Anschein nach für Frauen und Männer gleich waren, und ebenfalls langen und bunten Oberkleidern»; I. Brooke, Costume in Greek Classic Drama, 1962.

67. cf J. Dingel in: Die Bauformen, hg Jens, 347.

68. J. Dingel a. a. O. schließt aus einigen Stellen in den ‹Bakchen› (115 f., 1142, 1188) daß der «Gebrauch einer Perücke nicht anzunehmen» sei. Bei 115 f. handelt es sich um einen Botenbericht; die beiden anderen Verse bezeugen nur langes Haar «wie das eines Löwen», was gerade für die Perücke spricht. Der archäologische Befund ist völlig eindeutig, s. die auf S. 203 ff. beschriebenen Vasen, vor allem die beiden frühesten und die Pronomos-Vase, auf der die Darsteller, die Masken in der Hand tragen, ihr natürliches Haar

zeigen *(Tafel 15);* ebenso das Marmorrelief in Kopenhagen *(Tafel 32)* und das Würzburger Gnattina-Fragment. So auch E. Simon a. a. O. 17.

69. 186 ff., 200 f., 230 ff., 256: ὦ Ζεῦ, γυναικῶν οἷον ὤπασας γένος.

70. cf J. Dingel a. a. O. 5, 77 und in: Die Bauformen 347.

71. Aisch. Hik. 70 f., 154 f.; cf Wilamowitz, Aischylos. Interpretationen, 7. Eine interessante Illustration der griechischen Vorstellungen von Kostüm und Maske der Ägypter zeigt die aus dem 6. Jahrhundert stammende Busiris-Vase (Cäretaner Hydria in Wien Nr. 3576: der schlechten Abb. in Buschor, Griechische Vasen, 1969, fig. 112 ist eine bessere in Poulsen, Griechische Kunst, 1962, II 29 vorzuziehen).

72. 1349–1371. πληθύνομαι 1370 Terminus des Mehrheitsbeschlusses.

73. Zur politischen Funktion der Geronten bei den Griechen cf V. Ehrenberg, Der Staat der Griechen, 1965², 17; H. D. Broadhead, The Persae, 1960 XXIV: «Chosen by Xerxes to manage during his absence the affairs of state these trusty Elders (γηραλέα πιστώματα) who had enjoyed the confidence of their revered lord Darius, are worthy representatives of the noble class.»

74. Erinyen s. Anm. 45. Die mythologischen Drei: Alekto, Tisiphone, Megaira cf M. P. Nilsson, Geschichte der griechischen Religion, 1955², I, 100 f. E. Wüst in: RE Suppl. VIII, 123 f.: bleiche Gesichtsfarbe, schwarze Kostüme. Für die Individualisierung bei Aischylos spricht schon der Eingang der Parodos, in dem sie einander einzeln anreden: 140.

75. s. Die Kontinuität der Konventionen S. 67.

76. s. S. 54. Schauspieler-Agon seit 449.

77. Dazu überzeugend, wie wir trotz des Widerspruchs von Pickard-Cambridge, Festivals, 130 ff. meinen: G. F. Else, ὑποκριτής, in: Wiener Studien 72 (1959) 75 ff., vor allem 105: «no trace of the second actor being made co-equal with the first» bei Aischylos vor der Orestie. Hypokrites = «Antworter» ist die Funktion des von Aischylos eingeführten 2. Schauspielers vom Typ des Boten: «messenger represents a permanent, major function in the tragic economy» (106); cf ders., τραγῳδία, in: Hermes 85 (1957) 46 Anm. 1.

78. s. S. 37 und Kopha S. 184.

79. cf G. F. Else a. a. O. 106: «enabled in new form of drama». s. S. 8.

80. Listen von Rollentypen: Pollux IV 133 ff.; cf A. Müller, Lehrbuch, 271 ff; Pickard-Cambridge, Festivals, 193 ff.; M. Bieber in: RE XIV (1930) sp 2077 ff.; T. B. L. Webster in: Festschrift für A. Rumpf 1952, 141 ff.

81. 839 f., 863.

82. Ag. 1355, 1368, 1633, Choeph. 973 (auch 304).

83. Choeph. 1055, Eum. 246.

84. Zum Satyrspiel Proteus cf J. G. Droysen in: W. Nestles Ausgabe seiner Übertragung 1939, 339 ff.; Wilamowitz, Griech. Tragödien, II, 1921, 95 f.; A. Lesky in: Hermes 66 (1931) 190 ff. s. Anm. 79.

85. Choeph. 132, 135.

86. Ag. 1501 (cf 1427, auch ‹Sieben› 70, 655 ff.).

87. Zu Apollons goldener Perücke cf J. Dingel a. a. O. 45. Zwar wird Apollons goldenes Haar erst bei Euripides erwähnt (Ion 887), aber das Zeugnis genügt, um die Analogie zur «goldelfenbeinernen» Athena im Parthenon und zum «goldelfenbeinernen» Zeus in Olympia, beide von Phidias, zu erhärten. «The sun in human limbs arrayed» – Byron, zitiert von W. F. Otto, Das Wort der Antike, 1962, 54.

88. s. Pagos S. 103 und Maschinen S. 197.

89. s. S. 30.

90. cf John Jones, On Aristotle and Greek Tragedy, 1968, 272.

91. Pickard-Cambridge, Festivals, 192, 189.

92. M. Bieber, RE 14 (1930), sp. 2073: «Wahrscheinlich preßte man in der Regel die Maske aus stuckiertem Leinen in Formen (Schol. Aristoph. Frösche 406, Isid. orig. X 119) ... Auf die Stuckschicht malte man Brauen, Lippen, Teint, das Weiße für das Auge, zuweilen auch noch die Iris farbig auf. Kopfhaare und Bart wurden aufgeklebt... Für die Augen des Schauspielers läßt man die Pupille der Maske, zuweilen auch noch die Iris offen.» – K. G. Kachler, ein Kenner der Materie, der im römischen Theater von Augst bei Basel Aufführungen antiker Stücke mit Masken inszeniert hat, schreibt dazu in: Theater und Maske (Atlantisbuch des Theaters hg M. Hürlimann 1966, 232): «Die Herstellung dieser Masken erfolgte gewöhnlich aus stuckierter, in Tonformen gepreßter Leinwand. Die Frauenmasken wurden heller, die Männermasken dunkler bemalt, aber unter Wahrung der natürlichen Formen und bei markantester Modellierung der Augen- und Nasenpartien. Die immer wichtige Perücke, wohl aus haarähnlichem Material, fügte man fest an die Maske und stülpte beide zusammen wie einen Visierhelm über den ganzen Kopf. Für gutes Sehen und Sprechen wurden Augenöffnungen und offener Mund dem Gesicht des Darstellers angepaßt.» Kachler ist aufgrund seiner praktischen Erfahrungen zu der Ansicht gelangt, daß Typisierung der Masken erst im 4. Jahrhundert eingesetzt habe: «Für die Tragödien und Komödien (des 5. Jahrhunderts) mit ihren vom Dichter immer wieder neu konzipierten Figuren, den ... stets anders gesehenen Individualitäten, für sie galt es auch die Masken immer wieder neu zu schaffen.» Wir glauben, daß es auch im 5. Jahrhundert Grundtypen gab, die nach der Individualität der Figur und den Bedürfnissen des Schauspielers variiert wurden. Daß die zweifellos künstlerisch geformten Masken jedes Jahr ‹abgelegt› worden wären, ist unwahrscheinlich. Das Material erlaubte zudem leicht die notwendigen Änderungen.

93. John Jones hat a.a.O., ausgehend von einer Revision der Aristoteles-Interpretation, Bemerkenswertes zur Bedeutung der Maske für seine These (Tragödie von Aristoteles nicht verstanden als «a tragic imitation of human beings», sondern als «a tragic imitation of action and life») ausgeführt. Auch er geht (44 f.) aus von der Frage nach der «raison d'être of masking» und folgert aus dem Terminus «prosopon»: «we should allow mask and face to draw semantically close together, and then we should enrich the face far beyond our conception, until it is able to embrace (as it dit for Greeks from the time of Homer) the look of the man together with the thruth about him. The face is the total aspect; it presents the human individual, the person.» «The artifact surpassed nature in its lucid isolation of essentials, which was as the Greek aesthetic instinct demanded.» Maske und Gesicht «did not hind or hide». Die Maske ist ein «artifact-face with nothing to offer but itself. It has – more important, it is known to have – no inside. Its being is exhausted in its features». Jones spricht (53) von der fundamentalen Bedeutung der «recognisability of the object» (antiplatonisch gedacht) und fährt fort (59): «And this is because Aristotle's actor is an actor-mask, and his bond with the man in the story is forged through acting, through repetition, and not through impersonation... The actor-mask is not a portrait, not a likeness; it presents, it does not re-present; it gives us King Oedipus.» In Aristoteles' Auffassung ist «stage-presence» «the force uniting actor and dramatic character, those two kinds of doers». – Wir teilen Jones' Einwände gegen eine Interpretation des Aristoteles (und der Tragödie überhaupt), die das Element des Zeigens (epideixis) vernachlässigt und die innere Dramatik der Helden überbetont, insbesondere hyperpsychologisiert. Man wird diesen Protest gegen «die Interpolation des

tragischen Heros», den es in der Tat in der Poetik nicht gibt, sehr ernst nehmen müssen. Andererseits forciert Jones seine These. Der Orest des Kommos in den ‹Choephoren› mag nicht zu einer Entscheidung seines inneren Konflikts kommen, aber er vollzieht einen Erkenntnisakt (ebenso wie Eteokles, von späteren Helden zu schweigen). Vor allem im Schweigen (s. S. 215) zeigt die Maske, daß etwas hinter ihr vorgeht. Wenn Jones sogar den Maskenwechsel ablehnt und im Falle des Oedipus Lessings abstruse Idee wiederaufgreift, der Schauspieler habe zwei Augen gehabt, wie Pollux das von Thamyris behauptet (IV 121), ein blaues und ein schwarzes, und nach der Blendung habe er nur noch das eine dem Publikum gezeigt (275), so verstößt er ganz einfach gegen die Evidenz der Stücke.

94. B. Schweitzer, Ausgewählte Schriften, 1963, II 76.

95. Über das Problem von Rolle und Darstellung in der Gesellschaft cf H. Plessner, Conditio humana, (Einleitung zur Propyläen-Weltgeschichte 1961, gesondert 1964, 56 ff.): «Rolle» 1. als ein «mit der Verkörperung gegebener fundamentaler Zug leibhafter Existenz, die eines Namens bedarf, woran sie zur Person wird. Verkörperung, Identifikation, Personifikation umschreiben dann eine Struktur elementarer Rollenhaftigkeit, die ... das Grundverhältnis eines Individuums zu seinem Verband vor vornherein festlegt.» Und «Rolle» 2. als «theatralischer Begriff»: Das «in der ersten Bedeutung von Rolle als Rollenhaftigkeit latente Spielelement ... wird freigesetzt und gestattet nun einer Person, eine andere zu sein. Sie tritt an ihre Stelle ... überall da, wo Repräsentation einen wesentlichen Bestandteil sozialen Lebens bildet, im Kult der Gottheit oder des Staates erweitert sich der theatralische Rollenbegriff zu einer gesellschaftlich-politischen Kategorie. Die hohen Würdenträger haben ihre Rolle zu spielen.» «Rolle» schließlich 3. als «gesellschaftlicher Funktionsbegriff»: sie schafft mit der durch sie ermöglichten Trennung von sozialer und privater Existenz eine «für jeden Typus menschlicher Vergesellschaftung» vorausgesetzte «Konstante»: ein «Doppelgängertum». Der «Gleichsetzung von Innerlichkeit und Eigentlichkeit, Öffentlichkeit und Uneigentlichkeit», die in dem «Theorem von der menschlichen Selbstentfremdung» weiterlebt, stellt Plessner den Gedanken vom Doppelgängertum des Menschen entgegen: «den Menschen als ein Wesen, das sich nie einholt, weil es sich verkörpern muß. Entäußerung bedeutet keine Entfremdung seiner selbst, sondern – auch unter den heutigen Bedingungen einer hochdifferenzierten Arbeitswelt – die Chance, ganz er selbst zu sein». Bei dem hohen Grad von Öffentlichkeit, der sich im Theater der Tragödie darstellt und dargestellt wird, versteht sich die Bedeutung dieser Gedanken für das Verhältnis von Maske und Person von selbst.

96. cf Walter Benjamin, Über den Ursprung des Trauerspiels, in: Schriften 1955, I 228 ff.

97. Zur Kategorie der Vergegenwärtigung auf der Bühne cf Vf, Die Gegenwart der Klassiker, Veröffentlichungen der Stuttgarter Goethegesellschaft 1969.

98. Extreme Ansätze dieser beiden Möglichkeiten (nicht deren Realisierung): 1. die erwähnte Inszenierung von ‹Oedipus der Tyrann› in Berlin 1965, Regie Benno Besson, mit ihrer Formalisierung von Masken, Gängen und Gesten; 2. Die Inszenierung des ‹Oedipus› in London und Athen 1969, Regie Karolos Koun, mit der maskenlosen Vereinfachung der Vorgänge und Figuren in einer Art von konzentrischem Realismus.

99. cf Pickard-Cambridge, Festivals, 207 f.; Bieber, Hist., 26 f. und RE XI sp. 1520 ff.; Webster, Production, 37, 44, 167.

100. Relief des Archelaos von Priene im Britischen Museum; Abb. Pickard-Cambridge, Festivals, fig. 64; cf M. Bieber, RE XI (1922) sp. 1523 ff.

101. Das antike Theater, 1972, 23 f.
102. s. OKRIBAS (PULPITUM).

15. Rhythmus

1. Gottfried Benn, Probleme der Lyrik, 1951, 25.

2. ἀκοή: Aisch. Prom. 689. Herodot I 38, 2 (mit ὄψις) Arist. Quint. III 157/8: δι' ἀκοῆς, ὄψεώς τε.

3. ὄψις Aristot. Poet. 1449 b. Zur Bedeutung cf G. F. Else, Aristotle Poetics, 90: «vision, sight, appearence», mit Bywater hauptsächlich auf Kostüm und Maske bezogen, zweifellos zu eng, wie die weitere Erwähnung 1450 b zeigt; cf Flickinger XI.

4. θεωρία und ἀκρόασις cf H. Koller, Die Mimesis in der Antike, 1954, 74, 100. Plut. Mor. 704 E περὶ θέαν καὶ ἀκρόασιν; 629 C ἀκροάματα καὶ θεάματα, ähnlich 704 C, 705 B, 710 B, 711 B. cf L. Robert in: Hermes 65 (1930) 116; Sifakis 96 f., 102, 88. – Aristoteles' «acroamatic works»: G. F. Else a. a. O. 8, 10.

5. Brief an L. A. Awilowa vom 3. 11. 1897 (Werke deutsch 1958, III 237 f.).

6. cf Th. Georgiades, Musik und Rhythmus bei den Griechen, 1958, 26 ff.

7. cf H. Hommel in: Lexikon der Alten Welt 1965, sp. 2613; H. Koller a. a. O. 157 ff.

8. ἀπάτη cf Aisch. Hik. 110/1: ἄτας δ' ἀπάταν μεταγνούς; Pers. 93 δολόμητιν δ' ἀπάταν θεοῦ. Apate = Illusion s. S. 10 und PAGOS S. 100 ff.

9. M. Wegner, Musikgeschichte in Bildern, I, 4, 32 verweist darauf, daß diese Übersetzung, die sich eingebürgert hat, für den Musiker unerträglich sei, da die Auloi zur Gattung der Oboen gehören.

10. s. KOPHA S. 180 f.

11. ψυχαγωγία Aristot. Poet. 1450 b. cf Athen. 628 c: οὐ κακῶς δ' ἔλεγον οἱ περὶ Δάμωνα τὸν Ἀθηναῖον ὅτι καὶ τὰς ᾠδὰς καὶ τὰς ὀρχήσεις ἀνάγκη γίγνεσθαι κινουμένης πως τῆς ψυχῆς.

12. χορεία = «Das Ganze von Tanz und Gesang» Plat. Ges. 654 b. Auch χορός heißt weder Chor noch Tanz, sondern «Chortanzgesang», cf Aisch. Ag. 1186–1192. Ebenso χορεύειν Soph. Oed. R. 896.

13. opsis s. Anm. 3; cf J. Dingel, Das Requisit in der griechischen Tragödie, 1967, wo beklagt wird, daß «über den umfassenden Bereich der theatralischen ὄψις» bis heute keine allgemeine Untersuchung vorliege. Eine «Fülle von Einzelbeobachtungen» verdanke man vor allem den Arbeiten von Wilamowitz. Aus der älteren Literatur wird E. Petersen, Die Attische Tragödie als Bild und Bühnenkunst, 1915 hervorgehoben. Vor allem habe schließlich Karl Reinhardt in seinem Aischylos-Buch dem «Wechselspiel von Bühnenbild und Dramenablauf den gebührenden Platz eingeräumt»; cf noch 101: «Opsis und Affekt»; cf ferner Arnott 109 ff.

14. Nicht «szenischer Schmuck» – wie bei O. Gigon (Aristot. Poet. 1961, 33), auch nicht «adornement of their visual appearence» nach Else (a. a. O. 26, 29), sondern «Ordnung der Opsis».

15. Ῥυθμικῶν στοιχείων § 6, 7 (ed. R. Westphal 1965 I, 78): Ἀναγκαῖον οὖν ἂν εἴη, μεριστὸν εἶναι τὸ ῥυθμιζόμενον γνωρίμοις μέρεσιν, οἷς διαιρήσει τὸν χρόνον; ἡ τῶν χρόνων διαίρεσις; cf II 11 f. cf H. Abert, Die Lehre vom Ethos in der griechischen Musik, 1899, 19 f.; W. D. Anderson, Ethos and Education in Greek Music, 1966, 14 ff., 149 f.

16. σκευοποιός nach P. Arnott, 109 nur der «theatrical costumier» (Belege für σκευή = Kostüm Eur. Hik 1059, Aristoph. Frösche 108, Plat. Staat 577 b; Vita Aesch. 1); aber nach Pollux IV 115, II 47 zum mindesten auch noch Maskenbildner (προσωποποιός). Aristot. Poet. 1450 b spricht klar von dem Verantwortlichen für alle opseis; in Aristophanes' ‹Rittern› 230 weigert sich der skeuopoios, eine Maske zu machen; von Sophokles heißt es 1449 a ausdrücklich σκηνογραφίαν παρεσκεύασε.

17. Aristot. Poet. 1462 a; cf Flickinger XI.

18. Plat. Ges. 814 e ff.; Aristot. Pol. 8 VI, 6; cf H. Abert a. a. O. 61 ff.; W. D. Anderson a. a. O. 65 f. vgl. Anm. 64.

19. cf Vf, Geschichte des politischen Theaters, 1971, 20–68.

20. Immerhin hält Aristoteles es für pädagogisch nützlich, daß Musik lustbetont sei; der Spieltrieb werde mit Hilfe der Musik ethisiert; diese schalte den Zwang aus (Pol. 8 VI). Dazu Goethe in: Nachlese zu Aristoteles' Poetik, 1827: «Aristoteles nämlich hatte in der Politik ausgesprochen: daß die Musik zu sittlichen Zwecken bei der Erziehung benutzt werden könnte, indem ja durch heilige Melodien die in den Orgien erst aufgeregten Gemüter wieder besänftigt würden und also auch wohl andere Leidenschaften dadurch könnten ins Gleichgewicht gebracht werden.» Nach Goethes Ansicht kann die Musik «so wenig als irgend eine Kunst ... auf Moralität wirken», und immer sei es «falsch, wenn man solche Leistungen von ihnen verlangt».

21. cf Th. Georgiades, Musik und Rhythmus, 44 f.: Das Wort... «als eine sozusagen rundplastische Wirklichkeit..., ein mit Händen greifbarer fester Körper».

22. Athen. I 22 a.

23. cf H. Schreckenberg, ΔΡΑΜΑ, 1960, 133 ff.

24. Vita 14; Athen. 21 e.

25. Athen. I 20 f.

26. s. DIE KONTINUITÄT DER KONVENTIONEN S. 62 ff.

27. so noch K. Reinhardt, Sophokles, 1947[3], 44.

28. s. KOPHA S. 172 ff.

29. Wilamowitz, Griechische Tragödien, IV, 1923, 268 f.; auch Einleitung in die griechische Tragödie, 1907, 22.

30. So M. Wegner a. a. O. 19 mit Berufung auf Werner Jaeger, Paideia, 1959[4] II 299: «Wie auf der Bühne das Schauspiel die Dichtung unterjocht und das geschaffen hat, was Platon die Theatrokratie nennt (Plat. Ges. 701 a), so war die Poesie im Konzert die Dienerin der Musik. Die Schilderungen des Musiklebens jener Zeit stimmen überein in dem Tadel des Schwelgens im Gefühlsrausch und des Aufpeitschens aller Leidenschaften. Die emanzipierte Musik wird zur Demagogin im Reich der Töne.» Ähnlich M. Pohlenz, Die Griechische Tragödie, 1930 I 474 ff. – In der Rezension von E. Moutzopoulos' Untersuchung La Musique dans l'Oeuvre de Platon, 1959 (Deutsche Literaturzeitung 82, sp. 628) verweist G. Wille auf musiktheoretische, bzw. musikethische Äußerungen aus der Zeit vor Damon; außer Pratinas erscheinen hier Empedokles und Pindar. Die ‹Auflösungserscheinungen› wären danach fast so alt wie die Tragödie selbst.

31. Die Monodie, die hier von Euripides eindeutig ‹apollinisch›, fast könnte man sagen: ‹platonisch›, verwendet wird, kann also wohl kaum als Auflösungserscheinung gewertet werden. Darauf, daß Monodien zur Lyra, bzw. Kithara gesungen worden sind, deutet Aristoph. Frösche 1281/2, wo von einer anderen στάσις μελῶν die Rede ist, die im Gegensatz zum Chor ἐκ τῶν κιθαρῳδίκων νόμων angestimmt wird; cf Plat. Staat 398 a. Hier ist H. Riemann (Handbuch der Musikgeschichte 1919[2], 147) entschieden im Irrtum.

32. Th. Georgiades, Musik und Rhythmus, 21.

33. Bakchen 58, 124 ff.

34. Poet. 1450 b; Pol. 8 V.

35. Plat. Pol. 604 e, 398 e ff.; Aristot. Poet. 1461 b, 1462 a; Pol. 8 V 5, 7, cf H. Abert a. a. O., vor allem 48 ff.; W. Vetter a. a. O. 1581 ff.: «Bestimmte Melodiebewegungen lösen nach pythagoreischer Auffassung in der Seele des Hörers entsprechende Bewegungen aus, teils erregende, teils beruhigende»; H. Koller, Mimesis, 73, 118; Musik und Dichtung, 86 ff.

36. Musik als solche erzeugt nach Plat. Staat 602 b, 605 a–c εἴδωλα, also Trugbilder; sie ist Spiel (παιδιά), nichts Ernsthaftes; aber richtig angewandt, nämlich ethisiert, kann sie der kalokagathia dienen. Wenn das Ethos die negativen Wirkungen entkräftet hat, gewinnt Musik erzieherische Kraft (Staat 401 d: κυριωτάτη ἐν μουσικῇ τροφή). Dagegen Aristoteles Pol. VIII.

37. s. S. 236 ff.

38. Else a. a. O. 79.

39. s. unten S. 226 f.

40. Otto Weinreich, Epigramm und Pantomime, Sitz. ber. der Heidelberger Akadem. der Wiss. philol.-histor. Kl. 1944/8, 1 ff., vor allem 123 ff. – Daß nicht nur der Pantomimos, sondern auch der Mimos als Genre des Theaters (wenn auch neben Tragödie und Komödie als Genre des «niederen», volkstümlichen, improvisatorischen und unliterarischen Theaters) überall in Griechenland, und natürlich auch in Attika zuhause war, kann ernsthaft nicht bezweifelt werden. Für Sparta beweisen es die Ton-Masken-Funde der British School of Athens (cf Nilsson, Griechische Feste, 182 ff.; Pickard-Cambridge, Dithyramb, 163 ff.): sie werden zwischen 600 und 550 datiert. Über die Parallelen zur attischen Komödie, die zahlreiche mimos-ähnliche Szenen aufweist, cf Pickard-Cambridge a. a. O. 174 ff., 181. Allein der Hinweis auf das schon von Koller (Mimesis 120) herangezogene Fragment aus Aischylos' ‹Edonen› (57 Nauck), richtiger gedeutet von Else (a. a. O. 74 ff.), erübrigt weitere Argumente. H. Reich, Der Mimus, 1903 I, 2, 536 ff. deutet die Szene 1331–1363 in Aristoph. Fröschen als eine «Mimodie»; allerdings hält er die «Mimologie» für dorisch, die «Mimodie» für jonisch. Nach Athen weist außerdem Xenophons Schilderung Symp. 9.1 ff.; cf Weinreich a. a. O. 128 f., und H. Wiemken, Der griechische Mimos, 1972, 36.

41. Brecht, Kleines Organon für das Theater, § 48. Was Brecht «zeigen» nannte, ist bei den Griechen in dem wichtigen Begriff «epideixis» enthalten. Der Unterschied zwischen «epideixis» und «mimesis» wird leider weder von Koller noch von Else untersucht. Und doch zeigt schon die Bemerkung Lukians (de salt. 62) über die Pantomimen, daß differenzierende Aufschlüsse davon zu erwarten wären: ἐπεὶ δὲ μιμητικός ἐστι καὶ κινήμασι τὰ ᾀδόμενα δείξειν ὑπισχεῖται, ἀναγκαῖον αὐτῷ... σαφήνειαν ἀσκεῖν, ὡς ἕκαστον τῶν δεικνυμένων ὑπ' αὐτοῦ δηλοῦσθαι μηδενὸς ἐξηγητοῦ δεόμενον. Es handelt sich offensichtlich um zwei verschiedene Möglichkeiten oder Methoden der Darstellung.

42. Aristot. Poet. 1449 b, dazu Pol. VIII 1341 b 38. Grundlegend W. Schadewaldt, Furcht und Mitleid? in: Hellas und Hesperien, 1960, 346–388, vor allem 365 ff. Zu vergleichen: H. Abert a. a. O. 15 ff.; H. Dirlmeier in: Hermes 75 (1940) 85; H. Koller, Mimesis, 94 ff., 110 ff.; G. F. Else, The Argument, 1957, 432 ff.; W. Vetter RE XVI, 1 (1933) sp. 841 ff.; W. D. Anderson a. a. O. 137.

43. Aristot. Rhet. 3 I 3: ὑπεκρίνοντο γὰρ αὐτοὶ τὰς τραγῳδίας οἱ ποιηταὶ τὸ πρῶτον.

44. ὀρχησταί: Athen. I 22 a; Sophokles: Athen. I 20 f.

45. Athen. I 21 e; Vit. Aesch. 1, 19.

46. s. S. 12 ff. und UMBAU.

47. s. S. 25 und UMBAU.

48. s. DIE KONTINUITÄT DER KONVENTIONEN.

49. cf W. Schadewaldt, Hellas und Hesperien, 1972 I 476 ff.

50. K. Ziegler RE VI A sp. 2018 f.

51. cf A. v. Blumenthal, RE II 3, 1 sp. 1050.

52. Vitruv praef. ad l. VII 11; s. SKENOGRAPHIE.

53. cf D. Schulz, Zum Kanon Polyklets, in: Hermes 83 (1955) 200 ff., vor allem 219.

54. s. S. 31. Die erste Erwähnung bei Aristophanes Wolken 961 ff. (Polemik gegen Phrynis cf Wilamowitz, Einleitung in die griechische Tragödie, 1907, 21). Nach C. del Grande (Giorn. Ital. di filol. I, 1948, 3 ff.) ließ Aristophanes in den ‹Wolken› Sokrates Musiktheorien des Damon vortragen. Gegen F. Lassere's «überkühne Konstruktion» in: Plutarque de la musique, 1954, 53 ff. K. Ziegler in: Der kleine Pauly, I 1376; cf H. Koller. a. a. O. 21 ff., 80 ff., 129 ff., 184 f.; G. F. Else in: Class Philol. 53 (1958) 73, 83 ff.; M. Wegner in: Die Musik in Geschichte und Gegenwart II 1952, sp. 1880; L. Richter, Zur Wissenschaftslehre von der Musik bei Platon und Aristoteles, 1961, 22 ff.; W. D. Anderson a. a. O. 38 ff., 74 ff.; gegen K. Ziegler a. a. O. glauben wir nicht, daß es ein «aussichtsloses Beginnen» sei, die «ohne Zweifel bedeutende Leistung Damons» genauer zu erfassen; den Schlüssel liefert der von uns aufgedeckte Zusammenhang seiner Lehre mit der Tragödie, auf den, allerdings nur andeutungsweise, schon W. Schmid (Schmid-Stählin, Griechische Literaturgeschichte I, 2, 1954, 734) hingewiesen hat. Mit den für uns wichtigen Aspekten beschäftigt sich kaum der sonst grundlegende Beitrag Damon von F. Schachtermeyr in: Beiträge zur Alten Geschichte (Altheim-Festschrift) 1969, I 192 ff.

55. Nach F. Schachtermeyr a. a. O 203: zwischen 440 und 435.

56. cf Th. Georgiades, Musik und Rhythmus, 39: man soll den Chorgesang «möglichst körperhaft» empfinden. So Platon Ges. 654 b: χορεία besteht aus ὄρχησις und ᾠδή.

57. H. Schreckenberg, ΔΡΑΜΑ, 1960.

58. χειρόσοφος Luk. de salt. 69.

59. Schema: Schreckenberg a. a. O. 86; cf 115: «Das ursprüngliche δρᾶμα war rein pantomimisch-musikalisch, darauf führt gerade die Tatsache, daß, je weiter man die Tragödien-Entwicklung zurückverfolgt, die Bedeutung der ὄρχησις zunimmt.»

60. πορεία cf Athen. 628 d: καὶ γὰρ ἐν ὀρχήσει καὶ πορείᾳ καλὸν μὲν εὐσχημοσύνη καὶ κόσμος, αἰσχρὸν δὲ ἀταξία καὶ τὸ φορτικόν. Zur Bedeutung des Schreitens als einer tänzerischen Bewegung cf W. F. Otto, Menschengestalt und Tanz, 1956, 29, 32.

61. μέτρον = Gangart cf M. Wegner in: Die Musik in Geschichte und Gegenwart, II 1952 sp. 1879 «Damon»: Gangart sei für musikalischen Rhythmus ebenso verbindlich wie für poetisch-lyrischen. Nach Plat. Staat 400 b hat Damon Gleichheiten zwischen Zeitmaßen und Gemütsbewegungen aufgedeckt.

62. cf W. Vetter a. a. O. V, 853, I 629 ff.

63. cf Koller, Mimesis, 184; Plat. Ges. 799 e: Gesänge seien zu Gesetzen geworden; 700 a: Die Demokratie entartete, als sie sich von der festgegründeten musischen Ordnung lossagte; cf W. Vetter a. a. O. III 1590.

64. Plat. Ges. 655 d; cf F. Schachtermeyr a. a. O. 198.

65. cf H. Koller, Mimesis, 22 ff., 27, 184, 212. Möglicherweise richtete sich Damons Polemik gegen das Aufkommen der Chromatik in der Musik, die klare eunomia verwischte. Nach W. Vetter (a. a. O. V, sp. 851) galt Pindars Melodik als «altertümlich-

diatonisch»; sie habe die Chromatik gemieden; bekannt sei auch Aischylos' Abneigung
gegen sie gewesen.

66. Verbannung aus der Paideia: Aristot. Pol. VIII 1341 a. Aber im Festzug der
Panathenäen auf dem Parthenon-Fries, also noch um 440, ziehen Auleten mit, und die
berühmte Marsyas-Gruppe des Myron, die Apollons Streit mit den Hirten um den Aulos
dargestellt hat, wäre um die Jahrhundertmitte kaum auf der Akropolis aufgestellt worden, wenn die Auletik so verachtet gewesen wäre, wie es dann die Philosophen im 4.
Jahrhundert lehrten (Römische Marmorkopie im Lateran nach einer Bronze aus der Zeit
um 440). Pindars Pyth. XII (490) feiert den Auleten Midas und die Auletik als eine Erfindung von Pallas Athena; cf Th. Georgiades, Musik und Rhythmus, 21, 67 ff. H. Kollers Annahme (Musik und Dichtung, 9 f., 142 ff., 165, 171), der Aulos sei in der Tragödie
nicht (oder doch erst spät von Euripides) verwendet worden, wird widerlegt durch
Aristoteles Pol. VIII 6, wo es ausdrücklich heißt, die Auletik sei für Aufführungen erforderlich, die Katharsis bezwecken.

67. cf G. F. Else, Aristotle Poetics, 80: «The tragic pathos is an act.»

68. Plat. Staat 425 a; cf H. Koller, Mimesis, 23.

69. cf Pindar Pyth. XII, 21: μιμήσαιτο.

70. cf Th. Georgiades, Musik und Rhythmus, 7: «Musik ist bei den Griechen – es wird
an die ältere Zeit, bis etwa das 5. Jahrhundert v. Chr., gedacht – unlöslich mit der Sprache
verknüpft. So sehr ist sie in der Sprache enthalten, daß, genau betrachtet, der Ausdruck
‹griechische Musik› nicht berechtigt ist.» Über Affekt und Logos in der Musik cf a. a. O.
21 f.

71. So sah sie Richard Wagner: «Wer das, was wir jetzt nur als literarisches Monu-
ment noch übrig haben, aus dem Geist der uns verloren gegangenen tönenden Musik
selbst sich zu erklären weiß ..., der wird auch begreifen, daß das Werk des dramatischen
Dichters fast mehr noch auf seiner Leistung als Choreograph und Chorege als selbst auf
seiner rein poetischen Fiktionskraft bestehe. Alles, was der Dichter in jener Eigenschaft
erfindet und auf das Ausführlichste anordnet, ist die genaueste Verdeutlichung des von
ihm bei der Konzeption ersehenen Bildes, welches er nun der mimischen Genossenschaft
zur Nachbildung im wirklich dargestellten Drama vorhält.» (Über Schauspieler und
Sänger in: Gesammelte Schriften und Dichtungen IX 1888, 213.)

72. Th. Georgiades, Der griechische Rhythmus, 1949, 136; ebenso in: Musik und
Rhythmus 7.

73. so auch G. F. Else, Aristotle Poetics, 86.

74. s. S. 238.

75. Einheit von Logos und Musik: Th. Georgiades leitet diese aus dem besonderen
Charakter des griechischen Verses ab, in dem durch die Sprache der Rhythmus «auch
musikalisch restlos festgelegt wird»: «Der griechische Vers enthält die musikalischen
Komponenten, weil die griechische Sprache sie schon enthält» (Musik und Rhythmus, 30;
cf 37, 41 ff.). «Das Altgriechische war ... ein eigenartiger Träger von Sinn. Es war eine
Musik, die gleichzeitig die Fähigkeit hatte, die Dinge zu benennen» (43). – Ähnlich
schon H. Riemann in: Handbuch der Musikgeschichte I 1919[2], 9: «Nicht nur sind im Ge-
sange Dichtung und Musik und im Tanze Gebärdenspiel und Musik zu fester Einheit
verbunden, sondern alle drei verschmelzen im Chorreigen zu einer Gesamtkunst, für
welche die Griechen den Ausdruck ‹Musik› in seiner breitesten Bedeutung anwenden.»

76. Zur Therapeutik durch Musik cf H. Koller, Mimesis, 75; W. D. Anderson a. a. O
36, 65, 142.

77. s. S. 31 ff.

78. S. Anhang (Harmonia).

79. **Plat.** Staat 441 e: μουσικῆς καὶ γυμναστικῆς κρᾶσις. Über die «Vermischung der Gegensätze» als «Grundgedanke» der pythagoreischen Philosophie cf George Thomson, Aischylos und Athen, 1957, 226 ff.: «Was Pythagoras entdeckte, war das Verhältnis zwischen den vier feststehenden Tönen der Oktave, die durch die Zahlenreihe 6-8-9-12 dargestellt werden. Die Zahl 8 ist die subkonträre oder harmonische Mitte:

$$8 = 12 - \frac{12}{3} = 6 + \frac{6}{3}$$

und g ist die arithmetische Mitte:

$$9 = 12 - 3 = 6 + 3$$

Was führte Pythagoras zu dieser Entdeckung? In erster Linie zweifellos sein Interesse an der Mathematik... Während aber die medizinischen und sonstigen Andeutungen der Mitte zweifellos nur Erweiterungen der Musiktheorie waren, läßt sich die Musiktheorie selbst nicht vollkommen in den termini des Phänomens erklären, das sie zu deuten bestimmt ist. Vom Standpunkt der Musik oder Mathematik aus gibt es im Wesen der Zahlen 6 und 12 nichts, was verlangt, sie als Gegensätze zu betrachten. Jene Ansicht ist eine vorgefaßte Meinung, die aber zugleich wesentlich ist. Das Verhältnis zwischen Grenzwerten bezeichnen pythagoreische Schriften immer wieder als Uneinigkeit oder Feindschaft, die durch ihre Vermischung in der Mitte aufgelöst oder versöhnt sei. So berichtet Theon von Smyrna, die Pythagoreer hätten Übereinstimmung (harmonia) als eine ‹vollendete Einheit der Gegensätze, Einheit in der Vielheit, Eintracht in der Zwietracht› bezeichnet»; cf Anhang (Harmonia) S. 239. Der Marxist Thomson führt das «Ursprung dieser vorgefaßten Meinung» auf den Klassenkampf zurück: die Lehre von der Vereinigung der Gegensätze in der Mitte sei durch «das Emporkommen des Mittelstands» hervorgerufen worden.

80. cf Th. Georgiades, Musik und Rhythmus, 19 ff.; H. Koller, Musik und Dichtung, 11.

81. cf Pickard-Cambridge, Dithyramb, 17 ff., 65 ff.; H. Patzer, Die Anfänge der griechischen Tragödie, 1962, 129 f.; W. D. Anderson a. a. O. 47 ff., 225. Das Fragment (Athen. XIV, 617) muß auf jeden Fall aus der Zeit vor 467 stammen, denn in diesem Jahr war Pratinas bereits tot.

82. Phrynis cf Pickard-Cambridge, Dithyramb, 43; W. Riemenschneider, RE XX (1941) sp. 925 ff.: Erste Hälfte des 5. Jhs. – Melanippides cf Pickard-Cambridge, Dithyramb, 39 ff.; P. Maas, RE XV (1931) sp. 422 ff.; Nach Rohde (Rhein. Mus. XXXIII 213 f.), dem Pickard-Cambridge zustimmt, war er seit 480 aktiv; W. Vetter in: Musik in Geschichte und Gegenwart, V, sp. 859 ff. – Für die Polemik gegen die ‹Verderber› (s. S. 229, 30) der Musik ist die wichtigste Quelle das dem Pherekrates zugeschriebene Fragment aus einer Komödie ‹Cheiron› (Meineke Com. Fragm. I, 76; Plut. de mus. 30, 1141 f.; Edmonds Fragm. Att. Com. 206 ff.); dazu Platons Schilderung in Ges. 701 a: «Die aristokratia in der Musik sank herab zu einer schlechten theatrokratia.»

83. Euripides hat nach W. Vetter (Musik in Geschichte und Gegenwart, V sp. 859) «neue und packende Ausdrucksmittel angewendet»; die Musik sei für ihn so wichtig gewesen, daß die Texte bisweilen dürftig erscheinen: «Sie wirken durch Wiederholung unwichtiger Worte oft leer und frostig. Das Rätsel löst sich bei richtiger Einschätzung der

Musik... Die Dramatiker vertraten den Standpunkt, daß die Musik ... szenisch sichtbar gemacht werden könne.»

84. Vor allem: Staat 400 b.

85. nomoi: z. B. Pindar Olymp. I 100 ff.: ἐμὲ δὲ στεφανῶσαι / κεῖνον ἱππίῳ νόμῳ / Αἰολῇδι μολπᾷ / χρή. Platon über die nomoi Ges. 700 a bis 701 a. Dazu Th. Georgiades, Musik und Rhythmus, 24: «Nomos ist also nicht so sehr ein bestimmtes Stück wie eine bestimmte Gattung, innerhalb derer jeweils durch die Ausführung verschiedene Stücke entstehen. Die Kunst des Musikers besteht demnach nicht im freien Erfinden neuer Stücke, neuer Melodien, sondern in der guten, überzeugenden und insofern neuen, d. h. schöpferischen Ausführung des Nomos. Der Nomos ist wie eine Idealmelodie, die für sich nicht greifbar ist, denn sie ist göttlich, die aber die Grundlage für jede Verwirklichung bildet. Es ist wie das (unsichtbare) Thema zu den Variationen, die jeweils entstehen. Die Tat des Musikers ist also wie ein Variieren über eine gegebene musikalische Idee.» – Den nomoi des Gesangs entsprechen die schemata des Tanzes, von denen Aischylos viele erfunden haben soll (s. S. 71). –Es sind diese nomoi, die sich (cf Georgiades a. a. O. 54) in einer bestimmten Schicht der griechischen Volksmusik erhalten haben: daher greifen moderne griechische Musiker bei Kompositionen der Chöre von Tragödien-Aufführungen der Festspiele in Griechenland mit Recht auf solche ‹Weisen› zurück; denn ihr Rhythmus ist der des Reigentanzes, wie er noch heute getanzt wird (Georgiades a. a. O. 55), des ‹Syrtos› («einzige altgriechische Bezeichnung, die im neugriechischen Volkstanz fortlebt»); cf F. Lasserre, Plutarque de la músique, 1954, 22 ff.

86. Volksliedhaftes cf Wilamowitz in: Neue Jahrbücher für das klassische Altertum 15 (1912) 473: «‹Perser› und ‹Septem› beweisen, daß die Tragiker ihre Kunst aus den Totenklagen bereichert haben... Sicher stammt viel mehr, als wir nachweisen können, aus dem Anschlusse an volkstümliche Weisen.» H. Riemann, Handbuch der Musikgeschichte, 1919², 71 erklärt die Annahme rhythmischer Grundlagen als «unabweislich für alle Kompositionsweisen, die den Gesang mit Instrumentenspiel oder auch nur das Instrumentenspiel zur Regelung rhythmischer Körperbewegungen einer Mehrheit heranziehen»; das gelte vom einfachen Marschlied bis zum pantomimischen Chorreigen. Ähnlich W. Vetter a. a. O. 857.

87. Kommos cf E. Diehl, RE, XI, 1195 ff.; Amoibaion cf H. Popp, Amoibaion, 1968 und in: Die Bauformen, a. a. O., 221 ff.

88. so auch Pickard-Cambridge, Festivals, 246.

89. Vor allem W. Kranz, Stasimon, 1931; ferner F. Weege, Der Tanz in der Antike, 1926; L. Séchan, La danse Grècque antique, 1930; Th. Georgiades, Der griechische Rhythmus, 1949, und Musik und Rhythmus bei den Griechen, 1958.

90. H. D. F. Kitto, The dance in Greek Tragedy, in: Journal of Hellen. Studies 75 (1955) 36 ff.

91. China: cf A. C. Scott, The Classical Theatre of China, 1957, 28 ff.; Japan: cf B. Ortolani in: Fernöstliches Theater (hg. H. Kindermann) 1966, 408 ff.; Indien: B. Gargi, Theater und Tanz in Indien, 1960, 37 ff.; Indonesien: E. Horsten in: Fernöstliches Theater, 1966, 181 ff., 225 f.

92. ὑπόρχημα Athen. I 15 d; μίμησις τῶν ὑπὸ τῆς λεξέως ἑρμηνευομένων πραγμάτων; XIV 631; Plut. Quaest. Conv. IX 747; Mor. 1134 c; cf Pickard-Cambridge, Festivals, 255 ff.; E. Diehl in: RE IX sp. 338 ff.; H. Schreckenberg, ΔΡΑΜΑ, 1960, 120; H. Koller a. a. O. 166 ff. (dazu G. F. Else in: Class. Philol. 53, 1958, 77.79: Pindar frgm. 107 a Snell); H. Riemann, Handbuch der Musikgeschichte, 1919², 74; H. Abert a. a. O. 149 ff.

93. Zum Kompositionsprinzip cf Aristot. Poet. 1449 b. Erwähnt sei die παρακαταλογή: Aristotel. Probl. XIX 6; nach H. Riemann a. a. O. S. 114: «eine Unterbrechung des Gesangs durch wirkliches Sprechen, aber mit Instrumentalbegleitung» (ferner 136); cf W. Vetter in: Musik in Geschichte und Gegenwart V (1956) 849; Pickard-Cambridge, Festivals, 157 f., 162 f.

94. W. Schadewaldt, Die Wappnung des Eteokles in: Eranion, Festschrift für H. Hommel 1961, 105 ff.

95. s. KOPHA S. 177.

96. πυρρίχη H. Riemann, Handbuch der Musikgeschichte, 1919², 71 ff., 78; H. Abert a. a. O. 150; H. Koller a. a. O. 40; Der kretische Ursprung (Schol. Pind. Pyth. II 127: die Kureten) spricht so wenig gegen die Verwendung im Dionysostheater wie der dorische des Dithyrambos. Den Zusammenhang mit Dionysos bestätigt eine Vase aus dem Louvre (Abb. in Deubner, Attische Feste, 1969³ T. 17, 2); statt Speeren schwang man jetzt Thyrsos, Narthex oder Fackeln. Daß eine Art ‹Konfirmation› in Athen den Namen ‹Kureotis› hatte (Etym. M. 5333, 51; cf Deubner a. a. O. 116, 232) mag ein zufälliger Anklang sein, nicht aber daß die waffenfähige Mannschaft genau so hieß wie die waffentanzenden Priester auf Kreta: κουρῆτες. In den ‹Bakchen› wird der Zusammenhang vom Chor besungen: 120 ff.

> ὦ θαλάμευμα, κουρή –
> τῶν ζάθεοί τε κρῆτας
> Διογενέτορες ἔναυλοι,
> ἔνθα τρικόρυθες ἄντροις
> βυρσοτόριον κύκλωμα τόδε
> μοι κορύβαντες εὗρον.

Danach müßten die tympana, zu denen diese Parodos getanzt wurde, das Instrument der Pyrrhiche der Kureten gewesen sein. Daß auf der erwähnten Vase die Flöte geblasen wird, ist kein Widerspruch, denn auch in den ‹Bakchen› werden beide Instrumente verwendet: die Musiker blasen den aulos, die Tänzer schlagen das tympanon.

97. 595 ff.; cf M. Bieber, Hist.², 37; die Berliner Vase: fig. 126; Pickard-Cambridge, Dithyramb, 154; Webster, Production, 34 f. s. *Tafel 25.*

98. KOPHA S. 183. cf O. Weinreich a. a. O. 123 f.: «Da die Hepta 467 aufgeführt wurden und Telestes dem Dichter, der zunächst die orchestischen Bestandteile einstudiert und darin nach Meinung der Alten Hervorragendes geleistet hat, gerade in den späteren Jahren zur Hand gegangen sein wird, so haben wir hier einen Beweis für die ἔνρυθμος τραγικὴ κίνησις nach einem berühmten Drama in den 60er Jahren des 5. Jahrhunderts, falls Athenäus' Quelle, dem Aristokles, zu trauen ist. Und das dürfte der Fall sein.» Sofern sich Weinreich unter der ἔνρυθμος τραγικὴ κίνησις nach seiner Analyse S. 35 f. eine Art Pantomime des ganzen Dramas, also ein eigenes Genre vorstellt – was schlecht zur Zusammenarbeit des Tänzers mit Aischylos passen würde –, können wir ihm nicht folgen. Zum Wortlaut der Nachricht stimmt die Auslegung der Szene als pantomimische Begleitung zweifellos besser. Einen weiteren Hinweis auf pantomimische Darstellung tragischer Szenen im 5. Jahrhundert gibt eine rotfigurige Berliner Pelike (Nr. 3223, Beazley 248, 8; cf Weinreich a. a. O. 125 f.)

99. Bakchen 120 ff.

100. Homer Il. 11, 17 ff.; 19, 364 ff.

101. Zur Wortbedeutung: P. Bonaventura Meyer, ᾿APMONIA, 1932 (dazu W. D. Anderson, Ethos and Education in Greek Music, 1966, 191 f.)

Register

Die in Klammern gesetzten Zahlen bezeichnen die entsprechenden Anmerkungsnummern

a) Die Dramatiker, die Stücke

Aischylos 7 ff., 10, 16, 18, 20 f., 24 ff., 29 ff.,
44, 47, 53 ff., 60, 64, 66, 71 ff., 80, 83,
86 ff., 90 ff., 100, 102 f., 106, 109, 112,
115 ff., 120 ff., 127, 141, 144, 153, 162,
171 ff., 176, 178, 180 f., 184, 187, 191 f.,
195 f., 198 f., 203, 205 f., 209, 211 ff.,
216, 218, 221 ff., 223 f., 227, 231, 234,
239, 249(23), 250(25), 252(50), 253(50,
58,63), 255(83,90), 258(24), 260(141),
262(27), 263(30), 264(44), 265(76), 269
(12), 272(78), 272(79–82), 275(144), 277
(1,7), 281(6), 295(div.), 301(45), 302(65)

– Perser 10, 20, 22, 23, 54, 67, 70, 73,
87 f., 90 ff., 118, 120, 127 f., 140, 176,
186 f., 211, 220 f., 249(23), 262(20),
276(28), 280(12), 286(48), 287(3,5,9),
294(58), 298(8), 303(86)

– Sieben 20, 22, 46, 67, 69, 73, 84, 87,
89 ff., 93 ff., 96 ff., 113, 119, 140,
171 ff., 176 ff., 184, 188, 209 ff., 233 f.,
249(23), 257(120), 262(20), 265(69),
268(118), 270(60), 273(97), 276(28),
284(4,5), 285(44), 287(64), 291(8),
294(61), 295(69,86), 303(86), 305(98)

– Hiketiden 17, 20, 22, 47, 55, 67, 73, 80,
84, 87 f., 90, 93 f., 95 ff., 116, 119 ff.,
127, 140, 148, 176 ff., 186, 188, 209 ff.,
239, 249(23), 253(54), 260(146), 269
(23), 273(97), 276(28), 277(7), 285
(44,46), 295(71), 298(8)

– Orestie 8, 19, 20, 25 f., 31, 35, 37, 39,
43 ff., 53, 55, 61, 83, 95, 99 f., 111 ff.,
120, 122, 124, 140, 145, 153, 155 f.,
162, 191, 203, 210 f., 213, 216, 253
(63), 255(90), 258(124), 259(129), 290
(8), 293(45), 295(77)

Agamemnon 39, 41, 67, 75, 121, 127,
130, 133, 138, 141 f., 156, 176, 181,
186, 188, 250(26), 253(90), 275(139),
287(5), 293(71), 295(72,81,82,86),
298(12)

Choephoren 39, 64, 67 f., 109, 143,
155, 176, 180 f., 209, 249(20), 255
(84,90), 263(32), 282(27), 286(53),
293(45,53), 295(82,83), 297(93)

Eumeniden 9, 28, 29 f., 40, 43, 68 ff.,
80, 94, 101, 109, 133, 138, 143, 154,
189, 195, 203, 210, 255(90), 263(32),
280(1,4), 282(27), 288(42), 293(45),
295(74,83)

– Prometheus (Promethie) 19, 31, 33, 37,
40 f., 43 f., 55, 67, 72, 83 f., 88 f., 99,
101, 104, 107, 108 f., 110, 112 f., 119,
121, 124, 127, 156 ff., 186, 191, 196,
209, 213, 218, 239, 249(20), 260(145),
265(35), 269(12), 272(81,82), 298(2)

– Verlorene Tetralogien: Labdakiden 170,
253(63). – Perseus 99; Phorkiden 103,
107. – Dikyulkoi (Netzzieher) 88,
99, 106 f., 174. – Achilleis 17, 22, 43,
45, 98, 100, 140; Myrmidonen, Nereiden 99. – Lykurgie; Edonoi; Phryger 98; 253(63), 300(40)

– Verlorene Stücke: Aitniai 100, 253(63),
272(85). – Europa (Die Karer) 102,
197. – Hieraiai 253(63). – Isthmiastai
57. – Niobe 98, 271(81). – Philoktet
98. – Prometheus Porphyros 265
(76). – Prometheus Pyrkaios 91. –
Proteus 212, 295(84)

Sophokles 7, 8, 24, 26, 32 ff., 37, 46, 54 ff.,

60, 64 ff., 71 ff., 88, 95, 98, 102, 112 f., 122, 155, 160, 162, 163, 178, 180, 184, 191, 195, 197 ff., 209, 212, 215, 221 f., 226 f., 232, 236, 247(8), 255(83), 257 (24), 260(149), 262(14), 287(65), 299 (16), 300(44)

– Aias 22, 24, 45, 68, 95, 100 f., 156, 158, 174, 179, 193, 197, 253(50), 271(70), 285(24)

– Trachinierinnen 45, 64, 68, 157, 177 f., 221, 259(129), 290(8)

– Antigone 20, 27, 45, 64, 68, 156, 171, 174, 179, 209, 259(129), 292(35)

– König Oedipus 10 f., 45, 63, 68, 133, 157, 173 ff., 177 f., 181, 222, 226, 257 (24), 259(129), 263(35), 264(52), 271 (77), 281(23), 285(20,25), 290(8), 293 (52), 297(98), 298(12)

– Elektra 67 f., 155, 178, 181, 259(129), 263(32) 290(52,8)

– Philoktet 33, 45, 54 f., 60, 68, 84, 98 f., 104, 106 f., 111, 155 ff., 160, 197, 275 (143), 289(22)

– Oedipus auf Kolonos 4, 7, 8, 20, 37, 39, 46, 49, 54, 64, 68, 80, 84, 87, 102, 115, 130, 155 ff., 178 f., 214, 268(2), 271(70), 290(8)

– Verlorene Stücke: Andromeda 288 (17). – Ichneutai 44, 57, 104, 261 (159). – Inachos 44. – Nausikaa 113, 184. – Oinomaos 288(17). – Peleus 197, 275(143). – Tantalos 44. – Telepheia 44. – Thamyris 44, 184, 293(52), 297(93). – Triptolemos 44

Euripides 8, 37, 46, 53 ff., 60 f., 64, 66, 71 ff., 78, 80, 95, 123, 149, 153, 155, 157 ff., 174, 176, 179 ff., 184, 191 f., 198 ff., 207, 209, 211 f., 215, 222 f., 232 f., 236, 239, 247(7), 261(151), 263 (30), 267(118), 288(20), 290(47,53), 295(87), 303(83)

– Alkestis 45, 56, 68, 74, 133, 157, 160, 175, 180, 199, 259(129,135), 276(81), 285(33), 286(49), 299(31)

– Medea 31, 45, 60, 64, 68, 74, 118, 151, 157, 160, 174 f., 186, 195, 239, 259

(129), 276(82), 267(118), 285(28), 288(3)

– Herakliden 68, 73, 75, 80, 175, 177 f., 259(129), 267(118)

– Andromache 68, 73, 75, 157, 174, 175, 259(129), 276(82), 285(29), 286(49), 288(3)

– Hekabe 45, 68, 73, 157, 174, 267(118), 285(26), 293(51)

– Hiketiden 64, 68, 75, 80, 95, 160, 175 f., 178, 181, 195, 209, 259(129), 285(32), 286(57)

– Hippolytos 45, 68, 157, 178, 181, 195, 206, 250(26), 259(129), 267(118), 281 (23), 288(3,9)

– Herakles 68, 73, 75 f., 157, 174 f., 178, 193, 195, 199, 259(129), 285(77), 288 (3)

– Elektra 67 f., 75 f., 106, 151, 155, 157, 181, 186, 189, 195, 254(66), 259(129), 266(94), 268(118), 274(115), 288(3)

– Troerinnen 45, 53, 55, 64, 68, 155, 157, 174, 177, 181, 186, 189, 199, 209, 263 (32), 285(30), 286(51)

– Iphigenie auf Tauris 75, 104, 195, 259 (129), 267(118)

– Ion 45 f., 64, 68, 72, 76, 120, 141, 157, 164, 185, 195, 222, 256(114), 259 (129), 266(94), 268(118), 280(16), 285(42), 295(87)

– Helena 45, 68, 73, 158, 211, 259(129), 263(32), 265(82), 267(118), 285(42), 286(49), 288(3)

– Phoenissen 46, 68, 76, 156, 174, 259 (129), 266(94), 268(118)

– Orestes 37, 46, 53, 57, 68, 73, 75, 80, 156, 158, 185, 199, 254(66), 259(129), 267(118), 288(3), 290(44)

– Iphigenie in Aulis 37, 46, 64, 68, 72, 75, 100, 115, 156 f., 174, 186, 189, 212, 285(31), 287(2)

– Bakchen 8, 22, 46, 54, 64, 68, 72, 75, 156, 158, 207, 212 f., 220, 223, 259 (129), 265(82), 268(3), 286(49), 288 (3), 290(47), 293(55), 294(68), 300 (32), 305(96,98)

– Kyklops 33, 56, 84, 99, 104, 107 ff.,

111, 157, 207, 275(143)
- Rhesos 195
- Verlorene Stücke: Andromeda 33, 102, 107, 195. – Antiope 33, 107, 168, 270 (66), 274(121)

Aristophanes 53, 55, 59, 71, 77, 80 f., 98, 123, 153, 155, 192, 194 f., 209, 217, 224, 226 f., 234, 266(96), 268(119), 275(143)
- Acharner 77, 162, 259(134), 261(7), 262 (22), 267(104), 288(8)
- Ritter 77, 127, 237, 275(143), 299(16), 305(97)

- Wolken 192, 259(134), 288(8), 301(54)
- Wespen 77, 251(39)
- Eirene 57, 96, 107, 155, 194 f., 266(98), 274(117)
- Vögel 80, 259(135)
- Lysistrate 77, 78, 181, 209, 281(2), 294 (64)
- Thesmophoriazusen 195, 226, 288(8), 294(64)
- Frösche 57, 98 f., 217, 226, 253(50), 260 (140,141), 261(6,7), 298(16), 299 (31), 300(40)
- Ekklesiazusen 77
- Plutos 226

b) Orte, Plätze, Gebäude

Acharnai 287(67)
Aegina 130, 287(67)
Aegypten 60, 159, 211
Agora 5, 24, 30, 35, 47, 77, 78, 80 ff., 122, 126, 187, 247(10), 248(12), 254(75), 262(26), 286(48)
Aigilia 287(67)
Akademie 127
Akrai 271(77)
Akropolis (Athen) 5, 13, 24, 35, 47, 77, 80, 82 f., 110, 118, 132 f., 153, 158, 170, 205, 302(66)
Anagyrus 287(67)
Aphaia-Tempel (Aegina) 130
Apollon-Tempel (Delphi) 32, 45, 76, 138, 164, 177, 256(114)
Areopag 83, 89, 104, 138, 154
Argos 17, 53, 69, 75, 78, 96, 97, 128, 135, 138, 250(26), 251(38), 278(11)
Asklepieion (Athen) 86
Athen 24, 31, 43, 46, 53, 64, 72, 75, 78, 80, 111, 128, 134 f., 138, 141, 154, 160, 162, 164, 170, 181, 184, 188, 209, 224 f., 249(23), 257(120), 265(76), 300(40), 305(96)
Attika 184, 300(90)
Aulis 46, 174, 190
Chalkis 69, 190
Delos 120, 153, 281(8)

Delphi 25, 32, 45, 46, 66, 68, 75, 120, 128, 138, 157, 159, 164, 178, 222
Dionysos-Theater, -Bezirk 39, 42, 46, 66, 69, 72 f., 78, 80, 82 ff., 112 f., 115, 118, 129, 131, 134, 136, 166, 168, 176, 201, 248(10,13), 253(50), 266(96), 268(118), 271(77), 278(24), 279(3,4), 305(96)
Eleusis 32, 68, 78, 128, 199, 278(11), 287 (67)
Eleutherai 129
Elis 128, 273(92), 278(11)
Epidauros 26, 35, 130, 136, 176
Erechtheion 116
Eretria 128, 136, 150, 153, 254(74), 278 (11), 289(31)
Eumenes-Stoa 86, 169
Ge-Grotte 110
Heilige Straße 78
Heroon von Tyrsa 257(120)
Ikaria 128, 278(11), 287(67)
Kabiren-Theater (Theben) 118
Karien 127
Karthago 127
Kerameikos 110
Kleinasien 127
Knossos 135
Kollytos 287(67)
Kolonos 37, 84
Korinth 64, 78, 79, 128, 160, 278(11)

Kos 128
Kreta 135, 305(96)
Larisa am Hermos 142 f., 152, 254(74),
    280(5,19)
Lenaion 78, 127
Limnai 127, 267(104)
Magnesia 98
Mazedonien 53
Megara 77, 78, 92, 270(42)
Milet 129, 254(75)
Museion 90
Mykene 116
Myrrhinus 287(67)
Nauplia 268(118)
Odeion 13, 14, 36, 38 f., 42, 48, 76, 79,
    82, 89, 116, 123, 124, 139 f., 141, 158,
    167, 251(33,39), 268(1), 276(8), 280(9)
Oiniadai 128, 278(11)
Olympia 66, 197, 212, 295(87)
Oropos 283(43)
Paiania 287(67)
Parnaß 139
Parthenon 13, 44, 65, 67, 132, 159, 212,
    258(126), 260(156), 295(87), 302(66)
Pella 72, 158, 184
Peloponnes 78
Pergamon 260(157)
Pharos 277(7)
Phlya 287(67)
Piräus 39, 80, 83, 95, 128, 129, 170, 205,
    254(70,75), 278(11), 287(67)
Platää 141
Pleistos-Tal 128

Pnyx 22, 78, 90
Pompeji 153
Poseidon-Tempel (Sunion) 130
Rhamnus 287(67)
Salamis 149, 159, 287(67)
Sardes 141
Segesta 128, 153, 278(11)
Sikyon 29, 128, 278(11)
Sipylos 98
Sizilien 53, 57, 87, 181, 184, 224 f., 265
    (76)
Sparta 300(40)
Stoa poikile 31, 104, 105, 163
Sunion 18, 130
Susa 93, 141
Syrakus 128, 153, 249(23), 266(96), 278
    (11)
Tarent 128, 278(11)
Tartaros 100, 108, 275(144)
Telesterion (Eleusis) 32, 256(114)
Theben 46, 68, 74, 78, 93 f., 118, 170, 174,
    223, 250(26)
Tholos 128, 159
Thorikos 18, 78, 89, 128, 134 ff., 160, 266
    (96), 278(11), 279(3), 287(67)
Thurioi 254(75)
Tripodenstraße 78
Troizen 267(118)
Troja 174, 211
Tyndaris 128, 153, 278(11)
Zea-Theater (Piräus) 83
Zeus-Tempel (Olympia) 197

c) Namen

Abert, H. 238, 298(15), 299(18), 300(35,
    42), 305(96)
Achilleus 17, 24, 98, 140, 196, 222, 252
    (50)
Aeschines 251(39), 260(142)
Agamemnon 41, 55, 127, 174, 179, 193,
    201, 207, 212, 216, 268(118)
Agatharchos 25, 32 f., 35, 87, 95, 103, 105,
    112, 115, 122, 162 ff., 227, 283(6)
Agathon 72

Agaue 207
Aias 24, 174, 179, 293(54)
Aidos 198
Aigeus 75, 267(118)
Aigisth 75, 179, 189, 268(118)
Aigyptos, Aigyptos-Söhne 89, 96, 127,
    178, 186, 207, 215, 260(196)
Alewyn, R. 277(1), 290(7)
Alkestis 76, 177, 209, 212
Alkibiades 162, 290(51), 292(26)

Alkiphron 260(140)

Alkmene 177

Allen, J. Th. 88, 93, 98, 117, 139 f., 248 (10), 259(135), 260(149), 262(23), 265 (86), 269(32,39,52), 270(52), 271(76), 280(9)

Aly, W. 262(10)

Anaxagoras 32, 162, 164

Anderson, W. 298(15), 299(18), 300(42), 302(76), 303(81), 305(101)

Andokides 76, 251(33), 283(4)

Andromache 73, 174, 189, 209

Andromeda 13, 102, 106, 108, 109

Annius Florus 278(11)

Antestherien 39, 278(16)

Anti, C. 134 ff., 152, 249(17), 266(96), 278(11), 279(4), 282(16)

Antigone 20, 27, 55, 84, 156, 175, 177, 179, 205, 215, 268(118)

Antiphanes 163, 250(26), 259(134), 289 (20)

Antiphon 260(137)

Aphaia 137

Aphrodite 94, 182, 199, 239

Apollon 55, 56, 66, 94, 138, 154, 195, 196, 197, 199, 212, 222, 295(87), 302(66)

Appia, A. 149

Archelaos 159, 297(100)

Archon eponymos 43, 73

Areopagiten 181, 196

Ares 64, 94, 170, 199, 239

Argiver 179, 190

Arias, P. E. 278(11)

Aristokles 305(98)

Aristophanes von Byzanz 288(9)

Aristoteles 4, 8, 9, 25, 26, 27, 32, 35, 56, 57, 58, 69, 71 f., 103, 107, 112, 122, 144, 145, 151, 162, 191, 208, 218, 220, 223, 225, 227, 229, 230, 231, 236, 237, 238, 240, 247(5), 249(20), 250(26,27), 254 (75,82), 259(134), 262(20), 263(39,42), 264(77), 265(74), 281(3), 283(1), 290 (53), 292(32), 293(56), 298(3,4,11,14), 299(16,17,20), 300(34,35,36,42,43), 301 (54), 302(66), 305(93)

Aristoxenos 220, 228, 298(15)

Arnott, P. 76, 77, 79, 93, 98, 100 ff., 121,

148, 160, 248(13), 253(57), 254(68), 260 (157), 266(90,94,97,98,102), 270(54), 271(75), 272(81,83,84), 273(87,93), 276 (26), 277(1), 279(27), 283(43,7), 286 (47,48), 287(1,5), 288(15,19,7), 290 (47), 298(13)

Artaud, A. 203, 291(16), 293(48)

Artemis 94, 95, 98, 182, 195, 271(75)

Asklepios, Asklepieia 43, 260(149)

Astyanax 174

Astydamas 78

Athena 94, 138, 154, 186, 189, 195, 197, 198, 212, 230, 288(42), 295(87), 302 (66)

Athenaeus 70, 71, 234, 259(134), 260(142), 265(69,71), 284(12), 285(43), 287(64, 65), 298(11), 299(22,24), 300(44), 301 (45,60), 303(82), 304(92), 305(98)

Atossa 79, 90 ff., 140, 187, 210, 287(3)

Atriden 138, 158, 174, 255(90)

Bablet, D. 290(9)

Bakchen, Bakchantinnen 62

Barrault, J. L. 290(8)

Barton, W. 119, 276(16), 284(11), 292(40)

Bauhaus 202

Bayr, R. 263(36)

Beaujard, A. 262(12)

Bellerophon 102

Benjamin, W. 297(96)

Benl, O. 261(4)

Benn, G. 298(1)

Besson, B. 290(8), 297(98)

Bethe, E. 87, 92 f., 95, 97, 116 f., 260(148), 269(30), 270(48,63), 271(75), 276(9), 278(16), 288(6,7), 289(29)

Bia 199

Bieber, M. 30, 78, 124, 152 f., 154, 197, 248(12), 249(17,23), 252(47,49), 256 (100), 258(128), 260(138), 264(61), 266 (96), 267(107,108), 277(1), 278(16), 279 (1,4), 280(5,17), 281(3,1), 282(19), 283 (9), 288(7), 289(19), 290(6), 291(22), 295(80), 296(92), 297(19,100), 305(97)

Billeter, E. 291(17)

Blumenthal, A. v. 290(5), 294(8), 301(5)

Boeckh, A. 259(143), 269(140)

Bond, E. 10, 251(29)

Braak, K. 292(35)

Brea, L. B. 271(77)

Bread and Puppet Theatre 203, 291(19)

Brecht, B. 43, 59, 169, 192, 202, 203, 217, 225, 234, 251(28), 290(8), 291(10,15), 292(35,42), 300(41)

Bremer, W. 280(18)

Broadhead, H. D. 93, 265(65), 270(55), 280(4), 285(73)

Brommer, F. 262(10)

Broneer, O. 120, 138 ff., 251(39), 254(74), 272(86), 276(20), 280(1,6,10,17)

Brook, P. 293(46,48)

Brooke, I. 280(17), 285(45), 286(47), 294 (66)

Bulle, H. 115, 151, 152, 255(91,94), 276 (6,17), 278(11), 279(24,1), 280(21), 283 (47,67,9), 288(6,7,10), 289(31)

Burck, E. 294(61,63)

Buschor, E. 20, 31, 88, 91, 256(106), 269 (34), 273(96)

Byron, Lord G. 295(87)

Cambitoglou, A. 274(125)

Capps, E. 247(10), 262(26), 265(86)

Chaplin, Ch. 180

Chionides 262(22)

Chytren 39

Cicero 227

Cook, A. B. 229(5)

Craig, E. G. 149, 202, 291(9)

Curtius, E. R. 290(7)

Dada 202

Dale, A. M. 93, 107, 270(41,56), 274(119), 282(30), 288(7)

Damianos 32, 256(109)

Damon 31, 72, 227 ff., 299(30), 301(54)

Danae 88, 99, 106, 174

Danaiden 74, 79, 96 ff., 127, 178 f., 181, 209, 210, 211

Danaos 17, 20, 89, 96, 179, 187, 211, 260 (146)

Dareios 10, 90 f., 188, 214, 295(73)

Del Grande, C. 301(54)

Demetrios 76, 79

Demokrit 32, 34, 162, 164

Demosthenes 11, 150, 152, 248(10), 251 (31), 255(98), 259(134), 260(137,142), 283(4), 285(43), 286(60,66), 290(4)

Deubner, L. 260(138,139), 262(17), 265 (76,80), 267(104), 277(5), 278(16), 305 (96)

Diehl, E. 304(87,92)

Dike 64, 199

Diktys 197, 275(143)

Dingel, J. 280(17), 286(47), 287(1,10), 288 (15), 292(32,44), 293(45,49,53), 294(67, 68), 295(70), 298(13)

Dinsmoor, W. B. 135, 152, 251(34,39), 279 (6), 280(5), 282(18)

Diogenes Laertius 260(140)

Dionysien 9, 14, 36, 39, 40, 57, 59, 82, 113, 129, 184, 226, 248(10), 259(133), 262(26), 267(104), 278(16), 287(7)

Dionysos 57, 80, 127, 157, 158, 196, 199, 201, 204, 213, 224, 263(37), 264(64), 290(47), 305(96)

Dioskorides 262(14), 291(22)

Dioskuren 195, 199

Dirlmeier, H. 300(42)

Doehle, B. 252(50), 272(79), 276(22), 280 (11)

Dörpfeld, W. 6, 7, 8, 10, 12, 15, 16, 17, 20, 21, 23 ff., 31, 45 f., 61, 70, 75 ff., 85 ff., 91 f., 112 ff., 116 ff., 121, 124, 134 f., 137, 148 f., 151, 161, 166, 194, 247(1,9), 248(14,16), 249(17,21), 251 (30,34,36,38,41), 252(42,43), 253(52,62), 254(67,70,77), 255(89,91), 258(127,128), 263(33), 265(63,88,90), 266(90,92,95), 267(104,106,107,114,116), 268(1,4), 269 (6,11,14,17,24), 270(43), 271(70), 273 (102), 275(142,2), 276(5,23,31), 277(31), 278(11,24), 279(2,4,9), 280(20,21), 281 (2,5), 282(32), 283(48,49), 284(6), 288(7), 289(19)

Dorer 57

Droysen, J. G. 284(9), 295(84)

Dümmler, F. 92, 270(49), 295(84)

Ehrenberg, V. 53, 129, 247(6,10), 251(39), 254(75), 255(65), 259(132), 261(3), 277 (8), 278(14,15), 282(38), 287(11), 290 (49–51), 294(61,64), 295(73)

Eirene 199

Elektra 55, 68, 189, 209, 212

Else, G. F. 224, 237, 248(10), 250(24), 254 (82), 262(10,20,26), 263(40), 264(44), 283 (1), 293(56), 295(77,79), 298(3,4,14) 300(40–42), 301(54), 302(67,73), 304 (92)

Empedokles 299(30)

Engelhardt, W. 247(1)

Ennius 267(116)

Eos 196

Epicharm 249(23)

Eratosthenes 288(17)

Erechtheus 110

Erinyen, Eumeniden 9, 40, 55, 68, 138, 154, 196, 203, 207, 210, 211, 293(45), 295(74)

Eteokles 74, 94, 170 ff., 209, 210 f., 233 f., 249(23), 268(118), 284(64), 294(61), 305 (94)

Eumolos 175

Eurysakes 174, 285(24)

Eurystheus 177

Exon, C. 288(7)

Fehling, J. 149

Felsenstein, W. 264(57)

Fenelosa, E. 261(4)

Fensterbusch, C. 88, 117, 151, 251(42), 266 (96), 269(33), 276(11), 279(4), 280(5), 282(13), 284(13), 288(7), 289(15), 290 (46)

Fiechter, E. 15, 17, 28, 45, 84, 86 f., 89, 114 ff., 147 f., 151 ff., 165, 168, 247(6), 248(14), 249(17), 252(42,43), 253(53), 255(92), 258(128), 261(157), 269(6,11, 22,29,31), 276(8), 277(32), 278(11), 280(5,15,20,21), 281(2,4,11), 282(21,41), 284(2,6)

Flickinger, R. C. 79, 80, 81, 86, 88 f., 93, 95, 98, 118, 152, 192, 250(26), 251(34, 35), 252(48,49), 254(67,68,77), 260 (148), 266(98), 267(107,115,117), 269

(27), 270(35,65), 271(76), 276(13), 277 (1,7), 279(1), 282(15), 284(15), 288 (7), 298(3)

Fraenkel, E. 253(63)

Frickenhaus, A. 83, 86, 87, 93, 95, 97, 113, 118, 151, 165, 197, 248(16), 251(38), 258 (127), 261(150,157), 267(10), 269(13), 270(50), 275(138,3), 276(12,26), 278(16), 281(12), 283(6), 289(37,40)

Friedländer, P. 257(124)

Frisk, H. 269(8), 271(75)

Fritz, K. v. 154, 264(46)

Froning, H. 264(55)

Fuhrmann, M. 249(23)

Furtwängler, A. 251(34)

Gargi, B. 262(11), 304(91)

Ge, Gaia 110

Georgiades, Thr. 223, 231, 233, 235, 236, 237, 238, 250(24), 298(6), 299(21), 300 (32), 301(56), 302(66,72,75), 303(80), 304(85,89)

Gerhäuser, M. F. 131 f., 248(11), 271(77), 278(10,17), 288(14)

Gerkan, A. v. 14, 18, 88, 103, 105, 115, 126, 130, 131 f., 150, 151, 165, 168, 248 (11), 251(34,40), 252(42,47,48), 254(75), 256(108,118), 258(127,128), 260(136), 269(15,31), 273(98,110), 274(112), 276 (13), 278(11,17,18), 280(21), 281(8,11), 282(41), 283(41), 284(3,5)

Gigon, O. 298(14)

Glaukos von Rhegion 286(48)

Goethe, J. W. 61, 160, 200, 247(7), 262 (29), 283(42), 290(54), 298(20)

Gomme A. 294(61)

Gorgias 219

Gorgonen 203, 207, 314

Greifenhagen, A. 275(137)

Grotowski, J. 203

Hadrian 7

Haigh, A. E. 197, 281(10), 288(7), 289(36)

Haimon 179, 206

Harmon, A. M. 270(41)

Harpokration 150

Harpyen 199

Harrison, J. E. 274(118)

Hausmann, U. 208, 270(68), 274(121,126, 135), 294(59)

Headlam, W. G. 188

Hekabe 68, 73, 199, 207

Hekate 97

Hektor 174, 189

Helena 49, 69, 73, 195, 209, 255(90)

Helios 193

Hephaistos 33, 110

Herakles 56, 68, 73, 157, 177, 180, 197, 221

Herakliden 73

Heraklit 159, 231, 239, 240

Herder, J. G. 217

Hermann, G. 79 f., 264(60), 267(112)

Hermann, K. F. 254(75)

Hermes 109, 121, 222, 223

Hermione 157

Herodot 53, 139, 141, 142, 278(15), 280 (6,12,13), 281(22,2), 289(21), 298(2)

Hesiod 199

Hesione 291(26)

Hesychios 285(44), 286(61)

Heuss, A. 84, 259(132), 287(11)

Heyme, H. 290(8)

Hippodamos 25, 254(75)

Hippokrates 225

Hippolytos 55, 182, 267(118)

Hölderlin, F. 263(35), 292(35)

Homer 16, 66, 199, 209, 234, 239, 250(26), 252(50), 272(75), 296(93), 305(100)

Hommel, H. 26, 249(22), 278(16), 282(40), 286(46), 291(21), 298(7)

Horaz 27, 144, 216, 260(140), 277(1), 291 (22)

Horsten, E. 304(91)

Hourmouziades, N. C. 267(108,118), 274 (115), 288(3,7), 289(16,18)

Humboldt, W. v. 262(29)

Hybris 198

Hypereides 165, 284(4)

Hypnos 197, 199

Iason 267(118)

Io 41, 209, 213

Iokaste 268(118)

Ion 177, 212, 222

Iphigenie 12, 29, 174, 190, 209, 212

Iris 195, 199

Ismene 20, 29, 156, 175, 179, 206

Isotes 199

Italie, G. 275(139)

Jaeger, W. 257(124), 299(30)

Jaquor, J. 261(5)

Jebb, R. C. 195

Jens, W. 154, 235, 262(30)

Jessner, L. 149

Jobst, W. 107, 120, 248(16), 252(50), 254 (67), 256(108), 266(102), 269(6), 272(81, 86), 273(91,101,106), 274(111,116,117, 122,123,135), 276(19,24,28), 284(10), 289(41)

Jones, J. 238, 250(24), 255(90), 262(20), 263(39), 286(53), 296(90,93)

Judeich, W. 13, 247(1,6,10), 248(12), 251 (39), 267(104,105,109), 268(1), 270(40)

Kabuki 18, 54, 103

Kachler, K. G. 296(92)

Kadmos 171 f., 174

Kaffenberger, H. 255(84)

Kalonike 77

Kanami 54

Kassandra 188, 207, 212

Kenner, H. 102, 103, 104, 105, 154, 248 (13), 251(38), 253(50), 254(68), 255(91), 256(107,108), 257(120), 260(136), 269 (9,10,21), 270(67), 272(79,81), 273(94, 97,100,106,107), 274(122), 275(141), 276 (28), 281(8), 282(26)

Kerényi, K. 62, 263(37)

Kindermann, H. 261(4), 262(13), 290(5)

Kirchhoff, A. 190, 288(21)

Kitto, H. D. F. 233, 253(57), 264(46), 265(67), 276(26), 288(44), 304(99)

Kleisthenes 247(10), 255(85)

Klytaimestra 55, 75, 174, 176, 179, 189, 190, 207, 212, 216, 249(23), 255(90), 268 (118), 293(53)

Koller, H. 224 ff., 236 ff., 254(81), 286(59), 298(47), 300(35,40–42), 301(54,63,65),

302(66,68,76), 303(80), 304(92), 305(96)
Koloner 68
Kranz, W. 233, 304(89)
Kratos 199
Krauss, W. 291(21)
Krenek, E. 62
Kreon 10, 27, 68, 75, 157, 179, 206, 207, 268(118)
Kreusa 76
Koun, K. 297(98)
Kyogen 56

Lasserre, Fr. 301(54), 303(85)
Lehmann, E. R. 266(100)
Lenäen 57, 59, 258(124), 259(133), 262 (22), 266(96), 279(4)
Lesky, A. 247(3), 256(122), 277(8), 278 (16), 295(84)
Lessing, G. E. 9, 58, 293(56), 297(93)
Living Theatre 203, 291(17), 292(35)
Livius 240
Lope de Vega 277(1)
Lukian 300(40), 301(58)
Lykurg 7. s. auch Lykurgisches Theater (Sachregister)
Lype 199
Lysias 255(98), 259(134), 285(43)
Lysistrate 77, 209
Lyssa 195, 199

Maas, P. 303(82)
Maass, M. 249(18)
Mänade 204, 233
Mahr, A. 152, 153, 249(17), 280(20,21), 282(20)
Majakowski, W. 291(11)
Malina, J. 292(35)
Marowitz, Ch. 293(48)
Marsyas 302(66)
Medea 174, 177, 194, 195
Medici 62
Megara 157
Megarer 77
Mei-Lan-fang 207
Melanippides 232, 303(82)
Menelaos 55, 179, 211, 267(118)

Mette, H. J. 196, 274(122), 289(35)
Meyer, P. B. 305(101)
Meyerhold, W. 202, 291(11)
Minotis, A. 254(80)
Miyake, S. 261(5)
Mnemosyne 218, 239
Monteverdi, C. 62
Müller, A. 69, 79, 81, 248(16), 259(133, 134), 260(141), 265(68), 267(107,113), 268(1), 284(11), 285(22,43), 286(54,61), 287(1), 294(66), 295(80)
Müller, H. 291(8)
Müller, K. O. 69, 70, 264(60), 265(64), 284 (11), 285(22,43)
Murray, G. 35, 37, 101, 190, 195, 250(27), 259(130), 270(44), 273(88), 288(15,21), 289(26,33)
Muse 195, 218, 239
Mussche, H. F. 279(1,11)
Muzenidis, T. 254(80)
Myros 302(66)

Nannion 163
Nausikaa 113, 184, 221
Neher, C. 149, 290(8)
Neoptolemos 75
Nereiden 90, 279(79)
Nestle, W. 272(82)
Newiger, H. J. 251(34,35), 266(96), 282 (25,30)
Nietzsche, Fr. 219, 250(24)
Nike 199
Nikias(-Friede) 36, 258(128)
Nilsson, M. P. 129, 248(12), 278(16), 289 (29), 295(74)
Niobe 98, 122
No 54 ff., 58, 62, 100, 201, 203, 205, 261 (4), 272(84), 290(2)
Noack, F. 26, 85, 89, 93, 95, 97, 252(43), 253(62), 254(67), 268(1), 269(6,14,26), 270(53,61,64), 271(75), 277(7)

Odysseus 179, 197
Oedipus 6, 10, 55, 75, 175, 177, 189, 203, 207 f., 215, 238, 261(159), 271(77), 293 (52), 294(59), 296(93)

Okeaniden 40, 67, 99, 108, 127, 156, 196, 272(81)

Okeanos 196, 239

Olivier, L. 293(46)

O'Neill, E. (Prof.) 140, 280(10)

O'Neill, E. (Dramatiker) 202

Opitz, R. 69

Orestes 55, 73, 75, 138, 157, 174, 179 f., 193, 212, 268(118), 297(93)

Orff, C. 62, 263(35)

Orpheus, Orphik, Orfeo 62, 237

Ortolani, B. 261(5), 290(2), 304(91)

Otto, W. F. 278(16), 295(87), 301(60)

Panathenäen 65, 67, 210, 211, 302(66)

Paris 255(90)

Patzer, H. 254(81), 262(10,19), 263(44), 277(1), 303(81)

Pausanias (Feldherr) 141

Pausanias 78, 92, 270(42), 293(45)

Pearson 13(143)

Pegasos 102, 194

Peisistratos 60, 126, 158

Peitho 199

Pelasgos 17, 79, 148, 177, 186, 211

Peleus 75

Penthesilea 257(120)

Pentheus 55, 214, 293(55)

Perchten 207

Perikles (perikleische Zeit) 13, 14, 16, 19, 20, 31, 116, 123, 135, 139 f., 159, 162, 198, 227, 247(7)

Persephone 273(92)

Petersen, E. 287(9), 298(13)

Phaidra 177, 206, 212, 215

Pherekrates 303(81)

Phidias 103, 105, 176, 178, 197, 200, 205, 212, 215

Philipps, K. M. 273(92)

Philokleon 77

Philoktet 54, 55, 108, 215

Philolaos 239

Phrynichos 53, 71, 129, 140, 179, 208, 248 (10), 294(58)

Phrynis 232, 239, 301(54), 303(82)

Pickard-Cambridge, A. W. 18, 31, 43, 66, 69, 71, 75 ff., 81, 89, 93, 95, 97, 116,

119 ff., 134, 136, 144, 150 f., 156, 158, 165, 168 f., 192 f., 213, 247(1,6,9), 248 (12,16), 249(18,19,23), 250(26), 251(30, 33,34,35,38,39), 252(42,47), 254(68,77, 81), 255(83,84,91,93,94), 256(98,108, 112), 258(124,127,128), 259(133–136), 260(139,142–149), 261(157,1,8), 262(1, 16,17,22,25), 263(34,40), 265(62,67,68, 79,86,87,90), 266(91,94,96–102), 268 (119,1), 269(18,21), 270(37,38,55,66), 271(75,78), 272(81), 273(102), 274(119, 122), 276(18,23–25,30), 277(1,4,5), 278 (15,16), 279(24,1,3,9), 280(5,17), 281(1, 2,7,9), 282(33,34,37), 283(6), 284(12,13, 1,11), 285(46), 286(46–48,54,56), 288 (7,11,13), 289(16,29,42), 290(45,6), 291 (22), 292(33,34,39), 294(58,66), 296(61), 297(99,100), 300(40), 303(81,82), 304 (88,92), 305(97)

Pindar 224, 230, 299(30), 301(65), 302 (66,69), 304(92)

Platon 8, 34, 98, 103, 139, 144, 195, 219 ff., 227 ff., 234, 236, 238 ff., 247(6), 251(39), 254(75), 257(120), 260(142), 262(15), 266(90), 280(7), 281(4), 286(61), 298 (12), 299(16,30,31), 300(35,36), 301(54, 56,61,63,64), 302(68), 303(79,82), 304 (84,85)

Plautus 79, 139

Plessner, H. 297(95)

Plutarch 38, 71, 76, 79, 162, 163, 233, 240, 251(39), 259(134), 262(17), 280(7), 283 (4,7), 285(12, 43, 44), 286(61), 298(4), 304(92)

Pluto 273(92)

Pohlenz, M. 261(6), 263(30), 299(30)

Pollux 69 f., 76, 79, 151, 153, 163, 165, 194, 196, 211, 255(83,84), 260(137), 264(58), 265(68), 267(118), 277(1) 283(9), 284 (13), 286(61), 289(21), 293(52), 295(80), 297(93), 299(16)

Polydoros 267(118)

Polygnot 28, 31, 45, 104 f., 163, 215, 255 (107), 273(110)

Polyklet 227, 240, 301(53)

Polymestor 174, 207, 267(118)

Polyneikes 268(118)

Pontow, H. 278(12)

Popp, H. 264(44), 304(87)

Pound, E. 261(4), 290(2,8)

Pratinas 116, 132, 263(40), 303(82)

Prometheia 110

Prometheus 33, 100 f., 108, 110 f., 156, 177, 273(92), 275(144)

Pronomos 204, 292(26)

Protagoras 34, 199

Proteus 212

Purcell, H. 291(9)

Pylades 249(210), 255(84), 268(118)

Pythagoras, Pythagoreer 225, 232, 237, 239, 240, 300(35), 303(79)

Pythia 138, 164, 212

Rees, K. 193, 255(84), 288(12)

Reich, H. 300(40)

Reinhardt, K. 110, 193, 197, 263(30), 264 (46), 265(76), 275(138), 276(17), 285 (24), 288(14), 289(15,44), 293(53), 298 (13), 299(27)

Reinhardt, M. 62, 173, 263(38), 285(14)

Reisch, E. 6, 8, 24, 77, 79, 81, 255(89), 266 (97), 267(107), 281(6), 283(49), 294(60)

Richter, L. 301(54)

Riemann, H. 69, 265(64), 292(26), 299 (31), 302(75), 304(86, 92), 305(93,96)

Riemenschneider, W. 239, 303(82)

Ripellino, A. M. 291(11)

Rischbieter, H. 291(11)

Robert, C. 27, 85, 86, 252(43), 253(62), 254(78), 255(86), 268(1), 269(6,14,25), 284(9), 298(4)

Rohde, E. 144, 259(134), 260(140), 281(5), 303(82)

Roux, G. 278(11)

Rühle, J. 291(11)

Rumpf, A. 33, 116, 162, 255(99), 256(111), 283(2)

Sarpedon 197

Sauer, B. 247(3), 256(107), 278(9)

Schachtermeyr, F. 301(54,55,64)

Schadewaldt, W. 93, 188, 233, 237, 239, 262(30), 263(38), 264(46,51), 271(78), 272(79), 280(11), 284(1,7,10), 285(14,

25), 287(64), 293(56), 300(42), 301(49), 305(94)

Schefold, K. 24, 33, 136, 139, 142, 150, 254(74), 278(11), 279(10), 250(5,19), 281(9)

Schiller, F. 159

Schlegel, A. W. 261(6)

Schleif, H. 46, 89, 151, 168 f., 251(34,35), 252(42), 268(1), 269(7,12), 270(36), 282 (14,41), 283(41), 284(7)

Schlemmer, O. 202, 291(13)

Schmid, W. 261(6), 272(82)

Schmidt, M. 253(50), 264(55), 272(79), 275 (196), 280(11)

Schmidt, W. 195 f., 288(3), 289(18,21,23, 24,27,28,44)

Schneider, A. 256(113), 260(140), 276(10)

Schneider, G. C. W. 69, 284(11), 287(66)

Schnyder, R. 33, 256(118), 257(121), 283 (41)

Schreckenberg, H. 173, 228, 262(19,20), 285(16), 286(58), 301(57,59), 304(92)

Schulz, D. 240, 301(53)

Schweitzer, B. 13, 33, 34, 215, 238, 256 (107,109,117), 257(118,123), 258(124), 264(53,54), 272(79) 297(94)

Scott, A. 261(5), 292(41), 309(91)

Seami 54

Séchan, L. 233, 251(38), 273(91), 293(45), 304(89)

Seidensticker, B. 263(30)

Seiffert, R. 261(4)

Sellner, G. R. 290(8)

Semele 159

Shakespeare 10, 56, 102, 103, 133, 191, 201 f., 207, 209, 214, 290(3), 292(41), 293(46,47)

Sifakis, G. M. 249(23), 261(55), 271(77), 284(11), 298(4)

Simon, E. 66, 216, 251(37), 252(49), 254 (81), 255(107), 258(127), 261(152), 264 (55), 272(81), 275(138,144) 282(25,30), 295(68)

Six, J. 95, 257(120), 270(67)

Snell, B. 253(63), 259(135), 262(19), 270 (60), 272(85)

Sokrates 192 f., 198, 240, 301(54)

Solon 128, 209
Sophron 224
Sphinx 208, 294(59)
Staiger, E. 120, 276(21)
Stamm, R. 277(1), 292(41)
Stillwell, R. 79, 267(110), 278(11)
Stoessl, F. 271(72,74)
Strabo 98
Stroux, J. 257(124)
Studnicka, F. 272(86), 276(22)
Suda 87, 116, 126, 144, 262(22), 292(33), 294(58)
Sudraka 262(11)
Sueton 260(140)
Svoronos, J. N. 292(31)
Swinburne, A. C. 35

Tairoff, A. 202, **291(11)**
Tartaros 109, 275(144)
Teiresias 76, 177, 201, 206, 268(118)
Tekmessa 24, 179, 197, 285(24)
Telestes 183 f., 234, 265(69), 284(64), 305 (98)
Teukros 179, 267(118)
Thamyris 297(93)
Thanatos 57, 197, 199
Themistios 27, 144
Themistokles 128, 140, 254(70)
Theoklymenos 267(118)
Theon von Smyrna 239, 300(74)
Theophrastos 151
Theseus 75, 157, 178, 179, 206, 214, 257 (120), 267(118)
Thespis 24, 27, 60, 203, 205, 208, 271(68), 277(1), 291(22), 292(33), 294(59)
Thetis 157, 195, 197, 272(79)
Thompson, H. A. 274(111)
Thompson, G. 128, 260(148), 272(82), 275 (138), 278(13,15), 287(11), 294(65), 303 (79)
Thukydides 219, 236
Timaios 144
Titanen 213
Travlos, J. 247(1), 248(10), 251(35), 258 (128)
Trendall, A. 108, 111, 275(144)
Tschechow, A. 218

Tyche 222
Tyndareos 268(18)
Tzetzes, I. 69, 79

Unterberger, R. 275(144)

Vetter, W. 238, 239, 300(35,42), 301 (62, 63,65), 303(82,83), 304(93)
Vitruv 32, 34, 79, 130, 139, 144, 162 ff., 165, 227, 283(6,8), 284(13,8), 286(1), 289(21), 301(52)
Vogt, J. 294(63,64)
Vossler, K. 277(1)

Wachtangow, J. B. 202
Wagner, R. 250(24), 302(71)
Weber, W. 264(53)
Webster, T. B. L. 31, 32, 109, 118, 120, 152, 157, 162, 251(39), 255(91), 256 (101,108,112), 258(127,128), 271(78), 276(15,23,24), 277(1), 278(10,11), 280 (3,5), 282(17,22,25,30,31), 283(3), 287 (61), 288(7), 289(19,21), 291(23,26), 295(80), 297(99), 305(97)
Weege, F. 233, 301(89)
Wegner, M. 298(9), 299(30), 301(54,61)
Weil, H. 293(53)
Weinreich, O. 173, 225, 285(17), 300(46), 305(98)
Weitz, H. J. 249(13)
Welcker, F. G. 277(1)
Welter, G. 248(14), 251(34), 269(24)
Werner, O. 284(1)
White, J. M. 265(86)
Wiemken, H. 250(33), 300(40)
Wilamowitz-Moellendorf, U. v. 27, 32, 36, 83, 84, 87, 92, 94, 95, 97 f., 112, 155, 172 f., 195 ff., 250(24,27), 252(50), 253 (63), 254(66), 255(89,93,94), 258(125), 261(158,159), 262(14), 264(59), 265(72, 76), 267(104), 269(12,16), 270(47,58, 60–62), 273(97), 274(118), 275(1,2), 277 (7), 285(13,15,19,36,46), 286(48), 287 (66,9), 288(14,15,18), 289(25,34), 290 (1), 293(45,50,53), 295(84), 299(29), 301 (54), 303(86), 304(93)
Winckelmann, J. J. 112

Wille, G. 299(30)
Woodhouse, W. J. 107, 274(120)
Wüst, E. 289(33), 295(74)
Wursthändler (Aristophanes) 77, 127

Xenophon 11, 144, 251(33), 259(134), 261 (152), 285(43), 286(61), 290(51), 300(40)
Xerxes 20, 54, 73 f., 79, 91, 127, 138 ff.,

159, 179 f., 187 f., 210 f., 249(23), 295 (73)

Zeus 94, 98, 109, 158, 171, 196 f., 198
Zeuxis 32, 163
Ziebarth, E. 286(59)
Ziegler, K. 227, 301(50,54)
Zuckmayer, C. 291(21)

d) Sachen

Abgänge 38, 40, 61, 72 ff.
Ältesten, die s. Alten, die
Affekt 61, 62, 208, 220, 222, 231, 234
Agalmata (Götterbilder) 22, 66, 74, 94 f., 101, 106, 109, 138, 157, 170 ff., 285(46)
Agon 39, 43, 44, 59, 60, 128, 210, 220, 247 (10), 258(126)
Agos (Greuel) 10
Akoe, Akroasis, Akustik 4, 119, 196, 216 ff., 298(2)
Akropolis (auf der Bühne) 77, 93, 94, 95, 100 f., 170, 188, 268(118)
Aktualität 4, 129
Alastor 212
Allaltar s. Koinobomia
Alsos s. Hain
Altäre 22, 24, 34, 47, 66, 87, 88, 90, 91, 96 ff., 100, 106, 109, 120 ff., 156, 158, 175
Alten, die (Geronten, Gerusia, Senat, Greise) 64, 67, 68, 76 f., 90 ff., 211, 295(73)
Amoibaion (Wechselgesang) 39, 64, 68, 69, 186, 232, 233, 236, 250(24)
anabainein s. Auftritte
Antiillusionismus 18 ff., 43, 149 f.
Antron s. Grotte
Apate (Täuschung, Vortäuschung) 18, 103, 219, 250(27), 298(8)
archaisch (archaistisch) 66, 67, 69, 112, 119, 202, 205
Architekturmalerei 45, 103, 162 f.
Asiatisches Theater 18, 100, 128, 202
Aufbauten 26, 38, 42 f., 44, 72, 85 ff., 90, 93, 95, 98 f., 106, 110, 115, 132, 134, 138, 151, 158, 160

Auftritte, Aufzüge 18, 19, 25, 26, 29, 38 ff., 61, 72 ff., 90, 146, 148, 149, 151, 155, 188, 210, 265(86), 266(90)
Aufwand (Ausstattung) 26, 37, 38, 47, 110, 255(98), 259(134) 284(8)
Aulos, Auletik («Flöte») 183, 219, 220 ff., 229 ff., 234, 292(26), 298(9), 302(66), 305(96)
Ausbildung 182 ff., 286(60,61)

Background s. Hintergrund
Ballett 62, 70, 71, 222, 235
Barock-Theater 56
Bart 142, 204
Bauhausbühne 74
Bauprobe 40
Bema (Altar) 87, 92, 95, 97, 134
Berufsschauspieler 249(23)
Bewaffnete s. Soldaten
Bote, Botenbericht 61, 74, 90, 94, 127, 154, 187, 210 ff., 262(30), 295(77)
Breccia, Breccia-Fundament 12, 36, 49, 75, 84, 89, 106, 108, 118, 119, 125, 132, 140, 150 ff., 154, 156 ff., 280(21)
Bühne (Spielplatz) s. auch Skene 7, 14, 25, 27, 30, 32, 35 f., 38 ff., 46, 69, 88, 91, 115, 128, 144, 146, 149, 155, 164, 167, 171, 175, 182, 184, 186, 188, 193, 196 f., 209, 217, 249(16)
–, alte, Bühne der frühen Stücke 15, 35, 41, 46, 49, 84, 94, 110, 119, 197
–, neue 15, 25, 32, 35, 36, 41 ff., 110, 119, 156
–, späte 35, 44
Bühnenarbeiter s. Technitai

Bühnenbauer, Bühnenbildner s. Skeuopoios, s. auch Skenographie
Bühnenhaus 6, 8, 19, 24 ff., 28 ff., 36, 40,
47, 105, 119, 123, 153, 249(16), 255(90),
260(98)

Cavea s. Zuschauerraum
Charontische Gänge, -Räume 47, 85, 88 f.,
91 f., 104
Chinesisches Theater 10, 207, 292(41,42),
304(91)
Chor, chorisch (choreia) 8, 18, 26, 30, 38,
40 ff., 46, 53, 57, 61 ff., 73, 75 f., 88,
90 ff., 95, 97, 108, 111, 113, 118, 121,
133, 136, 140, 149, 154, 157, 172 f.,
178 ff., 187, 190, 193, 200, 208 ff., 214 f.,
219 f., 226 f., 234, 236, 250(24), 255(85),
259(134), 263(44), 264(51), 294(58),
298(12), 303(85)
Chorege, Choregie, Choregeion 37 ff., 54,
78, 113, 140, 181 f., 184, 259(134), 260
(137), 292(37), 302(71)
Choreographie, Choreographen 3, 26, 39,
63, 65, 67, 70 f., 172 f., 181, 210, 221,
226, 234, 302(71)
Choreuten 16, 24, 26, 30, 55, 65, 67, 70,
73, 99, 169, 182 ff., 204, 208, 211, 226,
234, 286(61)
Chorführer s. Koryphaios
Chorlied, Chorgesang 20, 26, 53, 57, 64 ff.,
70 f., 91, 222, 232 f., 263(40), 264(48)
Chorlyrik s. Lyrik
Chorodidaskalos (Chorleiter) 40, 71, 113,
183, 259(134), 260(142), 286(61)
Chorpodium 87, 93
Chorproben 269(57) s. auch Proben
Commedia dell'arte 202

Dada 202
Deixis, Epideixis (zeigen) 68, 233, 265(68),
296(93), 300(41)
Dekoration (Kulisse) 18, 33 f., 96, 103,
105, 112, 114, 116 f., 121 f., 248(13), 253
(55), 255(108), 257(120), 266(102), 282
(32) s. auch Szenerie
Dialog, Dialektik, dialogisch 41, 53, 61,

63, 170, 173, 175, 200, 206, 219, 233,
235 f., 250(24), 264(44)
Dichtung 57
Didaskaloi s. Chorodidaskalos
Dionysos-Schuhe 144, 205, 216
Dithyrambos, -Chor, -Agon 14, 30, 42, 64,
208, 251(39), 256(98), 264(44,55), 305
(96)
Doppelchöre 30, 171, 181
Doryphoroi (Speerträger) s. Soldaten
Drainage 136
Drama, dramatisch, Dramatik 31, 37, 56,
58, 63, 65, 67, 70 ff., 90, 148, 154, 171,
173, 181, 210, 222 f., 228 ff., 233, 262
(20), 301(57,59)
Dramaturgie 42, 54, 159, 196
Dromena (heilige Handlungen) 58

Einheitsbühne 76, 87, 100, 121, 191
Einlagen s. Embolima
Ekklesia (Volksversammlung) 207, 247(10)
Ekplexis (Bestürzung) 9, 292(44)
Eleon (Aufbau, Podest) 77
Eleos (Mit-leiden, Jammer) 65, 91, 208,
229, 293(56), 300(42)
Elisabethanisches Theater 18, 100, 126 f.,
191, 207, 221
Embolima (Einlagen) 72, 264(47)
Enopia (Wände) 97, 271(75)
Ensemble 39
Epideixis s. Deixis
Epiphanie 9, 60, 90, 129, 194 ff.
episch 58, 61, 148, 154
Ethos, Ethik, ethika 71, 215, 219, 223,
229 f., 237 f., 298(15), 300(36)
Exangelos (Bote aus dem Haus) 11
Exodos 20, 40, 67, 69 ff., 73 f., 91, 96, 172,
176, 179, 200, 211
Expressionismus 107

Fels, gewachsener 15, 16, 20, 32, 35, 75,
82 ff., 92, 99, 103 ff., 116 f., 130, 132,
268(4), 270(39), 271(77), 273(103)
Felsen-Bühne, -Atrappen, -Szenerie 19, 22,
33, 46, 72, 88, 98 f., 102 ff., 116, 121,
156 ff., 161, 179, 196 f., 269(12), 271
(81), 275(136,144)

Felsen-Sitze 20, 22
Felsen-Stücke 84, 99 ff., 105, 109
Festspiele s. Dionysien (Namenregister)
«Flöte» s. Aulos
Flügelwagen s. Wagen
Frauen (auf der Bühne) 206 f., 208, 294 (58–65)
Frauenchöre 208 f.
Frauenhaus s. Thalamos
Fundament (T) 11, 12, 20, 28 f., 31, 35 f., 46 f., 49, 72, 75, 99 f., 118, 138, 140, 151, 156, 158, 160, 166, 193 f., 251(34)
Fundus 17, 38, 46, 111, 198

Gänge, Bewegung s. Phorai, Poreia
Garderobe, dressing-room 16, 19, 24, 30, 36, 41, 47, 86, 88, 114, 117, 137, 165, 168, 169, 204
Garderobiers 30
Gästehaus, Fremdenhaus s. Xenon
Geländesprung, Geländeabfall 15 f., 18, 25, 82, 86 ff., 95, 99, 106, 127, 136, 269 (7)
Gemeinde-Chöre, -Tänze 64, 71, 172, 209, 232
Geronten s. die Alten
Gerüst, Bühnen-, Holz- 11, 19, 25, 27 ff., 42, 47, 76, 85, 87, 93, 105, 110, 116, 120 ff., 141, 144, 160 f., 253(62), 282(27), s. auch Okribas, Pulpitum
Gesang 57, 63, 65, 72, 175, 183, 219 ff., 236
Gestus, Gestik, Gebärde 65, 69, 227, 301 (75)
Götterbilder s. Agalmata
Grab, Grabmal 24, 34, 47, 66, 72, 87, 90 f., 98, 100, 106, 122, 158
Greifenwagen s. Wagen
Grotte 22, 24, 32, 47, 88, 104, 106 f., 273 (92) s. auch Höhle
Grundgerüst 33, 45, 87, 107, 109, 116, 156

Haartracht 142, 280(17) s. auch Perücke
Hain (Alsos, Napos) 6, 7, 15, 32 ff., 46, 72, 82, 84, 87, 96 f., 99 f., 103, 105, 130, 132, 146, 156, 161, 248(12,13), 261(159), 271 (70,71)

Halle (Stoa) 29, 114, 116, 124 f., 140, 152, 165 ff., 251(34), 252(48), 258(127), 284
Harmaxa (Reisewagen, Zeltwagen) 141, 180
Harmonia, harmonisch 34, 35, 159, 231, 235, 238 ff., 303(79), 305(101)
Haus, Hütte (auf der Bühne) 11, 17, 19, 25, 27 f., 31 ff., 35, 38, 40, 42, 45, 47, 61, 74, 84, 87, 92, 100 f., 112, 114, 116 f., 119, 121 f., 124, 138, 140, 151, 156 ff., 162 f., 176, 179, 191, 194, 255(90) s. auch Bühnenhaus
Hellenistisches Theater 32, 80, 128, 151, 163, 196
Heroon 93
Heros 297(93)
Herrenhaus s. Megaron
Hikesia, Hiketiden (Schutzflehende) 175
Hintergrund, -Bühne, Hinterwand, Abschlußwand, background 17, 33, 35, 83, 87 f., 93, 95, 98, 105, 115 ff., 119, 121 f., 124, 136, 140, 148, 167 f., 178, 193, 248 (13), 261(157), 272(81)
Hinterszenisches 16, 30, 121, 128, 168, 182, 248(16)
Höhle 46, 98, 101, 104, 106, 110 f., 121, 156 f., 271(81), 274(118,121), 275(144), s. auch Grotte
Hopliten 70, 178, 183, s. auch Soldaten
Horror s. Phobos
Hymnos 63, 71, 232, 264(44)
Hypokrites s. Schauspieler
Hyporchema (Chortanz) 232 f., 263(40), 304(92)

Ikria (Holzbänke) 36, 47, 48, 87, 113, 116, 118, 126, 139, 258(127)
Illusion, Illusionismus, illusionistisch 9, 10, 18, 34, 37, 100 ff., 105, 121, 191, 198, 200, 214, 250(27), 251(28), 298(8), s. auch Apate
Indisches, Indonesisches Theater 56, 71, 100, 304(91)
Inspizient 30, 40
Intermezzi, Interludes, Intermèdes, Entremeses 56, 64
Isonomia (Gleichheit vor dem Gesetz) 128

Japanisches Theater 18, 54, 56, 100, 102, 203, 304(91)

katabainein 75 ff., s. auch Auftritte und Abgänge
Kataskopos, Skopos (Späher) 22, 74, 94 f., 100, 170 f., 211
Katharsis 91, 208, 225, 231, 237, 300(42)
Kinder (auf der Bühne) 174 ff., 181, 183
Kithara 184, 219, 222 f., 299(31)
Klisia, -e (Bude, Bretterbude, Zelt) 16, 22, 101, 140 f., 253(50)
Koilon s. Zuschauerraum
Koinobomia (Allaltar) 20, 22, 67, 72, 87, 95 ff., 99 ff., 140, 269(12), 285(46), 286 (46)
Kolonnade 138, 160 f., 165, 168
Kommos 24, 39, 64, 68, 70, 187, 189, 221 f., 232 ff., 236, 250(24), 304(87)
Komödie, komisch 38 f., 47, 56 ff., 60, 62, 76, 80, 106, 113, 153, 182, 187, 195, 236, 259(135), 262(15), 266(96), 277(1), 282 (30), 300(40)
Komparsen, Komparserie 16, 30, 38, 40, 178, s. auch Kopha
Kompos (Pomp) 157, 158, 187, 189
Kondukt 172, 179, 221, 268(118)
Kopha prosopa (Stumme Personen, Statisterie, Komparserie) 30, 93, 170 ff., 255 (84), 284–287
Koryphaios (Chorführer) 26, 55, 63, 183, 287(63)
Kostüm 17, 38, 40, 43, 70, 142, 172, 173, 205, 207 ff., 227, 259(135), 286(47), 292 (44), 294(66), 295(74), 298(16)
Kostümbude 87, 117, 176
Kothurn (Stelzschuh) 27, 144, 216, 281(2)
Kran, Schwebekran s. Mechane
Kritai 43
Krotala (Klappern, Castagnetten) 223, 286 (60)
Kulisse s. Dekoration
Kult, kultisch 57, 173, 207 f., 237

Leibwache 157, 171, 173, 178 f., 180, 186
Leiturgie (Leistung für den Staat) 38, 164, 287(68)

Leseprobe 39, 260(140)
Licht-Einfall, -Verhältnisse 131, 193, 271 (77), 278(24), s. auch Sonne
Logeion, Theologeion 76, 121, 124, 144, 196 f., 266(98), 289(40)
Lumpenheld 54, 55, 73
Lyra 182, 222 f., 299(31)
Lykurg, Lykurgische Bühne (Steinbau, s. d.) 7, 8, 12, 25, 45, 70, 76, 85 ff., 114 ff., 138, 143, 151, 153, 167, 169, 247(6), 249(16,19)
Lyrik, lyrisch, Chorlyrik 63, 64, 209, 222, 223, 235, 263(42)

Magazin 16, 17, 19, 24, 36, 137, 169, 248 (16)
Malerei (für die Bühne) 31, 32, 33, 45, 103, 163 f. s. auch Architekturmalerei, Dekoration
Mania 174, 207, 212, 229, 236, 250(24), 293(53)
Maschinen 18, 31 f., 37, 39, 43, 102, 122, 191 ff., 221, 278(16), 288–289
Maske 10, 27, 40, 53, 60, 68 f., 78 f., 111, 114, 172 f., 200, 201 ff., 224, 225, 227, 255(107), 259(134), 264(44), 290–298, 299(16)
Mauer (H, D, SU) 7, 12, 18, 35 f., 41, 47, 85 f., 89, 106, 116, 118, 125, 146, 148, 152, 165 f., 168, 251(34), 252(48)
Mechane (Schwebekran) 18, 31, 37, 49, 60, 102, 118, 123, 155, 186, 189, 191 ff., 289–290
Meer, Meeresufer 4, 18, 72, 74, 80, 87 f., 96, 99, 103, 106, 126 ff., 136, 196, 248 (11), 274(117), 277–278
Megaphon 202, 207
Megaron (Herrenhaus) 155 ff.
Melos, Melodie, melodisch 228 ff., 300(35)
Metron = Gangart 219, 228, 233, 301(61)
Mimesis, mimetisch 57, 71, 173, 175, 183, 217 ff., 236 ff.
Mimos 57, 208, 224, 236, 249(53), 300(40)
Mittelalterliches Theater 103, 153 f.
Mitteltor s. Tore
Monodie 172, 222, 232 f.
Montage 141

Morphe (Gestalt) 71, 230

Musik 31, 62 f., 71 f., 173, 183, 200, 219 ff., 235 f., 250(24), 263(40), 265(72), 298 –305

Musiker 30, 204, 219, 259(134)

Musik-Theater 231, 235

Mysterien (Eleusis) 39

Mysterienspiele (Mittelalter) 102, 194, 264 (44), 290(5)

Mythos, mythisch 23, 65, 66, 139, 158, 163, 196, 200

Napos s. Hain

Naturalismus 32, 213 f.

Nebenchöre 181, 182, 184, 190

Nomos (Gesetz) 231

Nomoi (Musik) 232, 303(85)

Nord-Süd-Achse 33, 42, 47, s. auch Zentralachse

Oberbühne, Oberstock, Oberbau, upperstorey 97, 118, 121, 156

Okribas 19, 27, 30, 47, 154 f., 160 f., 281, s. auch Pulpitum

Olololyge (Jammern) 172, 175, 181

Oper 62

Opsis, Optik 4, 6, 18, 31 ff., 37, 42, 45, 84, 96, 98, 103, 111, 119, 130, 132, 142, 154, 156, 158, 173, 176 ff., 186, 191 f., 205, 215, 217 ff., 253(58), 292(32,44), 298(13)

Orchesis, Orchestai, orchestisch 173, 182, 221, 226, 228 f., 234, 237 f., 300(44), 301(59)

Orchestra (Tanzplatz) 5 ff., 14 ff., 18, 20 f., 24 ff., 34 ff., 40 ff., 47, 53, 65, 69, 72, 74 ff., 80, 82 ff., 94 ff., 98 f., 106, 112 f., 115, 117 ff., 126, 128, 134 ff., 138 f., 142 f., 146, 149 ff., 156 f., 159 f., 166, 168 ff., 175, 180, 187, 221, 247(9), 251 (33), 252(42,49), 253(62), 258(127), 266 (96), 271(77), 285(46)

Orientalisches 142, 178 f., 187, 189, 210, 286(47)

Orientierung 128, 248(11)

Orpheus, Orphik 237

Ost-West-Achse, -Antagonismus 20, 25, 27, 33, 42, 47, 55, 61, 74, 83, 86, 88 ff., 94, 96, 99, 130, 146, 148, 171

Pagos, Pagos-Bühne 17, 20, 22, 24, 27, 30, 32, 34 f., 71 ff., 82 ff., 121, 140, 146, 156, 160, 187, 193, 262(83), 269(8,12), 271 (77), 273(97)

Paian 63, 68, 71, 222, 232, 264(44)

Paidagogos 7, 157

Palast, -Fassade 10, 11, 24, 28, 33, 45 ff., 74, 92, 95, 102, 106, 111, 113, 116, 118 f., 121 f., 124, 138 ff., 142, 152, 156, 158 f., 161, 163 f., 170 f., 175, 177, 193, 253(63), 267(118), 283(49)

Pantomime, pantomimisch 173, 182, 184, 225, 233, 285(17), 300(40), 301(59), 305 (98)

Parachoregema 8, 54, 181, 255(84)

Paraskenien, -Flügel 12, 20, 25, 28 f., 35 f., 42, 47, 61, 75, 77, 104, 106, 110, 114, 118, 123, 132, 138, 142, 146 ff., 164, 175 f., 251(38), 254(74), 280(5), 281(21), 281–283

Parodos 12, 16, 19, 20, 24, 35 f., 40 ff., 47, 61, 67, 69 f., 70, 72 ff., 80, 82 ff., 86, 89, 91, 93 ff., 98, 113 f., 118, 121, 124 f., 134, 146, 148, 151 f., 156, 160, 171, 175, 179 f., 187 f., 194, 265(86), 267(118)

Pathos 71, 229, 235, 302(67)

Periakten 163, 284(9,13)

Perikleisches Theater 13, 16, 19, 20, 76, 85 ff., 114, 116, 118, 123, 124, 150, 165, 167, 206

Person, Persona 183, 198, 200, 202 ff., 214, 218 f., 224, 229, 290(5), 296(93), 297(95)

Perspektive 32, 33, 34, 35, 105, 115, 162 ff., 257(118), 258(124), 283(6), 296(92), s. auch Zentralperspektive

Perücke 204, 205, 210, 212, 293(54,55), 294 (68), 295(87)

Pferde 186 ff., 177, 195 f., 234, 287–288

Phaidros-Bema 88

Phlyaken-Bühne 277(1)

Phobos (Schrecken, Horror) 9, 174, 178, 203, 207 f., 214, 222, 229, 293(45,56), 300(42)

Phorai (Bewegung, Gänge) 40, 149, 228, 265(68), 301(60)

Pinakes (screens, paneels, bemalte Holz-tafeln) 17, 31, 34, 45, 84, 105, 163, 284 (9)

Plantation (Bühnen-Aufbauten s. d.) 6, 11, 24, 33, 105

Podest des Hadrian 7

Pompe (Prozession) 20, 39, 41, 43, 68, 71, 94, 129, 157, 172 f., 175, 179, 180 f., 189, 221, 228, 277(1)

Poreia s. Phorai

Priester 174 f.

Proagon 14, 42, 129, 251(39)

Probebühne 38, 259(134), 260(137)

Proben 14, 30, 38 ff., 44, 67, 256(96), 258 (124), 259(134)

Produktion 30, 38 f., 42 ff., 47

Prolog 179, 182, 215, 222

Propompos (Geleiter) 172, 179

Propylon 143

Proskenion 10, 89, 102, 114, 149, 163, 283 (49)

Prosopon s. Maske

Prospekt 34

Protagonist 54, 55, 182, 184, 210, 211

Prozeß, -Szenen 149, 154, 177

Prozession s. Pompe

Prothyron 193

Psychagogia 219 f., 223, 228, 298(11)

Pulpitum 19, 27, 47, 144 f., s. auch Okribas

Pyrrhiche 234, 305(96)

raised stage, erhöhte Bühne 75 ff., 92, 98, 121, 148, 150

Rampe 16, 30, 47, 74, 75, 83, 85 f., 90, 94, 96, 110, 146

Rathaus, Ratsplatz, Ratssitze 72, 90 f., 92, 100 f.

Realismus, realistisch 18, 100 f., 188, 191, 205

Regie, Regisseur 3, 9, 26, 30, 63, 67, 71 f., 78, 131 f., 153, 162, 171, 183, 221, 226, 227

Requisiten 43

Rhetorik 219

Rhythmus, rhythmisch 63, 65, 67, 70 f., 173, 180, 210, 217 ff., 238 f., 295–305

Rolle 173, 201 ff., 228, 297(95)

Rollentausch 206

Römisches Theater 126, 151

Romantik 217

Russisches Theater 202, 291(11)

Satyrn 56, 204, 233, 286(60)

Satyrspiel 38, 39, 56 f., 59, 91, 95, 97, 103, 187, 207, 211, 232, 250(23), 259(135), 262(14)

scaena ductilis, versalis (verschiebbare Sze-ne) 161, 279(24), 282(32), scaenae frons 69, 266(98)

Schamanen, Schamanismus 201, 207

Schauspieler, Darsteller, Spieler 3, 8, 16, 24, 26, 30, 32, 36, 38 ff., 54 f., 61, 71, 73, 75 f., 78, 88, 90 ff., 105, 109, 113, 117 ff., 131, 133, 149 f., 169, 173, 181 ff., 194 f., 200, 202, 204 ff., 210, 214 f., 220, 223, 225 f., 232, 236, 249(20,23), 255 (82,84), 259(134), 260(146), 262(15), 287 (66), 292(35), 295(77), 296(93), 300(43)

Schauspieler-Agon, -Preise 37, 54, 169, 295(76)

Schauspieler-Ausbildung 182 ff., 286–287

Schema, Schemata 71, 221, 228, 233, 265 (76)

Schiffskarren 129, 196, 277(1), 278(16), 287(7)

Schrecken s. Phobos

Schuhe s. Dionysos-Schuhe

Shakespeare-Bühne 102

Simultanbühne 100, 153 f., 260(136)

Skene, scaena, Szene 6, 7, 16, 18, 20 f., 27 f., 32, 34, 36, 47, 69, 72, 75 f., 79 f., 82 f., 85, 87 f., 93 f., 100, 103 f., 106, 112 ff., 119 ff., 136, 138 ff., 150 ff., 156, 160, 162 f., 166, 169, 176, 178, 180, 186, 197, 200, 220, 227, 236, 248(16), 252 (50), 280–281, 282(30,32)

Skenographie 17, 31 ff., 34, 36 f., 45, 103, 112 f., 122, 162 ff., 221, 256(108), 263 –264

Skeuopoios (Bühnenbildner) 3, 12, 34, 86,

101, 105, 119, 220, 299(16), s. auch Skenographie

Skopos s. Kataskopos

Soldaten, Bewaffnete, Speerträger, Doryphoroi 64, 68, 76, 96, 171, 177 ff., 186, 188, 211, 234, 285(44)

Solisten, Solo 40 f., 64, 223, 232 f.

Sonne («Scheinwerfer») 131 ff., 248(11), 271(77)

Stationen 154

Statisten s. Kopha

Stein-Bau, -Bühne(skene), -Sitze 8 ff., 24 f., 31, 33, 35, 45, 47, 102, 105, 113 f., 116, 119, 125, 137, 153, 163, 168 f., 248(14), 249(16)

Steine SM 1–3 (Dörpfeld) 15, 86, 89, 114, 122, 251(43)

Stichomythie 235, 262(30)

Stufen 4, 10, 22, 25, 75, 90, 92 f., 97, 100, 121, 149 f.

Stumme Rolle s. Kopha, Stummes Spiel 41, Stumme Szene 170

Symmetrie, symmetrisch 25 f., 33, 47, 55, 76, 86, 97, 112, 132, 135, 155, 158, 160, 226

Szenenwechsel 24, 43, 100, 154

Szenerien 17, 22, 24, 32, 43, 84, 91, 97, 100, 103, 105, 109 f., 118, 133, 149, 153, 158, 161, 163, 170, 197, s. auch Dekoration

Tanz, Tänzer, tänzerisch 26, 31, 40, 57, 62 f., 65, 70 ff., 173, 183 f., 200, 204, 219 ff., 233 ff., 236, 301(56,58,60), 303(85)

Technik 38, 40

Technitai (Bühnenarbeiter) 18, 30, 38, 40, 42, 44, 169, 260(155)

Teichoskopie (Mauerschau) 94

Temenos (Tempelbezirk) 7, 15, 36, 39, 47, 75, 82, 85, 97, 127, 146, 167 f., 194, 248 (12), 252(48)

Tempel (allgemein), Tempelchen 12 f., 28, 32, 66, 134, 150, 198, 251(38), 283(46), (auf der Bühne) 45, 46 f., 97 f., 106, 116, 121, 138 f., 154, 157, 160, 163, 252(63), (Dionysostempel, alter) 6, 12, 15, 28, 36,

47, 83, 86, 112, 118, 122, 134, 165 f., 169, 251(42), 252(48), 268(1), (Dionysostempel, neuer) 6, 36, 49, 118, 122, 124, 127, 152, 165

Tempelbezirk s. Temenos

Tempeldiener, -innen 177, 222, 285(42)

Terata, Teratodes (Wunder, Wunderbares) 9, 10, 16, 18, 32, 37, 101, 106 f., 192, 214, 250(27), 253(58)

Terrasse, Terrassierung, Terrassenmauer (Orchestra) 12, 15, 16 f., 19, 26 ff., 30, 35, 47, 83, 85 ff., 89, 91, 99, 114 ff., 122, 124, 134, 136, 165, 169, 279(2)

Tetralogie 54, 55, 56, 91 f., 95, 109, 170, 184, 250(23), 259(135)

Thalamos (Frauenhaus) 155 ff., 258(35)

Theaterforschung 9, 249 f.(23)

Theatron 3, 35, 130 s. auch Zuschauerraum

Theatrokratie 303(82)

Theologeion s. Logeion

Theoria(-e) 218, 226

Thespiskarren 24, 27, 126, 277(1), 278(16)

Thiasos (Schwarm) 69, 223

Threnos (Totenklage) 63, 71, 94, 172, 175, 178, 232, 264(44), 303(86)

Tor (Mitteltor, Zentraltor, Seitentore, Türen) 10, 11, 19, 25 f., 31, 38, 87, 118, 121 f., 124, 132, 143, 149, 151 ff., 155 ff., 160, 163, 164, 193, 207, 282(30)

Totemismus, Totenkult 201

Tragöden s. Tragoidoi

Tragische Ironie 63, 199 f.

Tragoidoi (Tragöden) 76

Tritagonist 184

Trompeten 171

Tympanon 223, 234, 305(96)

Türme, Wachttürme 22, 47, 95, 140, 153, 170, 270(59)

Typen, Typik 211

Überraschungsmoment 9, 11, 18, 39, 42, 74, 122, 169, 250(26)

Umbau (Dionysostheater) 12, 14, 17, 20, 27, 29 ff., 35 ff., 55, 61, 72, 75 f., 84, 87 f., 95, 99, 101, 105 f., 109, 112 ff., 126, 129, 132, 146, 148, 154, 161, 163, 176,

191, 198, 226, 249(19), 258(124,126), 279(3)

Unterricht s. Ausbildung

Vergegenwärtigung 3, 62, 63, 202, 215, 297(97)

Volk (leos) 64, 65, 90, 170 ff., 176, 184, 211, 223

Vorhang 193, 283(49)

Vortäuschung s. Apate

Wachtturm s. Türme

Wächter 27, 121, 141, 255(90)

Waffen, Wappnung 94, 99, 178, 233 f., 270 (58), 287(64), 293(53), 305(94)

Wagen 17, 41, 67, 75, 77, 90, 96, 140, 171 f., 186 ff., 191, 194 f., 277(1), 287–288

Warte 20, 46

Wechselgesang s. Amoibaion, Kommos

Werkstätten 38

Xenon (Gästehaus) 155 f.

Zeitstück 53

Zelt, Zeltbühne 16 f., 22, 24, 32 f., 54 f., 72, 99 ff., 102, 106, 120 f., 138 ff., 156 f., 159, 161, 197, 248(16), 252(50), 272(86), 276(22), 280–281

Zeltstücke 24, 140, 193

Zeltwagen s. Harmaxa

Zentralachse 25, 33, 146, 148

Zentral-Bühne, – Bau 26 f., 34, 47

Zentralperspektive 42, 55, 61, 75, 84, 94 f., 99, 104 f., 160, 163, 176, 179, 226, 231

Zinne 34, 74, 94, 140

Zitadelle 140

Zurüstung 10, 18 f., 30 f., 40, 43, 73, 128 f., 136 f., 168 f., 182, 198, 249(16), 259 (136), 260(155)

Zuschauerraum, -sitze, -reihen, Cavea, Koilon, Mulde, Halbrund 5, 7, 10, 13 f., 23, 34 ff., 41 ff., 47 f., 69, 83 ff., 88, 114, 122, 124, 131, 134 ff., 149, 176, 213, 247 (1,6), 258(127)

Tafeln

1. Das Dionysostheater in der Mulde des Akropolis-Abhangs mit dem Hain

2. Blick vom westlichen Zuschauerraum über die Orchestra auf den gewachsenen Felshang im Osten

3. Blick vom Ostflügel des Zuschauerraums in den Geländesprung mit den Resten der Skene

4. Blick vom Zuschauerraum über die verbaute Landschaft auf das Meer

5. Dionysostheater – die Ruine in der Landschaft (um 1900)

6. Aufstieg zur Ost-Parodos aus dem Hain

7. Türme in der Mauer des Piräus

8. Zelt auf einer Londoner Schale, 5. Jahrh.

9. Iphigenia-Vase im Louvre, 4. Jahrh.

10. Fragment eines Kelchkraters in Würzburg, 4. Jahrh.

11. Gruppe aus dem Panathenäen-Fries im Louvre, 5. Jahrh.

12. Mänadenchor auf einem Stamnos des Dinosmalers, 5. Jahrh.

13. Tanzende Mänaden, Schale des Hieron und Makron in Berlin, 5. Jahrh.

14. Dionysos-Chor auf einer Vase in Basel, 5. Jahrh.

15. Satyrspiel-Chor auf der Pronomos-Vase in Neapel, frühes 4. Jahrh.

16. Andromeda am Felsen auf einer Vase in Berlin, 4. Jahrh.

17. Felsboden am Areopag-Hügel

18. Siebensesselplatz am Museion

19. Prometheus-Vase in Berlin, 5. Jahrh.

20. Prometheus-Vase in Berlin, 5. Jahrh.

21. Dirke-Vase in Berlin, 4. Jahrh.

22. Duris-Vase in Berlin, 5. Jahrh.

23. Theater in Korinth mit Blick auf das Meer im Norden

24. Das Theater in Thorikos

25. Reiter zu ‹Pferd›, Vase in Berlin, 5. Jahrh.

26. Europa-Krater in New York, 5./4. Jahrh.

27. Maske auf der Scherbe einer Oinochoe in Athen, 5. Jahrh.
28. Maske auf einem Glockenkrater in Ferrara, 5. Jahrh.

29. Maske auf einer Pelike
in Boston, 5. Jahrh.

30. Maske auf einem Relief vom Piräus in Athen, frühes 4. Jahrh.

31. Masken auf einem Relief-Fragment von der Akropolis in Athen, 5. Jahrh.

32. Maske auf einem Relief in Kopenhagen, 4. Jahrh.

33. Oedipus-Vase in Stuttgart, 6. Jahrh.

34. Maske mit Perücke auf einer Vase in Karlsruhe, 5. Jahrh.

Werke zur
Klassischen Literatur

Uvo Hölscher
Die Odyssee
Epos zwischen
Märchen und Roman
2., durchgesehene Auflage.
1989. 360 Seiten.
Leinen

Christian Meier
*Die politische Kunst der
griechischen Tragödie*
1988. 244 Seiten.
Broschiert

Christian Habicht
*Pausanias und seine
»Beschreibung Griechenlands«*
1985. 207 Seiten und
34 Abbildungen.
Leinen

Villy Sørensen
Seneca
Ein Humanist an Neros Hof
2., durchgesehene Auflage.
1985. 320 Seiten.
Leinen

Verlag C. H. Beck München

Volkstümliche Geschichte der Juden

von Heinrich Graetz

Das wechselvolle Schicksal der Juden von der Vor- und Frühgeschichte über das babylonische Exil bis zur Eingliederung ins Römerreich, in der Diaspora, der »Zerstreuung« über die Länder der Alten Welt seit der Zerstörung des Tempels von Jerusalem, wird von dem großen jüdischen Historiker Graetz unter Verzicht auf jedes wissenschaftliche Beiwerk farbig und spannend erzählt. Kassettenausgabe in 6 Bänden, dtv 5933

dtv-Geschichte der Antike

Herausgegeben von Oswyn Murray

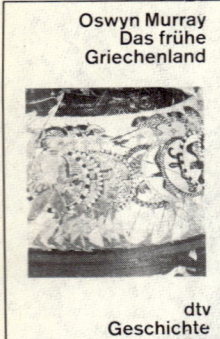

Oswyn Murray
Das frühe
Griechenland

dtv
Geschichte
der Antike

John K. Davies:
Das klassische
Griechenland
und die Demokratie

dtv
Geschichte
der Antike

Frank K. Walbank:
Die hellenistische
Welt

dtv
Geschichte
der Antike

Oswyn Murray:
Das frühe
Griechenland
dtv 4400

John K. Davies:
Das klassische
Griechenland
und die Demokratie
dtv 4401

Frank K. Walbank:
Die hellenistische
Welt
dtv 4402

Robert M. Ogilvie:
Das frühe Rom
und die Etrusker

dtv
Geschichte
der Antike

Michael Crawford:
Die römische
Republik

dtv
Geschichte
der Antike

Colin Wells:
Das Römische Reich

dtv
Geschichte
der Antike

Robert M. Ogilvie:
Das frühe Rom
und die Etrusker
dtv 4403

Michael Crawford:
Die römische
Republik
dtv 4404

Colin Wells:
Das Römische Reich
dtv 4405

Komplett auch als Kassette erhältlich: Geschichte der Antike dtv 5928

Der Kleine Pauly · Lexikon der Antike

**Das klassische Nachschlagewerk in fünf Bänden
4020 Seiten, 25 Abbildungen und Karten. dtv 5963**

…bringt dtv wieder ein Wunderwerk zuwege, wie man es nur diesem Haus zutraut, den »Kleinen Pauly«. (Neue Kronen-Zeitung)

…Der »Kleine Pauly« ist gar nicht so klein! Was dieses so handliche Nachschlagewerk für die Antike tatsächlich bietet, ist vielmehr ganz groß. (Welser Zeitung)

…Die Antike lebt auf in diesen Taschenbüchern. Die Dünndruckseiten anzufassen – ein Vergnügen für die Fingerspitzen. (Nürnberger Nachrichten)

…Die alten Zeiten sind überschaubar geworden, ohne daß deswegen die Genauigkeit verlorenging. Und jeder bekommt, was ihm zusteht: Xanthippe kommt mit 14 Zeilen aus, ihr Mann Sokrates…braucht deren 440. (Welt am Sonntag)

…Ist es Zufall oder ausgeklügelte Kalkulation, daß jedes Stichwort etwas mehr als einen Pfennig kostet? Auf alle Fälle…ein verdienstvolles Unternehmen des dtv. (Frankfurter Rundschau)

Geschichte der deutschen Literatur im Mittelalter

Dieter Kartschoke: Geschichte der deutschen Literatur im frühen Mittelalter

Joachim Bumke: Geschichte der deutschen Literatur im hohen Mittelalter

Thomas Cramer: Geschichte der deutschen Literatur im späten Mittelalter

Dieter Kartschoke:
Geschichte der
deutschen Literatur
im frühen Mittelalter
Originalausgabe
dtv 4551

Joachim Bumke:
Geschichte der
deutschen Literatur
im hohen Mittelalter
Originalausgabe
dtv 4552

Thomas Cramer:
Geschichte der
deutschen Literatur
im späten Mittelalter
Originalausgabe
dtv 4553

Das reichhaltige moderne Studienwerk für alle, die an der Literatur- und Kulturgeschichte des deutschen Mittelalters interessiert sind. Vor dem Hintergrund der politischen, sozialen und kulturellen Verhältnisse werden die literarischen Strömungen, Formen und Gattungen sowie die Dichter und Schriftsteller mit ihren Werken und ihrem Publikum ausgiebig geschildert.

Der Begriff Literatur ist sehr weit gefaßt – er reicht von Zaubersprüchen und einfachen Liedern über die reiche Lyrik und die großen Epen, Bibelübersetzungen, Predigten und Mysterienspielen bis zu Legenden und Viten und zu Städtechroniken, Rechts- und Naturbüchern. Es ist die Literatur aus acht Jahrhunderten, von den ersten, oft fragmentarisch überlieferten althochdeutschen Zeugnissen bis zu den Schriften der Humanisten Erasmus und Melanchthon.

Über die Literatur

Barbara
Becker-Cantarino:
Der lange Weg
zur Mündigkeit
Frauen und Literatur
in Deutschland
von 1500 bis 1800
dtv 4548

Gisela Brinker-Gabler/
Karola Ludwig/
Angela Wöffen:
Lexikon deutsch-
sprachiger Schrift-
stellerinnen
von 1800 bis 1945
dtv 3282

Joachim Bumke:
Höfische Kultur
Literatur und
Gesellschaft im
hohen Mittelalter
2 Bände
dtv 4442

Umberto Eco:
Lector in fabula
Die Mitarbeit der
Interpretation in
erzählenden Texten
dtv 4531

K. R. Eisler:
Goethe
Eine psychoanalytische
Studie · dtv 4457

Klaus Engelhardt/
Volker Roloff:
Daten der französischen
Literatur
(Band 1 vergriffen)
Band 2: Von 1800
bis zur Gegenwart
dtv 3193

Fabeln, Parabeln
und Gleichnisse
Beispiele didaktischer
Literatur
Herausgegeben von
Reinhardt Dithmar
dtv 4483

Herbert A. und
Elisabeth Frenzel:
Daten deutscher
Dichtung
2 Bände
dtv 3003/3004

Grundzüge der
Literatur- und Sprach-
wissenschaft
Hrsg. v. H. L. Arnold
und V. Sinemus
Band 1:
Literaturwissenschaft
dtv 4226

Käte Hamburger:
Die Logik der Dichtung
dtv/Klett-Cotta 4458

Hansers
Sozialgeschichte
der deutschen Literatur
Vom 16. Jahrhundert
bis zur Gegenwart
Hrsg. v. R. Grimminger
Deutsche Aufklärung
bis zur Französischen
Revolution (1680-1789)
Hrsg. v. R. Grimminger
2 Bände
dtv 4345

Gert Ueding:
Klassik und Romantik
Deutsche Literatur
im Zeitalter
der Französischen
Revolution 1789-1815
2 Bände
dtv 4346

Literatur in der
Bundesrepublik
Deutschland bis 1967
Hrsg. v. Ludwig Fischer
dtv 4352

Die Literatur der DDR
Herausgegeben von
Hans-J. Schmitt
dtv 4353

Wolfgang Karrer/
Eberhard Kreutzer:
Werke der englischen
und amerikanischen
Literatur von 1890
bis zur Gegenwart
dtv 3290

Volker Klotz:
Das europäische
Kunstmärchen
dtv 4467

Mario Praz:
Liebe, Tod und Teufel
Die schwarze Romantik
dtv 4375

Horst Dieter Schlosser:
dtv-Atlas zur
deutschen Literatur
dtv 3219

Die Textüberlieferung
der antiken Literatur
und der Bibel
Hrsg. v. H. Hunger,
O. Stegmüller,
H. Erbse, M. Imhof,
K. Büchner,
H.-G. Beck,
H. Rüdiger
dtv 4485

Harald Weinrich:
Literatur für Leser
Essays und Aufsätze zur
Literaturwissenschaft
dtv 4451

Bürgertum im 19. Jahrhundert

Bürgertum im 19. Jahrhundert
Deutschland im europäischen Vergleich
Herausgegeben von Jürgen Kocka

Band 1

dtv

Bürgertum im 19. Jahrhundert
Deutschland im europäischen Vergleich
Herausgegeben von Jürgen Kocka

Band 2

dtv

Bürgertum im 19. Jahrhundert
Deutschland im europäischen Vergleich
Herausgegeben von Jürgen Kocka

Band 3

dtv

Deutschland
im europäischen
Vergleich
Herausgegeben von
Jürgen Kocka

Originalausgabe
3 Bände / 1413 Seiten
dtv 4482

Trotz (oder auch wegen) der zeitlichen Nähe
gehört die Geschichte des 19. Jahrhunderts
noch immer zu den am wenigsten erforschten
und ganz widersprüchlich interpretierten Epochen unserer Geschichte. Es ist das Jahrhundert der Vorherrschaft Europas in der Welt,
das Jahrhundert der Industrialisierung, der
Wissenschaft und der erstarkten Macht und
des Selbstbewußtseins der bürgerlichen Klasse;
es ist aber eigentlich auch die Jugendzeit der
modernen Welt, unserer Gegenwart. Die
höchst komplizierte Gesellschaftsgeschichte,
die innere Entwicklung dieses Jahrhunderts
der großen sozialen Umschichtungen wirft
noch viele Fragen auf.
Mit diesem großen Thema beschäftigte sich ein
Symposium des Bielefelder Zentrums für inter-
disziplinäre Forschung, ein über die Grenzen
der Bundesrepublik und der Universität hinaus-
reichendes Forschungsprojekt. Historiker,
Soziologen, Ökonomen und Publizisten aus
mehreren Ländern nahmen Stellung zu dem
einen wichtigen Problem: zur Bedeutung des
mitteleuropäischen Bürgertums für das 19.
und 20. Jahrhundert. Die 45 Beiträge zu den
verschiedensten Aspekten der sozialen Entwicklung ergeben eine farbige Gesamtdar-
stellung.